BASTEI
LÜBBE

SABINE BRANDT

EINMAL BERLIN EINFACH

BASTEI LÜBBE

BASTEI-LÜBBE-TASCHENBUCH
Band 11 982

Ungekürzte Taschenbuchausgabe
Printed in Germany, August 1993
Einbandgestaltung: Bayer Eynck, Berlin
Titelfoto: Archiv für Kunst und Geschichte, Berlin
Autorenfoto: A. Olligschläger
Satz: Kremerdruck GmbH, Lindlar
Druck und Bindung: Ebner Ulm
ISBN 3-404-11982-7

Der Preis dieses Bandes versteht sich einschließlich
der gesetzlichen Mehrwertsteuer.

Meinem Bruder Dietrich Brandt
zum Gedenken

Ich aber hatte dich gepflanzt
zu einem süßen Weinstock,
einen ganz rechtschaffenen Samen.
Wie bist du mir denn geraten
zu einem bittern, wilden Weinstock?

Jeremia 1,21

Prolog

Bis zur Abfahrt des Zuges hatte Rose gefürchtet, die Mutter könnte im letzten Moment noch auftauchen, oder ihr Stiefvater Bruno, und die wundervolle Reise nach Berlin würde sich wie ein Traumbild verflüchtigen. Wie oft schon hatte Rose versucht, auf die eine oder andere Weise von daheim wegzukommen, bisher war sie noch jedesmal an der Mutter und an Bruno gescheitert. Freilich, diesmal besaß sie Großvaters Einverständnis, und er war ihr Vormund, dagegen kam die Mutter nicht an – falls der alte Mann zu seinem Wort stand. Aber würde er fest bleiben? Er hatte deutlich genug gezeigt, wie sehr es ihm gegen den Strich ging, die siebzehnjährige Enkelin unbehütet in die Welt zu schicken.

Ausgerechnet nach Berlin! In dieses Sündenbabel!

Aber Rose hatte das westpreußische Drecknest satt. Sie wollte nicht bei den Kühen und beim Rübenhacken versauern, vor allem wollte sie nicht in einer Ehe stranden, wie ihre Mutter sie führte: mit einem muffköpfigen Mistbauern, der keinen ordentlichen Gedanken in seinem Schädel bewegte und außer Klütenpedden nichts zustande brachte, der soff und seine Frau schlug und einen Haufen Kinder in die Welt setzte. Bruno, das Vieh!

Rose hatte einen hysterischen Anfall bekommen, als sie den Widerstand ihres Großvaters spürte. Zur Krankenpflegerin wollte sie sich ausbilden lassen, was gab es dagegen einzuwenden? Ein hochanständiger Beruf, ein christlicher Beruf obendrein, mußte das dem alten Betbruder und Kirchgänger nicht einleuchten?

»Ich will doch nicht zum Vergnügen dahin. Zum Arbeiten. Und allein – ich wohn' doch da in einem Krankenhaus. Das ist ganz ehrbar und anständig, wirklich, Großvater. Und es ist ja auch nicht Berlin. Es ist Babelsberg, das ist viel kleiner.«

Am Ende hatte er sich beschwatzen lassen, und nun hockte sie auf der harten Holzbank der vierten Klasse, und der Zug rollte. Die Räder rumpelten über die Schwellen: klabaster, klabaster, klabaster. Rose lauschte auf das Geräusch, und nach einer Weile schien es ihr, daß das Gerumpel sich in Worte verwandelte: du packst es, du packst es, du packst es ... Und ob ich es packen werde! Habe ich es so weit gebracht, dann bringe ich es auch weiter. Sie starrte aus dem Fenster und freute sich über die Landschaft, die an ihr vorüberzugleiten schien. So viel anders sah sie nicht aus als die Gegend daheim, eigentlich überhaupt nicht anders. Dieselbe Ebene, flach wie ein Plättbrett, hier und da ein Kiefernwäldchen, auch Buchen und Birken, und dazwischen immer wieder ein Dorf, wie sie es kannte: niedrige Häuser, Ziegeldächer, Stallungen, Scheunen, hinter den Scheunen die Hausgärten, und zu beiden Seiten des Dorfes schlängelten sich die Straßen zu den Flickenteppichen der Felder. Alles wie gehabt und doch von anderer, besserer Qualität, weil in keinem dieser Orte jemand lauerte, vor dem man sich fürchten mußte. Da hieß es, die Fremde sei bedrückend, vor allem für jemanden, der immer zu Hause gewesen war. Nun, Rose fand das Fremde da draußen eher tröstlich.

Was gingen sie übrigens die Dörfer an. Sie war aufgebrochen, ein Stadtmensch zu werden. Von den Städten, die der Zug passierte, hatte sie noch kaum etwas wahrnehmen können außer Lagerschuppen und den häßlichen Hinterfronten der Häuser längs der Strecke. Es würde hoffentlich nicht überall so scheußlich aussehen. Aber hier wollte sie ja auch nicht aussteigen, sie fuhr, zunächst einmal jedenfalls, nach Berlin. Berlin, Reichshauptstadt! Ein prächtiges Wort, und gewiß auch eine prächtige Stadt, wie konnte es anders sein. Schließlich wohnte der Kaiser dort.

Rose dachte an das Bild, das in der Schulstube gehangen hatte: Kaiser Wilhelm mit Zwirbelbart und leuchtendem Blick, in weißer Uniform, auf dem Kopf einen Flügelhelm. Als sie ein kleines Mädchen war, hatte sie sich den Kaiser als eine Art Erzengel vorgestellt, allem Irdischen entrückt, ein höheres Wesen. Aber offenbar ging er mit beiden Beinen auf der Erde herum, und sie hatte gegrübelt, ob sie den Erwachsenen glauben durfte, wenn die von dem Ort sprachen, wohin selbst der Kaiser zu Fuß gehen müsse. Sollte es denn wahr sein, daß auch der Kaiser … Sie hatte nie gewagt zu fragen. Rose kicherte, als sie sich erinnerte.

Als der Zug sich Landsberg an der Warthe näherte, wickelte sie den Reiseproviant aus, den Emma Barbeknecht ihr gerichtet hatte, Großvaters zweite Frau. Emma hielt nichts von Rose, aber viel von dem, was Rose vorhatte, nämlich weit wegzugehen. So war das Paket reichlich beschickt, teils aus Freude, teils als eine Art Ablaßzahlung für die Haltung, die Emma einnahm. Rose dachte nicht an Emma. Sie fühlte sich satt und friedlich und fand, daß sie sich für jemanden, der zum ersten Mal reiste, recht routiniert anstellte. Sie ließ sich jetzt auch in Gespräche ein, gab und empfing Auskünfte und plapperte so munter, daß sie fast vergessen hätte, aus dem Fenster zu blicken, als der Zug über die Küstriner Oderbrücke donnerte.

Etwa zweieinhalb Stunden später war sie am Ziel, am vorläufigen Ziel jedenfalls. Bremsen kreischten, Fetzen von Qualm, vom Glasdach der Bahnhofshalle zurückgehalten und wieder nach unten gedrückt, wehten an den Fenstern vorbei. Eine Stimme brüllte: »Berlin, Friedrichstraße! Berlin, Friedrichstraße! Alles aussteigen! Zug endet hier!« Rose griff sich ihren Rucksack und kletterte die Waggonstufen hinunter. Auf dem Bahnsteig herrschte ein entsetzliches Durcheinander, jedenfalls fand Rose es zum Entsetzen. Jeder rannte, hetzte, schob, stieß, keiner schien auch nur ein bißchen Zeit zu haben. Ratlos stand Rose in dem Gewimmel. Und was nun? Soviel wußte sie noch von dem, was man ihr daheim, vor der Abfahrt, eingetrichtert hatte: Wenn sie nach Babelsberg wollte, mußte sie zu einem ganz anderen Bahnhof wechseln und eine andere Linie benutzen. Potsdamer Bahnhof, richtig, das immerhin fiel ihr wieder ein. Aber wo war der, und wie kam sie da hin? Die Lust am Reisen, die sie noch Minuten vorher verspürt hatte, verflüchtigte sich, sie fühlte sich verlassen und ängstigte sich fast ein bißchen. Um sie herum kein einziges bekanntes Gesicht, die Leute, mit denen sie im Waggon zusammengesessen hatte, waren im Nu von der Menge verschluckt worden.

Rose wurde vorwärtsgedrückt, durch die Sperre, eine Treppe hinunter, in die Vorhalle hinein. Hier war mehr Platz, hier konnte sie stehenbleiben und sich umschauen. Sie schüttelte den Kopf: So ging es nicht weiter. Sie mußte den Rest Mut zusammenraffen, der ihr geblieben war, und jemanden ansprechen. Einen Fremden ansprechen! Aber was sonst sollte sie tun?

Und nun machte Rose eine sonderbare Erfahrung: Kaum hatte sie ihre Frage an den Mann gebracht – einen sehr distinguiert wirkenden Herrn übrigens –, da sammelten sich fünf, sieben, zehn Menschen um sie. Plötzlich hatten es alle diese Hastigen gar nicht mehr eilig. Sie redeten auf Rose ein, jeder erklärte, jeder wußte es besser als alle anderen, nur wußten sie leider alle etwas Verschiedenes. Seltsame Leute, diese Berliner. Offenbar waren sie sämtlich außerstande, auf eine klare Frage eine klare Antwort zu geben. Rose fühlte sich von Sekunde zu Sekunde dümmer werden statt klüger. Als die zehn sich vollends ineinander verkeilt hatten, schlich sie sich verzagt davon, und die Streithammel merkten es nicht einmal.

Als sie draußen stand, unter dem Brückenbogen des Bahnhofs, bot sie für jeden, der ihr einen Blick schenkte, ein mitleiderregendes Bild: ein junges Ding, anscheinend von weither, der Kleidung nach vom Lande, das offenkundig nicht zurechtkam mit der großen Stadt. So sah sie der Polizist, der gemessenen Schrittes die Friedrichstraße entlangpatrouillierte, und das war Roses Glück. Sie hätte sich wohl nicht zum zweiten Mal dazu durchgerungen, einen von diesen merkwürdigen Berlinern anzuhalten. Nun aber sprach der Polizist sie an und forschte väterlich-bärbeißig nach ihrem Woher und Wohin, und da sie zufriedenstellende Auskunft zu geben vermochte, erfuhr sie endlich, was sie so nötig wissen mußte:

»Jetzt marschieren Sie die Friedrichstraße runter, immer geradeaus, ungefähr zwanzig Minuten, bis Sie an die Ecke Leipziger Straße kommen. Da biegen Sie rechts ein und gehen wieder geradeaus, wieder zwanzig Minuten, bis Sie zum Potsdamer Platz kommen. Im Hintergrund sehen Sie dort den Potsdamer Bahnhof. Gehn Sie rein und fragen Sie nach der Wannseebahn. Die bringt Sie dann nach Babelsberg.«

Der ganze Reiz des Abenteuers, auf das Rose sich eingelassen hatte, schien sich nun erst zu entfalten, da sie durch diese herrliche Hauptstraße wandern durfte. Daß es so etwas Prächtiges gab! Die fein gekleideten Menschen, die an einem gewöhnlichen Alltag viel nobler aussahen als Roses bäuerliche Bekannte selbst am Festtag. Der wirbelnde Verkehr die Fahrbahn hinauf und hinunter. Die hohen Häuser, die Geschäfte mit ihren interessanten Auslagen. Und hier die Leipziger Straße, die sie nun entlanggehen mußte. Schaufenster an Schaufenster, noch vornehmer als das bisher Gesehene. Auf Schienen ratterten gelbe Wagen vorbei, in denen Menschen saßen und standen, fast ein bißchen wie die Eisenbahn, in der sie gefahren war, nur kleiner und ohne qualmende Lokomotive. Das war wohl die elektrische Straßenbahn, von der die zankenden Zehn im Bahnhof geredet hatten. Auch der Polizist hatte sie erwähnt. Spannend war das. Wer in der Enge daheim hatte dergleichen schon einmal erleben dürfen?

Diese schöne und allem Anschein nach auch heitere Welt erweckte in Rose ein Gefühl des Glücks, dem sie sich in diesem Augenblick ganz überließ. Ihre Welt! Von nun an würde sie dazugehören. Es machte nichts aus, daß dort drüben der große Bahnhof an Abschied mahnte, daß sie hinübergehen und gleich wieder abfahren mußte. So weit weg fuhr sie ja nicht. Sie konnte leicht wieder herkommen, immer wieder, um sich zu vergewissern, welch großen Schritt sie auf ihrem Weg nach oben schon getan hatte.

Berlin!

Weit hinten, kaum noch auszumachen am Horizont, verdämmerte das westpreußische Land mit allem, was es für Rose bedeutet hatte.

1 / Male Barbeknecht war schon vier Monate schwanger, bevor ihre Mutter davon erfuhr, und fast ein weiterer Monat verging, ehe es ihrem Vater eingestanden wurde. Wie konnte Carl Barbeknecht, ein Mann mit Scharfblick und wachem Verstand, so lange getäuscht werden?

Daran war vor allem sein Stolz schuld. Carl kannte seine Stellung im Leben, und er überhob sich nicht. Er wußte genau, was er wert war. Sein Anwesen in Lilienhecke maß an die sechzig Morgen; Hof, Gartenland, Felder und Weiden. Alles war in makelloser Ordnung gehalten. Was draußen auf den Feldern oder drinnen in den Ställen heranwuchs, das gedieh. Ein reicher Mann war Carl nicht, aber manchmal überlegte er, ob er sich nicht einen wohlhabenden Mann nennen durfte. Er war niemandem etwas schuldig, und obendrein hütete er einen Sparschatz aus Zehn- und Zwanzigmarkstücken, alle aus blankem Gold. Wieviel er gehortet hatte und wo er es aufbewahrte, wußte nur er allein. An sein Gespartes ließ er niemanden heran, nicht einmal die Frau. Den Banken traute er nicht.

Carl hatte auch ein Handwerk gelernt, wie die meisten Bauern seiner Besitzklasse im Westpreußischen und im Posenschen. Carl war Dachdecker, und das betrieb er mit derselben Genauigkeit, die ihn in allen seinen Verrichtungen auszeichnete. Die Stunden, die ihm die Bauernwirtschaft nicht abforderte, brachte er auf den Dächern der Umgegend zu. Sein Vater hatte ihn gelehrt, daß ein frommer, also ein anständiger Mann die Kräfte nicht brachliegen läßt, die ihm Gott gegeben. Sein Goldschatz wuchs. In den Erntemonaten Juli und August und im Herbst bei der Hackfruchternte, wenn die Hände der Familie nicht ausreichten, mietete er Tagelöhner. Das konnte er sich leisten. Es waren Polnisch sprechende Leute, die sich zur Hilfe anboten. Sie kamen meist aus der Provinz Posen, wo die Polnischbürtigen auch unter preußischem Regiment noch zahlreich waren, viel zahlreicher als im heimischen Westpreußen. Sie hießen die »Pollakken« und wurden gering geachtet, nicht bloß, weil sie polnischen Ursprungs, sondern auch, weil sie katholisch waren. Carl sagte abschätzig »die Kathölen« und gab an seine Kinder weiter, was er von seinem Vater und was der vom Großvater gehört hatte: Kathölen sind arbeitsscheu und unsauber, und um ihre Moral steht's nicht zum besten. Wenn sie gesündigt haben, gehen sie beichten, und danach fangen sie wieder von vorne an. Die Pollacken, die bei ihm tagelöhnten, behandelte er von oben herab, aber korrekt. Er zahlte, was ihnen zustand.

Carl Barbeknecht wußte gut genug, daß er unter seinesgleichen nichts Hervorragendes war. Eben ein deutscher Mann aus dem Volk. Aber ein honetter Mann, er konnte sich sehen lassen. Von der polnischen Stammbevölkerung trennten ihn etliche Rangstufen, dessen war er gewiß. Gott wollte das so, der strenge, preußische Gott, von dem der Pfarrer am Sonntag in der Kirche predigte. Carl und seine Familie versäumten keinen Kirchgang, deshalb wußten sie gut in der göttlichen Wertordnung Bescheid. Carl sah darauf, daß seine Kinder auf sich hielten. Die sozialen Grenzen nach oben durften, ja sollten überschritten werden, wenn jemand das vermochte. Gott hatte Gefallen am Ehrgeiz der Strebsamen. Über die Grenzen nach unten gab es keine Debatte. Bedenkt, Kinder, wie es Lots Weib erging, als sie, gegen das ausdrückliche Verbot des Herrn, zurückschaute. Seid gottesfürchtig und ehrt Vater und Mutter.

Carl und Louise Barbeknecht hatten vier lebende Kinder. Amalie, Male gerufen, war die Älteste. Ein dralles, kräftiges Mädchen, nicht eben eine Schönheit, aber auf ihre Weise nett anzusehen und von unbestreitbarer Anziehungskraft auf die Burschen von Lilienhecke und aus den Nachbardörfern. Male hatte ein rundes Gesicht mit einer kecken Stupsnase und blickte aus schmalen grauen Augen, die immer zu zwinkern schienen. Darüber wölbten sich pechschwarze Augenbrauen, stark und fast ein wenig zu buschig, die über der Nasenwurzel zusammengewachsen waren. Pechschwarz war auch ihr Haar, wegen seines Glanzes und seiner Fülle ihr schönster Schmuck. Male hatte es lange in zwei dicken Zöpfen getragen, aber jetzt, da sie ihr zwanzigstes Jahr überschritten hatte, zu einer Krone um den Kopf gelegt. Carl Barbeknecht machte um keines seiner Kinder viele Worte. Aber er hielt viel auf seine Älteste und dachte gar nicht daran, sie nach Landesbrauch in einen Dienst zu geben. Was sie wissen und können mußte, das lernte sie auch in der eigenen Wirtschaft. Sie würde einmal einen ansehnlichen Mann heiraten, der etwas hinter sich hatte und sich glücklich schätzen würde mit einer Frau, die ihm noch etwas zubrachte. Carl war, wie gesagt, kein reicher Mann. Aber seine Male wollte er ausstatten. Dazu würde es langen.

August, der Erbe, war zwei Jahre jünger. Carl hatte ihn erzogen, wie er selbst erzogen worden war. Der neunzehnjährige Bursche wirtschaftete auf Hof und Feldern schon wie ein Alter. Von sanftem Gemüt, das er von der Mutter hatte, und ein bißchen mundfaul, gab er niemandem Anlaß, viel über ihn nachzudenken. Carl hatte ihn das Stellmacherhandwerk lernen lassen. Da konnte er für die eigenen Fuhrwerke sorgen und noch manche Mark an den Fuhrwerken der Nachbarn verdienen. Auf den Hof würde er noch warten müssen. Carl und Louise waren zu rüstig, um schon ans Ausgedinge zu denken. Auch gab es noch gar keine Schwiegertochter. Woher denn auch, August hatte ja erst noch seinen Militärdienst abzuleisten.

Nach den beiden Großen hatte es zwei Fehlgeburten gegeben, und zwei Kinder waren im ersten Lebensjahr gestorben. Louise hatte darüber geweint, aber nicht allzu viel, denn etwas gar so Besonderes war es nicht, wenn einem ein Kleines noch an der Brust wegstarb. Gott gab es, Gott nahm es, das passierte allenthalben. Dennoch freute sie sich, als ihr, viel später, die Zwillinge Hermann und Hertha in den Arm gelegt wurden, zwei proppere, gesunde Säuglinge. Sie schämte sich auch ein bißchen, immerhin war sie schon zweiundvierzig, als sie das letzte Mal in die Wochen kam. Louise hätte nicht sagen können, warum, aber sie verband eine so späte Schwangerschaft mit der Vorstellung von Zuchtlosigkeit und lockeren Sitten. Sie genierte sich vor den Nachbarn. Andererseits wußte sie sich geborgen in einer von Staat und Kirche gesegneten Ehe, und jede der beiden Obrigkeiten billigte ihre Zwillinge. Schließlich überwog ihr Mutterglück.

Louise lebte in einer geordneten Welt. Das hielt sie für selbstverständlich. Man mußte sich nur an die geschriebenen Gesetze und die ungeschriebenen Regeln halten, die das menschliche Dasein regierten. Louise wäre nie auf den Gedanken gekommen, daß jemand aus ihrer Familie dagegen verstoßen könnte. Sie fiel aus allen Wolken, als sie erfuhr, daß Unordnung und Schande sich längst in ihr Haus geschlichen hatten.

An einem späten Oktobertag des Jahres 1896 trat Ernestine Daberkow in Louises Küche. Louise hielt darauf, mit allen Nachbarn auf möglichst gutem Fuß zu stehen. Ernestine aber hatte sie gern. Mit ihr schwatzte sich über all das, wofür sie bei Mann und bei Kindern keine Zuhörer fand. Und sie hatte immer ein offenes Ohr, wenn Ernestine ihr Herz ausschüttete. Kein Zweifel, Ernestine war eine Freundin. Louise lächelte erfreut, als die Freundin zu ihr kam.

»Willst du Kaffee, Ernestine? Er ist noch heiß.«

Aber Ernestine wollte keinen Kaffee. Sie war nicht zum Schwatzen gekommen. Sie hatte, sozusagen, eine Mission.

»Komm her, Louise, und hör mir einen Augenblick zu. Ich muß dich was fragen.«

Die beiden Frauen setzten sich an den wuchtigen Tisch am Fenster, an dem die Familie sich zu den Mahlzeiten versammelte und auf dem die Hausfrau ihre Wäsche zu bügeln pflegte. Louise wartete. Ernestine zog das Karomuster der Wachstuchdecke mit dem Finger nach und sah Louise nicht an. Ganz offensichtlich wußte sie nicht, wie sie beginnen sollte, und das beunruhigte Louise. Sie kannten einander so lange, und ihr vertraulicher Austausch war für beide viel zu wichtig, als daß sie sich von Bedenklichkeiten hätten beirren lassen. Es mußte sich um etwas Schlimmes handeln. Irgendein Unheil war den Daberkows zugestoßen. Keinen Augenblick erwog Louise ein Unglück, von dem sie selbst betroffen war.

Sie begann, die Hand der Freundin zu streicheln, hielt aber inne, als Ernestine plötzlich sagte:

»Sie reden im Dorf über Male. Und ich dachte – weil du nie was gesagt hast ... Vielleicht wißt ihr wahrhaftig noch nichts. Und man müßte doch was unternehmen. Wenn Carl ...«

Louise zog ihre Hand zurück.

»Was ist mit Male? Wer sagt was?«

»Sie kriegt ja wohl ein Kind.«

»Male? Wer sagt das?«

»Aber Louise!« Jetzt begann Ernestine, Louises Hand zu streicheln. »Guck ihr doch ins Gesicht. Sie sieht ja wahrhaftig aus wie eine, die verfallen ist. Hast du sie denn gar nicht angeguckt in der letzten Zeit?«

Louise spürte ihr Herz in schnellen, harten Stößen schlagen. Ihr Kopf schien mit Watte ausgestopft. Hinter Stirn und Schläfen fühlte sie den Schmerz, der sie in letzter Zeit öfter plagte, wenn sie sich erregte. Ihre Male! Ihr schmuckes Mädchen! Doch nicht Male!

Louise beschloß, diese ungeheuerliche Nachricht nicht zu glauben. Irgend jemand hatte ein gemeines Gerede in die Welt gesetzt, um den Barbeknechts eins auszuwischen. Es gab so viele Neidhammel und Bösschwätzer. Wenn man auf die hören würde ...

Sie versuchte, die Erinnerung niederzukämpfen, die sich in ihren schmerzenden Kopf drängte. Es gelang nicht. Ein paar Tage war es erst her, da war Louise auf dem Heimweg vom Dorfladen am Anwesen der Mielkes vorbeigekommen. Anwesen – nun ja. Höchstens zwanzig, fünfundzwanzig Morgen hatten die, bessere Kätner und natürlich voller Gift auf alle, die besser dastanden. Im Gärtchen vor dem Haus hatte die alte Großmutter auf der Bank gesessen, den ledigen Balg der Enkelin auf den Knien. Louise war stehengeblieben, um der Alten ein freundliches Wort über das Kind zu sagen. Das hätte sie bleiben lassen sollen. Natürlich wußte die Alte ihr keinen Dank. Statt dessen kicherte sie auf unangenehme Art und gab ein paar anzügliche Redensarten von sich.

»Ja, ja, unverhofft kommt oft«, hatte die Alte gegeifert. Und: »Eure Male soll ja auch recht munter sein.«

»Was ich denk und tu, trau ich andern zu«, hatte Louise geantwortet und die Alte auf ihrer Bank und in ihrem Gift sitzen lassen. Von der alten Mielke konnte niemand etwas Besseres erwarten, und jede Gutherzigkeit war an sie verschwendet. Na schön, das war die alte Mielke. Aber nun kam Ernestine, und die war nicht neidisch. Schon gar nicht war sie gemein. Sie hatte das nicht nötig, außerdem lag ihr so etwas nicht. Schließlich waren Louise und sie nicht zufällig schon so lange befreundet.

Mußte man also annehmen, daß sie die Wahrheit sprach? Dann aber hatte die Alte auch gewußt, was sie da andeutete. Louise fühlte sich elend.

»Ich hoffe, du bist dir darüber klar, was du mir da sagst, Ernestine. Wer soll denn der Vater sein zu dem Kind, he?«

Ernestine nahm jetzt auch Louises andere Hand.

»Louischen«, sagte sie bittend, »laß es nicht an mir aus. Es tut mir ja so leid, glaub mir. Aber einer mußte es dir doch sagen. Ihr müßt doch was unternehmen. Male kann den Menschen ja immer noch heiraten. Es kann ja noch alles gut werden.«

»Wen soll Male heiraten? Wer ist der Kerl?«

Ernestine druckste herum, bevor sie zögernd, fast stotternd, herausbrachte:

»Es soll ja der Junge von den Schuhmachersleuten in Lubcza sein, der Jüngste.«

»Wer?« Louise starrte die Freundin an, als hätte die ihr eben mitgeteilt, die Pest sei ins Dorf eingefallen. »Von welchen Schuhmachersleuten sprichst du?«

»Die Serowczyns«, sagte Ernestine leise und bedrückt. »Der Gregor Serowczyn ist der Vater von Males Kind. Male ist im Sommer oft mit ihm zusammengewesen. Viele haben's gesehen.«

»Nein!« stöhnte Louise. »Doch nicht die Serowczyns! Ernestine, nein, das würde Male uns nicht antun. Das kann sie ihrem Vater nicht angetan haben. Doch nicht mit einem Pollacken! Das würde Carl ja umbringen. Und wie kann sie den heiraten? Die sind doch katholisch.«

»Ja, Louise«, flüsterte Ernestine, und nun konnte man sehen, daß ihr das Unglück der Freundin wirklich naheging. Die Tränen liefen ihr übers Gesicht und tropften auf das karierte Wachstuch. »Ja, Louise. Ich wüßte auch nicht, was ich machen tät, wenn's mein Friedchen wäre. Aber am Ende ... Ich hab' ja schon länger drüber nachgedacht als du. Und ich denke, 'ne katholische Tochter ist immer noch besser als eine mit 'nem ledigen Kind.«

Louise erhob sich. Mit unsicheren Schritten ging sie hinüber zum Herd, rührte in ihren Töpfen herum, kehrte zum Tisch zurück. Stumm saßen die beiden Frauen. Endlich sagte Ernestine:

»Louise, es sind Pollacken, ja. Es sind Kathölen, ja. Aber so ein Wegwurf, wie du tust, sind sie doch auch nicht. Guck mal, der Alte, der Andreas Serowczyn ...«

»So!« fuhr Louise dazwischen. »Nennt er sich jetzt Andreas. Im Kirchenbuch steht er wohl anders.«

»Er heißt Andrzej, na ja. Sei nicht so verbittert, Louise. Das ehrt den Mann doch, daß er sich deutsch nennen will. Und von Amts wegen ist er ja auch deutsch, er ist nur polnischbürtig. Und dann guck dir mal sein Geschäft an. Warst du die letzte Zeit mal in Lubcza? Er hat das ganze Haus gekauft, in dem sein Laden ist, du weißt, das Eckhaus am Markt, an der Seite, wo die Hauptstraße durchgeht. Und er hat die zwei Erdgeschoßwohnungen dazugenommen, links und rechts neben seinem Laden, und das Ganze ist nun Laden. Vier Schaufenster, Louise! Vier Schaufenster, zwei zum Markt und zwei zur Hauptstraße. Die blinken vielleicht, Louise! Und schöne Schuhe hat er stehen in seinen Auslagen. Und warum? Weil er die besten Schuhe in der Umgegend macht, Louise, du weißt das. Da beißt keine Maus 'nen Faden ab, er ist tüchtig und ordentlich. Du weißt das. Jeder weiß das. Und gucke mal, der Gregor, das ist sein Einziger. Ich meine, er hat bloß den einen Sohn, die anderen Kinder sind ja man Mädchen. Und er hat seinen Jungen Schuhmacher lernen lassen, warum wohl? Weil er einen Erben haben will für sein Geschäft. Ist das nichts, Louise? Der Gregor als erster Schuhmacher in Lubcza und Umgegend? Na ja, die Schwestern müssen ausgezahlt werden. Aber so, wie der Laden läuft ... Meinst du nicht, daß sich die Male nicht weh tut, wenn sie neben dem Gregor steht als Frau Meisterin? Pollackisch, und wenn schon. Kathölsch, und wenn schon. Wie ich die Male kenne, wird sie doch das Ganze beherrschen.«

»Wie dir das Maul läuft, Ernestine«, spottete Louise, aber neben dem Spott schwang in ihrer Stimme eine leise Hoffnung mit. »Du hast dir das wohl schon alles von A bis Z überlegt, was?«

»Ich hab's mir überlegt«, sagte Ernestine freundlich und tätschelte von neuem Louises Hand. »Glaube mir, ich hätt' mich gar nicht hergetraut, wenn ich dir nur die Keule über den Kopf hätt' hauen können. Ich hab' versucht, alles richtig durchzudenken, damit ich dir nicht nur sage, was los ist, sondern auch, was du machen kannst.«

Louise grübelte. Auch Ernestine schwieg. Sie hatte alles herausgeredet, was zu reden war. Jetzt mußte gehandelt werden, und das war Louises Sache. Und, natürlich, Carls Sache. Ach Gott, was würde das noch für ein Gezeter geben, wenn Carl erst davon erfuhr! Wie viel einfacher wäre es doch, wenn sie, die Frauen allein, Males Malheur zu regeln hätten. Männer machten immer so vielen überflüssigen Krach und hinterher so viele Schwierigkeiten, bevor sie dann doch das einzig Mögliche taten. Es gab überhaupt nur ein einzig Mögliches. Das wußte Ernestine. Sie wußte auch, daß Louise es wußte.

Louise seufzte. »Ach, Carl! Was wird er für einen Krach machen. Wie soll ich es ihm bloß beibringen!«

»Ja, Louise.« Ernestine versuchte, ihre Stimme tröstend und ermutigend klingen zu lassen. »Bist nicht zu beneiden. Aber er wird's am Ende einsehen müssen. Mein Paul würde es auch einsehen, wenn's unser Friedchen wär' ...«

An diesem Abend knöpfte sich Louise erst einmal ihre Tochter vor. Sie war nicht gesonnen, den Sturm im Haus heraufzubeschwören, ehe sie sichere Bestätigung für die schlimme Nachricht hatte. Zweifelte sie denn noch daran? Louise gestand sich ein, daß dies um so weniger der Fall war, je länger das Gespräch mit Ernestine zurücklag. Und trotzdem! Irgendein hartnäckiger Wunderglaube hielt sich noch in einem Winkel ihres Herzens und ließ sie hoffen, daß alles bloß ein groteskes Mißverständnis sei. Gewiß, solche Dinge passierten – aber anderen! Nicht dem eigenen Kind.

Louise ging umsichtig zu Werke. Sie wünschte keine Zuhörer bei ihrem Gespräch. Als die Familie gegessen hatte, das Geschirr abgetragen war, winkte sie der Tochter.

»Komm mal mit in den Keller.«

»Jetzt? Warum?«

»Wir müssen aufräumen auf den Einmach-Regalen. Es fällt einem schon alles entgegen, wenn man mal reingreift.«

Male verzog das Gesicht. »Och, muß das sein? Ich wollte eigentlich …« Sie überlegte, was sie wollen könnte. Es mußte etwas sein, was den Vater überzeugte, damit er sie vor dem unangenehmen Auftrag bewahrte. Sie war sein Liebling, und sie wußte es. Aber bevor ihr noch etwas Brauchbares einfiel, entschied der Vater gegen sie. Male hätte es wissen können. In Haushaltsdingen ließ Carl seiner Frau das Regiment.

»Du tust, was deine Mutter sagt.«

Als sie dann an ihm vorbeiging, gab er ihr einen leichten Klaps hintendrauf, lächelte sie an und zwinkerte mit den Augen. Ganz offensichtlich distanzierte er sich von dem strengen Ton, in dem er gesprochen hatte, wenn auch nicht vom Spruch selber. Male pflegte in solchen Fällen erst eine Weile zu schmollen, ehe sie auf das Werben des Va rs einging. Heute verkniff sie sich das. Sie lächelte sofort zurück.

Im Vorratskeller angekommen, schloß Louise die Tür, wandte sich mit einem Ruck der Tochter zu.

»Also, sagst du's mir jetzt?«

Male wich zurück. Es war nicht so, daß sie auf diese Frage nicht vorbereitet gewesen wäre. Sie hatte sie im Grunde schon lange erwartet, aber wider alle Vernunft gehofft, daß sie ihr erspart bleiben würde. So war es bisher ja auch gewesen, viele Wochen lang. Als die Mutter jetzt auf sie losfuhr, geriet sie in Panik.

»Was soll ich sagen?«

»Male!« Louise hörte ihre Stimme schrill werden. Sie holte tief Luft und versuchte, ihre Erregung zu dämpfen. Es fehlte noch, daß die oben etwas mitbekamen. Vorläufig war das eine Sache zwischen ihr und Male. »Stell dich nicht dümmer, als du bist«, sagte sie leise, aber scharf. »Und halt mich bitte nicht für dümmer, als ich bin. Willst du leugnen, daß du schwanger bist? Und das muß ich von anderen erfahren«, schloß sie in bitterem Ton. »Du lügst deine Eltern an, und alle Welt zerreißt sich schon das Maul über dich.«

»Mutter«, begann Male, aber Louise fegte ihre Worte mit einer Handbewegung beiseite.

»Halt mir keine Reden. Bist du schwanger oder nicht?«

»Mutter«, begann Male zum anderen Mal, aber nach einem Blick in das Gesicht ihrer Mutter hielt sie inne und senkte den Kopf. Sie suchte sichtlich nach einer Möglichkeit, sich herauszuwinden, fand aber keine und fügte sich schließlich ins Unabänderliche.

»Ja.«

Louise setzte sich auf den Schemel vor dem Regal, das sie angeblich aufräumen wollte. Ja! Also ja! Sie holte abermals tief Luft und fragte:

»Wer war's?«

»Mutter, ich sage dir ...«

»Halt mir keine Reden, hab' ich gesagt! Ich weiß es sowieso. Ich will es aber von dir hören.«

Male brach in Tränen aus. Sie schluchzte und suchte in ihrer Schürzentasche nach einem Schnupftuch. Als sie keines fand, nahm sie die ganze Schürze und wischte sich damit Augen und Nase. Louise wartete, bis das Schluchzen leiser wurde, sagte dann:

»Male, so geht das nicht. Du kannst doch nicht glauben, daß du davonkommst, wenn du bloß lügst und heulst. Nimm dich zusammen. Wir müssen der Sache auf den Grund gehen. Ich höre, daß du dich mit dem Serowczyn-Jungen eingelassen hast. Ist das wahr?«

Male ließ die Schürze etwas sinken und warf einen scheuen Blick auf das Gesicht ihrer Mutter. Was sie sah, war nicht eben ermutigend. Aber es half ja wohl nichts. Sie tat einen langen, zitternden Seufzer und murmelte:

»Ja.«

»Also ja.« Louise begrub endgültig ihren Wunderglauben. »Du dummes Luder. Ich muß dir wohl nicht sagen, was du von deinem Vater zu hören kriegst, wenn der erst rausbekommt, daß du's mit einem Pollacken getrieben hast! Sei still! Widersprich du mir ja nicht! Was ist dir bloß eingefallen? Was hast du dir dabei gedacht?« Louises Stimme brach. Jetzt weinte auch sie, und da sie ebenfalls kein Schnupftuch fand, mußte auch ihre Schürze herhalten.

Mutter und Tochter weinten eine Weile gemeinsam. Dann raffte sich Louise auf und sprach entschlossen: »Nimm dich zusammen, Male. Und richte dich ein bißchen her. Es muß ja nachher oben nicht gleich jeder sehen, was los ist. Und jetzt wollen wir darüber reden, wie wir deine Dummheit, deine Riesendummheit ... Ja! Widersprich mir nicht! Riesendummheit, das ist noch geschmeichelt!« Louises Stimme brach von neuem. »Sag mir doch«, weinte sie, »was hat dieser Pollack, was die deutschen Jungen nicht haben?«

Male flüsterte: »Er ist so schön, Mutter.«

Louise hörte auf zu weinen und starrte Male an. »Du mußt wahnsinnig sein! Schön! Seit wann muß ein Mann schön sein? Anständig muß er sein! Ehrbar muß er sein. Und er muß etwas hinter sich haben, wenn er mit einem Mädchen ...«

Hier fiel ihr ein, was Ernestine von den Verhältnissen der Serowczyns gesagt hatte. Sie raffte sich auf. Sie mußte es sich verkneifen, mit Male ein Strafgericht abzuhalten. Es ging nicht darum, die Tochter abzustrafen. Es ging um ihre Zukunft. Viel sanfter als zuvor fragte sie:

»Weiß er's?«

»Ja.«

»Und? Was sagt er?«

Male nagte an ihren Lippen. »Er wollt' mit seinen Eltern drüber sprechen.«

»Und? Hat er? Was sagen die?«

Stille. Keine Antwort. Male nagte an ihren Lippen. Louise sagte verächtlich: »Zu feige, was? Hat lieber den Mund gehalten. Wie lange ist das her? Wann hast du's ihm gesagt?«

»Ende August.«

Louise rechnete nach. »Zwei Monate schon. Und seither hast du von ihm nichts gehört? Nichts gesehen?« Sie brauchte keine Antwort. Sie las es Male vom Gesicht ab.

»Wie alt ist dein Kerl? Na, steh nicht wie eine Bildsäule. Weißt du's nicht? Wie alt ist er? Antworte!«

»Im Januar wird er neunzehn«, sagte Male zögernd.

»Achtzehn also!« Louise war erschüttert. »Du mußt nicht bei Trost sein. Die Welt ist voller Männer, und du lachst dir ein Kind an.«

»Mutter, ich sage dir ...«

»Du sagst mir gar nichts. Ich sage dir was. Wir wollen

gar nicht darüber reden, daß der Vater von deinem Kind so alt ist wie August, und den willst du ja nie für voll nehmen. Obwohl er im kleinen Finger mehr Verstand hat als du im Kopf. Das seh'n wir ja jetzt. Schon gut, lassen wir das. Aber das muß dir doch einleuchten, daß der Serowczyn-Junge gar nicht einstehen kann für das, was er angerichtet hat, selbst wenn er es wollte, was noch gar nicht sicher ist. Sei still. So blöd kannst du doch gar nicht sein, daß dir nicht klar ist: der ist nicht mündig! Nicht mündig, Male! Was er tut oder nicht tut, das bestimmt noch lange sein Vater. Und ob der begeistert ist von eurem Fehltritt, und ob der 'ne Schwiegertochter möchte, die älter ist als sein Junge und dann noch nicht mal katholisch ...«

Louise schwieg erschöpft. Male sagte leise: »Ich könnte doch ...«

»Sicher könntest du. Falls sein Vater das überhaupt will. Und erzähl das mal deinem Vater, daß du zu den Kathölen übertreten willst.«

»Müssen wir denn ...«

»Natürlich«, sagte Louise energisch. »Bilde dir bloß nicht ein, daß du das Vater verheimlichen kannst. Du glaubst doch wohl nicht, daß du ohne ihn auskommst. Wie die Dinge liegen, wirst du ihn brauchen wie das liebe Brot. Damit er nämlich zu deinem polnischen Herrn Schwiegervater geht und dem klarmacht, daß der dich in seine Familie reinlassen muß. Dich und deinen Bastard.«

Das letzte Wort tat Louise leid, kaum daß sie es ausgesprochen hatte. Sie faßte Males Hand und sagte sanft, fast abbittend: »Dein Kind, meine ich. Wann kommt es übrigens?«

»Ende März.«

Louise rechnete. »Mein Gott, da bist du ja bald im fünften Monat! Lange kannst du das nicht mehr unter deinen Röcken verstecken. Es hilft nichts, ich werde es

Vater sagen müssen. Heul nicht. Ohne ihn geht's nicht. Dazu hast du die Sache zu gründlich verfahren. Ich sag's ihm also. Aber dann, wenn ich es richtig finde. Ich muß erst noch nachdenken. Halt den Mund und nimm dich zusammen. Vor allem auch gegenüber August. Die Kleinen verstehen noch nichts, Gott sei Dank. Mit vier ist man noch zu dumm.«

Louise bewahrte das schlimme Geheimnis noch vierundzwanzig Tage. Zuerst hatte sie gedacht: Gib dem Mädchen ein, zwei Wochen. Vielleicht trifft sie ihren Kerl und bringt ihre Sache allein in Ordnung. Es ist leichter, vor Carl zu treten, wenn man ihm gleich auch eine Hochzeit ankündigen kann. Dann hatte sie noch einen Tag dazugegeben und noch einen, immer in der Hoffnung, es möchte auch ohne ihr Zutun etwas geschehen. Es geschah nichts.

Am 19. November, einem Donnerstag, setzte sie der Frist entschlossen ein Ende. Und zwar, weil August zu Mittag mit seiner Schwester um einen Kartoffelkloß gestritten hatte, den letzten in der Schüssel. »Immer kriegt sie alles. Ich arbeite mehr als sie, jedenfalls schwerer. Aber immer kriegt sie alles. Dabei ist sie schon dick genug. Paßt ja kaum noch in ihren Rock.«

Carl hatte, wie gewöhnlich, den Streit zugunsten Males entschieden. Louise hatte nichts gesagt. Aber sie fühlte, wie ihr am ganzen Körper der Schweiß ausbrach. Solch ein Schreck! Es fehlte nicht viel, und die Sache wäre aufgekommen, einfach so, am Mittagstisch, in Gegenwart der anderen Kinder. Es gab nichts mehr zu warten. Sie mußte es sagen.

Am Abend, in der Schlafstube, erzählte sie Carl alles.

Kurz darauf stürmte Carl aus der Schlafstube, durchquerte die Küche, polterte in den Hausflur und brüllte die Treppe hinauf zum Oberstock:

»Male!«

Louise lief hinter ihrem Mann her, faßte ihn am Arm und bat:

»Carl, nicht doch! Mach doch das nicht! Ich hab' doch schon alles mit ihr durchgeredet. Es hilft doch nichts, wenn du jetzt ...«

Carl schüttelte sie ab. Er kochte vor Grimm.

»Male!«

Oben war noch immer alles still. Dann hörte man Schritte, und ein Kopf erschien über dem steilen Treppengeländer. Aber es war nicht Male, es war August, der erstaunt fragte: »Warum schreist du denn so? Was ist denn passiert?«

»Schick mir deine Schwester runter. Aber sofort. Und du gehst wieder ins Bett. Und sieh zu, daß die Kleinen oben bleiben.«

August zuckte die Schultern und schlurfte davon. Louise flehte: »Komm, Carl, komm in die Küche. Setz dich hin und beruhige dich. Werd' erst mal ruhig, bis das Kind kommt. So kannst du doch nicht mit ihr reden.«

Schwer atmend setzte sich Carl auf seinen Platz am Eßtisch. Aber er stand gleich wieder auf und ging zur Wand neben der Schlafstubentür, wo an einem Nagel der Korbatsch hing, eine mehrschwänzige Lederpeitsche. Carl hatte den Korbatsch so gut wie nie gegen seine Kinder angewandt, und wenn, dann nur andeutungsweise. Meist hatte er nur damit gedroht. Jetzt legte er den Korbatsch quer über seine Knie, und er sah nicht so aus, als ob er bloß drohen wollte.

»Carl!« rief Louise und hob beschwörend die Hände. »Versündige dich nicht! Sie bleibt unser Kind, egal was ...«

In diesem Augenblick kam Male herein, im leinenen Nachthemd und barfuß. Sie blieb wie angewurzelt stehen, als sie ihren Vater mit dem Korbatsch sitzen sah,

Grimm im Gesicht, ohne auch nur die Spur der Freundlichkeit, die er sonst für sie hatte.

»Komm her. Mach die Tür zu. Wird's? Tür zu. Da stell dich hin.«

Male stellte sich auf den angewiesenen Platz, drei Schritte vor dem Vater. Sie zitterte. Es war auch nicht mehr warm in der Küche. Im Herd gloste nur noch ein wenig Glut für den nächsten Tag. Carl ließ seinen Blick an ihr hinauf wandern, dann wieder hinab.

»Ich höre«, sagte er heiser, und er mußte sich räuspern, bevor er fortfahren konnte, »ich höre, daß du ein Hurenbalg im Leib hast. Und ich höre, daß ein Pollack der Vater dazu ist. Stimmt das?«

Male senkte den Kopf. Carl legte die Hand hinter's Ohr.

»Ich hör' nichts.«

»Ja«, flüsterte Male.

»So«, sagte Carl mit gepreßter Stimme. »Du wagst es also ... Du kommst hier nach Hause, und ...«

Er verstummte. Es fiel ihm einfach nicht ein, was er jetzt noch sagen könnte. Er hatte ja schon alles gesagt. Hurenbalg ... Pollack ... Er wollte sich nicht einfach wiederholen. Und steigern ließ sich diese Anklage nicht. Sie sollte sich aber steigern lassen! Das, was ihm da widerfuhr, war so fürchterlich, so unausdenkbar. Es mußte etwas Fürchterliches, Unausdenkbares her, was er sagen konnte. Oder tun konnte.

Carl sprang auf und ließ den Korbatsch drei-, vier-, fünfmal auf Males Leib niedersausen.

»Du Hurenstück! Du verworfenes Geschöpf! Haben wir dich dazu ...«

Louise hatte schon mehrere Versuche gemacht, ihn aufzuhalten. Jetzt erwischte sie den Korbatsch, riß ihn aus Carls Hand und warf ihn in die Ecke. Tränen strömten über ihr Gesicht.

»Du versündigst dich, Carl! Willst du sie tot schlagen? Wenn du das tust, schlägst du zwei tot! Bedenke das, Carl!«

Male weinte laut. Ihr Vater starrte sie an. Dann stöhnte er auf, ließ sich auf seinen Stuhl fallen und schlug die Hände vor das Gesicht. In der Küche war es still. Nur das Eisen der abkühlenden Herdplatte knackte leise. Und hin und wieder schluchzte eine der beiden Frauen.

Schließlich nahm Carl die Hände herunter und sah seine Tochter an. Male stand immer noch auf dem Platz, den er ihr angewiesen hatte. Sie hatte nicht gewagt, sich wegzurühren.

»Geh. Scher dich ins Bett.«

Er mußte es nicht zweimal sagen.

Louise nahm ihn bei der Hand. »Komm, Carl. Komm auch schlafen.«

Völlig erschöpft, ließ der schwere Mann sich führen wie ein Kind. Er fiel auf sein Lager und zog sich das dicke Federbett bis zu den Ohren hoch. Daß er schlafen könnte nach dieser Katastrophe, die ihn im Kern seines braven Lebens getroffen hatte, damit rechnete er nicht. Er schlief auch nicht. Louise, schlaflos wie er, merkte es wohl, obgleich er sich mäuschenstill verhielt. Sie wartete eine Weile. Und als sie noch immer nicht die tiefen Atemzüge hörte, die ihr in anderen Nächten signalisiert hatten, daß alles war, wie es sein sollte, faßte sie sich ein Herz.

»Carl.«

Carl spürte die Hand seiner Frau und erwiderte den Druck. Aber er sagte nichts.

»Carl, mein Lieber. Du brauchst mir nichts zu sagen. Ich weiß, was du fühlst. Denk bloß nicht, daß es mir anders geht.«

Stille.

»Carl. Ich bin genauso entsetzt wie du. Genauso unglücklich. Ich weiß es bloß schon ein bißchen länger. Ich hab' schon ein bißchen drüber nachgedacht. Carl, mit Schimpfen und mit dem Korbatsch schaffst du das nicht aus der Welt. Jetzt hilft nur Vernunft. Siehst du das nicht ein?«

Stille.

»Ach, Carl, sag doch ein Wort. Es hilft doch nichts, du weißt das doch. Es gibt doch nur eins, Carl. Male muß den Kerl heiraten ... Carl, laß! Reg dich nicht wieder auf! Ich weiß, ich weiß ... Sie wird katholisch werden müssen, und das ist dir schrecklich. Meinst du, mir nicht? Aber was ist dir lieber: eine katholische Tochter oder eine mit einem ledigen Kind?«

Dankbar dachte Louise an Ernestine, die ihr dieses Argument geliefert hatte.

»Du willst nicht, daß deine Tochter Serowczyna heißt. Ich auch nicht. Das kannst du mir glauben. Aber Carl – man muß die Kirche im Dorf lassen, nicht wahr? Was die Serowczyns angeht ... Sie sind nicht eben ein Auswurf. Sei still. Hör mal zu. Carl ...«

Louise breitete in der Dunkelheit vor dem schweigenden Carl alles aus, was sie damals, im Oktober, von Ernestine gehört und was sie seither in ihrem Herzen bewegt hatte. Sie redete und redete, angefeuert von dem Wunsch, alles wieder in die Reihe zu bringen, zurückkehren zu können in die Ordnung, die bisher in ihrer Familie geherrscht hatte. Sie hatte sich dutzende Male wiederholt, als sie endlich schwieg. Sie fühlte sich wie leergeronnen. Womit konnte sie ihren Mann noch beeindrukken? Wenn ihr nur etwas eingefallen wäre, Louise hätte noch stundenlang geredet. Aber es fiel ihr nichts mehr ein. Und noch immer hatte Carl nichts gesagt.

»Carl?«

Stille. Carl räusperte sich. Aber er sagte noch immer nichts.

»Carl?«

Carl drehte sich ächzend auf die Seite. Louise machte sich steif, lag ganz still, um auch nicht den leisesten Ton zu überhören. Sie hielt den Atem an und wartete. Schließlich brummte Carl vor sich hin. Zu verstehen war nichts.

»Carl? Hast du was gesagt? Sag's noch mal, Carl.«

»Wir werden seh'n, Louise. Wir werden seh'n.«

Wir werden seh'n, Louise. Viel war das nicht. Aber Carl hatte nicht nein gesagt. Er wollte sich die Sache überlegen. Er gab zu, daß da überhaupt etwas zu überlegen war. Das war mehr, als man hoffen konnte, nachdem er vorhin, in der Küche, seinen schlimmen Wutanfall gehabt hatte.

Louise faltete die Hände. Tonlos bewegte sie ihre Lippen: »Gelobet sei der Herr täglich. Gott legt uns eine Last auf, aber er hilft uns auch.«

Für einen Mann von Carl Barbeknechts Ansichten und Überzeugungen war es ein arges Ding, den Bittgang nach Lubcza anzutreten. Ein Bittgang war es. Carl machte sich keinen Augenblick etwas vor. Vier, fünf Jahre lang, seit seine Male in das Alter gekommen war, in dem man schon mal an eine Heirat denken konnte, hatte Carl sich als einen Mann gesehen, der etwas anzubieten hatte: eine schmucke Tochter und eine Mitgift, wie sie nicht jeder seinem Mädchen mitgeben würde.

»Wir haben's nicht eilig. Meine Male ist eine Partie!«

Ja, das war einmal. Zu einer schlechten Partie hatte sie sich gemacht, das undankbare Frauenzimmer. Sie hatte es soweit getrieben, daß man dem Kerl noch die Hände küssen mußte, der sie geschwängert hatte, wenn er nur mit ihr zum Altar ging. Er, Carl Barbeknecht, mußte sich jetzt vor dem pollackischen Emporkömmling demütigen, damit der die Gnade hatte, seinem Bengel die Heirat mit Barbeknechts Tochter zu erlauben. Gregor Serowczyn …

Wenn der Bursche auf seinen Hof gekommen wäre, ohne daß jemand wußte, was zwischen ihm und Male im Gange war – Carl hätte ihn unter seine Schnitter oder Rübenhacker gesteckt, ihm das Arbeiten beigebracht, dem faulen Polen, ihm, wenn er nicht gehorcht hätte, ins Genick gehauen oder ihn rausgeschmissen! Und jetzt, Pan Gregor, muß ich höflich zu dir sein und zu deinem Pan Vater. Ich kann mich nicht mal beschweren, daß ich dir meine Tochter ausliefern muß, ein Mädchen wie keines. Sie hat sich dir schon selbst ausgeliefert, das Unglücksmensch, das Miststück. Ins Heu ist sie mit dir gegangen, der Gierschlund, der ehrvergessene. Als ob es nicht deutschbürtige Freier genug gegeben hätte, unter denen sie nur hätte aussuchen müssen, jeder besser als du, du Hund!

Carl wußte, daß er den Haß, der in ihm tobte, in seinem Inneren verbergen mußte. Wenn er bei den Schuhmachersleuten in Lubcza etwas erreichen wollte, dann mußte er Freundlichkeit zeigen. Nicht Unterwürfigkeit, Gott im Himmel, das nicht! Aber freundlich und höflich mußte er schon auftreten. So wie die Dinge lagen, war er der Freier – der Teufel soll's holen –, nicht der junge Mensch, der sein Schwiegersohn werden sollte. Er konnte sich glücklich schätzen, wenn dem Herrn Serowczyn seine Male, sein Mädchen, gut genug war für seinen Erben.

»Laß sich nicht über mich freuen, die mir unbillig feind sind, noch mit den Augen spotten, die mich ohne Ursache hassen! Denn sie trachten, Schaden zu tun, und suchen falsche Anklagen wider die Stillen im Lande und sperren ihr Maul weit auf wider mich und sprechen: ›Da, da, das sehen wir gerne.‹ Herr, du siehst es, schweige nicht. Herr, sei nicht ferne von mir! Erwecke dich und wache auf zu meinem Recht und zu meiner Sache, mein Gott und Herr!«

Carl sagte »Amen« und erhob sich von seinen Knien. Er hatte seine Sache Gott befohlen, wie er es gelernt hatte in der Schule, im Konfirmandenunterricht und an den Sonntagen seiner Erwachsenenjahre, wenn er in der Kirche der Predigt lauschte. Das war gut, aber nicht gut genug. Gott half denen, die sich selber zu helfen imstande waren. Das hatte man ihm beigebracht. Er mußte nach Lubcza gehen. Und das so bald wie möglich, denn der Male wölbte sich schon der Rock, es war nicht zu übersehen.

Carl brauchte drei Tage, bis er sich überwunden hatte. Am Sonntag nach jenem Donnerstag, an dem Louise ihn mit dem Bankrott seiner bisherigen Gewißheiten konfrontiert hatte, am 22. November 1896 um die Mittagszeit, machte er sich auf den Weg. Zurück blieb Louise, die zwischen Zuversicht und Angst schwankte und ihre Spannung von Zeit zu Zeit in Tränenausbrüchen entlud. Zurück blieb Male, die nervös an den Fingernägeln kaute und ihre nichtsahnenden Geschwister mit bissigen Reden aus ihrer Nähe scheuchte. Schließlich flüchtete Male sich in ihre Kammer im Oberstock, sicherte die Tür mit dem Riegel und warf sich aufs Bett.

Die Wartefolter dauerte fast sechs Stunden. Das war sonderbar, denn die Straße zwischen Lilienhecke und Lubcza maß sechs Kilometer, und Carl hatte die Kutsche genommen, die beiden starken Braunen vorneweg. Länger als eine Dreiviertelstunde konnte er für die Strecke nicht gebraucht haben, dazu vielleicht noch eine Viertelstunde, um das Städtchen zu durchqueren und das Fuhrwerk zu versorgen. Das machte, für Hinweg und Rückweg, zwei Stunden. Und die übrige Zeit? Sollte man glauben, daß er so lange bei den Serowczyns saß? Hatten sich die beiden Väter zusammengeredet? Waren sie übereingekommen, und nutzten sie die Sonntagsstunden, um die Zukunft ihrer Kinder und ihres Enkelkindes zu besprechen und die finanziellen Grundlagen für den jungen Haushalt auszuhandeln?

Louise entschied sich für die Hoffnung, die in Carls langem Ausbleiben beschlossen war. Sie steigerte sich in rosenrote Phantasien, in denen Male, angetan mit einer blendendweißen Schürze, im Schuhmacherladen stand und Münzen und Scheine in die Ladenkasse legte. Im Hintergrund, in der Werkstatt, die sie nie gesehen hatte, überwachte Gregor Serowczyn die Arbeit der Gesellen und fertigte Entwürfe für besonders schönes oder besonders schwierig zu machendes Schuhwerk, wie nur er es herstellen konnte. Oder er kroch durch die vier Schaufenster, deren Scheiben Male leuchtend blank geputzt hatte, und ordnete die Arbeit seiner Hände zu einer gefälligen Auslage an.

Aber Louises Hoffnungsbilder hielten nicht stand, wenn die Angst kam. Und sie kam immer wieder, in Wellen, wie das Wasser der Ostsee oben im Norden, von der Louise viel gehört, die sie jedoch noch nie mit eigenen Augen gesehen hatte. Anständige Leute reisten nicht herum. Bleibe im Lande und nähre dich redlich. Redlich, das ist arbeitsam. Arbeitsame Leute waren sie, die Barbeknechts, also auch redliche Leute. Da konnte sich jeder gratulieren, der mit ihnen zu tun bekam. Jeder, der eines ihrer Kinder nahm und sich mit ihnen verschwägerte. Besonders so ein Pollack, der hinaufheiraten würde, wenn er die Male …

Louise versuchte, sich wieder in das Bild des glänzenden Schuhmacherladens hineinzusteigern. Es gelang nicht gut. Sie war nervös, geradezu fiebrig. Sie hätte sich gern durch Arbeit abgelenkt, aber es war Sonntag, der Tag des Herrn. Man arbeitete nicht am Sonntag, abgesehen vom Melken und vom Füttern. Für beides war es noch zu früh. Louise wagte gar nicht, daran zu denken, wie es Male zumute sein mußte. Ihr war selber übel genug. Sie hatte keine Kraft übrig, auch noch einer heulenden Tochter Mut zuzusprechen. Sie fühlte sich auch zu fahrig, um die ständig fragenden, jauchzenden, plärrenden Zwillinge zu ertragen. Die Kleinen waren seit dem Mittagessen in Ernestines Obhut.

Gegen fünf hielt Louise es nicht länger aus. Sie rief nach Male und August und machte sich ans Melken. Gewöhnlich fing sie damit erst eine Stunde später an. Aber abgesehen von ihrer Unruhe, wollte sie gern fertig sein, wenn Carl zurückkam. Gewöhnlich wurde sie nur von Male unterstützt. Heute jedoch scheute Louise das Alleinsein mit der Tochter. Die würde natürlich von ihrer Sache anfangen. Louise wollte nicht darüber reden. Nicht, bevor sie wußte, wie Carls Unternehmen ausgegangen war.

Gegen sechs hörte sie die Kutsche anrollen. Sie lief zum Hoftor, öffnete beide Flügel, lief dem Gefährt nach, als Carl es in die Remise bugsierte. August kam, half dem Vater, die beiden Braunen auszuspannen, und brachte sie in den Stall. Louise spähte in ihres Mannes Gesicht, aber daraus ließ sich nichts ablesen.

»Du kommst so spät. Bist du die ganze Zeit ...?«

»Gleich, Louise. Komm in die Küche. Ruf die Kinder.«

Louise rief zum Stall hinüber, in dessen Tür Male erschien. Als auch August auf den Hof trat, winkte Louise ab.

»Geh füttern.«

Carl widersprach. »Bleib, August. Laß gut sein, Louise. Das Viehzeug kann noch eine Viertelstunde warten. Ja, ich weiß, was du meinst. Aber das geht jetzt alle an. Auch August. Er muß wissen, was er antworten soll, wenn man ihm was sagt. Und man wird ihm was sagen. Man wird uns allen was sagen. Wo sind die Kleinen?«

»Bei Daberkows. Aber Carl, was ist denn ... Du redest so ... Du machst mir angst ...«

Carl winkte ab. »Bei Daberkows. Gut. Laß sie noch dort. Komm rein. Kommt alle rein.«

Carl Barbeknecht stapfte schwerfällig in sein Haus. Frau und Kinder hinter ihm her wie die Gänse hinter dem Ganter.

»Setzt euch. Eure Mutter hat mich gefragt, wo ich so lange war. Ich hab' einen Umweg gemacht über den Vandsburger Forst. Seit halb vier bin ich da rumgerannt.«

»Rumgerannt? Im Wald?« sagte August erstaunt.

Louise griff sich an den Hals. »Soll das heißen ...«

Male stieß einen erstickten Laut aus. Sie war ganz blaß und hatte ihre schmalen Augen so weit aufgerissen, daß sie jetzt fast rund wirkten.

Carl räusperte sich die Kehle frei. »Ja, Louise, das soll es heißen. Einen Tritt hab' ich gekriegt. Einen Tritt für meine liebe Tochter. Ich werd's meiner Lebtage nicht vergessen. August, deine Schwester bekommt ein Kind. Ja. Mach's Maul zu. Ich sehe, du hast nichts gewußt. Ehrt dich. Ich war heut' bei ihrem Beschäler. Still, Louise, ich weiß schon. Ich nehm' mich schon zusammen. Nichts für ungut. Ich war also bei dem Herrn, der dein Schwager hätte werden sollen, August. Oder vielmehr, ich war bei den Herrschaften, die die Schwiegereltern deiner Schwester hätten werden sollen. Es sind die Schuhmacher in Lubcza am Markt, du hast den Laden sicher schon gesehen, August. Serowczyn heißen sie. Merkst du was? Pollacken, August. Und der Sohn, der hat deiner Schwester das Kind gemacht.«

Carl atmete schwer und ballte die Fäuste. Der Zorn machte seine Stimme heiser. August starrte den Vater ungläubig an. Male schaute in ihren Schoß. Sie war jetzt nicht mehr blaß, sondern über und über rot. Ihre Mutter saß mit geschlossenen Augen. Sie hatte die Hände gefaltet und bewegte die Lippen. Louise sandte stumme Stoßgebete an ihren Schöpfer.

»Gregor Serowczyn. Ein hübscher Junge, wie mir gesagt wurde. Seine Mutter hat mir das gesagt. Und das war das einzige, was ich zu hören bekam, womit sie mich nicht geohrfeigt haben. Rote Haare, kupferrot, und braune Augen, schräg im Gesicht, ganz wie die Frau Mutter. Hab' sein Bild gesehen, ein großes Foto, koloriert, ganz wie im Leben. Hängt bei denen in der Wohnstube. Ihn selbst hab' ich nicht gesehen. Er ist nicht mehr da. Nein, Male, deinen Gregor schlag dir aus dem Kopf. Er ist nach Amerika. Schon vor mehr als zwei Monaten, im September also.«

Nach Amerika. Nach Amerika! Es war nicht zu fassen, und Louise faßte es auch nicht. Male saß unbeweglich. Sie schaute niemanden an.

»Du mußt einen tollen Eindruck auf deinen Gregor gemacht haben, Male. Der Gedanke, dich zu heiraten, muß ihn ärger gebrannt haben als die Hölle. Stell dir mal vor, was er alles zurückgelassen hat: sein Erbe, all seine Aussichten, er war ja der einzige Sohn, seine Eltern hätten alles an ihn gehängt. Aber er hat es hingeschmissen, bloß dafür, daß er dich nicht heiraten muß. Daß du dich nicht schämst, dich an einen solchen Kerl weggeworfen zu haben! Halt den Mund, Male. Im besten Fall ist er ein Schlappschwanz und Lahmarsch, wenn er rennt, sobald die Alten pfeifen. Heul nicht. Das ist jetzt alles zu spät. Hättest du auf die Lehren deiner Eltern gehört.«

Louise sagte mit dumpfer Stimme: »Rote Haare und Ellernholz, die wachsen auf keinem guten Grunde.«

»Genauso ist es. Du denkst, deine Eltern sind alt und reden alte Sachen. Aber sie reden Wahrheiten, mein Kind. Alte Wahrheiten, aber wahre Wahrheiten. Und wenn dein rothaariger Gregor kein Schubjack ist, dann ist seine Mutter einer. Die ist auch rothaarig. Und katholisch. Was hab' ich dir immer gepredigt? Kathölen taugen nichts. Pani Serowczyna, für die kommt eine protestantische Schwiegertochter gleich nach dem Teufel. Da schickt sie ihren Herzjungen lieber zu den Indianern, auch wenn ihr das die Eingeweide aus dem Leib und das Geld aus dem Kasten zieht. Denn natürlich haben sie ihm die Taschen voll Geld gestopft, damit er bloß keinen Grund hat, nicht zu fahren. Das hat sie mir noch so richtig aufs Butterbrot geschmiert.«

August sagte ungläubig: »Sie hat dir direkt gesagt, daß sie ihn weggeschickt haben, um ihn von der Male wegzubringen?«

»Nein, das nicht. Mit dem Geld hat sie angegeben. Und wie sie ihn ausgestattet haben. Wie einen Prinzen. Von Male hat sie nichts gesagt. Er auch nicht. Er hat sowieso sie reden lassen und immerzu bloß genickt.«

August beharrte: »Aber sie müssen doch irgendwas gesagt haben zu der Sache mit Male. Du hast doch über Male geredet, oder nicht?«

»Natürlich. Aber von Male wußte sie nichts. Sagt die Pani. Nie was von ihr gehört. Sagt Madame. Von einem Kind wissen sie nichts. Wollen auch nichts wissen. Fehlte bloß noch, daß mir die Pani ins Gesicht schmiß, wer weiß, von wem der Bankert ist. Nein, Louise, sie hat es nicht getan. Er auch nicht. Aber daß sie's beide gedacht haben, das konnte man mit Händen greifen. Doch, Louise, ich denke auch, daß sie sich darüber klar sind, es ist auch ihr Enkel. Aber das ist ihnen egal. Ich glaube, die würden lieber eine Landstreicherin als Schwiegertochter annehmen, wenn die katholisch wäre, als eine Bauerntochter aus guter Familie, wenn die evangelisch betet. Na, egal. Der Kerl ist jedenfalls weg. Da langst du nicht hin, Male. Der ist dir entwischt. Und das sage ich dir: Wenn mein Arm so lang wäre, daß ich bis nach Amerika reichen könnte – ich würde dir deinen Gregor nicht zurückholen. Ich würde ihn totschlagen. Nicht deinetwegen, meine Liebe! Meinetwegen! Dafür, daß ich dagesessen bin und hab' mich gedemütigt vor diesem Pack. Weil ich fast eine

Stunde vor ihnen gekrochen bin und hab' mich behandeln lassen wie einen Luden, der ehrbaren Leuten mit Zumutungen kommt. Wenn er je wiederkäme – aber er wird nicht, Male, er wird nicht –, aber wenn er je käme, ich wollte ihn nicht als Schwiegersohn, und wenn er das einzige Mannsbild wäre auf Gottes weiter Welt. Ich würd' ihn mit dem Feuerhaken erschlagen für das, was er und seine Bagage mir angetan haben.«

»Carl! Um Himmels willen! Leg dich, leg dich lang auf die Bank! Ich mach' dir einen Trank. Ich misch' dir einen Schnaps mit Baldrian.«

»Laß, Louise. Es geht schon. Ich bin nicht krank. Ich sterb' auch nicht. Jedenfalls jetzt noch nicht. August, wenn dir jemand was sagt über den rothaarigen Bock, den Serowczyn, dann schlag dem eins in die Zähne. Laß dir nichts gefallen. Und nun geh füttern. Louise, hol jetzt die Kleinen. Und du, Male, laß das Plärren. Hättest beizeiten … Ach, was soll das jetzt. Ist alles zu spät. Richte dich darauf ein, daß du den Schuhladen in Lubcza nie von innen seh'n wirst. Es sollte mich nicht wundern, wenn überhaupt nie jemand an dir hängenbleibt. Denn wer dich jetzt noch nimmt, das muß ein sauberer Filou sein! Aber wer weiß … Ich hab' immer gedacht, ich wüßte ganz sicher, was ist und was kommt. Und jetzt weiß ich gar nichts … Bis auf eins, und das ist gewiß: Du wirst ein Kind haben und keinen Mann.«

2 / In einer Hinsicht irrte Carl Barbeknecht: Es fand sich ein Mann, der an Male hängenblieb. Im übrigen behielt er recht: Der Mann, der bereit war, die ledige Mutter zu heiraten, erwies sich als Filou. Das alles ereignete sich aber erst später, als Males Kind schon ein Vierteljahr und länger auf der Welt war.

Es war eine Tochter, und sie wurde am 26. März 1897 geboren. Die Geburt ging leicht vonstatten, es gab nicht die geringsten Schwierigkeiten. Alles vollzog sich so schnell, daß die eilends gerufene Hebamme nicht mehr rechtzeitig kam. Louise war es, die das kleine Mädchen in Empfang nahm. Der weisen Frau blieb nur noch, das Neugeborene abzunabeln und es zu versorgen, sich dann um die Wöchnerin zu kümmern. Am hellen Morgen hatte die ganze Sache begonnen, am Mittag schon war alles ausgestanden.

»Wie die Karnickel!« murrte Carl, als Louise gelaufen kam, um ihn an Wochenbett und Wiege zu rufen. Er war randvoll mit zwiespältigen Empfindungen. Als Male sich morgens in der ersten Wehe krümmte, fühlte er Sorge und sogar ein bißchen Angst. Er begann zu beten. Lautlos, mit unbewegten Lippen, ersuchte er Gott, seinem Mädchen beizustehen, sie nicht am Leben und auch nicht an der Gesundheit zu strafen für ihre Sünde. Aber als ihm seine Bitte dann so geschwind und über alle Hoffnung hinaus erfüllt wurde, fühlte er sich fast gekränkt. »Du sollst mit Schmerzen Kinder gebären«, so stand es geschrieben, und für den bibelfesten Mann flossen Gottes Weisung und Gottes Gnade ineinander. Er konnte sich nicht vorstellen, eines ohne das andere zu haben. Freilich war seine diesbezügliche Vorstellung etwas undeutlich. Er hätte nicht erklären können, warum ihm eine mühselige Geburt so viel erlesener vorkam als eine schnelle, unkomplizierte. Aber tief in seinem Inneren hegte er die Gewißheit, daß die Art, wie Male sich ihrer Bürde entledigt hatte, mit einem Ruch von Liederlichkeit behaftet war. Wenn Gott, seinem Spruch entgegen, dies so hatte geschehen lassen, so gewiß, um ein Zeichen zu setzen. Dafür nämlich, daß diese Geburt, wie vorher die Zeugung, nicht in der Gnade geschah.

Carl beeilte sich nicht, sein Enkelkind in Augenschein

zu nehmen. Das hatte nichts mit dessen fragwürdiger Geburt zu tun. Jedenfalls glaubte Carl, daß es so sei. Er hatte sich und seinem Schöpfer gelobt, das Sündkind nicht anders zu behandeln als seine eigenen Kinder. Aber da war noch etwas, was ihm Unbehagen bereitete. Wie würde das aussehen, was ihn da in der Wiege erwartete? Würde er nicht womöglich einen Rotschopf auf dem Kissen liegen sehen, braune Äugelchen schräg im Säuglingsgesicht? Hatte dieser Mensch, dessen Name nicht mehr genannt sein sollte unter anständigen Leuten, seine Spur hinterlassen, unauslöschlich und für jedermann sichtbar? Carl graute es bei dem Gedanken, daß er in seinem Enkelkind täglich diesem Strolch wiederbegegnen müßte und auch dessen Mutter, dem hochmütigen Luder.

Das Kind war nicht rothaarig. Carl sah es mit Erleichterung, nachdem Louise ihn endlich doch in die Wochenstube bugsiert hatte. Die flaumigen, übrigens recht langen Härchen, die den kleinen Kopf bedeckten, waren tiefschwarz, wie die Haare der Mutter. Der Schnitt der Augen, nun freilich, der stammte nicht von Male oder von Males Eltern. Carl schaute beklommen. Das Kind klappte die Lider hoch, und er beugte sich vor. Die Augen, die, blicklos noch, zum Vorschein kamen, waren von einem sanften, grünlich schimmernden Grau. Male hatte steingraue Augen. Doch wer immer dem Kind diesen Grünschimmer vererbt hatte – alles war recht, so lange es nicht dem Schubjack ähnelte.

»Sie wird Rose Carline heißen«, sagte Louise und sah ihren Mann erwartungsvoll an. Carl fühlte sich geniert. Ganz offenkundig wurde von ihm erwartet, daß er sich nun gerührt zeigte. Darauf hatten sie es angelegt, alle beide, Louise und Male. Da sagte Louise auch schon: »Male hat sich das ausgedacht.« Na also, ich hab's doch gewußt!

Rose war der Name von Carls Mutter gewesen. Sie war gestorben, als sie erst dreiunddreißig Jahre zählte, im

Kindbett übrigens. Carl, damals ein Bürschchen von sechs, hatte den Verlust lange nicht verwinden können, obwohl ihm sein Vater etwas sehr Seltenes bescherte, eine gute Stiefmutter nämlich. Des Vaters zweite Frau war ein lieber Mensch, niemand konnte etwas anderes von ihr sagen, auch der kleine Carl nicht. Dennoch fremdelte er lange vor ihr, und auch später, als er schon vernünftig war, brachte er es nicht fertig, ihre Herzlichkeit in vollem Maße zu erwidern. Er wußte gut genug, daß sie seine richtige Mutter nicht verdrängt hatte. Als er alt genug war, begriff er auch, daß die Stiefmutter der Mutter gegenüber im Nachteil war. Denn diese mußte, weil sie lebte, sich mit den Ärgernissen des Alltags beflecken. Jene war allem entrückt, ein fehlerloses Bild, vom Sehnsuchtsglanz schöner Erinnerungen umstrahlt.

Und nun sollte es also eine neue Rose Barbeknecht geben. Sie wollten ihm das Kind angenehm machen. Auch noch Carline, damit er selbst sich widergespiegelt fände. Dummes Zeug! Er würde dem Kind ein pflichtgetreuer Vormund sein. Wer sonst als er? Niemand sollte ihm etwas vorwerfen können. Aber mit solchen Mätzchen konnte ihn niemand rühren. Carline! Nun, dieser Name würde sowieso nur in den Papieren stehen. Aber der andere Name, bei dem würde das Kind gerufen werden. Rose! Grenzte es nicht an Anmaßung, das Unglückswurm in einen so innigen Zusammenhang mit der ehrbaren, in Ehren geliebten Frau zu bringen, die Gott so früh zu sich genommen hatte?

Es gab keine Möglichkeit, den Frauen ihren Einfall auszureden. Das hätte so ausgesehen, als sei er dem kleinen Ding gram, das doch vollkommen unschuldig war und an all der Wirrnis keinen Anteil hatte. Carl fühlte sich unbehaglich.

»Nett gedacht«, murmelte er. »Wirklich. Dank euch schön.«

Louise schaute ihn an. Sie hatte damit gerechnet, daß Carl so reagieren würde. Gleich als Male mit den Namen herausrückte, hatte sie gewußt, was er denken und tun würde. Sie kannte ihn zu gut, um sich Illusionen zu machen. Ihr selbst war es ziemlich gleichgültig, wie das Kind hieß. Sie wußte sich frei von irgendwelchen sentimentalen Bindungen an die Schwiegermutter, die sie nie gekannt hatte. Was Male anbetraf, so war die Namenwahl eine Versöhnungsgeste. Und wenn Carl nur halbherzig darauf einging, dann mußte Male das mit ihrem Vater abmachen. Louise wollte sich nicht länger in dem Versuch verzehren, zwischen Vater und Tochter zu vermitteln. Sie wollte etwas ganz anderes.

Louise wollte Males Kind. Deswegen wünschte sie, daß Carl dem Neugeborenen Liebe entgegenbringen könnte. Sie brauchte dieses Kind. Sie mußte es haben. Denn sie hatte in diesem selben Jahr eines ihrer Kinder verloren. Im Januar war es gewesen, als die Zwillinge am Scharlachfieber erkrankten, erst Hermann, dann Hertha. Die Krankheit ging durchs Dorf. Fast alle Kinder von Lilienhecke wurden von ihr erfaßt. Alle überstanden es, auch Hermann. Hertha nicht. Die kleine Hertha, noch keine fünf Jahre alt, starb am letzten Januartag. Louise fühlte sich vernichtet. Sie war jetzt bald siebenundvierzig, ging auf die Fünfzig zu. Ein eigenes Kind würde sie nicht mehr haben. Es gab keine Wunder. Louise dachte nicht mehr an Leichtfertigkeit und mangelnde Zucht. Sie hätte gern noch ein Kind gehabt.

Hertha ersetzen!

Den Traum konnte sie begraben, wie ihr Töchterchen. Aber nun war das Kleine da, das Male geboren hatte. Male konnte es nicht brauchen. Wenn sie noch einen Mann finden wollte – was sollte sie mit dem Kind? Für sie, Louise, war das kleine Mädchen ein Geschenk. Und war nicht auch sie ein Geschenk für das vaterlose Würmchen? Sie würde es an ihr Herz nehmen, es schützen vor der Bosheit der Welt. Sie würde seine Mutter sein und es in die Ehrbarkeit hüllen, die es von Geburt her nicht besaß. Die Wunde würde heilen, die Herthas Tod ihr geschlagen hatte. Glück für alle, wenn ...

Es wäre gut, wenn Carl seinen Segen dazu gäbe. Nicht unbedingt nötig, aber gut. Louise wollte auf jeden Fall durchsetzen, was sie sich vorgenommen hatte. Aber um wieviel glücklicher könnte sie sein, wenn ihr Mann empfände wie sie. Wenn er dem Kind ein Vater sein würde und nicht bloß ein Vormund. Wenn er es lieben wollte, anstelle der verlorenen Hertha.

Aber sie hatte deutlich genug gemerkt, daß er der kleinen Rose nicht einmal den Namen so recht gönnte, den seine Mutter getragen hatte. Niemand konnte ihr etwas vormachen. Für so etwas hatte sie einen siebten Sinn.

Wenn Rose Barbeknecht sich später an ihre frühen Kinderjahre erinnerte, dann tauchte sie tief in Wärme, Zärtlichkeit, Heiterkeit. Sie saß auf dem Schoß einer Frau, zu der sie Mutter sagte, so wie es die anderen taten, Hermann, der Junge, und August, der schon ein Mann war. Die Mutter sagte »Röschen« zu ihr und ließ sie in der Küche spielen, während sie selbst dort arbeitete. Rose durfte aus den Töpfen naschen, und die Mutter kochte fast täglich eine süße Speise, weil Rose so gerne schlekkerte. Wenn Rose draußen spielte, auf dem Hof oder im Gemüsegarten, mußte Hermann auf sie aufpassen, und er durfte sie nicht puffen oder schlagen, Mutter achtete darauf. Abends saß Rose auf Mutters Schoß und lauschte den Geschichten, von denen Mutter so viele wußte. Sie wäre nicht schlafen gegangen ohne Geschichte. Sie hatte sie schon so oft gehört, daß sie alle auswendig konnte. Rose duldete keine Abweichung und keine Kürzung. Mutter lachte, wenn Rose protestierte.

»Bist mein kluges Mädchen. Merkst immer alles gleich, nicht wahr? Dir kann keiner was vormachen.«

Dann küßte Mutter das kluge Mädchen. Sie spielte auch schöne Spiele mit Rose. Zum Beispiel »Ich sehe was, was du nicht siehst« oder Verstecken. Manchmal, wenn Rose sich versteckt hatte, sang Mutter: »Es kommt der Bär aus Rußland her und will mein Röschen beißen!« Beim letzten Wort hatte Mutter Rose erwischt und tat so, als wollte sie sie anknabbern. Dann quietschte Rose laut und lachte, daß ihr kleiner Bauch wackelte.

Zuweilen mochte Mutter nicht spielen. Das war, wenn sie ihre bösen Kopfschmerzen hatte. Mutter wurde oft von den bösen Kopfschmerzen geplagt. Aber auch dann war sie nie ungeduldig mit Rose. Sie wehrte sie nur sanft ab, weil sie Ruhe brauchte.

Mutter nähte schöne Kleidchen für Rose. Wenn sie nicht draußen oder im Haus zu arbeiten hatte, setzte sie sich an den großen Küchentisch, zündete die Petroleumlampe an und legte ihr Nähzeug zurecht. Meistens trennte sie alte Sachen von den Großen auf, um sie für Rose zuzurichten. Manchmal kaufte sie auch einen bunten Rest vom Kleiderjuden, der in den Dörfern hausieren ging, und zauberte daraus ein Gewand wie für ein Prinzeßchen. Wenn es fertig war, zog sie es Rose an und ging mit ihr vor den großen Spiegel in der Schlafstube.

»Wie hübsch mein Röschen ist. Wie ein Königstöchterlein.«

Es war besser, wenn der Großvater so etwas nicht sah und hörte. Der knurrte dann nämlich.

»Grasaff'! Paß bloß auf, Louise, daß du sie nicht zur Eitelkeit erziehst!«

Böse war der Großvater nicht. Er brachte Rose schon mal eine Zuckerstange mit, wenn er zum Markt fuhr. Und es gab Augenblicke, da streichelte er ihr mit seiner rauhen

Hand über die weichen Wangen. Aber Rose fühlte Scheu vor dem bärbeißigen, schweigsamen Mann, und der tat nichts, ihr diese Scheu zu nehmen. Nie schloß er sie in die Arme, um sie zu liebkosen. Noch nie hatte sie auf seinem Schoß gesessen. Er küßte sie auch nicht. Er schlug sie freilich auch nicht, noch hob er die Stimme, wenn sie etwas angestellt oder entzweigeschlagen hatte. Er brummte dann bloß. Manchmal, sehr selten, stellte er sie zwischen seine Knie, faßte mit der Hand unter ihr Kinn und blickte lange in ihr Gesicht. Das war ihr unangenehm. Sie hätte den Kopf gern weggedreht, traute sich aber nicht. Wenn er sie endlich losließ, flüchtete sie zu Mutter und verbarg ihr Gesicht an deren Brust.

Sie war nicht alt genug, um sich darüber Gedanken zu machen, daß sie eine Mutter und einen Großvater hatte. Andere Kinder hatten eine Mutter und einen Vater. Das war eben so, und so, wie es war, war es gut. Aber etwas anderes machte ihr zu schaffen. Sie hatte angeblich nicht nur eine Mutter, wie jedes ordentliche Kind, sondern zwei. Jedenfalls gab es jemanden, der das behauptete. Von Zeit zu Zeit kam eine Frau ins Haus, zu der Mutter und Großvater Male sagten. Auch Hermann und August sagten Male zu ihr. Rose mochte die Frau nicht.

Eines Tages war die Frau wieder da. Sie saß in der Küche. Mutter war im Stall, der Großvater auf den Feldern. Rose hatte eine neue Puppe. Sie trug sie im Arm, als sie in die Küche kam. Sie sah die Frau sitzen, die Male hieß. Rose wäre gern wieder hinausgelaufen, aber das gehörte sich nicht. Mutter hatte immer gemahnt, daß man zu Gästen höflich sein muß. Rose ging auf die Frau zu.

»Tag, Male. Guck mal, meine neue Puppe.«

»Wie nennst du mich?«

Rose klappte den Mund zu. Sie starrte die Frau an. Die Frau sagte: »Du kannst doch nicht Male zu mir sagen! Du mußt Mutter sagen. Ich bin deine Mutter.«

Das war ja nun Unsinn. Das wußte Rose besser.

»Meine Mutter ist im Stall. Sie kommt gleich wieder.«

»Das ist nicht deine Mutter, sondern meine. Und deine Großmutter. Deine Mutter bin ich. Komm mal her zu mir.«

Rose wich bis an die Tür zurück.

»Nein! Zu dir komm' ich nicht. Meine Mutter ist lieb! Du bist nicht lieb!«

Male runzelte die Stirn.

»Du bist ja ganz schön frech. Dich verzieh'n sie hier nach Strich und Faden, scheint mir. Wenn ich dir sage, ich bin deine Mutter, dann stimmt das. Komm her zu mir.«

Male erhob sich und trat einen Schritt auf das Kind zu. Rose schrie auf. Sie preßte ihre Puppe an sich, als ob sie sich an ihr festhalten wollte. Male blieb stehen.

»Sch«, machte sie. »Sei doch ruhig. Warum schreist du so? Ich tu dir doch gar nichts. Wir könnten doch nett zusammen sein, Rose. Da, wo ich wohne, gibt's noch einen Bruder und eine Schwester für dich. Möchtest du nicht mitkommen und sie sehen? Mit denen könntest du spielen. Da wärst du nicht so allein. Na, Rose?«

»Geh weg!« stieß Rose hervor. »Wenn du mich anfaßt, schreie ich. Dann kommt meine Mutter. Und die wird's dir schon zeigen!«

Als Louise vom Stall zurückkam, fand sie eine heulende Rose, tief in die Herdecke gedrückt. Male stand wie angewurzelt und nagte an ihrer Unterlippe.

»Was ist hier los?«

Rose schoß aus ihrer Ecke hervor und warf sich in Louises Arme.

»Die böse Frau hat gesagt, sie ist meine Mutter«, schluchzte Rose. »Sie ist nicht meine Mutter! Du bist meine Mutter! Ich will nicht mit ihr gehen!«

Louise nahm das Kind wie ein ganz Kleines auf beide Arme und wiegte es.

»Ist ja gut. Ist ja gut. Niemand tut meinem Röschen was zuleide. Niemand nimmt mein Röschen weg. Nirgendwohin.«

Vorwurfsvoll blickte sie über das weinende Kind hinweg auf ihre Tochter.

»Du weißt genau, wie ich darüber denke. Warum ängstigst du das Kind?«

»Also weißt du, Mutter«, begann Male in grollendem Ton. Sie war nun sehr zornig.

Louise ließ sie nicht ausreden.

»Behalt's für dich. Jedenfalls vor dem Kind. Komm, mein Schätzchen«, sagte sie zu Rose, und ihre Stimme wurde zärtlich. »Komm, mein Röschen. Mutter bringt dich jetzt ins Bettchen. Da machst du ein schönes Mittagsschläfchen, und wenn du aufwachst, ist alles wieder gut. Du wartest!« sagte sie, nun wieder streng, zu Male.

Louise blieb ein Weilchen an Roses Bett sitzen, bis es ihr schien, daß das Kind schlief. Aber Rose schlief nicht. Sie wartete, bis Louise die Kammertür hinter sich geschlossen hatte, und schlüpfte aus dem Bett. Angestrengt lauschte sie, bis das Knarren der Treppenstufen verstummt war, öffnete dann die Tür und schlich die Treppe hinunter. Sie huschte in den Raum, der bei den Barbeknechts »gute Stube« hieß und in dem sie geboren war. Aber das wußte Rose nicht. Aus der guten Stube führte eine Tür in die Schlafstube von Mutter und Großvater. Von dort ging es in die Küche, und hinter die Tür zur Küche hockte sich Rose. Von hier aus konnte sie hören, was Mutter und diese Male miteinander sprachen.

Sie stritten sich.

»Warum läßt du sie glauben, daß du ihre Mutter bist?« zankte Male. »Ich habe sie geboren. Das wirst du doch wohl nicht abstreiten.«

»Was das schon ist!« sagte Louise wegwerfend. »Jede Kuh, die ein Kalb wirft, hat soviel Verdienste wie du. Eine

Mutter wird man nicht, weil man ein Kind auf die Welt bringt. Sondern weil man für das Kind sorgt, vor allem sich um das Kind sorgt. Wenn man das Kind liebt, dann ist man eine Mutter. Du liebst sie ja gar nicht.«

»Du hast mir ja keine Gelegenheit gelassen, das zu beweisen. Du hast sie mir gleich weggenommen, kaum daß ich wieder auf den Beinen war. Du hast sie für dich gewollt, gib's doch zu! An mich hast du doch dabei gar nicht gedacht. Nur an dich. Du hast sie nicht nehmen wollen, um mir zu helfen. Du wolltest sie, weil Hertha gestorben war. Als Ersatz.«

»Male!« sagte Louise streng. »Ich spreche dir das Recht ab, über mich zu urteilen. Du hast nicht darüber zu rechten, was ich gefühlt habe, als Hertha starb, und was ich gewollt oder nicht gewollt habe. Es ist dir sehr zupaß gekommen, daß du das Kind nicht am Bein hattest, als du wieder auf die Männersuche gingst, oder? Es war dir recht damals, daß ich mich um das Würmchen kümmerte und dir alles abnahm. Du hattest ja gar keine Zeit für das Kleine. Du mußtest ja herumscharwenzeln und herumscharmuzieren und Augen werfen. Hast dir ja auch was Rechtes geangelt!« setzte sie verächtlich hinzu. »Und da, wo dein Kerl von Ehemann ist, da wird Rose nicht sein, solange ich noch was zu sagen habe.«

Stille, Male atmete schwer. Dann sagte sie gepreßt: »Du machst Bruno immer schlecht.«

»Und wieso nicht? Du läßt ja selbst kein gutes Haar an ihm. Alles, was ich weiß, habe ich von dir. Nicht daß ich ihm vorher was Gutes zugetraut hätte! Bestimmt nicht. Aber wie das so im einzelnen aussieht, das hast du selbst ausgeplaudert. Wie du mit diesem Suffkopp immer wieder ins Bett kriechen magst, werde ich nie begreifen. Jedes Jahr ein Kind! Daß du dich nicht schämst! Haben wir dich für so ein Leben erzogen?«

»Bruno ist gut zu den Kindern«, sagte Male trotzig.

»Kann sein«, sagte Louise wegwerfend. »Sind ja seine Kinder. Aber Rose ist nicht seins. Und das würde er sie spüren lassen. Sie wär' für ihn das Hurenkind, ein ewiges Denkmal für die Schande, die er mitgeheiratet hat. Halt den Mund. Du weißt gut genug, ich rede nicht, was ich denke. Ich rede, was er denkt. Was dein Bruno denkt. Erzähl mir nicht, daß er das nicht denkt. Und nicht sagt. Und daß du so was noch nie von ihm gehört hast. Na also. Mir kannst du nichts vormachen. Ich bin zu alt dafür, Male. Ich kenne die Menschen. Und besonders durch solche wie deinen Bruno, durch die kann ich sehen wie durch Wasser.«

Male hatte noch nicht aufgegeben. Sie überlegte eine Weile. Dann sagte sie:

»Soll das heißen, daß du mir mein Kind ganz und gar wegnehmen willst? Willst du es mir niemals geben?«

»Male«, sagte Louise mit Festigkeit, »Rose würde es nicht gut haben bei dir. Ich weiß das, und du weißt das. Du solltest dir nichts vorlügen. Mir kannst du sowieso nichts vorlügen. Ich kenne dich. Du tust, was Bruno will. Du hast ja schon jetzt seine Manieren angenommen und behandelst das Kind auf seine Weise, auch wenn es noch gar nicht in seiner Gewalt ist. Ich hab' dich beobachtet, neulich, als du ihr die Haare gekämmt hast. Du hast ihr weh getan, und als sie gejammert hat, hast du sie angefahren. So was hast du nie von mir gekannt, als du klein warst, und Rose kennt so was auch nicht von mir. Sie hat Angst vor dir. Das sieht ein Blinder mit dem Krückstock. Sie soll nicht in Angst leben müssen. Sie bleibt hier.«

»Aber«, begehrte Male auf, »es war Bruno selbst, der auf die Idee gekommen ist ...«

»Na!« fuhr Louise dazwischen. »Das hat noch gefehlt! Bruno also. Du glaubst wirklich, daß du Eindruck auf mich machst, wenn du mir das erzählst! Du bist dümmer, als die Polizei erlaubt. Bisher hab' ich gedacht, das wäre auf deinem Mist gewachsen. Ich hab' geglaubt, daß bei dir das Muttergefühl erwacht ist – nicht genug und nicht auf die Weise, wie's richtig ist. Aber immerhin Muttergefühl. Und nun hör' ich, daß du bloß ausführst, was dein Bruno ausgeheckt hat. Als Arbeitstier wollt ihr das Kind! Ja, ja, das ist klar wie Kloßbrühe. Versuch nicht, mich dumm zu machen. Zwei Schreihälse krabbeln bei dir zu Hause. Und wenn ich deinen Bauch ansehe, dann weiß ich, bald sind's drei. Und dann sind's bald vier und so weiter. Der Kerl wird dir schon keine Ruhe lassen. Und Hilfe könnt ihr euch ja nicht leisten. Nicht mal zur Erntezeit. Da käm' euch das Schandkind gerad zurecht zum Kinderhüten, Kücheputzen, Kartoffelschälen, was? So ungefähr hat sich's dein Bruno ausgerechnet. Nein! Nicht mit mir!«

»Fein«, klagte Male, »was man sich von der eigenen Mutter anhören muß.«

Louise zögerte. »Male«, sagte sie dann mit sehr viel sanfterer Stimme als vorher, »glaub mir, ich würde nicht so mit dir reden, wenn ich es nur mit dir zu tun hätte. Aber ich hab's leider immer auch mit Bruno zu tun. Vor allem mit ihm. Du bist und bleibst mein Kind, und wenn du mal in Not bist und zu mir kommst …«

»Wir wollen mal sehen«, erklärte Male, »was Vater dazu sagt. Schließlich hat er über Rose zu bestimmen, und nicht du.«

»Ja«, erwiderte Louise, und nun klang ihre Stimme gar nicht mehr sanft. »Das wollen wir mal sehen. Frag ihn nur. Du wirst deine Freude kriegen. Der wird dir was geigen. Was ich dir nicht gesagt hab' über deinen Kerl, das wirst du von ihm zu hören kriegen. Laß dich so schnell hier nicht wieder seh'n, meine Tochter! Und schreib dir hinter die Ohren: So lange ich meinen Atem habe, kriegst du das Kind nicht!«

Rose war fünf Jahre alt, als sie über das Rätsel grübeln mußte, das der Streit der beiden Mütter ihr aufgegeben hatte. Um diese Zeit war Male schon länger als vier Jahre verheiratet und hatte drei weitere Kinder geboren, von denen zwei lebten. Sie war auch wieder schwanger.

Im Sommer nach Roses Geburt hatte Bruno Pohlenz sich an Male herangemacht. So drückte es jedenfalls Louise aus. Als Male sah, daß sie nicht gebraucht wurde, um ihr Kind zu warten, ja daß ihre Mutter sie nach Möglichkeit gar nicht an das Kleine heranließ, nahm sie ihre alten Lebensgewohnheiten wieder auf. Wenn sie ihren Pflichten in Haus und Feld genügt hatte, gesellte sie sich zu den jungen Mädchen von Lilienhecke und schäkerte mit den Burschen, als sei nichts geschehen. Sie ging auch am Wochenende zum Tanzen in den Krug.

Wie nicht anders zu erwarten, stieß sie zunächst sowohl bei den Mädchen wie bei den Burschen auf Zurückhaltung, bei einigen der Mädchen sogar auf deutliche Abwehr. Die kam ihnen freilich nicht von Herzen. Dazu waren sie alle viel zu neugierig und vom Kitzel der Sensation überschauert. Wäre es nach ihnen gegangen, sie hätten gleich am Anfang Male beiseite genommen und sie ausgefragt. Hier war doch mal jemand, der ihnen sagen konnte, was sie selbst nur ahnten und was ihre Mütter sie nicht wissen lassen wollten.

»Das kriegst du noch früh genug zu erfahren!«

Dieselben Mütter waren es auch, die ihren Töchtern beigebracht hatten, was Anstand war und was Gott und die menschliche Gesellschaft von ihnen erwarteten. Es tat nicht gut, sich mit »so einer« allzu nahe einzulassen. Die jungen Männer mußten solche Rücksichten nicht nehmen. Aber viele von ihnen überlegten sich, was es für Folgen haben konnte, wenn sie die Schäkerei mit Male zu weit trieben. Und auch ihnen redeten die Mütter ins Gewissen. Oft auch die Väter.

»Du wirst dich doch nicht mit der da einlassen? Paß bloß auf, daß du sie nicht eines Tages heiraten mußt! Dann kannst du ihren Bankert gleich mit durchfüttern. Vielleicht sogar zwei. Denn ob das, womit sie dich einfängt, dann auch von dir ist … Ein kluges Kind, das seinen Vater kennt.«

Aber auch in Lilienhecke ging es, wie überall auf der Welt, nach dem Spruch: Morgen rennt eine andere Sau durchs Dorf. Langsam, aber sicher wandte sich das öffentliche Interesse von Male ab und neuen Ärgernissen, kleinen Katastrophen und scheinbaren Ungeheuerlichkeiten zu. Schon im Sommer 1897 waren die Leute müde geworden, über Males Fehltritt zu klatschen.

Dennoch war nichts so wie früher. Male spürte das gut. Wohl alberten und kicherten die Mädchen mit ihr, wenn sie abends am Dorfrain schlenderten oder vor dem Krug, auf dem Anger, in Gruppen beieinander standen und schwatzten. Aber keine ließ es sie wissen, wenn sie sich einen festen Schatz erobert hatte. Keine zog sie ins Vertrauen. Jede sah argwöhnisch darauf, Male von diesem wichtigen Teil ihres Mädchenlebens fernzuhalten. Über die jungen Männer konnte Male nicht klagen. Sie gaben ihr das Gefühl, immer noch und trotz allem begehrt zu sein. Sie holten sie auch, wenn Tanz war im Krug, zur Polka oder zum Galopp. Der eine oder andere ging dann mit ihr vor die Tür, suchte den Schatten eines Zauns oder einer Scheune, drückte sie an sich und küßte sie. Aber was nützte das alles, wenn keiner von ihnen es ernst meinte. Es gab niemanden, der auch nur andeutungsweise hätte merken lassen, daß er gern länger mit ihr zusammen gewesen wäre. Einen Mann würde sie wohl unter den Burschen von Lilienhecke nicht finden.

Dachte sie noch an Gregor? Ach ja, oft genug. Immer wieder. Er war ihre große Liebe gewesen, daran gab es keinen Zweifel. Wie er war keiner. Niemand konnte ihm das Wasser reichen. Wenn Male so weit war in ihren Überlegungen, dann weinte sie. Danach wurde sie zornig. Der Schuft, dieser gottverdammte Pollack! Er war nicht eine von den Tränen wert, die sie seinetwegen vergossen hatte! Manchmal, wenn der Vater sie mitnahm nach Lubcza zum Markt, schielte Male verstohlen auf den Eckladen mit den vier Schaufenstern. Einmal hatte sie Gregors Mutter heraustreten sehen, sie geleitete einen Kunden vor die Tür. Gregors Mutter hatte auf der obersten der vier Stufen gestanden, der Kunde unten auf der Straße. Sie sprachen eine Weile miteinander. Auch aus der Ferne war nicht zu übersehen, wie sehr Gregor seiner Mutter glich. Dort stand die Frau, für die Male nicht gut genug war! Die, niemand sonst, hatte es zu verantworten, daß Male im Unglück saß, allein, mit einem unehelichen Kind. Ohne sie wäre Gregor nicht nach Amerika fortgelaufen. Oder doch? Ach, es war ein Elend. Es war wirklich und wahrhaftig ein Elend.

Male fühlte sich verwirrt, gekränkt, traurig. Und trotzig. Sie beschloß immer von neuem, an Gregor und alles, was mit ihm zusammenhing, nicht mehr zu denken. Das gelang ihr nicht. So faßte sie einen anderen Entschluß: Dem ersten Mann, der ihr einen Antrag machen würde, wollte sie ja sagen. Ganz egal, wer es wäre. Irgendeiner mußte doch einmal kommen. Sie war doch nicht der letzte Dreck, vom Misthaufen heruntergefallen. Sie war immer noch Carl Barbeknechts Tochter. Immer noch eine Partie, wenn auch keine so gute mehr wie einst.

Es kam Bruno Pohlenz. Das war nun wirklich keiner, der dem Vater einer heiratsfähigen Tochter das Herz warm machen konnte. Eher schon der Tochter selbst. Bruno war ein stattliches Mannsbild, hochgewachsen, schlank, ein Kreuz wie ein Schrank. Mit seinen großen Händen konnte er ordentlich zupacken. Blond war er und hatte blitzende blaue Augen im braungebrannten Gesicht. Hätte er Matrosenkleidung getragen, er hätte glatt als Seemann auftreten können.

Ein Seemann war Bruno Pohlenz nicht. Er war Schmied, doch sah man ihn nicht oft mit dem Schmiedehammer. Sein Vater hatte ihm ein Anwesen minderer Güte hinterlassen, in Hirschhagen, etwa fünf Kilometer von Lilienhecke entfernt. Es maß rund dreißig Morgen. Das allein wäre nichts Schlimmes gewesen. Es gab noch mehr Bauern in der Gegend, die damit und mit noch weniger zufrieden sein mußten, und sie wurden alle satt. Aber bei den Pohlenzens saß der Wurm drin. Nicht zufällig war Bruno schon so früh an seinen Hof gekommen; immerhin zählte er jetzt erst fünfundzwanzig Jahre, und er war dreiundzwanzig gewesen, als er erbte. Sein Vater hatte noch keine fünfzig auf dem Buckel gehabt, als er starb. Warum war er denn gestorben?

Ganz einfach, er hatte sich totgesoffen. Und Bruno soff auch, das war ja kein Wunder. Wie die Alten sungen. Na ja, sagten die Leute, soll er saufen. Uns geht das zum Glück nichts an. Aber sie redeten doch, und es gab ja auch genug zu reden. Der Pohlenz-Hof hatte kein besonders gutes Land. Und dann waren da die vielen Geschwister, die der Alte in seinem Suff gezeugt hatte. Sechs Mädchen und noch zwei Brüder, die wollten ja alle ausgezahlt werden. Wovon bloß? Da hätte einer ein guter Bauer sein müssen, um das zu schaffen. Nicht einer wie der Bruno, der immer im Krug rumhing. Wenn er mal arbeitete, dann konnte man bloß staunen, was er zuwege brachte. Ein kräftiger Kerl wie der. Aber er arbeitete eben nicht immer. Kein Verlaß auf den.

Wenn Bruno zum Tanz ging, im eigenen Dorf oder in der Nachbarschaft, dann zierten sich die Mädchen. Er war ein Bild von einem Mann, das sahen sie auch. Aber mit dem Ruf! Wenn eine sich mal vergaß und mit Bruno herumhopste, stand gleich ein Bruder neben ihr und holte sie weg.

»Paß bloß auf, ich sag's dem Vater! Daß du dich nicht schämst!«

Bruno blieben nur die Mädchen aus dem untersten Milieu, Tagelöhner- und Kossätentöchter. Bis er einmal, im Krug von Lilienhecke, Male traf. Bruno kannte Male natürlich. Aber bislang hatte er sich nicht weiter um sie gekümmert. Sie hatte ihm auch keine Chance dazu gegeben. Mit einem Mal aber machte sie ihm schöne Augen.

Male Barbeknecht, schau, schau! Ein propperes Tierchen, alles, was recht ist. Nicht mehr ladenneu, wie man hörte. Aber immerhin! Bruno hatte bald heraus, daß Male bei der jungen Weiblichkeit des Dorfes die zweite Geige spielte und daß sie darunter litt. Das konnte er ihr nachfühlen. Diese dicken, dummen Bauern und ihre Schöpse von Söhnen und Kälber von Töchtern! Der Teufel soll sie holen mitsamt ihrem Hochmut. Bruno fand, daß er und Male auf derselben Seite stünden. Irgendwie gehörten sie zusammen.

Male glaubte sich im Wunderland, als der große blonde Bengel um sie zu werben begann. Er holte sie immer wieder zum Tanz, nicht nur aus Jux und Tollerei oder aus Mitleid, so zwischen zwei Mädchen, die ihm wichtiger gewesen wären. Er meinte sie! Er hatte es auf sie abgesehen! Sie wagte es kaum zu glauben. Selig folgte sie ihm auf den Tanzboden, ließ sich herumschwenken, genoß das lang entbehrte Bewußtsein, daß sie, sie allein, einem Mann gefiel. Doch besaß sie so viel Selbstbeherrschung, daß sie ihr Entzücken nicht allzu offen zeigte. Sie hörte auf zu lächeln und setzte eine strenge Miene auf.

»Er soll nicht glauben, daß ich so eine bin. Ich bin es ja auch nicht.«

Aber sie ließ sich auf eine Verabredung für den nächsten Sonnabend ein. Und für den übernächsten Sonnabend. Beim dritten Mal wurde sie weich. Sie ging mit ihm durch das nächtliche Dorf spazieren, an ihn geschmiegt, seinen Arm um ihre Schultern. Ab und zu blieb er stehen, preßte sie an sich, küßte sie, fordernd, gierig. Male spürte, wie ihre Knie nachgaben. Ein wohlbekanntes Gefühl, süß, ziehend, fast schmerzhaft, schnitt durch ihren Körper. Ach, so lange nicht … Und jetzt wieder … O Glück … Und wie das Heu duftete …

Als sie heimwärts ging, wirbelte ihr der Kopf. Sie schlüpfte ins Haus, die Treppe hinauf zu ihrer Kammer. Vorsichtig, keiner sollte sie sehen. Sie konnte, sie wollte mit keinem reden. Bruno … Was war das jetzt? Dachte sie ernsthaft daran, mit diesem Mann …? Ihn haben? Halten für immer? Er war nicht ihresgleichen. Aber wieso denn? Wer war sie? Nun, immerhin … Wenn auch … Ach, Unsinn. Jetzt nicht darüber nachdenken. Nach solch einem Abend. Und es ist schon so spät. Morgen ist auch noch ein Tag. Ich werd's schon herausbekommen, was für mich gut ist. Eines Tages werde ich es wissen.

Vier Wochen später wußte Male, daß sie zum anderen Mal schwanger war.

»Ein Klütenpedder! Ein dreckiger Kossät! Hat sie uns denn nicht schon genug angetan?«

Louise verlor angesichts der neuen Heimsuchung völlig die Fassung. Carl blieb ruhig. Zumindest verhielt er sich ruhig.

»Klütenpedder stimmt. Ein Kossät ist er nicht. Mir wär's lieber, er wär' einer, und nicht das, was er wirklich ist. Säufer ist schlimmer als Kossät. Wenn wir gedacht haben, unsere Tochter ist was Besseres als anderer Leute Töchter, dann hat uns eben der Teufel geritten. Gott straft uns für unseren Dünkel. Sie ist nichts Besonderes. Ein Weibsbild aus dem Dutzend. Die alte Geschichte, Louise. Einmal gefallen, nicht mehr aufgestanden. Sie paßt zu ihrem neuen Kerl. Was zeterst du, Louise? Der ist immerhin nicht nach Amerika abgehauen. Der will sie heiraten.«

Aber Louise jammerte. »Das ist doch ein ganz windiger Hund. Ein Mitgiftjäger, Carl. Willst du so einem dein Kind ausliefern?«

»Da ist nichts mehr auszuliefern. Was man sich einbrockt, muß man auslöffeln. Sie ist kein Kind mehr, Louise. Einmal hab' ich mich eingemischt. Zum zweiten Mal tu' ich das nicht. Und was den Mitgiftjäger anbetrifft: Wenn der Herr das erwartet, wird er sich täuschen. Ich hab' der Male was zugesagt. Aber nicht, damit mein Herr Schwiegersohn mein sauer verdientes Geld in den Krug trägt. Ich guck' mir die Sache an. Tut er gut, dann kriegt die Male das Ihre. Wenn nicht ... Wir haben noch an andere Kinder zu denken.«

»Das ist wahr, Carl, das ist wahr. Wir müssen auch an Rose denken.«

Carl ruckte mit den Schultern unter seiner Jacke. »Ja, ja. Das ist Zukunftsmusik. Aber soviel kann ich dir jetzt schon sagen: Einen Pohlenz-Balg will ich nicht hier im Haus.«

Das war das Argument, gegen das Louise nicht ankam. Wäre Male nicht schon wieder in Hoffnung gewesen, man hätte über die Sache noch reden können. Louise hielt diese Heirat für schieren Wahnsinn. Bruno Pohlenz! Den nehmen, das kam ihr schlimmer vor als sitzenbleiben. Aber auch Louise wollte Brunos Kind nicht im Haus. Nicht bloß Carls wegen. Vor allem Roses wegen. Louise liebte die Kleine. Hatte sie je ihre eigenen Kinder so geliebt? Sicher doch, sie war ja eine ordentliche Mutter. Da konnte ihr keiner was nachsagen. Aber ihr Röschen! Ihr Schätzchen! Der Sonnenschein ihres Alters! Louise schien es, als täte sie ihrem Herzblatt bitteres Unrecht, wenn sie ihm einen Konkurrenten zur Seite gab.

Male und Bruno heirateten im Herbst 1897, ungefähr

ein Jahr nach jenen Tagen, in denen Male fiebrig auf eine Hochzeit mit Gregor Serowczyn gehofft hatte. Carl richtete die Hochzeit aus. So weit ging er, allerdings machte er klar, daß er Bruno möglichst wenig in seiner Nähe haben wollte. Der Schwiegersohn sollte tun, was er nicht lassen konnte, aber weit weg von Carl. In Lilienhecke hatte er nichts zu suchen.

Da wäre das Paar ja nun sowieso nicht geblieben. Brunos Hof lag in Hirschhagen, was bildete sich der Vater ein? Male war gekränkt. Bruno war wütend, er begriff, daß er um das erhoffte Geld kommen sollte. Er gab nichts drauf, wenn Male ihm sagte:

»Wir kriegen es ja, wenn Vater sieht, daß du nicht mehr trinkst. Du trinkst doch nicht mehr, Bruno? Versprich mir das. Vater rückt dann bestimmt mit der Mitgift raus. Das kannst du doch für uns tun, Bruno. Das kannst du doch, nicht wahr?«

Bruno knurrte. »Was bildet sich dein Vater eigentlich ein? Macht mir Vorschriften! Hab' ich das nötig? So ein Frömmler! Erst versprechen, und dann nicht halten. Das hab' ich gern.«

»Bruno«, schmeichelte Male, »reg dich nicht auf. Laß Vater doch seine Marotten. Es ist doch bloß eine Frage der Zeit. Du gehst einfach nicht mehr in den Krug, dann wird er sich schon überzeugen lassen. Das tust du doch für mich? Und für dein Kind, Bruno?«

Bruno brummte. Dann lachte er. »Gut. Legen wir ihn rein, den alten Moralapostel. Bist ein schlaues Mädchen, Male. Du hältst zu mir, was?«

So hatte Male das nicht gemeint. Ihr war es ernst damit, daß Bruno vom Krug wegbleiben sollte. Das war ihr wichtiger als alles Geld der Welt. Aber sie hielt es für klüger, das jetzt nicht auszutragen. Wenn er nur tat, was sie wollte, dann war es am Ende egal, aus welchem Grunde er das tat. Und sie war ihm auch gut. Er war ein schöner

Mann, und er hatte sie geheiratet, anders als … O ja, Male wollte zu Bruno halten.

Doch er hielt nicht zu ihr, wie sich herausstellte.

Es war nicht so, daß Bruno außer dem Rausch an der Theke nichts gekannt hätte. Carl behauptete das von ihm. Er sagte: »Korn kennt er nur, wenn es gebrannt ist. Um Korn auf dem Halm macht er einen Bogen.« Das war ungerecht. Bruno konnte wie ein Berserker arbeiten. Er wollte weiterkommen, kein Klütenpedder bleiben, kein Dreißig-Morgen-Mann. Er hätte gern einen Hof gehabt wie sein Schwiegervater und auch ein Ansehen wie der. Aber das war schwer, wenn man nur ein kleiner Krauter war mit zu wenig Land und zu vielen Leuten, die einem das Blut aussaugten. All diese gierigen Brüder und Schwestern. Und jetzt noch eine Frau und ein Kind, und bei dem einen Kind würde es ja wohl nicht bleiben. Auch waren da noch Schulden abzutragen, die der Vater in schlechten Zeiten gemacht und nicht voll bezahlt hatte, ehe er starb. Das Barbeknecht-Geld wäre Bruno nicht nur recht gewesen, er hatte es, genau besehen, bitter nötig. Da schuftete er und schuftete, und was gewann er dabei? Es war, als ob man in einem Haus an beiden Seiten die Fenster offen hat: Der Wind pfeift hier herein und dort gleich wieder hinaus.

Dieser bigotte Dünkelmann da in Lilienhecke! Wo blieb eigentlich seine Dankbarkeit dafür, daß Bruno ihm seinen gefallenen Engel abgenommen hatte? Ein Mädchen mit Kind, und dann noch nicht mal ein paar Scheinchen! Ein miserables Geschäft.

Bruno hatte auch vorher schon seine Anfälle von heulendem Elend in Bier und Schnaps ersäuft. Aber das vergaß er. Es kam ihm so vor, als wäre das Päckchen, das er schleppte, schwerer geworden, seit er Males Ehemann war. Er dachte das nicht immer, denn das sah er ja auch, daß er in Male eine fleißige Frau und gute Wirtschafterin geheiratet hatte. Zumindest was beigebracht hatten sie ihr, die Lilienhecker Stinkstiebel. Er sagte es ihr nie, und er dachte es auch nur an guten Tagen. An schlechten Tagen, und die häuften sich, je länger es dauerte, tat er sich schrecklich leid. Und wenn er sich so richtig leid tat, dann flüchtete er in den Krug.

Manches Mal, wenn Bruno spät abends ins Haus torkelte, kannte er sich nicht mehr. Und Male kannte den Mann nicht, der sie aus rotunterlaufenen Augen anstarrte und ihr seinen fauligen Schnapsatem ins Gesicht blies.

»Komm her, du Stückchen«, lallte er. »Zier dich nicht. Hast dich doch vorher nicht geziert. Du bist doch das Stückchen Malheur, das es mit dem Pollacken getrieben hat. Wirst du wohl herkommen!« brüllte er plötzlich los. »Was fällt dir ein! Bin ich schlechter als dein Pollack?«

Und wenn sie, tief erschreckt von seiner Brutalität, zurückwich:

»Hure, verdammte! Hast mich eingefangen! Und jetzt willst du mich nicht ranlassen? Ich zeig's dir, Hurenstück!«

Er schlug auf sie ein, mit den Fäusten, mit der Kohlenschaufel, mit allem, was ihm in die Finger kam. Am anderen Morgen, wenn er aus dem bleiernen Schlaf erwachte, der ihn schließlich gefällt hatte, wußte er von alldem nichts mehr. Aber es dämmerte ihm, was geschehen war, wenn er die blauen Flecken sah auf Males Gesicht und auf ihren Armen. Dann packte ihn bittere Reue, und er gelobte Besserung, schluchzend zu ihren Füßen. Er hing ja doch an ihr. Er wollte ihr doch nichts tun. Ihr nicht und dem Kind nicht. Das glaubte sie ihm doch? Sie würde ihm doch vergeben, dies eine einzige Mal noch?

Zu Anfang schluckte sie seine Reuereden, hungrig, gierig. Dann begriff sie, daß er sich nicht ändern würde. Er konnte es nicht. Der Dämon Alkohol hatte ihn in den Krallen. Sie war in einem Kreislauf des Schreckens gefangen. In die Falle war sie gegangen, wie ein dummes Karnickel, und zappelte nun im Fangeisen. Kein Ausweg. Zu den Eltern zurück – unmöglich. Wie stünde sie vor denen da! Noch dazu mit dem neuen Kind im Bauch.

Males zweite Tochter kam Ende April 1898 zur Welt. Sie lebte nur wenige Stunden. Dann starb sie.

Der Tod des Kindes brachte Male völlig aus der Fassung. Nicht, weil sie so sehr getrauert hätte. Male empfand keine Trauer. Das kleine Ding tat ihr leid, das war alles. Aber sie selbst! Sie selbst! Da hatte sie diesen Mann geheiratet, weil sie das Kind bekommen sollte, und nun lebte das Kind gar nicht, und sie hätte diese Heirat gar nicht nötig gehabt. Für nichts und wieder nichts war sie in dieses Unglück gelaufen.

Ja, es war ein Unglück. Male machte sich nichts vor. Es war in diesen Tagen, in denen sie sich vor Verzweiflung nicht lassen konnte, daß sie vor ihrer Mutter ihr Herz ausschüttete. Louise war nach Hirschhagen hinübergefahren, um der Tochter im Kindbett beizustehen. Da lag das Unglücksmensch nun und heulte und war so außer sich, daß es einen Hund jammern mochte. Louise saß erschüttert und lauschte, was aus der Tochter herausbrach. Sie vergaß alle die weisen, selbstgerechten Sprüche, die sie für solche Gelegenheiten parat hatte.

Prügel! Und diese gottlosen Reden! War es denn menschenmöglich, daß ein Mann seiner Frau so etwas bot? Daß er sie nicht einmal in ihrer Schwangerschaft schonte? Was für ein Ungeheuer. Pfählen sollte man dieses Miststück, und selbst das war noch zu gut für ihn!

Louise beschloß, Carl ins Vertrauen zu ziehen. Der würde das nicht hinnehmen. Was immer auch passiert war, es handelte sich doch um seine Male, dasjenige unter seinen Kindern, das ihm so lange das liebste gewesen war. Aber als Louise zu Hause berichtete, traf sie auf taube Ohren. Carl ließ sie ausreden. Dann sagte er:

»Da misch' ich mich nicht ein. Und ich will auch nicht, daß du dich einmischst. Male hat, was sie wollte. Es ist nicht an uns, ihr die Stolpersteine wegzuräumen, wenn sie den falschen Weg genommen hat.«

»Findest du nicht, daß du grausam bist?« fragte Louise vorwurfsvoll. »Man reicht doch einem Ertrinkenden die Hand, auch wenn er aus eigener Schuld ins Wasser gefallen ist.«

»Ein schiefer Vergleich, Louise. Male ist nicht ins Wasser gefallen. Sie hat geheiratet. Was Gott zusammenfügt, das soll der Mensch nicht scheiden.«

»Und du meinst wirklich, daß Gott unsere Male und diesen Kerl zusammengefügt hat?«

Es war vergebliche Liebesmühe. Carl hatte sein Urteil gefällt und seine Entschlüsse gefaßt, ein für allemal. Übrigens rückte, wenige Tage nach ihrem Ausbruch, auch Male von ihren Anklagen ab. Es war ihr peinlich, daß sie die Mutter so in ihre Wirrnis hatte blicken lassen. Wie stand sie nun da? Wie eine dumme Trine, die nichts richtig machen kann, wenn Vater und Mutter sie von der Hand lassen. Hoffentlich hatte die Mutter es nicht in Lilienhecke herumgetragen. Der Vater, natürlich. Aber der schwatzte nicht. Wenn sie es nur nicht Ernestine erzählt hatte! Es war Male nicht recht, daß Ernestine und die anderen Schnattergänse sie bedauerten. Was würde das auch für ein Bedauern sein. Die freuten sich doch bloß, daß sie sich in den Dreck geritten hatte.

Als Louise das nächste Mal nach Hirschhagen kam, sang Male Brunos Lob. Ein fleißiger Mann war das, ein tüchtiger Mann. Keine Arbeit scheute der. Was er anpackte, das geriet. Man mußte sich bloß mal umgucken.

Louise fühlte sich vor den Kopf geschlagen. Sie begriff recht gut, warum Male ihr das jetzt erzählte. Ach, das Kind hatte immer noch nicht verstanden, daß sie für die Mutter ein offenes Buch war. Louise gestand sich ein, daß sie an Males Stelle wohl dasselbe getan hätte. Trotzdem fühlte sie sich düpiert. Da strampelte sie sich vor Carl ab und holte sich eine Abfuhr. Und dann erklärte ihr die Tochter: April, April, nichts gewesen.

Louise sagte nichts zu Males Preisgesang auf Bruno. Aber sie fuhr so bald nicht wieder nach Hirschhagen.

Im Lauf der Zeit entwickelte Male sich zu einer Musterbäuerin. So leichtherzig sie daheim, bei den Eltern, einer Arbeit ausgewichen war, um sich irgendeiner Mädchentändelei hinzugeben – in ihrer eigenen Wirtschaft kannte sie weder Rast noch Ruhe. Sie war fest entschlossen, ihrem Vater das abfällige Gerede vom Kossäten auszutreiben. Er hatte sie nackt und bloß in diese Ehe ziehen lassen – nun gut, sie würde nicht nackt und bloß bleiben. Sie würde es ihm schon zeigen. Viel verbissener noch als Bruno arbeitete sie auf das Ziel hin, weiterzukommen, größer zu werden, ihrem Vater und all den anderen Schandschnauzen Respekt beizubringen.

Sie stand noch vor den Hühnern auf, im Sommer um vier, auch um drei, wenn die Arbeit es erforderte. Niemand mußte sie wecken. Im Winter, wenn es auf den Feldern nichts zu tun gab, schlief Bruno länger. Nicht so Male. Um vier, spätestens um halb fünf saß sie aufrecht im Bett und hatte ihr Strickzeug in den Händen. Das Bett war warm, so lange sie drin blieb, brauchte sie nicht einzuheizen. Licht brauchte sie auch nicht, sie konnte ihre Muster auswendig. In völliger Finsternis fertigte sie Strümpfe, Jacken, Schals und Handschuhe für sich, für Bruno und für die Kinder, die sie in rascher Folge zur Welt brachte.

Schon im Jahr nach dem Tod ihres zweiten Töchterchens gebar sie ein drittes Kind. Diesmal war es ein Sohn, und Bruno war sehr zufrieden. Im Jahr darauf, 1900, kam eine Tochter. Danach war eine Weile Ruhe. Aber im Frühjahr 1902, als sie den ersten Vorstoß machte, um Rose in ihren Haushalt zu holen, war ihr Leib schon wieder hochgewölbt. Im Juni gebar sie ihren zweiten Sohn.

In der Folge brachte sie noch fünf Kinder zur Welt. Mit Rose und dem toten Mädchen waren es insgesamt zehn, darunter vier Söhne. Male machte nicht viel Wesens von dem Krabbelvolk, aber manchmal wußte sie nicht, wo ihr der Kopf stand. Bruno sah es mit Gleichmut. Er kannte es aus der eigenen Kindheit nicht anders. Seine Mutter hatte sich rechtschaffen plagen müssen mit ihm und den anderen Gören. Er fand es in der Ordnung, daß seine Frau sich auch plagen mußte.

Was ihm nicht gefiel, war, daß er dabei zu kurz kam. Auch hielt der schreiende Nachwuchs Male zu viel von der eigentlichen, der Bauernarbeit ab. Bruno rühmte sich, daß er kein Zupacken scheute, und der schlimmste Scheelredner konnte ihm das nicht absprechen. Aber alles hatte seine Grenzen, auch Brunos Kraft. Er konnte sich nicht, wie der Herr Schwiegervater, polnische Hilfskräfte leisten. Wenn er weiterkommen wollte, dann mußte Male öfter aufs Feld. Doch wer sah nach den Kindern?

Als Bruno mit seinen Überlegungen so weit war, fiel ihm Males Bankert ein. Die Göre mußte um die Fünf sein. In diesem Alter hatten er und seine Geschwister schon kräftig zufassen müssen. Das konnte Males Mädchen genauso, und sie blieb ja nicht fünf. Bruno beschloß, mit Male zu reden. Daß sie gegen seinen Plan aufmucken könnte, zog er gar nicht erst in Betracht. Tatsächlich muckte sie nicht auf. Warum denn auch? Sie selbst hatte ihre liebe Not mit ihm. Er soff noch immer, und immer noch tat sie gut daran, sich zu verkriechen, wenn er trunken nach Hause kam. Nie jedoch hatte er den Kindern etwas zuleidegetan. Zu den Kindern war er gut. Welchen Grund gab es, Rose von ihm fernzuhalten?

Als Male sich bei Louise ihre Abfuhr holte, tobte Bruno.

»Deine Mutter, dieses Miststück! Hat sie sich je um unsere Kinder gekümmert? Sind das vielleicht nicht ihre Enkel? Ihre leiblichen Enkel? Aber nein, das sind ja meine Kinder. Die sind ihr nicht gut genug. Nur der Bankert, wo's nicht mal einen Vater zu gibt, der wird in Goldpapier gewickelt. Das ist ihr Herzchen. Der wird alles in den Hintern gepustet. Die ist ja aus Marzipan. Da darf nicht mal die eigene Mutter anfassen. Aber du bist ja selbst schuld. Was hast du sie dir auch wegnehmen lassen damals. Jetzt mußt du betteln um dein eigenes Kind.«

»Aber Bruno«, protestierte Male, »du hättest mich ja gar nicht genommen, wenn ich damals das Kind bei mir gehabt hätte. Oder?«

Bruno machte seine großartige, wegwerfende Handbewegung, mit der er immer alles beiseite schob, was ihn störte. An diesem Abend blieb er länger aus als sonst, und er war sehr betrunken, als er heimkehrte. Als Male ihn empfing, Tränen in den Augen, rammte er ihr den Ellbogen auf die Nase, daß das Blut hervorschoß.

In diesem Jahr 1902 litt Louise schlimmer unter Kopfschmerzen als je zuvor. Immer öfter wurde Rose abgewiesen, wenn sie mit Mutter spielen, mit ihr schwatzen wollte oder wenn sie sich in Mutters Arme warf, auf der Suche nach Trost für einen kindlichen Kummer oder einfach aus Zärtlichkeit.

»Geh, Liebchen, geh. Ich hab' dich sehr lieb, aber ich kann jetzt nicht. Mir tut der Kopf so weh, ich kann gar nicht richtig gucken.«

Manchmal mußte Louise sich fürchterlich erbrechen. Auch diese Anfälle nahmen zu, so daß sie schließlich kaum noch zu essen wagte, aus Angst vor den Würgekrämpfen. Sie magerte ab. Carl sah es stirnrunzelnd. Eine leidende Frau – nichts Schlimmeres kann einem Mann passieren, der seine Arbeit versehen und sich deshalb darauf verlassen muß, daß in Haus, Hof und Garten alles auch ohne ihn funktioniert. Noch dazu, wenn zwei Kinder versorgt sein wollen, ein fünfjähriges und eines von zehn. Aber er sagte nichts. Offensichtlich litt Louise wirklich, und er war ja schließlich kein Barbar.

Ernsthafte Sorgen machte er sich erst, als Louise mit dem voranschreitenden Sommer in merkwürdige Zustände verfiel. Sie schien mit offenen Augen zu schlafen, vergaß von einem Augenblick auf den anderen, was sie gerade hatte tun wollen, und wußte nicht recht, wo sie war.

»Louise! Louise! Komm zu dir! Was ist denn mit dir? Hörst du mich denn nicht?«

Sie sah durch ihn hindurch, als wäre er aus Glas. Nach einer Weile veränderten sich ihre Augen, sie blickte ihn wieder an, aber so, wie man einen Fremden anblickt.

»Ich bin's, Carl! Sag doch was. Louise, sag doch ein Wort. Kennst du mich denn nicht mehr? Was ist bloß los?«

Louise murmelte: »Carl, ja.« Dann, in gereiztem Ton: »Was willst du? Was willst du denn von mir? Hör auf, mich zu schütteln.« Sie brach in Tränen aus. Nach einer Weile beruhigte sie sich. Als Carl später mit ihr über den Vorgang sprechen wollte, konnte sie sich nicht erinnern.

Die Sache begann, unheimlich zu werden. Carl vertraute sich Ernestine Daberkow an.

»Es kommt mir so vor, als ob sie den Verstand verliert. Wieso bloß? In ihrer Familie hat's das doch nie gegeben. Soweit ich das übersehen kann, jedenfalls. Oder weißt du was, was ich nicht weiß?«

»Sie ist krank, Carl«, sagte Ernestine mit feuchten Augen. Das Herz tat ihr weh um das Elend ihrer alten

Freundin. »Sie ist ganz bestimmt krank. Wenn sie nur diese Verwirrungen hätte ... Aber die schrecklichen Schmerzen im Kopf. Und die kommen immer öfter. Und dann, daß sie das Essen nicht bei sich behalten kann. Da helfen keine feuchten Wickel mehr, Carl, und kein Melissengeist. Du mußt mit ihr zum Doktor!« sagte Ernestine eindringlich.

Carl bedachte das. Schließlich entschied er, daß Ernestine recht hatte. Aber jetzt machte Louise Schwierigkeiten. Erregt, unter Tränen, verweigerte sie den Besuch beim Arzt. Einen vernünftigen Grund wußte sie nicht anzugeben. Wenn Carl sie drängte, sagte sie nur:

»Erst der Doktor, dann der Totengräber. Ich will hierbleiben.«

So vergingen die Wochen. Dann, Ende September, krümmte sich Louise unter einem besonders schweren Anfall von Schmerzen und Übelkeit. Es folgte eine Bewußtseinstrübung, die länger anhielt als je eine zuvor. Carl zögerte nicht mehr. Er rief nach August, hieß ihn anspannen, wickelte Louise in Decken und hob sie in die Kutsche. August mußte sich neben seine Mutter setzen und sie festhalten, damit sie nicht in einem ihrer Anfälle auf die Straße stürzte.

So fuhren sie nach Vandsburg. Ernestine hatte gesagt: »Fahr mit ihr zu Rißmann in Lubcza. Das ist ein guter Doktor. Es ist auch nicht so weit, falls ihr ihn mal plötzlich rufen müßt, nachts vielleicht.« Aber Carl hielt nichts davon. Nach Lubcza ging er nur noch, wenn Markttag war. Seit seinem Besuch im Schuhmacherladen war ihm das Nest verleidet. Schließlich gab es noch andere Städtchen. Vor allem Vandsburg. In Vandsburgs evangelischer Kirche war er getauft und konfirmiert worden, denn in Ronowo, seinem Geburtsdorf, gab es keine Kirche. In Vandsburg hatte er auch Verwandte. Und was für ein imponierendes Gewimmel, wenn dort Pferdemarkt oder

Viehmarkt abgehalten wurde! Lubcza war eigentlich nicht mehr als ein zu groß gewordenes Dorf, kaum tausend Einwohner, höchstens. Vandsburg aber hatte längst über zweitausend. In wenigen Jahren würden es dreitausend sein. Eine Stadt von solcher Bedeutung mußte auch den besseren Arzt haben. Carl fuhr zu Doktor Willers.

Als sie zurückkamen, wartete Ernestine im Haus. Sie hatte in der Zwischenzeit Ordnung gemacht, das Vieh versorgt und sich um die beiden Kinder gekümmert, Rose und Hermann. Auf dem Herd stand ein Topf mit Suppe, fertig zum Essen. Carl sah es. Aber er sagte nur: »Hilf Louise ins Bett.« Als auch das getan war, lief sie zu ihm in die Küche. Er saß auf seinem Platz, den Kopf in die Hände gestützt.

»Nun?« drängte Ernestine. »Sag schon!«

»Sie hat eine Geschwulst im Kopf«, sagte Carl trübe. »Die drückt ihr das Gehirn kaputt, wenn sie immer größer wird.«

Ernestine schlug sich beide Hände vor den Mund. »Krebs?«

»Weiß ich nicht. Der Doktor sagt, das kann man erst rausfinden, wenn er es auf'm Tisch hat. Aber wenn's kein Krebs ist, dann wächst es auch. Raus muß es, so oder so, sagt der Doktor.«

»Operiert soll sie werden?« entsetzte sich Ernestine. »Am Kopf? Geht denn das überhaupt?«

Carl hob die Schultern. »Der Doktor weiß es nicht. Ob man bei Louise noch was machen kann, meine ich. Er will, daß sie ins Krankenhaus geht, nach Bromberg oder nach Schneidemühl. Wahrscheinlich nach Bromberg. Er hat geschimpft, weil sie nicht schon längst da war.«

»Und? Geht sie?«

»Ich würd' sie schon schicken«, sagte Carl trübe. »Aber sie will nicht. Sie hat geheult, als ob wir sie zum Henker schicken wollten.«

Ernestine nickte. »Ich versteh' das«, sagte sie, und dann begann ihre Stimme zu schwanken. »Der Mensch merkt doch, wenn er zum Sterben kommt«, weinte Ernestine. »Louise merkt's gewiß. Und ich, wenn ich mal soweit bin, ich möchte auch nicht unter fremden Menschen sein, die mich nichts angehn und die nichts von mir wissen. Wenn das Ende kommt, dann möcht' ich, daß meine Familie bei mir ist.«

Es war genau das, was Louise jedesmal sagte, sobald in den nächsten Tagen und Wochen die Rede auf das Krankenhaus in Bromberg kam.

»Ich geh' nicht. Und wenn ihr mich mit Gewalt hinschleppt, dann sterb' ich unterwegs. Ich will aber nicht unterwegs sterben und nicht zwischen kalten Kacheln in einem Krankenhaus. Wenn's schon sein muß, dann hier, wo ich dreißig Jahre lang glücklich war. In meinem eigenen Bett und mit meinen Lieben um mich rum.«

Dann seufzte Louise. »Mein Röschen. Was wird mit ihr? Versprich mir, Carl, daß du für sie sorgen wirst.«

Carl tätschelte ihr die Hand. »Nur ruhig, Louise. Reg dich nicht auf. Ich werd' mich schon kümmern.« Er hatte gar nicht recht zugehört. Sorgen drückten ihn, und das Herz war ihm schwer. Was sollte bloß werden, wenn Louise ihm wegstarb? Ein Hof ohne Frau – das war ja wohl das Schlimmste für einen Bauern. Und was für eine Frau! So eine fand er nie wieder. O Gott, verzeih mir, daß ich an eine andere Frau auch bloß denke, während meine Louise hier mit dem Tode ringt! Du weißt, Herr, daß ich es nicht so gemeint habe. Nicht schnöde Wollust hat meine Gedanken geleitet, du weißt es, Herr. Ich denke an das, was du mir gegeben und anvertraut hast und was ich nicht pflegen und mehren kann ohne meine Louise. Und Hermann ist doch erst zehn. Und Rose … Ach Gott, Rose …

Louise Barbeknecht starb am 29. Oktober 1902. In den letzten Tagen ihres Lebens war sie kaum noch bei klarem Bewußtsein gewesen. Nur ab und zu hatte sie noch jemanden erkannt. Man hatte deshalb die Kinder, Rose und Hermann, von ihr ferngehalten. August kümmerte sich um den kleinen Bruder, hielt ihn bei sich, sobald er aus der Schule kam, nahm ihn mit und ließ ihn bei der Arbeit helfen oder schickte ihn zu den Kühen auf die Weide. Mochte er die Kühe hüten und dabei mit dem Hütehund spielen, da war er beschäftigt und abgelenkt.

Rose verbrachte ihre Tage zwischen Aufstehen und Schlafengehen bei den Daberkows. Da hockte sie in der Küche, neben dem Herd, wo es warm war, und hielt ihre Puppe an sich gedrückt. Sie redete mit der Puppe.

»Du mußt leise sein. Mutter ist krank und muß schlafen. Wirst du wohl hören, wenn ich dir was sage? Rumtoben gibt's jetzt nicht.«

Rose war nicht so naiv, wie ihre Reden an die Puppe vermuten ließen. Sie gab wieder, was sie selbst von den Erwachsenen gehört hatte. Aber sie besaß ein sicheres Gefühl dafür, daß man sie nicht bloß deshalb zu Daberkows abschob, weil Mutter ungestört schlafen sollte. Rose wußte nicht, was vor sich ging. Aber es war etwas ganz Schlimmes, etwas, wovor man Angst haben mußte, das spürte sie deutlich. Rose hatte Angst. Sie plapperte vor allem deshalb auf die Puppe ein, um ihrer Angst Luft zu verschaffen. Es sprach ja sonst keiner richtig mit ihr. Keiner hatte Zeit.

Am Morgen des 29. Oktober, bald nachdem die Kinder vom Hof waren, fing Louises Puls an zu flattern. Gleichzeitig wurde ihr Atem unregelmäßig. Zuweilen schien es, als atme sie überhaupt nicht mehr. Sie lag mit weit offenen Augen und erkannte ihre Umgebung nicht. Ernestine zog ihr das Hemd von den Schultern. Carl hielt Louise bei den Armen, und Ernestine schlug sie mit naßkalten Handtüchern auf Brust und Rücken. Louise reagierte mit schnappenden Atemzügen, aber es hielt nicht an. Bald sackte sie zusammen, und ihr Atem stockte wieder. Da gaben sie es auf.

Kurz vor der Mittagsstunde holte Louise zitternd ein wenig Luft und lag dann still. Ernestine faßte ihr Handgelenk. Dort, wo Louises Puls hätte sein müssen, fühlte sie ein paar unsichere Bewegungen. Dann nichts mehr. Sie wartete noch eine kurze Weile, legte Louises Hand sanft zurück und drückte ihr die Augen zu.

»Aus?« fragte Carl heiser und räusperte sich heftig.

»Aus.«

Noch vor Abend kamen die Leichenwäscher-Weiber und machten die tote Louise schön für ihr Begräbnis. Sie putzten sie und kämmten sie und zogen ihr das Totenhemd an, das sie selbst genäht und seit Jahren in der Schrankschublade verwahrt hatte. Dann durfte die Familie zu der Toten. Auch die Kinder wurden hereingeholt. Hermann weinte. Er verstand sehr gut, daß er nun mutterlos war. Rose gab keinen Ton von sich. Sie weinte auch nicht. Sie wußte, daß man ihr Mutter weggenommen hatte. Auf irgendeine niederträchtige, nicht zu fassende Weise weggenommen. Da lag sie noch, und man konnte sie sehen. Auch anfassen. Aber das galt alles nicht. Irgend etwas war geschehen, und Mutter war zugleich da und nicht da. Rose war gelähmt vor Entsetzen. Sie konnte sich nicht bewegen. Sie konnte nichts sagen.

Die Starre löste sich, als am anderen Tag der Leichenwagen kam, um Louise abzuholen. Zwei kräftige Männer legten die Tote in den Sarg, schraubten ihn zu und hoben die Last in ihre schwarze Kutsche. Zwei Rappen waren vor die Kutsche gespannt. Die zogen nun an, und die schwarze Kutsche rollte davon. Mit dem Sarg und mit der toten Louise darin.

Rose sah es. Sie schrie gellend auf. Ehe jemand sie fassen konnte, war sie auf die Straße hinausgelaufen und rannte hinter der schwarzen Kutsche her.

»Mutter! Mutter! Halt! Halt! Halt! Mutter!«

Rose hatte schon das halbe Dorf durchquert, ehe es Ernestine gelang, sie einzufangen. Sie drückte das Kind an sich. Rose wehrte sich wild.

»Laß mich los! Laß mich! Mutter!«

3 / An einem Sonntag im Januar 1903, bald nach Neujahr, machte Male Pohlenz sich auf den Weg nach Lilienhecke. Bruno hatte gesagt:

»Vor Weihnachten würd' ich nicht fahren, von wegen Anstand. Aber nachher ist deine Mutter lange genug tot. Sieh zu, daß dein Vater dir endlich die Göre rausrückt. Nimm eins von unseren mit oder zwei. Vielleicht rührt es den Alten. Und dein Mädchen möcht' am Ende eher mitgehen, wenn es die anderen Kinder sieht.«

Male zog dem dreijährigen Georg und der zweijährigen Alma die Sonntagskleidchen an und ging mit den Kindern zur Landstraße. Wenn ihre Mutter nach Hirschhagen zu Besuch gekommen war, hatte sie Vaters Kutsche genommen. Bruno besaß keine Kutsche. Wenn Male über Land wollte, mußte sie sich vom Milchwagen mitnehmen lassen.

Auf dem großen Hofplatz in Lilienhecke machten sich Hermann und Rose im Schnee zu schaffen. Hermann hielt die große, hölzerne Schneeschaufel und mühte sich, zwischen Haus, Stall und Scheune Wege freizukratzen. Rose baute einen Schneemann. Als Male mit ihren Kleinen durch das Tor kam, ließ Hermann die Schaufel fallen und lief dem Besuch entgegen. Er hatte ein unbefangenes Verhältnis zur großen Schwester. Rose tat keinen Schritt.

Sie stand neben ihrem halbfertigen Schneemann, ebenso unbeweglich wie der. Male sah es und ärgerte sich.

»Rose! Was ist? Willst du nicht herkommen und guten Tag sagen?«

Rose rührte sich nicht. Sie bewegte nur den Kopf, einmal nach links, einmal nach rechts: Nein!

Male biß sich auf die Unterlippe. Balg, widerspenstiges! Mutter hatte sie einfach zu sehr verwöhnt. Aber wenn sie jetzt sagte, was sie dachte, dann heulte das Balg womöglich, und wer weiß, wie Vater darauf reagierte. Male rang sich ein Lächeln ab.

»Schau doch mal, ich hab' dir hier ein Brüderchen und ein Schwesterchen mitgebracht. Das ist Georg, und das ist Alma. Gib ihnen doch mal die Hand.«

Male machte zwei, drei Schritte auf Rose zu. Rose wirbelte herum und verschwand im Stall. Verdammtes Gör! Wie sollte man das nachher wieder Bruno erklären? Male seufzte tief, nahm ihre Kleinen fester bei der Hand und ging mit ihnen ins Haus.

Carl Barbeknecht fühlte sich äußerst unbehaglich, als die Tochter ihm ihr Anliegen vortrug. Im Grunde gab er ihr recht. Ein Kind gehörte zur Mutter. Eigentlich war es doch lobenswert, daß Male die Kleine bei sich haben wollte. Was hatte er dem Kind denn zu bieten? Ein reiner Männerhaushalt war das jetzt hier, schlimm genug. Schon die täglichen Mahlzeiten bereiteten Probleme. August hatte den Küchendienst übernommen, und wirklich, der Junge machte das gar nicht so schlecht. Aber was würde sein, wenn der Winter vorbei war? Dann mußte August mit dem Vater aufs Feld. Wer sah dann nach Rose?

Carl hätte eigentlich fragen müssen, wer dann nach den beiden Kindern sah. Schließlich ging Hermann erst auf sein elftes Jahr zu und konnte auch nicht ohne Aufsicht bleiben. Aber daran dachte er nicht. Hermann war eine Selbstverständlichkeit, der stand nicht zur Debatte. Rose war keine Selbstverständlichkeit.

Male hatte sich ihre Sache lange überlegt. Sie zielte genau auf die schwachen Punkte:

»Was heißt, ihr nehmt sie mit aufs Feld? Sie kommt Ostern in die Schule, das weißt du. Wo soll sie hin, wenn die Schule aus ist? Und wer sieht nach ihren Hausaufgaben? Sie wird euch schön verwildern, wenn sich keiner um sie kümmert.«

Carl ging zum Küchenfenster und starrte über den Hof. Hermann baute jetzt an Roses Schneemann herum. Rose war nirgends zu sehen. Eine verfluchte Geschichte war das! Carl wußte, daß die Dinge nicht gut standen zwischen Rose und Male. Das Kind lehnte die Mutter ab. Aber war das recht? War das nicht eine Sünde wider das vierte Gebot? Und er, Carl, unterstützte das! Andererseits ... Louise hatte ihn beschworen, die Kleine nicht ins Pohlenz-Haus zu geben. Sie nicht Bruno auszuliefern. Er hatte es versprochen. Der sterbenden Louise hatte er es versprochen.

»Wie stellst du dir das vor?« sagte er mürrisch. »Soll dein Suffkopp ihr Stiefvater werden? Reicht es nicht, daß er dich prügelt? Du hast ihn dir ausgesucht. Aber das Kind? Wie ich höre, kannst du mit ihm nicht fertig werden. Wie willst du sie schützen, wenn er auf sie losgeht?«

Male schluckte. Am liebsten hätte sie eine patzige Antwort gegeben und wäre mit ihren Kleinen davongegangen. Aber sie bezähmte sich.

»Ach Vater! Mutter hat dir was in den Kopf gesetzt. Sie hat Bruno nie leiden können, und da hat sie aus jeder Mücke 'nen Elefanten gemacht. Krach gibt's doch in jeder Ehe mal.«

»Und Suff auch? Und Prügel auch? So was hast du in deinem Elternhaus nie erlebt, meine Tochter. Versuch nicht, deine Mutter dümmer zu machen, als sie war. Ich hab' sie länger gekannt als du. Und besser. Sie hat nicht gewollt, daß Rose zu Bruno kommt. Sie hat gewußt, warum.«

»Zunächst mal käme Rose zu mir, Vater. Vergiß das bitte nicht. Und was Bruno angeht ... Noch nie hat Bruno einem Kind was getan. Guck dir Georg und Alma an. Sehen die vielleicht verprügelt aus?«

Carl blickte auf seine Pohlenz-Enkel. Die beiden hockten in der Herdecke und spielten mit dem Feuerholz. Sie sahen gut genährt aus und gar nicht verschüchtert. Ihre krähenden Stimmen füllten die Küche. Wahrscheinlich sprach Male die Wahrheit. Bruno schien kein schlechter Vater zu sein. Vielleicht ...

»Hör doch«, drängte Male, »ihr habt keine Frau im Haus. Niemand ist da, der dem Kind Essen kocht. Niemand bringt ihr bei, was ein Mädchen können muß. Und es ist doch besser, wenn du sie mir jetzt gibst, damit sie gleich in die richtige Schule kommt und nachher nicht erst wechseln muß.«

Carl schüttelte den Kopf. »Ich weiß nicht, Male. Deine Mutter hat es nicht gewollt. Sie hat immer gesagt, daß ihr nur eine billige Magd aus dem Kind machen werdet. Kannst du mir versprechen, daß ihr sie nicht bloß braucht, damit sie eure Gören hütet?«

»Ich versteh' dich nicht, Vater«, sagte Male empört. »Hab' ich nicht auf August aufgepaßt, als wir klein waren? Und als nachher die Zwillinge da waren – hab' ich mich nicht um die gekümmert? Hat mir das geschadet? Und hast du das damals falsch gefunden? Warum hast du's dann zugelassen? Oder ist Rose was Besseres, als ich gewesen bin?«

Das war eine vertrackte Geschichte! Was konnte er Male erwidern? Eigentlich nichts. Carl dachte, daß ihm wohl jeder Außenstehende, zum Richter aufgerufen, dasselbe sagen würde wie die Tochter. Und doch – irgend etwas war falsch an der Sache. Carl hätte nicht sagen können, was. Aber er spürte, daß es da etwas gab, etwas, was Louise genau gewußt hatte. Wenn sie noch lebte, hätte sie es ihm erklären können. Daß sie ihn so früh verlassen mußte! Nun saß er da und sollte entscheiden, und wie immer er das Problem löste, es würde ein schaler Rest bleiben. Rose war ein liebes Kind, das wollte er ja gar nicht bestreiten. Aber es war ihm immer noch unbehaglich, in ihre Augen zu sehen, die so seltsam schräg über den Backenknochen saßen. Ein hübsches Kind war sie, hübscher, als Male je gewesen war. Das kam von dem Pollacken her, den vielleicht schon die Indianer gefressen hatten. Hoffentlich hatten sie ihn gefressen! Aber egal, was ihm passiert war, er schaute aus Roses Gesicht, unverkennbar und für immer. Wenn bei Male alles in Ordnung gewesen wäre, Carl hätte ihr das Kind schon längst gegeben. Aber es war eben nicht so, wie es sein sollte. Louise hatte vor Bruno gewarnt. Louise wußte, was sie sagte. Sie hatte auch Male nicht getraut. Traute er Male? Vor wenigen Jahren noch hätte Carl jeden ausgelacht, der ihn so etwas gefragt hätte. Aber jetzt? Nach den Erfahrungen, die er mit der Tochter machen mußte?

Carl richtete sich auf. »Rose bleibt hier. Ernestine wird sich gern um sie kümmern. Sie kann da auch essen, wenn sie aus der Schule kommt. Keine Widerrede, Male. Die Sache ist entschieden. Punkt und Schluß.«

Nachdem Male, sehr beleidigt, mit Georg und Alma abgezogen war, ging Carl in den Stall. Dort fand er Rose. Sie stand neben einer der Kühe und preßte ihr Gesicht in das schwarzbunte, dunstende Fell.

Bruno hatte den Mißerfolg unerwartet leicht genommen.

»Reg dich ab, Male. Das ist noch nicht das letzte Wort. Der Alte wird sich's überlegen, und am Ende wird er sie rausrücken. Sogar gern. Wieso? Na, weil er wieder heiraten wird. Das ist so sicher wie das Amen in der Kirche. Ein Bauer braucht 'ne Frau. Erzähl mir nichts von deiner toten Mutter. Das ist Seelenkäse. Zuerst mal muß der Alte an seine Wirtschaft denken, und Wirtschaft ohne Frau, das geht nicht. Jedenfalls nicht lange. Du wirst sehen.«

»Ich weiß nicht, ich weiß nicht. Vielleicht heiratet August. Das Alter dazu hat er schließlich.«

»Egal. Das kommt aufs selbe raus. 'ne alte Frau oder 'ne junge, keine wird einen Balg im Hause haben wollen, der sie nichts angeht. Hermann ist was anderes. Der ist schließlich ein rechtmäßiger Sohn. Aber deine Rose? Du wirst sehen.«

Male überlegte. Was Bruno da sagte, klang einleuchtend. Wenn der Vater noch mal heiratete – schwer vorzustellen, an Mutters Herd, in Mutters Bett eine Fremde ... Aber wenn er doch noch mal heiratete, oder wenn August sich eine Frau nahm, dann bestand wahrhaftig Aussicht, daß Rose nach Hirschhagen kam. Dann würde Male doch noch siegen.

Na ja, siegen ... Male spürte, wie ihr bei dem Gedanken unbehaglich wurde. Wollte sie denn, daß Rose zu ihr kam? Wollte sie es so dringend, wie sie vor dem Vater immer getan hatte? Lag ihr wirklich an diesem Kind? »Du liebst sie ja gar nicht«, hatte die Mutter gesagt, als Male zum ersten Mal mit ihrem Anliegen in Lilienhecke vorsprach. Male schob die Erinnerung beiseite. Alle diese Auseinandersetzungen, mit der Mutter, mit dem Vater – abscheulich. So viel Kränkung lag darin.

Nicht mehr dran denken. Doch so viel gestand Male sich ein, daß ihr die bisherige Regelung nicht so unlieb gewesen war, wie sie vor den Eltern behauptet hatte. Wenn es auf sie angekommen wäre, dann hätte Rose bis zum Jüngsten Tag in Lilienhecke bleiben können. Allen war damit gedient. Jedenfalls bis jetzt oder doch bis vor kurzem, bestimmt bis zu Mutters Tod. Aber Bruno sah das ja anders, und gegen Bruno kam sie nicht an. Und hatte er nicht auch recht? Ein bißchen Hilfe, bei den Kindern und, soweit möglich, auch im Haus, das wäre schon gut. »Ihr wollt sie ja bloß als Arbeitstier.« Die Mutter hatte gut reden. Die hatte sich nie so plagen müssen wie Male. Immer war Geld dagewesen für Hilfskräfte. Dafür waren dem Vater seine Spargroschen nicht zu schade. Aber sie, die Tochter, hatte er nackt und bloß ziehen lassen, der Pharisäer.

Male ließ die Kartoffel, an der sie gerade schälte, in den Eimer plumpsen, daß das Wasser hoch aufspritzte. Geistesabwesend angelte sie sie wieder heraus, schälte aber nicht weiter. Vaters Geld! Ihre Mitgift! Auf die konnte sie ja wohl bis zum Sankt-Nimmerleins-Tag warten, wenn der Vater noch mal heiratete! Erst hatte Bruno herhalten müssen mit seinem verfluchten Saufen, und nun würde womöglich eine Stiefmutter dafür sorgen, daß Male nichts bekam. Zumindest würde sie kräftig miterben, eine fremde Frau, der an den Kindern ihrer Vorgängerin wenig lag. August, der brauchte sich keine Sorgen zu machen, an den ging der Hof. Und daß Hermann nicht zu kurz kam, dafür würde der Vater wohl sorgen. Aber Male? Die verstoßene Tochter? Wenn schon der eigene Vater keine Miene machte, ihr die drückende Last ein wenig zu erleichtern, was sollte man da von einer Fremden erwarten?

Das war Bruno offenbar nicht eingefallen. Da hatte er sich diese fixe Idee mit Rose in den Kopf gesetzt und drängelte und drängelte. Und jetzt triumphierte er und kam sich furchtbar schlau vor, weil er dem Alten eine neue Frau verordnet hatte, bevor der selber ans Freien auch nur dachte. Wahrhaftig, Brunos Gedanken reichten von zwölfe bis Mittag, kein Stück weiter! Schön wär's, wenn man ihm das mal so richtig unter die Nase schmieren könnte. Aber Male würde den Teufel tun und mit Bruno über die Erbfrage reden. Bloß keine schlafenden Hunde wecken!

Bruno behielt recht. Bevor das Jahr 1903 zu Ende ging, trat Carl mit einer neuen Frau vor den Traualtar. Er heiratete nicht in der kleinen Dorfkirche von Lilienhecke, sondern in der großen evangelischen Kirche von Vandsburg. Schließlich war es eine Vandsburgerin, die er sich ausgesucht hatte. Die neue Schwiegerfamilie, die Prebenows, kannte er schon lange. Beim alten Prebenow hatte er seinerzeit seine Dachdeckerlehre durchgemacht. Damals, als er damit begann, ein schulentlassener Junge von vierzehn Jahren, war Emma Prebenow noch gar nicht auf der Welt gewesen. Sie wurde geboren, als Carl sein erstes Lehrjahr hinter sich hatte. Nach ihr kam kein Kind mehr, aber es waren auch so genug, sechs an der Zahl, von denen vier das Erwachsenenalter erreichten. Emma war die einzige Tochter. Sie hatte, nachdem ihre Mutter nicht mehr lebte, erst dem Vater den Haushalt geführt, später dem ältesten Bruder, der jetzt als Meister das Geschäft beherrschte. Längst gab es auch eine Frau Meisterin, und Emma wurde eigentlich gar nicht mehr gebraucht. Das Dumme war nur, daß sie im Dienste der Familie die eigene Heirat versäumt hatte. Emma war schon neununddreißig, ein verdammt spätes Mädchen. Carls Werbung kam den Prebenows wie ein warmer Regen.

Für den vierundfünfzigjährigen Carl war Emma eine junge Frau. Aber hätte er sich nicht besser eine Bauerntochter geholt? Nun, wer so dachte, wußte nichts von der Vandsburger Lebensart. Vandsburg hieß zwar Stadt, aber Städter im eigentlichen Sinne waren die Vandsburger nicht. Sie waren Ackerbürger, fast jeder von ihnen betrieb neben seinem Gewerbe auch noch eine Feldwirtschaft und hatte Vieh im Stall. Die Prebenows lebten ähnlich wie die Barbeknechts, nur daß bei ihnen das Schwergewicht auf dem Handwerk lag und die Landwirtschaft den Nebenerwerb abgab. Die neue Frau Barbeknecht würde mit Carls Hof schon zurechtkommen.

Emma Barbeknecht fand sich hervorragend in ihre neuen Aufgaben. Sie arbeitete von früh bis spät, und sie sang dabei, denn sie war glücklich, in ihren Jahren noch einen Mann gefunden zu haben. Der Hof gedieh unter ihren Händen. Auch Hermann gedieh. Der Junge hatte die Stiefmutter zunächst mit Mißtrauen betrachtet, sie umkreist wie ein junger Hund, der das Neue, Ungewohnte erst mal beschnüffeln muß. Aber ihrer heiteren Freundlichkeit widerstand er nicht lange. Emma und Hermann wurden gute Freunde. Anders August. Ihm schien die neue Bäuerin zu jung, er fürchtete, daß da noch Stiefgeschwister kommen könnten, die ihm seine Rechte schmälern würden. August war jetzt sechsundzwanzig, und er fand, daß es eigentlich ihm zugestanden hätte, eine Frau auf den Hof zu bringen. Freilich hatte er keine anzubieten. Er war ein stiller Mensch, fleißig und findig in der Arbeit, sonst aber in sich gekehrt und etwas träge. Er wußte keine Alternative zu des Vaters Heirat, aber nun gefiel es ihm nicht mehr zu Hause. August beschloß, erst einmal auf die Wanderschaft zu gehen. Schließlich war er ein begehrter Stellmacher. Ein Handwerker kommt immer durch, und er konnte ja auch seinen Meister machen. Anfang des Jahres 1904 verschwand August aus Lilienhecke.

Carl fühlte sich beklommen. Was war es, das mit einem Mal seine Familie zerfallen ließ? Wofür strafte ihn der Herr? Erst brach die große Tochter aus der herkömmlichen Ordnung aus, dann raffte das Fieber die Kleine dahin, die Hertha, die Frau starb ihm weg, und nun bot ihm auch noch der Sohn die Stirn. Carl grübelte tagelang und prüfte sein Herz. Aber er fand keine Sünde an sich. Er fand nichts, was er falsch gemacht haben konnte. Schließlich tröstete er sich: August würde bald genug haben von der Fremde. Er würde wiederkommen. Und wenn nicht ... Er hatte ja noch Hermann. Der wurde zu Michaeli schon zwölf, man konnte ihn sich heranziehen. Und er, Carl, war ja erst vierundfünfzig, fünfundfünfzig im nächsten Mai, ein rüstiger Mann noch in Saft und Kraft. In zehn Jahren, wenn Hermann ein junger Mann sein würde, war sein Vater erst ein Mittsechziger. Nein, man brauchte nicht zu verzagen.

Darin bestärkte ihn Emma. Überhaupt stimmte sie ihrem Mann in allem zu, mit einer Ausnahme: Rose. Emma war im Grunde gutmütig, aber das prinzessinnenhafte Getue dieses Kindes mißbilligte sie. Da hatte Carls erste Frau der Familie eine schöne Rute gebunden. Und Carl selber tat auch nicht, was seine Pflicht gewesen wäre. Anstatt das Mädchen zu nützlicher Arbeit anzuhalten, machte er einfach einen Bogen um das Kuckucksei, das seine ungeratene Tochter ihm ins Nest gelegt hatte, und unternahm nichts, um Louises Versäumnisse auszugleichen. Was kam dabei heraus? Ein unnützer Fresser, der nichts dazu tat, sein täglich Brot auch zu verdienen. Wenn dieses Kind wenigstens umgänglich und zutunlich gewesen wäre, so wie der Junge, der Hermann. Aber Rose blieb gewöhnlich für sich. Sie hatte eine Art, fremd zu schauen, wenn man sie ansprach – also Emma ging das auf die Nerven. So eine heikle Dame, was glaubte die denn, wer sie war! Die Undankbarkeit auf zwei Beinen, dieser Bankert! Emma erfuhr, daß Carls Tochter schon mehrfach versucht hatte, ihr Kind zu sich zu nehmen. Nun, da konnte ihr geholfen werden. Emma beschloß, mit Carl zu sprechen.

Um die Osterzeit ließ Carl in Hirschhagen ausrichten, daß er Rose herausgeben würde, wenn Male noch wollte.

Es war Bruno, der Rose abholte. Male war wenige Tage vorher erst mit einer weiteren Tochter niedergekommen.

Bruno hatte seinen Leiterwagen genommen. Sollte der Schwiegervater doch die Nase rümpfen, er trug ja selber einen guten Teil Schuld daran, daß Bruno sich keine Kutsche leisten konnte. Geizhals, der! Aber wozu auch Kutsche. Auf dem Bock war Platz genug für zwei, und der Wagenboden war sogar reichlich groß für die paar Plünnen, die Emma der Göre eingepackt hatte.

Rose saß mit blassem Gesicht neben dem kräftigen Mann. Seit sie wußte, daß sie nicht länger in Großvaters Haus bleiben durfte, hatte sie kaum noch ein Wort gesagt. Tagelang war sie stumm herumgelaufen, durch Haus und Stall, durch Garten und Scheune. »Wie ein Gespenst«, hatte Emma getadelt. Wenn es je ein mißratenes Kind gegeben hatte, dann ja wohl diese Rose. Sie tat wahrhaftig so, als sollte sie zu Menschenfressern umziehen. Dabei wartete ihre leibliche Mutter auf sie. Na, die würde noch ihr blaues Wunder erleben mit ihrer Frucht. Emma war froh, daß nicht sie sich mit Roses Erziehung abplagen mußte.

»Nicht gerade dein Fall, was?« sagte Bruno, als der Leiterwagen endlich losrollte, und wies mit dem Peitschenstiel nach hinten, wo Emma noch vor dem Hoftor stand. »Meiner auch nicht. Gewitterziege. Na, freu dich. Jetzt kommst du zu deiner Mutter.« Rose gab keine Antwort. Sie saß steif auf ihrem Platz und wagte nicht, sich zu rühren. Bruno wartete. Schließlich wurde ihm die Sache zu dumm.

»He!«

Rose zuckte zusammen. Sie traute sich nicht, Bruno anzusehen. Stumm senkte sie ihren Kopf.

»Na, sag mal! Ich rede mit dir! Bist du taub, oder was ist? Was haben sie dir eigentlich beigebracht in Lilienhecke? Hat dir noch nie jemand gesagt, daß man antwortet, wenn man angeredet wird?«

»Doch«, flüsterte Rose.

»Was? Ich versteh' kein Wort. Was nuschelst du?«

Rose hustete. »Doch«, sagte sie etwas lauter.

»Na also. Merk dir mal eins, Fräulein: Ich bin ein gutmütiges Luder, auch wenn dir paar Leute mal was anderes sagen. Aber ich bin gewöhnt, daß man mir zuhört, wenn ich rede, und daß man mir ordentlich antwortet. Alle meine Kinder tun das. Ich hab' es ihnen beizeiten beigebracht. Und du wirst das auch lernen, wenn du's noch nicht kannst. Klar? Ob das klar ist, hab' ich gefragt!«

Roses Herz schlug so stark, daß sie kaum atmen konnte. Mit gepreßter Stimme sagte sie: »Ja, Herr Pohlenz. Entschuldigen Sie bitte. Ich wollte nicht ungezogen zu Ihnen sein.«

Bruno starrte sie verblüfft an. Dann lachte er los. »Also so was! Du bist vielleicht eine ulkige Nudel. Aber ich denke, du hast's gut gemeint, was? Ist deine Art von Höflichkeit, nehme ich an. Das will ich dir denn auch zugute rechnen. Aber das ›Sie‹ und ›Herr Pohlenz‹, das ist dummes Getue. Ich hab' deine Mutter geheiratet, also bin ich jetzt dein Vater. Du wirst Vater zu mir sagen, hast du verstanden?«

»Ja.«

»Ja – was?«

»Ja, Vater«, hauchte Rose.

»Na also«, sagte Bruno zufrieden und knallte mit der Peitsche. Die Pferde zogen an, der sanfte Wallach und der temperamentvolle, tückische Fuchsbraune. Mehr Pferde gab es nicht in Pohlenzens Stall. Aber heute machte das Bruno nichts aus. Es war ein schöner Frühlingsmorgen, und er hatte endlich seinen Willen durchgesetzt. Während der Wagen schneller über die Landstraße rollte, fing Bruno an zu pfeifen.

Male war schon wieder aufgestanden aus ihrem Wochenbett. Die rüstigen Geburten, die sie jedesmal hinter sich brachte, waren wirklich zum Erstaunen. Als Bruno mit Rose anlangte, saß Male in der Küche und nährte ihren Säugling. Sie lächelte Rose entgegen.

»Da bist du ja endlich. Komm her und guck dir dein kleines Schwesterchen an. Die anderen hast du ja schon gesehen. Ach, nein, den Otto kennst du noch nicht, den hatte ich damals nicht dabei. Na, du wirst noch genug mit ihnen zu tun kriegen. Das hier ist die Johanna. Sie ist erst vier Tage alt. Rose!« Males Stimme wurde scharf. »Was stehst du da wie'n Eiszapfen und glotzt! Hast du keine Manieren? Komm gefälligst her und sag guten Tag.«

»Ein Stockfisch, was?« knurrte Bruno. »Ich hab' ihr schon unterwegs 'ne Standpauke halten müssen.«

Male warf ihrem Mann einen kurzen Blick zu. Dann betrachtete sie Roses blasses Gesicht. »Na, komm«, sagte sie wesentlich sanfter. »Ich beiß' dich nicht. Komm und gib mir die Hand.«

Vorsichtig, als ginge sie über ganz dünnes Eis, bewegte sich Rose durch die Küche. Vor Male blieb sie stehen, streckte ihre Rechte aus und machte einen tiefen Knicks. Aber sie sagte kein Wort. Male fühlte sich verlegen, und das ärgerte sie ein bißchen. Wie kam sie dazu, vor einer siebenjährigen Lausegöre verlegen zu sein? Und wie das Kind guckte. Male faßte Rose unters Kinn und hob ihr Gesicht zu sich hoch. Hübsches Mädchen, das mußte man zugeben. Wie ähnlich sie Gregor sah. Male schüttelte langsam den Kopf, und sie merkte es gar nicht. Wahrhaftig, Rose war Gregor aus dem Gesicht geschnitten. Besonders die Augen, auch wenn die grün waren und nicht braun. So etwas! Wie ein fernes Echo. Ganz leise, und doch ... Male hob die Hand und strich ihrer Tochter sehr zart über das schwarze Haar. Gregors Kind. Vielleicht war es ein Fehler gewesen, Rose der Mutter zu überlassen. Die hatte ihr das Kind entfremdet. Man hätte es lieben können. Man konnte es vielleicht jetzt noch lieben.

»Nun kriegt euch mal wieder ein«, polterte Bruno. »Ihr seid nicht allein auf der Welt. Vielleicht denkt mal einer dran, daß ich Hunger habe. Schließlich hab' ich seit dem Frühstück noch nichts zwischen die Zähne gekriegt. Und dann ruf die Kinder rein. Rose soll sich schon mal dran gewöhnen, was sie in Zukunft zu tun hat.«

Das Pohlenz-Haus war klein, und jetzt wohnten sieben Menschen darin. Eine Schlafkammer, wie sie es gewöhnt war, gab es hier für Rose nicht. Dort, wo die Treppe zum Oberstock endete, stand ein großer Schrank und bildete mit der Dachschräge eine Nische. In der Nische richtete Male für Rose einen Strohsack. Schon vorher hatte sie ihr ein Kopfkissen und ein Deckbett gestopft, und sie hatte gute Gänsefedern dazu genommen. Die anderen Kinder schliefen auch nicht vornehmer, nur lagen ihre Strohsäcke nicht auf dem offenen Boden. Bruno hatte Zwischenwände aus Holz gezimmert und so zu der vorhandenen Kammer noch zwei weitere gezaubert. Male hatte Rose in eine davon einquartieren wollen, zusammen mit Alma. Aber Bruno war dagegen.

»Das Kleine, wenn du's von der Brust hast, das tust du zu Alma. Den anderen Platz brauchen wir, wenn noch mehr Kinder kommen. Deine Prinzessin schläft in der Nische. Wird ihr schon keine Perle aus der Krone fallen. Da merkt sie auch, wenn eins nachts aufwacht, und kann aufpassen, daß keines die Treppe runterfällt. Sie ist schließlich die Große, und dafür haben wir sie geholt.«

In der ersten Nacht weinte Rose sich in den Schlaf. Als sie am nächsten Morgen aufwachte, brauchte sie lange, um sich zu besinnen, wo sie sich befand und was ihr zugestoßen war. Schließlich fiel es ihr ein, und ihr sank das Herz. Gewiß, es war auch in Großvaters Haus nicht mehr so gewesen wie einst, als Mutter noch lebte. Niemand hatte sich dort so recht um sie gekümmert. Außer Hermann natürlich, der war wie immer. Großvater war auch wie immer, aber zu ihm hatte Rose nie ein inniges Verhältnis gehabt. Und diese Emma ... Rose hatte ihr einfach nichts recht machen können. Dennoch – was für ein Paradies war das gewesen, und wie gerne wäre sie jetzt dort, trotz Emma. Hier dagegen ... Ach, Mutter!

Rose war inzwischen groß genug, um zu begreifen, daß Mutter eigentlich ihre Großmutter gewesen war. Die Frau, die sie geboren hatte, das war Male. Rose würde sie Mutter nennen müssen, jetzt, da sie hier wohnte. Man erwartete das von ihr, und sie besaß nicht so viel Mut, um sich zu widersetzen. Sie würde Mutter sagen, aber es niemals, niemals fühlen. Roses Mutter war tot, und nie würde eine andere an ihre Stelle treten können.

Vorbei die Zeit, in der sie das geliebte Kleinchen gewesen war. Hier war sie die Große und mußte auf ein Rudel rotznäsiger Bälger aufpassen. Rose fand die Pohlenz-Kinder ekelhaft. Man hatte ihr gesagt, daß das ihre Geschwister seien, aber das bedeutete ihr nichts. Ewig dieses Gebrülle und Gezanke, und dann machten sich diese kleinen Widerlinge in die Hosen oder rissen etwas runter, was dann zerbrach. Und immer ging es an ihr aus, denn sie wurde »große Schwester« genannt und sollte für die Rotznasen verantwortlich sein. Von ihr aus konnten sie alle verrecken.

»Rose hat gesagt, hol euch die Pest«, plärrte Georg eines Tages.

»Was?« Male fuhr zu Rose herum. Aber bevor sie die Hand heben konnte, protestierte Rose.

»Das ist nicht wahr! Ich hab' gesagt, halt dich fest. Georg ist noch zu dumm und versteht nicht, was ich ihm sage.«

»Na!« sagte Male und ließ die Sache auf sich beruhen.

Rose registrierte erstaunt, daß sie log, und zwar von

Tag zu Tag geschickter und bedenkenloser. Das hatte sie früher nie getan. Mutter war immer stolz auf ihre ehrliche Rose gewesen. Aber bei Mutter hatte sie es auch nicht nötig gehabt zu lügen. Hier dagegen ...

Rose mußte auch in der Wirtschaft zur Hand gehen. Sie schälte Kartoffeln und putzte Gemüse. Sie kehrte die Küche aus und schleppte die Scheite herein, wenn Bruno Holz gehackt hatte. Es dauerte nicht lange, da bereitete sie auch das Schweinefutter, Male zeigte ihr, wie man das macht. Und sie fing auch schon an, Kühe zu melken. Das konnte sie aber noch nicht gut. Wenn Male nachmolk, kam immer noch eine Menge Milch heraus.

Das alles hatte ihr früher niemand zugemutet, aber Rose machte es eigentlich nicht so viel aus. Jedenfalls war ihr die Haus- und Stallarbeit erheblich lieber als die Plage mit den Geschwistern. Die waren und blieben ihr ein Greuel. Wenn Male und Bruno auf dem Feld rackerten, also keiner kontrollieren konnte, langte Rose in die Zukkerdose, gab jedem der heulenden Ungeheuer ein Zukkerstück in die Faust und schob die Brut in die Nische zwischen Herd und Küchenwand. Vor den Nischenausgang rückte sie einen Stuhl und setzte sich drauf. So konnten ihr die Kinder nicht entwischen. Und Rose nahm ihre Fibel, bohrte sich die Finger in die Ohren und las. Ab und zu schaute sie auf die Uhr, um die Zeit nicht zu versäumen, zu der Male und Bruno gewöhnlich heimkehrten. Kurz vorher räumte sie ihren Posten und ließ die Kinder frei.

So hübsch angezogen wie einst in Lilienhecke war Rose nicht mehr. Die Kleidchen, die sie mitgebracht hatte, wuchs sie schnell aus. Male nähte ihr neue, aber immer nur eins für den Alltag und eins für den Sonntag. Zur Arbeit mußte Rose Kittelschürzen tragen. Es bereitete ihr Genugtuung, daß wenigstens keine ältere Schwester vorhanden war, deren Kleider sie hätte auftragen müssen. Sie bekam nicht viel, aber sie bekam es zuerst. Mit wilder Schadenfreude beobachtete sie, wie ihre abgelegten Sachen für Alma zurechtgemacht wurden.

Male sparte, wo sie konnte. Butter zum Beispiel gab es nur zu den hohen Festtagen, zu Ostern, Pfingsten, Weihnachten. Das übrige Jahr hindurch verkaufte Male, was sie gebuttert hatte. Mit einem Teil des Erlöses wurde Rose zum Dorfkrämer geschickt und mußte Margarine einkaufen. Rose verabscheute den Geschmack der Margarine. Sie lehnte es ab, das gelbe Schmierzeug auf ihr Brot zu streichen. Wenn es Wurst gab, legte sie sie einfach so aufs Brot. Notfalls aß sie es lieber trocken.

Es war nicht so, daß Rose hätte hungern müssen. Schließlich wurde jährlich geschlachtet, und Male verstand es wunderbar, Würste zu stopfen und Schinken zu räuchern. Sie tischte auch viel selbstgemachten Quark auf, aus dem sie, wenn er zu alt geworden war, leckeren Kochkäse mit viel Kümmel bereitete. Das Brot, das Male backte, suchte seinesgleichen. Es fehlte auch nicht das Huhn im Topf, und zu Weihnachten gab es eine Gans. Das Gemüse kam vom Feld, die feineren Sorten, Bohnen, Erbsen, Mohrrüben und Kohlrabi, aus dem Garten. Es gab auch reichlich Obst.

Nein, trotz der Margarine litt Rose keine Not. Aber das hätte sie niemals zugegeben, vor allem nicht vor sich selbst. Sie war nicht glücklich im Pohlenz-Haus. Sie war sogar sehr unglücklich. Deshalb aß sie zwar, was man ihr vorsetzte, aber sie achtete es gering. Rose hatte sich angewöhnt, beim Futterkochen die besseren unter den Schweinekartoffeln herauszusuchen und selber zu essen. Während sie sie bedächtig verzehrte, malte sie sich ein trauriges Selbstporträt: ein armes Waisenkind, zu fremden Menschen verstoßen, von denen keiner sie auch nur ein bißchen liebhatte, gezwungen, sich von Schweinekartoffeln zu ernähren.

In die Schule ging Rose gern. Die Vormittagsstunden waren der reinste Himmel gegen den Rest des Tages zu Hause. Rose lernte schnell und gut, und wenn der Lehrer das bestätigte, fühlte sie sich leicht und froh.

Es war einer ihrer besten Tage, als der Schulrat des Kreises Flatow die Dorfschule von Hirschhagen visitierte. Lehrer Krischke tat alles, um sich und seine Schüler ins beste Licht zu setzen. Mit gemessener Strenge stellte er eine Menge Fragen. Roses Finger war ständig oben, und natürlich der von Sebastian Neubauer. Die beiden waren Lehrer Krischkes Paradestücke. Sie durften auch viele der Fragen beantworten, aber dann winkte der Lehrer ab:

»Das haben wir ja nun gemerkt, daß Barbeknecht und Neubauer Bescheid wissen. Das ist ja auch nichts Neues. Ich will nun aber auch von den anderen mal was hören. Barbeknecht und Neubauer sollen sich nicht mehr melden.«

Rose senkte schamhaft-stolz die Augen. Aber bevor sie es tat, erhaschte sie noch das beifällige Nicken des Schulrats und den freundlichen Blick, den Lehrer Krischke auf ihr ruhen ließ. Es sprengte ihr fast die Brust. Sie fühlte sich, als hätte sie einen Orden bekommen.

Rose war immer noch voll Hochgefühl, als sie den Pohlenz-Hof erreichte. Sie fand Male in der Küche und konnte nicht widerstehen. Sie berichtete, was sie erlebt hatte. Male hörte unbewegten Gesichts zu. Schließlich bemerkte sie:

»So. Das ist ja schön. Hoffentlich schnappst du nicht über vor Einbildung. Hochmut kommt vor dem Fall. Hast du schon die Bügelwäsche weggepackt? Dacht' ich's doch! Nu aber hoppla, eh' ich dir Beine mache.«

Was fühlte Male für ihre Tochter Rose? Das ist schwer zu sagen. Sie empfand durchaus eine Art Liebe für sie, aber nicht beständig, und es war auch keine ungetrübte Liebe.

Zuweilen spürte Male eine zärtliche Wallung, die aber nie so lange anhielt, um sich in Handlung umzusetzen. Male sah immer Gregor in dem Kind, und das stimmte sie zuweilen weich und sentimental, gleich darauf aber böse. Dann war sie schroff zu Rose. Dazu kam, daß sic vor Arbeit nicht wußte, wo ihr der Kopf stand. Sie hatte einfach keine Zeit und keine Kraft, sich viele Gedanken um ihre Brut zu machen. Da ging es den anderen Kindern nicht besser. Male fütterte sie, kleidete sie, sorgte dafür, daß sie abends gewaschen in die Federn kamen. Zu mehr langte es nicht. Aber immerhin, Brunos Kinder gereichten ihr zur Ehre, Gregors Kind dagegen war ihre Schande. Das wischten auch die Jahre nicht weg, und das färbte ihren Umgang mit den Kindern. Rose merkte es.

Und dann Bruno! Manchmal, wenn er im Krug hängengeblieben war, stellte Male sich vor, er würde überhaupt nicht wiederkommen.

»Wenn er doch am Suff krepieren würde. Oder auf dem Heimweg stürzen und sich den Tod holen.«

Kaum hatte sie es gedacht, schämte sie sich. So etwas denkt man nicht. Nicht einmal aus Versehen. Aber sie dachte es immer wieder.

Bruno krepierte nicht am Alkohol. Er stürzte auch nicht, so sehr er schwankte. Er fand immer nach Hause, und meistens war dann der Teufel los. Bruno brüllte und tobte, oft genug schlug er auch. Male ängstigte sich, sie konnte und konnte sich nicht an diese Szenen gewöhnen. Auch das machte sie böse auf Rose. Wenn sie dieses Kind nicht hätte kriegen müssen, dann wäre sie ja wohl nie auf Bruno Pohlenz reingefallen. Roses Existenz hatte ihr das Leben versaut.

Die Kinder verkrochen sich, wenn Bruno betrunken anrückte. Rose sowieso, aber auch Brunos eigene Kinder. Er hatte sich noch nie in alkoholisiertem Zustand an ihnen vergriffen, aber sie hatten einfach Angst vor dem tobenden Mann. Male sah, wie ihre Kinder sich versteckten. Sie nahm ihm das übel, sie haßte ihn dafür. Sie konnte sich nicht verstecken, an ihr ging alles aus. Auch dafür haßte sie ihn. Und sie hatte Angst vor ihm, nicht weniger als die Kinder. Dieser Zustand der Hilflosigkeit vor seinen zuckenden Fäusten! Es würgte sie, wenn sie nur daran dachte, um so mehr noch, wenn sie es erlitt.

Eines Abends kam es zu einer Kurzschlußhandlung. Rose mochte neun oder zehn Jahre alt sein, als Bruno besoffen auf den Hof stolperte. Auf dem Weg zum Hauseingang lag eine Harke herum. Sie hatte dort nicht zu liegen, aber sie lag. Und Bruno fiel. Schäumend vor Wut erhob er sich und stürmte in die Küche.

»Welches Miststück hat mir die Harke in den Weg gelegt?« brüllte er. »Was ist das für eine Sauerei, die Geräte nicht wegzuräumen? Was tust du eigentlich den ganzen Tag, daß du auf solche Kleinigkeiten nicht aufpassen kannst? Hast du Scheiße im Gehirn?«

Male öffnete den Mund, aber sie kam nicht dazu, eine Antwort zu geben. Drohend baute Bruno sich vor ihr auf.

»Widersprich mir nicht! Du hast zu tun, was ich dir sage! Wo wärst du denn, wenn ich nicht wäre? Wer hätte dich Hurenstück denn noch genommen? Außer mir war ja keiner so blöd. Aber ich zeig's dir! Ich zeig's dir! Du! Du!«

Male war bis an die Wand zurückgewichen, Bruno immer hinter ihr her. Im letzten Moment, bevor seine Faust auf sie niederfuhr, schrie Male auf:

»Ich war's doch nicht! Rose ist es gewesen! Rose hat die Harke liegen lassen. Sie hat den Hof saubergemacht, und dann ...«

Bruno hörte nichts mehr. Er war herumgefahren, zur Tür hinaus und die Treppe hinauf. Dort riß er die entsetzte Rose von ihrem Lager und schlug sie unbarmherzig. Rose schrie gellend. Male unten hörte es. Sie preßte beide Hände auf ihr Herz und stöhnte. Es war schändlich, was sie getan hatte. Sie hatte ihr Kind dem Moloch zum Fraße vorgeworfen, damit sie selber davonkam. Aber es war so entsetzlich, wie er immer auf sie losging! Sie starb jedesmal vor Angst. Und nun war die Angst mit ihr durchgegangen. Sie müßte eigentlich nach oben laufen, dazwischengehen. Aber sie brachte es nicht fertig. O gütiger Heiland, warum krepierte Bruno nicht! Warum mußte dieses Kind leben, diese Rose! Warum konnte sie selber nicht tot umfallen!

Der Lärm verebbte. Bruno kam in die Küche, nun ganz ruhig. Er grinste läppisch.

»Wo ist Rose? Was hast du mit ihr gemacht?«

Bruno hob die Schultern. »Hab dich nicht so. Sie stirbt nicht an einer Tracht Prügel. Wir haben alle Prügel gekriegt, und es hat uns nichts geschadet. Sie wird schon wiederkommen.«

»Wiederkommen?«

»Sie ist weggelaufen. Ein bockiges Gör.«

»Aber Bruno!« Male sank auf einen Stuhl und rang nach Atem. »Du hast sie halb totgeschlagen! Und wenn sie jetzt wegrennt ... Weißt du, was sie anstellt in ihrer Verfassung? Das fällt nachher alles auf uns – auf dich! Die Leute wissen doch, was bei uns los ist, wenn du stundenlang im Krug gehockt hast!«

Bruno wurde unsicher. So besoffen wie vorher war er nicht mehr. Das hatte er sich an Rose abgearbeitet. An dem, was Male sagte, war was dran. Ob sich das Balg wirklich was antat? Er hätte vielleicht doch nicht ... Aber daran war Male schuld. Sie hatte ihn ja direkt drauf gebracht. Die sollten ihn nicht immer bis aufs Blut reizen, diese Weiber mit ihrem Getue und ihrer Unordnung. Immerhin – es wäre ärgerlich, eigentlich wäre es sogar katastrophal, wenn etwas passierte.

»Also los«, sagte Bruno, »suchen wir sie.«

Sie suchten lange. Und dann kam es doch zu dem, was Male unbedingt hatte vermeiden wollen: Sie mußten die Nachbarn einweihen, denn bis fast um Mitternacht hatten sie Rose immer noch nicht gefunden. Das halbe Dorf schwärmte schließlich aus. Gegen zwei Uhr nachts entdeckte jemand das Kind auf dem Friedhof. Da hockte es, hinter einen Grabstein gekauert. Als der Schein der Laterne auf ihr Gesicht fiel, streckte Rose abwehrend die Hände aus.

»Nein! Nein! O bitte, nein!«

Die Leute sahen Roses Angst. Sie sahen auch die blauen Flecken, mit denen sie übersät war. Über ihre Stirn lief eine blutige Schramme. Die Nachbarn tauschten vielsagende Blicke.

»Na, dann braucht ihr uns ja wohl nicht mehr. Dann geh'n wir besser. Morgen müssen wir alle früh raus, ist ja Erntezeit.«

Male wickelte einen Zipfel ihres Schultertuchs um die wimmernde Rose und preßte sie an sich. So, in enger Umschlingung, führte sie ihr Kind heim, den ganzen langen Weg. Tränen liefen ihr über die Wangen, unaufhaltsam, und tropften auf das Tuch und manchmal auch auf Rose. Nach Bruno sah Male sich nicht ein einziges Mal um.

Bruno hielt sich eine Zeitlang von Rose zurück. Er tat das nicht aus Einsicht in das Unrechtmäßige solcher Auftritte, sondern aus Angst vor den Folgen, die das für ihn selber haben könnte. Bruno hatte die Blicke gesehen, die die Nachbarn einander zugeworfen hatten. Er konnte sich denken, was sie hinter seinem Rücken tuscheln würden. Darauf gab er nichts. Geredet wurde immer. Aber es konnte einer auf die Idee kommen, es dem alten Barbeknecht zu stecken, Roses Vormund. Und wer wußte denn, ob der Alte nicht die Gelegenheit nutzen würde, dem ungeliebten Schwiegersohn eins überzubraten. Am Ende schaltete er noch die Polizei ein und brachte Bruno vor Gericht. Soweit sollte man es nicht kommen lassen.

Male litt unbeschreiblich unter dem Aufsehen, das sie in jener Nacht erregt hatten. Sie haßte es, durch die Mäuler der Leute gezogen zu werden, und nun hatte sie ja wahrhaftig keine sehr ansehnliche Figur abgegeben. Sie hoffte inständig, daß nichts davon nach Lilienhecke dringen würde. Wie sollte sie vor den Vater treten, was sollte sie ihm antworten, wenn er Rechenschaft von ihr forderte? Als Tag um Tag, Woche um Woche verging, ohne daß der Vater von sich hören ließ, wurde sie ruhiger. Offenbar war der Klatsch innerhalb des Dorfes geblieben. Die Erinnerung an das, was sie selber getan hatte, schob sie weg. Sie dachte einfach nicht mehr daran.

Ihr Verhältnis zu Rose verschlechterte sich. Sie spürte Verdruß, wenn sie das Kind nur sah. Male hatte dafür keine Erklärung außer der, die sich aus Roses kleinen Versäumnissen und Fehlern ergab. Sie schaute der Tochter strenger auf die Finger, als sie es vorher getan hatte. Sie rügte und tadelte bei jeder Gelegenheit und war schnell bei der Hand mit Püffen und raschen Ohrfeigen. Sie schlug niemals hart, dafür aber häufig, und je öfter sie das tat, um so mehr wuchs ihre Überzeugung, daß Rose ein schwieriges Kind sei, eine richtige Last, die ihr der Herrgott aufgeladen. Bei manchen Gelegenheiten geriet sie völlig aus dem Gleichgewicht.

So im Frühjahr 1908, kurz bevor Rose ihr elftes Jahr vollendete. Der Winter war sehr kalt gewesen, und Male hatte jedem ihrer Kinder neue warme Handschuhe gestrickt. Es waren schöne Handschuhe, aus weicher Wolle, hübsch gemustert, innen mit einem Futter versehen und zwischen Futter und Strickpartie mit Flocken ungebleichter Schafwolle ausgestopft. Auch Rose hatte solche Handschuhe bekommen. Was die Versorgung anging, machte Male keinen Unterschied zwischen Rose und den anderen Kindern. Da konnte ihr keiner etwas nachsagen, darauf hielt sie.

An jenem Frühlingstag hatte Rose wie immer ihre Handschuhe angezogen, als sie morgens zur Schule aufbrach. Sie verwahrte sie im Fach unter ihrem Pult und vergaß sie dort, als sie nach Hause ging. Während der Vormittagsstunden war die Temperatur erheblich gestiegen, und so merkte Rose zunächst nichts. Erst als sie den Heimweg fast hinter sich hatte, fielen ihr die Handschuhe ein. Sie kehrte auf der Stelle um und rannte zur Schule zurück. Die Schulstube war abgeschlossen. In ihrer Angst pochte Rose an Lehrer Krischkes Tür.

»Ich hab' meine Handschuhe vergessen. Ich muß noch mal rein. Ach bitte!«

Lehrer Krischke sah sie mitleidig an und öffnete ihr die Schulstube. Das Fach unter dem Pult war leer. Rose brach der Schweiß aus. Sie suchte jedes Pultfach ab, schaute in jede Ecke, stürzte schließlich sogar den Papierkorb um. Keine Handschuhe. Lehrer Krischke, der die Situation längst begriffen hatte, half ihr schließlich beim Suchen. Doch es war alles umsonst. Die Handschuhe blieben verschwunden.

Langsam ging Rose den Weg zum Pohlenz-Hof, um so langsamer, je näher sie dem Hause kam. Das brachte ihr zunächst mal ein Donnerwetter wegen der späten Heimkehr ein. Rose nahm es ohne Widerrede hin. Sie wußte, das Schlimmste stand ihr noch bevor. Male beendete ihre Schmährede mit der im Drohton vorgebrachten Frage:

»Wirst du mir jetzt endlich erklären, wo du dich so lange rumgetrieben hast?«

Rose holte tief Luft und beichtete. Male fuhr herum und hob die Hand. Aber sie schlug nicht zu. Eine Ohrfeige hätte nicht ausgereicht für das Gefühl fast unirdischen Hasses, das sie plötzlich erfüllte. Zwischen den

Zähnen hindurch, mit dumpfer, gequetschter Stimme sagte sie:

»Du! Du bist nicht wert, daß man dich in die Blotka schmeißt!«

Blotka wurde der kleine Bach genannt, der hinter der Scheune plätscherte und den Gemüsegarten vom Wiesenland trennte. Kaum hatte sie den Satz beendet, erschrak Male vor ihren Worten. Sie drehte sich zum Herd und machte sich an den Töpfen zu schaffen. Als wäre nichts gewesen, sagte sie mit ihrer normalen Stimme:

»Na gut. Aber paß das nächste Mal besser auf. Setz dich jetzt und iß.«

Daß keine Antwort kam, wunderte sie nicht. Aber es war auch sonst nichts zu hören, kein Schritt und auch nicht das Geräusch zurückgeschobener Stühle. Male blickte sich um. Die Küche war leer. Rose war verschwunden.

An jenem Märztag 1908 lief Rose zum zweiten Mal von zu Hause weg. Diesmal rannte sie nicht ins Ungefähr. Sie hatte ein Ziel. Ein wenig abseits von Hirschhagen, etwa eine halbe Stunde Fußweg vom Pohlenz-Hof entfernt, lag das Anwesen der Lebrechts, ein schmuckes Gütchen, mindestens doppelt so groß wie das des Großvaters in Lilienhecke. Für Rose waren die Lebrechts reiche Leute, und nicht nur für sie. Rose hatte oft genug gehört, wie ihre Mutter und Bruno, aber auch andere Leute in Hirschhagen neidisch über die Lebrechtschen Verhältnisse redeten.

»Ja die! Die können sich's leisten. Unsereiner dagegen ...«

Jedenfalls konnten die Lebrechts sich Magd und Knecht leisten. Sie hatten einen Teppich im Wohnzimmer, Gardinen an den Fenstern und blankpolierte Möbel, so wie man es sonst nur in der Stadt kannte. Und natürlich betrieb Herr Lebrecht keinen Nebenerwerb, das hatte er nicht nötig. Wenn es etwas zu richten gab, womit er und der Knecht nicht zurechtkamen, dann wurde ein Handwerker geholt, und Herr Lebrecht bezahlte seine Schuldigkeit, ohne mit der Wimper zu zucken. Die Lebrechts mußten einfach reich sein.

Vor allem aber waren sie freundlich. Rose wußte das, denn Lebrechts Tochter war ihre Freundin. Die Mädchen saßen in der Schule nebeneinander, und sie wären auch nach dem Unterricht öfter zusammengewesen, wenn Rose mehr Zeit gehabt hätte. Die hatte sie leider nicht. Trotzdem war sie ein paarmal bei Lebrechts im Haus gewesen. Male hatte es erlaubt, denn trotz ihrer Neidgefühle sah sie es als Auszeichnung an, daß ihre Tochter zu den reichen Leuten eingeladen wurde. Die Kinder der Nachbarn verkehrten nicht bei Lebrechts.

Frau Lebrecht war lieb und nett zu Rose. Herr Lebrecht versäumte nie, mit Rose zu scherzen, und er beschloß jede Neckerei mit einem dröhnenden Lachen. Wie herzlich das klang. Überhaupt – soviel Herzlichkeit wie in diesem Hause hatte Rose nicht mehr erlebt, seit sie ihre Großmutter verloren hatte. Ein Gefühl kam über sie, als säße sie in einem duftenden Blumengarten mitten im goldenen Sonnenschein. Ihr Gesicht verklärte sich. Wenn jemand sie gefragt hätte, was sie sich unter Glück vorstelle, Rose hätte geantwortet: Reich sein und fröhlich sein. Rose war fest überzeugt, daß beides zusammengehörte. Ohne Geld gab es keine Fröhlichkeit. Wenn man aber über beides verfügte, dann war man angesehen, die Leute behandelten einen mit Respekt, dann stellte man etwas dar in der Welt. Rose hätte gern etwas dargestellt. In der Schule hatten sie Märchen gelesen. Seither träumte Rose vom Aschenbrödel, aus dem eine Königin wird.

Sie glaubte fest daran, daß es so etwas gab. Ihre Freundin bot den besten Beweis dafür. Sie war nämlich gar nicht Lebrechts wirkliche Tochter. Lebrechts besaßen keine eigenen Kinder, Frau Lebrecht konnte keine bekommen. So hatten sie sich eines Tages ein kleines Mädchen aus dem Bromberger Waisenhaus geholt. Dem Vernehmen nach war es ein Zigeunerkind. Niemand wußte, ob das stimmte, aber nachdem das Gerede einmal aufgekommen war, sagte es jeder. Die Kleine hatte freilich schwarzes Lockenhaar, pechschwarze Augen und eine bräunlich getönte Haut. Daß die Lebrechts sie Käthe genannt hatten, war fast ein Witz. Wie eine Käthe sah sie ganz und gar nicht aus, ein exotischer Name hätte eher zu ihr gepaßt. Aber so hieß sie nun mal: Käthe Lebrecht. Die reichen Lebrechts hatten sie adoptiert.

Rose stellte oft Betrachtungen darüber an, wie gut es Käthe und wie schlecht es ihr selber ging. Rose war kein Waisenkind. Sie besaß eine Mutter und einen Großvater. Wer ihr Vater war, wußte sie nicht. Aber so viel hatte sie aufgeschnappt, um zu wissen, daß es einen Vater gab, irgendwo in der weiten Welt. Doch was nützte ihr das alles? Von solch einem Vater hatte sie nichts. Auf diese Mutter da konnte sie weiß Gott verzichten. Und wenn der Großvater sie je geliebt haben sollte – jetzt tat er das gewiß nicht mehr. Er kümmerte sich ja gar nicht um sie. Rose wäre viel lieber ein Waisenkind gewesen wie Käthe, wenn sie dafür so großartige, zärtliche, reiche, angesehene Eltern bekommen hätte, wie sie Käthe zuteil geworden waren.

Als Male jene schrecklichen Worte gesagt hatte, beschloß Rose, nie mehr ins Pohlenz-Haus zurückzukehren. Niemand wollte sie dort, das war klar, und Rose wollte die ganze, gräßliche Familie nicht mehr. Sie rannte zu den Lebrechts, so schnell ihre Beine sie trugen. Völlig außer Atem stürzte sie dort ins Haus und hätte fast Frau Lebrecht umgerannt.

»Aber Röschen, Kind! Was ist denn los? Wer ist denn hinter dir her?«

Rose rang nach Luft. Es war kaum zu verstehen, was sie hervorstieß:

»Meine Mutter will mich nicht mehr haben.«

»Was sagst du?«

Rose atmete tief durch.

»Meine Mutter will mich nicht mehr. Kann ich nicht hierbleiben? Ich wäre auch gern Ihr Kind, so wie Käthe.«

Frau Lebrecht hatte schon manches gehört über die Zustände bei den Pohlenzens. Auch daß Rose schon einmal weggelaufen war, hatte man ihr zugetragen. Rose war ein nettes Kind. Nette Kinder liefen nicht fort, wenn man sie behandelte, wie es sich gehört.

»Komm, Kind, beruhige dich. Setz dich hier aufs Sofa. Erzähl mir mal, was passiert ist. Was meinst du damit, deine Mutter will dich nicht mehr?«

Rose erzählte. »Und dann hat sie gesagt, ich bin nicht wert, daß man mich in die Blotka schmeißt. Sie würde mich wohl am liebsten reinschmeißen. Ihr wär's nur recht, wenn ich tot wäre. Ich würde auch lieber tot sein als weiter dort leben. Am liebsten aber möchte ich hierbleiben. Kann ich nicht Käthes Schwester sein?«

Das war ja eine schöne Geschichte! Was sollte man anfangen mit dem Unglückswurm? Frau Lebrecht war voller Mitleid für Rose und voller Zorn auf dieses Gesindel, das ein Kind derartig mißhandeln konnte. Dieser Saufbruder von Stiefvater! Und dieses Weib, das den Titel Mutter gar nicht verdiente, mit seiner unbeherrschten Grausamkeit! Doch welche Möglichkeit gab es, da einzugreifen? Eigentlich gar keine. Bruno Pohlenz soff, aber das hatte ihn noch nie daran gehindert, seine Arbeit zu verrichten. Und die Frau ackerte Tag und Nacht, das war bekannt. Ihre Kinder – wie viele waren es inzwischen, fünf, sechs oder schon sieben? –, die liefen alle ordentlich herum. Keines war verwahrlost. Auch Rose war nicht verwahrlost, jedenfalls nicht äußerlich. Was das übrige anbetraf …

Frau Lebrecht beschloß, sich mit ihrem Mann zu beraten. Vielleicht fiel ihm etwas ein. Wenigstens konnte er der Frau Pohlenz mal ins Gewissen reden. Und dann gab es ja noch diesen Großvater in Lilienhecke, der, soweit Frau Lebrecht wußte, die Vormundschaft über Rose hatte. Ahnte der überhaupt, was seine Tochter mit dem Enkelkind anstellte? Wenn ihr Mann es für richtig hielt, dann konnte man ihm das ja mal stecken.

Vorerst schickte Frau Lebrecht das kleine Mädchen zu Käthe und befahl der Magd, dem Kind etwas zu essen zu richten. Wenn Rose eine anständige Mahlzeit im Magen hatte, würde sie sich eher beruhigen. Dann ging Frau Lebrecht, ihren Mann zu suchen.

Herr Lebrecht hörte gar nicht wieder auf mit Kopfschütteln, als ihm seine Frau die unglaubliche Geschichte vortrug. Für einen Mann hatte er ein sehr weiches Herz, in dem die schwarzlockige Käthe einen Vorzugsplatz einnahm. Und für Rose, an der Käthe so hing, hatte er auch eine große Portion Wohlwollen übrig.

»Schrecklich, schrecklich!« sagte er. »Wie kann man ein Kind so verletzen. Und dazu noch die eigene Mutter! Unglaublich! Verhältnisse sind das … Aber hier bleiben kann sie nicht«, schloß er bedauernd. »Ich weiß nicht, was du dir gedacht hast, aber es geht nicht. Die Frau Pohlenz ist ein Rabenaas, aber wir können nicht einfach in ihre Rechte eingreifen.«

»Natürlich nicht«, bestätigte seine Frau. »Ich dachte nur, wenn du vielleicht mal mit ihr reden würdest? Ihr ein paar Takte sagen, damit sie weiß, daß sie nicht unbeobachtet bleibt, wenn sie mit ihrem Kind so umgeht. Und dann wäre auch zu überlegen, ob man nicht mal mit dem Großvater spricht. Der ist Roses Vormund, weißt du.«

»Ja«, sagte Herr Lebrecht gedehnt, »so was mache ich

eigentlich nicht so gern. Der Alte soll ja ziemlich unzugänglich sein, so ein Frommer, Verschlossener. Dabei wird nichts als Ärger rauskommen. Na ja, wenn's gar nicht anders geht. Aber wir könnten der Frau Pohlenz gesprächsweise andeuten, daß wir's tun würden. Vielleicht ist ihr das unangenehm, und es reicht schon.«

»Tu das«, stimmte Frau Lebrecht zu.

»Und noch etwas«, fuhr Herr Lebrecht fort, »es widersteht mir, zu diesen Leuten in ihre Kate zu gehen. Wenn ich mir schon das alles auflade, dann erledige ich das lieber auf meinem eigenen Grund und Boden. Ich fühle mich dann besser, weißt du«, setzte er entschuldigend hinzu.

»Aber natürlich!« rief Frau Lebrecht. »Du hast recht, und es ist eine großartige Idee. Rose kann bis morgen hierbleiben, wir legen ihr eine Matratze in Käthes Zimmer. Die Kinder können morgen zusammen zur Schule gehen. Rose hat alles dabei. Sie war ja noch nicht mal so weit gekommen, ihren Ranzen abzulegen, als ihre Mutter ihr diesen Satz an den Kopf schmiß. Sie ist in voller Montur weggerannt. Und du schickst Jakob ins Dorf, damit er Bescheid sagt, so daß sich niemand Sorgen machen muß. Falls diese Frau sich überhaupt Sorgen macht«, fügte sie verächtlich hinzu. »Und dann kann sie morgen herkommen und sich ihre Tochter holen, wenn sie sie wiederhaben will. Ich nehme an, das wird ihr peinlich sein. Es soll ihr auch peinlich sein. Und wir haben Gelegenheit, ihr zu sagen, was gesagt werden muß. Ich werde ihr nämlich auch was sagen«, entschied Frau Lebrecht.

Rose begriff von all dem nur, daß die Herrlichkeit mit Käthe nicht länger dauern sollte als einen Tag. Es ging nicht. Warum ging es nicht? Man konnte nicht einfach ein Kind der Mutter wegnehmen. Was hieß denn das? Ihre Mutter wollte sie doch gar nicht, das lag klar auf der Hand. Warum glaubte ihr das keiner? Immerhin hatte

Frau Lebrecht gesagt, daß sie und Herr Lebrecht mit der Mutter reden würden. Wenn Rose schon zurück mußte auf den Pohlenz-Hof, dann konnte das wenigstens helfen, sie vor weiteren Zornesausbrüchen und vor Strafe zu bewahren.

Rose hätte gern hinter der Tür gelauscht, als ihre Mutter mit Herrn und Frau Lebrecht im Wohnzimmer saß. Aber Frau Lebrecht hatte das vorausgesehen und die Magd beauftragt, auf die Kinder aufzupassen. Rose erfuhr nie, was man ihrer Mutter gesagt hatte. Aber es mußte etwas sehr Beeindruckendes gewesen sein. Als Rose am späten Nachmittag in die Lebrechtsche Kutsche kletterte, sagte die Mutter ganz freundlich:

»Da bist du ja. Hast du auch deinen Ranzen nicht vergessen?«

Und dann kam Frau Lebrecht, hob Rose noch einmal heraus, drückte sie an sich und gab ihr einen Kuß.

»Auf Wiedersehen, Röschen. Du warst uns ein lieber Gast. Komm bald mal wieder. Nicht wahr, Frau Pohlenz, Sie schicken uns Rose bei nächster Gelegenheit wieder her.«

Vorsichtig schielte Rose zu ihrer Mutter. Die lächelte. »Natürlich, gern«, sagte sie.

Auf dem Weg ins Dorf, hinter Jakobs breitem Rücken, saßen Mutter und Tochter in tiefem Schweigen. Rose grübelte. Warum bloß holte die Mutter sie immer wieder zurück? Konnte es sein, daß sie Rose doch haben wollte? Aber wenn das so war, warum, um alles in der Welt, war sie dann so garstig zu ihr? Eins jedenfalls stand fest: Sie, Rose, wollte diese Mutter nicht. Sie verzichtete auf die ganze jämmerliche Familie. Vorläufig konnte sie ihr nicht entkommen, das hatte Rose begriffen. Wenn man nur aufhören könnte, ein Kind zu sein, das keinen eigenen Willen haben durfte. Sobald sie alt genug war, würde sie gehen, und ganz bestimmt für immer. Einmal, vor langer

Zeit, hatte sie im Paradies gelebt. Dann hatte man sie in diese Niedrigkeit verstoßen. Aber sie würde sich alles zurückerobern, was man ihr genommen hatte: Ansehen, Geltung, auch Wohlstand. Und wenn sie das alles besaß, dann würde man sie auch lieben.

4 / Pohlenzens besaßen acht Kühe und zogen jährlich ein Kalb groß, manchmal auch zwei, je nachdem. Das Rindvieh auf die Weide zu treiben und dort zu hüten, war Georgs Amt gewesen, seit er einigermaßen zu Verstand gekommen war. Nach Roses zweiter Flucht änderte Male die Pflichtenverteilung. Georg wurde künftig auf dem Hof beschäftigt und ging seinem Vater auf dem Feld zur Hand. Über die Kühe regierte fortan Rose. Alma, die inzwischen auch schon zur Schule ging, übernahm die kleineren Küchenarbeiten und beaufsichtigte ihre jüngeren Geschwister, Otto, Johanna und das Baby Frieda.

Rose war erleichtert, als sie zum erstenmal mit den Kühen loszog. Den ganzen Nachmittag draußen, an Sonn- und Feiertagen sogar von morgens an, niemanden von der Familie sehen zu müssen, kein Geschrei, kein Zanken, kein Schimpfen für viele Stunden – es war fast zu schön, um wahr zu sein. Kühe hüten, das war ja eigentlich gar keine Arbeit. Fressen taten sie von allein, und man mußte nur achtgeben, daß sie nicht in den Hafer eines Nachbarn gingen oder in ein fremdes Lupinenfeld. Und das brauchte man nicht einmal selber zu besorgen, dafür war Philo da, der Hütehund, eine Mischung von Schäferhund und Spitz. Philo war kein schönes Tier, aber klug, wachsam und treu. Rose lag im Gras und guckte in den blauen Himmel, und wenn das Vieh sich der Pohlenzschen Weidegrenze näherte, dann rief sie einfach: »Philo!« Und der Hund kam gesaust, zwickte die Kühe in die Fesseln, so daß sie erschraken, und trieb sie fort vom verbotenen Hafer.

Es war aber nicht so, daß Rose nur herumgeträumt und Maulaffen feilgehalten hätte. Sie nahm ihren Schulranzen mit auf die Weide und erledigte ihre Hausaufgaben, besser und ordentlicher als je zuvor. Es störte sie ja niemand, keiner kreischte dazwischen, keiner brüllte nach ihr und wies ihr ein halb Dutzend anderer Arbeiten zu. Sie hatte früher ihre Aufgaben fast immer erst am Abend machen können, wenn sie schon recht müde war. Jetzt war sie putzmunter, wenn sie ihre Hefte und Stifte aus dem Ranzen nahm. Es ging ihr leicht von der Hand, sie war im Nu fertig.

Dann hatte sie Zeit zum Lesen. Rose las für ihr Leben gern, nichts Gedrucktes war vor ihr sicher. Sie vertiefte sich sogar in die Fetzen von Zeitungen und Reklameblättern, die auf dem Abtritt am Nagel hingen. Male hatte schon oft deswegen gezankt, und das nicht bloß, weil Rose den Abtritt so lange sperrte. Male hielt überhaupt nichts von solchem Zeitvertreib. Man las in der Bibel und im Gesangbuch, das gehörte sich für einen Christenmenschen. Alles andere war von Übel. Solche Prinzessinnen-Manieren hatte sich Rose in Lilienhecke leisten können, aber nicht in Hirschhagen, in Males Haushalt. Dazu gab es einfach zu viel zu tun.

Jetzt war das anders. Rose bediente sich aus der kleinen Schulbücherei. Lehrer Krischke half ihr bereitwillig, die geeignete Lektüre auszusuchen. Das war nett von ihm, aber Rose hätte diese Hilfe nicht gebraucht. Für sie gab es keine ungeeigneten Bücher. Trotzdem hörte sie interessiert zu, als ihr Lehrer Krischke von den Dichtern Goethe und Schiller erzählte, wer sie waren und was sie im deutschen Vaterlande bedeuteten. Rose packte ihren Ranzen mit Goethe- und Schiller-Bänden voll und fraß sich hinein. Es war unglaublich! Wie war die Welt doch eng, wenn man nichts kannte als Hirschhagen, Lilienhecke, Lubcza und Vandsburg, allenfalls noch Flatow. Kuhbauern! Blödiane! Unter den Leuten hier passierte natürlich nichts so Großartiges wie unter diesen edlen Menschen und finsteren Schurken, von denen Goethes und Schillers Bücher erzählten. Rose war zumute, als spränge die Tür einer finsteren Kammer auf, in der sie gefangen saß, und vor der Tür dehnte sich ein weites Land, unendlich, mit einem ungeheuren Horizont.

Schiller gefiel ihr besser, das gestand sie sich ein. Er war nicht so trocken wie der andere, man konnte sich eher hineinfinden. Diese großartigen Gebärden, diese rollenden Sätze – ja, das war etwas anderes als das seichte Geschwätz daheim und unter den Nachbarn. So reden können wie diese Helden! Rose baute sich vor den Kühen auf, starrte dem Vieh in die großen, gleichgültigen Augen und schmetterte:

»›Mein ist der Helm, und mir gehört er zu!‹«

Ungerührt mahlten die Kühe mit ihrem großen Maul. Nur Philo kam gesprungen und stieß Rose seine nasse Schnauze in die Wade. Rose schob ihn weg. Philo winselte und begann, Roses Beine zu lecken. Rose reckte ihren Zeigefinger gegen ihn und beunruhigte den Hund vollends, indem sie mit zitternder Stimme deklamierte:

»›Zerstreuet euch, ihr Lämmer, auf der Heiden,
ihr seid jetzt eine hirtenlose Schar,
denn eine andre Herde muß ich weiden
dort auf dem blut'gen Felde der Gefahr,
so ist des Geistes Ruf an mich ergangen,
mich treibt nicht eitles, irdisches Verlangen.‹«

Dann brach sie in Tränen aus. Die hohe Mission der Johanna von Orléans und ihr schneeweißer Jungfrauentod erschütterten sie jedesmal bis ins Innerste. Sie liebte auch den Infanten von Spanien. So edel und so traurig! Oft stellte sie sich in Positur, einen Arm in die Hüfte gestützt, den anderen zum Himmel gereckt, und versicherte den Kühen:

»›Man reiße mich von hier aufs Blutgerüste!
Ein Augenblick, gelebt im Paradiese,
wird nicht zu teuer mit dem Tod gebüßt.‹«

Den Marquis Posa schätzte sie nicht annähernd so. Er war ihr nicht unglücklich genug. Den Ruf nach Gedankenfreiheit freilich fand sie großartig. Nur hätte Rose, wenn sie Schiller gewesen wäre, ihn dem Don Carlos in den Mund gelegt.

Mit großer Hingabe las Rose auch die Erzählungen von James Fenimore Cooper über die Erschließung Amerikas. Den Namen dieses Schriftstellers hatte ihr Lehrer Krischke erst vorsprechen müssen, und Rose staunte, daß es Leute gab, die ihre Wörter nicht so sprachen, wie sie sie schrieben. Nachmittags, auf der Weide, legte sie sich auf den Bauch, das Buch zwischen den Ellenbogen, und verlor sich in der dunklen Unendlichkeit der amerikanischen Urwälder und in der Weite der Prärien. Amerika! Ihr geheimnisvoller Vater, über den nie jemand mit ihr sprechen wollte, war nach Amerika gegangen. Das hatte Rose einmal erlauscht. Nach der Lektüre des Cooper-Buches war sie nicht mehr imstande, sich unter dem fernen Kontinent etwas anderes vorzustellen als diese Komposition aus rauschenden Baummeeren, stillen Seen und Grasflächen, die nur vom Horizont begrenzt wurden. Den fremden, rätselhaften Vater sah sie in einer Siedlung aus Blockhäusern, eine Biberfellmütze auf dem Kopf und in der Hand eine Flinte, mit der er Tiere zur Nahrung schoß und sich gegen die wilden Indianer verteidigte. Es war schön, sich einen so abenteuerlichen Vater auszumalen.

Aber das Bild des Vaters gewann nie feste Konturen. Kaum hatte Rose es hergestellt, da löste es sich schon wieder auf. Viel lebendiger und dauerhafter waren Wildtöter und sein Freund Chingachgook und alle die anderen Figuren in diesen Erzählungen. Am liebsten hatte Rose den edlen Unkas, den letzten der Mohikaner. Sie las seine Geschichte immer wieder, und jedesmal wurde ihr die Kehle eng, während sie sich, Seite um Seite, dem Opfertod des jungen Häuptlings näherte. Am Ende weinte sie ungehemmt, wenn sie mit dem Stamm der Delawaren und dessen Gästen auf die beiden Toten blickte, das schöne Mischlingsmädchen Cora und den wundervollen Unkas. Mit brechender Stimme sprach sie die letzten Worte des uralten Tamenund:

»›Geht, Kinder der Lenapes, Manitus Zorn ist noch nicht vorüber. Warum sollte Tamenund noch länger hier weilen? Die Bleichgesichter sind die Herren der Erde, und die Zeit der roten Männer ist noch nicht wieder zurückgekehrt. Meine Tage haben schon zu lange gewährt. Am Morgen sah ich Unamis' Söhne in ihrer Kraft und glücklich, und ehe die Nacht einbrach, mußte ich es erleben, den letzten Krieger aus dem weisen Geschlechte der Mohikaner zu erblicken.‹«

Es war Lehrer Krischke nicht entgangen, mit welcher Intensität Rose sich in das Bildungsgut wühlte, das er seinen Schülern anbot; in den meisten Fällen vergeblich, leider. Aber diese Rose! Sie war immer eine gute Schülerin gewesen, und von Jahr zu Jahr wurde sie besser. Sie schrieb die besten Aufsätze, und Fehler im Diktat konnte man bei ihr lange suchen. Auch rechnen konnte das Mädchen, in Geographie war sie nicht zu schlagen, und ihren Katechismus sowie die biblischen Geschichten hatte sie am Schnürchen. Dafür zeugte der Herr Pfarrer.

Lehrer Krischke führte eine einklassige Dorfschule, in

der die Kinder, je nach Alter, in Jahrgangsgruppen geordnet waren. Sie rückten, Jahr für Jahr, in die nächsthöhere Gruppe auf, bis sie schließlich, wenn sie vierzehn waren, mehr oder weniger klug ins Leben entlassen wurden. Mit Rose war das anders. Sie lernte so schnell und so gut, daß Lehrer Krischke sie schon zweimal mitten im Schuljahr in eine höhere Gruppe versetzt hatte. Was sie von deren Pensum noch nicht wußte, eignete sie sich in kurzer Zeit an. So kam es, daß sie im Alter von zwölf den gesamten Schulstoff schon innehatte und längst in der obersten Gruppe saß.

Lehrer Krischke überlegte. Rose war schulpflichtig bis zum vierzehnten Jahr. Das bedeutete, sie noch zwei volle Jahre in einer Klasse festzuhalten, die ihr nichts Neues mehr zu bieten hatte. Die Schule würde ihr zum Ekel werden, wenn man sie derartiger Langeweile aussetzte. Es mußte etwas geschehen. Lehrer Krischke beschloß, die Sache mit dem Herrn Pfarrer zu besprechen.

Wenige Tage später wandte sich der Herr Pfarrer am Ende der Religionsstunde an Rose.

»Röslein«, sagte er – zu Roses Entzücken gab ihr der Herr Pfarrer immer diesen zärtlichen Namen –, »komm heute abend mal zu mir ins Pfarrhaus. Ich möchte dir was sagen.«

Male war mißtrauisch, als sie davon hörte. »Was will er?« Aber Rose wußte es nicht, und wenn man es erfahren wollte, mußte man sie gehen lassen. Man mußte sie sowieso gehen lassen, wenn der Herr Pfarrer es verlangte.

Mit Herzklopfen trat Rose am Abend vor ihren Seelenhirten. Sie setzte sich nur auf die äußerste Kante des Sessels, den er ihr anbot. Was sie dann zu hören bekam, versetzte sie in helle Aufregung. Der Herr Pfarrer sagte:

»Röslein, du bist die beste Schülerin von allen. Das weißt du selbst, da sage ich dir nichts Neues. Herr Krischke ist des Lobes voll über dich, und du sitzt ja auch schon in der obersten Gruppe, mit zwölf. Das ist großartig. Aber hast du dir schon mal Gedanken darüber gemacht, wie es weitergehen soll? Du mußt noch zwei Jahre zur Schule gehen, und es wäre doch dumm, wenn du ein zweites und ein drittes Mal denselben Stoff durchackern müßtest.«

Hier machte der Herr Pfarrer eine Pause und räusperte sich. Rose hatte feuchte Hände bekommen und schaute den Herrn Pfarrer so eindringlich an, daß ihr fast die Augen aus dem Kopf quollen.

»Sieh mal«, fuhr der Gottesmann fort, »wir haben nun darüber beraten, ich und der Herr Krischke. Und wir sind der Meinung – sag mal, möchtest du vielleicht gern Lehrerin werden?«

Die Frage, die so plötzlich auf sie abgeschossen wurde, überraschte Rose, aber verwirrte sie nicht. Sie erfaßte sofort die Bedeutung dessen, was ihr da angetragen wurde. Ihre Phantasie entwarf eine Schulklasse, in der Kinder saßen, die jetzt noch gar nicht geboren waren, und vorne, den Zeigestock in der Hand, stand sie, Rose Barbeknecht, Herrin über das Einmaleins, die Rechtschreiberegeln und Schillers funkelnde Wortkaskaden. In dreißig, vierzig Augenpaaren spiegelte sich der Respekt, den Schüler ihrer Lehrperson schuldig sind. Die Väter der Kinder zogen die Mütze, wenn sie der Lehrerin begegneten, und die Stimmen der Mütter wurden weich und schmeichelnd, denn es ging ja darum, für die ungezogenen Rangen gut Wetter zu machen. Was verdiente ein Lehrer? Sicher eine Menge Geld. Und er hatte genauso viel Ferien, wie die Kinder auch. Und niemand konnte ihn zwingen, diese Ferien im Heu oder beim Kartoffelhacken zu verplempern.

»Ja!« sagte Rose, und sie hatte Mühe, den Jubel in ihrer Stimme zurückzuhalten. »Ja, ich möchte sehr gern Lehrerin werden.«

»Gut«, sagte der Herr Pfarrer und tätschelte Roses Wange. »Du mußt dir aber darüber im klaren sein, mein Kind, daß du die dazu nötige Ausbildung nicht hier im Dorf absolvieren kannst. Es heißt für dich, dein Elternhaus zu verlassen. Bist du dazu bereit?«

Rose hätte am liebsten laut herausgelacht. Bist du dazu bereit! Eine Hand hätte sie sich abhacken lassen, um von daheim wegzukommen! Sie nahm sich zusammen, machte ein ganz ernsthaftes Gesicht und sagte nur brav: »Ja.«

Der Herr Pfarrer freute sich. »Fein. Also, ich habe mir das so gedacht: In Vandsburg gibt es eine Präparandenanstalt. Das ist eine Art Vorschule fürs Lehrerseminar, weißt du. Da lernst du all das, was dir unsere Dorfschule nicht vermitteln kann, bis du die Seminarreife hast. Es wird eine ganze Reihe von Jahren dauern, aber du bist ja erst zwölf. Du wirst eine sehr junge Seminaristin sein. Nun müssen wir über die Ausbildungskosten sprechen.«

Roses Gesicht wurde lang. Ihre Freude erlosch. Ausbildungskosten – daran hatte sie nicht gedacht. Daran würde es scheitern. Die Mutter und Bruno würden keinen Pfennig für sie hergeben. Sie hatten ja auch keinen übrig.

»Na, na«, machte der Herr Pfarrer und tätschelte Roses Hand. »Nicht verzagen, Röslein. Das habe ich mir alles gut überlegt. Das Glück will es nämlich, daß ich den Leiter der Vandsburger Präparandenanstalt gut kenne. Es ist ein Studienkollege von mir, und wir sind Freunde. Ich bin sicher, daß ich dir einen Freiplatz erwirken kann. Dein Studium dort wird dich gar nichts kosten, und ein Plätzchen in dem Internat, das mein Freund führt, wird sich auch finden. Bliebe die Ernährung. Ich stelle mir das so vor, daß deine Eltern dir regelmäßig ein Paket mit Eßwaren schicken. Das müßte doch zu machen sein. Wenn es auf eurem Hof sonst nichts gibt, aber zu essen habt ihr doch genug. Oder?«

»Ja«, sagte Rose zögernd. Ihr leuchtete ein, was der Herr Pfarrer entworfen hatte. Zu Hause wurde an allem geknausert, zu essen jedoch hatte es immer reichlich gegeben. Warum sollte es nicht möglich sein, einen Teil davon nach Vandsburg abzuzweigen? Aber würde das auch der Mutter einleuchten? Und Bruno? Am Ende doch. Möglicherweise waren die beiden sogar froh, den Zankapfel Rose auf so anständige Weise loszuwerden.

»Ja«, sagte sie bedeutend zuversichtlicher. »Das müßte zu machen sein. Sie müssen mir ja auch zu essen geben, wenn ich hier bin.«

»Also«, schloß der Herr Pfarrer, »dann lauf jetzt und sag deiner Mutter, daß ich in den nächsten Tagen mal bei ihr vorspreche.«

Das richtete Rose aus. Aber sie sperrte sich gegen jede Frage nach dem Gegenstand, über den der Herr Pfarrer mit der Mutter reden wollte. Male zürnte.

»Das mußt du doch wissen. Du warst ja über eine Stunde bei ihm.«

»Wir haben nur über die Schule gesprochen. Und ich glaube, darüber will er auch mit dir sprechen.«

»Hast du was angestellt?«

»Nein.«

Es war nichts aus ihr herauszubekommen. Rose fürchtete, daß die Botschaft, wenn sie nicht mit der pfarrherrlichen Autorität vorgetragen wurde, auf taube Ohren stoßen könnte. Bloß keine Chance verschenken!

Ihre Vorsicht nützte nichts. Als der Herr Pfarrer ein paar Tage später auf den Pohlenz-Hof kam, fand er die taubsten Ohren, die ihm je vorgekommen waren. Male hörte sich seinen Vortrag an bis zum letzten Wort. Dann tat sie den Mund auf und sagte: »Nein. Das geht nicht. Wir brauchen sie hier für die Arbeit.«

Der Herr Pfarrer glaubte, sich verhört zu haben.

»Sie haben mich vielleicht nicht richtig verstanden, Frau Pohlenz. Es wird Sie keinen Pfennig kosten. Nur ab und zu ein Freßpaket für Rose. Das werden Sie doch leisten können.«

Male schüttelte den Kopf. »Darum geht es nicht. Sie muß hier arbeiten. Wir brauchen jedes Paar Hände.«

»Aber Frau Pohlenz! Nun überlegen Sie doch mal. Sie werden Ihrer Tochter doch nicht die Zukunft verbauen wollen. Es ist doch eine Ehre für die ganze Familie, wenn eines der Kinder was Rechtes wird. Eine Lehrerin! Und Rose ist so begabt. Warum wollen Sie es ihr nicht gönnen?«

»Schuster, bleib bei deinem Leisten«, sagte Male. Und, als der Herr Pfarrer zornig auffahren wollte: »Nein, Herr Pfarrer, Sie wissen, was Sie wissen, und ich weiß, was ich weiß. Sie meinen es gut, aber Sie haben keine Ahnung, wie es aussieht in einer Familie wie unserer. All die Arbeit drinnen und draußen, und alles muß man selber machen. Kein Geld für Hilfskräfte. Und dann die vielen Kinder – sechs sind es jetzt außer Rose. Wie soll ich das schaffen ohne die große Tochter? Bringen Sie ihr lieber das vierte Gebot bei, das liegt bei ihr im argen, und setzen Sie ihr keine Raupen in den Kopf. Mein Mann würde es auch nicht erlauben«, schloß sie und schüttelte den Kopf.

»Soviel ich weiß«, sagte der Herr Pfarrer eisig, »ist Ihr Mann nicht Roses Vormund und hat ihr daher gar nichts zu verbieten oder zu erlauben. Ich werde mal Ihren Vater aufsuchen, vielleicht stoße ich da auf mehr Verständnis.«

Male nickte. »Tun Sie das. Vergessen Sie aber nicht, ihm zu sagen, daß Sie ein blutjunges Mädchen allein, ohne Aufsicht, in die Fremde schicken wollen. So was hat er nämlich besonders gern.«

Male kannte ihren Vater gut. Sie wußte, wo seine

wunden Stellen saßen. Es kam, wie sie vorausgesehen hatte. Carl Barbeknecht empfing den Pfarrherrn von Hirschhagen mit Ehrerbietung und hörte ihm aufmerksam zu. Aber überzeugen ließ er sich nicht.

»Bei allem Respekt, Herr Pfarrer. Nehmen Sie's einem alten Mann nicht übel, wenn er nicht so gebildet ist wie Sie und nur reden kann, was das Herz hergibt. Aber das scheint mir nicht gut, so ein junges Ding allein leben zu lassen, ohne den Rückhalt einer Familie. Nein, Herr Pfarrer, verbürgen Sie sich nicht. Kann denn auch irgend jemand, ein Vater oder ein Pfarrherr, sich für ein junges Mädchen verbürgen? Ich weiß, wovon ich rede, Herr Pfarrer. Ich war auch mal so vertrauensselig wie Sie, aber ich habe meine Lehre weg. Es reicht mir, daß ich ein lediges Enkelkind habe. Es muß ja nicht auch noch ein lediges Urenkelkind dazukommen.«

Es war nichts zu machen. Zurück in Hirschhagen, beklagte der Herr Pfarrer sich bei Lehrer Krischke.

»Dieser alte Esel glaubt, er muß an Gottes Stelle treten und die Sünden seiner Tochter an seiner unschuldigen Enkelin heimsuchen. So was Borniertes! Und was die Frau Pohlenz angeht, die hat nicht mehr Liebe in sich als der Stein, der mal auf ihrem Grabe lasten wird. Ich hab' sie im Verdacht, daß sie ihrer Tochter das schwere Leben zurechnet, das ihr auferlegt ist. Dabei hat sie ganz allein gesät, was sie nun erntet. Was gibt es wohl Abscheulicheres, als wenn man seine Kinder die Zeche zahlen läßt, die man selber gemacht hat.«

Lehrer Krischke nickte. »Und was wird nun mit Rose?« fragte er sorgenvoll.

»Gott allein weiß es. Ich weiß es nicht.«

Als Rose den Fehlschlag in seinem vollen Ausmaß begriff, geriet sie in Verzweiflung. Jetzt war sie zwölf. Mußte sie wirklich bis zu ihrer Mündigkeit warten, ehe sie der Falle entkommen konnte? Das wären ja noch neun Jahre! Sie haßte ihre Mutter. Sie haßte auch den Großvater, der ihr so gar nicht helfen wollte. Aber das nützte alles nichts. Abends weinte sie lange in ihr Gänsefederkissen. Vor Zeiten hatte sie sich zurückgesetzt gefühlt, weil man ihr keinen Platz in einer der Kammern einräumen wollte, sondern nur die armselige Nische zwischen Schrank und Dachschräge. Wie gut war es jetzt, daß sie nicht mit dem schwatzenden, zankenden, neugierigen Geschwistervolk zusammen liegen mußte, daß sie wenigstens in dieser kleinen Ecke für sich allein bleiben durfte.

Noch bevor Rose dreizehn war, bekam sie ihre erste Monatsblutung. Male hatte sie nicht darauf vorbereitet. Über Dinge, die auch nur von ferne das Geschlechtliche streiften, wurde in ihrem Hause nicht gesprochen. Bruno, natürlich, der schweinigelte herum, wenn er randvoll mit Schnaps und Bier aus dem Krug kam. Das ließ sich nicht verhindern. Male hatte den Kindern beigebracht, daß man auf Vater nicht hören mußte, wenn er so voll war. Sie hörten natürlich doch hin. Aber einen rechten Reim konnten sie sich auf sein Gerede nicht machen.

Rose reagierte mit Entsetzen, als sie das Blut entdeckte. Sie schrie. Male kam gelaufen, und als sie sah, was los war, gab sie Rose eine Ohrfeige.

»Halt's Maul. Kein Grund zum Brüllen.« Und dann: »Großer Gott, auch das noch. Das hat mir grad' gefehlt.«

»Was ist denn?« zeterte die verstörte Rose.

»Gar nichts. Das haben alle Frauen.«

Mehr erklärte sie nicht. Aber eine Warnung fügte sie hinzu:

»Paß bloß auf und halt dich von den Mannsbildern fern. Wenn ich dich erwische, setzt es was.«

»Was meinst du mit fernhalten? Was kann mir denn passieren?«

»Mit keinem einlassen, meine ich. Laß einfach keinen an dich ran. Mehr nicht.«

Rose verstand nichts, aber sie traute sich nicht, weiterzufragen. Die Mutter schien böse, man reizte sie besser nicht. Doch die Ungewißheit quälte Rose. Sie begann auf einmal, in jedem männlichen Wesen eine Gefahr zu sehen, die um so beängstigender war, als sie überhaupt nicht wußte, was eigentlich sie bedrohte. Scheu machte sie einen Bogen um alles, was Hosen trug. Sie brauchte lange, um brockenweise das Wissen zusammenzutragen, das Male ihr vorenthielt. Gern hätte sie sich mit ihrer Freundin Käthe ausgesprochen. Aber die fehlte seit einiger Zeit in der Schule. Und ebenso lange durfte Rose nicht mehr zu Lebrechts. Male verbot es ihr.

»Warum darf ich nicht?«

»Das ist kein Umgang für dich.«

»Seit wann denn das? Du hast Frau Lebrecht versprochen, daß ich ...«

»Stille bist du. Wenn ich gewußt hätte, was ich jetzt weiß, hättest du überhaupt nie dorthin gehen dürfen.«

»Was weißt du denn jetzt?«

»Frag mir keine Löcher in den Bauch. Wenn ich's für richtig hielte, daß du's zu wissen kriegst, hätte ich es dir schon gesagt.«

Rose war entrüstet. Aber sie fürchtete sich auch. Was waren das für dunkle Geheimnisse? Warum sagte ihr keiner Bescheid? Am Abend schnappte sie ein paar Fetzen aus einem Gespräch auf, das Male und Bruno in der Küche führten.

»Und mir hat diese Person beibringen wollen, wie man ein Kind erzieht!« Males Stimme klirrte vor Bosheit und Hohn. »Da hat sie's nun. Wenn sie so schlau wär', wie sie immer getan hat, hätte sie das vorher wissen können. Ein Zigeunerkind! Art läßt eben nicht von Art. Zigeuner! Das ist doch wohl das letzte!«

»Fast so schlimm wie die Pollacken, was?«

»Bruno!«

Bruno war heute offenbar guter Laune. Rose hörte ihn lachen. »Hab dich nicht so, Male. Man wird doch noch ’nen Witz machen dürfen.«

»Solche Witze lieb’ ich nicht.«

»Ist ja schon gut. Ich sag’ nichts mehr. Und du hast ja auch recht. Man läßt sich nicht mit Streunerpack ein. Wo’s so viele deutsche Waisenkinder gibt. Sie hätten nur zugreifen müssen.«

»Ja«, sagte Male. »Aber mir wird ganz schlecht, wenn ich bedenke, daß ich Rose jahrelang mit diesem kleinen Luder habe umgehen lassen. Was hätte sie da alles aufschnappen können!«

»Vielleicht hat sie ja auch.«

»Bruno!«

»Gott, bist du humorlos. Gut, gut, dein Marzipankind ist ’ne Ehrenjungfrau. Nun zufrieden? Im übrigen ist das Zigeunerbalg ja jetzt da, wo es hingehört.«

»Ja«, sagte Male tief befriedigt. »Im Gefängnis. Die Lebrechts werden wohl verkaufen müssen. Ich glaub’ nicht, daß sie hierbleiben. Wie wollen die sich unter den Leuten noch sehen lassen – nach dieser Schande?«

Rose hielt den Atem an. Gefängnis? Käthe war doch noch ein Kind, wie sie selbst. Wie konnte sie etwas so Schlimmes getan haben, daß sie dafür ins Gefängnis kam? Lehrer Krischke hatte gesagt, Käthe sei krank. Offenbar hatte er gelogen. Oder die Mutter log. Rose drückte das Ohr fester an die Küchentür. Aber gleich darauf hörte sie, wie Bruno seinen Stuhl zurückschob. Rose flüchtete die Treppe hinauf und verkroch sich in ihrem Winkel. Keinen Augenblick zu früh, denn gleich darauf verließ Bruno die Küche, um vor dem Schlafengehen seinen üblichen Kontrollgang in den Stall zu machen.

Ein paar Tage später hatte die Aufregung die Schule erreicht. So gut wie alle Kinder hatten nach und nach zu Hause etwas aufgeschnappt. Nun tauschten sie aus, was sie den Alten abgelauscht hatten. Wortführer war Edmund, ein großer, strubbelhaariger Vierzehnjähriger, der kurz vor der Schulentlassung stand. Aus dem, was er selber zu wissen meinte, und dem, was die anderen beisteuerten, mischte Edmund eine wüste Räuberpistole.

In der großen Pause standen sie alle auf der Dorfstraße vor dem Schulhaus, bis auf die ganz Kleinen, die scheuchten sie weg. Edmund ließ sein Mundwerk laufen.

»Ihr könnt's glauben. Sie hat sich wirklich mit dem Jakob eingelassen.«

Sein Publikum sperrte Augen und Mund auf und machte kreisrunde Nasenlöcher. Rose fragte:

»Wie – eingelassen?«

»Na, eingelassen eben. Sie hat's mit ihm getrieben. Die war ja auch schon ganz schön entwickelt«, sagte Edmund mit Kennermiene. »Hatte schon Brüste. Nicht so'n Plättbrett, wie du bist.«

Rose ärgerte sich. Aber sie ging nicht auf die Kränkung ein. Sie wollte wissen, was mit Käthe passiert war. Edmund redete und redete, aber eigentlich hatte er noch gar nichts gesagt.

»Was hat sie denn gemacht mit dem Jakob?«

Edmund brach in Gelächter aus, und sein Publikum stimmte folgsam ein. »Na, du bist vielleicht naiv! Was Männer und Frauen eben machen. Was dein Vater und deine Mutter in der Schlafstube machen. Was der Bulle macht mit der Kuh. Bist du aber blöd!«

»Ich bin nicht blöd«, sagte Rose wütend. Sie wußte ganz gut, was der Bulle mit der Kuh macht. Aber sie hatte Schwierigkeiten, das mit Käthe in Zusammenhang zu bringen und damit, daß Käthe, wie alle sagten, jetzt im Gefängnis saß. »Ist das alles, was du weißt?«

»Nee. Die Käthe hat ein Baby gekriegt. Is' ja doll«, sagte Edmund bewundernd, »daß sie das die ganze Zeit versteckt hat. Niemand hat was gemerkt, nicht mal ich. Aber als das Baby dann da war, war's mit dem Verstecken aus, und es sollte doch keiner was von wissen. Da hat die Käthe mit dem Jakob verabredet, daß sie es wegwerfen wollen. Den Schweinen haben sie es vorgeworfen«, sagte Edmund voller Behagen, denn ihm gefiel seine Geschichte, und er genoß die allgemeine Aufmerksamkeit, die sich auf ihn richtete. »In den Schweinetrog. Und die Schweine haben das Baby gefressen.«

»Iihh!« kreischten die Mädchen. Die Jungen schoben die Lippen vor und machten eine Schnute. Sie nickten bedächtig – weise Männer, die den Lauf der Welt kennen und sich durch nichts erschrecken lassen. Rose war überschauert von Entsetzen und einer fast schmerzhaften Neugier. Aber das zeigte sie nicht. In hochmütigem Ton sagte sie:

»Du bist wohl dabeigewesen, daß du das alles so genau weißt?«

»Brauch' ich nicht. Die Polizei hat alles rausgefunden. Du wirst doch wohl der Polizei glauben? Die haben die Knochen und das Blut von dem Baby im Schweinetrog gefunden. Die Käthe hat es ja auch zugegeben. Jetzt ist sie eingesperrt, bei Wasser und Brot, und der Jakob auch. Wahrscheinlich werden sie gehängt«, sagte Edmund begeistert.

Hirschhagen brodelte. Wochenlang wurde im Dorf von nichts anderem geredet. Offenbar glaubte jeder, daß Käthe Lebrecht diese Ungeheuerlichkeit begangen hatte. Eine Dirne und eine Kindsmörderin – pfui! Rose wurde unsicher. Wo war Käthe? Keiner wußte das ganz genau. Immerhin kam sie nicht wieder, sie war und blieb verschwunden. Auch die Lebrechts waren nicht mehr da, sie waren fortgezogen, kein Mensch wußte, wohin.

Rose sah keine Möglichkeit, länger an der grausigen Geschichte zu zweifeln. Sie dachte:

»Und mich haben sie nicht behalten wollen. Sie wollten lieber die Käthe. Mich haben sie zurückgeschickt. Ob's ihnen jetzt leid tut? Wenn sie mich genommen hätten, wären sie heute noch glücklich und froh.«

Mit der Zeit verebbte der Klatsch über den Fall Lebrecht. Aber für Rose hatte die Sache weitreichende Folgen. Male änderte die Ämterverteilung unter den Kindern. Die Kühe wurden wieder Georg anvertraut. Rose mußte auf dem Hof bleiben und die Hausfrau abgeben. Ihre Mutter arbeitete, mehr und länger als früher, mit Bruno auf dem Feld. Rose wehrte sich:

»Warum muß ich das? Hab' ich was falsch gemacht mit den Kühen?«

»Du tust, was ich dir sage.«

»Aber warum?«

»Warum, warum. Ich will dich im Haus haben. Ein junges Mädchen soll nicht unbeaufsichtigt herumstreunen.«

»Aber ich streun' doch nicht.«

»Vielleicht nicht. Aber Gelegenheit macht Diebe. Das haben wir ja bei deiner sogenannten Freundin gesehen.«

»Aber Mutter …«

Es war zwecklos. Male blieb unerbittlich. Vorbei war es mit der Freiheit im grünen Gras, vorbei mit Don Carlos und Wilhelm Tell, vorbei mit den edlen Delawaren und den tückischen Huronen und auch mit dem Schiffsjungen Jim, der mit Kapitän Smollet und dem Piraten John Silver zur Schatzinsel segelte. Rose konnte förmlich den Knall hören, mit dem die Buchdeckel zugeschlagen wurden – für immer. Oder doch für viele Jahre. Und das war so gut wie für immer.

Rose war gern zur Schule gegangen. Aber jetzt wünschte sie ihren vierzehnten Geburtstag herbei, damit sie endlich entlassen werden konnte. Es war langweilig geworden, zum Sterben langweilig. Was Lehrer Krischke vortrug, konnte sie längst auswendig. Sie hätte den Unterricht selber halten können, so genau wußte sie Bescheid. Rose hörte gar nicht mehr zu. Sie hockte in ihrer Bank und ließ die Gedanken wandern, und es waren kaum fröhliche Gedanken darunter. Lehrer Krischke störte sie selten. Er wußte, was mit ihr los war, und verstand, daß sie sich nicht mehr beteiligen mochte. Es war eine Schande, daß man das Talent und den Ehrgeiz dieses Kindes derartig vertat. Aber helfen konnte er ihr nicht. Jetzt hatte man ihr auch noch die Zeit zum Lesen genommen. Armes Ding.

Seit ihrem zwölften Jahr ging Rose zum Konfirmandenunterricht. Das tat sie gern, vor allem, weil es eine Gelegenheit war, von zu Hause wegzubleiben. Aber sie lauschte dem Herrn Pfarrer nicht mehr so gläubig wie früher, als sie noch klein war.

»Hört mich Gott eigentlich, wenn ich bete?«

»Freilich, Röslein, Gott hört alles, was wir sagen.«

»Warum tut er dann nie, worum ich ihn bitte? Warum macht er nicht, daß mich meine Mutter Lehrerin werden läßt? Warum tut er nichts dagegen, daß ich jetzt keine Bücher mehr lesen kann?«

Der Herr Pfarrer seufzte. »Gottes Wege sind unerforschlich, mein Kind. Er will bestimmt dein Bestes, daran mußt du ganz fest glauben. Wahrscheinlich wäre es nicht zu deinem Besten gewesen, den Weg zu gehen, den wir für dich ausgedacht hatten. Wir sind irrende Menschen. Gott sieht weiter. Gewiß hat er einen anderen Weg für dich ausersehen. Du mußt dich geduldig in seinen Ratschluß fügen.«

Damit konnte Rose nichts anfangen. Warum mußte Gott bei allem und jedem, was er tat, unerforschlich sein?

Warum sagte er nicht klipp und klar, was er vorhatte, so daß man wußte, woran man war? Immer dieses Reden in Rätseln, und die Erklärungen, die der Herr Pfarrer gab, halfen einem auch nicht viel weiter. Sie hob den Finger.

»Ich versteh' das nicht: ›sitzend zur Rechten Gottes‹.«

»Nun, Röslein, das ist doch nicht so schwierig. Wenn unser Herr Jesus alle die Prüfungen hinter sich hat und aufgefahren ist zum Himmel, dann läßt ihn Gott an seiner rechten Seite sitzen. Und dann wird er richten, die Lebendigen und die Toten.«

»Ja, Herr Pfarrer, aber das meine ich nicht. Sie haben uns doch gesagt, daß der Herr Jesus und Gott dasselbe sind.«

»Sie sind wesensgleich, Röslein.«

»Sag' ich ja. Vater, Sohn und heiliger Geist, alles dasselbe. Aber das heißt dann doch, daß Gott zu seiner eigenen Rechten sitzt. Und das verstehe ich nicht. Wie geht das? Und wo bleibt dabei der heilige Geist?«

»Rose«, sagte der Herr Pfarrer und runzelte die Stirn, »du sollst nicht deuteln am Wort des Herrn. Du sollst es demütig hören, lernen und glauben. Verstehst du das, Rose?«

Rose erschrak. Sie hatte den Herrn Pfarrer verärgert. Das konnte sie sich nicht leisten. So viele Leute gab es nicht, die gut zu ihr waren. Offenbar mochte er es nicht, daß sie so viel fragte. Dann würde sie es eben lassen.

»Entschuldigen Sie bitte, Herr Pfarrer. Ich wollte nicht vorlaut sein.«

Der Herr Pfarrer lächelte. »Das weiß ich doch, Röslein.«

Kurz vor der Konfirmation fuhr Male mit Rose nach Vandsburg – auf dem Milchwagen natürlich – und kaufte ihr dort ein wunderschönes schwarzes Kleid mit einem weißen Kragen. Rose war entzückt, als sie sich im Spiegel sah. Sie fand, daß sie eine großartige Figur machte. Das Kleid lag bis zur Taille eng an und weitete sich dann zu einem schwingenden Rock. Der Halsausschnitt wurde zwischen den weißen Kragenecken mit zwei regenwurmartigen Bändern zusammengebunden, schwarz, aus dem Stoff des Kleides. Die schmalen Ärmel endeten in weißen Manschetten, passend zum Kragen. Noch nie hatte Rose so vornehm ausgesehen. Sie bekam auch ein Paar neue schwarze Schuhe.

»Danke, o danke, Mutter!«

Male sagte: »Es kostet ein Heidengeld. Aber ich hab' ja Töchter genug. Nach der Feier kommt das Kleid in den Schrank. Dann ist es wie neu, wenn Alma soweit ist.«

Natürlich! Das hätte man sich ja gleich denken können. Aber wenn sie das Kleid auch nur auf Borg tragen sollte, so wollte Rose doch an diesem einen Tag so schön sein wie nur irgend möglich. Am Abend vorher feuchtete sie ihre Haare an und wickelte sie auf Papierstreifen. Am anderen Morgen kämmte sie alles aus. Sanft ringelten sich schwarze Locken rund um ihren Kopf und hingen äußerst dekorativ auf ihre Schultern herunter. Rose war begeistert.

Male stemmte beide Hände in die Seiten, als sie ihre Tochter in der Festaufmachung sah.

»Du bist wohl verrückt geworden. Hier setzt du dich her.«

Sie hängte Rose ein Handtuch um die Schultern, damit das neue Kleid nicht litt, tauchte den Kamm ins Wasser und fuhr energisch durch Roses Locken. In weniger als einer Minute verwandelte sich die Pracht in feuchte, glatte Strähnen. Rose schluchzte.

»Heul nicht«, sagte Male ungerührt. »In die Kirche geh'n wie ein Pfingstochse, was? Zum Tisch des Herrn wie ein liederliches Frauenzimmer. So weit kommt's noch. Solange du die Füße unter meinen Tisch streckst, wirst du dich anständig und sittsam halten. Bei uns werden keine Lebrechtschen Manieren einreißen.«

Während sie sprach, kämmte sie Roses Haar nach hinten, teilte es und flocht es in einen Zopf. Nach jedem Satz, immer, wenn sie einen Punkt machte, riß sie an dem Zopf. Das tat weh. Rose wagte nicht zu protestieren. Male nahm ein weißes Band und flocht es in das Ende des Zopfes. Dann band sie eine große Schleife.

»So«, sagte sie, »jetzt kannst du dich nicht beschweren. Jetzt bist du schön genug. Guck dich an.«

Sie hielt Rose einen Spiegel vor das Gesicht. Pfui Teufel! Ekelhaft! Wie sah das bloß aus! Als ob sie in den Stall gehen sollte und nicht zu ihrer Konfirmation. Das entzückende junge Mädchen, das vorhin aus dem Spiegel gelächelt hatte, war dahin. Jetzt schaute ein Bauerntrampel heraus. Rose hätte sich am liebsten das schöne Kleid heruntergerissen und sich im Bett verkrochen. Sollten die doch alleine in die Kirche gehen! Alles mußten sie ihr verderben!

Aber sie sagte nichts.

Rose lernte bald bedauern, daß die Schule für sie zu Ende war. Nun gab es überhaupt keine Tagesstunde mehr, in der sie unbeobachtet, fern von mißgünstigen Augen und Ohren, lesen oder ihren Gedanken nachhängen oder sich unterhalten konnte. Wenn die Nacht vorüber war, begann die Arbeit im Haus, im Stall, im Garten. Oft genug mußte sie auch mit aufs Feld. Aber meistens ging Male und ließ die häuslichen Verrichtungen der Tochter. Rose plagte sich, und es gab nur ein Gutes, das sie mit ihrem Schicksal ein bißchen aussöhnte: Wenn sie nun die Hausfrau war, dann wuchsen ihr auch Rechte zu, die sie früher nicht gehabt hatte. Die Hausfrau teilte die Arbeit ein und wies den anderen ihre Pflichten zu. Rose begann, ihre Geschwister zu kommandieren. Sie scheuchte vor allem die Mädchen. Um das kleine Kroppzeug kümmerte sie sich überhaupt nicht mehr. Das konnte Alma tun, die immerhin schon elf war, oder die siebenjährige Johanna. Schließlich war Rose selbst erst sieben gewesen, als man sie zum Hüten der Kinder einsetzte.

Die Pohlenz-Kinder maulten. Sie wollten sich von der Schwester nichts sagen lassen, die ja nun wirklich nicht mehr war als sie, bloß ein bißchen älter. Sie beschwerten sich bei der Mutter. Aber da kamen sie schön an. Zum erstenmal, seit sie in Hirschhagen wohnte, erlebte Rose, daß die Mutter für sie Partei nahm.

»Haut sie euch? Gibt sie euch nichts zu essen? Na also. Solange es um Arbeit geht, hat Rose hier das Sagen. Sie vertritt mich, wenn ich nicht da bin. Und wenn ich mit ihr zufrieden bin, habt ihr das auch zu sein. Sonst noch was?«

Nein, sonst nichts. Die Kinder kannten ihre Mutter und deren rasche Hand. Sie verdrückten sich.

Aber es war ein kurzlebiger Triumph. Nachdem die Prioritäten geklärt waren, verlor Rose bald die Lust an ihrer Vorzugsstellung, vor allem aber an der Arbeit, der sie ihre Würde verdankte. Sie zählte die Tage, die Wochen, die Monate, die sich zu Jahren rundeten und sie ihrer Mündigkeit näher brachten – so langsam, o so langsam. Inzwischen wuchs die Familie. 1912, als das einstige Baby Frieda schon sechs und der nachgeborene Gottfried schon fünf Jahre zählte, kam noch eine Charlotte dazu. Nahm denn das nie ein Ende? Das Haus wurde immer enger und das Geld immer knapper. Alle diese schreienden Bälger wollten ja essen und etwas zum Anziehen haben. Rose verstand ihre Mutter nicht. Dauernd die Klagen, daß es vorne und hinten nicht reichte und daß man nie auf einen grünen Zweig kam. Hatte sie denn nicht rechnen gelernt? Das wußte ja jedes Kind im zweiten Schuljahr, daß es einen großen Unterschied macht, ob man eine Mark durch vier, durch acht oder – wie es jetzt im Hause Pohlenz war – durch zehn teilt.

Mißtrauisch beobachtete Rose ihre Mutter, ob deren Bauch sich wieder rundete. Aber das ganze Jahr 1913 ging vorbei, ohne daß ein neues Kind kam. 1914 wurde Rose siebzehn. Niemand nahm davon Notiz, das war bei den Pohlenzens nicht üblich. Da wäre man weit gekommen, wenn man jeden Geburtstag hätte feiern wollen – bei so vielen Kindern!

Kurz nach ihrem unbeachteten Geburtstag fand Rose im Abtritt einen Zeitungsfetzen, der sie sehr interessierte. Sie schob ihn in die Schürzentasche und suchte sich einen stillen Platz, wo sie ihn ungestört studieren konnte. Es war eine Anzeige, die ihre Aufmerksamkeit geweckt hatte, und je öfter sie den Text las, desto aufgeregter wurde sie:

Privatsanatorium Professor Ruby, Babelsberg bei Berlin, sucht arbeitsfreudige junge Mädchen, die sich zur Krankenschwester ausbilden lassen wollen. Freie Station und Taschengeld.

Rose war wie elektrisiert. Arbeitsfreudig – na, mehr als zu Hause würde sie nirgends arbeiten müssen. Krankenschwester – ein Beruf mit Ansehen, jeder würde Respekt vor ihr haben. Freie Station und Taschengeld – sie würde niemandem mehr auf der Tasche liegen und keinen um etwas bitten müssen. Und was das Wichtigste war: Sie würde weit, weit von Hirschhagen weg sein und alle die gräßlichen Pohlenze einfach vergessen können.

Aber wie fing man das an? Einen Brief schreiben? Lieber nicht. Dann würde eine Antwort kommen, und die Mutter würde sie sehen wollen, und dann konnte Rose ihren ganzen Plan in den Rauch schreiben. Ohne daß sie auch nur einen Augenblick überlegen mußte, wußte Rose ganz sicher, daß sie die Mutter besser nicht zu Rate zog. Sie vor vollendete Tatsachen stellen, ja, so mußte man's machen. Aber sie konnte nicht einfach davonlaufen. Die Mutter hatte das Recht, sie notfalls durch die Polizei zurückholen zu lassen. Und das würde sie tun, ganz gewiß würde sie das tun. Also wie?

Der Großvater. Der hatte noch nie etwas Rechtes für sie getan. Jetzt bekam er Gelegenheit dazu. Rose wollte ihm die Sache schon so vortragen, daß er nicht gut nein sagen konnte. Und gegen ihren Vater, der noch dazu Roses Vormund war, konnte die Mutter nichts machen. Also nach Lilienhecke, mit dem Großvater reden, und der mußte dann mit der Mutter reden.

Nein, auch nicht gut. Wenn man der Mutter erst ermöglichte, ihren Senf dazuzugeben, stimmte sie den Großvater am Ende um. Sachen packen, zum Großvater fahren und dann mit seiner Erlaubnis gleich weiter nach Babelsberg bei Berlin. Babelsberg bei Berlin! Was für Namen! Das zerging einem ordentlich auf der Zunge!

Rose suchte zusammen, was sie brauchen würde: ein bißchen Wäsche, Strümpfe, ein zweites Paar Schuhe außer denen, die sie auf der Reise tragen wollte. Nach kurzem Zögern packte sie auch ihr Konfirmationskleid dazu. Sollten sie für Alma ein neues kaufen! Einen Koffer hatte sie nicht. Aber ein Rucksack war vorhanden. Sie nahm ihn, bürstete ihn gründlich aus und legte ihre Habseligkeiten hinein. Ein paar Taschentücher noch, Kamm, Bürste, Waschzeug.

Am anderen Morgen wartete sie, bis Male und Bruno das Haus verließen. Georg, fast fünfzehn, hatte vor kurzem eine Mechanikerlehre angefangen. Die Werkstatt war in Flatow, und dort wohnte er auch. Der war also schon mal aus dem Wege. Alma, Otto, Johanna, Frieda und Gottfried trollten sich zur Schule. Blieb Charlotte. Sie war noch keine zwei Jahre alt, man konnte sie nicht unbewacht zurücklassen. Rose überlegte. Dann nahm sie das Kind und lief zu den nächstwohnenden Nachbarn.

»Darf ich Charlotte ein bißchen hierlassen?« sagte sie zu der Großmutter, die dort das Haus hütete. »Ich muß unbedingt was besorgen, und bei uns ist keiner zu Hause. Wenn ich sie mitschleppe, dauert es zu lange.«

»Ja, ja«, mümmelte die Alte, »laß sie nur hier. Holst sie nachher wieder ab, ja?«

»Natürlich«, sagte Rose und dachte, daß sie, wenn es nach ihr ginge, den Schreihals so bald nicht wiedersehen würde. »Dankeschön.«

So schnell ihre Beine sie trugen, eilte sie zurück, nahm ihren Rucksack und lief zur Landstraße nach Lilienhecke. Sie sandte stumme Stoßgebete zum Himmel: »Lieber Gott, laß mich keinen treffen, den ich kenne! Lieber Gott, laß sie bloß alle woanders sein!« Diesmal war sie mit Gott zufrieden. Solange sie durch die Hirschhagener Gemarkung lief, begegnete ihr niemand.

Nach knapp anderthalb Stunden hatte sie das Haus erreicht, in dem sie als kleines Kind gelebt hatte – o wie glücklich. Roses Herz schlug schnell, und sie schwitzte vor Aufregung. Jetzt kam es drauf an! Jetzt kam es drauf an! Jetzt mußte sie den Großvater überzeugen. Würde er sich aber überzeugen lassen?

»Nanu«, sagte Emma Barbeknecht, die eben in Richtung des Tores ging, als Rose den Hof betrat. »Was machst du denn hier? Um die Zeit? Und mit Gepäck?«

»Ich bleib' nicht. Ich muß den Großvater sprechen. Ist er da?«

»Zufällig. Er sollte schon draußen sein. Aber die Rotbunte kalbt. Da hat er Hermann allein gehen lassen. Ich geh' jetzt auch.«

Daß Rose nicht bleiben wollte, stimmte Emma friedlich. Sie deutete mit dem Daumen über die Schulter auf den Stall.

»Geh nur rein. Er hockt drinnen.«

Carl saß auf einem Melkschemel und betrachtete die unruhige Rotbunte. Erstaunt blickte er hoch, als seine Enkelin neben ihm auftauchte.

»Du? Um diese Stunde? Bist du wieder ausgerissen?«

»Nein. Ja. Ach Großvater! Ich habe eine fabelhafte Idee. Wenn du nur nichts dagegen hast, dann werde ich ... Das ist nämlich so ...«

Ihre Worte überstürzten sich. Aber bei aller Erregung vergaß Rose nicht, dem Alten eindringlich ihre großartigen Aussichten zu schildern. Welch eine respektable Zukunft wartete auf sie! Jedermann würde vor ihr den Hut ziehen. Was sie da lernte, konnte sie fürs ganze Leben brauchen. Auch für die eigene Familie, wenn sie heiraten würde.

Carl nahm die Mütze ab und kratzte sich den Kopf. »Nach Berlin willst du? Wie alt bist du jetzt? Siebzehn? Ich weiß nicht, ich weiß nicht. Du kennst meine Meinung über junge Mädchen, die sich allein in der Welt rumtreiben.«

»Ich hab noch nie was Schlechtes getan, Großvater.«

»So soll's auch bleiben. Und deshalb bleibst du besser hier.«

In diesem Moment brachen bei Rose alle Dämme. Verzweiflung im Herzen, Wuttränen in den Augen, fuhr sie auf den alten Querkopf los:

»Also jetzt hör mal zu, Großvater. Jetzt sag' ich dir mal, wie's wirklich ist. Jetzt ist mir alles egal. Ich will von zu Hause weg. Um's Verrecken will ich da weg. Ich bin da keinen Tag glücklich gewesen. Sie haben mich mißachtet und beiseite gestoßen. Bruno hat auf mich eingedroschen, und Mutter hat gesagt, ich bin nicht wert, daß sie mich in die Blotka schmeißt. Sie haßt mich, weil ich ihre Schande bin, und dabei ist das doch ihre Schuld und nicht meine. Ich hasse sie auch. Jede Kackwindel von einem Pohlenz-Kind ist ihr lieber gewesen als ich. Ich hab' das zehn Jahre ertragen, und ich ertrag' das keinen Tag mehr. Ihr habt mir schon einmal eine Chance kaputtgemacht, damals, als ich Lehrerin werden wollte, und ihr habt mich nicht nach Vandsburg gelassen. Jetzt hab' ich eine zweite Chance, und wenn du mir die wieder kaputtmachst, Großvater, dann bring' ich mich um. Dann schmeiß ich mich selber in die Blotka oder häng' mich auf oder ...«

Die Luft ging ihr aus. Keuchend hielt sie inne. Carl starrte sie an.

»Du versündigst dich, Rose.«

»Ach«, sagte Rose weinend, »ich versündige mich. Immer geht's um meine Sünden oder was ihr dafür haltet. Was ist denn mit euren Sünden? War das keine Sünde, mir mein ganzes Leben lang unter die Nase zu reiben, daß ich störe und daß ich überflüssig bin? War das recht, mich immer, wenn ich raus wollte aus dem Dreck, wieder runterzustoßen, noch tiefer rein? Warum müßt ihr alles an mir auslassen, was euch an eurem eigenen Leben nicht gepaßt hat? Warum muß ich dafür zahlen? Immer nur ich?«

Jetzt weinte sie hemmungslos. Sie hatte sich auf den Boden gehockt, das Gesicht in ihren Rock gewühlt, ihre Schultern bebten.

Carl stand auf und untersuchte die Kuh. Dann setzte er sich wieder auf seinen Schemel. So etwas! Also so etwas! Er war tief betroffen. Das Kind erzählte ihm ja nichts völlig Neues. Er hatte gewußt, daß Brunos Haus kein guter Ort für Rose sein würde. Hatte er dem Kerl je getraut? Aber daß es so schlimm kommen konnte ...

Nein, er durfte nicht lügen vor Gott und vor sich selbst in dieser Stunde. Es war wohl die Stunde der Wahrheit, die der Herr für jeden einmal bereithält. Er hatte durchaus gewußt, daß es so schlimm sein würde. Er war einfach schwach gewesen damals: vor der Tochter, die ihr Kind einforderte, und vor Emma, die dieses Kind lossein wollte. Er mußte jetzt auch eingestehen, vor Gott und vor sich selbst, daß er Rose nicht geliebt hatte, jedenfalls nicht richtig. Louise hatte sie geliebt. Louise hätte sie niemals nach Hirschhagen gegeben. Male – ach, was war nur aus seinem Mädchen geworden, dem Stolz seines Herzens. Eine gewissenhafte Bäuerin mochte sie sein. Eine gute Mutter war sie nicht, jedenfalls nicht für dieses Kind. Louise hatte das immer gewußt und immer gesagt, seit Rose auf der Welt war. Er aber hatte nicht auf sie gehört. War das Sünde? Wahrscheinlich. Nein, sicherlich.

Carl beugte seinen Kopf. »Gott, sei mir gnädig nach deiner Güte und tilge meine Sünden nach deiner großen Barmherzigkeit. Wasche mich wohl von meiner Missetat und reinige mich von meiner Sünde. Denn ich erkenne meine Missetat, und meine Sünde ist immer vor mir.«

Roses Schluchzen verstummte. Sie nahm ihr Taschentuch, trocknete sich das Gesicht und schneuzte sich kräftig. Vorsichtig schielte sie nach dem Großvater. Der saß mit geschlossenen Augen, seine Lippen bewegten sich lautlos. Offenbar betete er.

»Großvater?«

Carl hob den Kopf, aber die Augen öffnete er noch nicht. Was hätte Louise an seiner Stelle getan? Ach, es wäre ja gar nicht so weit gekommen, wenn es Louise noch gäbe.

»Lehre mich tun nach deinem Wohlgefallen, denn du bist mein Gott. Dein guter Geist führe mich auf ebener Bahn.«

Carl schlug die Augen auf und betrachtete seine Enkelin. Welches war die ebene Bahn, für ihn selbst und für dieses Kind? Er hatte als eine guter, verantwortungsbewußter Vormund handeln wollen, vorhin, als er ihr die Einwilligung versagte. Aber hatte er sich das nicht schon einmal vorgenommen? Und was für ein Vormund war er gewesen, all die Jahre? Vielleicht wollte Gott ihn lehren, jetzt in dieser argen Stunde. Vielleicht sprach das Kind recht, und er hatte nie wirklich das Wohl seines Mündels im Auge gehabt, sondern immer nur das eigene.

Carl faltete die Hände und flehte noch einmal zu seinem Schöpfer: »Erforsche mich, Gott, und erfahre mein Herz. Prüfe mich und erfahre, wie ich's meine. Und siehe, ob ich auf bösem Wege bin, und leite mich auf ewigem Wege.«

Dann raffte er sich auf.

»Weiß deine Mutter, wo du bist? Nein? Das heißt also, daß du nicht vorhast, noch mal nach Hause zu gehen? Dacht' ich's doch. Und deine Sachen?«

Rose wies stumm zur Stalltür hinaus auf den Hof.

»Hast dein Gepäck gleich mitgebracht? Kind, Kind. Also, wir machen's so. Erst ißt du hier. Dann richtet dir Emma ein Proviantpaket. Wer weiß, wann du wieder was kriegst. Dann fahr' ich dich nach Vandsburg zur Bahn. Hast du Geld? Na, ich geb' dir was. Mit deiner Mutter werd' ich reden.«

Rose sprang auf. »Großvater! O Großvater!«

»Schmeiß mich nicht um. Also geh und lern was. Und bleib brav, hörst du? Ein Krankenhaus ist vielleicht wirklich ein anständiger Platz. Eine Aufsicht wirst du dort ja wohl haben. Schreib mir mal, wie's dir geht bei diesem Herrn Professor. Und jetzt laß mich endlich los. Ich muß nach der Kuh sehen.«

5 / Rose beglückwünschte sich später wieder und wieder, daß der Großvater die wahren Probleme ihres Auszugs so wenig erfaßt hatte wie sie selbst. Hätte Carl begriffen, wie mangelhaft alles vorbereitet war, er hätte sich weder von ihren Tränen noch von ihrer Selbstmorddrohung umstimmen lassen.

Der Schwung, mit dem Rose ihre Sache anpackte, wurde zum erstenmal am Vandsburger Bahnhof gebremst. Eigentlich war das gar kein Bahnhof, sondern nur eine Haltestelle minderer Güte, ohne Dach oder sonstigen Schutz vor Wind und Wetter, auch ohne Bahnsteige. Die Fahrgäste hätten meinen können, sie stiegen auf offener Strecke aus, wäre da nicht der steinerne Flachbau gewesen, der als Stationsgebäude diente und mit einem großen Schild den Namen des Städtchens kundgab. Im Stationsbau residierte Albert Seegebiehl, der verkaufte die Billetts, hob die Kelle zur Abfahrt der Züge und bediente die Schranke, mit der sechsmal am Tag die über die Gleise führende Stadtstraße gesperrt werden mußte – dreimal für die Ost- und dreimal für die Westrichtung.

»Na, Carl«, sagte Albert, »wie geht's? Isses Leben noch frisch? So, so, nach Berlin willst du deine Kleine schikken.« Und Albert blähte die Nasenflügel, denn er witterte eine Klatschgeschichte. Er wußte Bescheid über Carls Familienverhältnisse und auch über Carls strenge moralische Grundsätze. Daß er das Kind so weit wegschickte und so ganz ohne Aufsicht! Natürlich würde aus dem Kerl nichts rauszukriegen sein, aber man konnte sich doch was zusammenreimen, und auf jeden Fall gab das einen schönen Gesprächsstoff ab für den Stammtisch am Abend.

»Heute noch?« fragte Albert und wiegte den Kopf. »Würd' ich nicht machen, Carl. Wenn dein Mädchen heute noch fährt, hat sie ganz miserable Anschlüsse. Da ist sie erst – warte mal ...« Er leckte seinen dicken Zeigefinger und blätterte geschwind durch die Seiten seines Kursbuches, wobei er Zahlen vor sich hin brummte. »Ja, erst gegen zwei Uhr nachts wär' sie in Berlin. Was macht sie da um die Zeit? Hat sie Quartier?«

»Nein«, sagte Carl, »hat sie nicht. Sie muß auch noch weiter. Der Ort heißt Babelsberg.«

Albert blätterte. »Da muß sie ja auch noch den Bahnhof wechseln, durch die halbe Stadt, und mit 'ner anderen Linie fahren. Nee, Carl, das laß. Hör mal auf mich.« Er blätterte und brummte. Schließlich sagte er: »Da. So isses richtig. Morgen früh punkt sechs nach Flatow. Sieben sechsundzwanzig weiter nach Schneidemühl. Da kriegt sie um neun Uhr drei den Expreßzug nach Berlin und kommt um zwei Uhr zweiundvierzig am Bahnhof Friedrichstraße an. Am hellen Nachmittag, Carl. Also Zeit für den Weg zur Stadtbahn und für die Fahrt nach Babelsberg. Soll sich durchfragen. Ich weiß da nicht Bescheid. War noch nie in Berlin, leider.«

Carl ging auf das Schwätzchen nicht ein, das Albert versuchte. Er entschied: »So machen wir's« und fragte nach dem Billett.

»Einfach oder retour?« fragte Albert und spitzte die Ohren.

»Einfach.«

Na also. Da hatte Carl, ob er wollte oder nicht, schon eine halbe Geschichte ausgepackt. Albert fuhr mit dem dicken Finger über eine große Liste und brummte von neuem Zahlen vor sich hin.

»Das macht … Das macht … Aber, wie ist das, sie wollte ja noch weiter. Willst du für die ganze Strecke lösen? Mit Stadtbahn?«

»Wenn das geht?«

»Klar. Wieso nicht. Bei der Eisenbahn geht alles.« Albert rechnete. »Also – macht insgesamt sechshundertvierzehn Kilometer. Kostet dich vierundzwanzig fünfundfünfzig. Vierter Klasse. Fünfundzwanzig Kilogramm Gepäck sind frei.« Er blickte auf Roses Rucksack. »Na, soviel hat sie ja gar nicht.«

»Und wo bleib' ich bis morgen früh?« fragte Rose, als sie die Bahnhofsbaracke verließen. Der Gedanke, noch einmal zurückzumüssen, und sei es nur nach Lilienhecke, jagte ihr Furcht ein. Umkehren bringt Unglück, dachte sie. Aber Carl sagte nur: »Bei Prebenows auf'm Sofa.« Und das war eine ebenso einfache wie großartige Lösung.

Das Sofa war hart und ein bißchen kurz, und Rose war sehr aufgeregt. Sie schlief kaum und brauchte keinen Wecker, als es Zeit war zum Aufstehen. Pünktlich um sechs rumpelte der Kleinbahnzug aus der Vandsburger Station. Rose hockte auf der Holzbank, ihren Rucksack auf dem Schoß. Sie fuhr, sie fuhr! Keiner konnte sie zurückhalten. Dafür war es zu spät, zu spät, zu spät!

Aber erst, als sie im Expreßzug saß, beruhigte sich Rose allmählich. Jetzt wagte sie auch, dem Beispiel der anderen Fahrgäste zu folgen, und verstaute ihren Rucksack im Gepäcknetz. Kurz vor Landsberg an der Warthe spürte sie Hunger und wickelte das Paket aus, das Emma ihr gepackt hatte: Eier, gutes Bauernbrot, dick belegt mit Käse und herrlich duftender Wurst, dazu ein Glas mit eingemachten Birnen gegen den Durst. Emma hatte an alles gedacht. Die Gewißheit, daß Carls Enkelin nur auf der Durchreise in Lilienhecke vorsprach, hatte sie großzügig und fürsorglich gestimmt.

Rose dachte: »So also ist Reisen. Das hab' ich mir schwieriger vorgestellt.« Sie fühlte sich jetzt viel sicherer als am Morgen, fast behaglich. Sie antwortete nun auch, wenn ihre Sitznachbarn sie anredeten. Als der Zug aus dem Bahnhof Küstrin hinausfuhr, hatte sie der dicken Madame neben sich längst ihr Woher und Wohin offenbart und entsprechende Mitteilungen der Dicken entgegengenommen.

Das schöne Gefühl der Geborgenheit in einer großen Reisefamilie war augenblicklich dahin, sobald der Zug sein Ziel erreicht hatte. Von einer Sekunde zur anderen hatten die freundlichen Gefährten Rose vergessen. Sie drängelten und schubsten und stießen ihre Koffer anderen Leuten in die Kniekehlen. Zankreden schrillten, laute

Stimmen versuchten, einander zu überschreien. Auf dem Bahnsteig wimmelte es von Menschen, keiner kümmerte sich um Rose. Ansagen wurden gebrüllt, die sie nicht verstand. Vom Pulk der Ausgestiegenen wurde Rose zur Sperre und dann eine Treppe hinuntergeschoben. Sie erntete mehrere blaue Flecke, ehe sie in der Vorhalle anlangte.

Die Angst vom Morgen kehrte zurück. In der hastenden, stoßenden Menge suchte Rose nach einem Gesicht, das Vertrauen in ihr wecken konnte. Sie entschied sich schließlich für einen älteren Herrn, dessen steifer Hut ihr vornehm vorkam.

»Entschuldigung … Verzeihung … Hören Sie doch! Bitte! Wie kommt man denn zu dem Bahnhof, wo die Züge nach Babelsberg abfahren?«

»Babelsberg?«

Zwei, drei weitere Leute blieben neben ihr stehen.

»Nach Babelsberg woll'n Sie, Frollein? Da sind Sie hier aber verkehrt. Hier ist Friedrichstraße. Sie müssen nach'n Potsdamer. Müssen Sie mit der Elektrischen fahren.«

»Elektrische?« Rose verstand nicht. Der Herr mit dem steifen Hut sagte:

»Lieber Mann, mit solcher Erklärung verwirren Sie das Fräulein doch bloß. Außerdem hat das Fräulein mich gefragt.«

»Wen sie gefragt hat, ist doch egal«, erklärte eine stämmige Frau, die sich zu der Gruppe gesellt hatte. »Aber darin muß ich dem Herrn recht geben: Was Sie ihr gesagt haben, da kann wirklich keiner draus schlau werden. Also, Frollein, Sie müssen nach'n andern Bahnhof, nach'n Potsdamer Bahnhof. Da können Sie'n Omnibus nehmen, die Friedrichstraße runter, bis Leipziger Straße, und da steigen Sie um in die Elektrische. Kenn'n Sie nicht? Das ist 'ne Straßenbahn, die fährt Sie hin. Nummer Vierundsiebzig müssen Sie nehmen.«

»Was hab' ich denn andres gesagt?« verteidigte sich der Mann, der die erste Auskunft herausgesprudelt hatte. »Was mischen Sie sich hier ein? Jetzt ist das Frollein natürlich koppscheu. Nämlich, sie muß nicht die Friedrichstraße runter, sondern die Linden und dann die Königgrätzer.«

»Sie reden blanken Unsinn!« zürnte der Herr mit dem steifen Hut. »Natürlich fährt das Fräulein am besten die Friedrichstraße runter und dann die Leipziger mit der Vierundsiebzig. Da hat die Frau ganz recht. Das ist der einfachste Weg, so einfach, daß das Fräulein ihn sogar zu Fuß finden würde.«

»Zu Fuß! Wo sie fremd ist in Berlin! So 'ne Ratschläge würd' ich mir aber mal überlegen!«

»Wer hat Sie denn gefragt, meine Dame! Daß sich die Leute immer wichtig machen müssen!«

»Selber wichtig. Sie ham's nötig. Was sind Sie denn? Bahnrat oder was?«

Etwa zehn Personen standen jetzt um Rose herum. Alle hatten offenbar ganz vergessen, daß sie vor wenigen Minuten noch schrecklich eilig gewesen waren. Vier, fünf von ihnen fochten ihre Meinungsdifferenzen um den besten Weg zum Potsdamer Bahnhof lautstark aus. Die übrigen genossen das kostenlose Theater und amüsierten sich. Für Rose, um die es doch eigentlich ging, interessierte sich keiner mehr.

Rose verzagte. Sie stahl sich davon und suchte nach dem Ausgang. Von all dem Gezänk hatte sie nur eines verstanden: Man konnte diesen anderen Bahnhof zu Fuß erreichen. Wenn das möglich war, dann wollte sie das auch tun. Es war besser, als sich Omnibussen und Straßenbahnen anzuvertrauen, die man nicht kannte und die einen womöglich sonstwohin fuhren, nur nicht zum Potsdamer Bahnhof. Außerdem sparte sie dabei noch Geld.

Es erleichterte sie sehr, als sie draußen, unter dem Eisenbahnbogen, ein Schild mit der Aufschrift »Friedrichstraße« erspähte. Diese Straße mußte sie nun also entlanggehen. Aber nach welcher Seite? Rose stand unschlüssig. An ihr vorbei hasteten, drängelten die Passanten. Es hatte gewiß keinen Zweck, noch einmal jemanden aufzuhalten und um Auskunft zu bitten. Diese Berliner schienen außerstande zu sein, auf eine einfache Frage eine einfache, verständliche Antwort zu geben.

»Na, Frollein? Fremd hier?«

Rose fuhr herum. Hinter ihr stand ein Polizist, blaue Uniform, Pickelhaube, gewaltiger Schnurrbart – eine sehr martialische Erscheinung. Aber seine Augen blickten freundlich. Auch seine Stimme, obwohl baßtief und etwas knarrend, klang eher freundlich als streng.

»Sie sind wohl nicht von hier?«

»Aus Westpreußen«, sagte Rose schüchtern.

»Gerechter Strohsack! Aus der finstersten Provinz! Na, nischt für ungut, kleines Frollein. Zum ersten Mal in Berlin, was? Gerade angekommen? Hab' ich mir gedacht. Und jetzt wissen Sie nicht weiter?«

»Doch«, beteuerte Rose, zögerte und setzte hinzu: »Herr Wachtmeister.« Sie hatte keine Ahnung, wie man Berliner Polizisten anreden mußte. Aber der Staatsgewalt gegenüber wollte sie auf jeden Fall höflich sein. Der Mann schien nicht böse, aber er wirkte so ... so ... Rose entschied sich für den Ausdruck »amtlich«. Was sie aber meinte, war »mißtrauisch«. Sie hatte das Gefühl, daß die Augen unter der Pickelhaube sie musterten, so als sei es Roses Pflicht, der Staatsgewalt Rede und Antwort zu stehen.

Aber das konnte sie schließlich auch. Sie schluckte ein paarmal, um den Kloß aus ihrer Kehle zu bekommen, und mühte sich um ein Lächeln.

»Ich muß zum Potsdamer Bahnhof, Herr Wachtmeister. Und ich weiß nicht, nach welcher Seite ich gehen muß.«

»So, so, zum Potsdamer Bahnhof. Sie woll'n also nicht in Berlin bleiben?«

»Ich will nach Babelsberg«, versicherte Rose, als könne dieses Reiseziel sie vor dem Polizisten rechtfertigen. »Zum Privatsanatorium Professor Ruby. Ich will Krankenschwester werden.«

»So, Krankenschwester. Brav, brav.« Die Polizistenaugen ruhten jetzt mit dem Ausdruck rückhaltlosen Wohlwollens auf Rose. »Nicht jedes junge Mädchen, das hier auf der Friedrichstraße aussteigt, hat so ordentliche Absichten. Na, da werde ich Sie mal zur Haltestelle bringen. Sie nehmen am besten den Omnibus ...«

»Ach, Herr Wachtmeister«, sagte Rose hastig, »bitte, ich möchte nicht mit dem Omnibus fahren. Ich möchte lieber laufen. Man hat mir gesagt, daß ich umsteigen muß, und ich habe das noch nie gemacht, und ... Also, ich habe Angst, daß ich mich verfahre, und ... Na ja, es ist ja auch billiger.«

Der Polizist schaute sie jetzt fast zärtlich an. »Billiger, hm. Sie möchten Ihre Groschen zusammenhalten. Sehr vernünftig. Findet man nicht oft bei den jungen Dingern. Aber, liebes Frollein, das kann Sie 'ne Dreiviertelstunde kosten.«

»Das macht nichts«, versicherte Rose. »Ich bin schon ganz andere Strecken gelaufen, da, wo ich herkomme.«

»Na gut«, sagte der Polizist beifällig, faßte Rose bei den Schultern und drehte sie in südliche Richtung. »So, jetzt marschieren Sie die Friedrichstraße runter, immer geradeaus, ungefähr zwanzig Minuten, bis Sie an die Ecke Leipziger Straße kommen. Da biegen Sie rechts ein und gehen wieder geradeaus, wieder zwanzig Minuten, bis Sie zum Potsdamer Platz kommen. Im Hintergrund sehen Sie dort den Potsdamer Bahnhof. Geh'n Sie rein und fragen Sie nach der Wannseebahn. Die bringt Sie dann nach Babelsberg.«

»Danke. Vielen Dank«, sagte Rose und erwiderte eifrig das Lächeln der Staatsgewalt. Sie hatte ihre gute Laune wiedergewonnen. Wenn man mit den Berliner Polizisten so gut zurechtkommen konnte, dann waren die Berliner doch nicht so schlimm. Jetzt, da ihre Ungewißheiten überwunden waren, begann sie Geschmack zu finden an ihren Abenteuern. Die Leute im Bahnhof waren wohl eher komisch gewesen als böse. Wie flink denen die Worte aus dem Munde kollerten, und wie unbekümmert sie daherschwatzten! Ein bißchen stachlig war das, und viel Angriffslust war darin. Aber welche Leichtigkeit, gemessen an der schwerblütigen, langsamen Rede, die sie von zu Hause kannte. Dort ließ man sich mehr Zeit beim Sprechen, mehr Zeit auch beim Zuhören. Aber besser war das nicht. Und friedlicher auch nicht. Davon konnte Rose ja nun wirklich ein Lied singen.

Fasziniert sah sie das Gewimmel von Pferdewagen, Automobilen und Radfahrern, das beide Seiten der Fahrbahn füllte. Und was für ein Geschiebe auf den Gehsteigen! Menschen über Menschen, die meisten hatten es eilig, manche aber schlenderten auch und blieben vor den Schaufenstern stehen. Was für hohe Häuser! Und hier – hier war nun also die Leipziger Straße, die sie zum Ziel führen würde. Oh – die vielen Geschäfte, in deren riesigen Auslagen offenbar alle Herrlichkeiten der Welt versammelt waren. Ein Wunderland, zweifellos! Und sie, Rose, war nun hier und würde diesem Wunderland angehören.

Rose straffte sich und rückte ihren Rucksack zurecht. Gestern noch war sie in Hirschhagen gewesen, im Sumpf, in den man sie vor zehn Jahren gestoßen hatte. Und jetzt atmete sie diese wundervolle, leichte Luft und sah diese schöne, heitere Welt. Ihre künftige Welt. Sie wollte nach oben, unbedingt nach oben. Hier zu sein, einfach nur angelangt zu sein, das war doch mindestens schon die erste Stufe auf diesem Weg.

Auf der rechten Seite der Leipziger Straße, dort, wo Rose ging, erstreckte sich am Ende der eindrucksvollen Geschäftszeile ein schloßgleiches Gebäude. Aber es war kein Schloß, sondern ebenfalls ein Geschäft, wenn auch ein riesengroßes. WERTHEIM stand in riesigen Lettern daran, und die Pracht der Auslagen in den großen Fenstern hatte ja wohl kaum ihresgleichen. An der Ecke wich die Front zurück und schwang sich in einem eleganten Bogen um einen guten Teil des Platzes, der sich nun öffnete. Das war aber nicht der Potsdamer Platz, sondern der Leipziger Platz, wie Rose feststellte. Ihre Sorge, sie habe sich verlaufen, wurde rasch von einem anderen Straßenschild beseitigt. Auf dem war nun endlich zu lesen: »Potsdamer Platz«, und obendrein erhob sich linker Hand, im Hintergrund, das Mauergebirge eines großen Bahnhofs. Das mußte sie sein, ihre Station, und dort hinüber mußte Rose nun.

Hupend, klingelnd, scheppernd schoben sich die gegenläufigen Ströme der Fahrzeuge an ihr vorbei. Auf der Straßenmitte, hoch oben auf einem Podest, stand ein Schutzmann in weißem Mantel und schwenkte die Arme. Jetzt hob er einen Arm senkrecht in die Höhe – und siehe da, die Ströme hielten inne, eine Gasse öffnete sich. Sie wurde sofort von den Fußgängern besetzt, die an beiden Seiten der Fahrbahn gewartet hatten. Rose schloß sich der Gruppe auf ihrer Seite an. Voran ging ein älterer Herr, der mit seinem Spazierstock abwehrend gegen die Automobile wedelte. Das wäre wohl nicht nötig gewesen, sie hielten sowieso.

»Zur Wannseebahn?«

»Bahnsteig zwei. Durch die Sperre da«, sagte der Bahnbeamte.

»Und da komm' ich dann nach Babelsberg?« vergewisserte sich Rose.

»Ja. Das heißt ...« Der Bahnbeamte, der sich schon zum Gehen gewendet hatte, kehrte zu Rose zurück. »Ich weise Sie darauf hin, Frollein, daß es Babelsberg gibt und Neubabelsberg. Da müssen Sie aufpassen, wo genau Sie hin wollen.«

»Ach Gott,« sagte Rose erschreckt, »das weiß ich doch nicht. Ich bin hier fremd.«

»Na, haben Sie vielleicht 'ne Adresse?«

»Ja«, sagte Rose erleichtert und kramte ihren Zeitungsausriß aus der Tasche. »Ich muß zum Sanatorium von Professor Ruby.«

Der Bahnbeamte nahm das Zeitungsstück. »Virchowstraße. Warten Sie mal. Kommen Sie mal mit.« Er ging zu einem der Fahrkartenschalter und bückte sich zu der Aussparung in der Trennscheibe. »Hör mal, hast du 'n Straßenverzeichnis von Potsdam-Babelsberg? Gib mal her. Danke.« Er bekam ein dickes Heft und blätterte darin. »Dacht' ich's doch. Villenkolonie Neubabelsberg. Also, Frollein, Sie müssen in Neubabelsberg aussteigen. Und dann gehen Sie in Richtung Griebnitzsee. Weit ist das nicht. Am besten fragen Sie noch mal.«

»Danke sehr, Herr Bahnschaffner.«

Allmählich lerne ich es, fand Rose. Im Bahnhof Friedrichstraße hatte sie sich noch angestellt wie ein Schaf. Jetzt, nach ihrem schnellen Erfolg, kam sie sich schon fast großstädtisch vor. Ihr Selbstgefühl wuchs. Was konnte jetzt noch passieren, womit sie nicht fertig würde?

Gegen halb sechs setzte die Wannseebahn sie in Neubabelsberg ab. Die Virchowstraße zu finden war ein Kinderspiel. Nach einem Fußweg von zwanzig Minuten stand sie vor einem hohen, schmiedeeisernen Tor. Der Zaun, der sich nach beiden Seiten erstreckte, war aus schön gewundenen Eisenstangen gefertigt, und dahinter wuchs eine dichte Ligusterhecke. Rose sah eine große Rasenfläche, von asphaltierten Wegen durchschnitten. Im Hintergrund stand eine Villa von so riesigen Ausmaßen, daß Rose vor Staunen erstarrte. Eine breite, geschwungene Treppe führte hinauf zu einer großen Plattform, die von Säulen begrenzt war, und die Säulen trugen ein Vordach. Auf der Plattform standen Stühle, kleine Tische und Liegen. Das ganze Haus kündete von Reichtum und vom Fehlen jeglicher niederen Sorge.

Zaghaft drückte Rose auf die gewölbte, schmiedeeiserne Klinke. Sie bewegte sich leicht und geräuschlos, und ein Teil des Tores, eine kleine Fußgängerpforte, schwang auf. Rose durchquerte die Rasenlandschaft, erklomm die wundervolle Treppe und stand dann vor einer mit Gardinen drapierten Fensterfront. Die Glastür in der Mitte war geöffnet.

Rose trat ein und fand sich in einer riesigen Halle, die mit schweren Teppichen ausgelegt war. Sessel, immer zu vieren gruppiert, umgaben niedrige Tische, auf denen Zeitungen lagen. Links und rechts am Ende der Halle schwang sich eine Treppe mit einem geschnitzten Geländer nach oben. Geradeaus, unter den Treppen, war eine zweiflüglige Tür, und links und rechts waren ebenfalls Türen. In der Höhe des oberen Treppenabsatzes lief eine Galerie um die Halle, von demselben schönen Schnitzgitter gesichert wie die beiden Treppen. Rose wagte kaum zu atmen. Niemals zuvor hatte sie etwas so Herrliches, so Prunkvolles gesehen.

»Wer sind Sie, und was suchen Sie hier?«

Aus ihren Träumen gerissen, gewahrte Rose eine ältere Frau in Schwesterntracht. Eine weiße Haube, deren

Schleier ihr bis zu den Schulterblättern herabhing, verdeckte ihre Haare und umschloß ihr Gesicht.

»Ich bin … Ich möchte …« Vergeblich mühte sich Rose, ihr Stottern zu überwinden. Sie holte den Zeitungsausriß aus ihrer Tasche, streckte ihn der streng blikkenden Krankenschwester hin und sah sie flehend an.

Die Krankenschwester warf einen Blick auf den verschmutzten Zettel.

»Ach du lieber Gott! Wollten Sie sich hier bewerben? Na, da hätten Sie eher kommen müssen. Die Anzeige ist ja schon fünf, sechs Wochen alt. Wir sind längst komplett. Gehen Sie mal schön wieder nach Hause.«

»Aber …«

Roses Hochstimmung brach zusammen. Panik erfaßte sie. Das war doch nicht möglich! Das konnte doch nicht sein! Sie brauchte diese Stellung! Sie brauchte sie so dringend wie niemand sonst! Was sollte sie denn anfangen, wenn man sie hier nicht nahm? Nach Hause zurück?

»Ich kann nicht nach Hause!«

»Wieso nicht? Aber das ist Ihre Sache. Was denken Sie sich denn eigentlich? Kommen nach mehr als einem Monat hier an. Wir warten doch nicht auf Bummelanten, die fünf Wochen brauchen, um sich zu entschließen.«

Rose schluckte.

»Ich hab' nicht gebummelt. Ich bin gleich gekommen, sowie ich diese Anzeige gelesen hatte. Ich hab' nicht gewußt, daß sie schon älter ist.«

Flehend blickte sie in das zugesperrte Gesicht der Schwester.

»Ich bin aus Westpreußen gekommen. Den ganzen, langen Weg.«

Der Jammer würgte sie, so daß sie verstummte.

»Na«, sagte die Schwester, »da haben Sie Pech gehabt. Tut mir leid für Sie. Aber wir sind komplett.«

»Könnten Sie nicht ...«

»Aber Kindchen!« rief die Schwester vorwurfsvoll. »Wir sind ein Sanatorium und kein Asyl! Sind Sie Waise? Nein? Sie haben also Eltern? Na also. Da fahren Sie mal schön wieder zu Ihren Eltern zurück. Und das nächste Mal sausen Sie nicht gleich los, wenn Sie etwas hören oder lesen. Das nächste Mal schreiben Sie vorher und fragen erst mal. Ist denn das zu fassen! Fährt einfach aufs Geratewohl in die Welt und glaubt, daß alle nur auf sie gewartet haben!«

Die Schwester schüttelte mißbilligend den Kopf. Rose grub die Fingernägel in die Handflächen und dachte: »Nach Hause fahr' ich nicht. Eh' ich das tue, bring' ich mich um. Dahin zurück – o Gott, o Gott! Lieber sterben!« Die Katastrophe überwältigte sie. Sie brach in Tränen aus.

»Na, na, Kindchen. Wenn Sie jedesmal gleich zusammenbrechen, weil Ihnen was schiefgeht ... Herr Professor!«

»Was gibt's denn hier? Warum weint diese junge Dame?« fragte jemand in rollendem Baß. Rose nahm die Hände vom Gesicht und versuchte, durch den Schleier ihrer Tränen zu sehen. Vor ihr stand ein Herr in einem weißen Kittel. Ja, ein Herr, man konnte es nicht verkennen. Trotz des Allerweltskittels sah er so vornehm aus, und sein Gesicht kam Rose so klug vor. Er hatte eine graue Mähne, graue, buschige Augenbrauen und einen runden, gepflegten Bart. Auch der Bart war grau, ebenso die Augen, die durch die Gläser eines Kneifers aufmerksam auf Rose blickten.

»Ach, Herr Professor«, sagte die Schwester, »das Mädchen da hat unsere Anzeige gelesen und denkt ... Nicht geschrieben, nicht gefragt, kommt einfach angereist. Aus Westpreußen, Herr Professor. Und wir haben doch gar keine Stelle mehr frei. Wir sind doch komplett.«

»Aus Westpreußen«, sagte die Baßstimme. »Allerhand.«

Der Professor schaute auf Rose. Da stand sie, in ihrem besten Rock und ihrer besten Bluse, eine schwarze Tuchjacke lose über den Schultern, denn es war ein warmer Frühlingstag gewesen. Ihre Füße steckten in derben Schuhen, die Hände waren ohne Handschuhe. Arbeitshände, das sah man auf den ersten Blick. Der Professor betrachtete Roses Gesicht. Ein nettes Gesicht, auch wenn es jetzt vom Weinen verschwollen war. Interessanter Augenschnitt, so schräg über ausgeprägten Backenknochen. Sehr pikant. Von wem sie das wohl hatte? Das nahm sich ja fast asiatisch aus. Im übrigen ein unschuldiges Gesicht. Das sah man, daß dies kein Großstadtgewächs war. Nein, das war eine richtige Landpomeranze, naiv und gutwillig und noch völlig unverdorben.

»Wie heißen Sie denn, mein Kind?«

»Rose Barbeknecht.«

Rose Barbeknecht. So was auch. Eine Unschuld vom Lande, und dann hatte sie auch noch so einen altfränkischen Namen. Dem Professor begann die Sache Spaß zu machen. Er war ein Ästhet und schätzte Erlebnisse mit Stil. Dieses Mädchen hatte Stil, auch wenn sie es nicht wußte. Vermutlich wußte sie nicht einmal, was Stil ist.

»Und Sie wollten bei uns lernen?«

Rose hörte den freundlichen Unterton in der Baßstimme und faßte eine zaghafte Hoffnung.

»Ja, Herr Professor. Lernen und arbeiten. Ich würde einfach alles tun.«

Ihre Augen füllten sich mit neuen Tränen.

»Das sagt jede«, kommentierte die Schwester, »vorher nämlich.«

»Stimmt«, sagte der Professor. »Aber in diesem Falle glaub' ich's. Na, Schwester Martha? Haben wir wirklich nicht irgendwo noch eine Vakanz?«

»Aber Herr Professor, Sie wissen so gut wie ich ...«

»Tja. Aber ich denke, wir springen mal über unseren Schatten. Notfalls schicken Sie eine von den anderen wieder weg. Da sind solche Berliner Blüten bei ... Die würde ich ohne Reue gehen sehen. Diese hier gefällt mir besser.«

»Herr Professor, die Mädchen haben alle Verträge.«

Der Professor seufzte.

»Martha, Sie sind der reinste Advokat. Oder Buchhalter. Na, muß wohl sein. Aber trotzdem – wie viele haben wir eingestellt? Drei? Wo drei sind, wird auch Platz für vier sein. Arbeit gibt's doch genug, oder? Also tun Sie mir den Gefallen und regeln Sie das. Gut. Enttäuschen Sie mich nicht, kleines Fräulein – Rose Barbeknecht.«

Der Professor schritt davon. Alles Weitere konnte er seiner bewährten Oberschwester überlassen. Sie würde maulen, aber sie würde einen Ausweg finden. Zum Abendessen ging er in das Zimmer seiner Mutter. Er küßte der alten Dame die Hand, schob ihren Rollstuhl an den Tisch und entfaltete die Serviette für sie. Dann setzte er sich ihr gegenüber.

»Ich glaube, Mama, ich hab' dir heute was Vorteilhaftes eingehandelt. Eine neue Schwesternschülerin. Sie kommt vom Lande, aus Westpreußen. Rose Barbeknecht heißt sie. Stell dir mal vor, was für ein Name. Das ist fast schon ein Programm. Und wie sie heißt, so scheint sie auch zu sein. Wenn mich nicht alles täuscht, wird sie eines Tages eine prächtige Pflegerin für dich abgeben.«

Oberschwester Martha hatte die Achseln gezuckt: »Er muß es ja wissen.« Dann hatte sie eine andere Schwester herbeigewinkt. »Eine Nachzüglerin auf unsere Anzeige, Schwester Hertha. Der Professor will, daß wir sie einstellen. Also veranlassen Sie das Nötige. Für heute ist das die

Einweisung in die Schülerinnenstation. Zeigen Sie ihr, wo die Verwaltung ist, damit sie sich morgen früh dort melden kann. Das Büro öffnet um halb acht«, sagte sie, zu Rose gewandt.

»Wieso denn das?« sagte Schwester Hertha. »Die Einstellung war doch abgeschlossen?«

Aber Oberschwester Martha machte sich nicht mit Untergebenen gemein. »Behalten Sie Ihre Meinung für sich. Tun Sie, was ich Ihnen gesagt habe.«

»Ja, Oberschwester«, sagte Schwester Hertha und wandte sich zum Gehen, ohne darauf zu achten, ob der Neuankömmling ihr folgte. Rose machte einen Knicks. »Danke, Oberschwester.« Sie nahm ihren Rucksack und lief hinter Schwester Hertha her. Sie begriff sehr gut, daß sie die Oberschwester und wahrscheinlich auch diese Schwester Hertha gegen sich aufgebracht hatte. Beide waren ins Unrecht gesetzt worden, in ihrer Gegenwart, sogar durch ihre Veranlassung. Im Grunde konnte sie nichts dafür, aber soviel Lebenserfahrung hatte Rose nun doch, um zu wissen, daß danach niemand fragen würde. Ärger gleich am ersten Tag, das war nicht gut. Trotzdem war Rose mit sich zufrieden. Sie hatte diese erste große Reise ihres Lebens mit Glanz bewältigt, und dann – unglaublicher Erfolg! – hatte sie die ärgste Hürde genommen, und sie würde nun in diesem prachtvollen Haus wohnen und arbeiten dürfen.

Schwester Hertha führte sie um die Villa herum in den rückwärtigen Garten. Welch eine Anlage! Das war ja gar kein Garten, eher ein Park, bestimmt dreimal so groß wie die Fläche an der Straßenfront. Schon der erste Blick lehrte Rose, daß das Sanatorium nicht auf die schöne Villa beschränkt war. Vom jungen Laub einer Menge sehr großer, weit ausladender Bäume halb verborgen, standen links und rechts noch zwei Gebäude, fast ebenso groß, wenngleich nicht genauso prächtig wie die Villa.

Es erwies sich, daß Schwester Hertha keineswegs so verschnupft war, wie Rose gefürchtet hatte. Ungefragt – denn Rose wagte nicht, sie darauf anzusprechen – erklärte sie, daß ihr solche Szenen wie eben die mit der Oberschwester nichts ausmachten.

»So was rutscht an mir ab wie Wasser von der Ente. Da käm' ich weit, wenn ich jeden Rülpser ernst nehmen würde. Und Sie hör'n auch besser auf, wie 'n geprügeltes Schulmädchen zu gucken. Wenn Sie bei jedem Anranzer einknicken, dann halten Sie sich hier nicht lange.«

Und dann machte sich Schwester Hertha ein Vergnügen daraus, Rose die – wie sie sich ausdrückte – »Landschaft zu deuten«. Unverkennbar genoß sie es, Bescheid zu wissen und klüger zu sein als die Neue, dieses Kind vom Lande. Außerdem war ihr im Ohr hängengeblieben, daß die Oberschwester gesagt hatte: »Der Herr Professor will, daß wir sie einstellen.« Das konnte allerlei bedeuten. Entweder war die Kleine ein Protektionskind vom Professor, oder sie würde es werden. Könnte es jedenfalls werden. Nachtigall, ick hör' dir trapsen. Ich bin doch nicht von gestern. Ich bin eine, die sich auf die Gegebenheiten einstellt.

Die Gartenhäuser also. Erst mal das zur Linken. Im Erdgeschoß war die Verwaltung. Da mußte Rose sich morgen früh melden. Im Souterrain – »Kenn' Sie nicht, den Ausdruck? Na, das Kellergeschoß ist das!« – im Souterrain war die Küche untergebracht. Da wurde für alle, Patienten, Ärzte und Pflegepersonal, das Essen bereitet. Dort gab es auch die Kantine für das Personal. Im Obergeschoß wohnten die Schwestern, zehn an der Zahl, jede in einem eigenen Zimmer. Dazu die drei Schülerinnen – nein, vier waren es ja jetzt mit Rose. Die wohnten aber nicht einzeln, sondern immer zu zweien. Die kleine Edith freilich hatte bis jetzt allein gehaust. Die würde gucken, wenn sie von ihrem freien Tag zurückkam und die neue Zimmergenossin vorfand. Aber keine Angst, die würde sich schon schicken. Ein gutes Kind im Grunde, bißchen Berliner Schnauze, aber das Herz auf dem rechten Fleck.

Nun das Häuschen zur Rechten: Da gab es im Souterrain die Badeanlagen und im Erdgeschoß Behandlungs- sowie Untersuchungsräume aller Art. Im Obergeschoß waren Wohnräume für die drei Ärzte, die ständig im Haus weilten – mehrere andere, die auswärts wohnten und praktizierten, wurden bei Bedarf hinzugezogen. Für diese Externen waren zwei Bereitschaftsräume da, falls man sie über Nacht im Haus behalten mußte. Und dann gab es dort zwei Doppelzimmer für die vier Pfleger, die sich um die männlichen Patienten kümmerten.

»Und der Herr Professor?«

Der Herr Professor wohnte im Haupthaus, ebenso seine Mutter, die alte Frau Geheimrat. Im Haupthaus waren außerdem die vornehmsten Patienten untergebracht, jene, die am meisten zahlen konnten. Sie hatten denn auch die schönsten Räume, nicht bloß einen für jeden, nein: jeder einen Wohn- und einen Schlafraum, dazu ein kleines Entree – »einen Vorraum, Kind, Sie wissen aber auch gar nichts!« – und ein Badezimmer. Die übrigen Patienten lebten in Haus zwei. Wo das war? Nun, Rose sollte mal nach drüben sehen, auf das Nachbargrundstück. Das gehörte auch zum Sanatorium. Zwischen den Grundstücken gab es keinen Zaun, bloß eine Hecke mit Durchgängen, man konnte frei hinüber und herüber laufen. Die Zimmer in Haus zwei waren auch sehr schön, wenngleich nicht so prächtig wie die im Haupthaus. Dort hatte jeder nur einen Raum, und es gab mehrere Badezimmer auf jeder Etage. Aber immerhin, so möchte ein gewöhnlicher Sterblicher auch mal wohnen.

Hinter Haus zwei standen auch zwei Gartenhäuser, wie auf dem anderen Grundstück. Das rechte war ein reines Wirtschaftsgebäude. Im Souterrain befanden sich die Waschküche und ein großer Trockenraum. Darüber, im Erdgeschoß, waren der Bügelraum und die Wäscheausgabe untergebracht. Oben gab es ein paar Lagerräume für Wäschereserven, medizinische Geräte, Werkzeuge aller Art und was man sonst so brauchte. Auch eine Nähstube fand man dort, zum Ausbessern der Wäsche und der Personalkleidung. Nein, die Patienten bekamen nur neue Wäsche. Die ausgebesserte war für das Personal.

Und dann das linke Gartenhaus zwei. Das war noch im Bau. Nachher würde es die neuesten Laboreinrichtungen und Badeanlagen aufnehmen. Die alten hinterm Haupthaus taten es ja auch noch, aber sie waren halt nicht auf dem neuesten Stand. Außerdem reichten sie nicht mehr so recht, seit vor sieben, acht Jahren Haus zwei dazugekommen war. Man hatte jetzt immer an die dreißig, vierzig Patienten, dazu die Ambulanten, die hier nicht wohnten, sondern nur zur Behandlung herkamen. Viel Arbeit, Rose würde schon sehen. Nein, Reinigungspersonal wohnte nicht auf dem Gelände. Die Scheuerfrauen und Küchenmädchen kamen von außen. Auch der Koch trat morgens an und ging am Abend nach Hause.

»Was haben die Leute, die hierherkommen, denn für Krankheiten?«

Also wirklich, so was von Unwissen! Hatte Rose sich denn überhaupt nicht erkundigt, bevor sie sich auf den Weg nach Babelsberg machte? Das Sanatorium Professor Ruby war eine der renommiertesten Rheumakliniken in ganz Preußen. Hierher kam, wer an Rheumatismus litt, an Gelenkschäden und ähnlichen Übeln. Das heißt – wenn sie es sich leisten konnten, hier zu kuren. Der Herr Professor hatte schon viele schöne Erfolge erzielt. Er war sehr beliebt bei den Kranken, nicht zuletzt deshalb, weil er die Leute nicht in Moor und Schlamm packte, was viele nicht leiden konnten, vor allem die Damen. Statt dessen wendete er heiße Sandbäder an. Das war mindestens ebensogut, und die Herrschaften blieben sauber dabei.

»Sand gibt's ja genug bei uns in der Mark Brandenburg.«

Schwester Hertha und Rose waren längst vor dem linken Gartenhaus eins angekommen, aber nicht hineingegangen, weil Rose nicht genug hören konnte und Schwester Hertha es genoß, die Allwissende abgeben zu können.

»Was ist denn das?« fragte Rose, »das Helle, das dort hinten durch die Bäume scheint?«

»Das ist der Griebnitzsee, Kindchen. Das sind alles Seegrundstücke hier in der Virchowstraße. Sie werden ja nicht viel davon haben, denn der Dienst fängt morgens um sieben an und endet um acht am Abend, mit zwei Stunden Mittagspause. Aber wenn Sie auf Ihre Mittagsruhe verzichten, dann können Sie schon zum See runter. Und abends, wenn Sie nicht zu müde sind, auch. Auf jeden Fall ist es sehr schön, viel schöner als in der Stadt, wo es nur Steine gibt.«

Ja, es war schön. Was immer noch passieren mochte, Rose hatte das große Los gezogen, davon war sie fest überzeugt. Sie staunte auch, als Schwester Hertha ihr endlich die Tür öffnete, hinter der sie fortan zu Hause sein sollte: Ein nicht sehr geräumiges, aber freundliches Zimmer nahm sie auf, dessen größter Reiz darin bestand, daß sein Fenster auf den Park hinausging. Es war mit zwei Betten ausgestattet, eines davon offensichtlich unbenutzt. Das würde nun wohl Roses Bett sein. Neben jedem Bett stand ein Nachtschränkchen, außerdem gab es zwei Kleiderspinde, einen Tisch in der Mitte und zwei Stühle.

Schwester Hertha zog Rose zur Tür zurück.

»Schauen Sie dort den Gang hinunter. Dort ist die Toilette für die Schülerinnen, daneben das Schülerinnenbad. Am anderen Ende gibt es noch zwei Toiletten und ein großes Bad. Die dürfen Sie aber nicht benutzen, die sind für die Vollschwestern. Ein Waschbecken haben Sie hier im Zimmer. Morgen früh um halb acht melden Sie sich unten im Büro. Da erfahren Sie alles Weitere. Noch Fragen?«

»Nein. Vielen Dank. Sie haben mir alles wunderbar erklärt. Ich bin sehr glücklich. Wirklich, ich bin ganz furchtbar glücklich.«

6 / »Sie sind ja erst siebzehn«, stellte der bebrillte Buchhalter in der Verwaltung fest. »Also noch nicht mündig. Da können Sie keinen Ausbildungsvertrag unterschreiben. Sie müssen die Unterschrift Ihrer Erziehungsberechtigten beibringen, Vater oder Vormund oder was Sie haben.«

»Vormund«, sagte Rose, »mein Großvater.«

»So«, sagte der Mann und schielte über seine Brille. »Und der ist einverstanden, daß Sie hier bei uns anfangen?«

»Ja«, beteuerte Rose, froh, das sagen zu können. »Mein Großvater hat gesagt, ich soll geh'n und was lernen. Er hat mich auch selbst zur Bahn gebracht. Und er hat ...«

Der Buchhalter schnitt mit der Hand durch die Luft wie mit einem Beil und hackte Roses Redestrom entzwei.

»Das interessiert uns hier nicht, Fräulein. Wir sehen nur darauf, daß unsere Papiere in Ordnung sind. Also schicken Sie diesen Vertrag zu Ihrem Großvater, damit er ihn unterschreibt, und bringen Sie ihn dann wieder her. Eigentlich dürften wir Sie vorher gar nicht hier aufnehmen.«

Roses Gesicht zog sich in die Länge.

»Aber«, fuhr der Buchhalter fort, der natürlich schon gehört hatte, daß der Herr Professor sich persönlich für diesen Neuzugang interessierte, »aber unter Umständen machen wir auch schon mal eine Ausnahme. Und wir wollen ja nicht, daß Ihnen unnütze Kosten entstehen, wenn Sie etwa in der Wartezeit draußen ein Zimmer bezahlen müßten. Sie fangen also gleich an.«

Roses Lebensgeister hoben sich. So ein netter Mann! Sie versuchte, ein paar Dankesworte zusammenzubringen, aber der Buchhalter vollführte wieder seine hakkende Handbewegung.

»Sie haben Ihre Unterkunft schon bezogen? Schön. Dann gehen Sie jetzt zum rechten Gartenhaus zwei – Sie wissen, wo das ist? Gut. Im Oberstock händigt man Ihnen Ihre Dienstkleidung aus, Kleid, Schürze, Haube, was so nötig ist. Ziehen Sie sich um, und melden Sie sich dann bei Schwester Trud. Sie ist die Schülerinnenmutter. Sie sagt Ihnen, was Sie zu tun haben. Arbeitszeit ist von sieben bis eins, dann wieder von drei bis acht. In der Woche ein freier Nachmittag und ein freier Tag. Sonst noch Fragen?«

»Was kann man hier … Ich meine … Wieviel verdient eine Schwester?«

Der Mann zog die Mundwinkel nach unten und blähte die Nasenflügel. Jetzt sah er fast aus wie ein Frosch.

»An verdienen würd' ich erst mal nicht denken. Sie kriegen vorläufig ein Taschengeld, zwanzig Mark monatlich im ersten Jahr, dreißig im zweiten. Bedenken Sie, daß Sie frei wohnen und essen und daß Sie für Dienstkleidung samt Wäsche und Reparatur nichts zahlen müssen. Wenn Sie dann Examen gemacht haben, kommt's drauf an: Bleiben Sie bei uns, kriegen Sie fünfundneunzig Mark und freie Station. Wenn Sie bei uns alt werden, können Sie sich bis auf hundertzwanzig steigern, je nach Können und Leistung. Woanders ist es auch ungefähr so. Vielleicht spezialisieren Sie sich aber später, zum Beispiel als Operationsschwester oder Hebamme. Dann verdienen Sie mehr. Ich hab' schon von solchen gehört, die auf zweihundert gekommen sind. Ich hab' sogar von freien Hebammen gehört, die nicht weniger als fünfhundert im Monat verdient haben. Die müssen dann aber auch Tag und Nacht auf den Beinen sein, kriegen's nicht geschenkt. Und außerdem leben die privat und müssen ihre Wohnung und ihre Kleidung und alles selber bezahlen. Was besser ist, weiß ich nicht. Das müssen Sie dann ausprobieren, wenn's soweit ist.«

Rose hörte gespannt zu. Sie hatte noch nie eigenes Geld besessen, das über die Summe weniger Groschen hinausgegangen wäre, und konnte sich deshalb keine Vorstellung machen, ob diese Verdienstmöglichkeiten nun klein oder groß waren. Doch soviel wußte sie von den Kosten einer Lebenshaltung, um zu begreifen, daß sie künftig unabhängig sein würde. Sie würde nicht üppig leben können, das nun beileibe nicht. An Sparen war vorläufig nicht zu denken. Aber sie brauchte nie wieder jemanden zu bitten. Nie wieder konnte ihr jemand etwas abschlagen oder aufzwingen. Alles übrige würde sich finden.

»Und wo ist diese Schwester Trud?«

»Um die Zeit wahrscheinlich in Haus zwei. Fragen Sie sich durch.«

Der Buchhalter sah ihr nach, als sie das Büro verließ. Langsam schüttelte er den Kopf, zog seine Ärmelschoner zurecht und sagte zu einem Kollegen, der eben Karteikarten in einem Kasten sortierte:

»Was der Professor bloß an ihr findet? Solche wie die können wir doch dutzendweise haben.«

Der andere kicherte.

»Sie ist aber niedlich. Und frisch aus dem Ofen. Da hat

noch nicht mal einer dran geschnuppert. Wer weiß, wer weiß! So 'n oller Schwede ...«

»Ich muß doch bitten, meine Herren!« protestierte das ältliche Fräulein, das seitlich an einem Schreibmaschinentisch saß. »Wie Sie mal wieder reden! Immer gleich so ehrabschneiderisch. Sie kennen doch das Mädchen gar nicht. Und der Herr Professor! Der ist schließlich ein Schentelmann. Und schon über fünfzig.«

»Je öller, je döller«, konterte der zweite Buchhalter. »Na, wir werden ja seh'n.«

Rose hatte indessen im rechten Gartenhaus zwei die Mamsell aufgestöbert, die ihr die Stücke ihrer Dienstracht aushändigte. Zu ihrer Überraschung bekam sie keine Haube mit Schleier, wie sie die Oberschwester und Schwester Hertha trugen. Statt dessen legte die Mamsell ein steif gebügeltes Leinenstück vor sie hin, das kunstvoll zu einem viereckigen Kästchen gefaltet werden mußte.

»Das ist die Schülerinnenhaube«, bemerkte die Mamsell. »Die müssen Sie oben auf den Scheitel setzen, Haare drunter, aber alle, und mit Haarklemmen feststecken. Schleierhauben gibt's erst nach dem Examen.«

Es war fast neun Uhr, als Rose, im neuen, ungewohnten Gewand und mit der Kästchenhaube auf dem Kopf, dem Haus zwei entgegenstrebte. Die Gartenfront des Hauses wurde im Erdgeschoß fast völlig von einem großen Wintergarten eingenommen, durch dessen hohe Glasfenster die Morgensonne fiel. Zwischen den exotischen Kübelgewächsen, auf deren Blättern die gelben Sonnenkringel spielten, standen Sesselgruppen und einige Sofas, doch es saßen nur wenige Leute dort. Außerdem gewahrte Rose einige Rollstühle, mindestens drei, soweit der grüne Wildwuchs im Innern das erkennen ließ. Über einen der Rollstühle beugte sich eine Schwester, bemüht, die Insassin sorgfältig in eine Decke zu wikkeln.

Eine Schwester? Nein, eine Schülerin. Sie trug das gleiche viereckig Käppchen, das jetzt auch auf Roses Kopf thronte. Rose erkannte ihre Zimmergefährtin, die sie gestern abend, bei der Heimkehr, nur flüchtig gesprochen, mit der sie aber heute morgen schon munter geschwatzt hatte, während die andere sich zum Dienst fertigmachte. Welch ein glücklicher Zufall, sie an diesem Platz zu treffen! Das würde Rose davor bewahren, sich bei ihrer Suche nach Schwester Trud aufzuführen wie die Kuh vor dem neuen Tor.

Rose schlüpfte durch die Haustür, die sie links vom Wintergarten entdeckte, und stand in einem kleinen Vorsaal, in dessen Hintergrund eine Treppe nach oben führte. Rechts ging es in einen langen und ziemlich breiten Flur mit vielen Türen, von denen einige, rechter Hand, weit offenstanden. Hinter ihnen dehnte sich der Wintergarten, auf den Rose nun entschlossen zusteuerte.

»Edith!«

Das Mädchen am Rollstuhl drehte sich um und hob die Hand gegen Rose.

»Wart' einen Moment.« Dann, im liebenswürdigsten Ton, zu der Insassin des Rollstuhls: »Entschuldigen Sie mich ein Augenblickchen, Frau Kommerzienrat. Ich möchte bloß meiner Freundin da zeigen, wo sie hin muß. Die ist nämlich ganz neu hier, gerade aus'm Ei gekrochen.«

»Gewiß doch, Schwester Edith«, sagte die Frau Kommerzienrat. »Ich finde es sehr nett von Ihnen, daß Sie sich so kümmern. Und ich bin ja auch soweit fertig. Geh'n Sie nur.«

Wohlgefällig sah die alte Dame dem Mädchen nach, wie es flinkfüßig den Wintergarten durchquerte. Lächelnd wandte sie sich an ihre Nachbarin, die ebenfalls in einem Rollstuhl saß.

»Ich muß immer lachen, wenn die kleine Edith so erwachsen und welterfahren tut. Sie ist ja selber erst ein paar Wochen dabei. Allerdings – das muß ihr der Neid lassen: Sie ist sehr anstellig, sehr geschickt. Und sehr gefällig. Und dabei immer fröhlich, egal, was kommt. Ein rechtes Labsal für Leute, denen es nicht immer so extra geht. Finden Sie nicht auch, Frau Oberamtmann?«

Die Frau Oberamtmann fand das auch. »Ein nettes Ding. Eigentlich viel zu zierlich gebaut für die schwere Arbeit – Patienten aus'm Bett heben und in die Wanne, oder was sonst so anliegt. Ich hätt's nicht gekonnt in dem Alter. Aber die Kleinen, Zierlichen, das sind oft die Kräftigsten. Jedenfalls die Ausdauerndsten. Manchmal denk' ich, der liebe Gott hat sie innen stählern gemacht, und man sieht es bloß nicht. Was denken Sie, Frau Kommerzienrat?«

Die Frau Kommerzienrat hatte darüber noch nicht nachgedacht, aber sie schloß sich der Meinung der Frau Oberamtmann an. Die beiden Damen war sich einig. Es war ein schöner Morgen.

Die kleine Edith hatte inzwischen Rose bei der Hand gepackt und zog sie hinter sich her.

»Komm, ich bring' dich zur Trud. Sie ist oben, guckt der Kathrin und der Doris beim Bettenmachen auf die Finger. Das sind die beiden anderen Schülerinnen, weißt du.«

»Ja. Aber Bettenmachen, jetzt noch? Es geht doch schon auf halb zehn.«

»Bei uns geht's nicht nach der Uhr, sondern nach den Patienten«, erklärte Edith, während sie die Stufen hinaufsprang. »Anders leidet's der Professor nicht. Wer sich selber bewegen und aufsteh'n kann, der kriegt sein Bett früh gemacht, so zwischen sieben und acht. Die anderen kriegen es nur ein bißchen geschüttelt und zurechtgezogen, und dann warten wir, bis sie zur Behandlung abgeholt werden oder zum Bad oder in den Sand. Dann aber mußt du Betten bauen wie bei Preußens. Kein Fältchen, kein einziges. Sonst kommt die Oberschwester über dich wie der Leibhaftige. Oder die Trud.«

Die Mädchen hatten zwei Stockwerke erklommen, und Rose war etwas außer Atem. Edith schien es nichts auszumachen.

»Zu Hause wohnen wir vier Treppen hoch. Ich bin trainiert. Du wohl nicht, was? Na, das lernt sich. Nach einem Vierteljahr flitzt du bloß so rauf und runter und merkst es gar nicht mehr. Da ist die Trud übrigens. Geh hin und mach deinen Kratzfuß.«

Sie waren vor der offenen Tür eines der Krankenzimmer angekommen. Drinnen stand eine Schwester, hochaufgerichtet, die Arme über der Brust gekreuzt, und schaute mit gerunzelten Brauen auf das Bett, an dem sich ein Mädchen mit dem eckigen Kastenhäubchen abmühte.

»Auweia!« raunte Edith und machte sich davon. Eine Sekunde später begriff Rose, was Edith gemeint hatte. Die Schwester drin im Zimmer fing an zu schelten.

»Schwester Doris! Wollen Sie die Güte haben und auf das Laken schauen! Auf das Laken, sage ich. Wo gucken Sie denn hin? Was ist das hier? Und hier? Und hier? Na?«

»Falten«, flüsterte Doris.

»Allerdings. Wie lange sind Sie jetzt bei uns? Vier Wochen? Fünf Wochen? Es verlangt ja niemand von Ihnen, daß Sie nach einem Monat eine perfekte Pflegekraft sind. Aber den Bettenbau zu begreifen, dazu sollte die Zeit doch ausgereicht haben. Können Sie sich vorstellen, wie das ist, wenn man sich nicht oder fast nicht bewegen kann und dann den ganzen Tag auf einer Falte liegen muß? Das grenzt an Folter, Schwester Doris! Ein Krankenlaken muß eben sein wie ein Plättbrett. Noch einmal von vorn: Laken ausbreiten. Oben um die Matratze schlagen. Glatt ziehen. Unten umschlagen. Jetzt auf die rechte Seite. Um die Matratze schlagen. Halt, halt! Der Kniff an den Ecken muß lotrecht sein, gerade wie ein Heftrücken. So, ja, besser. Nun die linke Seite. Zieh'n Sie das Laken zu sich, kräftig. So. Nun umschlagen. Und achten Sie auf den Eckenkniff. Na ja, warum nicht gleich so.«

Doris schwieg. Schwester Trud seufzte und wandte sich zur Tür. Dort stand immer noch Rose, die sich während der Bettenszene nicht weiter gewagt hatte. Jetzt trat sie vor, und unter dem Eindruck dessen, was sie soeben miterlebt hatte, machte sie einen tiefen Knicks.

»Guten Tag, Schwester Trud. Ich bin Rose Barbeknecht.«

»So«, sagte Schwester Trud, »die Neue. Ich habe schon gehört. Schwester Doris, was ist? Halten Sie nicht Maulaffen feil. Haben Sie nichts zu tun? Also. Und Sie, Schwester Rose, kommen Sie her. Hierher, mehr ins Licht. Lassen Sie sich ansehen.«

Schwester Rose – eine merkwürdige Anrede. Aber daran würde sich Rose sicherlich gewöhnen. Nur, wie diese Schwester Trud guckte, so eindringlich unter gerunzelten Brauen, das war unangenehm. Wie der Großvater auf dem Pferdemarkt, wenn er sichergehen wollte, daß man ihn nicht mit einem alten Zossen betrog. Rose dachte an Ediths »Auweia!« und hätte das am liebsten auch gesagt. Dünn wie ein Strich war diese Trud, richtig ausgetrocknet. Bruno hätte gesagt, man kann sie mit einem Peitschenhieb mittendurch hauen. Unter der eng anliegenden Haube konnte man ihre Haare nicht wahrnehmen, aber Brauen und Wimpern waren blond, man sah sie gar nicht recht, das Gesicht wirkte dadurch richtig nackt. Und ein Mund wie ein Strich, natürlich, das gehörte dazu. Diese Person hatte wohl wenig Freude im Leben gehabt. Sie würde auch wenig Freude geben, darauf wollte Rose wetten.

»Nun ja. Aber mit der Haube, das geht so nicht.«

Rose starrte verständnislos.

»Kommen Sie mal hierher, vor den Spiegel. Was ist das? Und das? Und das?«

Diese Schwester liebte es offenbar, ihre Fragen zweifach und dreifach zu stellen. Verärgert mußte Rose sich eingestehen, daß es ihr Eindruck machte. Die Schwester zupfte an Roses Haaren herum, an den Strähnen, die Rose beim Aufstecken des Kästchens draußen gelassen hatte. Es war ihr gefälliger vorgekommen. Sie hatte sich schließlich nur in ein Sanatorium verpflichtet, nicht in ein Kloster.

Mit flinken Griffen löste Schwester Trud das eckige Häubchen, zog einen Kamm aus ihrer Schürzentasche und begann, Roses Haare straff nach oben zu striegeln. Dann setzte sie die Eckenhaube genau drauf, viel weiter in die Stirn, als Rose das vorhin getan hatte, und befestigte sie wieder mit den Klemmen.

»So, jetzt sehen Sie ordentlich aus. So möchte ich Sie jeden Tag sehen.«

Rose lugte in den Spiegel. Um Gottes willen! Wie sah sie aus! Lächerlich bis zur Häßlichkeit. Fast so häßlich wie diese Trud. Es war wie damals am Morgen ihrer Konfirmation, als die Mutter ihre schönen Locken mit dem nassen Kamm zerstört und ihr den albernen Zopf frisiert hatte. Mit der Unabhängigkeit, von der sie geträumt hatte, war es wohl doch nicht so weit her. Noch heute morgen im Büro, als der Buchhalter ihr ihre Verdienstmöglichkeiten auseinandersetzte, hatte Rose den Geschmack der Freiheit auf der Zunge gehabt. Und jetzt ... Ach, sie war immer noch sehr weit unten auf der Treppe, die sie emporklimmen wollte. Sehr weit unten. Am liebsten hätte sie geweint.

»Merken Sie sich, Schwester Rose: Eine Schwester soll Vertrauen einflößen und nicht Lust zum Schäkern. Sie mögen ein hübsches junges Mädchen sein, aber das geht die Patienten gar nichts an, vor allem nicht die Herren. Für die Kranken müssen Sie wie eine Mutter sein, und eine Mutter ist für ihre Kinder geschlechtslos. Alles andere ist von Übel. Wenn Sie sich diesen Standpunkt nicht aneignen, dann sind Sie in unserem Beruf fehl am Platze. Haben Sie mich verstanden?«

»Ja, Schwester Trud.«

»Gut. Und nun werde ich Sie in ein Zimmer bringen, das noch nicht fertig gemacht ist. Da können Sie zusehen, wie bei uns die Betten gebaut werden, und es auch selber probieren. Bettenmachen ist nicht das einzig Wichtige, gehört aber zum Wichtigsten. Üben Sie das. Alles andere später. Und jeden Montag und Donnerstag um fünf Uhr nachmittags finden Sie sich zum Schülerinnen-Unterricht ein. Er dauert jeweils zwei Stunden und wird im rechten Gartenhaus eins abgehalten, im Behandlungsraum B. Das dürfen Sie niemals versäumen, denn dort lernen Sie all das, was Sie nachher am Krankenbett brauchen. Haben Sie alles richtig verstanden?«

»Ja, Schwester Trud.«

Am Abend dieses Tages saß Rose am Tisch in dem Zimmerchen, das sie mit Edith teilte, und schrieb ihren ersten Brief nach Hause.

Lieber Großvater!

Du wirst Dich freuen, wenn Du erfährst, wie ich hier lebe und arbeite. Man ist hier sehr freundlich mit mir, aber auch sehr streng. Wir sind hier vier Schülerinnen, und es gibt eine Schülerinnenmutter, die paßt auf uns auf und sagt uns, was wir tun müssen und was wir nicht tun dürfen. Sie heißt Schwester Trud. Zuerst dachte ich, sie würde mich nur ausschimpfen, aber nachher hat sie mich auch gelobt, weil ich mich beim Bettenmachen sehr geschickt angestellt habe. Manchmal kommt es mir leicht vor und manchmal furchtbar schwer, aber ich werde es bestimmt schaffen. Die anderen Schwestern kenne ich noch nicht so gut, außer Schwester Edith. Sie ist auch Schülerin, und ich wohne mit ihr zusammen. Sie ist sehr nett. Das Sanatorium ist furchtbar groß, zwei Häuser und vier Gartenhäuser, alles in einem riesigen Park. Aus meinem Zimmer gucke ich auch in den Park. Das Grundstück liegt an einem See, und alles ist so hübsch, das kann man gar nicht glauben. Ich habe alles frei und kriege 20 Mark Taschengeld monatlich im ersten Jahr, im zweiten 30 Mark. Man hat mir gesagt, daß ich nach dem Examen 95 bis 120 Mark verdienen kann, wenn ich hierbleibe. Vielleicht mehr, wenn ich woanders hingehe. Aber das weiß ich noch nicht. Ist ja auch noch lange hin. Den Herrn Professor habe ich auch schon getroffen. Er ist sehr vornehm, aber gar nicht eingebildet, sondern freundlich. Ich schicke Dir den Ausbildungsvertrag mit, den man mir gegeben hat. Ich darf ihn nicht unterschreiben, weil ich noch minderjährig bin. Du mußt ihn unterschreiben. Also tu das bitte und schick ihn dann wieder her. Von der Eisenbahnfahrt erzähle ich Dir ein andermal, es hat aber alles geklappt. Grüß Emma und Hermann.

Viele Grüße von Deiner Enkelin Rose.

Rose nahm den großen Umschlag, den ihr die findige Edith beschafft hatte, und steckte Brief und Vertragsformular hinein. Doch bevor sie den Umschlag zuklebte, hielt sie inne. Sie überlegte. Dann nahm sie den Brief noch einmal heraus, faltete ihn auseinander und griff nach ihrem Stift. Sie schrieb:

»P.S. Ich danke Dir auch vielmals, daß Du mir erlaubt hast, hierher zu fahren.«

Rose zögerte, seufzte tief und setzte hinzu:

»Sollte Dir jemand aus Hirschhagen über den Weg laufen, dann grüße den auch.«

Schwester Trud sprach niemals laut, aber sie brauchte nicht zu fürchten, daß eines ihrer Worte verlorenging. Ihre Stimme war dünn – dünn wie die ganze Person, dachte Rose –, dennoch klang daraus soviel Autorität, daß es ihren Schülerinnen in die Glieder fuhr. Niemand liebte Schwester Trud, aber jeder respektierte sie. Sie wußte immer, was sie wollte, und wenn man ihr nicht zu Willen war, dann konnte ihre Stimme einen recht unangenehmen Klang annehmen, immer in einer gemäßigten Tonlage, aber gerade deshalb äußerst eindringlich.

Dennoch kam Rose mit Schwester Trud recht gut aus. Sie hatte nicht lange gebraucht, um festzustellen, daß die Schülerinnenmutter keine Zweitausgabe der Mutter in Hirschhagen war. Schwester Trud zankte niemals aus schlechter Laune. Falls sie Stimmungen hatte wie andere Sterbliche auch, so zeigte sie das nicht, am allerwenigsten ihren Schülerinnen gegenüber. Wenn sie schalt, dann hatte ihr jemand dazu Grund gegeben, Rose mußte das anerkennen. Sie schalt nicht einmal aus übermäßiger Strenge oder aus Besserwisserei. Eine Arbeit mußte eben so verrichtet werden, wie Schwester Trud es vorgemacht oder angeordnet hatte, das war wichtig für die Kranken. Machte man es anders, oder schlampte man bei dem einen oder anderen Handgriff, dann konnte das ärgerliche, manchmal schlimme Folgen haben. Die Patienten und ihr Wohl kamen bei Schwester Trud immer zuerst. Aber, das fand Rose bald heraus, auch an die Schwestern war gedacht. Jede Verrichtung war so ausgetüftelt, daß die Kräfte der Pflegerinnen nicht überbeansprucht wurden, nur eben so weit, wie es unerläßlich war. Krankenpflege war offenkundig eine Wissenschaft für sich, und man tat sich selbst einen Gefallen, wenn man sich in Präzision übte.

Es kam Rose zugute, daß sie sich seit ihrem siebenten Lebensjahr niemals hatte schonen dürfen. Die mühselige Zeit der Eingewöhnung fiel ihr bedeutend leichter, als es bei ihren Mitschülerinnen der Fall gewesen war. Sie war körperlich viel kräftiger als die kleine Edith und auch als Kathrin, die andere Berlinerin. Allenfalls Doris konnte sich mit ihr messen. Doris stammte auch vom Lande, aus Wachow, einem Dorf im West-Havelland, wo ihr Vater als Knecht auf einem Gut diente. Aber Doris war weniger gescheit als Rose und faßte nicht so schnell auf.

Rose hatte ihrem Großvater nichts vorgemacht, als sie ihm schrieb, Schwester Trud habe sie wegen ihrer Geschicklichkeit beim Bettenmachen gelobt. Die Lektion, die Doris in jenem Krankenzimmer hatte hinnehmen müssen, reichte als Belehrung für Rose. Sie baute ihr erstes Bett exakt nach der Vorschrift, die sie mit angehört hatte, und erlebte die Genugtuung, daß Schwester Trud sie mit runden Augen anstaunte.

»Haben Sie schon mal im Pflegeberuf gearbeitet?«

»Nein, Schwester Trud.« Rose zögerte, entschloß sich dann aber zur Ehrlichkeit und setzte hinzu: »Ich hab' gehört, wie Sie es Schwester Doris erklärt haben. Da hab' ich mich nach gerichtet.«

Einen Augenblick lang war Rose versucht gewesen, sich Schwester Trud als Naturbegabung, als spontanes Genie darzustellen. Gleich darauf aber war ihr eingefallen, daß ihre Vorgesetzte an einer begabten Schülerin mehr Gefallen haben mochte als an einer Alleswisserin, der sie nichts mehr beibringen konnte. Außerdem barg das weithin unbekannte Terrain dieses Berufes noch genug Fallstricke, um eine Anfängerin stolpern zu lassen. Da war es besser, die Grenzen der Bescheidenheit zu wahren.

Roses Spekulation ging auf. In Schwester Trud keimte ein erster Ansatz zu der Überzeugung, man habe mit der Einstellung dieser Schülerin Rose einen besonders guten Griff getan. Schwester Trud lehrte gern, und sie liebte es, wenn ihre Lehren auf fruchtbaren Boden fielen. Es geschah nicht so oft, daß eines der jungen Mädchen, die ihr anvertraut waren, willig auf sie hörte und sich genau nach ihr richtete. Wenn es aber einmal geschah, dann wärmte das ihr Herz. Denn auch Schwester Trud war nicht ohne Herz, und sie war auch nicht ohne Eitelkeit, alles natürlich in Maßen.

Rose hätte keinen besseren Anfang finden können. Danach war die Fortsetzung gar nicht mehr so schwer. Rose suchte und fand zu Schwester Trud ein Verhältnis, wie sie es vor Zeiten zu Lehrer Krischke gehabt hatte: Sie hörte genau zu, tat pünktlich, was man ihr auftrug, und weil es sie tatsächlich zu interessieren begann, leistete sie bereitwillig mehr, als man von ihr erwartete. Schwester Trud lohnte es ihr durch kleine Hilfen. Sie war Rose gegenüber weniger die strenge als die fördernde Lehrerin. Ihre Kontrollfragen formulierte sie so, daß die gut vorbereitete Rose bei einiger Aufmerksamkeit leicht zu den richtigen Antworten fand. Schwester Trud führte ihre Schülerin sozusagen am langen Zügel, ließ sie frei traben, solange sie auf der Straße blieb, und korrigierte Richtungsfehler mit leichtem Zug an der Leine, niemals mit grober Hand. Das machte beiden, Lehrerin wie Schülerin, große Freude.

Doris und Kathrin sahen es mit Neid. Sie murrten und sprachen von »Anbiederei«. Anders Edith. Sie war, nächst Rose, die Gescheiteste unter den Mädchen, dazu die Gutmütigste von den vieren. Außerdem besaß sie Ehrgeiz. Der reichte zwar nicht weit, aber doch so weit, daß sie fest entschlossen war, sich in dem gewählten Beruf zu behaupten. Edith kam aus einer Arbeiterfamilie mit vielen Kindern, die mehr schlecht als recht in einer Hinterhauswohnung am Berliner Alexanderplatz hauste. Da wollte Edith raus, und sie hatte rasch begriffen, daß sie dies nur konnte, wenn sie den Anforderungen ihrer Babelsberger Lehrzeit genügen würde. Was lag näher, als sich der so offensichtlich erfolgreichen Rose anzuschließen? Dies um so mehr, als Rose für solche Freundschaft sehr aufgeschlossen war, ja sie geradezu mit Dankbarkeit erwiderte. Es war angenehmer und machte mehr Spaß, zu zweien zu lernen, und obendrein ließ Rose die Freundin bereitwillig von ihrem genaueren Wissen und ihrer schnelleren Auffassungsgabe profitieren. Sie sagte auch schon mal vor, wenn im Schülerinnen-Unterricht abgefragt wurde.

Edith verteidigte Rose:

»Seid nicht so dumm! Sie biedert sich nicht an. Sie ist bloß fleißig, und das seid ihr nicht. Wenn ihr nicht so stur wärt', würde sie euch genauso helfen wie mir. Ihr könnt sagen, was ihr wollt, aber sie haut nie jemanden in die Pfanne. Sie ist 'ne gute Kameradin, und das würdet ihr auch merken, wenn ihr nicht so verbiestert wärt' und so bockig.«

Viel Erfolg hatte Edith damit nicht. Aber es half immerhin so weit, daß es zwischen Rose und den beiden Schlußlichtern der Schülerinnenschaft nicht zu Feindseligkeiten kam.

Der Unterricht für die Schülerinnen wurde in der Regel von Schwester Trud abgehalten. Von Zeit zu Zeit ließ sich auch Oberschwester Martha im Schulungsraum sehen, aber sie hörte gewöhnlich nur zu und sagte selbst nicht viel. Ihr Verhältnis zu Rose, das so schlecht begonnen hatte, wandelte sich im Laufe weniger Monate deutlich ins Positive, wobei unklar blieb, ob dies auf Schwester Truds Fürsprache zurückging oder auf Eindrücke, die Oberschwester Martha selbst gesammelt hatte. Am Ende war das auch gleich. Es zählte nur, daß Oberschwester Martha schon im Frühjahr 1914 zu Rose sagte:

»Ich höre Gutes von Ihnen. Das freut mich. Wenn Sie so weitermachen, werden wir Sie eines Tages gern in unsere Schwesternschaft einreihen.«

Schwester Hertha, die das mit angehört hatte, verzog den Mund. Später, als sie Rose am Eingang zur Personalkantine traf, bemerkte sie:

»In unsere Schwesternschaft einreihen! Wenn ich so was schon höre! Na, nun gucken Sie mal nicht so gekränkt. Sie mein' ich doch gar nicht. Ich gönn's Ihnen, daß die Oberschwester Sie lobt. Aber warum tut sie das? Weil Sie's verdient haben. Wenn Sie sich was einbilden wollen, dann auf die eigene Leistung und nicht auf Marthas Lobsprüche. Wenn Sie nachher wirklich hierbleiben, dann kann die sich gratulieren. Sie sind gut, das weiß inzwischen jeder.«

»Sie mögen die Oberschwester wohl nicht?« fragte Rose neugierig.

»Die!« Schwester Hertha schnaubte. »Die olle Germania!«

»Germania?«

»Ja, Germania. Die Martha ist so 'ne Vaterländische. Haben Sie das noch nicht gemerkt? Na, Sie kommen ja nicht so oft mit ihr zusammen. Aber ich – grauenhaft! So sieht das Gesocks aus, das uns früher oder später in den Krieg treiben wird. Denken Sie daran, was ich Ihnen gesagt hab', wenn's dann soweit ist.«

»Sie meinen wirklich, daß wir ...«

»Aber sicher, Kindchen. Krieg kommt. Unsereiner ist dagegen. Aber solche Typen wie unsere Germania, die reden ihn herbei. Die singen ihn sogar herbei. ›Zum Rhein, zum deutschen Rhein!‹ Kennen Sie doch? Wissen Sie, bei uns zu Hause sind alle Sozialdemokraten. Als ich noch ganz klein war, hat mein Vater schon immer gesagt: ›Aus'm Krieg sind sie geboren, im Krieg werden sie sterben, und wir alle mit.‹ Wollen Sie nicht mal mitkommen, wenn wir unsere Versammlung machen?«

Das wollte Rose nicht. Jedenfalls nicht, bevor sie gründlich über alles nachgedacht hatte. Sie zog sich jetzt wohl besser zurück. Aber etwas hätte sie gern noch gewußt:

»Und was denken Sie über den Professor? Ist das auch ein Vaterländischer?«

»Wahrscheinlich. Aber das ist was anderes.«

»Wieso?«

»Der ist so geboren. Der war immer ein Herr und bleibt einer. Und eben deshalb macht er auch nicht so einen Krampf draus wie die Martha. Die kommt von ganz unten, und darum muß sie bei allem, was sie sagt und tut, noch extra einen draufsetzen. Wer ist sie denn schon? Was die kann, kann ich schon lange. Aber sie hat den Platz an der Krippe und läßt keinen ran. Sollten Sie hier mal Karriere machen, dann werden Sie das auch merken. Der Professor – na, der ist eben der Chef. Den können Sie mit der Oberschwester gar nicht vergleichen.«

Das war ja ziemlich konfus, was Schwester Hertha ihr da erzählte, und eigentlich nicht zu verstehen. Rose grübelte und kam zu dem Schluß, daß die Schwester wahrscheinlich selbst nicht verstand, was sie sagte. Der Schlüssel zu diesem Rätsel war vermutlich Herthas Eifersucht auf Oberschwester Martha. Man konnte mit Händen greifen, daß sie neidisch war auf Marthas Stellung und sie selber gern gehabt hätte. Wenn man das voraussetzte, dann kam man auch dahinter, warum Schwester Hertha die Oberschwester angriff, den Professor aber ausgespart wissen wollte. Der Professor war der Chef, und mit dem Chef konnte sie es nicht verderben, wenn sie auf Marthas Posten aus war.

Und die Sache mit dem Krieg – das konnte stimmen oder nicht. Wenn es aber stimmte, was bedeutete das dann für Rose und ihr künftiges Leben? Rose konnte es sich nicht vorstellen. In der Schule hatten sie den Sedantag gefeiert und den Reichsgründungstag, und die Feiern hatten Rose den Eindruck vermittelt, daß Krieg immer gleichbedeutend sei mit preußischen beziehungsweise deutschen Siegen. Die Armee des Reiches war unschlagbar, hatte Lehrer Krischke gesagt. Rose hatte das immer geglaubt. Jeder, den sie kannte, glaubte das. Und nun kam da Schwester Hertha, erzählte ganz was anderes und bot Vorträge an. Sollte sie dorthin gehen? Würde das irgend etwas nützen?

Rose entschied, daß es nichts nützen würde. Es konnte aber schaden, und zwar ihr selbst. Was würde Schwester Trud sagen? Was die Oberschwester? Oder – gar nicht zu denken! – der Herr Professor?

Na, dachte Rose, machen wir's doch ganz einfach. Was würde der Großvater sagen, der von den Kabalen und Eifersüchteleien im Sanatorium gar nichts wußte? Sie konnte sich das recht gut vorstellen. Sie hörte geradezu seine Stimme. Großvater würde tadeln: ›Da will das Ei mal wieder klüger sein als die Henne. Halt dich zurück, mein Kind, und schick' dich. Es gibt genug Erwachsene um dich herum, die dir sagen, was sich gehört. Das tu, und sonst sei gehorsam, brav und gottesfürchtig.‹ Na also. Das hatte bisher für sie gelten müssen. Wieso sollte es ausgerechnet in diesem Fall nicht gelten? Wer wollte es ihr übelnehmen, wenn sie sich an das hielt, was bislang ihr Sittengesetz gewesen war?

Jedes dritte, vierte Mal erschien einer der Sanatoriums-Ärzte im Schülerinnen-Unterricht. Ärztliche Belehrung gab es immer dann, wenn Schwester Truds Vortrag die Grenzen des bloß Pflegerischen überschritt. Es war nicht so schwer zu begreifen, was Rheumatismus war und was das bedeutete für die Gelenke und die Muskeln der Patienten. Schnell erfaßte man, wo es den Damen und Herren weh tat, wie man sie anfassen mußte, wenn man sie stützte oder bettete oder in den warmen Sand packte. Noch leichter war es, die Gehfähigen spazierenzuführen oder den Rollstuhlfahrern zu helfen, die Rampen von den Häusern eins und zwei in den Garten zu überwinden und auf den Asphaltbahnen entlangzurollen, die eigens für die Behinderten angelegt waren. Aber die Krankheit, die

die Sanatoriums-Insassen plagte, hatte noch andere Folgen als nur die Einschränkung ihrer Beweglichkeit. Der Rheumatismus schlug ihnen aufs Herz. Sie wurden schwach, die große Pumpe arbeitete nicht mehr richtig, und das nahm ihnen die Kraft, machte ihre Lippen blau und ihren Atem kurz. Das mußte man wissen, bevor man ihnen die Schröpfköpfe an die geschwollenen Gelenke setzte oder die Blutegel, bevor man ihnen Senfpflaster auflegte oder Spanisch-Fliegen-Pflaster, sie mit Jodkalium einrieb, mit Quecksilbersalbe oder mit Kampferspiritus. Wenn man nicht riskieren wollte, daß einem der Patient unter den Händen wegblieb, dann mußte man einschätzen können, ob sein Herz oder sein Kreislauf die Therapie überhaupt vertrugen.

Diese Zusammenhänge lernten die Schülerinnen von den Ärzten. Manchmal, ganz selten, kam auch der Herr Professor in den Unterricht. Er griff selten ein. Meist saß er nur und hörte zu, was seine Ärzte vortrugen und wie sein Schwesternnachwuchs das aufnahm. Um Rose kümmerte er sich nicht sonderlich, wenn es auch schon einmal vorkam, daß er sie im Vorbeigehen fragte:

»Na, kleine Westpreußin, gut eingelebt im märkischen Sand?«

Und dann lachte er über sich selbst und sagte:

»Was frag' ich. Ich höre ja, daß Sie so eine Art Diva sind unter den Schülerinnen. Gut, gut.«

Oder:

»Schau, schau, da ist ja unsere Rose Barbeknecht, das seltene Juwel, vor dem sogar die Trud kapituliert. Zeichen und Wunder.«

Und er nickte ihr zu. Das war alles. Es genügte, um Rose aufzuregen, so daß sie abends nicht in den Schlaf fand vor Stolz. Aber es genügte nicht für die Sensationslust der Sanatoriumsangestellten, die aus Roses außerplanmäßiger Einstellung wilde Schlüsse gezogen hatten.

Soweit man sehen konnte, hatte der Professor ein väterlich wohlwollendes Interesse für Rose, sonst nichts. Allmählich erloschen Neugier und Klatschsucht.

Jeden Morgen zwischen acht und neun ging der Professor durch die Krankenetagen der Häuser eins und zwei, schaute nach seinen Patienten, bestätigte oder änderte Therapien und heiterte seine Hausgäste mit munteren Reden auf. Mindestens zwei seiner drei Assistenzärzte gingen mit ihm und die meisten der Schwestern, an ihrer Spitze Oberschwester Martha. Auch die Schülerinnen durften an der großen Visite teilnehmen, aber natürlich ganz am Ende des weißen Schweifs, den der Professor hinter sich herzog. Bei einem dieser Anlässe, es war in den letzten Julitagen, kam Schwester Hertha neben Rose zu stehen. Plötzlich trat Schwester Hertha ganz dicht heran und flüsterte:

»Na, was hab' ich gesagt! Jetzt ist es soweit. In wenigen Tagen sind wir im Krieg.«

Bevor Rose etwas sagen oder fragen konnte, ging die Visite weiter, und Schwester Hertha wurde von ihr getrennt. Rose ärgerte sich. Was sollte dieses verschwörerische Flüstern? Das bedeutete doch nichts anderes als eine Aufforderung, Partei zu nehmen. Rose wollte nicht Partei nehmen. Dazu war sie nicht hergekommen. Schon gar nicht wollte sie gegen die Partei nehmen, die Schwester Hertha »Vaterländische« schimpfte. Das waren ihre Vorgesetzten, und auf deren Wohlwollen war Rose angewiesen, wenn sie weiterkommen wollte. Und weiterkommen wollte sie. Es war eine Gemeinheit, von ihr zu erwarten, daß sie alles aufs Spiel setzte, was sie sich so mühsam errungen hatte. Rose beschloß, Schwester Hertha künftig aus dem Weg zu gehen.

Mittags, als Rose in der Personalkantine ihre Suppe löffelte, kamen zwei der Assistenzärzte herein und setzten sich an den Nebentisch. Die Küchenhilfe schoß herbei, deckte Teller und Löffel auf und holte dann eine Terrine vom Küchentresen. Einer der Ärzte hob den Deckel.

»Äh, bah! Erbsensuppe. Das ist doch kein Essen für einen Mittwoch. Erbsensuppe kann ich nur donnerstags vertragen.«

Der andere lachte. »Wieso denn das?«

»Das ist so 'ne Gewohnheit aus der Kinderzeit. Donnerstags war bei uns zu Hause immer Waschtag. Und wenn die Waschfrau im Haus war, dann hatte meine Mutter niemals Zeit, und dann gab es Suppen, Erbsen oder Linsen.«

»Na«, spottete der andere Arzt, »dann bilden Sie sich eben ein, daß heute Waschtag ist, und freuen sich auf den Tag danach. Vielleicht gibt's zum Ausgleich am Donnerstag Braten. Oder Sie nehmen es als Vorübung für das, was kommt. In Zukunft werden Sie vielleicht mehr Erbsensuppe essen müssen als an allen Waschtagen ihrer Kinderzeit zusammen.«

»Sie meinen also auch, daß es Krieg gibt?«

»Klar. Was denken Sie. Wir werden doch unsere österreichischen Brüder nicht im Stich lassen.«

»Na, die paar Serben ...«

»Es bleibt nicht bei den Serben, glauben Sie mir. Die Russen werden eingreifen. Die werden mit den Serben geh'n, und wir geh'n mit den Österreichern. Germanen gegen Slawen.«

»Na denn ... Aber dann wird sich der Professor bald nach einem anderen Stab umsehen müssen.«

»Ach was, für die paar Monate. Weihnachten ist alles vorbei, keine Frage. Und so lange kann er die Onkelchen und Tantchen auch ohne uns in den Sand stecken. Die Martha behält er ja, und die ersetzt uns doch glatt.«

Die beiden Ärzte lachten schallend und begannen dann, ihre Erbsensuppe zu essen.

Rose hatte die Ohren gespitzt. Krieg. Die Herren Doktoren redeten auch vom Krieg. Erfunden hatte Schwester Hertha das also nicht. Aber was jetzt vom Nebentisch herüberklang, das hörte sich ganz anders an als Herthas düsteres Gerede. Die beiden Herren fürchteten den Krieg nicht, den sie doch, nach ihren Worten zu schließen, selber mitmachen mußten. Weihnachten ist alles vorbei. Es waren studierte Herren. Warum sollte man ihnen nicht glauben? Wer war schon Schwester Hertha? Auch nichts Besseres als Rose, bloß ein paar Jahre älter, aber deshalb doch nicht unbedingt klüger.

Rose fand, daß sie mal wieder in eine Zeitung gucken sollte. Sie las gerne Zeitungen. Aber dazu hatte sie jetzt noch weniger Gelegenheit als früher. Wenn sie nicht an den Patientenbetten, in den Behandlungsräumen oder als Stütze Gehbehinderter beim Spazierengehen gebraucht wurde, dann saß sie über den Lehrmaterialien, die Schwester Trud an ihre Schutzbefohlenen verteilte. Wie sollte sie auch an Zeitungen kommen? Um selber eine zu abonnieren, dazu reichte ihr Geld nicht. Auf den Veranden und Balkons und in den Vestibülen der Häuser eins und zwei lagen zwar immer genügend Blätter aus. Doch gehörte es sich nicht für eine Schwester, von einer Schülerin ganz zu schweigen, in den Bereichen der Patienten herumzulungern. Dort hielt man sich nur auf, wenn die Arbeit das erforderte und rechtfertigte. Schwester Trud würde ihr schön den Marsch blasen, wenn sie es anders hielte. Und Zeitungen wegzunehmen, um sie in Ruhe woanders zu lesen, das hatte Rose bisher nicht gewagt.

Heute aber entschloß sie sich, genau das zu tun. Um Viertel vor drei, kurz bevor ihr Nachmittagsdienst begann, ging sie mit festem Schritt und geschäftiger Miene in die große Halle von Haus eins. Von den Tischchen der Sitzgruppen schrien ihr die Schlagzeilen schon entgegen:

»Österreich erklärt Serbien den Krieg.«

»Rußland sagt Serben Hilfe zu.«

»Deutscher Siegfried – was nun?«

Rose griff nach der Zeitung, die ihr zunächst lag, und begann, den Text auf der Frontseite zu überfliegen.

»Genau einen Monat nach der Ermordung des österreichischen Thronfolgers ...«

»... hat der Vorschlag, eine Botschafterkonferenz zwischen Österreich und Rußland abzuhalten, nicht den erhofften Widerhall ...«

»Die Teilmobilmachung beider Kontrahenten könnte leicht ...«

»Wenn die Regierungen Englands und Frankreichs ...«

»... werden wir in Nibelungentreue zu unseren Brüdern an der Donau ...«

»... auf unsere schimmernde Wehr verlassen ...«

Rose staunte. Da hatte sich offenbar ein Drama entwickelt, während sie in ihrer Arbeit und in ihren Broschüren versunken war und von alldem nichts gemerkt hatte. Krieg also. Und Weihnachten würde alles wieder vorbei sein. Das hatten die studierten Herren gesagt. Und hätten sie es gesagt, wenn sie es nicht gut genug wüßten? Rose atmete tief und lächelte. Das Schicksal pochte an die Pforte, an die Pforte des Hauses, in dem auch sie ein Eckchen innehatte. Großes stand bevor, das fühlte sie. Hätte man sie gefragt, sie wäre außerstande gewesen, es zu erklären. Sie fühlte es eben. Zum ersten Mal in ihrem Leben kam sie sich viel klüger und reifer vor als alle die, die sie daheim zurückgelassen hatte: Mutter und Großvater, Bruno und Emma, die in ihren Kuhdörfern kaum etwas davon hörten, was sich in der großen, weiten Welt begab und was man in den Hauptstädten ganz selbstverständlich erfuhr. Wie hoch war sie doch schon emporgestiegen über das Dorf, aus dem sie davongelaufen war!

Sie mußte die Zeitung zusammenfalten und in ihre

Schürzentasche stecken. Der Dienst würde gleich beginnen. Es war keine Zeit mehr zu verlieren.

»Na, Schwester Rose, interessieren Sie sich auch für den kommenden Krieg?«

Rose fuhr herum. Das Herz blieb ihr fast stehen, und sie wurde über und über rot.

»Herr Professor ... Frau Geheimrat ... Ich wollte ... Ich habe nur ...«

»Aber Mädchen! Sie tun ja gerade so, als hätte ich Sie beim Naschen in der Speisekammer erwischt.« Der Professor lachte dröhnend. »Dabei naschen Sie nicht am Kuchen, sondern an den Kommentaren unserer klugen Zeitungsschreiber. Das sollte uns doch eher angenehm sein in diesem Zeitalter, in dem zunehmend die Analphabeten das Sagen haben. Nicht wahr, Mama?«

Rose verstand nicht. Was meinte der Professor? Und war er belustigt, wie es auf den ersten Blick schien, oder war das nur seine besondere Art zu tadeln? Hilfesuchend schaute sie auf die alte Dame in ihrem Rollstuhl, auf dessen Schiebegriff sich der Professor lehnte.

»Frau Geheimrat ... Herr Professor ... Ich wollte die Zeitung bestimmt nicht ... Ich dachte nur, wo doch alle vom Krieg reden ...«

»Dany«, sagte die Frau Geheimrat mit ihrer sanften Stimme, »erschrick mir doch das Kind nicht so. Schwester Rose, fassen Sie sich doch. Es ist ja alles in Ordnung. Sie haben was gehört, und Sie wollten sich genauer informieren. Das ist gut so. Das gefällt mir, und meinem Sohn gefällt es auch, nicht wahr, Dany? Es paßt zu Ihnen, jedenfalls zu dem, was ich von Ihnen höre. Immer gründlich. Niemals mit der Oberfläche zufriedengeben. Immer mehr wissen wollen als andere. Das ehrt Sie doch, Schwester Rose. Nicht wahr, Dany?«

»Na, und ob«, sagte der Professor heiter. »Die drei Gänschen, die da sonst noch bei uns lernen, die wären uns bestimmt nicht an die Zeitungen gegangen, um sich über den Krieg zu informieren, der uns bevorsteht. Nicht mal unsere Vollschwestern ... Na, lassen wir das. Schon gut, Mama. Nein, kleine Rose, von mir aus können Sie hier Zeitungen mopsen, soviel Sie wollen. Ich werd' sogar Schmiere stehen, wenn es Sie beruhigt.«

Der Professor lachte aus vollem Halse. Die Frau Geheimrat sagte:

»Genug, Dany. Nicht auf Kosten anderer. Wie oft soll ich dir's noch sagen.«

»Unbesorgt, Mama. Wenn sie so klug ist, wie du meinst, dann wird sie's nicht allzu ernst nehmen. Und Spaß muß sein in diesem trüben Etablissement, oder?«

Rose lächelte zaghaft. Sie verstand beileibe nicht alles, was der Professor so rasch daherredete. Aber soviel begriff sie, daß er guter Laune war und weit entfernt davon, böse auf sie zu sein. Im Gegenteil, er hieß gut, was sie tat. Warum wohl? Wahrscheinlich, sagte sich Rose, war es mit ihm so ähnlich wie seinerzeit mit Lehrer Krischke. Die klugen Herren liebten es, wenn ihre Schülerinnen sich mühten, in die geistigen Bereiche ihrer Lehrer vorzudringen.

Nun, das konnte er haben. Rose wußte, wie man Lehrern schmeichelt. Man mußte ihnen gescheite Fragen stellen, damit sie Gelegenheit bekamen, gescheit zu antworten.

»Ist denn der Krieg wirklich unvermeidlich, Herr Professor?« Rose benutzte hier eine Formulierung, die sie eben vorher in der Zeitung gefunden hatte. »Und wird er wirklich Weihnachten schon wieder vorbei sein?«

»Unvermeidlich – ja, kleine Rose, das sieht ganz so aus. Die Kiste ist so verfahren, daß man friedlich wahrscheinlich da nicht rauskommt. Gucken Sie nicht so ängstlich, so schlimm wird das nicht. Ob wir Weihnachten schon gesiegt haben, weiß ich nicht. Möchte es eher bezweifeln. Denn das wird ein großer Krieg. Sie werden alle mitmischen, alle europäischen Mächte. Aber wenn nicht Weihnachten, dann eben später. Siegen werden wir, daran dürfen Sie glauben. Die Armee muß erst noch geschaffen werden, die unsere Männer schlägt. Wir sind seit hundert Jahren unbesiegt, das haben Sie vielleicht in der Schule gehabt. Na, sehen Sie. Alle haben es in der Schule gehabt. Aber wer hat schon aufgepaßt? Sie natürlich. Na, ziehen Sie schon ab mit der Zeitung. Nehmen Sie sich noch ein paar mehr, wenn Sie möchten.«

Rose machte einen Knicks und wandte sich zum Gehen.

»Schwester Rose«, sagte die Frau Geheimrat sanft. »Möchten Sie mich nicht begleiten und eine Tasse Kaffee bei mir trinken?«

»Oh, Frau Geheimrat«, sagte Rose überwältigt, »furchtbar gern. Danke vielmals. Aber ich glaube, ich muß jetzt ... Ach du lieber Gott, es ist ja schon zehn nach drei! Herr, du meine Güte! Ich komme zu spät zum Dienst! Schwester Trud wird mir den Kopf abreißen! Ach, was fang' ich bloß an?«

»Dany«, sagte die Frau Geheimrat, »jetzt mach was. Du weißt, wovon ich rede. Und jetzt ist es soweit, denke ich.«

»Sicher«, sagte der Professor. »Also, Schwester Rose, wenn Sie sowieso zu spät kommen, dann lassen Sie's doch besser heute ganz. Ich werde Sie bei Schwester Trud rauspauken. Und dafür tun Sie, was ich Ihnen sage. Ich ordne Sie für heute ab, meiner Mutter Gesellschaft zu leisten und sich um sie zu kümmern. Tun Sie Ihr Bestes. Sie haben eine besonders prominente Patientin zu versorgen. Also, en avant!«

7 / Lieber Großvater!

Lange hast Du nichts von mir gehört. Das war aber nicht, weil ich zu faul zum Schreiben war. Ich habe einfach zu viel zu tun, und dann fallen mir abends die Augen zu. Aber jetzt muß ich Dir einfach mal berichten, was mir hier so passiert ist und was ich erreicht habe. Ich bin nun fast ein halbes Jahr im Sanatorium, und es kommt mir schon vor, als wäre ich seit Jahren hier. Unsere Schülerinnenmutter und auch die Oberschwester loben mich oft und sagen, daß ich meine Arbeit ausgezeichnet mache. Die Arbeit freut mich auch. Aber am meisten freut mich, daß ich jetzt Privatpflegerin bei der alten Frau Geheimrat bin. Das heißt, so richtig werde ich es erst sein, wenn ich fertig gelernt habe. Aber die Frau Geheimrat will, daß ich jetzt schon viel bei ihr bin und mich um sie kümmere. So mache ich einen Teil meines Dienstes nur bei ihr. Zuerst war das zwei-, dreimal in der Woche, immer am Nachmittag. Jetzt ist es jeden Tag ab drei Uhr. Um acht Uhr abends ist eigentlich Schluß, aber wenn die Frau Geheimrat möchte, dann bleibe ich auch ein bißchen länger. Ich erzähle ihr dann etwas oder lese vor. Die Frau Geheimrat sagt, daß sie es lange nicht so unterhaltsam gehabt hat wie jetzt mit mir. Sie sagt auch, daß ich ihr nicht weh tue beim Betten und wenn sie in ihren Rollstuhl gehoben wird. Ich darf ihr auch ihre Spritzen geben, die bekommt sie zur Kräftigung. Spritzen habe ich bei Schwester Trud gelernt. Beim ersten Mal habe ich große Angst gehabt. Schwester Trud hat gesagt, man darf nicht zaghaft sein dabei, dann tut es den Patienten weh. Man muß beherzt zustechen, aber mit ganz leichter Hand, so schnell, daß man es nicht sieht und nicht merkt. Danach habe ich mich gerichtet und hatte guten Erfolg. Ich darf vorläufig aber erst subcutan spritzen, das ist unter die Haut. Intramuskulär, das ist in die Muskulatur, und intravenös, das ist in die Adern, darf ich noch nicht, weil wir das noch nicht gehabt haben. Die Frau Geheimrat kriegt subcutane Spritzen. Am Nachmittag, wenn ich zu ihr komme, trinken wir immer Kaffee und essen Kuchen. Auch das Abendessen bekomme ich bei der Frau

Geheimrat. Es schmeckt viel besser als in der Kantine. Oft kommt auch der Professor und ißt mit uns. Zuerst war mir das peinlich, und ich wäre lieber mit der Frau Geheimrat allein gewesen. Aber jetzt bin ich schon dran gewöhnt. Er ist eigentlich auch sehr nett, und man kann schon mit ihm zurechtkommen, wenn man sich nichts draus macht, daß er gern spottet und die Leute ein bißchen aufzieht. Manchmal guckt er zu, wie ich seine Mutter zurechtmache. Ich denke, er liebt sie sehr, und deshalb ist ihm das wichtig. Es sieht so aus, daß er mit mir sehr zufrieden ist. Jedenfalls lobt er mich oft. Nächstes Frühjahr soll die Frau Geheimrat für vier Wochen nach Karlsbad, das ist in Böhmen, denn sie hat es auch an der Galle, und das wird hier in Babelsberg nicht behandelt, weil wir keine solchen Quellen haben. Der Professor will, daß ich sie begleite, um für sie zu sorgen, und die Frau Geheimrat will es auch. Ich bin schon ganz aufgeregt und freue mich.

Es wird Dich auch interessieren, daß ich jetzt mehr Geld kriege. Die Frau Geheimrat sagt, für das Taschengeld, das mir die Klinik zahlt, müßte ich nicht noch die Dienste für sie verrichten, und sie wird aus der eigenen Tasche drauflegen. Sie gibt mir im Monat fünfzig Mark, und so habe ich jetzt siebzig Mark bei freiem Wohnen und Essen. Wenn ich erst ausgelernt habe und bei ihr bleibe, soll ich hundert kriegen, darf bei ihr im Haus eins wohnen und habe auch das Essen frei. Du siehst, es geht mir großartig, und ich bin sehr glücklich. Ich hoffe, es geht Dir auch gut und auch Emma und Hermann. Wenn Du mal jemand aus Hirschhagen siehst, kannst Du denen ruhig erzählen, was ich Dir geschrieben habe. Jetzt muß ich aber Schluß machen, sonst komme ich nie ins Bett, und morgen wartet wieder viel Arbeit auf mich.

Es grüßt Dich
Deine Enkelin Rose.

Rose las noch ein paarmal durch, was sie dem Großvater geschrieben hatte. Sie stellte sich vor, daß er ihren Brief in Hirschhagen herumzeigen würde. Zu gerne wäre sie dabeigewesen, wenn die Mutter und Bruno – vor allem aber die Mutter! – Kenntnis davon nahmen, wie weit sie es gebracht hatte, seit sie ihnen entwischt war. Wie würden sie wohl reagieren? Ob die Mutter froh wäre über ihren Erfolg? Schwer zu sagen. Bruno, natürlich, der würde abfällige Reden führen, der Neidhammel, weil er sich immer ärgerte, wenn jemand es besser getroffen hatte als er. Auch das hätte Rose gerne mit angehört. Jetzt, da er ihr nichts mehr tun konnte, wäre das ein Extraspaß gewesen.

Nun, um Neidhammel zu erleben, war sie auf Bruno nicht angewiesen. Dafür hatte sie hier Kathrin und Doris. Die sahen sie mit scheelen Augen an, seit sie bei der alten Frau Geheimrat ein und aus ging. Auch unter den Vollschwestern hatte ihr das nicht eben Freunde gemacht. Zwar wagte keine, ihr das geradeheraus zu sagen. Aber es war nicht zu übersehen, daß die meisten die Bevorzugung einer Anfängerin mißbilligten. Diese Rose! Noch die Eierschalen am Popo, und dann kriegte sie einen Posten, von dem die erfahrenen Pflegerinnen nicht einmal träumen durften! Wie hatte sie das bloß angestellt? Die alte Nachrede lebte wieder auf, die ihren Einzug in das Sanatorium begleitet hatte. Aber sie fand keine rechte Nahrung, denn das war für jedermann zu sehen, daß Rose ihre Nachmittage und Abende ausschließlich in der Gesellschaft der Frau Geheimrat verbrachte. Sie sah auch den Herrn Professor, aber niemals allein. Es reichte nicht, um ihr etwas anzuhängen. Und was sie vormittags tat, geschah sowieso unter aller Augen.

Oberschwester Martha hielt zu Rose eine vorsichtige Distanz. Es war ihre Sache gewesen, für die Frau Geheimrat zu sorgen, bevor der Professor diese andere Regelung getroffen hatte. An Schwester Marthas Würde und Dienststellung änderte das nichts. Dennoch fand sie sich nicht eben leicht damit ab, aus dem Haushalt von Mutter und Sohn verdrängt worden zu sein. Andererseits begriff sie, daß sie sich keinen Gefallen tun würde, wenn sie lauthals protestierte. Sie hörte schon die spöttischen Kommentare des Professors, falls sie es täte.

»Ich wußte gar nicht, daß Ihre Seligkeit davon abhängt, eine bestimmte Kranke zu betten und ihr Spritzen zu geben. Das lassen Sie doch sonst das Fußvolk machen. Entweder ist man Feldherr, oder man ist Landsknecht. Ich dachte immer, Sie setzen mehr aufs Feldherrliche.«

So oder ähnlich würde er sprechen. Nein, sie hielt besser den Mund. Wer weiß, was aus Rose noch werden und in welcher Stellung sie sich einst ihr gegenüber befinden würde. Ein guter Instinkt hatte sie geleitet, als sie damals gegen Roses Einstellung opponierte. Aber der Professor hatte einen Narren an der gefressen, schon an jenem ersten Tag. Damit mußte man nun leben. Das Mädchen tat nichts, was man ihr vorwerfen konnte. Sie war, man mußte es zugeben, sogar die Beste unter den Schülerinnen. Das machte sie nicht sympathischer, nach allem, was inzwischen geschehen war. Aber es machte sie schwer angreifbar. Oberschwester Martha begegnete der jungen Konkurrentin künftig mit kühler Höflichkeit.

Anders Schwester Hertha. Nachdem ihre Annahme, der Professor könnte sein Auge auf der Elevin aus dem Osten ruhen lassen, sich so überwältigend bestätigt hatte, ließ sie nichts unversucht, um freundschaftliche Beziehungen zu Rose herzustellen. Zu ihrer Enttäuschung ging Rose nicht so recht darauf ein. Wenn Schwester Hertha vorschlug, zusammen einen Kaffee zu trinken oder am freien Tag mal einen gemeinsamen Ausflug zu machen, zog Rose sich zurück wie eine Schnecke in ihr Haus. Immer hatte sie etwas Wichtigeres zu tun, hatte der Frau Geheimrat etwas versprochen oder mußte lernen. Schwester Hertha verstand das nicht.

»Haben Sie was gegen mich, Schwester Rose?«

»Wo denken Sie hin! Aber ich kann nicht einfach so, wie Sie sich das vorstellen. Sie sind fertig, aber ich doch noch nicht. Da muß ich noch viel tun, und das kostet eben Zeit.«

Die Wahrheit war, daß Rose sehr wohl etwas gegen Schwester Hertha hatte. Es ging um die Schmähreden, die Schwester Hertha gegen den Krieg führte und gegen seine Befürworter. Normalerweise wäre ihr das nicht besonders wichtig gewesen. Aber seitdem Rose wußte, daß der Herr Professor und die Frau Geheimrat und Oberschwester Martha – na ja, auch Oberschwester Martha – und Schwester Trud ganz anders darüber dachten, war es ihr doch wichtig geworden. Kein Mensch konnte auf zwei Hochzeiten tanzen, und zwischen zwei Fronten ließ sich nicht gut leben. Entweder Schwester Hertha, die ihr Herz für Rose am Ende auch erst entdeckt hatte, nachdem sie so phänomenal aufgestiegen war. Oder die Herrschaften, die ihr die Tür zum Paradies aufgestoßen hatten. Und da gab's eigentlich gar nichts zu überlegen. Da wußte man eben, wohin man gehörte.

Der einzige Mensch, zu dem Rose ein herzliches und völlig unkompliziertes Verhältnis unterhielt, war die kleine Edith. Das zierliche Mädchen mit den fröhlichen braunen Augen war Rose sehr ans Herz gewachsen und erwiderte diese Zuneigung ebenso herzlich und ganz unbefangen. Edith empfand nicht den geringsten Neid. Sie bewunderte die Freundin aufrichtig und rückhaltlos und gab ein großartiges Publikum ab, wenn Rose, beeindruckt von den eigenen Erfolgen, abends Bericht erstattete.

»Du bist fabelhaft«, versicherte Edith bereitwillig, »ich habe es gleich gewußt, daß aus dir was wird. Aber ich finde es nicht richtig, daß du so oft deinen freien Tag hergibst. Du arbeitest zuviel, Rose. Das hältst du auf die

Dauer nicht durch. Du mußt dich erholen wie jeder andere auch.«

Die Frau Geheimrat dachte genauso. So sehr sie es schätzte, wenn ihre junge Pflegerin sich eifrig um sie bemühte und wohl auch gern, wie es schien, an einer überarbeiteten und übermüdeten Schwester Rose war sie nicht interessiert. Sie mahnte, und schließlich schalt sie.

»Wann haben Sie das letzte Mal freigehabt, Rose? Richtig frei, meine ich. Nicht bloß so, daß Sie den halben Tag mit mir verbringen und die andere Hälfte über Ihren Büchern und Heften.«

»O Frau Geheimrat …«

»Nein, nein, keine Ausreden. Und keine Widerworte. Nehmen Sie sich morgen frei. Oder übermorgen. Und dann fahren Sie mal weg. Es gibt so viele schöne Ausflugsorte hier.«

»Ach, Frau Geheimrat, Natur haben wir hier draußen ja genug. Der schöne Park, und der See.«

»Von denen Sie nie was haben, denn Sie nehmen sich ja nicht die Zeit.«

»Manchmal doch. Und sehen kann ich sie alle Tage. Nein, wenn ich schon wegfahre, dann möchte ich lieber in die Stadt. Da bin ich so lange nicht gewesen. Ich müßte mir mal Strümpfe kaufen. Und ein Halsband für Mimi. Und vielleicht noch ein bißchen konditorn.«

»Dann tun Sie das. Am besten gleich morgen. Die Martha wird schon nach mir seh'n, wenn Sie nicht da sind.«

So ging Rose am nächsten Morgen den Weg zum Bahnhof Neubabelsberg. Sie hatte den dunklen Rock und die weiße Bluse angezogen, in denen sie einst hier angekommen war. Heute würde sie sich vielleicht etwas Neues, Besseres kaufen. Sie hatte immerhin in den letzten zwei Monaten gut verdient und verfügte jetzt über Rücklagen. Hundert Mark hatte ihr seinerzeit der Großvater gegeben, davon besaß sie noch mindestens fünfundachtzig. Und seit etwa sechs Wochen gab ihr die Frau Geheimrat ihr Extrasalär, das hatte sie noch nicht angerührt, und so waren inzwischen fünfundsiebzig Mark zusammengekommen. Rose besaß also hundertsechzig Mark, die sie ausgeben konnte, wenn sie wollte. Noch nie war sie so reich gewesen.

Es war ein schöner Oktobertag, der sechste des Monats, ein Dienstag. Schon jetzt, früh um neun, schien die Sonne so warm, als wäre nicht Herbst, sondern hoher Sommer. Rose hatte deshalb auch ihre Jacke im Spind gelassen und sogar die Ärmel ihrer Bluse bis zu den Ellbogen aufgerollt. In der Hand schwenkte sie einen Einkaufskorb mit Deckel, den sie sich von Edith ausgeliehen hatte. Sie braucht ihn weniger für die Waren, die sie allenfalls erstehen würde, als für ihr Kätzchen Mimi, von dem sie sich nur ungern trennte. Die Katze, ein pechschwarzes Tier mit einer weißen Blesse über der Nase, war ihr vor wenigen Wochen zugelaufen. Sie hatte, kläglich miauend, auf dem Parkweg gesessen, als Rose gerade auf Haus eins zuschritt, zu ihren Pflichten bei der Frau Geheimrat. Rose hatte das Tier aufgehoben und mitgenommen. Die Frau Geheimrat hatte gesagt:

»So ein niedliches Kerlchen. Und offenbar ganz verhungert. Geben Sie ihr ein Tröpfchen Milch, Schwester Rose. Und ein Stückchen von dem Bückling, den wir für heute abend haben.«

Von da an war die Katze ständig hinter Rose hergelaufen. Sie ließ keinen anderen an sich heran, allenfalls die Frau Geheimrat, bei der sie stationiert wurde, wenn Rose ihren allgemeinen Dienst tun mußte. Das war also Mimi. Mimi hatte sich inzwischen ordentlich herausgemacht. Da sie gut ernährt wurde, war sie jetzt rund und glatt und hatte ein glänzendes Fell. Rose schleppte sie überall mit, ausgenommen in die Krankenzimmer, wo Tiere nicht zugelassen waren. Aber sie hatte Mimi oft dabei, wenn sie mittags in der Kantine aß, und nicht einmal Oberschwester Martha war dagegen angekommen. Das Personal schmolz dahin, wenn Mimi aus ihren großen, grünen Augen schaute, sich dehnte und reckte und einen Buckel machte. Sogar die Ärzte schäkerten mit dem Tier. Der Koch hatte immer ein Tellerchen für Mimi bereit, und die Katze nahm das würdevoll hin, ohne zu schmusen oder sich anzubiedern. Übrigens benahm sie sich in der Kantine äußerst dezent. Gewöhnlich schmiegte sie sich um Roses Nacken, den Kopf auf eine ihrer Schultern gelegt, verhielt sich ruhig und belästigte niemanden.

Auch heute hatte es Mimi nicht im Korb gehalten. Sie war herausgestiegen und hatte sich auf Roses Nacken und Schultern drapiert, wo sie sich ausnahm wie ein Pelzkragen. Der Schalterbeamte am Bahnhof schaute verblüfft, lächelte dann. Rose fingerte ihr Geld aus der Rocktasche und fragte:

»Kostet die Katze auch was?«

»Nee, Frollein. Die Katze nicht. Wenn's ein Hund wär', dann müßten Sie halben Fahrpreis bezahlen. Katzen sind frei. Genaugenommen müßten Sie dann ja auch frei fahren können, was?«

Der Mann lachte und guckte Rose erwartungsvoll an. Rose vereiste und wandte sich brüsk um. Mit der Haltung einer Königin stieg sie die Treppen zum Bahnsteig empor.

Rose hatte schon zwei-, dreimal ihren freien Tag dazu verwandt, nach Berlin zu fahren und sich die Stadt genauer anzusehen, die ihr bei ihrer Ankunft einen so großen Eindruck gemacht hatte. Sie war auch schon über den Bereich der Leipziger Straße, an deren Geschäften sie sich nicht satt sehen konnte, hinausgedrungen, hatte den Pracht-Boulevard Unter den Linden in Augenschein genommen und das Brandenburger Tor und war von dort über die Linden zurückgeschlendert bis zum Schloß, in dem der Kaiser wohnte. Ach, wie großartig war das alles! Und wieviel gab es außerdem noch zu sehen in diesem riesigen Berlin, wovon sie bislang nur gehört hatte und wohin sie noch gar nicht gekommen war. So viel freie Zeit hatte ja kein Mensch, um dort überall herumzustromern.

Heute würde sie überhaupt nicht auf Besichtigungstour gehen, sondern sich umschauen, ob sie nicht zu Preisen, die sie sich zu leisten vermochte, einen neuen Rock und ein, zwei Blusen erwerben konnte. Mit dem, was sie am Leibe trug, konnte sie nicht ewig auskommen, auch wenn es sehr hilfreich war, daß sie in Babelsberg fast ausschließlich ihre Schwesterntracht trug. Das Konfirmationskleid wollte sie sich aufsparen für Gelegenheiten, bei denen sie sich ein bißchen festlich herrichten mußte. Auch das würde es ja irgendwann in ihrem Leben geben. Einen Mantel hätte sie dringend gebraucht, der Winter stand vor der Tür. Und neue Schuhe, ein wenig eleganter als die klotzigen Botten, die sie von daheim mitgebracht hatte. Aber da wollte sie doch lieber noch eine Weile warten und das Geld zusammensparen, das ihr die Frau Geheimrat gab.

Edith, als erfahrenere Berlinerin, hatte ihr geraten: »Geh in die Kaufhäuser, da kriegst du's billiger als anderswo.« Rose beschloß, erst einmal einen Schaufensterbummel zu machen und dann zu Wertheim zu gehen, in das schloßgleiche Warenhaus, das ihr an ihrem Ankunftstag aufgefallen war. Und dann würde sie dieses preiswerte Lokal aufsuchen, wo man eine anständige Portion Erbsensuppe mit Speck für nur dreißig Pfennig bekam, dazu so viele Brötchen, wie man nur wollte. Sie würde auch noch einen weiteren Zehner opfern und sich ein Bier leisten.

Vergnügt spazierte sie die Leipziger Straße hinunter bis zum Dönhoffplatz, wechselte dort die Straßenseite und schlenderte zurück, bis sie die riesigen Eingänge von Wertheim erreichte. Rose ging nicht zum ersten Mal in dieses Kaufhaus, aber zum ersten Mal gab sie hier Geld aus wie jeder andere auch. Wieder, wie bei ihren vorigen Besuchen, schaute sie überwältigt auf das bunte und ungeheuer vielfältige Warenangebot, bestaunte die großzügige Anlage des Hauses, wovon ihr die beiden riesigen Lichthöfe den größten Eindruck machten. Ihren Korb in der Hand, in dem sie die sorgfältig eingewickelten und verschnürten Neuerwerbungen verstaut hatte, ließ sie sich vom Menschenstrom durch die Stockwerke treiben. Wie heiter das alles war. Vom Krieg, der westlich und östlich der deutschen Grenzen tobte – so jedenfalls las man's in den Zeitungen –, merkte man hier nichts. Nicht einmal mehr Uniformen als sonst zeigten sich in der Menge. Freilich wollte das nicht allzuviel sagen. Auch vor Kriegsausbruch waren Berlins Straßen und öffentliche Anlagen gesteckt voll gewesen mit Uniformträgern. Das war Rose schon längst aufgefallen.

Und hier gab es sogar Bücher, ganze Tische und Regale voll. Rose, die immer lesehungrige, blieb stehen, und als sie sah, daß andere Leute unbekümmert zugriffen, prüften, zurücklegten und neu wählten, tat sie das auch. Schließlich fiel ihr ein Stand mit kleinformatigen Bänden in rotem Einband auf. Ein Schild verkündete: »Ullstein-Bücher. Jeder Band 1,00 Mk.« Eine Mark für ein ganzes Buch – nun, man könnte vielleicht ... Und nach einigem Nachdenken erstand Rose ihr erstes eigenes Buch. Sie entschied sich für einen Roman mit dem Titel *Alraune*. Der Autor hieß Hanns Heinz Ewers. Rose hatte ihre Mitschwestern in Babelsberg in schwärmerischem Tonfall von ihm reden hören.

»Sie brauchen es mir nicht einzupacken«, sagte Rose, als sie ihre Mark auf den Kassentresen legte, »ich lese es unterwegs in der Bahn.« Aber Kassiererin und Packerin interessierten sich ohnehin nicht für Roses Buch. Beider Aufmerksamkeit war auf Mimi gerichtet, die, in gewohnter Manier, um Roses Hals geschmiegt ruhte. »Wie niedlich!« rief die Kassiererin. »Gehen Sie nicht weg, warten Sie einen Moment!« rief die Packerin und verließ ihre Papierrollen und Bindfäden. Sie kehrte gleich darauf zurück, in der Hand mehrere Stücke glänzendes Bandes, jedes in einer anderen Farbe. »Reste aus der Kurzwarenabteilung«, sagte sie lächelnd. »Nun wollen wir Ihre niedliche Muschi mal so richtig schön machen.«

»Sie heißt Mimi«, sagte Rose geschmeichelt und setzte die Katze auf den Packtisch. Von den Ständen ringsum kam eine Verkäuferin nach der anderen herbei. Alle zeigten sich hingerissen: »Nein, wie süß! Ist das ein wonniges Tierchen! Entzückend!« Sie waren offenbar alle froh über die Unterbrechung, die ihr Verkaufsalltag erfahren hatte. Die Packerin probierte sämtliche Bänder nacheinander aus. Schließlich entschied sie sich für ein leuchtend grünes und knüpfte es zu einer dekorativen Schleife, die seitlich an Mimis Hals saß. »So«, sagte sie, »das sieht am besten aus zu dem schönen schwarzen Fell. Und es paßt auch gut zu Ihren Augen, wenn Sie das Tier auf der Schulter haben. Nun guckt doch bloß! Ist das nicht ein Bild zum Malen?«

Ungefähr um halb vier traf Rose auf dem Potsdamer Bahnhof ein und suchte den Bahnsteig auf, von dem ihr Zug abfahren würde. Sie hatte noch über eine halbe Stunde Zeit, gerade recht, um mit dem neuerworbenen Buch Bekanntschaft zu machen. Sie setzte sich also auf eine Bank, stellte ihren Korb neben sich, schlug ihr Buch auf und begann, sich in den Text zu vertiefen. Mimi saß, wie üblich, auf ihrer Schulter, den Kopf hinter Roses Ohr geschmiegt, um den Hals das grüne Band mit der großen Schleife.

Die beiden gaben ein sehr hübsches Bild ab, das Mädchen in seiner Jugendfrische und das zierliche Kätzchen. Mimis schwarzglänzendes Fell stimmte gut zu Roses üppigem schwarzem Haar, das so schwer in die von Schwester Trud verfügte Haubenordnung zu striegeln war. Und wenn Rose von ihrem Buch aufschaute, dann sah man, daß die Packerin von Wertheim recht gehabt hatte: Mimis Schleife und Roses Augen harmonierten wahrhaftig miteinander.

War Rose sich ihrer Wirkung bewußt? Das ist schwer zu sagen. Auf jeden Fall aber wurde sie sich, je mehr die Wartezeit verstrich, der Gegenwart eines Mannes bewußt, der zwei bis drei Meter von ihr entfernt stand und sie unverwandt anblickte. Rose wurde unruhig und konnte sich nicht mehr so recht auf ihre Lektüre konzentrieren. Sie gab sich aber redliche Mühe, das nicht merken zu lassen. Fest heftete sie ihre Augen auf den Ullstein-Roman, auch wenn sie in Wirklichkeit gar nicht mehr richtig las, und nur ab und zu riskierte sie einen Blick zur Seite, um zu sehen, ob dieser Kerl immer noch zu ihr hinstarrte.

Er starrte. Wenn ihre Augen den seinen begegneten, lächelte er ihr zu. Unerhört! Rose machte ein versperrtes Gesicht und beugte sich wieder über ihr Buch, obwohl sie nun überhaupt nichts mehr von dem begriff, was dort geschrieben stand. Was sollte denn das? Was dachte sich dieser Mensch?

Wäre Rose ganz ehrlich zu sich selbst gewesen – aber das war eine Haltung, die sie nie gelernt und nie geübt hatte –, dann hätte sie sich wahrscheinlich eingestanden, daß ihr die Aufmerksamkeit dieses fremden Mannes durchaus schmeichelte. Aber die Lehren ihrer Herkunft, die Reden des Großvaters und die Sprüche der Mutter, saßen zu fest in ihr. Also arbeitete sie sich in eine ablehnende Empörung hinein.

Was glaubte der, wer sie war? So eine, wie er dachte, jedenfalls nicht. Und was für ein alter Knacker obendrein! Der war doch mindestens an die dreißig Jahre alt. Sollte sich mal an Frauen aus seiner Altersklasse halten. Wenn er meinte, daß ein junges, unerfahrenes Mädchen leicht zu haben war, dann hatte er sich aber geirrt. Jetzt kam er näher ... Eigentlich müßte man jetzt aufstehen, weggehen und sich auf eine andere Bank setzen. Aber wie komm' ich dazu? Schließlich war ich zuerst hier! Soll er doch weggehen!

Er ging nicht weg. Er blieb direkt vor Rose stehen und sagte:

»Was für ein entzückendes Geschöpf. Nein, werden Sie nicht böse – ich meine doch nicht Sie. Ich würde mir nie erlauben, Ihnen mit so plumpen Komplimenten zu kommen. Natürlich meine ich Ihr Kätzchen. Obwohl – das Kätzchen wirkt nur deshalb so hübsch, weil es eine so entzückende Herrin hat. Wenn Sie es nicht auf der Schulter hätten, wäre es mir vielleicht nie aufgefallen.«

Rose ließ ihr Buch sinken.

»Also, wenn Sie denken ...«

»Aber nicht doch! Wenn man ein Bild bewundert, verehrtes Fräulein, dann ist man doch nicht gleich ein Bilderschänder. Man ist eher ein Anbeter. Ein Anbeter der Schönheit. Sie sitzen hier in der Öffentlichkeit, ein reizendes Mädchen, und haben dieses reizende Geschöpf auf Ihrer Schulter. Und dann erwarten Sie, daß alle Leute gleichgültig an diesem Bild vorbeigehen? Das kann doch nicht Ihr Ernst sein!«

Rose fühlte sich verwirrt, aber gleichzeitig auch erhoben. Noch nie hatte jemand so zu ihr gesprochen. Reizendes Mädchen – entzückende Herrin ... Na ja, offen gestanden hatte sie sich immer gern so sehen wollen. Andererseits ... Gewiß war es so etwas, was der Großvater damals befürchtet hatte, als er sie nicht nach Berlin lassen wollte. Und wenn es ihr auch gefiel – ja, natürlich gefiel es ihr –, so konnte sie doch nicht so ganz, und vor allem so plötzlich, die Lehren ihrer Kindheit von sich tun. Sie hatte den Großvater und auch die Mutter hinter sich gelassen, ja. Aber bedeutete das denn auch, daß die in allem unrecht hatten? Sicherlich nicht.

Der Mann hatte sich inzwischen neben Rose gesetzt. Unverschämtheit! Aber genaugenommen war das ja eine öffentliche Bank. Verbieten konnte man es ihm nicht. Rose versuchte, in ihrem Buch zu lesen. Der Mann sagte:

»Ich heiße Markwart. Viktor Markwart. Damit Sie auch wissen, wer Ihnen den Ärger macht, den Sie auf Ihr reizendes Gesichtchen zu zaubern versuchen. Und wie heißen Sie, schöne Ärgerliche?«

Rose drehte den Kopf weg. Der Mann sagte:

»Ach nein, schöne Katzenherrin. So grausam dürfen Sie doch nicht sein. Sie verlieren doch nichts, wenn ich weiß, wie Sie heißen. Aber fangen wir es anders an. Wie rufen Sie Ihr Kätzchen?«

»Mimi«, bekannte Rose und verkniff sich ein Lächeln.

»Also Mimi«, schmeichelte der Mann, »hübsches Kätzchen, ich bin geehrt, deine Bekanntschaft zu machen. Und nun sei ein gutes Tierchen und verrate mir, wie deine Herrin heißt. Na? Was willst du dafür haben? Eine Maus? Oder einen Bückling?«

Mimi reckte und streckte sich und sagte laut: »Mauuu.« Rose spürte, daß sie lachen mußte, und es gelang ihr nicht, das zu unterdrücken. Der Mann strahlte.

»Na also. Wenn Sie wüßten, wie gut es Ihnen steht, wenn Sie lachen. Jetzt gehen Sie noch einen Schritt weiter und sagen mir, wie Sie heißen.«

»Rose Barbeknecht«, sagte Rose und wunderte sich, daß sie sich so schnell hatte überrumpeln lassen.

»Rose! Also, das paßt zu Ihnen. Rose, die schönste aller Blumen. Nein, gucken Sie nicht wieder so böse, Fräulein Rose. Sie gefallen mir so gut, und da bin ich froh, daß Sie einen Namen haben, der wie kein anderer zu Ihnen paßt. Er kleidet Sie, wenn Sie wüßten, wie sehr!«

Rose blickte den Schmeichler jetzt offen an. Er sah nicht schlecht aus, das mußte wahr sein. Er war schlank, aber nicht zu dünn, trug gute Kleidung, und man hörte seiner Redeweise an, daß er nicht aus minderen Kreisen stammte. Er hatte ein gutgeformtes, ovales Gesicht mit einer starken, leicht gebogenen Nase und einem schmalen Mund darunter, der aber nicht verkniffen wirkte, sondern eher bescheiden. Er schaute aus blauen Augen – ja, die strahlten in einer so leuchtenden Bläue, wie Rose es noch niemals gesehen hatte. Sie saßen in Höhlen, die tief ins Gesicht hineingeschnitten waren, so daß die Brauen darüber stärker wirkten, als sie tatsächlich waren. Da der Mann seinen Hut abgenommen hatte und auf dem Schoß hielt, konnte man seine Haare sehen. Sie waren blond, von dunklem Blond, und lockig, jedenfalls stark wellig. Der Mann war nicht eigentlich schön, aber seine Züge, so widersprüchlich sie schienen, paßten am Ende doch sehr gut zusammen. Er war, auf eine nicht näher zu beschreibende Weise, attraktiv. Und so furchtbar alt, wie Rose zuerst gedacht hatte, war er wohl auch nicht.

»Nun, Fräulein Rose, jetzt sagen Sie mir noch: Fahren Sie auch mit der Wannseebahn? Und bis wohin müssen Sie? Das wollen Sie mir nicht verraten? Na, da muß ich mich wohl wieder an Mimi wenden. Also, Mimi, ich teile dir jetzt mit, daß ich eigentlich bis Lichterfelde-West fahren muß. Aber du willst wohl weiter, ja? Vielleicht willst du gar nicht den Vorortzug nehmen, sondern den Werder-Expreß um vier Uhr fünf? Würdest du mir dann erlauben, dich zu begleiten? Guck mich nicht so mißtrauisch an. Es wird mir eine Ehre sein und ein Vergnügen, meine Zeit für ein so reizendes Geschöpf zu opfern. Sag deinem Frauchen, daß sie aufhören kann, so böse Blicke zu werfen. Sie will ich ja gar nicht begleiten, sondern dich, du hübsche, kleine Katze.«

Rose mußte an sich halten, um nicht zu kichern. Dieser Herr Markwart – sie hatte sich den Namen gut gemerkt! – war ganz schön keck. Alle, die bisher über sie zu bestimmen gehabt hatten, der Großvater, die Mutter, Schwester Trud, hätten ihr zu äußerster Zurückhaltung und strikter Zurückweisung geraten. Sie hatten ja wohl auch recht. Wohin sollte das führen? Ach, es war ihr schon ganz egal, wohin das führte. So ein netter Mensch! Sie mußte sich eingestehen, daß seine Werbung – ja, das war es unverkennbar: Werbung – ihr gegen alle moralischen Bedenken gut gefiel. Noch nie hatte jemand so reizende Frechheiten zu ihr gesagt. Warum sollte sie ihn nicht gewähren lassen? Schließlich lag es ja an ihr, wie weit sie ihn kommen ließ.

Der Herr Markwart stieg tatsächlich mit ein in den direkten Zug nach Neubabelsberg, der an seiner Station, Lichterfelde-West, nicht halten würde. Na, er mußte wissen, was er tat. Er setzte sich neben Rose auf die harte Holzbank der dritten Klasse – ob er nicht, normalerweise, zweiter Klasse fuhr? – und begann eine muntere Unterhaltung. Das heißt, eigentlich sprach er fast allein, denn so viel Zurückhaltung beobachtete Rose immerhin, daß sie ihm nur selten, und dann nur kurz, antwortete. In den fünfundzwanzig Minuten bis Neubabelsberg erfuhr sie, daß er Physik und Mathematik studiert hatte und jetzt als Assistent irgendeines Professors am Kaiser-Wilhelm-Institut für Physik in Dahlem arbeitete. Ein studierter Herr! Es wurde auch deutlich, daß er aus sehr guter Familie stammte. Er sprach von einem Vater, der ein sehr erfolgreicher Kaufmann gewesen war. Leider lebte dieser Vater nicht mehr, hatte aber die Mutter in besten Verhältnissen zurückgelassen. Ganz offensichtlich mußten weder die Mutter noch ihre Kinder – da waren noch irgendwelche Geschwister – mit dem Pfennig rechnen; nicht einmal mit der Mark.

Rose überlegte. Der Unterschied zwischen dieser Familie Markwart und ihrer eigenen war enorm groß. Was konnte ein Sohn aus solchem Hause in Ehren von ihr wollen? Sie nahm sich vor, sehr vorsichtig zu sein. Immerhin ging sie so weit, ihm zu sagen, womit sie sich ihren Lebensunterhalt verdiente. Es blieb ihr auch nicht viel anderes übrig, denn er begleitete sie, unverdrossen werbend, bis ans Tor des Sanatoriums, und von da an gab es ja nichts mehr zu verbergen.

Rose war ihre Tätigkeit drittklassig vorgekommen, gemessen an den interessanten Beschäftigungen, von denen ihr der Herr Markwart erzählt hatte. Er aber sah das offensichtlich anders. Er sagte: »Respekt, Respekt!« und küßte ihr die Hand. Und dann fragte er, ob er sie wiedersehen dürfe. Und wann.

Rose zögerte: »Ich weiß nicht recht ...«

»Aber ich weiß es«, sagte Herr Markwart fröhlich. »Ich werde morgen hier vor dem Tor stehen und auf Sie warten. Wann haben Sie denn Dienstschluß?«

»Ach, Sie haben vielleicht Vorstellungen! Das geht nicht. Mein Dienst endet erst um acht Uhr abends. Dann bin ich müde und habe weder Lust noch Kraft.«

»Sehr verständlich. Wenn auch schade. Aber Sie werden doch mal frei haben? Einen freien Nachmittag zum Beispiel? Sagen Sie mir nicht, daß es den bei Ihnen nicht gibt.«

In drei Tagen, am Freitag, würde Rose ab ein Uhr frei sein. Doch sie scheute sich, Herrn Markwart das zu sagen. Das sähe nach allzu schnellem Einverständnis aus, und was würde er dann von ihr denken?

»Ich weiß noch nicht.«

»Was machen wir denn da? Na, da bleibt mir gar nichts anderes übrig, als in Ihrer Mittagspause herzukommen. Sie haben doch eine Mittagspause? Und wann? Von eins bis drei? Dann werde ich pünktlich um eins hier vor dem Tor stehen und auf Sie warten.«

»Was denken Sie sich denn? Ich muß doch essen.«

»Selbstverständlich, Fräulein Rose. Sie glauben doch nicht, daß ich Sie verhungern lassen will? Aber tun Sie mir die Ehre und lassen Sie Ihre Ernährung morgen meine Sache sein.«

»Ich gehe nicht mit fremden Herren in Lokale.«

»Das würde ich Ihnen auch nicht zumuten. Bitte schenken Sie mir ein wenig Vertrauen, und gönnen Sie mir die Freude, eine Überraschung für Sie auszudenken. Kommen Sie um eins ans Tor, und wenn Ihnen nicht gefällt, was ich Ihnen dann vorschlage, so können Sie mich immer noch wegschicken. Einverstanden?«

Eigentlich hatte er recht. Was riskierte Rose schon, wenn sie nachgucken ging, was er sich ausgedacht hatte?

»Tja, ich weiß nicht ... Also gut. Ja.«

Niemand im Sanatorium hatte Roses Heimkehr beobachtet, und so gab es keinen Zeugen dafür, daß sie sich am Tor von einem fremden Mann verabschiedet hatte. Was für ein Glück! Nun brauchte sie keine dummen Fragen zu beantworten und keine Ausflüchte zu erfinden. Sie wollte auch niemandem etwas sagen von ihrem Erlebnis. Das ging keinen etwas an.

Edith wollte sie es sagen. Wenn man mit gar keinem Menschen über eine solche Geschichte reden konnte, dann mußte man ja zerspringen! Ja, Edith sollte sie hören, schon damit Rose erfuhr, was eine unbeteiligte Person davon hielt. Und Edith, die beste Freundin, die man sich nur denken konnte, würde nichts herumtratschen.

»Hallo!« rief Edith, als Rose – endlich, endlich, nach so langem Warten – in das gemeinsame Zimmer trat. »Hast du was Schönes gekauft? Und hast du was Schönes erlebt? Pack mal aus.«

»Woher weiß du?«

»Woher weiß ich was? Oh, hoppla! Du hast wahrhaftig was erlebt. Nein, ich weiß gar nichts. Ich hab' das bloß so hingesagt. Aber ins Schwarze getroffen, wie es scheint. Nun aber raus mit der Sprache. Erzähl mal.«

»Versprich mir, daß du's für dich behältst.«

»Klar wie Kloßbrühe. Du kennst mich doch. Nun erzähl schon.«

Rose erzählte. Edith hörte mit glänzenden Augen zu.

»Großartig! Das ist mal was. Da kann man Mimi ja gratulieren.«

»Wieso Mimi?«

»Na, das merkt doch 'n Blinder mit 'nem Krückstock, daß er sich in deine hübsche Katze vergafft hat. Er hat es ja wohl auch selber gesagt, oder? Sicherlich steht er morgen um eins mit 'nem Teller Bücklinge vor dem Tor«, sagte Edith, so sehr um ein ernstes Gesicht bemüht, daß sie geradezu fromm dreinblickte.

»Edith! Was soll denn das! Kannst du nicht mal ernst bleiben?«

»Nee. Spaß muß sein bei der Leiche, sonst geht keiner mit«, sagte Edith und brach in Gelächter aus. Als sie aber sah, daß Rose nicht mitlachte, sondern sich gekränkt abwandte, setzte sie sich neben die Freundin auf's Bett und legte ihr den Arm um die Schulter.

»Tut mir leid, Rose. Komm, sei kein Frosch. Sei wieder gut. Du weißt doch, ich hab' nun mal ein loses Maul. Bin eben 'ne Berliner Göre. Und deine Geschichte ist einfach zu hübsch, ich hab' nicht widerstehen können. Na, nun lach doch auch. Hast doch allen Grund dazu. Eine Eroberung hast du gemacht, Röschen, die ist nicht von schlechten Eltern.«

»Meinst du wirklich?« fragte Rose und fand in ihre gute Laune zurück.

»Na, hör mal! Ein echter Herr, kein Affe, wie sie uns

sonst anquatschen. Spricht höflich, macht reizende Komplimente, küßt dir die Hand. Will dich nicht in 'ne Kneipe abschleppen, sondern sich was für dich ausdenken. Das ist allerhand für'n ersten Tag. Was willst du mehr?«

»Aber er ist schon so alt, Edith. Was soll ich mit so 'nem alten Mann?«

»Also, Rose, jetzt kokettierst du. Ja, doch, red nicht. Du kokettierst. Was heißt hier alt? Wie alt ist er denn? Fünfzig?«

»Na, aber bestimmt um die Dreißig.«

»Schrecklich. Du wirst ihm wohl 'nen Krückstock kaufen müssen. Nun sei nicht dumm, Röschen. Da wird er so zwölf, dreizehn Jahre älter sein als du. Freu dich. Das bedeutet, du hast 'nen richtigen Verehrer, nicht bloß 'nen grünen Bengel, der sich mit dir amüsieren will, und weiter nichts. Mit Dreißig ist er schon ernst. Und meint es auch ernst.«

»Was heißt ernst meinen? Ich bin siebzehn. In 'nem halben Jahr bin ich erst achtzehn. Ich denk' noch nicht an's Heiraten.«

»Und warum nicht? Wir denken doch alle an's Heiraten. Wenn du'n anständigen Kerl kriegen kannst – ist das nicht besser, als hier den Greisen den Hintern zu putzen? Ja, entschuldige schon, aber so ist das doch. Wenn ich 'n guten Mann fände, ich würde den festhalten und mich glücklich preisen. Und das solltest du auch tun. Gewiß, du hast es gut getroffen mit der Frau Geheimrat. Und wenn nichts draus wird, aus der Sache mit deinem Kavalier, dann tust du dir bei ihr bestimmt nicht weh. Aber ein guter Mann und ein eigener Haushalt, das ist doch noch ganz was anderes.«

»Aber Edith«, sagte Rose und sah die Freundin groß an, »du wirst ja richtig feierlich.«

»Ja. Das ist auch 'ne feierliche Sache. Und erzähl mir nicht, daß du das nicht auch so siehst. Alles, was du mir da gesagt hast von deinem Anbeter, das gefällt mir sehr gut. So was Feines ist mir noch nicht begegnet. Du wirst ja seh'n, wie sich das entwickelt. Wenn er aber hält, was er verspricht – also dann, Rose, hat dir der liebe Gott was Besonderes geschenkt. Dann halt das auch fest.«

Im Grunde dachte Rose genauso. Aber das wollte sie weder vor sich noch vor anderen zugeben, nicht einmal vor Edith. Es war nur eine flüchtige Begegnung gewesen, sie wußte nichts von diesem Mann, außer dem, was er ihr selbst erzählt hatte. Vielleicht kam er morgen, vielleicht aber auch nicht. Sie würde doch keine Rechnung aufmachen mit einem Posten, der so unsicher war. Er konnte sie ganz gut über Nacht vergessen. Er konnte eine andere treffen, eine aus seinen Kreisen. Das hatte sie ja nun gelernt, daß man auf Hoffnungen, Träume und Versprechungen nichts geben darf. Und wie stünde sie da, wenn sie morgen ans Tor lief, und dann war die Straße leer? Sie wollte nicht zum Gespött der Leute werden. Nun gut, außer Edith wußte keiner etwas. Aber auch von Edith wollte sie nicht bemitleidet werden. Sie sagte:

»Immer langsam mit den jungen Pferden, Edith. Ein Courmacher ist noch kein Freier. Und ich renne nicht, bloß weil einer mit dem Finger winkt. Ich muß mir das noch sehr überlegen. Das mit der Frau Geheimrat habe ich sicher. Das andere ... Vielleicht geh' ich lieber gar nicht ans Tor.«

»Dann geh' ich«, erklärte Edith. »Und wenn ich ihn da stehen seh', dann prügle ich dich hin. Verlaß dich drauf.«

Rose hätte sich nie eingestanden, wie gern sie das hörte. Sie machte ein hochmütiges Gesicht und sagte:

»Wir werden seh'n. Alles zu seiner Zeit. Und jetzt ist es Zeit zum Schlafen. Morgen haben wir wieder viel Arbeit. Und das ist zunächstmal das Wichtigste, denk' ich. Für uns beide.«

Als sie dann aber im Bett lag, im Dunklen und in der

Stille, konnte sie lange nicht einschlafen. Wie wäre es, wenn sie tatsächlich eines Tages einen Mann hätte, der so hoch über allem stünde, was bisher ihr Leben ausgemacht hatte? Es mußte ja nicht dieser Herr Markwart sein. So dumm war sie nicht, aus einem beiläufigen Abenteuer gleich solche Folgerungen zu ziehen. Aber wenn sie ihm hatte gefallen können, dann konnte sie auch anderen Herren von der besseren Sorte gefallen. Was würde Großvater sagen, wenn sie ihm eines Tages mit einem Ehemann von solchem Kaliber käme?

Und was würde die Mutter sagen? Das war noch viel wichtiger als alles andere. Grimmig dachte Rose an die Frau, die ihr die Kindheit versaut hatte. Ihren unbekannten Vater hatte sie nicht halten können – na, der mußte wohl gewußt haben, vor wem er davonlief. Und dann war ihr nur Bruno geblieben, dieser drittklassige Säufer, dieser Wegwurf. Wenn Rose nun eines Tages mit einem Mann anrückte, von dem die Mutter nicht einmal träumen durfte – also, die würde platzen vor Neid. Ja, das wäre etwas! Eine solche Ehe würde alles auslöschen, was es in Roses Vergangenheit an Bitterem und Verkehrtem gegeben hatte. Diese ganze Vergangenheit wäre einfach weggewischt. Eine neue Rose würde in eine ganz und gar unbefleckte Zukunft gehen. Hirschhagen und Lilienhecke würden hinter ihr versinken, als hätte es sie nie gegeben.

Es war Rose selbst ein Rätsel, wie sie es am nächsten Tag fertigbrachte, gewissenhaft und ohne Fehler ihre Arbeit zu verrichten. Obwohl sie nach außen die Ruhige spielte, war sie in Wahrheit doch aufgeregt, und die Gedanken wollten ihr dauernd davonlaufen. Dennoch gelang es ihr, den Anweisungen Schwester Truds zu folgen wie immer, niemanden falsch zu behandeln und zu allen freundlich zu sein.

Als es ein Uhr war, eilte sie in ihr Zimmer, wusch Hände und Gesicht und lief dann in Richtung Tor. Gern hätte sie sich umgezogen, aber das wagte sie nicht. Es war nicht üblich, daß die Schwestern über Mittag ihre Tracht ablegten und Zivil anzogen. Rose fürchtete, daß sie auffallen und daß ihr irgend jemand Fragen stellen würde, die sie nicht beantworten wollte.

Nachdem sie Haus eins passiert hatte, verlangsamte sie ihren Schritt. Der Herr Markwart sollte nicht meinen, daß sie es nicht abwarten könne, ihn zu treffen. Er war wahrhaftig gekommen, sie sah ihn schon von weitem durch die Gitterstäbe des Tores. Er hätte sich auch ein bißchen anders postieren dürfen, hinter dem Zaun, wo ihn die Ligusterhecke den Blicken von Haus eins her entzogen hätte. Aber er wußte ja nicht, daß Rose das wünschte. Sie hatte es ihm gestern nicht gesagt. Sie fand, daß eine solche Verschwörung zwischen ihr und dem fremden Mann zu weit ginge.

Rose schloß rasch die kleine Fußgängerpforte hinter sich und trat in den Schutz der Hecke. Ihr Besucher folgte ihr, und so waren sie nun beide aus dem Blickfeld der Neugierigen heraus.

»Guten Tag, Fräulein Rose. Wie schön, daß Sie es möglich machen konnten«, sagte Herr Markwart herzlich.

»Guten Tag. Was haben Sie denn da? Wollen Sie verreisen, oder besitzen Sie auch eine Katze?« fragte Rose und deutete auf einen großen Korb, den Herr Markwart vom Boden aufgenommen hatte und nun in der Hand trug.

»Das ist ein Picknickkorb, Fräulein Rose. Da ist unser Mittagessen drin. Ich habe Ihnen doch versprochen, daß ich für Ihre Ernährung sorgen würde. Und in ein Lokal wollten Sie ja nicht mit mir.«

»Nein, weil sich das nicht gehört«, sagte Rose streng, aber dann lächelte sie erfreut. »Das ist aber sehr nett von Ihnen, Herr Markwart.« Es war mehr als nett, dachte sie.

Es war zartfühlend und rücksichtsvoll. Sie hatte noch nie einen Menschen getroffen, der so feinfühlig auf ihre Bedenken und Ängste eingegangen wäre. »Und wo wollen Sie mir nun den Tisch decken?«

»Im Grünen, wie sich's für ein Picknick gehört. Wir werden in den Babelsberger Schloßpark gehen.«

»Oh, das ist aber weit.«

»So weit doch nicht. Eine Viertelstunde, höchstens zwanzig Minuten, dann sind wir da. So viel Zeit haben Sie doch, oder? Wann müssen Sie zurück sein?«

»Um drei. Das heißt, da beginnt mein Dienst wieder. Vorher muß ich mich aber noch waschen und eine frische Schürze umbinden.«

»Nun, dann haben wir insgesamt anderthalb Stunden, bis ich Sie hier wieder abliefern muß. Genug für unser Picknick. Kommen Sie, lassen Sie uns keine Zeit verlieren.«

Die beiden liefen schnellen Schritts dem Babelsberger Schloßpark zu. Rose spürte, wie eine große Freude in ihr wuchs und sie allmählich ganz ausfüllte. Der Tag war schön, genauso sonnig und warm wie der gestrige. Sie befand sich mitten in einem Abenteuer, wie es ihr das Leben noch nie beschert hatte, und dennoch war nichts Böses, nichts Unerlaubtes dabei. Alles spielte sich im hellen Licht und in aller Öffentlichkeit ab. Wer hätte ihr einen Vorwurf machen können?

Als sie den Park erreicht hatten, steuerte Herr Markwart auf eine Bank zu. Er sagte: »Sie können sich mit Ihrem Dienstkleid, mit dem Sie an die Krankenbetten gehen, doch nicht aufs Gras setzen. Und eine Decke mitschleppen, das war mir denn doch zu viel.« Aber an eine Tischdecke hatte er gedacht. Die breitete er auf der Bank aus und stellte darauf, was er mitgebracht hatte: Brotscheiben und Butter, Wurst, Schinken, »und das hier ist Gänseleberpastete, aus Straßburg«, drei verschiedene

Sorten Käse. Alles war sorgfältig in Pergamentpapier gehüllt – »Teller habe ich leider nicht, da hätte ich einen Wagen mit Pferd gebraucht, um den Korb zu befördern« –, außerdem gab es für jeden eine große Serviette sowie Messer und Gabel. Schließlich zauberte Herr Markwart noch eine Tonflasche und zwei Becher hervor: »Das ist kalter Tee mit Zitrone. Ich hätte Ihnen lieber heißen Kaffee serviert, aber wie sollte ich den warm halten? Und meine Mutter sagt immer, nichts löscht den Durst so gut wie Tee mit Zitrone.«

»Ihre Mutter? Weiß sie denn ...?«

»Natürlich. Sie war es ja, die den Korb gepackt hat.«

»Ach«, sagte Rose und wußte nicht recht, was sie davon halten sollte.

»Na, Fräulein Rose, das muß Sie nicht genieren. Meine Mutter ist eine liebe Seele. Sie wird Ihnen gefallen. Sie werden ihr auch gefallen, wenn Sie uns – hoffentlich bald – einmal besuchen. Aber jetzt lassen Sie uns erst einmal essen. Zum Nachtisch gibt's dann noch ein paar zuckersüße Pflaumen, die sind aus dem eigenen Garten.«

Es war ein herrliches Mahl. Rose hatte nie vorher ein Picknick erlebt. Sie genoß es, im Grünen zu sitzen, den Gesang der Vögel über ihrem Kopf. Sie genoß auch die Leckereien, die ihr aufgetischt wurden. Besonders tat es ihr die Straßburger Gänseleberpastete an. So etwas Feines hatte sie noch nicht gekostet. Da konnte selbst ihre Mutter nicht mithalten, und die verstand sich doch wirklich auf Wurst und Fleischspeisen. Als Rose endlich bei den Pflaumen angelangt war, fühlte sie sich satt und glücklich.

Auch Herr Markwart langte eifrig zu. Zwischendurch aber fand er genug Zeit, ihr allerlei zu erzählen. Rose erfuhr, daß er zwei ältere Geschwister hatte, eine Schwester und einen Bruder. Die Schwester wohnte zu Hause, der Bruder aber nicht. Zu Hause, das war ein großes Haus in Lichterfelde, das seiner Mutter gehörte. »Nein, Fräulein Rose, keine Villa, ein Miethaus mit acht Wohnungen, jede sechs Zimmer groß.« Herr Markwart war seit vier Jahren mit seinem Studium fertig, seither arbeitete er in dem Kaiser-Wilhelm-Institut. Sein Traum war es, Hochschullehrer zu werden, Professor an einer Universität. In diesem Jahr hatte er daran gedacht, endlich den Doktortitel zu erwerben, und war auf die Suche nach einem Doktorvater gegangen. »Wissen Sie, Fräulein Rose, das ist ein Professor, der einem die Aufgabe stellt, die man dann lösen muß.« Aber nun war der Krieg dazwischengekommen, und irgendwann würde er wohl einberufen werden. Da hatte es keinen Zweck, eine so umfangreiche Arbeit zu beginnen. Man wartete besser, bis alles vorbei war.

Rose hörte das mit Unbehagen. Es wäre doch schade, wenn dieser nette Mensch zu den Soldaten müßte. Da hatte sie nun einen ernstzunehmenden Verehrer gefunden, einen reizenden dazu, und dann sollte sie ihn so schnell wieder verlieren. Aber vielleicht kam es ja gar nicht mehr so weit. Bis Weihnachten, also bis Ende des Krieges, blieb ja nur noch ein knappes Vierteljahr.

Herr Markwart war schon bei einem anderen Thema. Im Mai 1885, drei Monate vor seiner Geburt – Rose rechnete schnell: also neunundzwanzig war er – ging seine Mutter einmal im Tiergarten spazieren, den älteren Bruder an der Hand, damals ein Kind von etwa fünf. Da war ihr das Kronprinzenpaar begegnet, der Friedrich, der drei Jahre später so schrecklich sterben mußte, und die Victoria, die Prinzessin aus England. Die Mutter war zur Seite gewichen und hatte ihren Sohn veranlassen wollen, sich tief zu verneigen. Der Junge aber, der in dieser Position nicht sehen konnte, was vor sich ging, wehrte sich und schrie laut: »Ich will aber die Kronprinzessin angucken! Ich will aber die Kronprinzessin angucken!« Die Mutter war vor Verlegenheit fast in den Boden gesunken. Das

Kronprinzenpaar jedoch blieb stehen, die Victoria trat näher, lächelte leutselig und fragte das Kind, wie es heiße. Und dann sagte sie: »Ein netter Junge. Und so lebhaft. Ich wünsche Ihnen und dem Kind alles Gute.« Die Mutter, beglückt und verwirrt, war in einem tiefen Knicks versunken, und als sie wieder aufschaute, war das hohe Paar schon weit. Aber niemals hatte sie dieses Erlebnis vergessen, und er selbst verdankte der Tiergarten-Szene seinen Namen.

»Wie denn das?«

»Ja, sehen Sie, Fräulein Rose, meine Mutter beschloß, das neue Kind Victoria zu nennen, falls es ein Mädchen wäre, und Friedrich, falls es ein Junge wäre. Nun bin ich als Sohn zur Welt gekommen. Aber in der ersten Nacht nach meiner Geburt trat meine Großmutter Bach ins Wochenzimmer – Mutters Mutter, wissen Sie – und erschreckte ihre Tochter bald zu Tode. Wie ein Gespenst kam sie, hat Mutter immer gesagt. Und wie ein Gespenst raunte sie mit hohler Stimme: ›Nenn doch das Kind nicht Friedrich, Julchen! Nenn' es bloß nicht Friedrich!‹ Friedrich hieß nämlich mein Großvater väterlicherseits, und den konnte Großmutter Bach nicht ausstehen. Da hat Mutter sich die Sache überlegt und schließlich entschieden, daß ich Viktor heißen soll. Aber nicht mit c, sondern mit k, weil es männlicher ist.«

Viktor Markwart lachte herzlich, und Rose stimmte in das Gelächter ein. Ihr gefiel die Geschichte. Ihr gefiel auch die Familie, die hinter der Geschichte stand. Es mußte schön sein, in solchen Verhältnissen zu leben, ehrbar, angesehen und ohne finanzielle Sorgen. Die Geschichten dagegen, die sie zu erzählen hatte ... Sie mußte sich sehr überlegen, was sie ihm sagte, wenn er sie eines Tages nach ihrer Familie fragte.

Aber jetzt war es Zeit zum Aufbruch. Schade, so ein hübsches Picknick, und so schnell ging alles vorbei. Diesmal zierte Rose sich nicht, als Viktor Markwart vom nächsten Wiedersehen sprach.

Als sie dann abends im Bett lag, kurz vor dem Einschlafen, dachte sie: »Aber seinen Doktor muß er machen. Dafür sorge ich, wenn ich ihn erst besser kenne.«

8 / Von jenem sonnigen Oktober-Mittwoch an sahen Rose und Viktor einander häufiger, jedoch nicht so oft, wie Viktor wünschte. Rose verbrachte nach wie vor einen Teil ihrer Freizeit bei der alten Frau Geheimrat, als Pflegerin und noch mehr als Gesellschafterin. Sie sagte:

»Das müssen Sie doch versteh'n. Die alte Dame rechnet mit mir. Sie braucht mich. Und irgendwie bin ich auch ein bißchen stolz darauf, so gebraucht zu werden.«

»Aber ich brauche Sie auch, Fräulein Rose.«

»Ach, Herr Markwart! Jetzt machen Sie aber Witze. Sie sind doch ein gesunder Mann. Und abgesehen davon ... Ich muß auch an später denken. Die Frau Geheimrat hat mir so ein großartiges Angebot gemacht. Sie wissen doch. Von nichts kommt nichts. Ich muß an meine Zukunft denken. Versteh'n Sie das nicht?«

»Natürlich verstehe ich das. Aber, Fräulein Rose, können Sie sich denn gar keine andere Zukunft ausdenken als die am Rollstuhl Ihrer Frau Geheimrat?«

Rose dachte: »Dann biet' mir doch eine an, dummer Kerl!« Laut sagte sie:

»Wer träumt, der stolpert. Ich hab' in den Weg, den ich gehe, 'ne Menge Arbeit reingesteckt. Wenn man gesät hat, möchte man doch auch ernten.«

Es imponierte Viktor sehr, wenn Rose solche Sprüche machte. Nie wäre er auf den Gedanken gekommen, sie könnte nur kokettieren, damit er ihr widersprach und sich deutlicher erklärte. Viktor hielt Rose für eine seltene

Mischung von Prinzipientreue und scheuer Mädchenhaftigkeit. Hingerissen blickte er in ihr Gesicht, das, rund und jugendlich glatt, soviel Ernst ausstrahlen konnte, »süßen Ernst«, dachte Viktor. »Bezaubernde Kindlichkeit, geprägt von süßem Ernst.« Diese Kombination entzückte ihn, schüchterte ihn aber auch ein. »Man muß behutsam vorgehen«, dachte er, »sie nicht erschrecken. Eine reine Seele. Sie kann nicht erobert, nur gewonnen werden. Behutsam und zart.«

Rose hatte nicht viel von ihrer Kindheit und ihrer Familie erzählt, doch immerhin genug, um in Viktor ein tiefes Mitgefühl zu erwecken. So ein armes, verlassenes Wesen! Und so tapfer! Sie hatte sich nicht unterkriegen lassen von dem Mangel an Liebe, unter dem sie hatte leiden müssen. Hier war sie, frisch und reizend, und forderte ihr Schicksal in die Schranken. Es mußte jemanden geben, der sie für all das entschädigte, um der Gerechtigkeit willen, aber auch um der Gefühle willen, die Viktor in sich keimen spürte. Er hätte die Hände unter ihre Füße breiten mögen, damit sie sich nicht an einem Steine stieß.

Viktor suchte eine höhere Ebene, seine Empfindungen für Rose auszudrücken, weit über den Niederungen des Alltags und bergehoch über irgendwelchen Begierden, die das reine Mädchen erschrecken mochten. Er fand sie in der Literatur. Rose hatte ihm erzählt, mit welcher Begeisterung sie über Lehrer Krischkes Schulbücherei hergefallen war, und als sie noch schilderte, wie sie die Kühe und den Hütehund Philo mit Schillers Jamben traktiert hatte, lachte Viktor Tränen der Heiterkeit, aber auch der Rührung. Was für ein Schatz, diese Rose Barbeknecht! Sie war nicht nur entzückend und von wundersamer Tatkraft, sie war auch ungemein bildsam, edler Ton in den Händen eines Mannes, der sie zu formen verstand. Oder besser noch: ein hochkarätiger Rohdiamant, aus dem ein Künstler einen wundervollen Brillanten schleifen würde.

Wenn sie nun unter den alten Bäumen des Babelsberger Schloßparks spazierengingen, dann hatte Viktor kleine Reclam-Hefte bei sich, und wenn sie auf einer Bank ausruhten, dann las er Rose daraus vor. Das ganze Oktoberende und den Anfang des November verwandte er darauf, sie mit Goethes *Hermann und Dorothea* bekanntzumachen. Mit getragener, leicht bebender Stimme zitierte er die edlen Hexameter:

»›Dienen lerne beizeiten das Weib und gehorchen nach seiner Bestimmung.‹«

Rose hörte zu und langweilte sich. Mit Goethe hatte sie nie viel anfangen können, schon damals nicht, auf der Kuhweide von Hirschhagen. Goethe war trocken, ein Gehirnmensch, er bot einem wenig für den Hunger des Herzens. Wenn es schon die Klassiker sein mußten, dann hätte sie mit Viktor lieber ihre alten Favoriten neu gelesen, den *Don Carlos* und die *Jungfrau von Orleans* von diesem wortgewaltigen Schiller. Wahrscheinlich würde ihr das heute noch die Tränen in die Augen treiben. Noch lieber aber wäre es ihr gewesen, wenn sie sich einfach unterhalten hätten wie andere Leute auch. Lesen konnte sie, wenn sie allein war. Und dann las sie sowieso nicht mehr dramatische Tragödien. Sie bevorzugte jetzt Romane, solche, in denen das Schicksal tigerartig zupackte und die Helden gehörig durcheinanderrüttelte, bevor sich alles zum guten Ende sänftigte oder – noch besser – das Verhängnis alle endgültig verschlang. Man konnte das billig haben, für eine Mark, rot eingebunden.

Das aber hätte sie Viktor niemals eingestanden. Sie begriff nicht genau, was er in ihr sah. Aber sie spürte, daß es etwas Hohes, fast Unirdisches war. Darin lag ein Anspruch, der sie befangen machte, aber er schmeichelte ihr auch. Um nichts in der Welt hätte sie ihren Bewunderer enttäuschen mögen. Nachdem sie erfaßt hatte, daß er sie auf ein Piedestal hob, sah sie sich auch erhoben – eine Göttin auf einer Wolke, den staubigen Pfaden der Erdenwürmer entrückt. Vielleicht war sie wirklich etwas Besonderes?

Wenn sie sich unbeobachtet wußte, blickte sie lange in den Spiegel und forschte in ihrem Gesicht. Sie gewöhnte sich an, mit gesenktem Kopf von unten zu schauen, weil sie fand, daß ihre Augen dann seelenvoller wirkten. Ihren Mund hielt sie locker, leicht gerundet, die Lippen wie schmollend vorgeschoben. Das schien ihr zugleich kindlich und interessant. Edith sah das und sagte:

»Was ist los mit dir, Rose? Du guckst wie ein Kalb vor dem Schlachter.«

Dann ärgerte sich Rose, und ihre kunstvoll eingeübte Mimik brach zusammen. Aber vor ihren Treffen mit Viktor übte sie diesen Ausdruck jedesmal wieder ein. Er half ihr, sich so zu betragen, wie er es offensichtlich von ihr erwartete. Er wollte eine Mädchen-Göttin, und sie bot ihm eine Mädchen-Göttin. Es fiel ihr nun auch nicht mehr schwer, ihm hingerissen zuzuhören, wenn er ihr vortrug. Mit *Hermann und Dorothea* war Viktor inzwischen fertig. Er las jetzt *Reineke Fuchs*.

Rose stürzte fast aus ihrem Göttinnenhimmel, als eines Tages der Pfleger Paul begann, um sie zu werben. Paul war unter den vier Pflegern, die im Sanatorium Dienst taten, der ansehnlichste. Er mochte etwa fünfundzwanzig, sechsundzwanzig Jahre zählen, war groß gewachsen, von kräftiger Statur und sah recht gut aus für einen Mann. Er hatte dunkles, welliges Haar und dunkle Augen, auch sein Schnurrbart war dunkel. Sein Gesicht zeigte Ebenmaß und hätte fast schön genannt werden können, wenn es mehr Geist ausgedrückt hätte. Aber Paul war kein Mann des Geistes, sondern eher der Sinne, dies freilich in aller Unbefangenheit, so daß man ihm deshalb nicht gram sein konnte. Viele der jüngeren Schwestern, auch die Schülerinnen Kathrin und Doris, schauten ihm heimlich nach. Aber Paul schaute auf Rose.

Als er sich endlich entschlossen hatte, paßte er sie ab auf ihrem Weg von Haus zwei zu ihrem Quartier im linken Gartenhaus eins und erwischte sie im Heckendurchgang zwischen den beiden Grundstücken. Wenn nicht jemand denselben Weg ging, war man hier vor fremden Blicken ziemlich sicher. Paul breitete die Arme aus, so daß Rose nicht weiterkonnte. Er lächelte sie strahlend an:

»Gut, daß ich Sie mal allein erwische, Schwester Rose. Ich wollte Ihnen schon lange etwas sagen.«

Rose runzelte die Stirn.

»Das mag ich nicht, Paul. Lassen Sie mich durch.«

»Rose, schönes Kind! Bitte! Bitte, laufen Sie nicht weg. Hör'n Sie mir doch zu, nur einen Moment.«

Da Paul es ernst meinte, machte Roses Abwehr ihn nervös. Hastiger, als er es vorgehabt hatte, schlang er seine Arme um sie und preßte sie an sich.

»Ich liebe Sie. Ich liebe dich. Meine Kleine, meine süße Kleine ... Ich lieb' dich wirklich. Ach, du Süße ...«

Paul drückte seine Lippen auf Roses Mund und schob sein rechtes Bein zwischen ihre Schenkel. Seine Hand tastete nach ihrer Brust.

»Röschen! Ach, du, du! Oh, du Süßes!«

Rose spürte ein Gefühl, wie sie es noch nie gekannt hatte. Ein drängendes, fast schmerzhaftes Ziehen, das ihr den Leib herunterrann bis zwischen ihre Schenkel und sie zwang, den Druck von Pauls Leib zu erwidern. Eine süße Ohnmacht, die sie sekundenlang gefangenhielt ...

Länger aber nicht. Mit einem Ruck befreite sie sich aus Pauls Umarmung. Empört blitzte sie ihn an:

»Was bilden Sie sich ein? Was denken Sie, wer Sie sind? Vor allem, was denken Sie, wer ich bin? Machen Sie, daß Sie davonkommen. Und wagen Sie das nie wieder. Wenn ich Sie das nächste Mal treffe, und Sie zucken auch nur mit den Augen, dann melde ich das dem Herrn Professor. Darauf können Sie sich verlassen.«

»Aber Rose! Sie wollten doch auch ... Ich hab' das doch gemerkt. Sei'n Sie doch nicht böse, Rose! Ich will Sie heiraten!«

Rose, schon im Gehen begriffen, wandte sich um. Sie starrte dem Pfleger ins Gesicht. Dann lachte sie, laut und böse.

»Heiraten! Sie jämmerlicher Wicht! Glauben Sie wirklich, ich würde so was wie Sie heiraten? Da hab' ich denn doch höhere Ansprüche. Und die kann ich mir auch leisten.«

Sie rannte davon, als wären die Hunde hinter ihr her. Sie keuchte vor Anstrengung, aber auch vor Zorn. Was dachte der denn, dieser niedrige Kerl! Hatte sie sich deshalb aus dem Schlamm von Hirschhagen herausgearbeitet, um sich hier von neuem in den Schlamm ziehen zu lassen? Sie war nicht so eine, wie ihre Mutter gewesen war. Sie würde sich nicht hinter einer Hecke preisgeben und sich um alles bringen, was ihr das Leben zugedacht hatte. Wie kam dieser Mensch dazu, so etwas von ihr anzunehmen?

Rose begann zu weinen. Sie hatte einen Blick in ihr eigenes Inneres getan, der sie entsetzte. Pauls Attacke hatte ihr gefallen, wenn auch nur sekundenlang. Aber das durfte nicht wahr sein! War sie denn eine Hure? Nein. Also war es nicht wahr. Ihre Entzückungen kamen von den Höhen der Literatur, nicht aus dem Morast, in dem dieser Paul sich wälzte. Das war unter ihrer Würde. Niemals durfte Viktor Markwart erfahren, daß jemand wie Paul ...

Aber was gab es denn zu erfahren? Sie hatte nichts Böses getan. Kein Mädchen, auch das reinste nicht, war dagegen gefeit, daß ein niedriger Mensch ihr beleidigende Anträge machte. Und mit welcher Haltung hatte sie ihn zurückgewiesen! Selbst der Großvater, hätte er das miterlebt, würde ihr Anerkennung zollen. Niemand konnte ihr etwas vorwerfen. Sie selber brauchte sich auch nichts vorzuwerfen.

Als Viktor das nächste Mal sein Reclam-Heftchen hervorholte, hörte ihm Rose mit hingebungsvoller Aufmerksamkeit zu. Sie stellte ihm auch Fragen, solche Fragen, die ihm erlaubten, besonders kluge Antworten zu geben. Viktor war sehr glücklich.

Mitte November ging der traumhaft schöne Herbst jäh zu Ende. Von einem Tag auf den anderen setzte Regen ein, und die Temperatur sank. Es war jetzt zu kalt, um im Babelsberger Park herumzulaufen und auf den Bänken eine Rast zu machen. Viktor begann zu grübeln, was sie von nun an tun konnten. Da die äußeren Umstände dieser Bekanntschaft sich so nachhaltig geändert hatten, mußte sich wohl auch an der Bekanntschaft selbst etwas ändern. Entschlüsse mußten gefaßt werden, und zwar von ihm, denn er war der Mann.

Zwei-, dreimal begleitete er Rose auf einer Fahrt nach Berlin. Sie müsse sich nun endlich einen Mantel kaufen, hatte sie erklärt. Tatsächlich reichte ihr schwarze Tuchjacke nicht mehr aus, sie gegen die Kälte zu schützen. Rose fror. Aber wenn sie dann bei Wertheim oder im Kaufhaus Tietz in der Mäntelabteilung stand, wühlte sie nur in dem Riesenangebot herum.

»Es ist doch alles recht teuer. Vielleicht finden wir woanders etwas Preiswerteres.«

Ein paarmal setzte Viktor zum Sprechen an, aber dann lud er sie doch nur zu einem Kaffee ein, damit sie sich aufwärmen konnte. Beim dritten vergeblichen Einkaufszug allerdings hielt es ihn nicht länger. Als Rose den ersten wärmenden Schluck im Magen hatte, griff Viktor nach ihrer Hand.

»Mein Gott, wie kalt! Fräulein Rose, Sie müssen nun wahrhaftig etwas Molligeres zum Anziehen haben. Nicht bloß einen Mantel, auch Handschuhe und am besten auch ein Paar Winterstiefel. Wollen Sie mir erlauben, Ihnen das zu schenken?«

Rose entzog ihm ihre Hand. Sie machte ihren Rücken steif.

»Herr Markwart, was denken Sie von mir? Ich nehme keine Geschenke an.«

»Von Fremden nicht, gewiß, das ist mir klar. Aber sonst ... Von den Ihren würden Sie sich doch etwas schenken lassen?«

»Wen meinen Sie denn? Meinen Großvater? Von ihm natürlich. Aber was soll das? Sie sind nicht mein Großvater.«

»Nein. Aber wenn ich Ihr Mann wäre ...« Viktor holte sich Roses Hand zurück. »Fräulein Rose, ich liebe Sie. Sagen Sie mir nicht, daß Sie das überrascht. Ich liebe und verehre Sie, und ich möchte Sie heiraten. Liebste Rose, wollen Sie meine Frau werden?«

Nein, überrascht war Rose nicht. Natürlich hatte sie gemerkt, daß sie ihm viel bedeutete. Und oft genug, besonders seit dem Gespräch mit Edith, hatte sie sich ausgemalt, wie es wäre, wenn er ihr einen Antrag machte. Was würde er sagen? Was würde sie antworten? Je länger ihre Bekanntschaft dauerte, desto mehr gefiel ihr der Gedanke, eines Tages Frau Markwart zu sein. In der Phantasie also hatte sie die Szene, die sich jetzt zutrug, oft und oft erlebt. Dennoch verschlug es ihr, als das nun wahrhaftig Wirklichkeit war, den Atem, und sie wurde verlegen.

»Nun, ich ... Herr Markwart ...«

»Viktor! Ich heiße Viktor, liebste Rose!«

»Viktor. Also, ich ...« Rose blickte in Viktors Augen, die mit dem Ausdruck innigster Zärtlichkeit auf sie gerichtet waren. Daß dies nun wirklich wahr sein sollte! Daß es ihr zuteil wurde, ihr vor allen anderen! Eine große Freude breitete sich in ihr aus. Jetzt bloß kein Theater machen, bloß nicht durch Getue diese Chance verderben. Solch eine Chance!

»Ja, Viktor. Ich will.«

Überwältigt starrte Viktor auf den Mund, der ihm soeben ja gesagt hatte. Er war so bewegt, daß er kein Wort herausbrachte und nur immer wieder Roses Hand drükken konnte. Seine leuchtendblauen Augen standen voller Tränen. Als Rose das sah, wurde auch ihr die Kehle eng, und sie fühlte ihre Augen feucht werden. Die Umrisse von Viktors Gesicht verschwammen. Sicherlich sah er sie jetzt auch nur verzerrt und verschleiert. Rose tat einen zitternden Atemzug und sagte mit dünner Stimme:

»Wie dumm. Da sitzen wir beide und heulen. Warum tun wir das? Wir sollten doch lieber lachen.«

»Das sind Glückstränen«, flüsterte Viktor. »Man kann auch vor Glück weinen. Hast du das nicht gewußt?«

Er nahm sein Taschentuch, tupfte sich die Feuchte aus den Augenwinkeln und reichte es dann Rose hinüber. Zärtlich sah er zu, wie sie ihre Augen trocknete.

»Behalte das Tuch. Bewahre es auf. Unsere Glückstränen sind darin, und es wird für uns beide ein Talisman sein.«

Rose staunte. Daß ein Mann so zart denken konnte! So romantisch! Was für ein Unterschied zu allen Mannspersonen, die ihr je begegnet waren. Von Bruno wollte sie gar nicht erst reden. Aber alle anderen, selbst der Großvater, wie rauh waren die doch dagegen. Sogar der liebenswürdige Herr Lebrecht hatte soviel feinen Sinn nicht aufgebracht wie ihr Viktor. Ihr Viktor!

»Und jetzt«, sagte Viktor und sah sie strahlend an, »jetzt gehen wir endlich deinen Mantel kaufen. Und ein Paar Handschuhe. Und ein Paar Stiefel. Jetzt erlaubst du mir doch, sie dir zu schenken.«

»Ja, also, wenn Sie ...«

»Wenn du, kleine Rose, wenn du! Du wirst doch jetzt nicht mehr Sie zu mir sagen.«

»Nein. Ich bin es bloß noch nicht gewohnt. Also, wenn du denkst ...«

»Ja, das denke ich. Du bist jetzt meine Braut und über kurz oder lang meine Frau. Du kannst das alles von mir annehmen. Und wenn wir dich warm angezogen haben, dann gehen wir Ringe kaufen. Wir haben Anfang Dezember, in wenig mehr als drei Wochen ist Weihnachten. Wir werden uns Weihnachten verloben, bei uns in Lichterfelde. Sieh zu, daß du Heiligabend frei bekommst.«

»Ach«, sagte Rose zaghaft, »bei euch zu Hause? Vor der ganzen Familie? Ich kenne sie alle doch noch gar nicht.«

»Du wirst sie kennenlernen«, sagte Viktor fröhlich. »Und du wirst sie mögen. Sie werden dich auch mögen. Wie sollten sie auch nicht? Und die ganze Familie – so groß ist die gar nicht. Mutter wird da sein und meine Schwester. Wahrscheinlich auch mein Bruder mit seiner Frau, aber das ist noch nicht ganz sicher.«

Sie hatten das Café verlassen und schlenderten nun durch die Straßen, Hand in Hand, wie es sich für zwei Verliebte gehört. Viktor war strahlender Laune. Auch Rose fühlte sich wohl. Ihr machte nur der Gedanke an Viktors Familie zu schaffen, wobei es ihr weniger darum ging, ob ihr diese Fremden gefallen würden, als darum, welchen Eindruck sie selbst auf die neuen Verwandten machen konnte. Wie mochten sie ihr entgegenkommen? Würden sie ihr überhaupt entgegenkommen?

»Weiß deine Familie von mir?«

»Ich habe Mutter von dir erzählt. Ich habe ihr auch gesagt, daß ich dich heiraten möchte und dir dieser Tage einen Antrag machen werde.«

»Und? Wie hat sie es aufgenommen?«

»Lieb«, sagte Viktor, und seine Stimme hatte wieder

diesen innigen Klang, wie vorhin, als er Rose von seiner Liebe gesprochen hatte. »Sie kann nicht anders sein als lieb. Sie hat gesagt: ›Du nun also auch. Hoffentlich wirst du recht glücklich. Bring mir meine neue Tochter bald einmal her.‹ Und dann hat sie ein bißchen geweint. Ich bin ihr Jüngster, weißt du. Und wenn ihr auch klar ist, daß ich längst ein Mann bin, so kann sie es in ihrem Herzen doch nicht ganz glauben. So sind die Mütter eben.«

Rose nickte. Aber sie hörte Viktors Exkurs über die Eigenart der Mütter nur mit halber Aufmerksamkeit zu. In ihren Ohren summte es: ›Meine neue Tochter. Meine neue Tochter.‹ Das war wunderbar. Wenn Viktors Mutter meinte, was sie sagte, dann würde Rose alle Ängste von sich tun können. Sie dachte an ihre eigene Mutter. Offenbar war das Schicksal im Begriff, allen Mangel auszugleichen, der auf ihrer Kindheit gelastet hatte.

»Und deine Schwester?«

»Ihr habe ich noch nichts gesagt. Und Mutter sicher auch nicht, sie ist sehr diskret, weißt du. Aber jetzt posaune ich es überall aus, auch bei Grethe.«

»Heißt deine Schwester Grethe?«

»Ja«, sagte Viktor und lachte. »Darüber ärgert sie sich. Sie findet Grethe so gewöhnlich. Wenn du ihr einen Gefallen tun willst, dann sagst du Margarethe zu ihr. So möchte sie nämlich gern heißen, und sie wird es dir danken.«

Rose dachte nach. »Hast du mir nicht gesagt, deine Schwester ist älter als du? Und sie wohnt noch bei euch zu Hause? Ist sie nicht verheiratet?«

»Sie ist geschieden«, sagte Viktor kurz.

Geschieden! Rose preßte ihre Lippen fest aufeinander. Sie wußte, genau und unbeirrbar, daß ihr diese Schwägerin nicht zusagen würde. Eine geschiedene Frau. Ein Schandfleck auf dem Familienschild. Solange die Markwarts irgendeine Familie unter vielen für sie gewesen waren, hatte es ihr egal sein können, was deren Tochter trieb. Aber nun würde sie selbst bald eine Markwart sein, und da war es ihr nicht egal. Eine anständige Frau konnte nicht geschieden sein. Eine geschiedene Frau konnte nicht anständig sein. Irgendwas mußte sie ja getan haben, daß ihr Mann sie verlassen hatte. Was wohl?

Aber als sie die Frage aussprach, formulierte sie das ganz anders.

»Das war wohl kein guter Mann, den sie gehabt hat?«

»Nein«, sagte Viktor mit Nachdruck. »ein Schürzenjäger und Ausbeuter. Eine elende Ratte. Meine Mutter hat er ausgeplündert, und als nichts mehr zu holen war, hatte auch meine Schwester ausgedient. Ich erzähl' dir das alles mal. Aber nicht heute. Heute ist mein Glückstag, und da will ich nicht über ärgerliche Dinge sprechen.«

So makellos und unangreifbar, wie sie gemeint hatte, war diese Familie offenkundig doch nicht. Da gab es auch ein paar Leichen im Keller, über deren Vorhandensein niemand gern sprach, genau wie bei den Barbeknechts und bei den Pohlenzens. Oder bei den Lebrechts. Einige der Illusionen, die so lange Roses Träume gefüllt hatten, zerplatzten wie Seifenblasen. Sie fühlte sich jetzt stärker gegenüber diesen Markwarts, die sie bisher hoch über sich gesehen hatte. Die waren auch nichts Besseres als sie. Sie hatten bloß, im großen und ganzen, mehr Glück und mehr Geld gehabt. Aber sonst durfte Rose sich als durchaus ebenbürtig betrachten. Im Grunde war das gut so.

Im Grunde war das schlecht. Sie hatte die Verbindung mit Viktor als Aufstieg gesehen, und nun gab es da womöglich gar nichts aufzusteigen. Es war Rose nicht recht. Die Familie, in die sie hineinheiratete, sollte etwas Besonderes sein. Aber vielleicht machte sie sich auch überflüssige Sorgen. Diese eine Schwester, das war ja noch nicht die Familie.

»Und dein Bruder?«

»Oh, Joachim!« Viktor lachte. »Der wird dir gefallen. Joachim ist ein furchtbar netter Kerl und sehr lustig. Seine Frau ist auch sehr lustig. Die Hulda – blöder Name, aber dafür kann sie nichts. Sie selber ist durchaus nicht blöd.«

»Was macht er?«

»Joachim? Der ist Apotheker. Das Dumme ist nur, daß er bisher keine Apotheke kriegen konnte. Dazu braucht er eine Konzession, und die gibt es nur, wenn irgendwo eine Vakanz entsteht, wenn durch Tod oder Geschäftsaufgabe eine Apotheke frei wird. Und das Glück hat er bisher noch nicht gehabt. Joachim sagt, er hat es satt, immer bloß Angestellter zu sein und auf den Sankt-Nimmerleins-Tag zu warten. Wenn sich nicht bald was tut, dann wird er Mutter bitten, ihm eine Drogerie zu kaufen.«

Eine Drogerie zu kaufen ... Das sagte Viktor so leicht dahin.

»Und das kann sich deine Mutter leisten?«

»Ich denke doch. Alles hat mein Schwager, die Ratte, nicht einsacken können. Es ist noch genug da. Weißt du, du solltest Joachim mal nach seinen amerikanischen Abenteuern fragen. Er ist zwei Jahre in den Staaten gewesen, ist letztes Jahr erst zurückgekommen.«

»Amerika ... Was hat er denn da gemacht?«

»Bloß so herumgereist, von der Ostküste zur Westküste. Der kann dir den *Yankee Doodle Dandy* singen, so was hast du noch nicht gehört.« Viktor lachte.

Rose hatte überhaupt noch nichts gehört von einem Lied, das so sonderbar hieß. Aber auch sie lachte. Ihre Stimmung hob sich. Es war dummes Zeug, was sie da vorhin gedacht hatte. Die Markwarts waren doch eine großartige Familie. Amerika. Und bloß so herumgereist, nur zum Spaß. Nach Amerika war ihr Vater geflüchtet. Den vergaß man besser sofort. Über den würde sie nicht sprechen, mit niemandem. Viktor war ein Schatz. Sie konnte sich gratulieren. Und seine Mutter schien auch ein Schatz zu sein, nach dem, was Viktor sagte. Dieser Joachim – bestimmt konnte man gut mit ihm auskommen. Und Hulda war lustig, was immer das bedeuten mochte. Blieb Grethe, die Geschiedene. Na ja, keine Rose ohne Dorn. Ein passender Vergleich: Sie war Rose, Grethe der Dorn. Rose kicherte.

»Ist dir was Lustiges eingefallen? Sag's mir.«

Zärtlich drückte Viktor Roses Arm.

»Nein, nein. Es lohnt nicht. Guck, da ist ein Juwelierladen. Gehen wir rein?«

Wenige Tage, nachdem die beiden sich einig geworden waren, überbrachte Viktor die offizielle Weihnachtseinladung seiner Mutter: Rose sollte nicht nur den Heiligen Abend, sondern auch beide Feiertage bei den Markwarts verbringen. Rose blickte bedenklich:

»Das wird nicht gehen. Ich werde sowieso schon Schwierigkeiten haben, den freien Nachmittag und den freien Tag hintereinander zu bekommen, und dann ausgerechnet auch noch Weihnachten. Da will doch jeder frei haben.«

»Aber dann wenigstens Heiligabend und den ersten Feiertag.«

»Ich will seh'n, was ich tun kann.«

Es war gar nicht so schwierig, wie Rose befürchtet hatte. Was sie nicht wußte, war, daß jedesmal zu Weihnachten das Sanatorium so gut wie leer wurde. Wer immer von den Patienten noch seine Glieder zu rühren vermochte, der fuhr nach Hause und kam gewöhnlich erst nach Silvester wieder. Selbst von den Kranken im Rollstuhl blieben nicht viele, die meisten wurden von ihren Angehörigen abgeholt. Der Weihnachtsfeier, die das Sanatorium für seine Insassen veranstaltete, wohnten am Ende nur die Bettlägrigen bei und ein paar einsame alte

Herrschaften, auf die daheim keine Menschenseele wartete.

Für die Schwestern und Pfleger gab es also nicht viel zu tun, deshalb war die Oberschwester großzügig im Bewilligen freier Tage. Das Problem war nur, daß diese Großzügigkeit zunächst einmal den Vollschwestern zugute kam. An den Schülerinnen war es, für die Aufrechterhaltung des Pflegedienstes zu sorgen, und wenn man ihnen auch jeweils einen der Weihnachtstage zuerkannte, so mußten sie an den zwei anderen eben zur Stelle sein.

Edith löste das Problem. Sie hatte begeistert in die Hände geklatscht, als Rose ihr von der bevorstehenden Verlobung erzählte.

»Großartig, Mensch! Bin ich froh, daß du keine Prinzipien reitest, sondern Vernunft angenommen hast!«

Und als nun die Schwierigkeit mit den freien Tagen zur Sprache kam, erklärte Edith:

»Nimm deinen freien Tag am Heiligenabend. Dann kannst du deinen Nachmittag für Silvester aufsparen. Und ich werde meinen freien Tag am ersten Feiertag nehmen und mit dir tauschen. Das heißt, daß du am ersten Feiertag frei hast und mir irgendwann einen deiner freien Tage gibst.«

»Aber, Edith ...«

»Sei still, Rose. Wir machen es so, und Schluß. Ich hab' nichts Besonderes vor, und ich will dich unbedingt unter die Haube bringen.« Sie lachte. »Und wenn's mal um meine Haube geht, und ich hab' Probleme, dann wende ich mich vertrauensvoll an dich. Wehe dir, wenn du dann nicht für mich einstehst.«

»Ach, Edith, liebste Edith! Meinen rechten Arm laß ich mir abhacken für dich!«

»Besser nicht. Den brauchst du, um deinen Viktor zu umarmen. Und außerdem wollt' ich keine Patientin, sondern eine Freundin.«

Rose weinte ein bißchen und lachte ein bißchen, und dann umarmte sie Edith ganz fest.

Am 24. Dezember, schon früh um neun, fuhr Rose heiteren Sinnes mit der Stadtbahn nach Lichterfelde. Viktor erwartete sie am Bahnhof. Zärtlich umarmte er sie, drückte ihr einen Kuß auf die frostkalte Wange und nahm ihr die große Reisetasche aus der Hand, die sie auf sein Drängen inzwischen auch angeschafft hatte.

»Wie hübsch du aussiehst. Komm rasch, ich kann es gar nicht erwarten, dich zu Hause zu präsentieren.«

Die ineinander verschränkten Hände schlenkernd, liefen sie durch das verschneite Lichterfelde. Eine mäßig breite Straße nahm sie auf, deren Gehsteige sorgfältig gekehrt und mit Asche bestreut waren, so daß es sich leicht darauf gehen ließ. »Baseler Straße« las Rose auf den Schildern, die an jeder Straßenecke angebracht waren, und sie wunderte sich, daß ein bloßer Vorort so lange Straßen hatte. Es dauerte wohl eine Viertelstunde, ehe Viktor sie in eine andere Richtung dirigierte.

»Das ist nun die Zehlendorfer Straße, in der wir wohnen. Siehst du, da gegenüber, das große Gelände und die Ziegelblocks, das ist die Königlich Preußische Kadettenanstalt. Ein paar Offiziere von dort sind bei uns Mieter. Und hier, das ist unser Haus.«

Schon eine ganze Strecke war Rose an einem Zaun entlanggegangen, hinter dem sich ein großer Garten ausdehnte, dessen hintere Begrenzung sie von der Straße aus nicht wahrnehmen konnte. Jetzt gelangte sie an eine Pforte, von der aus ein gepflasterter Weg sich etwa zehn bis fünfzehn Meter in den Garten hineinzog und vor einer Haustür endete. Das Haus, in das die Tür hineinführte, sah recht imposant aus. Es hatte, das Erdgeschoß mitgerechnet, vier Stockwerke und eine reich gegliederte, mit allerlei Stuckornamenten geschmückte Front. Der Haustür zunächst gelegen, wölbten sich auf allen Etagen große Erker hervor, deren Glasfenster weit herunterreichten. An die Erker schlossen sich lange und offenbar tiefe Balkons an, in deren Hintergrund man eine Balkontür und rechts und links je ein Fenster sah. Rechts davon folgten zwei weitere Fenster. Wie weit das Haus sich in den Garten hinein erstreckte, konnte Rose auf den ersten Blick nicht erkennen.

»Meine Güte, was für ein Riesenkasten! Und der gehört euch?«

»Ja. Das ist uns geblieben. Früher hatten wir ein größeres Haus. Aber mein Herr Schwager ... Na, lassen wir das. Heut' ist Weihnachten.«

»Ein noch größeres.« Rose schüttelte den Kopf. »Ich wäre froh, wenn dies meins wär'. Und der Garten – hört der gar nicht auf?«

Viktor lachte. »Doch, der hört auch mal auf. Aber groß ist er, das ist wahr. Und er geht auch noch um die Ecke, bis zur Front Paulinenstraße hin. Nur das Eckgrundstück, das ist rausgeschnitten. Da hat sich die Ratte eingenistet. Aber nichts mehr davon. Komm jetzt, wir werden erwartet.«

Viktor hielt im ersten Stock vor einer reich geschnitzten Tür, die er mit einem großen Schlüssel öffnete. Er ließ Rose den Vortritt, setzte die Tasche nieder und rief: »Hallo! Mutter!«, woraufhin sich eine der Dielentüren öffnete und eine ältere Dame zum Vorschein kam.

Es war wirklich eine Dame. Man sah auf den ersten Blick, daß ihr dieser Titel nicht nur aus Höflichkeit gegeben werden mußte. Sie trug ein schwarzes Kleid, das bis auf den Boden reichte und durch seinen Schnitt betonte, wie gerade sie sich hielt. Ihr einziger Schmuck war ein weißes Spitzenjabot, das von einer goldenen Filigranbrosche herunterrieselte. Ihr Haar war schlohweiß, und sie trug es hochgekämmt, ein heller Schildpattkamm hielt es zusammen. Sie sah sehr vornehm aus, etwa so vornehm wie die Frau Geheimrat in Babelsberg, nur daß sie gesund war und nicht im Rollstuhl saß. So ganz gesund freilich auch nicht. Mit schnellem Blick sah Rose, daß aus den Ärmeln des schwarzen Kleides knotige Hände hervorlugten. Jedes einzelne Fingergelenk war geschwollen. »Gicht«, erkannte Rose mit der Fachkenntnis, die sie sich in bald einem Dreivierteljahr immerhin erworben hatte. Die arme Frau Markwart, da mußte sie wohl arg leiden.

Im Augenblick schien es ihr gutzugehen. Sie lächelte, wie niemand lächelte, der Schmerzen hat, trat rasch auf Rose zu und faßte deren beide Hände. Bevor Viktor den Gast vorstellen konnte, sagte sie: »Wenn ich nicht irre, ist das nun also meine neue Tochter. Herzlich willkommen, liebe Rose.«

Rose, teils hoch erfreut, teils sehr verlegen, versank in einen tiefen Knicks.

»Guten Tag, gnädige Frau. Und vielen Dank.«

»Aber!« protestierte die alte Dame und schaute Rose voller Herzlichkeit an. Ihre Augen war ganz unglaublich blau, geradeso wie Viktors Augen. »Die gnädige Frau wollen wir doch gleich in die Rumpelkammer tun. Du bist Rose, und ich bin Mutter. Schließlich ist heute Verlobung, und dann sind wir verwandt. Viktor, hilf deiner Braut endlich aus dem Mantel. Frau Petranek hat gut eingeheizt.«

Rose dachte an die Atmosphäre im Lebrechtschen Hause, in dem sie einst so gerne hatte leben wollen. Da war man auch herzlich miteinander umgegangen. Nur hatte Rose davon nicht mehr gehabt als hier und da ein Stückchen, wenn sie auf Besuch war, geradeso viel wie ein Almosen. Wie anders war das jetzt. Diese liebenswürdige, freundliche Familie würde ihre Familie sein.

Viktor öffnete eine der Türen, und Rose sah sich in dem Zimmer mit dem großen Erker, den sie von der Straße aus bewundert hatte. In der Zimmerecke neben dem Erker reckte sich ein mächtiger Tannenbaum zur Decke, noch ohne Kerzen und Kugeln. Viktor sagte:

»Aufgestellt hab' ich ihn schon. Schmücken werden wir ihn nachher gemeinsam.«

Dann sah er sich suchend um.

»Grethe! Da bist du ja. Komm her und sag meiner Braut guten Tag.«

Rose entdeckte erst jetzt die Sitzgruppe, die am anderen Ende des Raumes neben dem braunen Kachelofen stand. Aus einem der tiefen Sessel erhob sich eine schlanke Frau in einem silbergrauen Kleid, das wie Nebel an ihr herunterfloß. Von ihrem Hals hing eine zweireihige Perlenkette herab.

»Ob die wohl echt ist?« dachte Rose. »Wahrscheinlich.« Es gab ihr einen Stich.

Die Frau legte ein Buch, in dem sie gelesen hatte, auf den niedrigen Tisch zwischen den Sesseln und kam langsam näher. Offenbar war sie nicht begierig, den Gast kennenzulernen, und es sah ganz so aus, als wolle sie das auch deutlich machen. Rose merkte, daß sie unsicher wurde. Sie ärgerte sich darüber, aber es half nichts. Sie fühlte sich klein und jämmerlich und fing an, vor Verlegenheit zu schwitzen. Wie konnte eine so liebenswürdige Mutter bloß eine so widerwärtige Tochter haben!

Aber gut sah sie aus, das mußte ihr der Neid lassen. Sie hatte ein ovales Gesicht mit einer leicht gebogenen Nase, viel zarter als die große Nase ihres Bruders, und graublaue Augen unter fein gezeichneten Brauen. Ihr Haar war blond wie das Viktors, aber um mehrere Töne heller. »Sicher färbt sie«, dachte Rose gehässig. Sie trug es zu einem großen, lockeren Knoten geschlungen. Ihre Hände waren ziemlich klein und sehr schlank. Viktor hatte auch kleine Hände, aber so edel wie die seiner Schwester waren sie nicht. Ein einziger Ring mit einem Diamanten, der am linken Ringfinger saß, betonte noch das Ebenmaß dieser Hände, deren Haut weiß und weich aussah. Mit richtiger Arbeit war die Besitzerin der Hand sicherlich noch nicht oft in Berührung gekommen.

Rose hätte gern ihre eigenen breiten, kurzfingrigen, verarbeiteten Hände hinter ihrem Rücken versteckt. Aber da war Grethe schon bei ihr angekommen und streckte ihr die Spitzen dreier Finger entgegen. Tatsächlich – drei Finger nur, und davon gerade die Spitzen, mehr nicht. War denn das zu glauben? Bevor Rose zum Nachdenken kam, hatte sie schon die drei Fingerspitzen gefaßt und gedrückt. Nachher ärgerte sie sich, aber auch dann fiel ihr nichts ein, womit sie diese hochmütige Geste gebührend hätte beantworten können.

»Nun«, sagte Grethe gedehnt mit einer wohllautenden Stimme, »guten Tag, Fräulein ... äh ...«

Viktor öffnete den Mund, um einzuhelfen. »Rose!« wollte er sagen, und das in einem Ton, der seine Meinung über das Verhalten seiner Schwester deutlich machte. Aber bevor er den ersten Laut herausbrachte, fuhr Grethe schon fort:

»... Barbeknecht, wenn ich recht unterrichtet bin. So war doch der Name, ja? Nun, wie die Dinge liegen, wird sich wohl mein Bruder um Sie kümmern. Ich darf mich daher entschuldigen. Viktor?«

Grethe drehte sich um und ging in derselben anmutigen Haltung, in der sie gekommen war, zu ihrem Sessel zurück. Zwei Sekunden später war sie wieder in ihre Lektüre versunken.

Viktor sagte: »Komm, Rose. Ich zeige dir das Zimmer, in dem du wohnen wirst.« Er hatte einen roten Kopf, seine Augen waren zusammengekniffen, und er nagte an seiner Unterlippe. Als sie die Sesselgruppe passierten, ließ er Rose vorausgehen und blieb einen Augenblick stehen.

»Wir sprechen uns noch! Das geht dir nicht so hin!«

Grethe sandte ihm unter gesenkten Brauen einen müden Blick zu. Sie sagte nichts, sondern hob nur leicht die Schultern.

In dem hübschen, kleinen Zimmer, das man Rose eingeräumt hatte, küßte Viktor seiner Braut die Tränen von den Augen.

»Mein lieber Schatz, ich muß mich tausendmal bei dir entschuldigen. Es ist unerhört, und ich werde mit ihr auch noch ein Hühnchen rupfen, das verspreche ich dir. Aber du mußt doch nicht weinen, weil das dumme Frauenzimmer sich daneben benommen hat. Sie hat doch sich selbst geschändet, nicht dich. Rose! Röschen! Sie ist doch bloß neidisch, das mußt du dir immer sagen. Sie sieht eine junge, frische, hübsche Braut, eine glückliche dazu, und sie weiß, für sie ist das alles vorbei. Ihr ist es schiefgegangen. Das ärgert sie, und den Ärger hat sie rausgelassen. Weiter doch nichts.«

Rose hörte auf zu schluchzen. »Glaubst du? Ja, da könntest du recht haben.« Sie nahm das Taschentuch, das Viktor ihr hinhielt, trocknete ihr Gesicht und putze sich energisch die Nase. Nachdenklich schaute sie aus dem Fenster in den winterlichen Garten.

»Aber fein ist das nicht! Sie will ja wohl eine feine Dame sein, nach der ganzen Aufmachung und so, wie sie geht. Und dann mit drei Fingerspitzen grüßen, also weißt du! Eine wirklich feine Dame wäre nicht so mit mir umgegangen.«

»Vollkommen richtig, mein Schätzchen«, sagte Viktor und streichelte Rose übers Haar. »Aber siehst du, man kann sich seine Freunde aussuchen, seine Verwandten leider nicht. Du hast dir die deinen doch auch nicht aussuchen können.«

»Weiß Gott nicht!« bestätigte Rose mit Nachdruck. Wie wäre das wohl gewesen, wenn sie Viktor hätte zu

Hause vorführen müssen? Beim Großvater, das wäre noch gegangen. Aber bei der Mutter, mit ihrer Unfreundlichkeit und ihren bissigen Reden! Und Bruno, mit dem sich jedermann jederzeit nur blamieren konnte! Na, und hier gab es eben diese Grethe. Schließlich wollte Rose ja nicht Grethe heiraten, sondern Viktor. Und außerdem hatte sie, wenn nicht alles täuschte, eine besonders liebenswerte Schwiegermutter. Das war ja eigentlich wichtiger als Grethes Ausrutscher.

»Mutter wollen wir da lieber nicht hineinziehen«, sagte Viktor. »Es wäre mir angenehm, wenn du darauf verzichten könntest. Ich werde mir Grethe schon vorknöpfen, aber ich möchte nicht gerne Mutter beunruhigen. Sie nimmt sich Unstimmigkeiten in der Familie immer so zu Herzen. Und das wollen wir ihr doch nicht ausgerechnet am Heiligen Abend antun.«

»Nein«, sagte Rose, »das wollen wir nicht. Halten wir sie da raus.«

»Danke«, sagte Viktor und küßte sie. »Übrigens wirst du deine erste kleine Genugtuung schon heute kriegen, wenn nachher Joachim kommt.« Er lachte. »Joachim ist furchtbar gutmütig, aber hat den Kopf voller Unsinn und zieht gern die Leute auf. Grethe bekommt immer ihr Teil ab, wenn sie so etepetete ist wie heute. Du brauchst nur zuzuhören.«

Also würde dieser Schwager auch kommen, und mit ihm sicher Hulda, seine Frau. Nach der Erfahrung, die sie mit Grethe gemacht hatte, war Rose ziemlich befangen. Aber ihre Befürchtungen erwiesen sich als überflüssig.

Kurz vor vier am Nachmittag, zur Kaffeezeit, polterten Schritte die Treppe herauf, und gleich darauf klingelte es stürmisch. Die alte Frau Markwart ging öffnen, und dann hörte man einen dröhnenden Bariton in der Diele:

»Hallo, Mutter! Hmm, das duftet aber fein nach Kaffee hier. Na, Muttchen, warst du auch schön brav? Du weißt ja ...« – und dann begann der Bariton zu singen – »... alle Jahre wieder kommt er und frißt das Kind ...« Ein schallendes Gelächter folgte.

»Joachim!« schalt die alte Dame. »Daß du immer solchen Unsinn machen mußt! Wirst du denn nie erwachsen? Setz mich runter. Wirst du mich wohl runtersetzen? Guten Tag, Hulda. Mein Gott, sind deine Hände kalt. Legt schnell ab und kommt rein.«

Die Tür öffnete sich und ließ zunächst eine schlanke, dunkelhaarige Frau ins Erkerzimmer, die aus Augen, schwarz wie Weichselkirschen, munter im Raum umherschaute. Hinter ihr folgte ein Mann, dessen Ähnlichkeit mit Viktor Rose sofort auffiel. Er hatte das gleiche dunkelblonde, lockige Haar über einem ovalen Gesicht, den gleichen kleinen Mund mit den schmalen Lippen, darüber eine gebogene Nase. Allerdings war Joachims Nase weniger ausgeprägt. Auch lagen seine Augen nicht in so tief eingeschnittenen Höhlen. In der Augenfarbe dagegen glichen sich die Brüder wieder. Rose ließ ihre Blicke von einem zum anderen schweifen und entschied, daß Viktor ihr besser gefiel, obwohl der andere ebenmäßiger wirkte, nach landläufiger Meinung also der Hübschere war. »Aber Viktor sieht klüger aus«, dachte Rose, »sicher ist er auch klüger.«

»Hallo, Grethchen!« dröhnte Joachim. »Hast du auch dein Gedicht gelernt? Sonst bringt dir der Weihnachtsmann nichts. Bruderherz, du Schwerenöter, was hör' ich da? Anstatt wie ein ordentlicher deutscher Siegfried den Drachen zu erschlagen, hast du dich vom Drachen fangen lassen und willst ihn nun heiraten?«

»Joachim!« sagte seine Frau scharf.

Joachim schwieg augenblicklich. Es war sonderbar anzusehen, wie er sich veränderte. Er schien an Volumen zu verlieren, wie ein Ballon, aus dem die Luft entweicht. Ein verlegenes Lächeln erschien auf seinem Gesicht, und er holte ein paarmal tief Atem. Danach hatte er offenbar die Sprache wiedergefunden. Aber als er nun das Wort nahm, klang seine Stimme ganz anders als vorher, ruhiger, gesitteter, sozusagen normal. Er verbeugte sich vor Rose.

»Verzeihen Sie, schöne Schwägerin, und du auch, Viktor. Sie müssen wissen, daß ich es nie böse meine, wenn der Übermut mit mir durchgeht. Viktor kann es Ihnen bestätigen. Und für die schlimmsten Fälle habe ich Hulda. Die paßt auf mich auf. Komm her, Hulda, sag der reizenden neuen Schwägerin guten Tag. Sehen Sie«, sagte Joachim und blinzelte Rose verschmitzt an, »wir führen unsere Ehe nach dem Motto: Ich bin der Herr im Haus, das wär' ja gelacht – aber was meine Frau sagt, das wird gemacht! Ein lobenswertes Prinzip, mit Gewinn für beide Teile. Ich kann Ihnen nur empfehlen, führen Sie's in Ihrer Ehe auch ein.«

»Joachim!« sagte Hulda zum zweiten Mal, und Joachim schrumpfte von neuem ein. Rose aber war zu der Überzeugung gelangt, daß dieser Schwager von Herzen gutmütig war, ungeachtet seiner Neigung zu losen Scherzen und kessen Schwätzereien. Wie wohltuend hob er sich ab von dieser Giftspritze Grethe! Was er sagte, tat nicht weh. Und gewiß lag es auch nicht in seiner Absicht, jemandem weh zu tun. Grethe dagegen ...

Rose streckte Joachim die Hand entgegen.

»Ich freu' mich sehr, Sie kennenzulernen, Herr Joachim. Und Sie auch, Frau Hulda.«

Rose registrierte, daß Hulda ihr fest die Hand drückte, nicht so ein schlappes Spiel mit den Fingerspitzen aufführte wie die andere Schwägerin. Das gefiel Rose. Es gefiel ihr auch, daß Hulda sagte:

»Ich verzieh' mich jetzt mal in die Küche. Wir können Mutter nicht die ganze Arbeit allein machen lassen. Leg's Buch hin und komm mit, Grethe. Du brichst dir keinen Zacken aus der Krone, wenn du beim Auftragen hilfst.

Nein, Sie nicht, Rose. Sie sind heute die Hauptperson – neben Viktor natürlich. Lassen Sie sich feiern. Sie werden ein andermal noch genug Gelegenheit haben, Ihre hausfraulichen Qualitäten zu beweisen. Morgen zum Beispiel, wenn die ganze Markwartsche Mischpoche hier anrückt.«

»Ich muß doch bitten, Hulda«, sagte Grethe spitz. »Warum hast du denn hier eingeheiratet, wenn dir das bloß eine Mischpoche ist?«

»Papperlapapp«, sagte Hulda ungerührt, schob Grethe aus dem Zimmer und schloß die Tür hinter sich.

Später, als die Familie sich um den großen Mitteltisch zu Kaffee und Kuchen versammelt hatte, wandte Joachim sich an seine Mutter:

»Du müßtest wieder eine Auguste haben. Hulda hat ganz recht, die Arbeit ist zu viel für dich. Warum stellst du nicht wieder ein Mädchen ein?«

»Ach Junge«, sagte die alte Frau Markwart, »wieder eine Auguste ... So eine wie die Auguste finde ich niemals mehr, Gott hab sie selig. Sie war ja fast wie eine von der Familie. Was die für uns getan hat, das macht heute kein Mädchen mehr. Heute wollen sie nicht mehr arbeiten, dafür verlangen sie um so mehr Geld.«

»Aber, Mutter ...«

»Nein, nein, Joachim, es geht mir nicht um's Geld. Aber so ein nichtsnutziges Ding im Hause haben ... Ich bin zu alt, um mich über so was aufzuregen. Und man ist doch auch ungenierter, wenn man keine Fremden hier wohnen lassen muß. Mit der Portierfrau bin ich gut genug bedient. Sie ist immer zu erreichen, wenn ich sie außer der Tour brauche. Und sie ist ihren Lohn wert, immer fleißig und bescheiden. Nein, nein, die Petranek ist alles, was ich nötig habe, jetzt, wo Vater nicht mehr ist.«

Die alte Dame zerdrückte eine Träne. Dann sagte sie: »Und bin ich denn allein? Ich hab' doch Grethe.«

»Richtig, Mutter«, sagte Hulda. »Da hast du was Rechtes.«

Die alte Dame schaute betreten. Sie wußte nicht recht, wie Hulda das gemeint hatte. Grethe wußte es um so besser, wie ein Blick auf ihr Gesicht lehrte. Schadenfroh beobachtete Rose, daß Grethe über und über rot wurde und Hulda über den Tisch hinweg feindselig anstarrte.

Aber bevor sie etwas sagen konnte, zog Joachim die Unterhaltung an sich. Er lachte sein dröhnendes Lachen und sagte neckend:

»Grethelein, unsere Kalliope! Du mußt nämlich wissen, Rose« – beim Kaffee war man, auf Viktors Vorschlag, zum allgemeinen Du übergangen –, »du mußt wissen, daß unsere Grethe immer das musische Element in der Familie vertreten hat. Vor allem hat sie dafür gesorgt, daß bei den Markwarts auch Romane gelesen wurden, Liebesromane natürlich. Viktor und ich waren immer mehr fürs Naturwissenschaftliche. Aber auch am Klavier war sie unschlagbar und im Singen, Schubert und Hugo Wolf, so daß man sie, bei einiger Großzügigkeit, auch Terpsichore nennen könnte.«

Rose verstand nicht, wovon die Rede war. Aber sie sah, daß Grethe sich ärgerte, und das genügte ihr. Sie lächelte Joachim ermunternd zu. Hoffentlich würde Hulda ihn nicht bremsen. Aber Hulda dachte gar nicht daran. Gelassen schaute sie auf ihren Mann und ließ ihn schwadronieren.

»Jetzt zieht sie eine Schippe! Lach doch mal, Grethe. Weißt du noch, wie das war, wenn die Großeltern Markwart zu Besuch kamen?« Joachim lachte behaglich und stärkte sich mit einem Schluck Kaffee. Auch Viktor schmunzelte. Joachim setzte die Tasse ab. »Unser Großvater Markwart, Rose, war nämlich ein strenger Mann. Er hatte sein Leben lang hart arbeiten müssen« – schau an, schau an, dachte Rose – »und daher die Idee entwickelt, daß Arbeit so eine Art Gottesdienst ist, den der Mensch seinem Schöpfer schuldet. Vor allem junge Menschen sollten hart an die Kandare, seiner Meinung nach. Unser Vater dagegen sah es anders und hat uns sehr verwöhnt, besonders die Grethe. Großvater mißbilligte das und schimpfte über die Alfanzereien, die seine Enkelin trieb, mit den Büchern und am Klavier. Und wenn die Alten nun auf Besuch kamen und auf den Klingelknopf drückten, dann schmiß Grethe ihren Roman in die Ecke oder den Klavierdeckel zu, band sich schnell eine Schürze um und langte sich ein Staubtuch. Der Alte hat sie bloß noch als Haustöchterchen gekannt, wie sie die Möbel polierte. Ha, ha, ha! Vielleicht solltest du dir doch besser eine neue Auguste zulegen, Mutter!«

Joachim wischte sich die Lachtränen aus den Augen. Viktor lachte auch. Die alte Frau Markwart lächelte unsicher. Hulda hatte nicht ein einziges Mal ihren Warnruf ertönen lassen, und sie sah auch nicht so aus, als ob sie es noch vorhätte. Rose schaute auf ihren Teller und zerkrümelte den Kuchen. Sie fürchtete, daß man ihr den Triumph von den Augen ablesen könnte.

Grethe stand plötzlich auf und verließ, ohne ein Wort zu sagen, das Zimmer. Die Mutter sah ihr ängstlich nach und begann leise zu weinen. Sie klagte:

»Ach, nun habt ihr sie böse gemacht. Und heute ist doch Heiliger Abend. Und Verlobung noch dazu. Ach Joachim.«

»Mutter«, sagte Joachim, und man spürte, daß ihm etwas unbehaglich zumute war, »ich hab' doch nichts Schlimmes gesagt. Ein paar alte Familiengeschichten, du wirst dich doch selber noch erinnern. Es kann doch nicht verboten sein, darüber zu sprechen. Grethe ist die reinste Prinzessin auf der Erbse. Einfach zu empfindlich.«

»Ja«, sagte Hulda, »wenn's um sie selber geht. Aber bei anderen nicht.«

Viktor erhob sich. »Ich schlage vor, wir machen Schluß mit dem Streit. Du, Joachim, hältst dich für den Rest des Tages ein bißchen zurück mit deinen Scherzen. Und du, Hulda, mit deinen Kommentaren. Ich werde jetzt geh'n und Grethe versöhnen, und danach werdet ihr Rose und mir erlauben, die Hauptpersonen zu sein.«

»Ach ja«, sagte die alte Frau Markwart kläglich, »bitte, ja, Viktor, so wollen wir's machen. Es ist doch Weihnachten, Kinder. Wißt ihr nicht mehr, wie wichtig das immer war, als euer guter Vater noch lebte? Und wie friedlich? Euer Vater hätte nicht geduldet, daß ihr anders miteinander umgeht als in Liebe. Er selbst war ja die Liebe in Person. Erinnert ihr euch noch, wie er in den Vorweihnachtstagen immer das große Zimmer abgesperrt hat, in dem nachher gefeiert wurde, und wie er dann von Zeit zu Zeit reingegangen ist und mit Papier geraschelt hat, damit ihr so richtig gespannt sein solltet auf das Fest? Und ihr wart ja auch so aufgeregt, so richtig erfüllt von Weihnachten, schon Wochen vorher. Und über allem die Düfte von den Pfefferkuchen, die Auguste gebacken hat. Wie waren wir glücklich. Aber euer Vater hat immer gesagt, Glück kommt nicht von außen oder weil ein Fest ist. Glück kommt von innen, aus den Menschen, aus der Familie, in der die Liebe wohnt und wo man zusammenhält. Hol jetzt die Grethe zurück, Viktor. Sie muß uns doch nachher auf dem Klavier spielen. Das war doch immer ihre Aufgabe, seit Vater nicht mehr ist.«

9 / Es war nicht leicht, sich in den Koalitionen und Feindseligkeiten der Markwarts zurechtzufinden, besonders da die Fronten nicht stabil waren, sondern sich von Fall zu Fall neu bildeten. Eines aber konnte als sicher gelten: Der tote Vater, den die alte Dame oft und gerne

erwähnte, war der Fixstern, um den die Markwartschen Planeten kreisten, auch jetzt noch, ein Vierteljahrhundert nach seinem Hinscheiden. Die engere Familie sprach von ihm nie anders als mit Liebe, die Verwandtschaft zumindest mit Respekt. Er galt ihnen als Beweis dafür, wie weit es ein Markwart bringen konnte, und wenn sich bei dem einen oder anderen auch Neid hineinmischte, Bewunderung empfanden sie alle.

»Wieso sollten sie auch nicht«, sagte Viktor. »Sie meinen sich ja am Ende selbst, wenn sie ihn anstaunen. Sie identifizieren sich mit ihm und glauben, daß sein Erfolg dann auch ihr Erfolg ist. Dabei wären sie alle nichts, wenn es ihn nicht gegeben hätte.«

Viktor schlenderte mit Rose durch den weißen Weihnachtsmorgen. Daheim wütete Frau Petranek und bereitete vor, was am Abend für das große Familienessen gebraucht wurde. Die jüngere Generation hatte sie hinausgescheucht – »Jeh'n Se, machen Se bloß, daß Se wechkomm'! Sie loofen mir ejalwech mang de Füße, det kann ick nich vertraren!« –, und sogar der alten Frau Markwart hatte sie den größten Teil der Wohnung gesperrt, vor allem die Küche. Roses Anerbieten, ihr zu helfen, lehnte Frau Petranek rigoros, wenn auch freundlich, ab.

»Is jut jemeint, Frollein, aber hält mir mehr uff, als wenn ick et alleene mache. Seh'n Se, ick hab' hier zehn Jahre allet im Jriff, det jeht zack-zack, wie bei Preußens. Wenn ick Ihn'n det nu allens erst erklär'n soll ... Nischt für unjut, Frollein. Jeh'n Se man mit Ihr'n Verlobten spazier'n. Machen Se sich 'ne Weihnachtsfreude.«

Es kam Rose seltsam vor, daß sie am hellichten Vormittag müßiggehen sollte, wenn so viel Arbeit geleistet werden mußte. Aber andererseits war es wunderschön, Viktor ein paar Stunden für sich zu haben, eine Weile lang nicht Grethe gegenüber Haltung bewahren oder vor Joachims fragwürdigen Scherzen Deckung nehmen zu müssen. Vergnügt wirbelte Rose mit ihren Stiefelspitzen kleine Schneefontänen hoch, formte ab und zu einen Schneeball und probierte, wer weiter werfen konnte, sie oder Viktor.

Dann hängte sie sich in seinen Arm und lauschte seinen Erzählungen. Wie klug ihr Viktor war! Was er da über seine Verwandtschaft sagte, daß die sich in Viktors totem Vater nur alle selbst bewunderten – also das war wirklich unerhört gescheit. Wer sonst konnte so schwierige Gedanken denken und sie dann so einfach und für jedermann verständlich formulieren?

»Deinen Vater hätte ich gern gekannt«, sagte Rose und drückte zärtlich Viktors Arm.

»Ich hab' ihn selbst kaum gekannt«, sagte Viktor. »Ich war erst fünf Jahre alt, als er starb. Zu jung, um richtig zu verstehen, was vorging. Aber daß es unheimlich und entsetzlich war, das habe ich begriffen. Alle weinten, und Mutter ging herum wie ein Gespenst. Vater hatte die Grippe. Es war eine Epidemie damals in der Stadt. Viele sind gestorben. Du kannst dir denken, was das für eine schlimme Seuche gewesen sein muß, wenn ein Mann in der Blüte seiner Jahre an ihr stirbt. Vater war ja erst neununddreißig. Mutter war so außer sich, sie wußte nicht mehr, was sie tat. Dreimal hat sie versucht, sich aus dem Fenster zu stürzen. Schließlich kam Großmutter Bach, Mutters Mutter, und ist ihr Tag und Nacht nicht mehr von der Seite gewichen. Es hat sehr lange gedauert, bis sie sich gefangen hatte. Ganz überwunden hat sie es nie. Du mußt ihr aber nicht sagen, daß ich dir das erzählt habe mit den Fensterstürzen.«

»Bestimmt nicht«, versicherte Rose. Dann sagte sie trotzig: »Ich kann's verstehen. An ihrer Stelle hätt' ich auch nicht weiterleben wollen.«

»Aber drei Kinder, Rose!«

»Ja, drei Kinder ... Und trotzdem ...«

Eine Weile schwiegen beide. Rose grübelte. Schließlich fragte sie:

»Er war reich, dein Vater?«

»Er wurde reich«, sagte Viktor. »Geboren ist er arm, jedenfalls in kleinen Verhältnissen. Mein Großvater Markwart hat als Maurer angefangen und wurde nachher Eisenbahnbeamter. Das war 1843. In dem Jahr wurde die Strecke Berlin–Stettin fertig, an der Großvater mitgemauert hatte, und die Eisenbahnverwaltung übernahm ihre Arbeiter in den niederen Beamtendienst. Ein tüchtiger Mann war das, der Großvater Markwart. Er hat seine Spargroschen in Eisenbahn-Obligationen gesteckt und mit Glück spekuliert. Erst hat er das Haus in der Ackerstraße gekauft, wo er wohnte, und dann noch zwei weitere Häuser. Als er starb, hinterließ er der Großmutter eine kleine Witwenpension und die Mieteinnahmen der drei Häuser. Sie hat sich nicht an ihre Kinder halten müssen.«

»Schön«, sagte Rose, »freut mich für die alte Dame. Aber so ganz besonders ist es nicht. Mein Großvater hat nur ein Haus. Aber dazu noch rund sechzig Morgen Ackerland, das Gartenland nicht gerechnet. Wenn er das verkaufen würde, kriegte er fast sechzigtausend Mark dafür. Das ist auch keine Kleinigkeit.«

»Natürlich nicht«, bestätigte Viktor. »Wir stammen beide aus tüchtigen Familien.« Er hatte offenbar nicht bemerkt, daß Rose in Verteidigungsstellung gegangen war. Fröhlich wirbelte er sie herum und drückte ihr einen Kuß auf beide Wangen. »Ich würde deinen Großvater gern mal kennenlernen.«

»Lieber nicht«, dachte Rose und ärgerte sich. Warum hatte sie davon angefangen? Hatte sie sich nicht geschworen, ihre Familie so wenig wie möglich ins Spiel zu bringen?

»Wir wollten doch von deinem Vater sprechen«, sagte sie. »Wie ist er denn so reich geworden?«

Ja, das war eine erstaunliche Geschichte. Zuerst hatte es gar nicht so ausgesehen, als ob eines von Markwarts Kindern mal eine besondere Karriere machen würde. Großvater Markwart hatte es sich zwar nicht nehmen lassen, sie aufs Gymnasium zu schicken – das heißt, die Söhne, Ludwig, den Ältesten, und den drei Jahre jüngeren Curt. Henriette, das Nesthäkchen, erst 1864 geboren, dreizehn Jahre nach Ludwig, wurde in üblicher Weise als brave Haustochter erzogen, und der Vater legte für die Tochter eine Aussteuer zurück.

Um aber die beiden Gymnasiasten studieren zu lassen, dafür reichte das Geld nicht. Der Vater hatte andere Pläne: Er wollte jedem Sohn einen Tabakladen einrichten. Das schien ihm eine gewinnträchtige Sache. »Geraucht wird immer«, sagte er. Doch Ludwig wie Curt verweigerten sich der fixen Idee ihres Vaters.

Ludwig wäre am liebsten Arzt geworden. Da dies nicht ging, machte er aus seiner Neigung ein Steckenpferd für die Freizeit. Er las alle populärwissenschaftlichen Schriften aus dem Gebiet der Medizin. Im Keller des väterlichen Hauses sezierte und präparierte er Mäuse und Frösche. Im übrigen durchforschte er sich nach anderen Talenten und entdeckte, daß er kaufmännisch begabt sei.

Als er, zwanzigjährig, 1871 aus dem Krieg gegen die Franzosen heimkehrte, gründete er eine Färberei für Straußenfedern. Straußenfedern waren das A und O jeder feinen Damengarderobe, schmückten vor allem die Hüte und würden das noch lange tun. Darauf setzte Ludwig. Man konnte, wenn man sich in ihre Verarbeitung einschaltete, gutes Geld verdienen.

Seine Spekulation ging auf. Binnen einem Jahrzehnt besaß er einen florierenden Betrieb der Modebranche mit zahllosen Geschäftsverbindungen nicht nur innerhalb Deutschlands, sondern auch im Ausland. Viktor sagte:

»Er ist immer zu den Modemessen nach Paris und nach London gefahren. Er mußte ja den *dernier cri* kennen. Mutter besitzt noch eine ganze Mappe voll mit den Briefen, die er nach Haus geschrieben hat. Vater reiste gern, aber wenn er fern von zu Hause war, hatte er schreckliches Heimweh. Er hing so sehr an uns. Mutter und Grethe sitzen manchmal zusammen und lesen sich gegenseitig aus Vaters alten Briefen vor. Sie weinen dann immer, alle beide.«

»Ach mein Gott«, sagte Rose und dachte, daß Grethe wohl auch sich selber meinte, wenn sie ihren Vater beweihräucherte.

»Ach ja«, seufzte Viktor, »er hat uns allen so sehr gefehlt. Nicht nur Mutter, auch uns Kindern. Die Wohnung, die wir jetzt haben, hat Vater nie gekannt. Aber sogar sie spricht von ihm. So viel von dem, was dort herumsteht und -hängt, stammt von seinen Reisen: Uhren und alte Bücher, Mutters japanisches Teeservice, die Wandteppiche im Erkerzimmer und die beiden Figuren auf der Anrichte, die Gipsabgüsse vom Diskuswerfer und vom Dornauszieher. Die sind nach antiken Vorlagen, weißt du.«

Rose wußte es nicht. Sie hatte nie von dergleichen gehört. Aber sie nickte ernsthaft. Das alles interessierte sie im Moment nicht so sehr. Was sie wirklich wissen wollte, war, warum man mit einemmal zu Geld kommen konnte, bloß weil man lächerliche Federn einfärbte. Das hatte es auch vor dem Schwiegervater gegeben. Wieso wurde gerade er mit diesem Einfall groß und andere nicht?

»Nun«, sagte Viktor, »es muß einem nicht nur etwas einfallen, man muß die Idee auch im rechten Moment haben. Weißt du, Vater ist auf der Siegerwoge in seinen Erfolg geschwommen. Wir hatten gerade den Krieg gegen die Franzosen gewonnen, und da flossen eine Menge Reparationsgelder ins Deutsche Reich, Milliarden von goldenen Francs. Das hat die deutsche Wirtschaft mächtig belebt, auch die Modewirtschaft. Vater hatte eben den Riecher, das ist es.«

»Das muß schön gewesen sein für deine Mutter«, sagte Rose träumerisch, »so reich zu heiraten.«

»Sie hat nicht reich geheiratet«, widersprach Viktor. »Sie sind beide zusammen reich geworden. Als sie heirateten – das war 1876 –, war Vater noch in seinen Anfängen, ein kleiner Krauter. Großvater Bach – Mutters Vater – war damals gegen die Verbindung. Er wollte was Besseres für seine Tochter. Mutter ist Vaters Jugendliebe gewesen, mußt du wissen. Sie kannten sich, seit er achtzehn war und sie fünfzehn. Und Großvater Bach wollte dem Hungerleider seine Juliane nicht geben. Aber als Vater dann so groß wurde, war er sehr stolz auf den Schwiegersohn und bestritt, daß er ihn jemals abgelehnt hatte.«

»Und dann war er reich«, beharrte Rose.

Ja, dann war er reich. Es dauerte nicht lange, da besaß Ludwig Markwart das Haus in der Stralauer Straße, in dem seine Gewerbe- und Büroräume untergebracht waren. Er kaufte ein großes Miethaus in der Charlottenburger Pestalozzistraße, in dem die Familie nach Joachims Geburt auch wohnte. Ludwig mochte den Seinen den scharfen Geruch nicht mehr zumuten, der in der Stralauer Straße durch das ganze Haus zog.

Später erwarb Ludwig eine Sommervilla in Woltersdorfer Schleuse, am Flakensee, östlich von Berlin. Dort kam, während eines Ferienaufenthaltes, Viktor zu Welt. Ludwig kaufte eine zweite Sommervilla in Rüdersdorf, in den Kalkbergen nördlich vom Flakensee. Auf dem Großen Müggelsee hielt er eine Dampfjacht, auf der sich die Familie an den Sommerwochenenden vergnügte. Der Heizer, der die Woche über die Kessel der Färberei bediente, sorgte dann für die Dampfkessel der Jacht. Steuern tat Ludwig selbst.

»Er hat auch meinem Onkel Curt zur Existenz verholfen«, sagte Viktor. »Der hatte sich lange als Reisender versucht, mit allen möglichen Artikeln. Er ist immer auf die Nase gefallen. Schließlich hat ihn Vater als Geschäftsführer angestellt. Er war ja so viel unterwegs, um seine Beziehungen zu pflegen und neue zu knüpfen. Da brauchte er jemanden, der ihn daheim vertrat. Natürlich hat Onkel Curt zugegriffen. Vater hat ihm voll vertraut. Aber Onkel Curt hat es ihm schlecht gedankt.«

»Hat er ihn betrogen?«

»Schlimmer!« sagte Viktor grimmig. »Vaters Tod war eine Katastrophe für alle. Nur nicht für Curt. Der hat abgesahnt – zu Lasten der Witwe. Unser fürsorglicher Vater, er hätte sich im Grabe umgedreht, wenn er noch hätte sehen können, was sein Bruder mit unserer hilflosen Mutter anstellte!«

Curt hatte seiner Schwägerin einen Vertrag vorgelegt, der ihm Ludwigs Geschäft sichern sollte, ihr und der Kinder Erbe. Er bot wenig mehr als einen Apfel und ein Ei. Die Witwe verstand nichts von Geschäften. Sie fragte den Buchhalter, der seinem Prinzipal immer sehr ergeben gewesen war. Der schaute sich den Vertrag an, schüttelte den Kopf und sagte:

»Ich rate entschieden ab. Ihr Mann findet auf ewig seine Ruhe nicht, wenn Sie das unterschreiben.«

Curt schnaufte nur verächtlich, als er den Bescheid hörte.

»Na, wie du willst, Schwägerin. Dann steige ich hier aus und mache meine eigene Firma auf. Den Namen hab' ich, mit dem bin ich geboren, den kannst du mir vor keinem Gericht wegklagen. Die Kundenkontakte hab' ich auch. Dann mach du deine Geschäfte, und ich mach' meine.«

Die Witwe unterschrieb. Curt entließ den Buchhalter.

Rose empörte sich: »Und den lädt deine Mutter zum

Weihnachtsessen ein? Der käme mir nicht mehr über die Schwelle!«

»Das meint Grethe auch immer«, antwortete Viktor. »Aber Mutter ist nun einmal lieb und gut und sonst nichts. Als Curt noch so herumkrebste mit seinen Vertretungen, hat sie der Familie immer zugesteckt. Und als Vater tot war, da fühlte sie sich als seine Nachlaßverwalterin, vor allem in moralischer Hinsicht. Und unser Vater hat immer so sehr auf die Familienbeziehungen gehalten.«

»Man kann auch alles übertreiben«, sagte Rose. Sie ärgerte sich. Das alles war schon lange her, und genaugenommen ging es sie ja auch nichts an. Aber diese Markwarts sollten nun ihre Familie werden, und da konnte sie doch wohl einige Ansprüche an Vernunft und Billigkeit stellen. Offenbar gab es bei allen Leuten irgendwo einen Schubjack oder gar mehrere. Wenn sie an ihre eigene Sippschaft dachte – also, da wollte sie sich lieber nicht zum Richter aufwerfen. Das änderte aber nichts daran, daß es für alles Grenzen gab. Diese Schwiegermutter! Vielleicht konnte sie es in ihrer damaligen Situation wirklich nicht verhindern, daß sie so frech betrogen wurde. Obwohl – also Rose wäre das nicht passiert! Dann aber auch noch die Hand reichen zu diesem unerhörten Streich, durch Duldung den unverschämten Gauner ermutigen und unterstützen ... Da blieb einem doch der Mund trocken! Und so was wurde nicht zum Tempel rausgejagt, nein, zum Weihnachtsessen eingeladen, Jahr für Jahr.

»Ich hab' dafür kein Verständnis«, sagte Rose verdrossen. »Was hat denn dein Großvater zu seinem Früchtchen Curt gesagt?«

»Der war leider schon tot. Er starb ein Jahr vor Vater. Wenn er's noch erlebt hätte, da hätt's wohl Zunder gegeben.«

»Hoffentlich!« sagte Rose. »Wenn ich es richtig verstanden habe, dann hat dein Onkel Curt ein gut Teil von dem Vermögen, das eigentlich euch gehört. Deiner Mutter, dir und deinen Geschwistern.«

Und das mir gehören sollte, dachte sie, sprach es aber nicht aus. Statt dessen fragte sie:

»Und deine Tante Henriette? Ist sie auch so ein Stückchen Mist?«

Ach, Henriette. Sie war eher ein Stückchen Malheur. An ihr als dem einzigen seiner Kinder hatte Großvater Markwart seine Idee mit dem Tabakladen realisiert. Als Henriette 1882 Gustav Schallop heiratete , bekam sie ein prächtiges Zigarrengeschäft mit in die Ehe. Ihr Mann richtete es in kurzer Zeit zugrunde. Er soff nämlich. Immer hatte er Flaschen mit Schnaps zwischen den Importen, aus denen er sich bediente und auch den Kunden bereitwillig einschenkte. Ob sie dann auch Zigarren kauften, kümmerte ihn nicht viel.

Nach fünf Jahren war der Laden pleite. Gustav Schallop legte sich aufs Sofa, die Schnapsflasche neben sich, und stellte sich tot. Die Familie lebte von dem, was Henriette mit Weißnäherei verdiente, worin sie eine Meisterin war. Und von dem, was ihr Vater zähneknirschend zuschoß. Auch Viktors Mutter ließ sich nie bitten, wenn es galt, der unglücklichen Schwägerin zu helfen. Sie spendete gern und reichlich. Henriette nahm, aber sie verübelte es, daß sie nehmen mußte und die andre geben konnte.

Nach vierzehn Ehejahren starb der versoffene Gustav. In dieser Zeit zeugte er zwölf Kinder, zwei Einzelkinder und fünfmal Zwillinge. Alle Zwillinge starben, bevor sie ihr erstes Jahr vollendet hatten. Am Leben blieben die Tochter Lydia, geboren 1887, und der Sohn Adolf, geboren 1891.

Lydia erlernte das Schneiderhandwerk. Sie und Henriette hielten den Kessel am Dampfen, wie Viktor sich ausdrückte. Sie sorgten für den Lebensunterhalt der kleinen Familie. Adolf kränkelte dahin. Was ihm fehlte, wußte kein Mensch so recht. Vielleicht litt er daran, daß er im Suff gezeugt worden war. Jedenfalls konnte er nicht arbeiten. Oder er wollte nicht.

Henriette, Tante Jettchen, schleppte die beiden immer mit, wenn es irgendwo ein Familienessen gab. Wenn man sie bat, zuzulangen, sagte sie jedesmal:

»Ich lang' zu. Ich werd' mich nicht genieren. Man nimmt's, wo man's kriegt, wenn man es sich selber nicht leisten kann. Lydchen, mein Kind, lang auch zu. Adolf, mein Herz, nimm nur, nimm, was du willst und brauchst. Zier dich nicht. Bist ja bei die reichen Verwandten.«

»Was denn«, wunderte sich Rose, »wie redet denn die! Kann sie nicht richtig Deutsch?«

»Sie kann«, sagte Viktor. »Mit dem falschen Deutsch will sie nur darauf aufmerksam machen, daß sie elend lebt und in die Hefe des Volkes abgerutscht ist. Sie will uns, die sogenannten reichen Verwandten, in Verlegenheit bringen.«

»Großartig«, sagte Rose. »Langsam verstehe ich Hulda, wenn sie von der Markwartschen Mischpoche spricht.«

»Mein Röschen«, bat Viktor, »du wirst dir das doch nicht anmerken lassen, wenn sie heute abend alle bei uns am Tisch sitzen? Das darfst du Mutter nicht antun. Bitte, versprich mir, daß du alles unter uns läßt, was ich dir erzählt habe.«

»Ich versprech's«, sagte Rose. »Aber ich versteh's nicht. Erklär mir doch bloß, warum ladet ihr die alle ein?«

»Tja«, sagte Viktor, »das hat mit der Familienehre zu tun. Die Devise ist: Ich laß mich doch von den anderen nicht übertrumpfen. Mutter ist es nie gelungen, sich davon freizumachen. Und so haben wir jedes Jahr dieselbe Komödie und immer denselben Ablauf. Erst fressen sie alle, sagen wir mal, bei uns. Am zweiten Feiertag läuft das Programm dann beim Nächsten ab, sagen wir: bei Curt. Immer in der gleichen Besetzung und auf die gleiche Art. Es ist wirklich immer dasselbe: Gänsebraten oder Kalbsbraten oder beides zu Mittag; Kuchen und Torten zum Kaffee; Schweinebraten mit Kartoffelsalat zum Abend. Zwischendurch Pfeffernüsse und Marzipan und was weiß ich noch alles. Es ist ein reines Wunder, daß noch niemand geplatzt ist von den Mengen, die sie sich reinstopfen.«

»Viktor«, sagte Rose, »was hast du bloß für eine Familie!«

Viktor, der nicht im entferntesten ahnte, wie ernst Rose das meinte, lächelte heiter. Er sagte:

»Da hast du recht. Es ist der reinste Witz. Wenn sie nachher alle um den Tisch sitzen, werden wir zwei uns angucken und mit den Augen blinzeln. Was bin ich froh, daß ich unter so vielen Lemuren dich gefunden habe, mein allerliebster Schatz.«

Zum Blinzeln kam Rose nicht an jenem ersten Weihnachtsfeiertag. Sie brauchte ihre ganze Aufmerksamkeit, um mit den vielen Fragen fertig zu werden, die Viktors Sippschaft auf sie herunterprasseln ließ. Natürlich waren alle neugierig, was das für ein Zuwachs war, den der Neffe und Vetter da angeschleppt hatte. »Er soll sie ja auf einem Bahnhof kennengelernt haben«, flüsterte Onkel Curt in Tante Jettchens Ohr. Henriette hob die Schultern und sagte laut: »Mir egal. Jedenfalls setzt sie sich in's weiche Nest. Unsereiner dagegen ... Adolf, mein Junge, lang zu. Genier dich nicht. Tante Julchen gönnt's dir. Sie hat's ja.«

»Am liebsten hätten sie mir das Hemd vom Leibe gefragt«, sagte Rose am späten Abend empört zu Viktor. »So was von Neugier! Neugier und Mißgunst.«

Am meisten hatte ihr Tante Jeanette zu schaffen gemacht, die Frau von Onkel Curt. Schon der Name verwirrte Rose.

»Wie heißt die?«

»Heißen tut sie Johanna. Aber sie nennt sich Jeanette. Sie hat's mit dem Französischen, weil ihr Vorfahr ein General von Napoleon gewesen ist.«

»Oh, wirklich?«

Viktor lachte. »Laß dich nicht ins Bockshorn jagen. Niemand glaubt ihr den General. Wenn dieser Urgroßvater Korporal gewesen ist, dann kann sie sich schon gratulieren. Und aus Frankreich ist er bestimmt auch nicht gekommen. Wahrscheinlich war er so ein zugelaufener Deutscher. Davon gab's ja leider viele in Napoleons Armee. Vaterlandslose Gesellen.«

Rose versuchte krampfhaft, sich von Tante Jeanette nicht ins Bockshorn jagen zu lassen. Aber es mißlang ihr. Tante Jeanette trat außerordentlich großspurig auf. Schon ihre äußere Erscheinung imponierte Rose, obwohl sie sich dagegen wehrte. An der fülligen Gestalt der Tante floß ein locker geschnittenes Kleid herunter, dessen Stoff sehr teuer gewesen sein mußte. »Mischung von Thusnelda und Reform«, lästerte Viktor, aber das erleichterte Rose nicht, weil sie nicht begriff, was er damit meinte. Von Jeanettes Hals baumelten drei Reihen Perlen und eine dünne goldene Kette, an der ein Lorgnon mit goldenem Rand befestigt war. An ihren fleischigen Händen trug sie zahlreiche Ringe, fast an jedem Finger einen oder sogar zwei.

Als ihr Rose vorgestellt wurde, faßte Tante Jeanette mit der kostbar beringten Hand ihr Lorgnon, hob es vor ihre Augen und betrachtete die neue Verwandte ungeniert von oben bis unten. Dabei preßte sie ihr Doppelkinn so nachdrücklich gegen ihren Hals, daß sie aus der Fülle noch ein drittes Kinn produzierte. Rose fühlte sich eingeschüchtert, ein Gefühl, das sie haßte. Sie haßte augenblicklich auch die Person, die es ausgelöst hatte.

»So, so«, sagte Tante Jeanette gedehnt. »Und was, sagten Sie, haben Sie bisher gemacht?«

»Sie hat gar nichts gesagt«, erklärte Viktor, bevor Rose antworten konnte. »Ich habe es gesagt. Rose ist Krankenschwester in einem Sanatorium in Babelsberg.«

»Krankenschwester, so, ja«, sagte Tante Jeanette und ließ ihre dicken Finger zierlich mit dem Lorgnon spielen. »Bringt denn das was ein? Was kriegt denn eine Krankenschwester? Was verdienen Sie denn so, liebes Kind?«

»Hundertfünfzig«, log Rose und wünschte im selben Augenblick, sie hätte noch dreister gelogen.

»Hundertfünfzig, tatsächlich«, sagte Tante Jeanette. »Na, viel mehr kriegst du ja wohl auch nicht auf deiner Assistentenstelle, Viktor, oder? Zweihundert, nicht wahr? Zusammen also dreihundertfünfzig. Und davon könnt ihr leben?«

Rose vergaß vor Empörung beinahe das Atmen. Das Schlimme war, daß ihr die unverschämte Tante immer noch imponierte, so sehr, daß ihr nichts einfiel, was sie ihr hätte entgegenhalten können. Auch Viktor sagte nichts, er schüttelte nur den Kopf und lächelte dabei. Offenbar nahm er das alles nicht so ernst. Das verstand Rose nicht. Wie konnte man es leicht nehmen, wenn man so beleidigt wurde?

In das Gebrodel ihrer Empfindungen drang Grethes kühle Stimme:

»Sie werden schon durchkommen, Tante Jeanette. Ihr seid ja auch durchgekommen, und ihr hattet doch viel weniger damals, du und Onkel Curt. Und wenn's gar nicht gehen sollte, dann haben sie ja dieselbe Hilfsquelle, aus der auch ihr euch in eurer ärmlichen Zeit so reichlich bedient habt: das Portemonnaie unserer Mutter.«

Überwältigt starrte Rose auf die Schwägerin. Das war

mal eine Abfertigung! Eine volle Breitseite für die großmäulige Tante! Rose hätte gern zu erkennen gegeben, wie sehr sie mit Grethe übereinstimmte und wie dankbar sie ihr war. Aber Grethe schaute gar nicht zu ihr hin. Sie wandte sich gelassen um und schritt davon. Sie wartete nicht einmal ab, welche Wirkungen ihr Giftpfeil bei der Tante hervorrief. Das war sehr verwirrend und irgendwie auch kränkend. Grethe hatte wohl Rose gar nicht helfen wollen, sondern ihre eigene Schlacht geschlagen. Und offensichtlich legte sie Wert darauf, daß Rose dies auch begriff.

»Wartet nur!« dachte Rose. »Ihr kommt alle mal dran. Für jeden von euch kommt mal der Augenblick.« Sie wußte nicht genau, was sie eigentlich meinte. Sie empfand nur ein unklares Bedürfnis nach Vergeltung, die jeden treffen sollte, der sie kränkte oder je gekränkt hatte.

Der Augenblick für Grethe kam übrigens noch während des Weihnachtsessens, dem die alte Frau Markwart heiter und liebenswürdig präsidierte. Sie hatte von den Auftritten am Rande der Tafel nicht das geringste mitbekommen. Sie sorgte sich, ob auch jeder genug erhielt von den Köstlichkeiten auf dem großen Tisch, und aß selbst nur winzige Portionen. Tante Jeanette aß um so kräftiger. Entweder hatte ihr die Szene mit Grethe den Appetit nicht verdorben, oder sie zählte zu jenen Menschen, die Erschütterungen mit vermehrter Nahrungszufuhr ausgleichen. Sie plauderte eifrig mit Joachim, den man ihr als Tischherrn zugeordnet hatte. Grethe, die ihr schräg gegenübersaß, gönnte sie keinen Blick.

Bis zu der Pause, die zwischen Hauptgericht und Nachspeise eintrat. Frau Petranek hatte die Teller entfernt, auch die Schüsseln und Platten hinausgetragen und stellte draußen in der Küche die Schalen mit dem Mandelpudding aufs Tablett. Drinnen im Erkerzimmer lehnte sich die Tischgesellschaft erschöpft zurück und versuchte, für den letzten Gang wieder Kräfte zu sammeln. Da erwachte Tante Jeanette zu neuer Aktivität.

»Julchen«, rief sie quer über die Tafel, »Joachim erzählt mir eben, daß er vergangenen Sommer wieder auf Rügen war. Es ist doch schön, wenn der Sohn die Tradition fortführt, die die Eltern begründet haben. Fährst du denn wohl auch mal wieder hin, Julchen?«

»Ach nein«, sagte die alte Frau Markwart, und ihre Augen füllten sich mit Tränen. »Seit mein guter Ludwig nicht mehr ist, bin ich nicht dort gewesen. Es wäre mir zu schmerzlich, da allein zu sein, wo wir viele Jahre so glücklich gewesen sind.« Mit einem Spitzentüchlein tupfte sie die Feuchte von ihren Wangen.

»Versteht sich«, sagte Tante Jeanette. »Obwohl man ja hätte denken können, ihr alle wäret mit Ketten an dieses Stückchen Insel geschmiedet, so habt ihr immer dran gehangen. Na ja, jeder hat eben seinen speziellen Ort des Glücks. Wie ist es eigentlich, Grethe, hast du mal wieder was von Max gehört?«

Jeder am Tisch hielt den Atem an, bis auf Rose, die nicht wußte, wovon die Rede war. Grethe saß steif, als hätte sie einen Ladestock verschluckt. Sie würdigte Tante Jeanette keines Blickes. Die jedoch, ohne sich daran zu stören, sprach munter weiter.

»Ja, ja, nicht alles, was aus Rügener Boden wächst, taugt auch was. Ach, Julchen, wenn der gute Ludwig gewußt hätte, welche Schlange er am Busen genährt hat …«

An dieser Stelle erhob sich Grethe und strebte der Tür zu. Noch bevor sie die Klinke in der Hand hatte, drang Tante Jeanettes letzte Bemerkung an ihr Ohr:

»… und daß die eigene Tochter sich betragen würde wie das Kaninchen vor der Schlange …«

»Nun ist's genug, Tante Jeanette!« sagte Viktor mit Würde. Die Tante schien ihn nicht zu verstehen. Völlig unerschüttert lächelte sie ihm zu. »Ihr müßt uns bald einmal besuchen, Viktor, du und deine reizende Braut.«

Viktor bekam einen roten Kopf, aber er sagte nichts. Joachim rutschte verlegen auf seinem Stuhl hin und her. Die alte Frau Markwart führte erneut ihr Spitzentüchlein an die Augen. Henriette sagte: »Sollte es nicht noch Mandelpudding geben? Adolf, mein Kind, warte noch ein bißchen. Du wirst deinen Pudding schon kriegen. Tante Julchen hält, was sie verspricht, besonders Weihnachten.«

In der unbehaglichen Stille, die sich im Zimmer ausbreitete, wirkte Huldas Stimme doppelt laut:

»Ich dachte schon, ich hätt' mich überfressen. Aber so viel kann ich gar nicht schlucken, wie ich kotzen möchte.«

Der Mißklang an der Mittagstafel hatte die Gesellschaft nicht auseinandergetrieben. Zur Kaffeezeit sprach man dem Napfkuchen und der Buttercremetorte zu, und am Abend klatschten sich alle große Kleckse Mostrich neben den kalten Schweinebraten, weil das, so hieß es, das Fett besser verdauen hilft.

»O Julchen, dein Kartoffelsalat! Ein Gedicht!«

»Den hat Frau Petranek gemacht«, sagte die alte Dame bescheiden.

»Egal. Du hast sie angeleitet. Köstlich! Kann ich noch ein Bier haben?«

Zwischen Kaffee und Abendessen hatte man die Kerzen am Weihnachtsbaum entzündet und die alten, schönen Weisen gesungen. Grethe, die schließlich doch zurückgekehrt war, begleitete die Sänger am Klavier. Sie spielte sehr geläufig und mit viel Gefühl.

»Und nun noch mal ›O du fröhliche‹!«

Als Rose sich gegen zehn Uhr abends verabschiedete – sie mußte ja am nächsten Morgen um sieben wieder zum Dienst antreten –, saß die gesamte Verwandtschaft immer noch zusammen, und keiner machte Miene, nach Hause zu gehen.

Viktor begleitete Rose, um sie vor den Fährnissen zu beschützen, die auf dem langen und vor allem dunklen Weg nach Babelsberg lauern mochten. Rose hatte den ganzen Nachmittag hindurch ungeduldig darauf gewartet, endlich mit Viktor allein zu sein.

»Also, jetzt möchte ich endlich erfahren, was das heute zu bedeuten hatte mit Grethe. Wer ist Max? Was hat deine Tante Jeanette gemeint?«

»Ach Rose, das ist eine trübe Geschichte.«

»Die du mir schon lange erzählen wolltest. Jedenfalls hast du es versprochen. Und jetzt will ich sie hören.«

»Na schön. Also Max, das ist Grethes ehemaliger Mann. Die Sache ist nämlich so ...«

Von ihren frühesten Ehetagen an waren Viktors Eltern jeden Sommer nach Rügen gefahren, erst allein, später mit den Kindern. Auf die Nordseite der Insel, in Sichtweite vom Kap Arkona. Dort wohnte, im Buchenwald oben auf der Steilküste, die alte Frau Geheimrat Tiesen in ihrem schönen Haus. Sie war die Witwe des berühmten Internisten aus der Berliner Charité. Mit dessen Sohn war Ludwig Markwart während der Schulzeit befreundet gewesen, er hatte im Berliner Haus der Tiesens verkehrt. Der Geheimrat mochte den aufgeweckten Ludwig. Er bedauerte es sehr, daß der Freund seines Sohnes nicht Arzt werden konnte, wie er es sich gewünscht hatte. Der alte Herr gab Ludwig die medizinischen Schriften, in denen der Junge so gerne las, und leitete ihn bei seinen Sezierversuchen an. Schon der Schuljunge durfte in den Sommerferien mit ins Ferienhaus nach Rügen. Dort gab man ihm eine Flinte und nahm ihn mit auf die Jagd nach Kleinwild, Hasen und Kaninchen, Rebhühnern und Enten.

Ludwig blieb seinen Neigungen treu. Der alte Tiesen

war schon tot, da fuhr Ludwig Markwart immer noch nach Rügen und besuchte die Witwe des Geheimrats. Als er dann Juliane geheiratet hatte, nahm er sie mit in sein Sommerglück. Aber von nun an mietete er sich in einer Fischerhütte ein, eine Viertelstunde Weges vom Haus der Tiesens. Es war ein idyllisches Häuschen, mit Reet gedeckt und mit Kletterrosen überwachsen. Die Steilküste hinter dem Häuschen war nicht bewaldet, sondern nur mit Gras bewachsen, so daß man freien Blick auf die Ostsee hatte und abends das kreisende Licht vom Leuchtturm auf Kap Arkona sah.

Das bezaubernde Stückchen Erde, in das sich auch Juliane verliebte, gehörte zu einem Gut. Mit dessen Pächter, einem Herrn Jahn, freundete Ludwig Markwart sich bald an, und nun gingen diese beiden gemeinsam auf die Jagd. Herr Jahn hatte acht Kinder, mit denen Ludwigs Kinder spielen konnten. Der Älteste war Max.

Die Jahns waren nicht eben begütert. Dazu war die Familie zu groß und ihre Klitsche nicht ertragreich genug. Vielleicht war Herr Jahn auch kein guter Landwirt. Ludwig, der es sich leisten konnte, den Mäzen abzugeben, sagte zu Juliane: »Der Max ist ein begabter Junge. Er will Architekt werden. Wenn er soweit ist, finanziere ich ihm sein Studium.« Wahrscheinlich hatte Ludwig dabei an seine eigenen, unerfüllten Jugendträume gedacht.

Juliane wiederum dachte an die Worte ihres Mannes, als der neunzehnjährige Max nach Berlin kam und fragte, ob er bei der Gestaltung seiner Zukunft auf Hilfe rechnen könne. Das war 1892, Ludwig war schon zwei Jahre tot. Ihm zu Ehren bezahlte Juliane dem mittellosen Max sein gesamtes Studium. Sie hatte auch keine Einwände, als Max fünf Jahre später um die Hand der neunzehnjährigen Grethe anhielt. Im Gegenteil, sie weinte vor Glück und Wehmut.

Sie machte dem jungen Paar eine Wohnung in der Pestalozzistraße frei. Das Charlottenburger Haus hatte Juliane als einziges behalten, die Sommerhäuser in Rüdersdorf und in Woltersdorfer Schleuse dagegen verkauft, desgleichen die Dampfjacht auf dem Müggelsee. Der Erlös war in soliden Papieren angelegt, die gute Rendite brachten. Das hatte noch Ludwigs Buchhalter für sie arrangiert, derselbe, der sie vor Curt gewarnt und den Curt dann gefeuert hatte. Obwohl verwitwet, war Juliane eine Frau in sehr guten Verhältnissen.

Eines Tages machte Max seiner Schwiegermutter einen Vorschlag: Draußen in den Berliner Vororten, sagte er, war Bauland billig zu haben. Es würde aber innerhalb weniger Jahre an Wert zunehmen, und zwar um ein Vielfaches. Man konnte sich friedlich hinsetzen und zusehen, wie das Geld, das man investiert hatte, sich von ganz allein vermehrte. Ein fabelhaftes Geschäft. Max wußte da ein Objekt in Lichterfelde – also traumhaft. Die Straße schon angelegt, alles schon erschlossen, und direkt gegenüber die Preußische Hauptkadettenanstalt, eine honette und obendrein wünschenswerte Nachbarschaft. Wieso? Na, weil von dort potente Mieter kommen würden. Mußten die Offiziere nicht glücklich sein, in bequemer Nähe standesgemäße Wohnungen zu finden?

Es stellte sich heraus, daß Julianes verfügbare Gelder für ein solches Unternehmen nicht ausreichten. Max sah darin kein Problem. Juliane konnte ja ihr Haus verkaufen, sie würde in Lichterfelde ein ebenso gutes – nein, ein besseres bekommen.

»Was wirst du hier im Häusermeer hocken bleiben, wenn du dort mitten in der Natur wohnen kannst, im Grünen, mit einem riesigen Garten?«

Aber Juliane sträubte sich: »Ich weiß nicht, ich weiß nicht … So ein schönes Haus wie dieses hier kriege ich nie wieder. Ich habe es gerade erst herrichten lassen, guck dir mal den Hausflur an und die Fassade. Alles solide, nirgends der Schwamm drin oder der Holzwurm. Und die Wohnungen haben alle Sonne. Na, und die Waschküche – zeig mir mal ein Haus, wo die Waschküche oben ist, neben dem Trockenboden. Ich hab' das noch nirgends sonst gesehen. Das ist so praktisch für die Hausfrauen. Bei uns muß niemand die schweren Körbe mit der nassen Wäsche aus dem Keller bis zum Boden schleppen. Das hat unseren lieben Vater gleich überzeugt, als er das Haus damals gekauft hat. Und nun soll ich das Letzte hergeben, was mir von ihm noch geblieben ist.«

Juliane führte ihr Taschentüchlein an die Augen. Max umarmte sie und sagte herzlich:

»Das Letzte ist es doch nicht, Mutter. Du hast so viele Erinnerungsstücke. Und vor allem hast du deine Kinder. Und was das Haus anbetrifft ... Wenn Vater noch lebte, er würde auch sehen, wie vorteilhaft der Tausch ist. Er hatte immer eine Nase für gute Geschäfte. Du glaubst doch nicht, daß Vater sentimentale Rücksichten höher gestellt hätte als die Möglichkeit, sich zu verbessern? Und das andere, das sind alles Kleinigkeiten. Wenn es so wichtig ist, die Waschküche oben zu haben, dann kriegst du eben eine Waschküche oben. Vergiß doch nicht, daß wir uns das Haus, in dem wir wohnen werden, selber bauen. Ich werde es bauen. Du bist der Bauherr, ich bin der Architekt. Du brauchst mir nur zu sagen, wie du es haben willst. Ich führe es aus.«

Nach mehreren solcher Gespräche war Juliane bereit, sich das Gelände in Lichterfelde wenigstens mal anzusehen. Was sie vorfand, gefiel ihr recht gut. Sie war, seit sie Ludwig verloren hatte, nicht mehr viel herumgekommen. Deshalb hatte sie sich Lichterfelde als ein aufgelassenes Dorf vorgestellt, eine Ödnis von verwilderten Äckern, die erst durch die geplanten Bauten wieder in einen zivilisierten Zustand versetzt werden konnten. Aber der Ort, wenngleich immer noch als Dorf bezeichnet, war längst keine Ackergemeinde mehr. Die paar Bauern, die noch Feldwirtschaft betrieben, konnte man zählen. Die meisten hatten ihr Land verkauft, und wo einst der Pflug gegangen war, standen nun hübsche Villen, in denen gutsituierte Beamten-Pensionäre ihre Ruhegelder verzehrten. Außer den Kadetten war noch ein Bataillon Gardeschützen hier stationiert, was eine Menge Geschäftsleute aller Art angezogen hatte.

Es gab sogar zwei Bahnhöfe, einen an der Anhaltischen, einen an der Magdeburgischen Eisenbahnlinie. Besonders der zweite konnte sich als wichtig erweisen: Über ihn fuhren die Züge der Wannseebahn und verbanden Lichterfelde einerseits mit dem Potsdamer Bahnhof in Berlin, andererseits mit Potsdam. Aber auch der Bahnhof an der Anhaltischen Linie konnte sich sehen lassen, vor allem deswegen, weil von dort eine elektrische Straßenbahn nach Lichterfelde hineinfuhr, die ihre andere Kopfstation ausgerechnet an der Kadettenanstalt hatte. Für die Anwohner war das von nicht unerheblichem Vorteil.

Vor allem aber fühlte Juliane sich von dem Grundstück angezogen, das Max ihr zeigte. Es lag schräg gegenüber vom Haupteingang der Kadettenanstalt, mit seiner Hauptfront in der Zehlendorfer Straße. Mit einer anderen Front berührte es die Paulinenstraße, die von der Zehlendorfer Straße im rechten Winkel abbog. Es war also ein Eckgrundstück, dazu ein riesengroßes. Früher mußte es mal der Obstgarten eines Bauerngutes gewesen sein, denn es war mit lauter großen, alten Obstbäumen bestanden. Der Anblick brachte sie zum Träumen.

»Was wird mit den Obstbäumen?« fragte sie Max, und er sagte: »Ein paar müssen natürlich weg. Irgendwo muß man ja Platz zum Bauen schaffen. Aber die meisten werden wir retten können.«

Juliane überlegte ein paar Tage, dann sprach sie mit ihren Kindern. Grethe stieß natürlich in dasselbe Horn wie Max, das konnte man auch nicht anders erwarten. Joachim war die Sache eigentlich egal. Er ging auf sein zwanzigstes Jahr zu, studierte Pharmazie und kümmerte sich wenig um Geschäfte. Um die Wahrheit zu sagen, war er für alles Geschäftliche herzlich unbegabt, in dieser wie in manch anderer Beziehung ganz der Sohn seiner Mutter. Von seinem Vater hatte er fast gar nichts. Und Viktor? Nun, der war, als das Projekt verhandelt wurde, noch keine fünfzehn Jahre alt. Von ihm konnte man weder ein ausgewogenes Urteil noch einen sachdienlichen Ratschlag erhoffen. Die Söhne schauten sich das Lichterfelder Gelände an und sagten dann: »Wenn du meinst ... Warum nicht?«

Die einzige Person, die eine dezidierte Meinung äußerte, war Großmutter Bach. Juliane hatte die Mutter nach dem Tode des alten Bach in ihren Haushalt aufgenommen. Die Großmutter war mit einer städtischen Witwenpension gut versorgt, aber Juliane weigerte sich, Zehrgeld von ihr zu nehmen. Sie erlaubte ihr nur, an jedem Monatsersten jedem der drei Enkel einen blanken, goldenen Fünfer zuzustecken. Daraus zog die Alte das Recht, zu allem, was im Haushalt geschah, ungeniert ihre Ansicht kundzutun. Zu dem Lichterfelder Plan sagte sie:

»Tu's nicht, Julchen, tu's nicht. Dieser Max ... Also ich hab' ja nichts gesagt, als Grethe ihn damals unbedingt heiraten wollte. Aber jetzt, wo's um dein Geld geht ... Er wird dich betrügen, Julchen. Er wird für sich sorgen, aber nicht für dich. Ein Windhund ist er, sonst nichts.«

Juliane protestierte: »Das habt ihr über Ludwig damals auch gesagt.«

»Das ist nicht dasselbe, Julchen. Wir haben uns nur gesorgt, weil er so gar nichts war. Niemals haben wir gesagt, daß Ludwig halbseiden wäre. Aber der Max, der ist halbseiden.«

Juliane fand das nicht sehr überzeugend. Sie wußte noch zu gut, wie schwer sie hatte kämpfen müssen, um ihre Neigung für Ludwig gegen die Eltern durchzusetzen. Maxens Argumente gefielen ihr besser. Sie hörte auf Max.

Da weder Juliane noch die Kinder etwas von Geschäften verstanden, wurde auch diese Seite der großen Aktion dem Schwiegersohn anvertraut. Max erhielt Vollmacht und machte, darauf gestützt, einen Teil der Papiere und das Haus zu Geld. Ab und zu kam er und legte der Schwiegermutter Zahlenkolonnen, Quittungen und Bankbestätigungen vor, die Juliane hilflos beäugte. Beim Hausverkauf ergab sich eine Schwierigkeit, die Max folgendermaßen erläuterte: Man wollte vom Käufer sofort die ganze Kaufsumme, weil man das Kapital zum Bauen brauchte. Andererseits konnte man erst nach Fertigstellung des Lichterfelder Hauses ausziehen. Der Käufer konnte also erst in zwei, drei Jahren über sein Eigentum verfügen. Deshalb würde das Haus in der Pestalozzistraße nicht ganz das bringen, was es wert war. Die Differenz stellte die Entschädigung für den Käufer dar.

Großmutter Bach sagte: »Das verstehe ich nicht, Julchen. Wieso muß der Käufer entschädigt werden? Er kann doch sofort über sein Eigentum verfügen. Daß wir noch eine Weile hier zur Miete wohnen müssen, ändert doch nichts daran.«

Juliane fühlte sich irritiert. Was die Mutter sagte, leuchtete ihr ein. Aber was Max sagte, leuchtete ihr auch ein. Wen sollte sie fragen? Besser niemanden, denn das hieße, den Konflikt, den sie dunkel ahnte, offen ausbrechen zu lassen. Die Mutter bezichtigte Max des Betruges. Wenn sie recht hatte, war das schlimm. Wenn sie nicht recht hatte, Juliane aber auf sie hörte, war das noch schlimmer. Denn dann würde Juliane dem Mann ihrer Tochter bitter Unrecht tun, und weder er noch Grethe würden diese Kränkung verzeihen. Wollte sie riskieren, die Familie zu spalten? Nein, das wollte sie nicht. Auch hatte sie sich schon viel zu tief eingelassen in die Lichterfelder Sache. Sie konnte nicht zurück.

Außerdem zeigte Max ihr von Zeit zu Zeit, wie der Bau voranging. Da sah man doch, was aus dem Geld wurde. Es war alles sehr schön, auch wenn Max seine ursprünglichen Pläne geändert hatte. Er baute nicht ein Haus, sondern zwei. Für bloß eines, sagte er, sei das Grundstück nun doch zu groß. Er wollte noch ein kleines Haus in die Ecke klemmen, da wo Zehlendorfer und Paulinenstraße zusammentrafen. Dieses Haus, meinte Max, sollte eigentlich Grethe gehören, als Ausgleich dafür, daß ihr nicht, wie ihren Brüdern, ein Studium bezahlt würde. Daneben wuchs das große Haus für Juliane, viel größer und prächtiger als das andere.

Juliane fand Maxens Einfall gut und gerecht. Sie unterzeichnete, was er ihr vorlegte. Ihrer Mutter sagte sie nichts. Ihrem Gewissen, das sich dann und wann meldete, hielt sie vor, daß sie Grethe wahrhaftig einen Ausgleich schuldete und daß es doch nur ein bescheidenes Häuschen war. Es enthielt nur Dreizimmerwohnungen, während ihr Haus aus lauter Sechszimmerwohnungen bestand.

Im Sommer 1903 zog die Familie nach Lichterfelde. Juliane fand ihr neues Domizil wunderhübsch. Sie hatte auch noch genug von ihren Wertpapieren übrig behalten, immer noch war sie eine wohlhabende Frau. Nein, es war doch gut gewesen, daß sie sich nicht hatte bange machen lassen.

Störend war nur, daß es so schwer hielt, Mieter zu finden. Die Leute kamen, darunter auch Offiziere aus der Kadettenanstalt, sie guckten und gingen und ließen dann nichts mehr von sich hören. Juliane verstand das nicht. Max und Grethe nebenan hatten keine solchen Schwierigkeiten. In ihrem Haus waren die Wohnungen bald besetzt.

Erst nach längerer Zeit brachte sie einer der wohnungsuchenden Offiziere darauf, woran es liegen könnte. Er sagte:

»Nein, gnädige Frau, so gern ich bei Ihnen wohnen möchte – es ist mir zu teuer. Eine Wohnung von sechs Zimmern kann ich mir nicht leisten. So hoch sind unsere Offiziersgehälter leider nicht. Wenn man keinen Zuschuß von zu Hause hat ... Und dann wird man hier nicht ohne Mädchen auskommen können, das verteuert die Sache zusätzlich. Wenn Sie wenigstens Etagenheizung hätten. Aber so, mit Einzelöfen, da muß ja jemand den ganzen Tag rennen, um die alle zu beschicken. Es tut mir furchtbar leid, aber ...«

»Siehst du«, sagte Großmutter Bach, als sie das hörte. »Ich hab' ja geahnt, daß irgendwo der Wurm drin sein wird. Dreizimmerwohnungen vermieten sich leichter als Sechszimmerwohnungen, das hat der Max genau gewußt. Er hat Dreizimmerwohnungen drüben. Und Etagenheizung hat er auch. Na, jetzt ist das Kind im Brunnen. Da wirst du mit dem Mietzins runtergehen müssen und nimmst nicht so viel ein, wie du gekonnt hättest.«

So geschah es. Erst ein Jahr nach dem eigenen Einzug hatte Juliane in allen Wohnungen Mieter, darunter auch drei Offiziersfamilien. Max und Grethe waren inzwischen wieder ausgezogen, sie wohnten jetzt in der Wilhelmstraße, jenseits des neuen Teltowkanals, der vor vier Jahren fertig geworden war. Max hatte eine seiner Schwestern von Rügen geholt, sie wohnte mit ihrem Mann in der Wohnung, die ihr Bruder verlassen hatte, und vertrat ihn in den Mietsachen.

»Ausgerückt ist er«, sagte Großmutter Bach, »er kann dir nicht mehr in die Augen sehen.«

Juliane wehrte ab. Aber sie konnte sich nicht darüber

hinwegtäuschen, daß Grethe selten zu Besuch kam und Max nie. Die Verbindung wurde im wesentlichen von den Brüdern aufrechterhalten, die ab und zu in die Wilhelmstraße gingen, um nach Grethe zu sehen. Allzu oft gingen sie freilich auch nicht. Zu Grethes Geburtstag im Oktober gab das Ehepaar Jahn eine Einladung für die Familie, und der Heilige Abend 1904 wurde zum ersten Mal im Jahnschen Haushalt gefeiert. Eine Gegeneinladung für einen der Feiertage lehnte das Paar ab. »Max hat so viele Verpflichtungen«, sagte Grethe.

Im Vorfrühling 1905 schlenderte Viktor eines Tages in Richtung Wilhelmstraße. Er hatte gerade sein Abiturientenexamen bestanden und dachte, daß Grethe sich über die Nachricht freuen würde. Als er an der Wohnungstür geläutet hatte, öffnete ihm eine fremde Frau. Viktor sagte:

»Ich möchte zu Frau Jahn.«

»Ich bin Frau Jahn«, sagte die fremde Frau.

»Eine Verwandte«, dachte Viktor und erläuterte: »Ich meine Frau Grethe Jahn.«

»Ach so«, sagte die fremde Frau, »die wohnt da drüben.« Sie wies auf die andere Wohnung der Etage und schloß die Tür.

Viktor stand wie angewurzelt. Er fühlte sich, als hätte man ihm einen Hammer auf den Kopf geschlagen. Schließlich drehte er sich um und läutete an der anderen Wohnungstür. Sie wurde geöffnet, und Grethe stand im Türrahmen, in Morgenrock und Pantoffeln – um zwei Uhr mittags! – und mit einem Buch in der Hand.

»Na hör mal«, sagte Rose, als Viktor mit seiner Erzählung so weit gekommen war, »was heißt denn das? Hatte dieser Max denn zwei Frauen? Das ist doch strafbar?«

»Er hatte eine«, sagte Viktor grimmig. »Von meiner Schwester war er schon seit einem Jahr geschieden. Er hat sie abgeschüttelt, als er alles hatte, was er durch sie kriegen konnte.«

»Und ihr habt nichts gewußt?«

»Wir sollten nichts wissen. Warum, das wurde uns klar, als wir die Interessen unserer Schwester durchzusetzen versuchten und er vor einem Anwalt Rechnung legen mußte. Was er mit ihrer Mitgift angestellt hat und mit dem, was er Mutter abgeschwatzt hat – also, Unterschleif ist ein sehr ziviles Wort dafür. Er wollte verhindern, daß wir Einblick in seine Bücher nehmen, und deshalb haben sie uns ein volles Jahr lang das Ehepaar vorgespielt, als sie es schon nicht mehr waren. Er hat sie in die Wohnung nebenan gesteckt, und wenn die Familie kam, dann verschwand die neue Frau, und Grethe mimte wieder Frau Jahn. Sie haben den Tausch auch zelebriert, wenn Joachim oder ich überraschend kamen. Nur dieses eine Mal kam ich zu überraschend, und die Sache flog auf.«

»Aber, Viktor, du sagst, dieser Max wollte euch was verheimlichen. Schön, oder vielmehr schlecht. Nur – ohne die Hilfe deiner Schwester hätte er das doch nicht machen können. Warum hat sie denn mitgespielt bei dieser Komödie? Worauf war sie dabei aus?«

»Eine gute Frage. Die haben wir ihr auch gestellt, aber sie hat sie nie beantwortet. Ich nehme an, sie meinte, daß sie ihn wiederbekommt oder wenigstens nicht ganz verliert, wenn sie ihm zu Willen ist. Vielleicht hat sie sich auch geniert, geschieden zu sein.«

»Na, warum hat sie sich scheiden lassen? Er konnte sie doch nicht zwingen?«

»Ach Röschen«, seufzte Viktor, »das sind dunkle Abgründe. Es ist mir nie gelungen, sie auszuleuchten.«

»Habt ihr ihn angezeigt?«

»Mutter wollte das nicht, Grethes wegen. Wir haben dafür gesorgt, daß sie aus der Wilhelmstraße auszieht und wieder zu uns kommt. Und daß der Kerl ihr wenigstens eine monatliche Versorgung zahlt. Viel ist das sowieso nicht. Der Schuft hat sich gewunden wie ein Aal und fast einen Offenbarungseid geleistet.«

»Aber das Eckhaus nebenan, das gehört doch ihr?«

»Haben wir gedacht. Aber als wir ins Grundbuch guckten, da gehörte es ihm.«

»Ich hätt' ihn doch angezeigt!« sagte Rose energisch.

»Vielleicht wär' das richtig gewesen. Aber Mutter hat sich mit Händen und Füßen dagegen gestemmt. Sie wollte nicht, daß Grethe durch aller Leute Mäuler gezogen wird. Übrigens hätte Mutter bei einem Verfahren selbst keine gute Figur gemacht. Sie hat ja alles unterschrieben, was mit der Eigentumsübertragung in Zusammenhang stand. Sie hat sich total betuppen lassen, hat überhaupt nicht hingeguckt, was sie da unterschreibt. Ich glaube, sie hat auch gewußt, daß sie ihm durch kritikloses Vertrauen sozusagen Beihilfe geleistet hat. Auch das wollte sie wohl nicht gerne an die Öffentlichkeit kommen lassen.«

Die beiden waren schon ein gutes Dutzend Mal die Virchowstraße hinauf- und hinunterspaziert. Rose wollte unbedingt die Geschichte zu Ende hören, bevor sie zu ihrem Quartier ging. Das war ja eine wilde Halunkenposse! Diese hochmütige Grethe hatte netten Dreck am Stekken. Gut zu wissen, daß man ihr Kontra bieten konnte, falls sie mal allzu kiebig werden sollte. Aber die Mutter, nein wirklich! Manche Leute waren zu lieb und zu gut, alles was recht ist. Sich so über's Ohr hauen zu lassen und dann nicht den leisesten Versuch zu machen, das Gestohlene wiederzukriegen! Das wäre mir nicht passiert, und ich hab' nie solche Schulen besuchen dürfen wie diese Familie!

Rose sagte: »Ich muß jetzt rein. So ein Schuft. Ich glaube, ich werd' davon träumen, so hat mich das aufgeregt. Aber, Viktor, wenn ich mir das überlege – dieser Max hat sich vielleicht nicht bloß scheiden lassen, weil nichts mehr zu holen war. Auch, aber nicht nur. Eine Frau muß doch wirtschaften können, und dein Bruder hat genug davon erzählt, daß die Grethe das nicht kann und nie gekonnt hat. Bloß so mit dem Staubtuch rumwedeln, um die Leute zu beeindrucken – also Viktor, mit der Frau wäre dein Schwager nie auf einen grünen Zweig gekommen, nicht auf ehrliche Weise.«

10 / Über all den neuen Eindrücken, die auf sie eingestürmt waren, hatte Rose ganz vergessen, nach dem Kriegsende zu fragen, das doch für die Weihnachtszeit verheißen worden war. Ja sie hatte sogar den Krieg selbst vergessen und dachte erst wieder daran, als Viktor Anfang Februar 1915 einberufen wurde.

»Du mußt weg?« fragte sie erschrocken, als Viktor es ihr sagte. »Zu den Soldaten? Ach, lieber Gott, das ist ja entsetzlich! Wenn dir nun was passiert ... Und wir haben uns gerade erst gefunden.« Sie begann zu weinen. »So geht es mir immer. Kaum habe ich mal was, dann wird es mir weggenommen.«

»Röschen«, sagte Viktor und legte seine Arme um sie, »du tust ja gerade so, als wäre mir der Tod schon gewiß. Davon kann doch keine Rede sein. Beruhige dich, Liebste. Ich komme ja gar nicht zur kämpfenden Truppe, sondern zu einer technischen Formation. Wir werden Straßen und Brücken bauen und Lazarette einrichten und dergleichen mehr. Schießen muß ich nicht, jedenfalls normalerweise nicht.«

»Straßen und Brücken? Wo baut ihr die denn?«

»Na, hinter der Front. Im Osten. Unsere Truppen müssen doch versorgt werden, und wie soll das gehen ohne anständige Straßen, nur mit den Schlammlöchern, die es da gibt.«

»Schlammlöcher?« Rose dachte nach. »Ich weiß nicht, ich komme doch auch aus dem Osten, aber da sind keine Schlammlöcher. Nur gute, feste Straßen.«

»Ach, mein Schäfchen«, sagte Viktor zärtlich und küßte Rose auf die Nase, »du redest von deiner Heimat. Das ist doch Preußen. Natürlich gibt es da richtig ausgebaute Straßen. Aber ich rede von Rußland. Das kann man doch überhaupt nicht vergleichen.«

»Rußland!« Roses Tränen flossen von neuem. »So weit weg! Und du sagst, das ist nicht gefährlich? Wenn eure Bauerei den Soldaten an der Front was nützen soll, dann müßt ihr doch ganz nahe ran. Und da kann doch auch was passieren.«

Jetzt schluchzte sie herzzerreißend. Viktor war verblüfft. Warum geriet sie so in Panik? Seine Mutter hatte, als er ihr die Nachricht brachte, aufgeatmet und gesagt: »Gott sei Dank, ein Etappenkommando. Mir fällt ein Stein vom Herzen.« Warum konnte er Rose nicht klarmachen, was seine Mutter sofort begriffen hatte? Er nahm, wie früher schon, sein Taschentuch und trocknete ihre Augen und Wangen.

»Rose, Rosekind, beruhige dich doch. Es gibt überhaupt keinen Grund, sich so aufzuregen. Mach mir doch nicht unnütz das Herz schwer.«

Rose versteckte ihr Gesicht an seinem Kragen. Dumpf drang ihre Stimme an Viktors Ohr:

»Du mußt wiederkommen! Du mußt! Wenn ich dich verliere, will ich auch nicht mehr leben!«

Viktor war erschüttert. Solch ein Bekenntnis! Wer hätte gedacht, das dieses zurückhaltende, stets auf ehrbare Distanz bedachte Mädchen so leidenschaftlich fühlte? Wie rührend, wie beglückend war das. Er hielt sie mit dem linken Arm fest an sich gedrückt, mit der Rechten streichelte er ihr Haar.

»Na, na, na. Du verlierst mich ja nicht. Ich komme wieder, ganz bestimmt. Ich werde leben, und du wirst auch leben. Vom Sterben will ich nichts mehr hören aus einem so jungen, frischen Mund. Damit haben wir noch gute fünfzig Jahre Zeit.«

»Nein, nein, dann will ich nicht mehr leben«, murmelte Rose. Aber sie beruhigte sich allmählich. Die beiden nahmen ihren Spaziergang durch den verschneiten Babelsberger Schloßpark wieder auf. Eine Weile gingen sie schweigend, die Hände ineinander verschränkt. Dann sagte Viktor:

»Da ist noch etwas, was ich mit dir besprechen muß. Es betrifft dich und deine Arbeit im Sanatorium.«

»Ja?«

»Ja, also, Rose, ich möchte, daß du diese Arbeit aufgibst.«

Rose blieb stehen. »Aufgeben? Was meinst du damit? Ich habe bald ein Jahr hinter mir, fast die Hälfte meiner Ausbildungszeit. Noch ein Jahr, und ich bin fertig. Da kann ich doch jetzt nicht aufhören.«

»Doch«, sagte Viktor, »ich möchte es. Wenn ich im Felde bin, will ich meine Braut nicht hier wissen, sondern bei uns zu Hause, wo du hingehörst. Ich habe mit Mutter gesprochen. Sie freut sich, dich aufzunehmen. Sie gibt dir das Zimmer, in dem du Weihnachten gewohnt hast. Mir wäre das eine große Erleichterung.«

»Aber Viktor!« rief Rose. »Was fällt dir bloß ein? Soll ich bei euch rumsitzen und Däumchen drehen? Hier verdiene ich gutes Geld und werde bald noch mehr verdienen. Hier bin ich selbständig. Soll ich künftig vom Geld deiner Mutter leben und mich von Grethe rumschubsen lassen? Und was werde ich der Frau Geheimrat sagen? Wo sie so reizend zu mir ist und mir eine so schöne Stellung bietet? Und in zwei Monaten wollten wir, sie und ich, nach Karlsbad fahren. Was ist denn passiert, daß dir das auf einmal alles nicht recht ist?«

»Passiert?« sagte Viktor. »Passiert ist nichts, wenn man davon absieht, daß ich jetzt in den Krieg muß. Aber mir ist das schon vorher nicht recht gewesen, daß du hier arbeitest. Ein junges Mädchen sollte in einem richtigen Haushalt wohnen, in weiblicher Obhut, und beides hast du bei uns zu Haus. Es wäre so beruhigend für mich, dich bei Mutter zu wissen, wenn ich in der Ferne bin.«

»Aber Viktor«, protestierte Rose, »du redest ja wie mein Großvater. Und selbst der hat schließlich eingesehen, daß dieses Sanatorium ein sehr respektabler Ort ist.«

»Natürlich ist es respektabel. Darum geht es gar nicht, nicht um Moral. Deine Moral ist über jeden Zweifel erhaben, ganz gleich, wo du bist. Aber« – Viktor faßte Rose bei den Schultern und sah ihr eindringlich in die Augen – »ich mag nicht, daß du bei den Juden den Dreck wegmachst.«

»Bei welchen Juden?« fragte Rose verblüfft.

»Na, dein Professor und deine Frau Geheimrat. Wie heißen die?«

»Ruby.«

»Ruby! Da hat dein Professor eine Menge Geld zahlen müssen, um das ›n‹ loszuwerden. Vielleicht aber auch schon sein Herr Tateleben.«

Rose guckte verständnislos. »Was meinst du?«

»Mein kleines, unschuldiges Mädchen«, sagte Viktor und küßte sie aufs Ohr. »Die Leute heißen in Wirklichkeit Rubin, da kannst du drauf wetten. Ruby ist nichts als Mimikry. Wie, sagst du, ruft ihn seine Mutter? Dany. Also Daniel. Daniel Rubin, das riecht doch förmlich nach Kaftan und Pajes. Rubin, Ruben. Siehst du jetzt, was ich meine?«

»Ach«, sagte Rose. Sie versuchte, sich den Professor als Juden vorzustellen. Und die Frau Geheimrat. Aber das ging nicht. Zu Hause in Lilienhecke und dann in Hirschhagen war Rose manchesmal Juden begegnet. Die meisten hatten einen Kaftan getragen, wie Viktor sagte, und sie hatten auch Schläfenlocken gehabt. Sie waren mit allerlei Kram auf die Höfe gekommen, von dem die Großmutter und später die Mutter dies und das gekauft hatten. Der Pferdehändler in Lubcza war auch Jude gewesen, obwohl man ihm das nicht ansah, denn er zog sich genauso an wie andere Männer. Aber Rose erinnerte sich, daß der Großvater einmal zu August gesagt hatte: »Hat mich aufs Kreuz legen wollen, der olle Jude. Nicht mit mir, da muß er früher aufstehen.«

Rose hatte kaum einen Gedanken verschwendet an diese heimatlichen Juden. Niemand achtete sie besonders, das hatte sich ihr eingeprägt. Warum das so war, wußte sie nicht. Sie kümmerte sich auch nicht weiter darum. Das gehörte eben zu der Weltordnung, in die sie hineingeboren war. Doch jetzt sollte sie den Herrn Professor und die Frau Geheimrat in diese Kategorie einordnen, sollte ihnen die Achtung verweigern, die sie beiden so bereitwillig entgegengebracht hatte.

»Ich kann mir nicht denken, daß das Juden sind. So vornehme Leute.«

»Sie sind es, Röschen, verlaß dich drauf. Vornehm tun ist nicht vornehm sein.«

»Aber sie geh'n in die Kirche. Sie sind so evangelisch wie ich. Oder wie du.«

»Mein Mäuschen«, sagte Viktor, »laß dich doch nicht irreführen. Die Religion macht's doch nicht. Juden sind keine Religionsgemeinschaft, sondern eine Rasse. Und wenn sich dein Herr Professor eine Bischofsmütze auf den Kopf setzt, er bleibt doch ein Jude.«

»Aber ...«

»Ich weiß schon, was du sagen willst. Sie waren immer so gut zu dir, und sie haben dir so herrliche Aussichten eröffnet.« Viktor drückte Rose an sich. »Das soll ihnen ja auch gedankt sein. Niemand will ihnen was zuleide tun. Aber ich mag nun mal nicht, daß du eine alte Jüdin auf den Topf setzt und ihr die Strümpfe anziehst. Dazu bist du mir zu schade. Das hast du auch nicht mehr nötig. Du hast jetzt ein Zuhause, das dir einen Rückhalt bieten kann, nämlich in der Zehlendorfer Straße. Und dort will ich dich auch wissen.«

»Und wovon soll ich leben?«

»Mein liebes, kluges Mädchen«, sagte Viktor und lachte triumphierend, »da hat's nun wirklich keine Not. Jemand wie du findet heute leicht eine gute Stellung. Das bringt der Krieg mit sich, der hat nämlich nicht nur Schattenseiten. Jetzt, wo so viele Männer fehlen, braucht man um so mehr Frauen. Sogar Grethe wird arbeiten gehen.«

»Wahrhaftig? Grethe?«

»Ja, wahrhaftig. Sie besucht gerade einen Kursus für Stenographie und Schreibmaschine, und danach wird sie im Rathaus Lichterfelde eine Tätigkeit ausüben. Irgend etwas in der Verwaltung. Ich schlage vor, daß du auch so einen Kursus besuchst, sie werden jetzt überall angeboten. Und nachher, wenn du alles kannst, was verlangt wird, da müßte es mit dem Teufel zugehen, wenn du nicht einen fabelhaften Posten finden würdest. Du wirst viel weniger schuften müssen als hier mit deinen Kranken, und du wirst viel mehr verdienen. Sieh mal, Grethe wird hundertfünfzig Mark bekommen, und ich weiß, daß du tüchtiger bist als sie. Und wenn ich mal auf Urlaub komme, dann muß ich nicht warten, bis sie dich hier freilassen, und wir haben nicht den langen Weg zueinander. Dann bist du einfach da, wo ich auch bin. Na? Was sagst du dazu?«

»Tja«, sagte Rose nachdenklich. Es klang sehr verlokkend. Wirklich sehr verlockend. Weniger Arbeit, mehr Geld. Ein Zimmer, das ihr ganz allein gehörte. Es war schön gewesen mit Edith, und sie würde gewiß mit ihr befreundet bleiben, auch wenn sie nicht mehr im Sanatorium wohnte. Aber ein Zimmer, dessen Tür sie hinter sich schließen konnte, um darin allein zu sein – das hatte sie nicht einmal zu wünschen gewagt, so sehr lag es außerhalb alles Möglichen. Und jetzt wurde es ihr auf silbernem Tablett gereicht. Eine richtige Adresse würde sie haben, nicht bloß einen Unterschlupf. Eine Familie, die man vorzeigen konnte, ganz egal, was für Flausen der eine oder die andere im Kopf hatte.

»Was meinst du, Rose?«

»Ja«, sagte Rose, »es sieht mir so aus, als sollte ich tun, was du sagst. Wahrscheinlich hast du recht. Und wenn deine Mutter einverstanden ist ... Aber wie ich es dem Professor und der Frau Geheimrat beibringen soll, das weiß ich noch nicht. Offen gestanden, fürchte ich mich davor. Nein, sag nichts. Jude oder nicht Jude, ich habe es bei ihnen so gut gehabt wie niemals vorher. Ich komme mir doch recht undankbar vor. Und – ich kann mir nicht helfen, aber nach Karlsbad wäre ich zu gern gefahren.«

Rose brauchte vierundzwanzig Stunden, bis sie sich dazu durchringen konnte, Edith von Viktors Ansinnen zu erzählen. Sie sagte ihr freilich nichts von seinen Vorbehalten gegen die Rubys. Nicht, daß sie Viktors Meinung anzweifelte. Er war für sie eine Autorität, besonders in Fragen, über die sie selbst noch nie nachgedacht hatte. Über Juden hatte Rose noch niemals nachgedacht. Aber sie fühlte dunkel, daß Edith die schroffe Ablehnung des freundlichen Professors und der liebenswürdigen Frau Geheimrat mißbilligen und daß sie Viktor künftig weniger schätzen würde. Rose wollte nicht, daß ein Schatten auf Viktor fiele. Also sagte sie nur, daß ihr Verlobter seine Braut zu Hause wissen wollte, während er im Felde weilte.

Edith weinte und lachte. »Es tut mir furchtbar leid,

daß ich dich verlieren soll. Aber das ist ja Unsinn, ich verliere dich ja nicht. Wir werden Freundinnen bleiben, egal, was kommt. Nicht wahr, Rose? Und ich freu' mich so für dich. Tu, was dein Viktor sagt. Wenn ich du wäre, ich würde rennen, daß ich dahin komme, wo mein Liebster mich haben will.«

»Du meinst also …«

»Klar. Mach, daß du fortkommst.«

»Ja«, sagte Rose, »aber wie bringe ich es der Frau Geheimrat bei? Eigentlich lasse ich sie doch im Stich, und ich komme mir so schäbig vor.«

»Das ist Unsinn, Rose. Es ehrt dich, aber es ist Unsinn. Sie kann immer eine Pflegerin finden, aber du nur einmal deinen Viktor. Sag' ihr doch einfach, Viktor will, daß ihr heiratet, bevor er in den Krieg zieht. Dagegen kann sie nichts haben.«

»Ja, wirklich«, sagte Rose erleichtert, »wenn ich das sage, sieht es nicht so undankbar aus. Und es ist fast ein bißchen wahr.«

»Es ist mindestens halb wahr«, bestätigte Edith, »und die halben Wahrheiten sind immer die besten Lügen.«

Also nahm Rose all ihren Mut zusammen und erzählte der Frau Geheimrat ihre halbwahre Geschichte. Sie wagte kaum, der alten Dame in die Augen zu schauen. Das Herz ging ihr schnell, und sie schwitzte erbärmlich.

»Liebes Kind«, sagte die Frau Geheimrat, »das ist ja eine Überraschung. Und ich hatte mich so gefreut, Sie um mich zu haben, in Karlsbad und auch später. Nun, nun, keine Tränen. Ich bin wohl eine egoistische alte Person, daß ich in einem solchen Moment zuerst an mich denke. Bei Ihnen geht's schließlich um Ihr Lebensglück. Ich freue mich ja auch für Sie, Schwester Rose. Sicherlich haben Sie einen guten Mann gefunden. Sie verdienen ihn. Und daß er Sie an sich binden will, bevor er in's Feld zieht – nur zu verständlich. Schade, daß Sie ihn uns nicht einmal mitbringen können, ich hätte ihn gerne kennengelernt. Ja, ja, der Krieg. Da werden Sie nun also für die alte Mutter sorgen statt für mich. Nun ja, ich darf meinen Sohn bei mir behalten, und sie muß ihren hergeben. Werden Sie glücklich, liebes Kind, und Gott befohlen.«

Der Professor polterte und scherzte, wie es seine Art war:

»Hallo, eine Fahnenflüchtige. Wissen Sie eigentlich, was auf Desertion steht? Na, Sie haben ja eine Entschuldigung, müssen einen Helden glücklich machen. Damit können wir nicht konkurrieren. Nein, nein, ich will Ihnen das Herz nicht schwermachen. Werden Sie glücklich, kleine Rose Barbeknecht. Wie werden Sie denn künftig heißen? Markwart? Schade, Barbeknecht gefiel mir eigentlich besser. Da denken Sie natürlich anders, klar. Nicht doch, wegen Karlsbad machen Sie sich mal keine Sorgen. Wir finden schon eine Begleiterin für meine Mutter. Vielleicht die kleine Edith, die scheint ja auch ganz patent zu sein. Da strahlen Sie. Das finden Sie auch? Na, dann machen wir's eben so. Ich wünsche Ihnen alles Gute, Schwester Rose.«

Schwester Trud hielt den Abschied knapp. Nicht, daß sie Rose die Änderung ihrer Pläne verübelt hätte. Aber sie interessierte sich eigentlich nur für Menschen, die denselben Weg gingen wie sie. Nachdem Rose auf einen anderen Weg abgebogen war, verlor sie das Interesse an ihr. Sie sagte:

»Machen Sie's gut. Irgendwie werden Sie ja brauchen können, was Sie hier gelernt haben. Adieu.«

Anders Oberschwester Martha. Sie dachte auch an Fahnenflucht, wie der Professor. Aber im Gegensatz zu ihm fand sie Roses Handlungsweise unerhört.

»Ich hab's ja gleich gesagt, als Sie damals so kläglich hier ankamen und Himmel und Erde versprochen haben, wenn wir Sie nur zulassen würden. ›Ich würde einfach alles tun!‹ Und jetzt? Nicht das geringste Gefühl für die Verpflichtung, die Sie doch eingegangen sind. Ist das der Dank dafür, daß wir Sie hier aufgenommen haben?«

Rose ärgerte sich. Jetzt ging sie, jetzt brauchte sie sich das nicht mehr gefallen zu lassen. Scharf sagte sie:

»Was heißt hier Dank. Ich hab' schließlich gearbeitet und keine Wohltaten in Anspruch genommen. Jedenfalls nicht von Ihnen.«

Brüsk drehte sie sich um und ging davon. Das harsche Wort machte schnell die Runde. Schwester Hertha kam und zollte Beifall:

»Fein, daß Sie es der ollen Germania so gegeben haben!«

Aber Rose mochte keine Gemeinsamkeiten mit Schwester Hertha. Was die seinerzeit über die ›Vaterländischen‹ gesagt hatte, das richtete sich ja auch gegen Viktor und seine Familie. Also auch gegen Rose, denn sie gehörte nun dazu. Sie schützte große Eile vor und verabschiedete sich rasch.

Edith half ihr beim Packen. Was Rose mitnahm aus Babelsberg, war entschieden mehr als das, was sie hergebracht hatte. Edith sagte:

»Ja, auch an solchen Kleinigkeiten kann man sehen, daß man vorankommt.«

Ein Problem blieb, das Rose beunruhigte. Was würde geschehen, wenn der Großvater ihr an die Babelsberger Adresse schrieb und der Brief sie nicht erreichte? Dann könnte er am Ende Nachforschungen anstellen und alles eher erfahren, als nach Roses Meinung gut war.

»Wieso denn das? Sagst du ihm denn nicht, daß du hier aufhörst und zu deiner Schwiegermutter ziehst?«

»Bloß nicht! Du kennst ihn nicht. Ich habe so bitten und betteln müssen, daß er mich herläßt. Damit hat er sich dann schließlich abgefunden. Aber wenn er jetzt hört, daß ich das, was mir so wichtig war, einfach hinschmeiße und was Neues anfange – also dann könnte er am Ende denken, er hätte mit seinen Befürchtungen recht gehabt. Besonders weil ein Mann im Spiel ist, den er noch gar nicht kennt, von dem er noch nicht mal was gehört hat. Da wird er bestimmt mißtrauisch werden. Er ist imstande und zwingt mich, nach Hirschhagen zurückzukehren, und Viktor ist dann weit weg und kann mir nicht helfen.«

»Warum könnt ihr denn nicht gleich heiraten?« erkundigte sich Edith.

»Wie soll ich Viktor erklären, warum es mir so eilig ist? Dann muß ich ihm die ganze schändliche Geschichte über meine Mutter erzählen, sonst könnte er ja Großvaters Haltung gar nicht verstehen. Das ist mir peinlich. Das will ich nicht. Nach Hirschhagen zurück will ich aber auch nicht. Eher bringe ich mich um.«

»Rose! Was sind das für Reden!«

»Du weißt das nicht! Du weißt das nicht! Ich bin noch nicht mündig, und sie können mich jederzeit wieder einfangen. Aber lebendig kriegen sie mich nicht! Nein, niemals!«

»Rose«, sagte Edith beunruhigt, »du hast dir da was in den Kopf gesetzt. Das ist ja krankhaft. Sieh doch mal die Dinge, wie sie wirklich sind. Dein Großvater hat dir bisher einmal geschrieben, damals, als er den Ausbildungsvertrag zurückgeschickt hat. Sehr schreibfreudig kommt er mir nicht vor. Warum sollte er sich jetzt mit einemmal ändern? Der sitzt in seinem Lilienhecke und ist zufrieden, weil du gut untergebracht bist. Und daran ändert sich ja nichts, auch wenn du nun umziehst. Wenn du meinst, daß du ihm das nicht mitteilen darfst, dann laß es. Der schreibt nicht, und wenn, dann schicke ich dir den Brief eben nach. Herkommen wird er gewiß nicht. Du hast zu viel Angst, Rose. Du siehst Gespenster.«

»Dein Wort in Gottes Ohr«, sagte Rose.

Am 10. Februar 1915 bezog Rose ihr Zimmer in der Zehlendorfer Straße. Drei Tage später mußte sie sich von Viktor trennen. Gemeinsam mit der alten Frau Markwart und Grethe begleitete sie ihn zum Bahnhof, aber nur bis zum Stadtbahnhof Lichterfelde-West. Viktor wollte nicht, daß die Hetze von Station zu Station und das Getriebe auf den überfüllten Bahnsteigen vermischt würden mit Gefühlsausbrüchen und Tränen. Er selber hatte einen starken Hang zum Sentiment. Aber gerade deshalb wünschte er keine Szenerie, die den Wallungen der Herzen nur Abbruch tun konnte.

Kurz bevor er aufbrechen mußte, sagte er:

»So, und jetzt setzen wir uns alle noch einmal hin und schauen uns an. Seid ganz still. An diesen Augenblick denken wir dann, wenn wir nicht mehr beieinander sind.«

Als er sich erhob und nach seinem Gepäck griff, schluchzte seine Mutter:

»Daß du gerade heute wegmußt! Heute ist doch der dreizehnte! Konnten sie nicht einen anderen Tag aussuchen, um dich in den Krieg zu schicken?«

Viktor spürte einen Kloß in der Kehle. »Aber Muttchen«, sagte er und drückte die alte Dame an sich, »ich geh' ja nicht schießen, ich geh' bauen. Mach dir doch den Kopf nicht heiß wegen eines Datums. Das ist doch reiner Aberglaube. Bei unseren germanischen Vorfahren war die Zahl dreizehn heilig. Erst als die Mönche kamen und alles schlechtmachten, was ihren Bekehrungsversuchen im Wege stand, da fuhr der Teufel in die Dreizehn. Also sieh das mal so, wie es früher gesehen wurde. Heute ist ein Glückstag, und ich komme bestimmt wieder.«

Nachher, am Bahnhof, nahm er Rose und Grethe beiseite:

»Kümmert euch um Mutter. Heitert sie auf, wenn sie traurig ist. Sie ist jetzt darauf angewiesen, daß ihr gut zu ihr seid. Macht ihr keinen Kummer. Und vertragt euch untereinander, um meinetwillen. Versprecht es mir.«

Sie versprachen es. Bedrückten Herzens gingen sie heim, während Viktor nach Berlin fuhr, von wo aus er den nächsten Zug nach Frankfurt an der Oder nehmen würde. Dort unterhielt die 10. Etappeninspektion der 10. Armee einen Ersatztruppenteil, und da würde man aus dem Zivilisten Viktor einen Uniformträger machen, ihn drillen und in seine neue Pflichten einweisen und ihn schließlich ins Kriegsgebiet schicken, dorthin, wo er gebraucht wurde.

Rose machte sich Sorgen, nicht nur um Viktors leibliches Wohlergehen, mindestens ebenso um seinen Gemütszustand. Bis zum heutigen Tag hatte er noch nie unter militärischem Zwang gestanden. Aus seinen Erzählungen wußte sie, daß er zwar gemustert, aber nicht ausgehoben worden war. Zunächst hatte man ihn seines Studiums wegen zurückgestellt und später einfach nicht mehr gebraucht, weil die nachfolgenden Jahrgänge ein Reservoir an Dienstpflichtigen boten, das allen Richtzahlen genügte. Wäre nicht der Krieg gekommen, hätte man ihn wahrscheinlich nie geholt. Man mußte schon dankbar sein, daß er nicht unter die gewöhnlichen Soldaten geraten war, sondern daß sein Studium ihn zur Verwendung in einer Genietruppe befähigte. So brauchte er wenigstens nicht in vorderster Linie die Brust den feindlichen Kugeln darzubieten. Aber Viktor war ein so feiner, sensibler Mensch. Wie würde er mit dem Landsknechtsleben fertig werden, das unausweichlich auf ihn wartete?

Rose hätte für Viktor gebetet, wenn sie auch nur ein bißchen gläubig gewesen wäre. Aber sie glaubte nicht mehr, seit in ihrem Konfirmandenunterricht der Herr Pfarrer so gar keine befriedigende Antwort auf ihre Fragen gewußt hatte. Wenn es Gott wirklich gab, jenen Gott, von dem der Herr Pfarrer ständig sprach und an den der Großvater sich dauernd wandte, – wie kam es dann, daß sie, Rose, mit einer so erbärmlichen Kindheit geschlagen worden war? Was hatte sie getan, um so gestraft zu werden? Wie konnte der angeblich allbarmherzige Gott so etwas zulassen? Nein, sie würde keine Gebete für Viktor ins Leere schicken. Rose preßte ihre Daumen und murmelte: »Komm wieder, komm wieder, komm wieder!« Sie machte sich keine Gedanken darüber, an welche Macht sie ihre Beschwörung adressierte.

Dann wandte sie sich den Aufgaben zu, die Viktor ihr gestellt hatte. Sie fand einen pensionierten Handelsschullehrer, der in Schnellkursen solchen Lernwilligen, wie sie eine war, den Umgang mit der Schreibmaschine und das Stenographieren beibrachte. Tag für Tag ging sie zu dem alten Mann, und abends hockte sie über einer Broschüre mit dem Titel *Das System Stolze-Schrey* und übte die seltsamen Kringel der Kurzschrift. Eine Schreibmaschine zum Üben besaß sie nicht, und sie kannte auch niemanden, bei dem sie eine hätte ausleihen können. Aber der Kursusleiter verteilte Papptafeln, auf denen die Tastatur der Schreibmaschine abgebildet war, mit verschiedenen Farben für bestimmte Tastenfelder, und die standen für die Finger, mit denen die Tasten jeweils bedient werden mußten. Rose ließ ihre Finger über die Papptasten spazieren, so lange, bis sie nicht mehr nachzudenken brauchte, welcher Finger wohin gehörte.

Sie lernte sechs Wochen lang. Die sechste Woche endete am 27. März, einem Sonnabend. Aber der alte Handelsschullehrer entließ seine Schüler immer schon am Freitag, damit er, wie er sagte, ein bißchen Luft schöpfen konnte, bevor der nächste Sechswochenkurs begann. So erhielt Rose das Zertifikat, in dem ihr die absolvierte Schulung bescheinigt wurde, am 26. März, genau zu ihrem achtzehnten Geburtstag. Sie freute sich.

Aber das war nichts gegen die Freude, die sie am Morgen dieses Tages empfunden hatte. Alltags pflegten sie und Grethe in der Küche zu frühstücken, wo Frau Petranek Kaffee und Semmeln oder eine Milchsuppe für sie bereithielt. Diesmal jedoch hatte ihre Schwiegermutter sie abgefangen und in das Erkerzimmer geleitet, wo der große Mitteltisch festlich geschmückt war. An einem Ende standen drei Frühstücksgedecke, am anderen Ende ein großer Blumenstrauß und ein Holzring mit achtzehn brennenden Kerzen. Daneben lag eine weiße Bluse mit einem Stehkrägelchen und langen Ärmeln, außerdem eine Handtasche aus schwarzem Leder, klein genug, um elegant zu wirken, und groß genug, um eine Menge Sachen aufnehmen zu können.

»Ein bescheidener Geburtstagstisch«, sagte die alte Dame. »Im Frieden wäre er reicher ausgefallen. Aber es kommt von Herzen. Herzlichen Glückwunsch, liebe Rose.«

»Gratuliere zum Geburtstag«, sagte Grethe und streckte Rose die Hand hin, diesmal die ganze Hand, nicht nur drei Finger.

»Nein«, sagte Rose. »Nein, also so was!« Sie brach in Tränen aus. Wie lange war das her, daß irgend jemand von ihrem Geburtstag Notiz genommen hatte? So lange, wie die Großmutter tot war. Seither hatte sich keine Seele mehr dafür interessiert. Und nun dies! Wie lieb, wie aufmerksam, wie wunderschön! Ach, was war es doch für ein Glück, daß sie Viktor getroffen und er sie in diese Familie gebracht hatte.

»Ich danke euch!« schluchzte Rose. »Ihr wißt gar nicht ... Ich werde euch das nie vergessen!«

Ihre Schwiegermutter umarmte sie und weinte auch ein bißchen. Sogar Grethe rang sich dazu durch, für einen Augenblick ihre Arme um Rose zu legen. Dann setzten sich die drei Frauen zum Frühstück und sprachen von Viktor. Und dann weinten sie wieder, diesmal alle drei.

Die alte Frau Markwart schaute aus feuchten Augen auf Tochter und Schwiegertochter. Wie sehr hatte sich Viktor gewünscht, daß die beiden ihre Differenzen begraben und einander näherkommen würden. Noch beim Abschied hatte er davon gesprochen. Und jetzt saß man tatsächlich versöhnt am Tisch. Im nächsten Brief konnte sie dem guten Jungen die erfreuliche Nachricht melden.

Auch Rose dachte an Viktors Bitte. Wenn Grethe nun, wie es aussah, einlenken wollte – also an Rose sollte es nicht liegen. Unter dem Eindruck, den die Geburtstagsfeier auf sie machte, schwor sie sich, für den Familienfrieden alles, aber auch alles zu tun. Um zu demonstrieren, wie redlich sie es meinte, wandte sie sich vertrauensvoll an Grethe: Konnte ihr die wohl raten, sich ebenfalls im Lichterfelder Rathaus um eine Anstellung zu bemühen?

Nein, dazu konnte Grethe nicht raten. »Bei uns wird im Moment niemand gebraucht.« Rose spürte das alte Mißtrauen aufkeimen. Aber bevor es sich verfestigte, hörte sie Grethe sagen: »Versuch es doch mal beim *Lichterfelder Boten*. Ich weiß, daß die gerade eine Schreibkraft suchen.«

»*Lichterfelder Bote*? Was ist das?«

»Die lokale Zeitung hier. Ich kenne die Leute, weil dort auch die Bekanntmachungen veröffentlicht werden, die das Rathaus herausgibt. Wenn du willst, kannst du dich auf mich berufen.«

Rose schämte sich ein bißchen. Einen Augenblick lang hatte sie geglaubt, daß Grethe sie abwies, um sie von sich fernzuhalten. Statt dessen hatte sie sich einen so interessanten Vorschlag ausgedacht und sich sogar als Bürgen angeboten. Rose mußte wirklich aufhören, Grethe nur Schlechtes zu unterstellen. Sie lächelte strahlend und sagte: »Danke. Das wird mir sehr nützlich sein. Und bei wem muß ich mich da melden?«

»Geh am besten gleich zum Besitzer. Sie würden dich

wahrscheinlich sowieso zu ihm schicken, denn die Einstellungen macht er selbst. Sein Name ist Alfred Ungeheuer.«

»Ungeheuer!« staunte Rose. »Was für ein Name.«

»Ich hoffe«, sagte Grethe kühl, »daß du nicht zu denen gehörst, die sich an Äußerlichkeiten stoßen.«

Rose schluckte den Tadel und unterdrückte den leisen Ärger, der sich in ihr regte. Sie konnte es nicht lassen, diese Schwägerin, immer noch eins draufzusetzen. Es war nicht leicht, gleichmütig drüber wegzuhören. Aber Rose wollte sich alle Mühe geben, friedlich zu sein, auch dann, wenn es schwerfiel. Sie wollte es Viktor zuliebe tun.

Schon am Freitag, der ja nun kursusfrei war, machte sie sich auf den Weg in die Giesensdorfer Straße, nicht weit vom Rathaus. Dort, das hatte Grethe ihr noch mitgeteilt, befand sich das Verlagshaus des *Lichterfelder Boten* mit Geschäftsleitung, Redaktion und Druckerei. Rose hätte ein gutes Stück ihres Weges mit der elektrischen Straßenbahn fahren können, aber sie beschloß, den Groschen zu sparen. Sie war jung und kräftig, sie konnte laufen. Heute brauchte sie für die Strecke eine halbe Stunde, aber nur, weil sie sich noch nicht auskannte und ein bißchen suchen mußte. Wenn sie mit dem Weg erst vertraut war, würde sie es schneller schaffen.

Hinter dem großen Tor des Verlagshauses fand sie eine Pförtnerloge und trat an das Fenster, das die Loge mit dem Flur verband. Das Herz pochte ihr wie vor einem Jahr, als sie zum erstenmal auf eine Stellung ausgewesen war. Aber sie hatte dazugelernt. So naiv und ängstlich wie damals in Babelsberg war sie nicht mehr. Als der Pförtner sie nach ihrem Begehr fragte, sagte sie dreist und herzhaft:

»Ich komme vom Lichterfelder Rathaus und möchte zu Herrn Ungeheuer.«

»In welcher Angelegenheit?«

»In Angelegenheit der Sekretariats-Vakanz«, erklärte Rose. Sie hatte diese Antwort sorgfältig vorbereitet.

»Aha«, sagte der Pförtner, der nicht recht verstanden hatte, dem aber das lange Fremdwort imponierte. Er griff zu einem Telefon, wählte und sprach in die Muschel: »Hier ist ein Fräulein vom Rathaus für Herrn Ungeheuer.« Er lauschte einen Moment, legte den Hörer auf und sagte: »Geh'n Sie nur rauf, da hinten die Treppe. Im ersten Stock, gleich rechts das erste Zimmer, da melden Sie sich.«

Rose tat, wie ihr empfohlen. Im Zimmer gleich rechts saß ein ältliches Mädchen mit Brille hinter einem Schreibtisch und sortierte Papiere. Links neben dem Schreibtisch stand ein niedrigeres Möbel, darauf eine Schreibmaschine, die sofort Roses Blicke auf sich zog. Aber da sagte das Mädchen schon:

»Geh'n Sie rein. Er ist gerad' frei.«

Sie wies auf eine Tür, die in den Nachbarraum führte. Rose bedankte sich, pochte an die Tür und wartete einen Augenblick. »Herein!« rief eine kräftige Stimme, und Rose folgte der Aufforderung. Das Zimmer, das sie nun betrat, war gut dreimal so groß wie der Sekretariatsraum. Es lag auch ein Teppich darin, und die Möbel, die darauf standen, waren aus poliertem Holz und hatten nichts gemein mit einer gewöhnlichen Büroeinrichtung. Ein riesiger Schreibtisch teilte das Zimmer, und dahinter saß, das Gesicht ihr zugewandt, ein Mann von etwa vierzig Jahren. Er hatte schütteres Haar, trug einen Schnurrbart, ziemlich lange Koteletten und blickte durch eine Hornbrille. Er sagte:

»Kommen Sie rein und schließen Sie die Tür. Das Rathaus schickt Sie? Was gibt's denn?«

»O nein«, sagte Rose. »Das ist ein Irrtum. Der Portier muß mich falsch verstanden haben. Mich schickt nicht das Rathaus. Ich komme auf Empfehlung von Frau Grethe

Markwart, die Sie kennen und die im Rathaus arbeitet. Das habe ich dem Mann gesagt. Frau Markwart hat mir mitgeteilt, daß Sie eine Schreibkraft suchen, und ich möchte mich um den Posten bewerben.«

»So, das möchten Sie also«, sagte der Mann und sah sie kritisch an. »Woher kennen Sie denn Frau Markwart?«

»Sie ist meine Schwägerin. Ich bin mit ihrem Bruder verlobt.«

»Ah ja«, sagte der Mann wesentlich freundlicher. »Die Schwägerin also. Und Sie wollen bei uns arbeiten? Es stimmt, wir suchen eine Schreibkraft. Voraussetzungen sind Kenntnisse im Maschineschreiben und in Stenographie. Verfügen Sie darüber?«

»Ja.«

»Gut, Fräulein ... äh ...«

»Barbeknecht«, sagte Rose.

»Fräulein Barbeknecht also. Ungeheuer übrigens.«

Rose war darauf vorbereitet, deshalb gelang es ihr, keine Miene zu verziehen. Sie neigte nur den Kopf.

»Setzen Sie sich mal dahin, Fräulein Barbeknecht«, sagte Herr Ungeheuer und deutete auf einen Sessel neben der Tür. »Hier haben Sie einen Block und einen Bleistift. Ich werde Ihnen jetzt mal was diktieren.«

Er diktierte ihr etwa fünf Minuten lang. Dann sagte er:

»So. Und jetzt an die Schreibmaschine dort am Fenster. Hier haben Sie Papier. Schreiben Sie den Text jetzt ins reine.«

Rose schrieb. Sie war recht aufgeregt, gab sich aber die größte Mühe, das zu unterdrücken und sich auf ihre Aufgabe zu konzentrieren. Als sie fertig war, reichte sie Herrn Ungeheuer die Blätter. Er prüfte sie Zeile für Zeile und brummte ein paarmal vor sich hin, was Rose sehr beunruhigte. Schließlich sagte er:

»Das Schreiben könnte schneller gehen, aber das ist eine Frage der Übung. Was wichtiger ist: kein Fehler. Sogar ›daraus‹ und ›hinein‹ haben Sie richtig getrennt, nicht nach dem Vokal, wie's die meisten machen. Und Kassette und Bettuch haben Sie richtig geschrieben, das sind die Fallen, in denen sich fast jede fängt, inklusive meiner Perle da draußen, das Fräulein Wolter. Wo haben Sie denn das gelernt?«

»Ich hab' in der Schule aufgepaßt«, sagte Rose.

Herr Ungeheuer lachte herzlich. »Eine gute Antwort. Leider kann die kaum einer geben, ohne zu lügen. Na gut, Fräulein Barbeknecht, Sie sind eingestellt. Hundertdreißig für den Anfang. Versuchen Sie nicht zu handeln. Mehr ist nicht drin.«

»Gewiß, Herr Ungeheuer. Danke schön, Herr Ungeheuer.« Hundertdreißig Mark! Da war ja fast doppelt soviel, wie Rose bisher im Monat verdient hatte! Dann fiel ihr ein, daß sie wohl künftig zum Haushalt beisteuern mußte. Mit dem kostenlosen Essen in einer Personalkantine und mit kostenlosem Wohnen war es vorbei. Wieviel mochte ihr die Schwiegermutter abfordern? Aber egal. Dafür mußte sie nicht mehr so hart arbeiten wie vorher. Und sie wohnte angenehmer. Außerdem konnte sie sich im Laufe der Zeit auch verbessern und mehr Geld verdienen.

Herr Ungeheuer führte seine neue Kraft in sein Vorzimmer.

»Fräulein Wolter, dies ist Fräulein Barbeknecht. Sie wird bei uns arbeiten. Wir setzen sie zunächst mal nach drüben, wo die kleine Müller gesessen hat. Ich möchte, daß Fräulein Barbeknecht die Verlautbarungen schreibt, die vom Rathaus rüberkommen. Zeigen Sie ihr, wie man das macht und worauf es dabei ankommt. Außerdem soll sie die Autoren-Manuskripte übernehmen. Wir geben hier nämlich auch Lesefutter heraus«, sagte Herr Ungeheuer, zu Rose gewandt, »nicht bloß die tägliche Zeitung. Wir verlegen kleine Hefte mit Romanen, die gern und viel gelesen werden. Zur Zeit sind es vor allem Geschichten, in denen unsere Helden in Kaisers Rock die Hauptrolle spielen. Sie sind dafür verantwortlich, daß die Setzerei einwandfreie Vorlagen bekommt.«

»Gewiß, Herr Ungeheuer«, sagte Rose.

»Herr Ungeheuer«, sagte Fräulein Wolter, und ihr Atem ging rasch, »das mit den Autoren-Manuskripten soll mir ja egal sein, obwohl Fräulein Müller das auch nie gemacht hat. Aber die Verlautbarungen vom Rathaus, die sind ja nun immer meine Sache gewesen. Nie hat Fräulein Müller ... Und wenn die Neue nun an ihre Stelle treten soll ... Muß ich das so verstehen, daß Sie mit mir nicht mehr zufrieden sind?«

»Fräulein Wolter!« knurrte Herr Ungeheuer. »Für solche Fisimatenten habe ich keine Zeit und keinen Nerv. Sie sind meine Sekretärin, und Sie bleiben es, falls Sie nicht von selber gehen. Ich setze Fräulein Barbeknecht ein, wie es für das Unternehmen gut ist. Und für das Unternehmen ist gut, daß Fräulein Barbeknecht direkte Beziehungen zu der Stelle hat, von der die Verlautbarungen kommen. Die bringen uns gutes Geld, wie Sie wissen, weil viele Leute das Blatt halten, um zu erfahren, was die Verwaltung zu sagen hat. Das hat unsere Abonnentenzahlen in die Höhe getrieben, was Ihnen nicht unbekannt sein dürfte. Außerdem schreibt Fräulein Barbeknecht fehlerfrei, und das kann hier nicht jede Dame von sich sagen. Ihre Position wird durch diese Neueinstellung überhaupt nicht tangiert. Also zeigen Sie Fräulein Barbeknecht ihren Arbeitsplatz und sorgen Sie dafür, daß die Verwaltung ihre Personalien aufnimmt und sie auf die Gehaltsliste setzt. Sie bekommt hundertdreißig.«

Herr Ungeheuer ging in sein Zimmer zurück und schloß nachdrücklich die Tür hinter sich. Fräulein Wolter starrte ihm nach und wandte sich, als er verschwunden war, zu Rose.

»Hundertdreißig«, sagte sie maliziös, »Fräulein Müller hat hundert bekommen. Sie müssen ja ein Wunderkind sein. Aber natürlich, wenn man direkte Beziehungen zum Rathaus hat! Was mögen das wohl für Beziehungen sein!«

»Fräulein Wolter«, sagte Rose mit fester Stimme. Sie war entschlossen, sich nichts gefallen zu lassen. Sie hatte sich über das Landmädchen, das zitternd vor Schwester Martha gestanden hatte, weit hinausentwickelt. Solche Szenen wie damals mußte sie nicht mehr hinnehmen. »Fräulein Wolter, ich bin nicht hergekommen, um Ihnen Schwierigkeiten zu machen. Aber ich werde Ihnen nicht erlauben, mir welche zu machen. Ich werde hier arbeiten und mein Gehalt beziehen, und Sie müssen es nicht bezahlen. Was meine Beziehungen anbetrifft, so lassen Sie sich ja nicht erst einfallen, einen Klatsch zu erfinden. Es handelt sich um meine Schwägerin, die Schwester meines Verlobten. Sie ist es, die im Rathaus arbeitet. Wenn ich nur ein böses Wort in der Richtung höre, dann lehre ich Sie, was für Beziehungen ich habe. Ich schlage Ihnen vor, wir schließen Frieden. Ich tue Ihnen nichts zuleide, und Sie tun mir nichts zuleide. So fahren wir beide am besten. Beide, habe ich gesagt, und ich hoffe, Sie verstehen, was ich meine.«

Als Rose heimwärts ging, dachte sie:

»Merkwürdig, mit Grethe habe ich den ersten Ärger hier in Lichterfelde gehabt, und nun ist sie meine ›Beziehung‹, und ich stütze mich auf sie, wenn ich Ärger mit anderen habe. Na, hoffentlich geht es gut mit ihr, jetzt, wo wir zusammen wohnen. An mir soll's nicht liegen.«

Die alte Frau Markwart sagte:

»Fein, Röschen, gratuliere. Gleich beim ersten Anlauf eine so gute Stellung. Du bist wirklich tüchtig. Aber das mit dem Kostgeld schlag dir aus dem Kopf. Ich habe nie von einem meiner Kinder Kostgeld genommen, so wenig wie von meiner Mutter. Die gute Seele, ach, nun ist sie auch schon bald vier Jahre tot.«

Und die alte Dame tupfte das Naß aus ihren Augen. Rose widersprach:

»Aber Mutter, ich kann doch nicht auf deine Kosten ... Das geht doch nicht.«

»Nein, nein, mein Kind. Wenn ich nichts mehr habe und eure Hilfe brauche, dann lasse ich es euch wissen. Wie sollte ich es auch vor Viktor verantworten? Ich könnte ihm ja gar nicht in die Augen sehen. Behalte dein Geld, und wenn dir was übrigbleibt, dann spare es. Wenn ihr später euren Hausstand gründet, werdet ihr froh sein über jede Mark.«

Das war natürlich richtig. Rose strahlte und bedankte sich. Bei nächster Gelegenheit kaufte sie sich eine große Geldkassette mit einem vielfach gezahnten Schlüssel. Dort hinein legte sie fortan jeden Betrag, den sie nicht unbedingt brauchte. Gern hätte sie sich ein Sparkonto eingerichtet, aber das ging ja nicht. Sie war noch nicht mündig und hätte schon wieder mal die Erlaubnis des Großvaters gebraucht. Dazu aber hätte sie ihn in alles einweihen müssen, was sie im letzten halben Jahr erlebt und unternommen hatte. Das kam nicht in Frage. Alles, was mit Lilienhecke und Hirschhagen zusammenhing, bereitete ihr Unbehagen, sogar Angst.

Rose hätte gern gewußt, was Grethe über die Kostgeldsache dachte. Aber sie mochte nicht fragen, und Grethe äußerte sich nicht dazu. Es war doch anzunehmen, daß die Mutter es der Tochter gegenüber erwähnt hatte, und davon, wie Grethe es aufnahm, hing vieles ab. Stimmte sie ihrer Mutter zu, dann war der Hausfriede gesichert, dann brauchte Rose sich vor Grethes spitzer Zunge nicht mehr zu fürchten. Andernfalls ... Der Umstand, daß hier eine Ungewißheit bestand, die sie nicht beseitigen konnte, schaffte Rose Verdruß.

Tatsächlich hatte es über die Kostgeldfrage eine Auseinandersetzung zwischen Grethe und ihrer Mutter gegeben. Grethe war ganz und gar nicht der Meinung, daß man Rose umsonst beherbergen und beköstigen sollte.

»Ich hab' mich nicht für ihre Anstellung verwendet, damit sie auf unsere Kosten reich wird. Ich wollte, daß sie Geld verdient, damit sie dich entlasten kann. Und jetzt willst du diese hergelaufene Person durchfüttern.«

»Aber Grethe«, sagte die alte Frau Markwart entsetzt, »wie sprichst du denn! Was würde Viktor sagen, wenn er dich hören könnte! Es handelt sich schließlich um seine Braut. Wie kannst du sie eine hergelaufene Person nennen!«

»Ja, Viktor«, sprach Grethe bitter. »Manche Männer verlieren vollständig den Verstand, wenn sie ein glattes Frätzchen sehen. Schon gut, Mutter, ich sag' ja nichts gegen dein Nesthäkchen. Ich liebe ihn ja auch. Aber warum müssen wir dumm sein, bloß weil er dumm ist? Ich sage dir, die will sich ins warme Nest setzen. Sie kommt von ganz unten und will nach oben, und sie denkt, das kann sie erreichen, indem sie sich bei uns einnistet. Viktor ist offenbar nicht zu retten. Aber wieso müssen wir für seine Torheiten zahlen? Sie verdient, also soll sie auch Kostgeld abgeben.«

Die alte Dame hatte längst angefangen zu weinen.

»Ach, Gretchen, warum machst du mir solchen Kummer! Ich habe Viktor versprochen, gut zu Rose zu sein, und ich will mein Versprechen halten. Unser guter Vater hat nie geduldet, daß Streit in der Familie ist. Denk doch an das, was er dich gelehrt hat. Man behandelt doch seine Kinder nicht wie Fremde.«

»Seine Kinder nicht«, sagte Grethe, »aber die da ist nicht dein Kind.«

»Doch«, weinte die alte Dame, »Viktor hat sie mir ins Haus gebracht, damit sie meine Tochter wird. Ach, was soll aus mir werden, wenn meine Kinder keinen Frieden untereinander halten?«

Jetzt hatte auch Grethe Tränen in den Augen. »Muttchen«, sagte sie mit gepreßter Stimme, »verzeih. Wenn du es denn so haben willst, dann tu, was du für richtig hältst. Ich halte es nicht für richtig, aber ich will nicht, daß du unglücklich bist und weinst. Du weinst so viel, seit sie hier ist. Vorher warst du viel heiterer. Aber gut, wenn es dich beruhigt, daß ich mich füge, dann will ich mich fügen. Du weißt, daß ich nicht aus egoistischen Motiven gesprochen habe. Nicht wahr, das weißt du doch?«

Sie umarmte ihre Mutter, und die Mutter umarmte Grethe. Beide schluchzten. Mit erstickter Stimme murmelte die alte Dame:

»Mein gutes Kind, mein liebes Mädchen! Natürlich weiß ich das. Du und egoistisch! Niemand darf so etwas von dir sagen. Und ich bin dir so dankbar, daß du es mir leichter machen willst. Versprich mir, Gretchen, daß du Rose nichts sagst von unserer Unterhaltung. Laß sie nichts wissen, und Viktor auch nicht.«

Grethe versprach es. Sie war auch willens, ihr Versprechen zu halten. Aber das besänftigte noch lange nicht den Groll, den sie empfand. Sie verhielt sich kühl, wenn sie Rose begegnete. Das fiel nicht weiter auf, weil sie die Schwägerin nie besonders herzlich behandelt hatte. Doch der Panzer aus kühler Höflichkeit, in dem Grethe ihre Gefühle einsperrte, war nur dünn. Er hielt nicht lange.

In den ersten Maitagen ging Grethe gegen Abend ins Erkerzimmer und sah dort Rose sitzen. Der Erker lag etwas höher als das übrige Zimmer, und auf der Stufe, die der Fußboden bildete, hockte Rose und feilte ihre Fingernägel. Sie hielt ein großes Handtuch auf dem Schoß, und ein ledernes Necessaire, ein Geschenk von Viktor zum letzten Weihnachtsfest, lag neben ihr.

Grethe spürte, wie sie wütend wurde. Sie suchte nach einer Unfreundlichkeit, die sie der Schwägerin an den Kopf werfen konnte.

»Warum machst du so etwas nicht in deinem Zimmer? Maniküren ist keine Verrichtung für die Öffentlichkeit.«

Rose schnappte nach Luft. Aber es gelang ihr, die Fassung zu bewahren.

»In meinem Zimmer habe ich nicht so gutes Licht. Und hier war keine Öffentlichkeit, als ich anfing. Außerdem habe ich alles abgedeckt, ich mache nichts schmutzig.«

Dagegen ließ sich nichts sagen. Aber Grethe wollte etwas sagen. Es ging einfach mit ihr durch.

»Wozu du dir die Mühe machst, ist mir schleierhaft. Bei deinen Bauernpratzen hat das doch sowieso keinen Zweck.«

Grethe streckte ihre eigene, feingegliederte Hand aus und betrachtete sie wohlgefällig. Rose ließ ihr Werkzeug sinken. Das war zuviel! Das war nun eindeutig zuviel! Grethe hatte auf eine der Wunden gezielt, die Rose mit sich herumtrug, und sie hatte getroffen. Jetzt mußte auch Rose keine Rücksicht mehr nehmen. Jetzt würde sie zurückschlagen.

»Das mag sein«, sagte sie giftig, »daß deine Hände schöner sind als meine. Das hat der liebe Gott so eingerichtet, und darauf mußt du dir nichts einbilden. Ist nicht dein Verdienst. Wenn's um Verdienst geht, da hast du mir nichts voraus. Im Gegenteil. Ich habe meine Bauernpratze nie dazu gereicht, meine eigene Mutter auszuräubern. Ich hab' auch nie eine würdelose Komödie aufgeführt, um meine eigene Familie über die Schande meiner Scheidung wegzutäuschen. Dein Max war bestimmt ein großer Schuft, aber daß er dich zum Teufel gejagt hat, kann ich verstehen. Das hat mit deinen feinen Händen zu tun, die dir für jede Arbeit immer zu schade gewesen sind. Kein Mann kann auf einen grünen Zweig kommen, wenn er ein Luxusweibchen hat statt einer Frau.«

Grethe hatte sich brüsk umgedreht. Sie verließ das Erkerzimmer und schmetterte die Tür hinter sich zu. Sie hörte nicht mehr, was Rose mit funkelnden Augen hinter ihr herrief:

»Ich mag Bauernpratzen haben, aber ich wäre mir zu schade, als Haremsdame meinen Mann mit einer anderen zu teilen, noch dazu mit einer, die er mir eindeutig vorzieht!«

11 / Viktor schrieb regelmäßig nach Hause, und es lag nicht an ihm, wenn seine Briefe und Karten nur unregelmäßig in Lichterfelde eintrafen. Manchmal kam einen vollen Monat gar nichts, dann wieder brachte der Briefträger einen ganzen Stoß Post auf einmal. Das hing davon ab, ob Viktor mit seinem Straßenbau-Trupp im Hinterland eingesetzt wurde, oder ob er dichter an die Front mußte.

Viktor bekleidete jetzt den Rang eines Unteroffizier-Stellvertreters und befehligte einen Zug der 45. Baukompanie. Es war sozusagen eine militärische Nebenkarriere. Eine Kampfeinheit hätte er nicht führen dürfen. Dazu brauchte es ausgebildete Soldaten, die das Kriegshandwerk von der Pike auf gelernt hatten. So diente er seinem Kaiser als Spezial-Unterführer in einer Spezial-Einheit.

Rose war das egal. Sie interessierte sich nur dafür, wo ihr Viktor sich jeweils befand und ob es dort gefährlich zuging oder nicht. Ganz und gar ungefährlich war es, wo Krieg geführt wurde, natürlich an keinem Ort. Aber im großen und ganzen war sie besser dran und konnte ruhiger schlafen als die Frauen und Bräute der meisten Soldaten. Die 45. Baukompanie war in Litauen stationiert, in der Gegend von Mariampol, südlich von Kowno. Im Frühjahr hatte es dort heftige Kämpfe gegeben, aber da war Viktor noch in Frankfurt an der Oder gewesen. Als er dann hingeschickt wurde, war das gesamte Gebiet schon fest in deutscher Hand und wurde sogar deutsch verwaltet. Inzwischen standen die deutschen Armeen schon weit in Kurland an der Düna, und südlich von Viktors Standort hatten sie Warschau besetzt.

Viktor hatte Rose eine Ansichtskarte geschickt, auf deren Schauseite er selbst und seine Männer zu sehen waren, wie sie sich mit Spitzhacken, Schubkarren und anderen Gerätschaften an einer Chaussee zu schaffen machten. Viktor kam, deutlich erkennbar, rechts vorn im Bild die sanfte Straßenböschung hoch und schob ein Fahrrad. Es war bald nach seinem Eintreffen in Litauen gewesen, daß der Photograph, Beauftragter eines Königsberger Kartenverlags, mit seinem Apparat aufgetaucht war, um Stimmungsbilder vom östlichen Kriegsschauplatz einzufangen. Natürlich hatten ihn alle bestürmt, ihnen doch ja Exemplare der fertigen Karten zuzustellen, und der Mann hatte Listen angelegt. So war Viktor imstande, sich seinen Lieben daheim in der neuen martialischen Aufmachung zu präsentieren. Er freute sich, und Rose freute sich auch.

Viktor schrieb launige Briefe. Er hatte einen guten Blick für Details, besonders wenn sie pittoresk waren oder sonstwie aus dem Rahmen fielen. So schilderte er sein dörfliches Quartier, eine Kammer in einer Bauernkate, wo es eine kissenreiche Bettstelle mit einem entsetzlich dicken Federbett gab, aber leider auch eine stattliche Schar von Wanzen. Viktor schrieb:

Es blieb mir nichts übrig, als mein Bett von der Wand zu rücken und seine vier Beine in Konservenbüchsen zu stellen, die mit Petroleum gefüllt wurden. Von unten konnten die Biester mich nun nicht mehr erreichen, aber wenn Du denkst, daß ich sie damit los war, dann kennst Du die schlauen Wanzen nicht. Sie krabbelten an die Kammerdecke und ließen sich von oben auf mich fallen. Ich habe mir ein Gestell gebaut, so eine Art totalen Betthimmel, aus Latten und einem darüber gespannten Betttuch. Aber wenn ich nicht zwei-, dreimal in der Nacht aufstehe und das Laken über dem Herdfeuer ausschüttele, dann finden sie mich doch. Bloß gut, daß wir gegen die Russen Krieg führen und nicht gegen die Wanzen, ich wäre sonst unseres Sieges nicht sicher.

Seine Wirtin skizzierte er in Bildern, die Rose in einen Zustand zwischen Lachen und Schaudern versetzten:

Abends macht sie mir was zu essen, in der Regel Bratkartoffeln und Sauerfleisch. Kartoffeln gibt's hier die Menge und sauer eingelegtes Fleisch so viel, als müßte die Alte unsere ganze Armee beköstigen. Es ist übrigens schrecklich fett, und was die Bratkartoffeln betrifft – na, man schaut besser nicht zu, wenn sie zubereitet werden. Neulich war ich so unvorsichtig, das zu tun. Die Alte stand an ihrem voluminösen Herd. Auf dem Feuerloch ihr zunächst hatte sie eine große, gußeiserne Pfanne, in der sie meine Kartoffeln briet. Das Loch dahinter war offen, der Feuerschein leuchtete hervor. Da griff die Alte mit zwei Fingern an ihre Nase und schneuzte sich kräftig in Richtung hinteres Feuerloch, also im Bogen über die Pfanne hinweg. Sie hatte unbestritten große Übung, und ich hatte großen Hunger. Mehr will ich nicht sagen. Nur dies noch, daß mir deutsche Kultur doch mehr zusagt als die ländlich-sittliche in Europas Osten.

Die alte Frau Markwart schüttelte sich, als Rose ihr dies vorlas. »Ach Kinder, nein! Wie ist das schrecklich. Der arme Junge. Und doch, was bin ich froh, daß er nicht in unmittelbarer Gefahr ist.«

»Ja«, sagte Rose, »aber er schreibt hier, daß er wieder mal mit einer kleineren Abteilung dicht an die Front muß. Ich würde nicht gerad' sagen, daß er in Sicherheit ist.«

»Ach, Sicherheit«, klagte die alte Dame, »wo gibt's das heutzutage schon! Aber er hat mir doch selbst gesagt, daß es etwas ganz anderes ist, als wenn er mit dem Gewehr nach vorne müßte. Stimmt das denn nicht?«

»Doch, Mutter«, sagte Rose beschwichtigend. Sie mußte wirklich mehr an sich halten. Es hatte keinen Sinn, ihre Sorgen vor der Schwiegermutter laut werden zu lassen. Damit schuf sie sich nur eine zusätzliche Belastung, weil sie dann nämlich Tage brauchte, um die alte Dame wieder zu beruhigen. »Angst müssen wir um Viktor nicht haben. Es ist nur, daß ich ihn nicht gerne in solchen unnormalen Verhältnissen sehe. Aber sonst können wir uns glücklich schätzen, was Viktor angeht.«

»Ja, und was Joachim angeht, auch. Ich danke dem lieben Gott jeden Abend«, sagte die alte Frau Markwart und faltete die gichtigen Hände.

Joachim war im Spätsommer 1915 ebenfalls einberufen worden. Er diente als Apotheker in einem Etappenlazarett in Polen. Wie man von Hulda hörte, ging es ihm zufriedenstellend, und er war gesund. Nein, was die Männer der Familie anging, da konnten die Markwarts sich wirklich nicht beklagen. Wenn man dagegenhielt, was andere Leute hinnehmen mußten – lieber nicht daran denken!

Vom Fehlen der Männer abgesehen, hätte man in der Zehlendorfer Straße den Krieg überhaupt nicht wahrgenommen, wäre da nicht die Nahrungsnot gewesen. Während der ersten Kriegsmonate merkte noch niemand etwas davon. Aber schon im Laufe des Jahres 1915 gab es vieles nicht mehr, was früher zu den alltäglichen Selbstverständlichkeiten gehört hatte. Mal mangelte es an Fett, mal an Fleisch, mal an Kartoffeln oder Gemüse. Noch hungerte keiner, aber es war ein mühseliges, ärgerliches Geschäft geworden, die notwendigen Zutaten für das tägliche Essen zu beschaffen. Wer Zeit und Kraft genug aufwenden konnte, aufs Land hinauszufahren und direkt beim Bauern zu kaufen, der bekam noch alles, freilich zu überhöhten Preisen. Die Bauern erkannten schnell, daß ihr Weizen blühte, und sie wußten die Gunst der Stunde zu nutzen.

Rose dachte: »Weihnachten ist der Krieg zu Ende – von wegen! Belogen haben sie uns mal wieder. Die kleinen Leute sind die Dummen, wie immer.«

Aber sie war bei weitem nicht so verstört, wie sie bei derart finsteren Gedanken eigentlich hätte sein müssen. Sie empfand eine grimmige Genugtuung. Ihr bisheriges Leben hatte sie gelehrt, mit dem Schlimmen als dem Normalen zu rechnen und das Gute als Ausnahme anzusehen. Zu Beginn ihrer Bekanntschaft mit Viktor war sie für eine Weile an dieser Weltsicht irre geworden und hatte es für möglich gehalten, daß sie allein die Ausnahme bildete und die anderen in ihrem Glück das Normale. Dem standen freilich schon die Geschichten aus der Vergangenheit von Viktors Familie entgegen. Und jetzt zeigte sich, daß ihr eigenes Schicksal ein Teil von dem Packen war, der den Menschen insgesamt ständig aufgebürdet wurde. Aber von wem? Wen konnte man verantwortlich machen für den allgemeinen Jammer?

Darauf wußte Rose keine Antwort. Doch sie suchte auch nicht lange danach. Das Philosophieren lag ihr nicht, sie war mehr fürs Tätigsein, fürs Zugreifen, um so energischer, je prekärer die Situation war. Wenn es ganz dick kam, wurde sie geradezu fiebrig aktiv. Angesichts der Versorgungsschwierigkeiten fühlte sie sich in ihrem Element.

Schon im Herbst 1915 griff sie gebieterisch in die Haushaltsordnung ein, nach der die Markwarts lange Jahre gelebt hatten. Als sie eines Tages von ihrer Arbeit beim *Lichterfelder Boten* heimkam, sah sie ihre Schwiegermutter am Zaun zur Paulinenstraße stehen und den Vorübergehenden große Tüten hinüberreichen. Sie beobachtete den Vorgang eine Weile und erkannte dann, was dort den Besitzer wechselte: die Pflaumen, von denen es just in diesem Jahr eine besonders reiche Ernte gab. Rose eilte hinzu:

»Was machst du denn mit den Pflaumen? Verkaufst du sie?«

»Verkaufen?« Die alte Dame guckte erstaunt. »Ich verschenke sie.«

»Verschenken?« Rose traute ihren Ohren nicht. »Du meinst, du verschenkst einfach die guten Pflaumen, so über den Zaun, an Wildfremde, die eben mal vorbeikommen?«

»Aber das habe ich immer so gemacht. Wir haben ja viel zuviel Pflaumen, in diesem Jahr besonders viele. Die können wir doch gar nicht alle selber essen.«

»Mutter!« sagte Rose, Empörung in der Stimme. »In den Läden gibt es mal dies nicht und mal das nicht, und zur Zeit gibt es kaum Obst, obwohl Erntezeit ist. Das bißchen Freizeit, das ich habe, verbringe ich mit der Jagd nach Waren. Und du gehst hin und verschenkst unsere Pflaumen?«

»Ja, was soll ich denn damit machen, wenn wir sie doch nicht essen können?« sagte die alte Dame ängstlich.

»Wir können Pflaumenmus kochen. Oder die Pflaumen einwecken. Oder als Essigpflaumen einlegen. Meine Güte, es gibt so viele Möglichkeiten. Was seid ihr bloß für ein Haushalt, daß ihr davon noch nie was gehört habt. Im Winter werden wir froh sein, wenn wir die Gläser aufmachen können. Und erst im Frühjahr, wenn es noch nichts Frisches gibt.«

»Ich habe noch nie ...«

»Schon gut«, sagte Rose, leichte Geringschätzung in der Stimme, »ich übernehme das. Habt ihr Einmachgläser? Natürlich nicht. Morgen gehe ich und kaufe welche. Und am nächsten Wochenende werde ich alle Pflaumen verwerten. Sieh nur zu, daß sie bis dahin alle in der Küche bereitliegen. Und von nun an wird keine einzige Pflaume mehr verschenkt. Auch kein Apfel und keine Birne. Das können wir alles selber brauchen. In einer Zeit wie dieser – ist das zu glauben?«

Am Sonnabend und am Sonntag hockte Rose in der Küche und verarbeitete die Pflaumen. Frau Petranek half ihr bereitwillig. In der Pflaumensache nahm sie Roses Partei.

»Recht ham Se, Frollein Rose, selber essen macht fett. Die olle Gnäd'je is' 'ne herzensgute Frau, aber man unvernünftich. Immer wegjeschenkt, immer über'n Zaun. Hab' mir jedes Jahr jewundert. So dicke hat's doch keener, ooch wenner so jut dran is' wie die olle Gnäd'je. Und wer dankt ihr dis? Se nehm' se doch alle bloß aus.«

»Ich dank' Ihnen auch schön, daß Sie mir helfen, Frau Petranek«, sagte Rose zu ihrer Verbündeten. »Die zwei Mustöpfe da nehmen Sie sich nachher mit und die beiden Gläser mit Essigpflaumen auch.«

»Sie ham dis Herz uff'n richt'jen Fleck, Frollein Rose«, sagte Frau Petranek befriedigt. »Danke ooch schön.«

»Na, das ist doch wohl klar. Besser Sie als die Fremden auf der Straße. Und Sie haben ja auch dafür gearbeitet.«

Grethe murrte und sprach von kleinlichem Haushaltsdenken, mit dem ihrer Mutter eine alte Freude verdorben worden sei. Rose rümpfte verächtlich die Nase.

»Ich werd' dich dran erinnern, daß du das gesagt hast, wenn du dir nachher das Mus auf dein Frühstücksbrot streichst.«

Im Frühjahr 1916 kam Viktor auf Urlaub. Er brachte viel schmutzige Wäsche mit und eine riesige Speckseite.

»Wir hören da draußen, daß es hier in der Heimat mit der Ernährung nicht zum besten steht. Könnt ihr das brauchen?«

»Und ob!« rief Rose. »Meine Güte, Viktor, und ob!«

Sie erzählte ihm genau, was für ein kompliziertes und widerliches Geschäft es geworden war, eine Küche zu führen. Auch die Pflaumengeschichte bekam er zu hören. Viktor staunte. Er kostete vom Mus, besah sich den Vorrat an Eingemachtem und umarmte Rose.

»Was für ein tüchtiges Mädchen ich doch gefunden habe! Du hast recht getan. Mutter, laß Rose nur machen, da brauche ich wenigstens keine Angst zu haben, daß es dir am Nötigsten fehlt. Sie ist so praktisch und findig, sie wird wirklich mit allem fertig. Ist es nicht ein wahres Glück, daß wir sie haben?«

Grethe verzog das Gesicht, aber sie sagte nichts. Gegen Rose und Viktor zusammen kam sie nicht an. Außerdem konnte sie nicht leugnen, daß sie im Winter und auch im Frühjahr recht gern zu den Mustöpfen gegriffen hatte. Auch gegen die eingemachten Äpfel ließ sich nichts einwenden, die Apfelpfannkuchen, die Rose bereitete, schmeckten gut, keine Frage. Aber was war das für eine Zeit, in der solche kleinkarierten Seelen wie diese Schwägerin die Oberhand gewannen, nur weil sie sich besser auf niedere Verrichtungen verstanden als jemand, der zur Dame geboren und erzogen worden war! Man konnte nur hoffen, daß dieser Krieg schnell zu Ende ging und dann wieder normale Zustände einkehrten.

Als Viktor nach drei Wochen zur Abreise rüsten mußte, sagte er zu Rose:

»Es ist eine Schande, daß ihr hier nicht ordentlich versorgt seid. Die Hauptschuld tragen natürlich die Engländer mit ihrer Blockade. Ich habe früher immer ein bißchen lächeln müssen, wenn jemand vom perfiden Albion sprach, weil es doch ziemlich gestelzt klingt. Aber jetzt lächle ich nicht mehr. Gestelzt oder nicht gestelzt, es stimmt jedenfalls. Trotzdem verstehe ich die Versorgungsmalaise nicht ganz. Die deutsche Landwirtschaft erzeugt doch wie früher, und dazu kommen noch die besetzten Gebiete. Da müssen im Verteilungsapparat ein paar sehr unfähige Holzköpfe sitzen. Ich werde sehen, wie ich euch beistehen kann. Auf jeden Fall kann ich euch von Zeit zu Zeit Speck schicken. Wenn euch damit geholfen ist …«

»Ach Viktor, und wie uns damit geholfen ist. Ich will aber nicht, daß du es dir vom Munde absparst.«

»Auch das würde ich tun«, sagte Viktor und gab Rose einen Kuß. »Aber es ist nicht nötig. In unseren litauischen Dörfern haben wir bis jetzt immer noch genug bekommen. Solange das so bleibt, schicke ich euch, was ich auftreiben kann. Mein Gott, wenn mir das einer vor einem Jahr gesagt hätte, daß so etwas mal sein müßte …«

»Ja«, sagte Rose, »aber verlautbaren tun sie was anderes.« Sie griff nach einem Exemplar des *Lichterfelder Boten*, das auf ihrem Tisch lag, und schlug es auf. »Guck mal, hier.« Sie wies auf einen dick umrahmten Text: »Lies das bloß mal: *Auch der englische Aushungerungsplan ist gescheitert*. Papier ist geduldig, was?«

»Was ist denn das?« Zwei fettgedruckte Zeilen schrien Viktor entgegen: *Zeichnet die vierte Kriegsanleihe!* und *Der große deutsche Frühjahrssieg auf dem finanziellen Schlachtfelde*. Er griff nach dem Blatt: »Wo hast du denn das her? Ach, das ist ja deine Zeitung.«

»Ja, wir haben das im März veröffentlicht. Alle Zeitungen mußten das tun. Und meine Aufgabe ist es ja, diese Texte ins reine zu schreiben und für die Setzerei einzurichten. Was glaubst du, wie mir zumute war, als ich das hinschreiben mußte mit dem gescheiterten Aushungerungsplan. Ich hatte gerade am Abend zuvor versucht, ein bißchen Margarine zu ergattern, und keine gekriegt. Die sollen uns doch nicht für dumm verkaufen.«

»Nein, Röschen, das sollten sie nicht. Aber bei allem gerechten Zorn wollen wir nun nicht in Defaitismus verfallen. Davor mußt du dich hüten, mein Liebling, denn das hilft nur unseren Feinden. Das willst du doch nicht.«

Nein, das wollte Rose nicht. Aber sie hatte noch etwas auf dem Herzen.

»Leg das Blatt noch nicht weg, Viktor. Es geht nämlich darum, daß deine Mutter überlegt, ob sie nicht diese Kriegsanleihe zeichnen soll. Also, wenn du mich fragst, ich bin dagegen. Sie denkt, daß sie damit patriotisch handelt, und ich denke, daß es genauso patriotisch ist, als wenn sie ihre Pflaumen verschenkt. Und genauso dumm. Sie könnte ihr Geld gleich in den Teltowkanal werfen. Hier steht: *Das Geld ist unbedingt sicher und hochverzinslich angelegt*. Darauf beruft sie sich immer. Aber hier steht ja auch, daß die englische Blockade gescheitert ist. Und wenn das eine so wahr ist wie das andere, dann sieht deine Mutter ihr Geld nicht wieder.«

»Tja«, sagte Viktor und rieb sich das Kinn, »ich weiß nicht ...«

»Aber Viktor! Du mußt ihr das ausreden!«

»Das möchte ich nicht gerne«, bekannte Viktor. »Es ist doch wirklich patriotisch. Wenn das Vaterland in Not ist, dann braucht es unser aller Unterstützung.«

»Deine Mutter hat zwei Söhne bei der Truppe. Ist das nicht genug Unterstützung?«

»Nun«, sagte Viktor, »wir sind ja man beide nur halbe Soldaten. Bei anderen Familien schlägt's ganz anders rein. Mutter spürt das wohl, und wenn sie ihr Gewissen durch eine Kriegsanleihe entlasten möchte, dann kann ich sie eigentlich nicht davon abhalten. Ich käme mir schäbig vor.«

Es war nichts zu machen. Viktor reiste ab, ohne mit seiner Mutter gesprochen zu haben. Und die alte Frau Markwart zeichnete tausend Goldmark Kriegsanleihe.

Bald nach Viktors Abreise ging Rose zu ihrer Schwiegermutter und erklärte ihr, daß sie beschlossen habe, den großen Garten besser zu nutzen.

»Da ist soviel Land, und außer den Obstbäumen wächst nichts drauf, was uns in diesen Zeiten helfen kann. Die Blumenbeete und das Rasenstück sind jetzt reiner Luxus. Ich werde sie umgraben und was pflanzen, was wir essen können.«

»Was willst du denn pflanzen?«

»Kartoffeln und Gemüse. Wir sollten uns auch ein paar Kaninchen halten.«

»Wenn du meinst, liebes Kind ... Aber das ist viel Arbeit. Wer soll denn die machen?«

»Ich werd' tun, was ich kann. Und Grethe könnte sich ruhig beteiligen. Nachher wird sie ja auch davon essen wollen. Sprich doch mal mit ihr.«

Grethe rümpfte die Nase, als sie von Roses Plan hörte.

»Also, ich habe meinen Dienst. Und danach will ich auch mal ein paar Freunde sehen und ein Buch lesen können. Ein bißchen Kultur muß schließlich sein. Schließlich bin ich« – und sie betonte das Ich – »kein Bauernkind.«

Rose erstarrte. Mit eisigem Gesicht ging sie an der Schwägerin vorbei. Sie suchte sich andere Alliierte.

»Frau Petranek, ich will im Garten ein bißchen Landwirtschaft betreiben. Glauben Sie, Ihr Mann würde mir dabei helfen? Bezahlen kann ich ihn nicht, ich verdiene nicht soviel. Aber ich räume ihm ein gutes Stück vom Garten ein, da kann er für sich pflanzen und ernten, und Sie haben dann auch was im Topf.«

Frau Petranek wies mit dem Daumen nach oben: »Die

Jräfin will woll ihre zarten Fingerchen nich dreckich machen, wa?«

Rose blinzelte, Frau Petranek blinzelte zurück.

»Sie sind richtich, Frollein Rose. Ick wer't meen Ollen saren. Im Winter wat in'n Topp, wär' schon jut. Et is nu schon schlimm, da brauch' bloß'n schlechter Sommer zu komm', denn sind wa alle am Arsch jekniffen. Tschuljung, Frollein Rose.«

»Das macht doch nichts, Frau Petranek. Genau das denke ich ja auch.«

Schon am nächsten Wochenende, ab Sonnabend mittag, standen Rose und Herr Petranek im Garten, rissen Blumen aus, beseitigten Buschwerk und gruben um. An den folgenden Tagen, nach Feierabend, setzten sie ihr mühseliges Werk fort. In der zweiten Woche überließ Rose ihren Helfer sich selbst und ging auf Streifzüge durch die Gärtnereien der Umgebung. Jeden Abend brachte sie eine Tasche voll Gemüsepflanzen heim, Weißkohl und Blumenkohl, Spinat und Zuckerrüben.

»Zuckerrüben?« fragte Herr Petranek erstaunt. »Woll'n Se Sirup kochen?«

»Nein, das macht zu viel Arbeit und gibt zu wenig her. Aber aus dem Rübenkraut kann man ein feines Gemüse machen, so ähnlich wie Spinat. Und die Rüben schmekken geschnitzelt und geschmort sehr gut. Der Zucker da drin nährt zusätzlich. Wir kriegen doch zu wenig Zukker.«

»Wat Sie allet wissen! Und wat machen wa noch?«

»Wir stecken Zwiebeln. Und dann natürlich die Kartoffeln. Haben Sie noch welche im Keller?«

»Na, ville nich. Und miese seh'n se man aus. Nischt wie Keime.«

»Darauf kommt's jetzt an. Sie sollen ja keimen. Und weil wir nicht so viel haben, schneiden wir sie alle durch, die ganz großen in drei oder vier Teile, die kleineren in zwei. Ganze wären besser, aber es reicht ja nicht. Und geh'n tut's auch so.«

»Also wirklich, 's jeht doch nischt über'n Fachmann – Fachfrau mein' ick natürlich. 'n Stadtmensch wie icke weeß sowat nich.«

»Und dann, Herr Petranek, müssen wir Mist haben. Der muß in den Boden, bevor wir anfangen. Von nichts kommt nichts. Sehen Sie doch mal zu, ob Sie ein Fuhrgeschäft finden, wo wir ein paar Handwagen voll Pferdeäpfel kriegen können.«

»Is jeritzt. Keen Problem.«

Auch Frau Petranek beteiligte sich an der Pflanzarbeit, soweit ihr ihre übrigen Pflichten Zeit ließen. Sie bewunderte Rose und war tief durchdrungen vom Sinn ihres Unternehmens. Für Grethe hatte sie nur Verachtung.

»Jeh'm Se ihr wat ab, wennet nachher reif is?«

»Das geht wohl nicht anders. Wir können sie ja beim Essen nicht extra setzen.«

»Also würklich, manche Leute ... Na, ick will nischt jesacht ham.«

Die Pflanzung gedieh. In jeder freien Minute gingen die drei freiwilligen Landarbeiter, hackten Unkraut und gossen und vergaßen auch das Düngen nicht. Herr Petranek hatte eine große Regentonne aufgetrieben, in die schüttete Rose die Pferdeäpfel und goß Wasser drauf. Die Brühe, die entstand, trugen sie in Gießkannen auf ihre kleinen Felder und verteilten sie sorgfältig. Außerdem wies Rose Herrn Petranek an, niemals mehr Gartenabfälle wegzuwerfen, sondern einen großen Komposthaufen anzulegen.

»Für nächstes Jahr, wissen Sie? Ich glaube nicht, daß wir da besser dran sind als jetzt.«

Sie beschaffte auch fünf Kaninchen, und zwar auf dem Tauschwege. Sie gab dafür ein großes Stück von dem Speck her, den Viktor jetzt ziemlich regelmäßig schickte. Zwei Tiere, ein Pärchen, schenkte sie den Petraneks.

»Da können Sie Junge ziehen. Ich werd' das auch tun. Und als Gegenleistung für die zwei versorgen Sie mir meine mit, wenn ich keine Zeit habe.«

»Und wat soll'n die fressen?«

Rose öffnete die alte Markttasche, die sie herbeigeschleppt hatte. Sie war voller Grünzeug, Kräuter und Stauden.

»Das wächst alles auf dem Friedhof, an den Wegrändern. Jetzt, wo die Männer alle im Feld sind, tut keiner mehr was für die Ordnung. Und uns kommt das zugute. Außerdem natürlich Küchenabfälle. Kaninchen fressen fast alles.«

Die Petraneks staunten. »Also, die Kleene, die wird nich unterjehn. Det is die Beste von die janze Mischpoche da oben.«

Das Jahr 1916 wurde ein schlechtes Erntejahr. Hatte es vorher Schwierigkeiten gegeben, so brach jetzt die blanke Katastrophe über die hungrige Bevölkerung herein. In den Städten standen die Hausfrauen nach Steckrüben an, um ihren blassen Kindern wenigstens etwas in die Bäuche füllen zu können. Habseligkeiten wurden mobilisiert, Geld oder Gegenstände, die generationenlang die Bürgerstuben geziert hatten. Die Städter versuchten, bei den Bauern dafür Lebensmittel zu bekommen. Aber wenn sie dann heimwärts zogen, wurden sie am Stadtrand oder auf den stadtnahen Bahnhöfen von Gendarmen abgefangen, die ihnen ihre Beute abnahmen. Das geschah im Interesse einer gerechten Verteilung, die es in Wahrheit gar nicht gab. Wer Mut hatte, schimpfte laut. Andere verzagten und fielen in Depression. Alle waren gereizt.

Währenddessen gingen Rose und die beiden Petraneks an die Ernte. Roses Kartoffelfeld brachte gute sieben Zentner, das der Petraneks mehr als fünf. Auch der Ertrag an Kohl und Zwiebeln konnte sich sehen lassen, der Spinat prangte, und die Zuckerrüben kamen dick und rund aus der Erde. Beide Kaninchenpaare hatten Junge, und Roses drittes Kaninchen, das sie zum Weihnachtsbraten bestimmt hatte, setzte Fett an.

»Die Hälfte von dem Kohl machen wir ein«, bestimmte Rose und wies Herrn Petranek an, zwei Fässer zu besorgen. Wochenende für Wochenende saß sie in Petraneks Küche und schnitzelte mit den beiden Portierleuten die Kohlköpfe zu Streifen, ebenso einen guten Teil des Zuckerrübenkrauts. Das wurde dann in die Fässer gefüllt, Schicht um Schicht und dazwischen Salz. Herr Petranek besaß eine kleine Straßenramme, die mußte seine Frau ganz sauber scheuern, und dann stampften sie das geschnitzelte Kraut, so fest sie konnten, deckten einen Holzdeckel drauf und beschwerten das Ganze mit einem großen Stein. Schon nach kurzer Zeit schmeckten die Proben, die sie vom gesäuerten Kraut nahmen, wahrhaft köstlich. Die Petraneks waren begeistert. Für Rose wären sie nun durch's Feuer gegangen.

Die alte Frau Markwart sagte überwältigt: »Sieben Zentner Kartoffeln, wirklich? Das hätte ich nie gedacht, daß unser Garten so viel hergibt. Dein Sauerkraut ist großartig, so eins habe ich noch nicht gegessen. Und du meinst, zu Weihnachten werden wir einen Braten haben? Du bist eine Zauberin, Rose, eine wahre Zauberin!«

Grethe sagte nichts. Aber sie griff zu, wenn Roses Ernte auf den Tisch kam. Rose ließ sie ohne Kommentar gewähren. Bis zu jenem Tag, an dem Grethe Freunde eingeladen hatte und in der Küche ihre Gasterei vorbereitete. Sie machte Bratkartoffeln und nahm dazu reichlich von dem Speck, den Viktor aus Litauen geschickt hatte. Rose sah es.

»Was soll das? Wir haben schon gegessen.«

»Du weißt ganz gut, was das soll. Ich erwarte Gäste.«

»Und für die stiehlst du?«

»Wie bitte?« Grethe richtete sich auf und blickte Rose voller Hochmut an. »Du weißt wohl nicht, was du sagst. Und mit wem du sprichst. Ich bin hier schließlich zu Hause. Du bist bloß ein Eindringling.«

»So«, höhnte Rose, »ein Eindringling! So gering denkst du von mir. Aber immerhin hoch genug, um mir die Kartoffeln zu stehlen und den Speck, mit denen du deine Freunde füttern willst.«

»Stehlen?« empörte sich Grethe.

»Ja, stehlen. Ich habe nichts gesagt, wenn du die Kartoffeln verputzt hast, die ich gepflanzt und geerntet habe, denn du bist die Schwester meines Verlobten und die Tochter meiner Schwiegermutter. Um ihretwillen habe ich dich fressen lassen, denn du selbst hast dir das nicht verdient. Ich hab' mir die Finger blutig gearbeitet, und du warst dir zu fein, auch bloß mal die Gießkanne zu nehmen. Also sind das meine Kartoffeln, und ich bestimme, wer davon was bekommt. Und den Speck hat Viktor geschickt ...«

»Mein Bruder!« fiel Grethe ein.

»... mein Verlobter«, sagte Rose hitzig. »Na, meinetwegen, dein Bruder ist er auch. Deswegen steht dir von dem Speck auch was zu. Aber Viktor hat ihn geschickt, damit wir was zu essen haben, nicht damit du ihn an Fremde verfütterst. Er gibt sein Geld dafür aus oder spart ihn sich ab. Hast du eigentlich überhaupt keine Moral, du Schmarotzer? Ja, guck nicht so. Du bist ein Schmarotzer. Lebst auf anderer Leute Kosten und spielst dich noch auf. Leg' die Kartoffeln zurück und den Speck!«

Grethe verlor die Fassung. »Und was sage ich den Leuten, die ich eingeladen habe? Mein Gott, bist du gemein!«

»Schön, dann bin ich eben gemein. Damit muß du leben«, sagte Rose böse. »Du hast ja nichts unterlassen, um mich gemein zu machen. Und ich bin gemein genug, dir nicht zu erlauben, daß du mich bestiehlst und deine alte Mutter und Viktor. Wenn du mich so verachtest, dann wundere ich mich, daß du essen magst, was ich bei Wind und Wetter, mit schmerzendem Rücken und schmerzenden Händen angebaut und geerntet habe. Wenn du wirklich denkst, wie du redest, dann müßtest du doch eher verhungern wollen als von mir was annehmen.«

Grethe schwieg. Sie stand, das Messer in der Hand, mit dem sie den Speck geschnitten hatte, und sagte kein Wort. Rose genoß dieses Schweigen. Sie spürte genau, daß sie aus dem Kampf als Siegerin hervorging. Sie wartete eine Weile und sagte dann:

»Mach deine Bratkartoffeln fertig. Du hast dich so reingeritten, wenn ich dir nicht raushelfe, machst du dich vor den Leuten lächerlich. Das will ich nicht, um deiner Mutter willen und um Viktors willen. Aber das ist das letzte Mal, und ich rate dir, das ernst zu nehmen. In Zukunft fragst du mich, ehe du hier in den Haushalt reinpfuschst. Wer anschafft, der bestimmt auch, und ich bin es, die hier anschafft.«

Rose drehte sich um und verließ die Küche, und es war ihr ein Triumph, daß sie es über sich brachte, die Tür leise zu schließen.

Rose beherrschte nun tatsächlich den Drei-Frauen-Haushalt. Dazu trug auch bei, daß sie an ihrem Arbeitsplatz Karriere machte. Herr Ungeheuer hatte seinen Erfolg darauf gegründet, daß er die richtigen Leute am richtigen Platz einsetzte. Er hielt es für Verschwendung, Talente nicht auszunutzen, die ihm zugute kommen konnten. Als er sich überzeugt hatte, daß Rose ihre Arbeit willig, pünktlich und genau verrichtete und daß sie noch mehr zu leisten imstande war, beförderte er sie. Er übertrug ihr die Verhandlungen sowohl mit den Heftchen-Autoren wie mit den amtlichen Stellen, deren Verlautbarungen der *Lichterfelder Bote* druckte. Die Korrespondenz, die dabei anfiel, durfte sie selbst entwerfen, mußte sie aber nicht mehr schreiben. Herr Ungeheuer ordnete ihr eine Stenotypistin zu. Vom 1. Januar 1917 an betrug Roses Gehalt hundertachtzig Mark.

Damit verdiente sie dreißig Mark mehr als Grethe. Rose sagte nichts, und auch Grethe äußerte sich nicht dazu. Aber sie unterließ von nun an ihre verletzenden Reden und bemühte sich um Höflichkeit der Schwägerin gegenüber. Rose nahm es zur Kenntnis und war ebenfalls höflich. Zu einer Versöhnung, gar zu freundlichen Beziehungen kam es nicht. Immerhin blieben die Szenen aus, die das Verhältnis der beiden bisher bestimmt hatten. Im Frühjahr 1917 konnte man Grethe sogar des öfteren im Garten sehen, wo sie versuchte, zu Roses kleiner Landwirtschaft beizutragen. Rose wies sie in ruhigem Ton an und versagte sich jede Bemerkung. Aber sie wußte, daß sie gesiegt hatte, und es befriedigte sie sehr.

Anfang 1917 schrieb Viktor aus seiner Etappe im Osten, daß er vor dem Sommer nicht auf Urlaub rechnen könne. Er gehöre zu den Benachteiligten, weil die Ehemänner und Familienväter allemal vorgezogen würden. Und das habe er satt.

Mein lieber Schatz, wenn ich diesmal komme, wird geheiratet. Bereite alles vor, was nötig ist. Zum Beispiel mußt du wohl mit deinem Großvater Rücksprache nehmen. Es ist albern, aber mündig wirst du erst im nächsten Jahr, also können wir ohne den Alten nicht zum Standesamt. Den Umständen entsprechend, wird es eine kleine Hochzeit werden. Das soll uns egal sein, unser Glück hängt nicht davon ab. Wenn wir einander nur haben, dann sind wir glücklich. Trotzdem müssen wir natürlich über ein paar Äußerlichkeiten nachdenken. Zumindest wir paar Leute aus der Familie brauchen doch ein kleines Festessen. Ich werde von hier aus tun, was ich kann. Aber ob das reicht? Vielleicht hast du bis dahin ein paar Kaninchen fett. Na, notfalls heiraten wir eben bei Bratkartoffeln und Speck. Ich schreibe dir noch genau, wann ich komme. Vergiß nicht, rechtzeitig unser Aufgebot zu bestellen. Eigentlich wäre das meine Sache, aber ich muß ja fern der Heimat sein.

Rose war wie elektrisiert, als sie den Brief las. Endlich würde sie eine verheiratete Frau sein. Frau Rose Markwart – klang das nicht wundervoll? Niemand konnte ermessen, was das für sie bedeutete: Ehrbarkeit, Anstand, eine solide Stellung innerhalb der Gesellschaft. Viktor, der liebe, der gute. Mein Mann – das würde sie sehr bald sagen können. Mein Mann. Rose küßte den Brief und tanzte in ihrem Zimmer umher.

Als ihre erste Aufregung sich legte, dachte sie an die Probleme, die Viktor erwähnt hatte und die sie lösen mußte. Das Festessen – nun ja, sie konnte natürlich ein oder zwei von ihren Hasen mästen. Doch das reichte knapp für den Hochzeitstag, auch wenn außer der engeren Familie niemand käme. Viktor würde aber drei Wochen zu Hause sein, jedenfalls hoffte Rose das. Womit sollte sie ihn während einer so langen Zeit ernähren? Man konnte einem Urlauber doch nicht alle Tage Sauerkraut oder Rüben vorsetzen.

Rose dachte nicht gern an die Heimat, aus der sie davongelaufen war. Sie hätte sich lieber nie wieder damit befaßt. Aber die Umstände verboten es, sich derartig von Gefühlen leiten zu lassen. Wenn sie ihrem Viktor drei Wochen lang anständig zu essen geben wollte, dann mußte sie aus ihrem Ursprung Nutzen ziehen. Nur bei den Bauern gab es genug Nahrung. Der Großvater mußte etwas herausrücken, die Mutter auch. Warum sollten sie es schließlich nicht tun? Sie waren ihr alle etwas schuldig. Und dem Großvater müßte sie sowieso schreiben.

Aber sie schrieb nicht gleich. Sie schob es vor sich her, bis Viktor ihr mitteilte, daß er Mitte September kommen und bis zum Ende der ersten Oktoberwoche bleiben würde. Da erst setzte Rose sich hin und begann, den Brief zu entwerfen, den sie ihrem Großvater schicken wollte. Es kam ihr selber sonderbar vor, da sie doch seit längerem daran gewöhnt war, Geschäftskorrespondenzen zu führen, von denen einiges abhing. Aber es half nichts, sie rang um die richtigen Worte. Bogen um Bogen wanderte in den Papierkorb. Erst gegen Ende Mai war sie zufrieden mit dem, was sie niedergeschrieben hatte. Vielleicht aber war sie auch nur müde und der vielen Versuche überdrüssig.

In dem Brief, den sie schließlich abschickte, verlor sie kein Wort über ihr Ausscheiden aus dem Sanatorium und all das, was sich seither zugetragen hatte. Vom Großvater war in der ganzen Zeit keine Zeile gekommen, das wußte sie von Edith. Im Grunde hatte Rose sich das gewünscht, aber sie nahm es trotzdem übel. Was für ein Theater hatte der Alte seinerzeit veranstaltet, und hinterher zeigte er so wenig Interesse! Na schön, dann würden die Auskünfte, die Rose über sich gab, diesem Interesse eben entsprechen.

Lieber Großvater!

Lange haben wir voneinander nichts mehr gehört. Wahrscheinlich deshalb nicht, weil es uns beiden gutgegangen ist. Mir jedenfalls geht es großartig. Ich werde nämlich in vier Monaten heiraten, und Du kannst Dir denken, wie glücklich ich bin. Mein Verlobter heißt Viktor Markwart, hat Mathematik und Physik studiert und will Professor werden. Er stammt aus einer sehr feinen Familie. Ich wohne jetzt bei seiner Mutter. Zur Zeit ist Viktor natürlich Soldat. Zur Heirat brauche ich Deine Einwilligung, und Viktor und ich bitten Dich herzlich darum. Schicke sie bald, damit ich das Aufgebot bestellen kann. Noch

etwas habe ich auf dem Herzen: Du weißt sicherlich, daß wir in der Stadt nichts zu essen haben. Nun möchte ich aber wenigstens zu meiner Hochzeit satt werden und meinen Mann satt machen können. Ich wüßte gern, ob ich mir von zu Hause was holen kann? Frag bitte auch Mutter, ob sie mir was gibt. Ich hole es mir ab, wenn du mir schreibst, wann ich kommen darf. Es grüßt Dich und alle anderen
Deine Enkelin Rose

Drei Wochen später hielt sie die Antwort in Händen:

Liebe Rose!
Ich ergreife die Feder und schreibe Dir meine Freude, daß Du einen ordentlichen Mann gefunden hast. Du hast Dich in der Fremde nicht weggeschmissen. Ich bin sehr zufrieden. Wir geben Dir, was wir können, daß Du eine ordentliche Hochzeit feiern kannst. Komm wann Du willst. Es liegt für Dich bereit. Schreib mir Deine Ankunft, dann hole ich Dich in Vandsburg von der Bahn. Deine Mutter gibt Dir auch was mit. Bruno ist im Feld. Zu Haus hast Du einen kleinen Bruder, den kennst Du noch nicht. Er heißt Heinz, wird bald zwei. Hermann ist auch Soldat. Leider. Seit einem Jahr ist er verheiratet. Seine Frau wohnt bei uns. Ordentliche Person. Bald kommt was Kleines. August ist auch zurück. Seit 1915. Wohnt aber nicht bei uns, sondern in Wirsitz. Hat da eine große Stellmacherei. Er war im Süddeutschen gewesen. Seine Frau ist von dort. Sie haben drei Kinder, die Älteste ist schon neun. Auf den Hof wird er wohl nicht zurück, so wird es wohl Hermann werden. Aber ich leb' ja noch und bin nicht klapprig, trotz meinen 68 Jahren. Alle hier grüßen Dich und wünschen Dir Glück. Anbei meine Einwilligung zur Hochzeit. Ich schließe, weil der Postbote kommt.
Dein Großvater.

»Laß dich mal anschauen«, sagte Male und ging um ihre Tochter herum. »Gut siehst du aus. Bist ja eine richtige Schönheit geworden. Und so fein angezogen. Was machst du denn jetzt so? Ich meine, was arbeitest du?«

Rose hatte sich nicht besonders großartig angezogen, obwohl es sie gejuckt hatte, der westpreußischen Verwandtschaft mit ihren besten Kleidern zu imponieren. Doch mußte bedacht werden, daß sie mit allerhand Gepäck zurückreisen würde, und man trägt nicht sein Staatskleid, wenn man einen schweren Rucksack balanciert. So hatte sie sich für ein einfaches graues Kostüm entschieden, dessen Stoff etwas aushalten konnte, und trug darunter eine dunkelblaue Bluse. Wenn das der Mutter in die Augen stach, dann war der Abstand zwischen Lichterfelde und Hirschhagen wohl größer, als er in Roses Vorstellung erschienen war.

»Ich bin jetzt selbständige Korrespondentin in einem Zeitungsverlag«, sagte Rose mit betont gleichgültiger Miene, so als ob sie nur eine beiläufige Bemerkung über das Wetter gemacht hätte. Male schaute erstaunt. Sie begriff nicht recht, was jemand in einem solchen Beruf zu tun hatte, aber es klang bedeutend.

»Allerhand«, sagte sie, und Rose hörte heraus, daß ihre Mutter beeindruckt war. »Daß du so was kannst. Wer hätte das gedacht. Verdienst du gut?«

»Zur Zeit hundertachtzig«, sagte Rose und erzeugte im Kopf ihrer Mutter genau den Gedanken, den sie hatte hervorrufen wollen. Male dachte: »Zur Zeit ... Also kann es auch noch mehr werden.« Sie schüttelte langsam den Kopf.

»Allerhand.«

Rose ließ ihre Augen durch die Küche wandern. Mein Gott, wie klein. Wie armselig und wie rückschrittlich. Kaum faßbar, daß sie in diesem Haus Jahre ihres Lebens verbracht und nichts anderes gekannt hatte. Außer Lilienhecke natürlich, aber auch Großvaters Haus war ihr vorgekommen wie geschrumpft, als sie gestern abend dort eingetroffen war. Genaugenommen hatte sie diesen Eindruck schon gehabt, als sie in Vandsburg aus dem Zug stieg. Alles schien viel unbedeutender als das Bild, das sie jahrelang in ihrer Erinnerung bewahrt hatte. An den Häusern, den Menschen, den Gerätschaften konnte das nicht liegen, so viel machten drei Jahre nicht aus. Es lag wohl an ihr selber.

»Ich bin eine Städterin geworden«, dachte Rose. »Ich stamme von hier, aber ich kann's selbst kaum noch glauben. Es ist einfach nicht mehr wahr. Hierher gehöre ich nicht mehr. Rose Barbeknecht ist tot. Jetzt gibt's nur noch Rose Markwart. Gott sei Dank!«

Der kleine Heinz lärmte draußen auf dem Hof. Er hatte den Rechen erwischt, mit dem der Hofplatz sauber gehalten wurde, und drosch munter auf die Zinken der Hungerharke ein, die neben der Scheune abgestellt war. Male riß das Fenster auf.

»Heinzi! Schätzchen! Sei vorsichtig, mein Liebling. Tu dir nicht weh. Leg lieber den Rechen hin.«

Rose traute ihren Ohren nicht. Mit keinem ihrer Kinder hatte die Mutter je so zärtlich gesprochen, schon gar nicht mit Rose. Was war Besonderes an diesem Heinz, daß er ihr solche Gluckentöne entlocken konnte? Rose sah nichts weiter als eine dreckige, kreischende Rotznase, wie es alle ihre Geschwister gewesen waren. Aber freilich, hier ging es um Mutters Jüngsten, und das mußte es wohl sein. Mutter zählte jetzt – Rose rechnete schnell – einundvierzig Jahre. Kaum anzunehmen, daß sie weitere Kinder bekommen würde, vor allem wenn man bedachte, daß Bruno nicht da war und vor Kriegsende auch nicht wieder da sein konnte. Das Nesthäkchen. Trotzdem, daß ausgerechnet ihre Mutter, die harte, gefühlsarme, überstrenge Male Pohlenz, dieser Schwäche erlag! Man sollte es nicht für möglich halten.

Rose spürte den alten Haß auf die Mutter in sich aufsteigen. Sie konnte also gut sein, wenn sie nur wollte.

Warum hatte sie nie gewollt, als Rose klein war und die Liebe ihrer Mutter gebraucht hätte? Sie drehte sich um und kramte in ihrer Handtasche.

»Hier. Ich hab' ein paar Photographien mitgebracht. Das hier ist Viktor, und das ist meine Schwiegermutter.«

Viktors Photo zeigte einen gutaussehenden jungen Mann mit klugen Augen und einem freundlichen Lächeln. Aber nicht auf dieses Bild kam es Rose an, sondern auf das Porträt ihrer Schwiegermutter. Selbst das kleine Stückchen Karton vermittelte die Wirkung, die von der alten Frau Markwart ausging: Eine Dame schaute den Betrachter an, fein, liebenswürdig und sehr vornehm. Rachsüchtig blickte Rose auf ihre Mutter, die nun das Photo in der verarbeiteten Hand mit den ungepflegten Nägeln hielt. Sie mußte doch sehen, daß sie ein Dreck war gegen die andere, daß sie nicht konkurrieren konnte mit dieser Dame, zu der Rose Mutter sagen durfte.

Male musterte die Photographien lange, ohne ein Wort zu sagen. Sie legte sie schließlich auf den Küchentisch und ging zum Fenster, als ob sie nach Heinz ausschauen wollte. Rose wartete. Nach einer Weile drehte Male sich um.

»Nette Leute, deine neue Familie. Da muß man dir gratulieren.« Sie zupfte an ihrer Schürze herum. Dann hob sie den Kopf und sah Rose in die Augen. Leise sagte sie: »Ich wünsch' dir Glück. Ich wünsch' dir von ganzem Herzen Glück, mein Kind.«

Die Anrede traf Rose bis ins Innerste. Sie schämte sich, und gleichzeitig wehrte sie sich heftig gegen das warme Gefühl, das sie plötzlich empfand. Zu spät! Das kam alles zu spät! Mein Kind ... Das hätte sie damals hören müssen, vor dreizehn Jahren.

»Danke, Mutter«, sagte Rose heiser. »Aber jetzt mußt du mir was von euch erzählen. Wo sind die Gören denn alle?«

»Alma ist im Dienst in Vandsburg. Sie ist ja auch schon siebzehn und drei Jahre aus der Schule. Georg ist mit seiner Lehre fertig. Ein tüchtiger Mechaniker ist er geworden.« Male lächelte. Wenn Heinz ihr Liebling war, so war Georg ihr Stolz. »Er wartet nicht, bis die Arbeit zu ihm kommt. Er fährt über Land und fragt bei den Bauern, ob was zu flicken ist. Es ist immer was zu flicken. Dabei verdient er gar nicht schlecht. Er sammelt auch alte Fahrradteile und baut neue Räder draus. Die verkauft er dann. Noch eine Weile, dann kann er eine eigene Werkstatt aufmachen, in Flatow oder in Schneidemühl. Das heißt, wenn sie ihn nicht vorher zu den Soldaten holen.«

Male seufzte. »Ein Kreuz, dieser Krieg. Na, jetzt ist Georg draußen auf dem Feld. Er ist helfen gekommen, weil doch kein Mann da ist außer ihm. Die anderen sind auch alle draußen, sogar Charlotte. Viel helfen kann sie noch nicht mit ihren Fünf, aber so lernt sie's. Und ich muß jetzt an den Herd. Wenn die nachher alle zurückkommen, wollen sie futtern.«

»Ich helf' dir«, sagte Rose. »Gib mir eine Schürze.«

Eine Weile saßen Mutter und Tochter schweigend, schälten Kartoffeln und putzten Gemüse. Male stand auf und schürte das Feuer im Herd. Plötzlich sagte sie:

»Es ist jetzt so friedlich hier. Ich hab' gute Kinder. Kein böses Wort.« Dann schwieg sie wieder, und auch Rose blieb ganz still. Mit einemmal drehte Male sich um. Ihre Augen standen voller Tränen, und sie sagte:

»Wenn er doch nicht wiederkommen würde! Mein Gott, wie sehr ich mir wünsche, daß er nicht wiederkommt!«

Rose blickte angestrengt auf die Kartoffel, an der sie eben schälte. Sie verstand genau, von wem die Mutter sprach. Sie selbst hatte dem Stiefvater oft genug die Pest an den Hals gewünscht. Aber die Mutter, Brunos Frau! Daß sie das so schamlos heraussagte, und dann zu ihr, dem Schandkind, dem Zankkind, dessen Dasein Bruno der Mutter immer vorgeworfen hatte! Leise dämmerte es Rose, daß sie nicht die einzige gewesen war, die im Hause Pohlenz bitter gelitten hatte. Doch versöhnlich stimmte sie der Gedanke nicht. Immerhin war die Mutter erwachsen gewesen, Rose aber ein hilfloses Kind. Und die Mutter hatte sich Bruno ausgesucht. Sie hätte doch wissen müssen, was sie sich und ihrer vaterlosen Tochter damit antat.

Rose schwieg, und Male erwartete offenbar auch keine Antwort. Die beiden Frauen arbeiteten still vor sich hin. Rose hätte gerne die Frage gestellt, die in ihr wartete, seit sie denken konnte. Aber sie fühlte sich gehemmt, wie damals als Kind. Sie kämpfte mit sich. Dann, mit einemmal, nahm sie all ihren Mut zusammen und sagte leise: »Jetzt, Mutter, in dieser Stunde – möchtest du mir nicht sagen, wer mein Vater ist?«

Male machte sich steif. Sie runzelte die Stirn.

»Es wär' mir lieber, du würdest mich das nicht fragen. Ich möchte nicht darüber sprechen.«

»In vier Wochen heirate ich, Mutter. Meinst du nicht, daß mein Mann es vielleicht wissen möchte? Ich werde Kinder haben. Meinst du nicht, daß die ein Recht haben, zu wissen, wer ihr Großvater war?«

»Nein!« sagte Male. Rose kannte den Ton. Die Mutter würde sich kein weiteres Wort entlocken lassen. Die Stunde der Vertraulichkeit war vorbei. Wahrscheinlich hatte es überhaupt niemals Vertraulichkeit gegeben, und alles war nur Einbildung. Das kommt davon, wenn man sich von Sentimentalitäten hinreißen läßt. Rose hatte doch gewußt, was für eine Art Mutter das war. Wie konnte sie bloß an Wunder glauben?

Ungeduldig wartete sie, bis der Großvater mit der Kutsche kam, um sie nach Lilienhecke zurückzuholen. Male hatte ihr einen großen Sack vollgestopft: Würste und

Schinken waren darin, ein großer Klumpen Butter und drei von Males wunderbaren Broten, alles sorgfältig in Pergamentpapier gewickelt und obendrein in Zeitungen eingeschlagen.

Der Großvater wuchtete das Paket in die Kutsche. Rose sagte: »Danke, Mutter«, und gab Male einen flüchtigen Kuß auf die Wange. Male nahm Roses Hand und hielt sie einen Moment ganz fest. Dann wandte sie sich ab und ging ins Haus zurück.

Rose trug schweres Gepäck, als der Großvater sie am anderen Morgen am Vandsburger Bahnhof absetzte. Ihr Rucksack – es war derselbe, mit dem sie einst nach Babelsberg aufgebrochen war – platzte fast aus den Nähten, außerdem schleppte sie noch einen gut gefüllten Koffer, den sie alle zehn Schritte abstellen mußte. Emma hatte sich nicht lumpen lassen. Im Haus hatte sie Carls Enkelin nicht haben wollen, ja, das stimmte. Aber daß sie ihr die Nahrung verweigerte, noch dazu, wo es um Roses Hochzeit ging – also, das ließ Emma sich nicht nachsagen. Sie war eine reelle Frau, alles, was recht ist. Und diese feine Familie in Berlin oder in Lichterdingsda, wie immer das hieß, die sollte mal sehen, wie es um Emmas Küche und Räucherkammer bestellt war. Nein, Emma konnte man nichts anhängen, und wer was anderes sagte, der war ein Lästermaul.

Rose mußte zweimal umsteigen, und sie ächzte unter ihrer Last. In Schneidemühl wartete ein großer Schrecken auf sie: Alle Bahnsteige waren gestopft voll von Gendarmen, die Jagd auf Hamsterer machten, Säcke und Koffer durchforschten und alles beschlagnahmten, was in ihren Augen unrechtes Gut war. Rose zitterte, und ihr sank das Herz.

»Na, Fräulein? Auch gehamstert? Dann zeigen Sie mal her, was Sie der rechtmäßigen Verteilung entziehen wollen.«

Mit bebender Stimme sagte Rose: »Also ist meine Hochzeit *perdu*!«

»Wieso denn das?«

»In vier Wochen wollen wir heiraten«, jammerte Rose und ließ die Tränen laufen. »Mein Verlobter steht an der Ostfront, und ich habe ihn seit anderthalb Jahren nicht gesehen. Er hat keinen Urlaub gehabt. Jetzt kommt er für drei Wochen, und wir haben nichts für ihn zu essen. Da bin ich nach Hause gefahren aufs Land und hab' mir was zusammengebettelt, damit ich ihn satt kriege und damit wir was auf dem Tisch haben an unserem Hochzeitstag. Und jetzt war alles umsonst.« Sie schluchzte herzzerreißend. Die Gendarmen guckten betroffen.

»Na, nu, Mädchen. Weinen Sie doch nicht so. An der Ostfront ist Ihr Verlobter? Seit Anfang 1915? Und nur einmal Urlaub gehabt? Na, wir sind ja keine Unmenschen. Einem Kameraden werden wir doch nicht die Hochzeit versauen. Packen Sie zusammen, Fräulein. Warten Sie, wir helfen Ihnen. Da steht Ihr Zug. Rein mit Ihnen, wir reichen Ihnen das Gepäck rauf. Gute Reise, und alles Gute für die Zukunft. Einen Gruß unbekannterweise an den Herrn Kameraden.«

Noch in Landsberg hatte Rose weiche Knie. Erst als der Zug durch die östlichen Vororte Berlins fuhr, verlor sich ihre Angst vor einer weiteren Kontrolle. Am Bahnhof Friedrichstraße wartete Grethe auf sie. So war es verabredet worden. Rose hatte gesagt:

»Wenn ich nichts kriege, dann haben wir gespaßt. Aber das glaube ich nicht. Sie haben es mir eigens versprochen, und ich denke, ich werde mit einem ganzen Sack zurückkommen. Dann freilich wär's mir lieb, wenn ich Hilfe beim Tragen hätte.«

Grethe staunte: »Mein Gott, so viel! Und wie das durch den Rucksack duftet! So was haben wir lange nicht mehr gehabt.«

»Und wie uns das erst gefallen wird, wenn wir's im Mund haben«, sagte Rose fröhlich. »Schinken und Wurst, Räucherfleisch und Butter, Brot und Eier und Mehl für Kuchen. Jetzt kann nichts mehr schiefgehen. Die Hochzeit ist gesichert.«

12 / Eine weiße Hochzeit wurde es nicht. Rose überschlug die Kosten, die Stoff, Schleier, Nähmaterial und Schneiderlohn verursachen würden, und entschied, daß es auch ohne die weiße Pracht ginge. So viel verdiente sie nicht, und auch Viktors Sold war nicht so hoch, daß sie beide ihr Geld einfach zum Fenster rausschmeißen konnten. Und zum Fenster rausgeschmissen, das wäre es ja wohl, bloß für den einen Tag und nur, um anderen Leuten was zum Gucken zu geben. Rose besaß einen schwarzen Taftrock, den sie bisher nur einmal, und eine weiße Rüschenbluse, die sie überhaupt noch nie getragen hatte. Darin wollte sie eine so schmucke Braut sein, wie Viktor sie sich nur wünschen konnte.

»Ach, warum willst du denn kein richtiges Brautkleid tragen«, sagte die alte Frau Markwart bekümmert. »Ich schenke es dir, Röschen. An diesem wichtigsten Tag in deinem Leben solltest du doch ...«

»Danke, Mutter, das ist sehr lieb von dir. Aber es ist die reine Verschwendung. Wenn du uns was Gutes tun willst, dann hilf uns, daß wir uns ein eigenes Schlafzimmer kaufen können. Ich wünsch' mir nichts so sehr wie eine richtige Schlafzimmereinrichtung mit einer Frisiertoilette.« Rose bekam leuchtende Augen. »Eine Frisiertoilette mit Schubladen, einer Glasplatte und einem ganz großen Spiegel«, sagte sie träumerisch.

»Wenn dein Herz dran hängt, dann will ich euch dazu verhelfen«, versprach die alte Dame. »Trotzdem könntest du doch … Schon gut, schon gut, ich sag' nichts mehr. Es ist am Ende deine Hochzeit. Ich werd' euch das Geld für das Schlafzimmer geben. Dann könnt ihr gehen und aussuchen, wenn Viktor da ist. Bestimmt wird das auch eine große Freude für euch sein, so ein gemeinsames Aussuchen. Ach ja …«

Die alte Dame weinte ein bißchen. Dann sagte sie: »Wir müssen auch an Bettzeug denken. Viktor hat ja sein Federbett. Aber du möchtest sicher auch ein eigenes haben. Das werden wir zum Schlafzimmer noch dazu kaufen.«

Dies freilich erwies sich als überflüssig. In der zweiten Septemberwoche lud der Paketfahrer ein riesiges Postpaket vor der Markwartschen Wohnungstür ab. Rose, an die es adressiert war, erkannte ungläubig in den steifen Buchstaben die Handschrift ihrer Mutter. Sie nahm sich nicht die Zeit, Schnur und Papier so sorgfältig zu entfernen, wie es sonst ihre Art war, denn Rose hielt darauf, Verwendbares auch verwendbar zu erhalten. Diesmal fetzte sie das Paket mit einem großen Küchenmesser auf. Heraus kam ein prächtiges, pralles Federbett und ein ebensolches Kopfkissen. An den Flusen, die am Inlett hängengeblieben waren, erkannte Rose, daß die Mutter in den Vorrat ihrer besten Gänsedaunen gegriffen hatte, um diese Betten zu stopfen.

Am Kopfkissen hing ein Zettel: »Keine meiner Töchter wird heiraten, ohne ein anständiges Bettzeug mitzukriegen. Werde glücklich, meine Tochter. Deine Mutter.«

»Also so was! Also so was!« sagte Rose und schnappte nach Luft. »Also so was! Himmel noch mal!« Die Stimme versagte ihr.

»Aber das ist ja großartig!« rief die alte Frau Markwart. »So eine liebe Mutter hast du! Mit eigenen Händen hat sie das gemacht? Wahre Prachtexemplare von Betten sind das. Da mußt du dich aber freuen. Warum weinst du denn, Rose? Was ist denn?«

»Ach nichts«, murmelte Rose und versuchte, ihre verstopfte Nase freizuschnauben. »Es ist nur alles ein bißchen viel. Ich freu' mich ja auch. Ich kann es nicht erklären.«

Am 16. September kam Viktor. Es war ein Sonntag, Rose brauchte nicht zu arbeiten und hatte Zeit: erst für die Vorfreude, dann für die schäumende Wiedersehensfreude, schließlich für die Seligkeit, die sie jedesmal empfand, wenn sie Viktor ansah. Auch Mutter und Schwester hatten an ihm herumgeküßt und ihn ein um das andere Mal umarmt. Nach einer Weile aber hatte die alte Frau Markwart ihre Tochter beiseite genommen:

»Laß die zwei jetzt. Die haben sich bestimmt viel zu sagen, wozu sie uns nicht als Zuhörer brauchen. Geh in dein Zimmer oder komm zu mir.«

Im großen Erkerzimmer blieben Viktor und Rose, überschütteten einander mit den Neuigkeiten, die sich bei jedem angehäuft hatten, schwiegen viertelstundenlang, schauten in die Gartenbäume, deren Laub sich schon herbstlich verfärbte, redeten von neuem aufeinander ein. Es war ein wundervoller Tag, der erste von einundzwanzig wundervollen Tagen und damit der schönste aller Tage. Alle Herrlichkeit lag noch vor ihnen. Noch nichts vom Himmelsgeschenk des Urlaubs war weggelebt. Kein anderer Tag konnte damit konkurrieren.

Auch nicht der Hochzeitstag. So kam es Rose jedenfalls vor, als sie anderthalb Wochen später, an einem Mittwoch, mit Viktor zum Standesamt ging. Eine Bilderbuch-Sonne schien aus klarblauem Himmel und ließ die Blätter der Bäume grün und golden leuchten. Es war fast sommerlich warm, ein Wetter zum Jubilieren. Die ganze Natur, so schien es, gratulierte Rose zu ihrem großen Fest. Sie aber konnte den Gedanken nicht verscheuchen, daß schon zehn Tage von den einundzwanzig aufgebraucht waren und nur elf noch übrigblieben – nicht einmal mehr ganze zwei Wochen.

Sie mußte sich zusammennehmen! Alle strahlten. Jeder meinte es gut mit ihr. Viktor, in seiner sauber gebürsteten Uniform, ging neben ihr und hielt sie fest an der Hand. Er sah so glücklich aus, sein ganzes Gesicht war ein einziges Lächeln, und in seinen Augen standen Tränen. War sie nicht gesegnet, einen solchen Mann zu bekommen, der so stark fühlen konnte und der so gut zu ihr war? Sie durfte ihm mit ihrer Schwarzseherei nicht diesen Tag verdunkeln.

»Bist du glücklich?« raunte er, und sie nickte heftig: »O ja!«

Zum Standesamt, früh um zehn, gingen sie nur mit den Trauzeugen, mit Hulda und Edith. Rose hatte beide ausgesucht: Edith, weil sie die beste Freundin war und Rose sehr an ihr hing; Hulda als die einzige Vertreterin der Familie Markwart, die ihr akzeptabel erschien und über die sie sich noch nie geärgert hatte. Die alte Dame natürlich ausgenommen, aber als Schwiegermutter schien sie Rose nicht geeignet, auch noch den Trauzeugen abzugeben.

Eine reine Weiberhochzeit war das. Wahrhaftig, außer dem Bräutigam sah man keinen Mann in der Gesellschaft. Ja, der Krieg, der Krieg! Da waren die alte Dame und Grethe, Hulda und Edith, dazu eine Nachbarin, die Mutter des Kindes, das die Blumen streuen sollte – ein Mädchen natürlich, was denn sonst. Joachim fehlte, Viktors Freunde und Kollegen fehlten. Wenn man hätte tanzen wollen, wie es sonst bei Hochzeiten üblich war, die Damen hätten miteinander vorlieb nehmen müssen. Aber man würde nicht tanzen. Das stand fest, ohne daß es verabredet worden wäre.

Eine Stunde nach dem Termin im Standesamt war die kirchliche Trauung angesetzt, in der Lichterfelder Johanneskirche, zu deren Gemeinde die Markwarts gehörten. Rose hatte gestaunt, als sie diese Kirche zum ersten Mal sah. Sie wich völlig ab von dem üblichen Bild der Kirchen und war eigentlich eher die Kaprice eines Architekten, der eine Antwort gesucht hatte auf die Frage, was zum Teufel Moderne bedeutet. Die Johanneskirche bestand aus einem dicken Zylinder, gekrönt von einem Pilzhut, und rief bei den Lichterfelder Pfarrkindern unkirchliche Assoziationen hervor. Sie nannten das Bauwerk Seelengasometer.

Aber innen war sie schön. Vor allem verfügte sie über eine anmutige Sakristei, oval geformt und in feierlichem Violett ausgemalt, die sich als Sakralraum bei kleineren Anlässen anbot. Die Hochzeit von Viktor und Rose war solch ein kleinerer Anlaß. Zur kirchlichen Trauung hatten sich zwar auch die Petraneks und andere Bewohner des Hauses in der Zehlendorfer Straße eingefunden, und auch einige Kolleginnen von Rose hatten die Gelegenheit wahrgenommen, sich für ein paar Stunden vom Dienst in Herrn Ungeheuers Unternehmen zu drücken. Dennoch blieb das Häuflein klein genug, um im Hauptraum der Kirche kläglich unterzugehen.

In der Sakristei aber nahmen sie sich stattlich aus. Sie füllten die Stuhlreihen, die in sanften Bögen hinter den beiden Sesseln geordnet waren, auf denen das Brautpaar saß. Für die kirchliche Zeremonie hatte Rose ihre Ausstattung durch ein Myrtenkrönchen vervollständigt, das aus ihrem schwarzen Haar leuchtete, und Viktor hatte ein Myrtensträußchen in ein Knopfloch seiner Uniformjacke gesteckt. Beide hörten nicht recht, was der Pfarrer in seiner Traupredigt sagte, denn sie waren beide sehr aufgeregt. Aber das merkte niemand, und im großen und ganzen war alles so, wie es sein sollte. Auch das Blumenkind funktionierte, sogar präziser als notwendig: Als Viktor und Rose die Kirche verließen, legte das Mädchen je eine Blume auf je eine Treppenstufe, und das gleiche wiederholte sich, als sie daheim das Treppenhaus betraten. Eine Stufe – eine Blume. Es war eine so akribische Ordnung in dem, was üppig das Fest hätte untermalen sollen, daß niemand sich der Komik dieser Darbietung entziehen konnte. Die Spannung, die das Rührende und Feierliche des Tages in jedem erzeugt hatte, entlud sich in allgemeinem Gelächter. Rose lachte so sehr, daß Viktor sie festhalten mußte, sonst wäre sie umgefallen.

Später, als sie sich beruhigt hatte, setzte Edith sich zu ihr und sagte leise:

»Rose, ich muß dir was anvertrauen. Die nächste, die heiratet, bin ich. Was sagst du nun?«

»Aber Edith!« Rose strahlte. »Das ist ja großartig. Wen denn?«

»Auch so eine Art Viktor.« Edith kicherte. »Wahrhaftig, Rose, wir sind nicht nur Freundinnen, wir haben auch denselben Geschmack. Mein Heinrich ist auch ein studierte Physiker und Mathematiker. Er will auch Professor werden. Jetzt ist er Soldat, genau wie Viktor. Leutnant ist er, leider bei der Infanterie, und leider an der Westfront.« Edith unterbrach sich, um beide Daumen fest zu pressen. Sie schloß die Augen dabei. »Aber wenn er heil und gesund bleibt – Gott behüte ihn und Viktor –, dann werden wir im nächsten Frühjahr heiraten.«

»Ach, Edith, Schätzchen, ich freu' mich so für dich. Bestimmt bleibt er heil und gesund, dein – wie sagst du, daß er heißt? Heinrich?«

»Ja, Heinrich. Ich sage Heinz zu ihm.«

»Und wie weiter? Wie wirst du heißen, wenn du ihn geheiratet hast?«

»Rosenfeld«, sagte Edith und strahlte.

Rose zuckte zusammen. Rosenfeld! Ganz offensichtlich ein jüdischer Name. Sollte es möglich sein, daß Edith, die nette, kleine Edith, sich einen jüdischen Mann ausgesucht hatte? Es würde Schwierigkeiten geben, wenn Viktor davon erfuhr. Zu dumm, sie hätte so gerne in aller Unbefangenheit weiter mit Edith verkehrt. Na, verkehren würde sie auch künftig mit der besten Freundin, die sie je gehabt hatte und je haben würde. Das konnte ihr Viktor nicht verbieten, und er würde es wohl auch nicht tun. Nur mit der Unbefangenheit, ja, mit der war es nun wohl vorbei. Rose erinnerte sich genau, wie Viktor ihr die Rubys madig gemacht hatte. Eine schlimme Sache damals. Und doch, sie mußte sich eingestehen, daß sie sich selbst ein bißchen gegen den Strich gebürstet fühlte, wenn die Rede auf die Juden kam. Warum eigentlich? Schwer zu sagen. Aber es mußte doch was dran sein, wenn der Großvater verächtlich über sie sprach und Viktor sie entschieden ablehnte. Viktor war so klug. Er wußte doch sicher, was er sagte. Juden waren so anders. Mehr konnte Rose vorläufig nicht gegen sie vorbringen. Getan hatte ihr kein Jude was. Sie waren eben anders.

Aber Edith! Wenn Edith sich einen Rosenfeld ausgesucht hatte, dann war der gewiß ein guter Mann. Bestimmt gab es auch gute Juden. Es gab ja auch schlechte Christen. Wenn jemand davon ein Lied singen konnte, dann Rose.

»Wo hast du ihn denn kennengelernt, deinen Heinrich?«

»Im Sanatorium«, sagte Edith fröhlich, »ja, wirklich, im Sanatorium. Seine Mutter war dort zur Kur. Heinz hat sie besucht, und ich hab' ihn kennengelernt, als beide mal bei der Frau Geheimrat zum Tee waren.« Edith lachte. »Da staunst du, was? Du mußt wissen«, sagte sie mit glänzenden Augen, »Heinzens Vater war nämlich ein Freund und Studienkollege vom Professor. War auch Arzt, der alte Dr. Rosenfeld. Zu seinen Lebzeiten – jetzt ist er schon 'ne ganze Weile tot – haben die Familien viel miteinander verkehrt. Und der Professor, unser Herr Professor, behandelt den Heinz, als ob das sein Neffe wär'.«

»Also doch«, dachte Rose. »Ein Freund vom Professor. Und der ist ein Jude. Dr. Rosenfeld. Wie bringe ich das Viktor bei?«

»Eigentlich bist du schuld«, sagte Edith glücklich. »Wenn du nicht weggegangen wärst, hätte ich den Posten bei der Frau Geheimrat nicht bekommen, sondern wär' im allgemeinen Dienst geblieben. Wer weiß, ob ich dann meinen Heinz getroffen hätte. Wünsch mir Glück, Rose.«

»Das tu' ich, Edith. Das tu' ich von Herzen«, sagte Rose mit Nachdruck, und sie meinte, was sie sagte. Aber in ihrem Kopf summte es: »Wie bringe ich das Viktor bei?«

Rose erinnerte sich später ihres Hochzeitstages mit zwiespältigen Gefühlen. Die Sache mit Edith spielte dabei keine geringe Rolle. Das andere Problem, das ihr zu schaffen machte, hing damit zusammen, daß Viktor seine Rechte als Ehemann in Anspruch nahm. Rose hatte diesem Augenblick in einem Gemisch aus Abwehr und Neugier entgegengelebt. Sie wußte, daß eine solche Begegnung zwischen Mann und Frau zur Ehe gehörte. Alle taten es, viele offenbar gern, also konnte es nichts ganz Schlechtes sein. Andererseits war der Bezirk des Geschlechtlichen für Rose von Anfang an befleckt gewesen durch die Sünde ihrer Mutter, die alle Welt an ihr, dem Sündkind, heimgesucht hatte. Falls tatsächlich Freude dran war an diesem … diesem …, worüber man nicht sprach, dann hatte alle Welt das Rose jedenfalls vorenthalten. Wie sollte sie jetzt plötzlich das Gegenteil von dem glauben, was man ihr eingetrichtert hatte? Andere glaubten ja auch nicht daran. Rose hatte mit eigenen Ohren gehört, wie ihre Schwiegermutter und Frau Petranek bei einem Küchenschwätzchen über das leidige Thema urteilten.

»Die Kerle sinn alle gleich«, hatte Frau Petranek geseufzt. Und die alte Frau Markwart darauf:

»Nein, nein, Frau Petranek. Es gibt auch gute Männer. Ihrer gehört dazu, und meiner – ach Gott, was war das für ein prächtiger Mensch. Es war schön, mit ihm verheiratet zu sein, wirklich wunderschön. Wenn nur das nicht gewesen wär', was die Männer immer von einem wollen«, hatte sie hinzugesetzt.

Und Frau Petranek: »Det isset ja, Frau Markwart, det isset, wat ick meene. Wenn se ein' bloß in Ruhe lassen könnten, dann wär't ja jut. Abe se könn' ja nich jenuch kriejen, die Schweinijel.«

Frau Petranek hatte vier Kinder großgezogen, die Schwiegermutter drei. Und beide bekundeten, daß sie die Beziehungen, aus denen die Kinder entstanden waren, nicht guthießen. Da mußte man doch ins Grübeln kommen. Konnte es sein, daß Gott – ach was, Gott ... Konnte es also sein, daß die Natur nur die Männer mit solchem Verlangen ausgestattet, den Frauen aber auferlegt hatte, hinzunehmen und zu dulden? Die Schwiegermutter schien das zu glauben. Roses eigene Mutter war, jedenfalls in ihren jungen Jahren, ein Beweis dagegen. Und Rose selbst? Hatte sie nicht manchmal Momente, in denen Stimmungen und Empfindungen sie beherrschten, die ... Nun also, die ... Wenn sie soweit gekommen war, brach Rose regelmäßig ab und verschob das lästige Problem auf den Tag, an dem es sich ihr ernsthaft stellen würde. Jetzt aber war der Tag da. Jetzt gab es kein Ausweichen mehr.

Viktor war ein zarter Liebhaber. Er umwarb Rose noch im Ehebett, sorgfältig bemüht, ihr nichts aufzudrängen, sondern ihr Liebe und Freude zu vermitteln, wie sie ihn selbst erfüllten. Sanft versuchte er, in seiner jungen Frau das Begehren zu wecken, dessen Existenz er nicht voraussetzte – denn hatte er nicht ein reines, unberührtes Mädchen geheiratet? Rose aber spürte nichts als eine große Peinlichkeit. Peinlich und lächerlich war das! Und davon sollte man glücklich werden? Wirklich, die Schwiegermutter und Frau Petranek hatten recht. Ein merkwürdiges Volk, diese Männer. Einer wie der andere. Ihr wohlerzogener Viktor genauso wie ... wie ... wie dieser ordinäre Paul damals, der sie so frech angefaßt hatte ...

Paul! Die Erinnerung an die Szene mit dem Pfleger schlug durch ihren Körper wie ein Geschoß. Sie stöhnte tief auf und preßte sich Viktors Hand entgegen. Mit einemmal war sie fast bewußtlos vor Gier. Ohne zu wissen, was sie tat, öffnete sie sich dem staunenden und beglückten Viktor und gab sich mit einer Leidenschaft hin, daß ihm Hören und Sehen verging.

»Meine Rose, mein Glück, meine Prinzessin«, murmelte er in ihr Ohr, als sie schließlich ermattet nebeneinander lagen. Er bedeckte sie mit Küssen, hielt dann erstaunt inne.

»Warum weinst du denn, lieber Schatz?« fragte er. »Was sind das für Tränen? Geht es dir nicht gut? Habe ich dir weh getan?«

Rose wehrte ab. »Nein, nein. Mir ist nichts.«

»Bist du glücklich?« forschte Viktor.

»Ja.«

»Dann weinst du also vor Glück«, sagte er, und seine Stimme klang feierlich. »Wenn es so ist, dann laß deine Tränen nur laufen. Meine Rose, meine Königin!«

Rose vergrub ihr Gesicht im Kissen. Ihr war kalt vor Entsetzen. Sie hatte sich wie eine Hure aufgeführt. Wie eine Hure. Das mußte das Erbteil ihrer Mutter sein, das da plötzlich durchgebrochen war. Und mit wem hatte sie diese wilde, süße Höllenfahrt erlebt? Nicht mit Viktor, ihrem Mann. Nein, mit diesem Gossenkerl, der so tief unter ihr stand und den sie so verachtete. Wie war das bloß möglich? Sie hatte ja Viktor betrogen. In der Brautnacht hatte sie ihn betrogen. Das durfte er nie erfahren.

Nun, sie würde es ihm gewiß niemals sagen. Aber was sollte werden? Viktor war der beste aller Männer. Sie konnte keinen besseren finden. Um nichts in der Welt wollte sie ihn aufgeben. Am Tag war alles so klar, so einfach. Aber in der Nacht … Was sollte bloß werden? Auf jeden Fall durfte sie nie wieder zulassen, daß ein fremder Schatten sich zwischen sie und Viktor drängte. Nie wieder.

Viktor schlief längst, als Rose lautlos in die Dunkelheit sprach:

»Lieber Gott, falls es dich gibt, verzeih mir die Sünde. Ich schwöre, ich werde alles tun, um Viktor eine gute Frau zu sein. Alles, was ich kann, werde ich tun.«

Am 7. Oktober fuhr Viktor wieder fort. Die drei Frauen begleiteten ihn zum Bahnhof Lichterfelde-West, wie damals, 1915, als er einrücken mußte. Wie sie es damals getan hatten, weinten Mutter und Schwester. Rose gebärdete sich geradezu wild. Sie hing an Viktors Hals, schluchzend, fast schreiend, und wollte ihn nicht loslassen.

»Wenn du nun nicht wiederkommst! Oh, wenn du nun nicht wiederkommst!«

Es gelang Viktor nicht, sie zu beruhigen. Die alte Frau Markwart, tief erschrocken, streichelte mit zitternden Händen an ihr herum. Grethe stand, mit heruntergezogenen Mundwinkeln, und beschaute sich die Szene. An den Bemühungen, ihre Schwägerin zu trösten, nahm sie nicht teil.

»Ich komme wieder. Ganz bestimmt, mein Röschen. Guter Gott, was ist bloß los? Was ist denn jetzt so anders als vorher? Was erregt dich denn, und warum gerade jetzt?«

Rose schluchzte, daß es sie stieß. Sie konnte keine Antwort geben. Sie hätte es auch nicht gekonnt, wenn sie ruhig gewesen wäre. Es war nicht allein die Sorge um Viktors Leben und Gesundheit, wenngleich sie das natürlich sehr beschäftigte. Aber damit lebte sie schon zweieinhalb Jahre, und sie war all die Zeit damit fertig geworden. Nein, irgend etwas drängte sie. Irgend etwas mußte sie ihm sagen. Es war furchtbar wichtig, es ihm zu sagen, nur brachte sie es nicht fertig, die Gedanken festzuhalten, die sie quälten. Es waren eigentlich auch gar keine Gedanken. Etwas Formloses, ganz Ungestaltetes bedrängte ihr Herz und ließ ihren Puls jagen. Sie mußte sich mit Viktor verständigen. Unbedingt mußte das ausgesprochen werden. Aber was? Jetzt fuhr er weg, und wenn es ihr nicht gelang, das klärende Wort zu sprechen, dann würde sie vielleicht bestraft werden.

»Ach, wenn du nun nicht wiederkommst!«

»Degoutant«, murmelte Grethe, aber sie verkniff sich jeden lauten Kommentar. Soviel hatte sie begriffen, daß sie gegen Rose schlecht ankam. Viktor würde zu seiner Frau halten, die Mutter würde unglücklich sein und um Frieden flehen, und Rose selbst – nun, diese Person konnte so vulgär werden, daß eine Dame besser nicht versuchte, mit ihr zu konkurrieren.

Übrigens wurde Rose augenblicklich still, nachdem Viktor abgefahren war. Schon auf dem Heimweg zeigte sie keine Spur mehr von der großen Erschütterung, die sie soeben durchgemacht hatte. Jetzt war sie es, die die immer noch weinende Schwiegermutter tröstete. Die alte und die junge Frau gingen Arm in Arm, fest aneinandergeschmiegt. Grethe fühlte sich ausgeschlossen. Sie preßte die Lippen zusammen und hielt betonten Abstand zu den beiden anderen. Das Dumme war, daß die es gar nicht merkten.

Viktor kam volle fünfzehn Monate nicht mehr nach Hause. Rose sah ihn erst wieder, als er vom Militär entlassen wurde. Da schrieb man schon Anfang Januar 1919, und der Krieg war seit zwei Monaten aus. Was die jauchzenden Voraussagen betraf, die Rose 1914 gehört hatte, da war man schön angeschmiert worden. Jetzt lag eine graue Depression über dem Land, zu essen gab es immer noch nicht genug, und viele Familien konnten nicht einmal bezahlen, was es gab, weil ihnen der Ernährer weggeschossen worden war. Rose pries sich glücklich, daß sie ihr eigenes Geld verdiente. Wer weiß, ob Viktor gleich eine Stellung finden würde, wenn er nun kam.

Eigentlich hatte sie ihn schon zum Weihnachtsfest 1918 erwartet. Aber nicht nur Weihnachten mußte sie ohne ihn feiern, auch noch die Jahreswende. Und als er dann endlich zur Tür hereinkam, war alles anders, als Rose sich das ausgemalt hatte. Viktor freute sich nicht.

»Wenn ich in all den Jahren daran gedacht hab', wie das mal sein wird ... Also, ich hab' mir meine Heimkehr so nicht vorgestellt. Nein, nicht deinetwegen, mein Röschen. Mit dir hat das gar nichts zu tun, wirklich nicht. Du bist das einzige, was mich uneingeschränkt glücklich macht. Aber das andere! Daß es so enden mußte! Niedergetreten von dem Pack, das uns eingekreist hatte. Und der Kaiser im Exil. Eine Republik – ach du lieber Gott! Ich kann das alles nicht verstehen. Wir waren doch unbesiegt. Wie konnte das bloß passieren? Am deutschen Soldaten lag es nicht. Was soll jetzt aus uns werden? Armes Vaterland.«

Viktor war sehr unglücklich, das war nicht zu verkennen. Voller Mitleid legte Rose ihre Arme um ihn und wiegte ihn wie ein Kind. Eigentlich hatte sie ihn so am liebsten: niedergeschlagen und ihres Trostes bedürftig. Lieber, guter, dummer Viktor! Natürlich war es eine arge Belastung, daß man den Krieg verloren hatte. Wer sollte das besser wissen als sie. Schließlich hatte sie all die schlimmen Jahre hindurch für den Haushalt gesorgt, von dem die Familie lebte, und nun sah es so aus, als ob die

Haushaltsführung auch weiterhin schwierig bleiben würde. Wie konnte jemand, der mit solchen Problemen konfrontiert war, die Last nicht begreifen, die der verlorene Krieg dem Volk aufpackte? Man mußte den Gürtel immer noch eng schnallen, und die Erwartungen, die man vor vier, fünf Jahren gehegt hatte, durfte man vergessen.

Aber das war es nicht, was Viktor bedrückte. Rose spürte es, wenn sie auch nicht richtig verstand, was ihn plagte. Armes Vaterland – nun ja, Rose hätte sich auch ein anderes Vaterland gewünscht. Eines, in dem man bequemer, problemlos, geborgen leben konnte. Ein Vaterland, das einem für die aufgewendeten Mühen reichlich Lohn sicherte. Aber Viktor sah das, soviel Rose begriff, genau andersherum. Sein Vaterland war nicht den Menschen, sondern die Menschen waren dem Vaterland etwas schuldig, und irgend jemand hatte seine Schuldigkeit nicht getan oder ihr gar zuwidergehandelt. Darunter litt Viktor. Er dachte so edel, so rührend. Aber mit den Schwierigkeiten des Alltags, die Rose täglich bewältigen mußte, hatte das nichts zu tun.

Rose beschloß, Viktor nicht zu widersprechen, wenn er seine Klage führte. Aber sie wollte ihn sanft, doch unnachgiebig, auf den Boden der Wirklichkeit führen. Vaterland hin, Vaterland her – Viktor mußte sich darum kümmern, eine Basis für das gemeinsame Leben zu schaffen. Sein Professor im Kaiser-Wilhelm-Institut, dem er einst als Assistent gedient hatte, war schon vor längerer Zeit einem Ruf nach Freiburg gefolgt, und der Nachfolger hatte seine eigenen Leute mitgebracht. Vorläufig bekam Viktor eine Arbeitslosenunterstützung, wie sie allen Kriegsteilnehmern zustand, die nicht in eine Stellung zurückschlüpfen konnten. Aber darauf durfte man sich doch nicht ausruhen. Rose entschied, daß Viktor eine Schonzeit haben sollte, um sich wieder einzugewöhnen und seinen Kummer zu überwinden. Sie würde sich währenddessen für ihn umsehen, um ihm dann, wenn er sich erholt hatte, den Weg zu weisen, den er gehen konnte.

Zunächst einmal spannte sie ihn ein, die Wohnung umzuräumen. Sie hatten jetzt eine Menge Platz, das schöne, neue Schlafzimmer, das die alte Frau Markwart ihnen geschenkt hatte, würde nun endlich zur Geltung kommen. Eiche, hell gebeizt – Rose konnte sich nicht satt sehen an der Pracht der Möbel: zwei Betten, zwei Nachtschränkchen mit Glasplatten auf der Abstellfläche, ein riesiger Kleiderschrank und die wundervolle Frisiertoilette mit dem großen Spiegel, Roses ganzer Stolz. Aber mindestens ebenso wunderbar wie dieses Schlafzimmer war die Tatsache, daß Grethe nicht mehr in der Zehlendorfer Straße wohnte. Sie war ausgezogen, gerade in den Novembertagen, in denen das arme Vaterland zu Bruch gegangen war. Ihren Geburtstag im Oktober hatte sie noch zu Hause gefeiert – den vierzigsten, wie die einundzwanzigjährige Rose im Vollgefühl ihrer Jugend schadenfroh ausrechnete.

»Wo ist sie denn hin?« hatte Viktor erstaunt gefragt.

»Nach Steglitz. Sie wohnt jetzt in der Albrechtstraße, nahe am Bahnhof Steglitz.«

»Na, das ist vielleicht ein Tausch! Warum hat sie denn das gemacht?«

»Sie hat sich einen Mann angelacht. Mit dem wohnt sie jetzt.«

»Willst du sagen, Grethe hat wieder geheiratet?«

Nein, das wollte Rose nicht sagen. Kopfschüttelnd nahm Viktor zur Kenntnis, daß seine Schwester sich ohne Trauring mit einem Mann zusammengetan hatte. Also wirklich! Grethe und ihre Extratouren! Da hatte man gedacht, sie sei mit den Jahren auch zu Verstand gekommen, und nun trieb sie es genauso wider alle Regeln wie damals. Natürlich hatte die Mutter ihr nicht zu wehren vermocht. Sie war zu alt, und sie hatte ihre Tochter ja nie so recht regieren können. Aber nun war Viktor wieder da. Müßte er nicht, als Bruder und als einzig verfügbarer Mann in der Familie …

»Nein«, sagte Rose hastig. »Misch dich da nicht rein. Grethe ist kein taufrisches Mädchen mehr. Sie ist eine erwachsene Frau. Du machst dich bloß lächerlich, wenn du dich aufspielst, als wärest du ihr Vater. Du bist bloß ihr kleiner Bruder. Und dann – woher willst du wissen, daß du es richtig machst, wenn du ihr dazwischenfunkst? Vielleicht wird sie ja glücklich mit dem Mann. Er ist auch ganz nett.«

»Du kennst ihn?«

»Na ja, kennen …«

Immerhin hatte Rose ihn gesehen und mit ihm gesprochen. Grethes Liebhaber war Bibliothekar, angestellt in der Staatsbibliothek Unter den Linden. Ein Mensch mit einer grauen Künstlermähne und einem buschigen grauen Schnurrbart, gekleidet in samtene Anzüge mit weiten Jacken. Er liebte eben das Künstlerische. Wie alt? Rose schätzte ihn auf fünfzig oder ein paar Jahr mehr. Ja, mit seiner Erscheinung fiel er etwas aus dem bürgerlichen Rahmen. Aber er war nett, keine Frage. Ein sehr manierlicher Mensch, der reizend zu plaudern wußte. Und dann hatte er auch ein festes Einkommen, daran war nicht zu tippen.

»Warum heiratet er sie dann nicht?«

»Soweit ich weiß«, sagte Rose, »ist sie es, die nicht will. Wenn sie wieder heiratet, hören ja die Zahlungen von ihrem Max auf. Sie steht sich so besser.«

»Na!« sagte Viktor. »Hat er denn auch einen Namen, dieser Samtjacken-Mensch?«

»Graf. Berthold Graf.« Rose kicherte. »Das paßt doch zu Grethe, findest du nicht? Eine Gräfin hat sie immer sein wollen. Jedenfalls hat sie sich so aufgeführt.«

Viktor fand das nicht komisch. »Ich weiß nicht«, sagte er zweifelnd, »in den entscheidenden Dingen ist Grethe immer unüberlegt gewesen. Ob ich mich nicht doch mal darum kümmere ...«

»Viktor!« rief Rose, »das wirst du nicht tun! Wenn du Grethe vorschreibst, wie sie leben soll, dann bist du für sie verantwortlich. Willst du das? Kannst du das? Du hast dein eigenes Leben noch nicht eingerichtet. Ich bin auch noch da, und wir werden sicher Kinder haben. Willst du dir dazu noch die Verantwortung für deine Schwester aufhalsen?«

Die Angst, Grethe könnte zurückkommen, flößte Rose Gedanken von fast philosophischer Tiefe ein. Im Grunde dachte sie genau dasselbe, was Viktor dachte. Aber sie war nicht bereit, die praktische Konsequenz daraus zu ziehen. In der Not des Augenblicks bezog sie eine Gegenposition, die sie unter anderen Umständen nie eingenommen hätte. Außerdem gab es noch ein Problem, das ihr erheblich wichtiger war als Glück oder Unglück im Leben ihrer Schwägerin.

»Hör mal«, sagte sie, »da ist was anderes, worum du dich kümmern mußt. Mutter wird Joachim, wenn er zurückkommt, nun seine Drogerie kaufen. Sie hat schon eine ausgemacht – das heißt, eigentlich hat Grethe das herausgefunden. Ein Geschäft am Bahnhof Steglitz. Gute Lage. Der Inhaber setzt sich zur Ruhe, und es soll zehntausend Mark kosten. Und weil Joachim zehntausend kriegt, hat Mutter der Grethe auch zehntausend gegeben, jetzt, als sie weggezogen ist. Mir hat sie gesagt, daß sie dir dieselbe Summe geben wird, damit du dir in Ruhe eine Existenz gründen kannst. Ich sage dir das, damit du es weißt und damit das nicht vergessen wird.«

Viktor war gerührt. »Die gute Mutter. Aber das eilt ja nicht. Ich wüßte ja gar nicht, was ich im Moment damit anfangen soll.«

So etwas Ähnliches hatte Rose erwartet. Viktors Sanftmut und seine Blindheit gegenüber den Gegebenheiten des Lebens waren manchmal zum Verzweifeln.

»Ich weiß immer, was ich mit zehntausend Mark anfangen soll«, erklärte Rose mit Nachdruck. »Bitte vergiß nicht, daß wir jetzt zu zweit sind. Wenn deine Mutter es nicht hätte, würde ich meinen Mund nicht aufmachen. Aber sie hat es. Und wenn die anderen ihr Teil kriegen, dann sollst du nicht leer ausgehen. Also rede mit deiner Mutter. Wenn du dich nicht traust, ich trau mich.«

Viktor blickte auf Rose. Er fühlte sich verblüfft, wenn nicht gar verstört. Sein Mädchen, seine zarte Blume, wie nüchtern und unromantisch konnte sie manchmal sein, und mit welcher Energie vertrat sie ihre nüchternen Erwägungen. Andererseits – hatte sie nicht gerade mit diesem Teil ihres Wesens sich selbst und seine Angehörigen durch die schlimmen Hungerjahre gebracht? Und hatte sie nicht diese Eigenschaften entwickeln müssen, um zu überleben? Wenn er daran dachte, welch eine Jugend man ihr bereitet hatte …

Viktor zog seine Frau in die Arme. »Sicher hast du recht, mein Schätzchen«, sagte er zärtlich. »Du bist ja so tüchtig. Ich werde mit Mutter reden. Laß mir nur noch ein bißchen Zeit.«

Nun gut, das war immerhin der Anfang eines Erfolges. Aber Rose nahm sich vor, ihm nicht allzuviel Zeit zu lassen. Zehntausend Mark sind zehntausend Mark, und sie und Viktor hatten keinerlei Rücklagen.

Im Februar kam auch Joachim in die Heimat zurück. Als er hörte, was über seine berufliche Zukunft beschlossen worden war, besuchte er seine Mutter und führte mit ihr ein langes Gespräch.

»Na?« fragte Rose, als der Schwager wieder fort war,

»was sagt er? Hat er das Geschäft schon gesehen? Er ist doch bestimmt einverstanden?«

»Ich weiß nicht recht«, sagte die alte Dame. »So ganz begeistert schien er nicht. Er meint, er hätte doch lieber eine Apotheke, und er will noch mal Zeit für einen letzten Versuch. Auf die Drogerie könnte er sich immer noch zurückziehen, sagt Joachim.«

»Ist das zu glauben!« Rose schlug mit der flachen Hand auf den Tisch, so daß ihre Schwiegermutter zusammenzuckte. »Zeit, Zeit! Er hat doch schon genug Zeit mit seinen Versuchen verplempert, denke ich. Manche Leute können einfach nicht zu Potte kommen. Immer schieben sie alles vor sich her. Und währenddessen gehen ihnen ihre Chancen flöten. Oder glaubst du, der alte Drogist in Steglitz hält ihm die Sache ewig offen? Joachim wird so lange rummachen, bis auch die Drogerie nur ein schöner Traum ist. So ein ordentliches Geschäft, und die Lage so gut! Und du sagst, er hat sie noch nicht mal angeguckt?«

»Ich weiß ja nicht«, sagte die alte Frau Markwart ängstlich. »Er ist ein erwachsener Mann, Rose, man kann ihm doch nichts vorschreiben.«

»Wenn er dein Geld nimmt, dann kannst du ihm auch was vorschreiben«, verkündete Rose. »Ich an deiner Stelle … Sag ihm doch einfach: entweder die Drogerie oder kein Geld.«

Aber die alte Dame protestierte. »Das kann ich nicht machen. Ich versteh' ja auch nichts davon. Ja, wenn mein guter Ludwig noch lebte …«

»Ja, der hätte seinen Söhnen wohl Feuer unterm Hintern gemacht, allen beiden. Daß sie aber auch so gar nichts von ihm geerbt haben!«

»Laß doch, Rose«, bat die alte Dame. »Warum erregst du dich denn so? Und ausgerechnet über Joachim? Mit dem bist du doch nicht verheiratet. Eher müßte sich Hulda aufregen.«

»Und was sagt Hulda?«

»Die ist für die Drogerie.«

»Na, das erste beruhigende Wort, das ich darüber höre. Wenn Hulda dafür ist, dann wird das auch was. Die läßt nicht zu, daß Joachim das gute Geschäft aus der Nase geht.«

So kam es dann auch. Nicht die Mutter, sondern die Ehefrau setzte Joachim unter Druck, und schon im März 1919 war die Sache perfekt. Hulda bestimmte, daß Joachim am 15. April eröffnen sollte. Gut zwei Wochen vorher, am letzten Märzsonntag, versammelte sich die Familie im Hinterzimmer des Ladenlokals, um die Neuerwerbung mit Sekt zu begießen. Rose hatte sich vor der Tür umgeschaut und die Wahl noch einmal gebilligt. Wahrhaftig, eine vorzügliche Lage, direkt gegenüber vom Bahnhofseingang und obendrein am Schnittpunkt zweier belebter Straßen, Kuhlighofstraße und Albrechtstraße. Dann hatte sie sich im Laden selber umgesehen und die Nase gerümpft.

»Sag mal, Hulda, ihr werdet doch wohl noch ein bißchen umbauen?«

»Aber ganz gewiß«, bestätigte Hulda. »Denkst du, ich hab' nicht gesehen, was du jetzt siehst? So dunkel bleibt es nicht, und so unaufgeräumt auch nicht. Wir haben noch sechzehn Tage bis zur Neueröffnung. Wenn du dann wieder herkommst, ist das ein ganz anderer Laden. Dafür garantiere ich dir.«

»Dir glaub' ich das«, sagte Rose und faßte die Schwägerin freundschaftlich am Arm. »Hoffentlich weiß Joachim, was er an dir hat.«

Hulda lächelte: »Und hoffentlich weiß Viktor, was er an dir hat.«

Die beiden Frauen sahen einander tief in die Augen. Wie aus einem Munde sagten sie: »Ja, ja!«

Grethe war mit ihrem Berthold gekommen, und so

lernte Viktor an diesem Tag den nicht ganz legitimen Familienzuwachs kennen. Ein bißchen seltsam sah er aus, dieser Berthold Graf. Fast wie ein Walroß, fand Viktor und beäugte verstohlen den riesigen Schnauzbart im Gesicht des Möchtegern-Schwagers. Nur hätte zum Walroß auch ein kahler Kopf gehört, und dieser Herr Graf war mit Haaren reichlich gesegnet. Sie hingen ihm ja bis auf den Hemdkragen herunter. Und diese Künstler-Kostümierung …

»Reiten Sie ein künstlerisches Steckenpferd, Herr Graf?« erkundigte sich Viktor höflich. »Vielleicht malen oder zeichnen Sie in Ihrer Freizeit?«

»O nein«, sagte Herr Graf mit einem erstaunlich tiefen Baß. Seine Stimme schien aus den untersten Regionen seines Körpers aufzusteigen, bevor er sie in seiner Kehle zu Worten modulierte. Viktor, der zuweilen ein Meister flinker Witze war, sagte später zu Rose, es sei ein wahres Wunder, daß diese Stimme nicht den kürzeren Weg nach draußen nehme. Rose lachte noch Jahre danach über diesen Scherz.

Herr Graf indessen teilte Viktor mit, daß er sich intensiv und mit Begeisterung fürs Theater interessiere. »Ich versäume nie eine neue Inszenierung, wenn ich irgend Zeit habe. Sie können mich bei jeder Premiere sehen, und oft gucke ich mir eine Aufführung mehrmals an. Nein, einen eigenen Drang zur Bühne habe ich nie gespürt. Ich gehöre zur Gemeinde, nicht zur Priesterschaft. Wenn mich die Lust zu eigenen Schöpfungen packt, dann lebe ich sie an meinen Puppen aus. Sie müssen wissen, ich habe eine der größten Sammlungen von Handpuppen, die es in Deutschland gibt. Einen wahren Schatz. Ich besitze auch ein großes Puppentheater mit Kulissen für alle denkbaren Stücke der Theaterliteratur. Wenn Sie sich das mal ansehen wollen, ich zeige es Ihnen mit Vergnügen. Wünschen Sie eine Vorführung? Sie brauchen nur zu wählen. Ich spiele Ihnen Shakespeare vor oder Schiller, Aristophanes oder Molière. Sie bestimmen das Programm.«

Viktor, der sich dem Mann mit dem unklaren Status sehr zurückhaltend genähert hatte, wurde im Verlauf des Gesprächs warm. Berthold Graf gefiel ihm. Er war gebildet und gewann seine Freuden aus Quellen, die in höheren Regionen sprudelten. Außerdem verfügte er über untadelige Manieren. In einer Gesellschaft mußte man sich seiner nicht schämen. Viktor billigte die Wahl seiner Schwester. Er billigte nicht ihre Entscheidung, ohne Trauschein mit Herrn Graf zusammenzuleben, obwohl er begriff, daß sie auf die Unterstützungszahlungen ihres Geschiedenen nicht verzichten mochte, wohl auch nicht verzichten konnte. Viktor war selber nicht dafür, seinen einstigen Schwager Max aus dem bißchen Verantwortung zu entlassen, auf das man ihn mühsam festgenagelt hatte. Aber eine wilde Ehe ... Leider konnte man der vierzigjährigen Grethe keine Vorschriften mehr machen. Und auf jeden Fall war ihr Berthold sehr akzeptabel.

»Siehst du«, sagte Rose, »man weiß manchmal gar nicht, wen man ablehnt. Ich denke, man sollte die Leute immer erst kennenlernen, ehe man ein Urteil über sie fällt.«

Rose hatte etwas Bestimmtes im Sinn, als sie diese Predigt hielt. Sie wartete auch nicht mehr lange, ehe sie mit ihrem Anliegen herausrückte.

»Hast du inzwischen eine Stellung gefunden?«

»Nein«, sagte Viktor betrübt. »Es ist furchtbar schwer, weißt du. Viel zu viele Anwärter auf viel zu wenige Stellen. Aber ich suche.«

Rose holte tief Luft.

»Hör mal«, sagte sie entschlossen, »du könntest eine Assistentenstelle in der Technischen Hochschule bekommen. Nein, laß mich mal reden. Du kennst meine Freundin Edith. Nun, sie hat im vorigen Jahr geheiratet. Einen Kollegen von dir, studienmäßig, meine ich. Der ist Assistent an der Technischen Hochschule, und er hat zu Edith gesagt, daß es da eine Vakanz gibt. Wenn du dich beeilst, kannst du die Stelle kriegen. Ediths Mann hat versprochen, daß er sich für dich verwenden wird.«

»Ach«, sagte Viktor verblüfft, »nicht möglich. Wer ist denn das, Ediths Mann?«

»Ein Doktor Rosenfeld«, sagte Rose und betonte den Doktor. Ängstlich blickte sie in Viktors Gesicht, das sich tatsächlich verfinsterte.

»Rosenfeld? Das klingt aber ... Ein Jude, was?«

»Sein Vater war Jude, der ist tot. Seine Mutter ist Christin. Wenn also, dann ist Ediths Mann nur ein halber Jude. Also Viktor, wahrhaftig!« Rose wurde ärgerlich, das hörte man ihr an. »Du immer mit deinen Vorurteilen. Über Herrn Graf hast du auch eine schlechte Meinung gehabt. Und was sagst du jetzt über ihn? Lern doch den Dr. Rosenfeld erst mal kennen. Er ist sehr angenehm, wirklich, ein sehr manierlicher Mensch. Ich mag ihn. Und Edith ist sehr glücklich mit ihm. Viktor! Du wirst doch nicht von mir verlangen, daß ich die Beziehung zu meiner einzigen Freundin aufgeben soll, nur weil du dir was einredest? Und der Mann will dir helfen! Willst du das wegen einer Grille ausschlagen?«

»Das ist keine Grille«, sagte Viktor düster. »Juden sind Juden, und sie sind unser Unglück. Rose, Liebchen, du bist sehr lebensklug, aber manche Dinge übersiehst du nicht. Da weißt du einfach nicht Bescheid. Wir haben den Krieg verloren, die Juden aber nicht. Die haben ihn gewonnen. Sie sitzen überall und lancieren immer nur ihresgleichen. Wenn unsereiner kommt, sind die guten Stellen immer schon besetzt. Und immer sitzt ein Jude drauf. Du siehst ja, ich bin arbeitslos, und der Dr. Rosenfeld ist es nicht.«

»Also, das halt' ich nicht aus!« fauchte Rose. Sie war nun wirklich sehr wütend. »Du jammerst um eine Stellung, man bietet dir eine, und dann paßt dir die Hand nicht, die sie dir reicht. Wenn du recht hättest, dann müßtest du doch froh sein, daß du einem Juden die Assistentenstelle wegschnappst. Daß der Halbjude Rosenfeld nicht einem Juden, sondern dir helfen will. Mein Gott noch mal, nimm, was du kriegen kannst, wir brauchen es! Die Juden sind unser Unglück? Vielleicht ist es so. Aber du hast sie dazu gar nicht nötig. Denn du machst dir dein Unglück ganz allein, ohne fremde Hilfe!«

»Rose! Das darf doch nicht wahr sein, daß meine eigene Frau ...«

Sie hatten ihren ersten Ehekrach. Er dauerte drei Tage. Dann überlegte sich Rose, daß sie so nicht weiterkam. Die Sache mit der Stellung war zu wichtig, um mit Schmollen wertvolle Zeit zu vertrödeln. Rose beschloß, Viktor abends im Bett zu versöhnen. Im Grunde verlangte es sie nicht nach einer ehelichen Begegnung. Seit seiner Rückkehr hatte sie ein halbes Dutzend Mal mit ihm schlafen müssen, und mit jeder von Viktors Annäherungen festigte sich Roses Überzeugung, daß diese merkwürdigen Turnübungen speziell für Männer erfunden worden waren, während eine normale Frau dem nichts abgewinnen konnte. An Paul hatte sie nicht wieder gedacht, der blieb aus ihrem Ehebett verbannt.

Rose wich Viktor aus, wenn es irgend möglich war. Aber jetzt war es nicht möglich, jetzt ging es um die gemeinsame Zukunft, und die war jedes Opfer wert. Wenn sie von Viktor verlangte, daß er seine Vorbehalte gegen die Juden hintanstellte, dann mußte sie von sich selber auch etwas verlangen. Am Abend des dritten Tages streckte Rose ihre Hand ins Nachbarbett und signalisierte Viktor, daß sie zärtlich für ihn bereit sei. Das machte ihn sehr glücklich. Mit stürmischer Freude wandte er sich ihr zu, versank in ihrer Umarmung und vergaß, was er ihr vorzuhalten hatte. Danach war er dankbar, sanft und für jede Bitte offen. Er versprach ihr, der Einladung zu folgen, die das Ehepaar Rosenfeld schon vor Wochen ausgesprochen hatte, und er wollte auch in Gegenwart von Dr. Rosenfeld mit seiner Meinung hinterm Berg halten.

Der Nachmittag bei den Rosenfelds verlief sehr harmonisch. Dem Charme der zierlichen, dunkeläugigen Edith konnte sich sowieso niemand entziehen. Auch Viktor vermochte das nicht. Aber nun der Dr. Rosenfeld, der entpuppte sich ja als eine wahre Überraschung! Viktor versuchte, seine grimmige Ablehnung festzuhalten, aber es gelang ihm nicht. Alles, was er in sich aufgespeichert hatte, schmolz wie Butter an der Sonne. In dem Mann von Roses Freundin begegnete er sozusagen seinem anderen Ich. Dieser Dr. Rosenfeld hatte dieselben Interessen und dieselben Kenntnisse. Man konnte sich großartig mit ihm unterhalten. Er war aus einem guten Stall, das merkte man, hatte exzellente Manieren, das rechte Maß an Zurückhaltung, war dabei humorvoll, ohne jemandem mit dummen Witzen auf die Nerven zu gehen. Ja, wenn man recht hinsah, waren Viktor und dieser Dr. Rosenfeld einander sogar ähnlich. Natürlich bestand keine Familienähnlichkeit, woher hätte die auch kommen sollen. Aber im Typ entsprachen sie einander. Auch der Dr. Rosenfeld hatte ein schmales, längliches Gesicht, tiefliegende Augen und eine lange, leicht gebogene Nase. Sein Mund war klein, mit schmalen Lippen, genau wie bei Viktor. Und die Neigung, ein ernstes Gesicht zu machen, hatte beider Mienen geprägt. Viktor besaß allerdings mehr Haare, während der Schopf des Dr. Rosenfeld schon erheblich gelichtet war. Er würde im Lauf der Zeit sicher ganz kahl werden.

»Sie mögen einander«, stellte Edith fest und freute sich. »Das ist fein, findest du nicht?«

»O ja«, bestätigte Rose und dachte: »Du weißt gar nicht, wie gut das ist!« Sie hatte nie die geringste Andeutung darüber gemacht, daß Viktor ein Judengegner war, und sie hoffte inständig, daß dies nicht zur Sprache kommen würde. Es wäre mehr als dumm, dem freundlichen Dr. Rosenfeld das ins Gesicht zu schmeißen, ganz abgesehen davon, daß sie die reizende Edith um keinen Preis kränken wollte. Vielleicht hatte Viktor ja nicht ganz unrecht mit dem, was er sagte. Aber wenn es so war, dann traf sein Verdikt nicht auf jeden Juden zu. Offensichtlich gab es verschiedene Arten von Juden, und Ediths Mann gehörte ganz gewiß zu der Sorte, mit der man ungeniert verkehren konnte.

Das sagte sie Viktor, als sie nach Hause fuhren. Er stimmte ihr nicht zu, aber er widersprach ihr wenigstens auch nicht. Viktor brummte »hm« und schwieg dann eine Weile. Schließlich erklärte er: »Ich gebe zu, daß es ein sehr angenehmer Mann ist. Angenehmer als mancher, den ich kenne. Aber weißt du, woran das liegt? Der Dr. Rosenfeld ist der Sohn seiner Mutter. Gar kein Zweifel, er schlägt ganz nach der mütterlichen Seite. Der jüdische Vater hat sich in ihm nicht durchsetzen können. Und wenn man's so nimmt, ist er eigentlich gar kein Jude. Hat auch sehr vernünftige Ansichten. Ein guter Deutscher, muß man sagen, national gesinnt, nicht anders als ich. Nein, mein Schatz, ich will's dir gar nicht verschweigen, daß du recht gehabt hast. Er gefällt mir.«

Rose freute sich. »Du weißt gar nicht, wie glücklich mich das macht. Du wirst eine Stellung kriegen, und ich kann mit Edith weiter verkehren, ohne daß du darüber ärgerlich bist.«

»Ja, meine kleine Neunmalkluge«, sagte Viktor und küßte sie. »Bloß ein bißchen neidisch bin ich. Er hat den Doktor, und ich habe ihn nicht.«

»Noch nicht«, sagte Rose eifrig. »Das liegt doch bloß

an dir. Mach doch endlich was. Such dir einen Doktorvater und fang endlich an. Wenn du nur willst, wirst du sehr bald auch ein Herr Doktor sein. Ich habe dir das schon lange sagen wollen.«

»So, hast du. Sieht so aus, als hättest du jetzt mein Schicksal in deine Hände genommen, was?«

Rose schielte zu Viktor hinüber, um zu sehen, wie er das meinte. Aber sie konnte nicht feststellen, ob er scherzte oder böse war.

»Ich hab' bloß nachgedacht. Das muß ich doch, es geht schließlich uns beide an. Schon deshalb, weil ich dir helfen will. Ich hab' mit Herrn Ungeheuer gesprochen, und er erlaubt mir, seine Schreibmaschine zu benutzen, wenn es soweit ist. Ich werde dir deine Arbeit tippen, da sparen wir auch wieder eine Stange Geld. Ich weiß von Edith, was das bei ihrem Heinz gekostet hat.«

Viktor faßte Roses Arm fester. »Du denkst wirklich an alles. Nein, ich bin nicht böse. Ich meine das wörtlich. Es ist schon angenehm, wenn man nicht an alles allein denken muß. Und daß mich jemand von Zeit zu Zeit anstößt, kann mir nur guttun.«

Viktor bekam tatsächlich die Assistentenstelle an der Technischen Hochschule. Sie brachte ihm zwar nicht viel mehr ein als seine frühere Arbeit, nur ganze zweihundertfünfzig Mark. Aber er war soviel besser dran als viele seiner Kriegskameraden, die ohne Arbeit herumsaßen oder sich mit Hilfsarbeiten durchschlugen, die in keinem Verhältnis zu ihrer Ausbildung standen und ihnen keine Freude machten. Viktor dagegen hatte interessante Aufgaben, und wenn er sich bewährte, konnte er vielleicht eines Tages einen Lehrstuhl bekommen. Es war sein schönster Traum, mit einem Lehrauftrag vor einem Hörsaal voller junger Leute zu stehen und weiterzugeben, was er wußte. Außerdem würde er jetzt an seine Doktorarbeit gehen können, wenn es ihm gelänge, einen Doktorvater zu finden. Die Leitung der Technischen Hochschule sah solche Strebsamkeit gern und würde ihm keinen Stein in den Weg legen. Und vielleicht hatte er Glück und bekam ein Thema, das nicht allzu weit von dem entfernt war, was er jetzt tat.

»Was tust du denn jetzt?« wollte Rose wissen.

»Ich leite Versuchsreihen aus einem Forschungsgebiet der physikalischen Chemie.«

Das klang interessant. Vor allem hörte es sich bedeutend an. Nur konnte sich Rose darunter überhaupt nichts vorstellen.

»Was ist denn das?«

»Ach mein Schäfchen, ich habe das fünf Jahre lang studiert und dann noch einmal fünf Jahre praktisch betrieben. Und jetzt soll ich dir das in fünf Minuten erklären. Das geht nicht.«

»Na, ich will ja nicht soviel wissen, daß ich dir Konkurrenz machen kann. Aber wenn du es studiert hast, mußt du doch erklären können, was es ist.«

»Physikalische Chemie«, dozierte Viktor, »ist das Grenzgebiet zwischen dem Bereich der Physik und dem der Chemie. Es geht dabei um die physikalischen Erscheinungen, die bei chemischen Prozessen auftreten, und um die Einflüsse, die von physikalischen Einwirkungen auf chemische Vorgänge ausgehen. Es gehört noch mehr dazu, aber das ist das Wichtigste.«

Etwas beklommen hatte Rose seinen Ausführungen gelauscht. Sie hatte kein Wort verstanden, und in ihrem Innern wuchs ein beträchtlicher Respekt vor Viktor, der so klug war und nicht nur begriff, was er da sagte, sondern auch noch damit umgehen konnte. In letzter Zeit hatte sie sich ein paar recht abfällige Gedanken über ihn gemacht, wegen seiner träumerischen Saumseligkeit und seines Hangs zum Zögern. Das war wohl unrecht gewesen. Ein Mensch, der so in der hohen Wissenschaft zu Hause war, der mußte wohl anders sein als Leute, die mehr für das praktische Leben begabt waren. Anders als sie selbst zum Beispiel. So bald wollte sie nicht wieder mit ihm schelten, weder in Gedanken noch in Worten.

Es war Rose unangenehm, wie eine dumme Trine vor soviel Gelehrsamkeit zu stehen. Um keinen Preis wollte sie zugeben, daß sie nach Viktors Erklärung nicht klüger war als vorher. Sie suchte nach einer Möglichkeit, das Gespräch in andere Bahnen zu lenken, ein Terrain zu gewinnen, auf dem sie sich sicher fühlte.

»Wegen des Geldes mach dir keine Sorgen. Vorläufig ist es wichtiger, daß du weiterkommst, und nicht, daß du viel verdienst. Das hat Zeit. Sieh mal, Herr Ungeheuer will mich in Zukunft bei den Zeitungsseiten Korrektur lesen lassen, er verläßt sich ganz auf meine Orthographie.« Rose lächelte stolz. »Und dann kriege ich zwanzig Mark mehr im Monat, also zweihundert. Mit deinem Gehalt haben wir zusammen vierhundertfünfzig. Das ist eine ganze Menge, und wir können davon leben. Und dann haben wir ja noch die zehntausend von deiner Mutter.«

»Zweihundert im Monat! Nicht zu glauben. So ein tüchtiges kleines Mädchen. Nein, mein Liebling, wir können uns nicht beklagen. Du hast ganz recht.«

Die zehntausend Mark, die Viktor von seiner Mutter erhalten hatte, lagen auf einem Sparkonto der Teltower Kreissparkasse, deren Filiale am Bahnhof Lichterfelde-Ost für Rose leicht erreichbar war. Ihr Arbeitsplatz lag ja nicht weit davon. Sie hatte das Konto mit Genuß eingerichtet. Sparen entsprach der Vorstellung, die sie sich von Geld machte, und es bereitete ihr Genugtuung, daß sie keinen Vormund mehr um Erlaubnis fragen mußte. Die Zehntausend vermehrten sich bald, nicht nur durch die Zinsen. Rose trug jeden Groschen, den sie im Laufe des Monats nicht unbedingt ausgeben mußte, auf die Sparkasse.

»Das Geld wird vorläufig nicht angerührt. Eines Tages brauchen wir es vielleicht, und dann sind wir froh, daß wir es haben.«

Viktor widersprach nicht. Er behielt ein kleines Taschengeld, für die Straßenbahn und für die Bier- oder Kaffeerunden, zu denen er sich, selten genug, mit den Kollegen versammelte. Die Verwaltung des gemeinsamen Einkommens überließ er Rose. Er war tief überzeugt, daß sie dafür besonders begabt sei.

Es wäre ihm auch lästig gewesen, sich um profane Alltagsdinge kümmern zu müssen. Er hatte nun endlich seinen Doktorvater gefunden und saß seit Anfang Mai an einer Versuchsreihe, die die Grundlage für seine Arbeit bilden sollte. Es war übrigens Dr. Rosenfeld gewesen, der ihm den entscheidenden Tip gegeben hatte.

»Das Kaiser-Wilhelm-Institut hat einen neuen Abteilungsleiter für physikalische Chemie.«

»Ich weiß«, sagte Viktor, »aber der hat sich seinen Stab mitgebracht. Deshalb hab' ich ja nicht dahin zurückgekonnt. Genaugenommen komme ich ja von dort.«

»Deswegen habe ich das Thema ja auch angeschnitten«, sagte Dr. Rosenfeld. »Ich wollte Ihnen nicht nahelegen, Professor Gutenberg um eine Stellung zu bitten. Sie haben ja eine. Aber ich habe gehört, daß er an begabte Leute aus seinem Fach Doktorarbeiten vergibt. Sie sind Spezialist, schon von Ihren Institutsjahren her, und jetzt arbeiten Sie wieder auf Gutenbergs Gebiet. Das wird ihn bestimmt interessieren. Gehen Sie doch mal zu ihm.«

Viktor horchte auf. »Ja, wenn das möglich wäre ... Danke schön.«

Es tat ihm jetzt leid, daß er früher so abfällig über Dr. Rosenfeld gedacht und gesprochen hatte. Eigentlich war das ein famoser Mensch, freundlich und immer hilfsbereit, ohne daß er einem dabei zu nahe kam. Er hatte eine höfliche und zurückhaltende Art, man konnte auch vornehm sagen. Jedenfalls gefiel das dem ebenfalls höflichen und zurückhaltenden Viktor sehr. Wenn er es genau nahm, dann schätzte er von allen Kollegen den Dr. Rosenfeld am meisten. Es hatte Viktor auch angenehm berührt, aus Rosenfelds Mund Klagen über das zu hören, was zur Zeit in Versailles vorging. Da verkauften und zerstückelten sie das deutsche Vaterland, und keiner war da, um den rachsüchtigen Siegern zu wehren.

»Ich will doch nicht hoffen, daß ein deutscher Politiker imstande ist, dieses Schandwerk zu unterzeichnen, das man da zusammenbastelt«, hatte Dr. Rosenfeld gesagt und dabei sehr kummervoll ausgesehen. Er war ein Patriot, keine Frage. Das hatte er auch in fast vier Kriegsjahren bewiesen. Den jüdischen Vater durfte man wohl vergessen. Für den konnte der Mann ja nichts. Er war ganz und gar vom deutschen Element seiner Herkunft geprägt. Viktor verkehrte wirklich gern mit ihm, und das freute ihn auch um Roses willen. Eine junge Frau mußte eine Freundin haben dürfen, und daß Rose und Edith sich gut verstanden, das war nicht zu übersehen. Nein, nein, es war sehr gut, daß es hier mal nicht nach seinem Kopf gegangen war. Rose mit ihrem unverbildeten Sinn war manchmal klüger als ihr gelehrter Mann.

Viktor las nach, was die Quellen über Professor Henry Gutenberg aussagten. Er wollte möglichst viel über ihn wissen, bevor er mit seinem Anliegen nach Dahlem fuhr. Schau an, der Mann war nur vier Jahre älter als Viktor. Wie kam es dann, daß er schon einen Lehrstuhl an der Berliner Friedrich-Wilhelm-Universität hatte? Und wie konnte er zu einem der führenden Wissenschaftler im Dahlemer Institut aufsteigen, da doch in aller Regel der Krieg die Laufbahn der meisten Akademiker aus der jüngeren Generation unterbrochen hatte?

Aber Gutenberg war offenbar nicht oder nicht lange Soldat gewesen. Seine Professur datierte von 1916. Und in Dahlem wirkte er seit 1917 – richtig, in dem Jahr war Viktors alter Lehrer nach Freiburg abgewandert. Manche Leute hatten ein Glück!

Vielleicht aber war dieser Gutenberg auch ein Genie. Den Quellen zufolge zeichnete er für eine Reihe von Experimenten verantwortlich, deren Ergebnisse die deutsche Physik ein gut Teil weitergebracht und zur Weltgeltung der deutschen Wissenschaft beigetragen hatten. Viktor vertiefte sich in die Einzelheiten – Elektronen ... Gasmoleküle ... Atome des Quecksilberdampfes ... Natürlich, die experimentelle Bestätigung der Quantentheorie, die kurz vor Ausbruch des Krieges so intensive Debatten ausgelöst hatte. Wenn er kein Genie war, dieser Henry Gutenberg, dann war er zumindest bedeutend, und es konnte für Viktors Fortkommen nur von Vorteil sein, von ihm eine Promotionsaufgabe zu bekommen.

Viktor stellte die Unterlagen seiner Arbeiten zusammen, der früheren und der neuen, mit denen er jetzt beschäftigt war. Dann schrieb er einen Brief an Professor Gutenberg, in dem er sich vorstellte, auf die beigefügten Unterlagen verwies und frei heraus sagte, worum es ihm ging. Zu seiner Überraschung bekam er innerhalb von vierzehn Tagen Antwort: Kurz, aber sehr freundlich bekundete der Professor sein Interesse und lud Viktor zu einem Gespräch.

Mit Herzklopfen betrat der künftige Doktorand die Stätte seiner früheren Wirksamkeit. Als er des Professors ansichtig wurde, stutzte Viktor. Seinen Quellen zufolge war Gutenberg aus Lübeck gebürtig, und er hatte sich einen hochgewachsenen, blonden Norddeutschen vorgestellt. Statt dessen trat ihm ein kleiner, dunkler Mann entgegen, der ihn aus gewölbten, braunen Augen freundlich anschaute. Viktor dachte:

»Ein Jude. Kein Zweifel. Das erklärt natürlich vieles.«

Sie saßen doch überall auf den oberen Sprossen der

Karriereleitern! Aber was konnte er jetzt machen? Gar nichts. Nach dieser Decke mußte er sich strecken, ob es ihm gefiel oder nicht. Unmöglich, nach Hause zurückzukehren und Rose zu sagen, daß er seinem künftigen Doktorvater den Kram vor die Füße geschmissen hätte, weil der Jude sei. Viktor konnte sich vorstellen, was Rose ihm antworten würde. Und sie hätte ja auch recht. Er würde danach wohl keinen anderen Doktorvater finden, jedenfalls auf unabsehbare Zeit nicht. Und er war schon dreiunddreißig Jahre alt, vierunddreißig im kommenden August.

»Nein«, dachte Viktor, »jetzt heißt es, das Herz in beide Hände nehmen, *Hic Rhodus, hic salta.*« Er verbeugte sich also höflich, nahm dankend den angebotenen Sessel und wartete auf die Fragen, die Gutenberg ihm stellen würde. Die beantwortete er so kurz wie möglich und so ausführlich wie nötig. Offenbar gefiel das dem Professor. Es wurde, alles in allem, ein erfolgreiches Gespräch. Als Viktor das Institutsgebäude verließ, hatte er sein Thema.

Professor Gutenberg hatte sich sehr interessiert gezeigt, was Viktors Arbeitsmöglichkeiten anbetraf.

»Haben Sie denn ausreichend Gelegenheit zum Experimentieren? Sonst stelle ich Ihnen gerne unsere Einrichtungen zur Verfügung. Auch nach Feierabend und am Wochenende, wenn Sie das wünschen und es Ihnen dienlich ist.«

Viktor verneigte sich. »Sehr freundlich, Herr Professor. Ich werde gern davon Gebrauch machen, wenn es sich als nötig erweisen sollte. Soweit ich es jetzt übersehen kann, glaube ich allerdings, daß die Einrichtungen der TH genügen werden.«

»Um so besser. Aber wenn sich herausstellen sollte, daß Sie sich verschätzt haben, dann vergessen Sie nicht, daß wir Ihnen Gastrecht einräumen. Die Arbeit, die Sie vorhaben, interessiert mich sehr.«

Der Professor erhob sich. Viktor stand auf, grüßte seinen Doktorvater und ging hinaus. Freute er sich? Ja nun, gewiß, er freute sich. Bei Gutenberg war er offenbar gut aufgehoben, und eigentlich hatte er ja nichts gegen den Mann. Aber daß sie überall obenauf sitzen mußten! Schnittlauch auf allen Suppen. Das war das Ärgerliche, und bei aller Freude nagte das an Viktor.

Davon sagte er Rose aber nichts, als er ihr von seinem Erfolg berichtete. Es war nicht so, daß er eine Auseinandersetzung gescheut hätte. Sie konnte ihm nichts vorwerfen, denn er hatte sich ja durchaus vernünftig verhalten. Doch tief in Viktors Innerem bohrte der Gedanke, daß er scheußlich inkonsequent war. Wenn er es genau besah, dann hatte er seine Prinzipien um das Linsengericht des augenblicklichen Vorteils verkauft, wie weiland Esau seine Erstgeburt. Er hatte sich korrumpieren lassen. Eine unbehagliche Sache war das, und er konnte darüber nicht reden. Man mußte diesen Gedanken loswerden wie Bauchweh. Einfach warten, bis es verging.

»Sei doch nicht so maulfaul!« schalt Rose. »Man muß dir ja jede Antwort abkaufen. Kannst du dir denn nicht denken, daß ich sehr neugierig bin und alles wissen möchte?«

»Im Grunde war ja nichts weiter«, sagte Viktor. »Er war sehr freundlich, wir hatten ein Fachgespräch, und dann hat er mir meine Aufgabe gegeben.«

»Na schön, du Muffel«, scherzte Rose. »Ihr Männer seid schrecklich phantasielos. Ihr begreift nicht, was wir Frauen von euch erwarten. Edith beklagt sich auch immer darüber. Wirst du mir wenigstens sagen, was du für ein Thema bekommen hast? Ich hab' ein Recht darauf, das zu erfahren. Schließlich soll ich es später schreiben. Es ist doch nicht etwa geheim?«

»Nein, Spötterin, bösartige.« Viktor ging auf Roses schäkernden Ton ein. Das war im Augenblick sicher das

Beste. Er würde sich schon wieder beruhigen, und dann konnte er ausführlicher mit ihr reden. »Mein Thema heißt: ›Über die Anregungs- und Ionisierungsspannungen des Stickstoffs‹.«

Rose war beeindruckt. »Das klingt so, als müßten wir jetzt ernst werden. Also los, Herr Doktor, ans Werk!«

13 / »Da sitz' ich und schreibe und experimentiere und schreibe und experimentiere und tu' so, als wenn das Leben ganz normal wäre. Und währenddessen bricht unter meinen Füßen der Boden weg. Es ist ja der reine Wahnsinn, was ich mache. Wozu soll das Ganze nützen? Es hat ja doch alles keinen Zweck.«

Im Laufe des Sommers 1919 war Viktor in die Depression zurückgefallen, die ihn in den ersten Tagen und Wochen nach seiner Heimkehr geplagt hatte. Wie gebannt starrte er auf die Schlagzeilen der Zeitungen, die ihm täglich neue Hiobsbotschaften über Deutschlands Zukunft entgegenschrillten. Das konnte doch nicht wahr sein, was die Feindmächte mit dem armen, niedergeknüppelten Vaterland vorhatten! Welche Chance blieb denn einem jungen Menschen noch, wenn die Bedingungen für seine Existenz so brutal beschnitten wurden?

Der Schwung, mit dem Viktor an seine Doktorarbeit gegangen war, erlahmte. Oft saß er müßig und grübelte, und am 29. Juni, als die Zeitungen von der Unterzeichnung des Friedensvertrages am Tag vorher berichteten, weinte Viktor. So fand ihn Rose vor, als sie von der Arbeit heimkehrte: die Arme auf dem Tisch, den Kopf auf den Armen, schluchzend. Tief beunruhigt versuchte sie, sein Gesicht zu sich emporzuheben.

»Aber Viktor! Was ist denn? Was ist denn bloß? Wieder die Zeitungen? Wie kannst du dir das so zu Herzen nehmen? Was hast du denn erwartet? Das kommt davon, wenn man sich Illusionen macht. Beruhige dich doch, Viktor! Es bleibt ja nicht, wie's ist. Es wird auch wieder besser. Wir sind doch noch jung. Wir werden andere Zeiten erleben.«

Viktor schüttelte den Kopf. Er wies auf das Zeitungsblatt, das vor ihm auf dem Tisch lag und das er mit seinen Tränen feucht geweint hatte. Mit erstickter Stimme sagte er:

»Es ist, als ob sie einem Hände und Füße abhacken. Elsaß-Lothringen! Ich kann es nicht fassen. Das schmerzt mich besonders.«

»Was hast du mit Elsaß-Lothringen?« fragte Rose und griff nach der Zeitung. »Was geht dich gerade Elsaß-Lothringen an?«

»Nichts – außer daß mein Vater als junger Mann mitgekämpft hat, um es für Deutschland wiederzugewinnen. Und wir, die Söhne, müssen es nun verlieren. Nein, ich hab' keine persönlichen Beziehungen zu Elsaß-Lothringen. Aber es war für mich immer ein Symbol für die Macht und die Herrlichkeit des Reiches. Wenn es jetzt an Frankreich fällt, dann ist das Reich nicht mehr, was es war. Straßburg, mein Gott! Ich wollte immer mal das Straßburger Münster besuchen und hab' es versäumt. Wenn ich es jetzt sehen will, dann brauche ich ein französisches Visum. Das ist es, was ich nicht schlucken kann.«

Rose ließ die Zeitung sinken. Es stand nichts drin als das, was auch Herrn Ungeheuers Blatt gebracht und was Rose mit ihren Kollegen schon ausgiebig diskutiert hatte.

»Was soll ich dann sagen?« fragte sie. »Du weinst um einen Dom und ein Visum. Mir aber haben sie gleich die ganze Heimat weggenommen. Was aus meinen Verwandten wird, das weiß der Himmel. Die Gegend, in der ich geboren und aufgewachsen bin, die ist jetzt polnisch, und ich werde nie wieder hinkönnen.«

Gleich darauf schämte sie sich. Wenn es irgendeinen Ort auf dieser Welt gab, wo sie nicht sein wollte, dann war das die Landschaft ihrer Herkunft. Von ihr aus konnten Lilienhecke, Hirschhagen, Vandsburg und alle die anderen Kaffs auf den Mond geschossen werden. Das ganze Westpreußen konnte ihr gestohlen bleiben. Viktor aber hing an diesen Landstrichen im Westen, die er nie gesehen hatte. Rose hatte gut reden.

Auf der anderen Seite ging es nicht an, daß Viktor sich dermaßen von seinen Gefühlen beherrschen ließ. Da saß er und blies Trübsal und vernachlässigte die Arbeit, die er leisten mußte. Es war für eine Frau gewiß angenehm, wenn ein Mann nicht immer bloß den Mordskerl hervorkehrte, sondern auch seine Empfindungen zu ihrem Recht kommen ließ. Rose wußte es zu schätzen, daß ihr Mann sie mit Sanftmut und zarter Rücksichtnahme behandelte. Einen Kerl, der bloß klotzt, hätte sie nicht vertragen. Aber manchmal fragte sie sich, ob die Markwarts nicht ein bißchen zu nahe am Wasser gebaut hatten. In Vater Ludwigs Haushalt war von jeher Gefühl groß geschrieben worden, gezüchtet und gehegt wie eine seltene Pflanze. Viktor hatte Rose ein Büchlein mit Gedichten gezeigt, vom jungen Ludwig für seine Juliane gereimt, und lose Bogen mit Versen, in denen der erfolgreiche Unternehmer seiner Lieben daheim gedachte, wenn er fern in Paris weilte. Da rannen die Tränen förmlich in Bächen. Nachdem der Vater tot war, hatte Mutter Juliane aus der Gefühlsseligkeit überhaupt nicht mehr herausgefunden und offenbar alle damit angesteckt.

Rose schaute nachdenklich auf ihren Mann. Vor fünf Jahren, zur Zeit ihrer ersten Begegnung, hatte sie ihn um die emotionsgetränkte Atmosphäre beneidet, in der er sich von Kindesbeinen an bewegte. Sie selbst hatte zu wenig von dem bekommen, womit er offenbar überfüttert worden war. Heute dachte sie anders. Sie sah ja, wohin das führte. Viktor war so klug, so begabt, aber auch so weich. Er würde nur weiterkommen, wenn immer jemand hinter ihm stand, der ihn stieß. Nun gut, wenn das sein mußte, dann wollte sie es schon besorgen. Sie würde nicht zulassen, daß er die Chance verspielte, die dieser Professor Gutenberg ihm einräumte. Das arme Vaterland – ja, ja, Rose verstand das durchaus. Aber es nützte dem armen Vaterland überhaupt nichts, wenn Viktor sich in den Dreck ritt.

Viktor streichelte Roses Hand. »Ja, deine Heimat, Rose. Es ist furchtbar. Hast du Nachricht von deinen Angehörigen?«

»Bisher nicht. Wahrscheinlich gibt's noch nichts zu schreiben. Sie werden sich schon rühren, wenn's soweit ist. Vergiß das jetzt mal, Viktor. Wir dürfen uns nicht so total überwältigen lassen. Das Leben geht weiter, und Arbeit ist die beste Medizin. Halte du dich an deine Doktorarbeit, dann kommst du am leichtesten über all das andere hinweg.«

»Ach Rose, ich fürchte, du verstehst mich nicht.«

»Ich denke, doch. Aber vielleicht verstehst du mich nicht. Du hast eine Verantwortung, Viktor. Was ist, wenn wir mal ein Kind kriegen?«

»Rose!« Viktor war wie elektrisiert. »Willst du sagen, daß ...«

»Nein, Lieber, noch nicht. Aber das kann schließlich jeden Tag passieren.«

Das arme Vaterland verblaßte. Das neue Thema drang Viktor tief in die Seele. Aufgeregte redete er auf Rose ein: »Liebste! Du weißt gar nicht, wie sehr ich mir das wünsche, ein gemeinsames Kind von uns beiden. Nur ist es jetzt noch zu früh, fürchte ich. Wir sind noch nicht soweit. Vor allem ich bin nicht soweit, jedenfalls äußerlich nicht. Und vom Innerlichen können wir nicht leben. Ich werd' mich zusammenraffen, du hast ganz recht. Unser Glück ist das Wichtigste, und niemand kann mehr dafür tun als wir selber. In Zukunft tu' ich meine Pflicht und nichts als meine Pflicht. Ich verspreche es.«

Es war, als hätte man einen Stöpsel herausgezogen. Viktor konnte gar nicht wieder aufhören zu reden. Seine Augen glänzten. Rose hörte ihm lächelnd zu. Es ging ihr nicht so sehr darum, was er sagte, solange nur deutlich wurde, daß er auf dem rechten Wege war. Jetzt war er auf dem rechten Wege. Die ganze widerliche Politik versank hinter den Zukunftsträumen, denen er sich ihr zuliebe hingab. Wie merkwürdig, daß er ein Träumer geblieben war, während sie ihn doch wach haben wollte. Aber es kam wohl nur darauf an, daß er den richtigen Traum träumte. Er sollte seinen Doktor machen und dann eine einträgliche Stellung erobern. Alles andere würde sich finden.

Aber Viktors Gedanken kreisten um das Problem, das sich aus ihrem Gespräch herausgeschält hatte.

»Wenn wir uns jetzt noch kein Kind leisten können, dann müssen wir was unternehmen. Bisher hab' ich noch nie darüber nachgedacht, und es ist auch kein angenehmes Thema. Aber das hilft nichts, wir müssen darüber reden. Du mußt was unternehmen.«

»Ja, was denn?«

»Na, da gibt's doch so Möglichkeiten ...« Viktor wandte den Kopf ab. Es war ihm peinlich, Rose anzublikken. »Ich weiß, daß Hulda so was anwendet. Spiralen oder so. Joachim hat da so Andeutungen gemacht. Am besten, du fragst Hulda mal.«

»Ach, Spiralen ...« Das war nichts Neues für Rose. Sie hatte sich längst mit Hulda darüber unterhalten. Sie mußte nicht mehr nach den Einzelheiten fragen, höchstens nach der Adresse des Arztes, den Hulda konsultierte.

Rose seufzte. Das war so eine von den Plagen, die den Frauen auferlegt wurden. Die Männer wußten gar nicht, was sie ihren Frauen zumuteten und wie gut sie selber es hatten, weil das alles für sie nicht in Frage kam. Hulda hatte gesagt:

»Das ist Scheiße, weißt du. Es hilft zwar, aber wenn man Pech hat, bringt es eine Menge Ärger. Entzündungen und Ausfluß und solchen Mist mehr. Muß nicht sein, aber kann sein. Nur, was soll man machen? Besser als ein Kind, das man nicht will, ist es allemal.«

Eine Spirale also auch für Rose. Nun gut, sie würde es hinnehmen. Eines Tages würde auch das überflüssig sein. Jetzt ging es nur darum, daß aus Viktor ein Herr Doktor wurde und daß er dann eine fabelhafte Stellung bekam.

Viktor wurde kurz vor Weihnachten 1920 promoviert. Wie er Rose mitteilte, buchstäblich vor Toresschluß, denn im Frühjahr 1921 wollte sein Doktorvater Berlin verlassen. Professor Gutenberg, dessen Ruhm die Fachwelt aufpflügte, hatte einen Ruf nach Göttingen bekommen und angenommen. Viktor, angesichts der Gefahr, seinen Doktorvater zu verlieren und einen neuen suchen zu müssen, wendete seine ganze Energie an die Aufgabe, die Gutenberg ihm gestellt hatte, und wurde tatsächlich noch fertig, bevor sein Gönner verschwand. Monatelang war er für alles verloren, was nicht mit seiner Arbeit zusammenhing. Rose hätte sich ihre Spirale getrost wieder entfernen lassen können. Viktor blieb weder Zeit noch Kraft, sich ihr zu nähern.

Herr Dr. Viktor Markwart – Rose sprach das immer wieder vor sich hin. Sie konnte sich nicht sattfühlen an der neuen Würde. Es klang einfach zu schön, wenn man es sagte. Edith schrieb einen jubelnden Gratulationsbrief, als sie davon erfuhr, und Dr. Rosenfeld setzte darunter:

»*Gratulor*, Herr Confrater. Willkommen in unserem Kreis.« Rose genoß das sehr.

Viel mehr Freude bot die Gegenwart auch nicht. Rose hatte es sich nicht verkneifen können, mit den jüngsten Erfolgen vor der Mutter und dem Großvater zu prahlen. Dabei war es ihr sehr merkwürdig vorgekommen, daß sie auf ihre Briefe in großen Buchstaben »Polen« schreiben mußte. Vier Wochen später hielt sie eine Antwort ihrer Mutter in Händen.

Liebe Rose!

Ich ergreife die Feder und schreibe Dir wegen der großartigen Nachrichten. Wir gratulieren Deinem Mann. Großvater ist sehr stolz auf seinen tüchtigen Schwiegerenkel. Wenigstens etwas Gutes. Sonst ist alles so trübe, gar nicht zum Sagen. Wir wissen noch nicht, ob wir hierbleiben können. Vielleicht müssen wir alle raus. Die Polen wollen uns raushaben. Wir wollen nicht für den fremden Staat optieren. So sagt man ja heute dazu. Vielleicht sind wir bald ganz arme Leute. Nichts bleibt uns übrig. Und das nach Jahrzehnten, in denen wir bloß geschuftet haben. Wie soll Großvater das überleben? Immer was hinter sich und immer was dargestellt. Und jetzt ein Bettelleben. Mir wollte er ja nichts mitgeben, und jetzt kriegen alles die Polen. Wo ist noch Gerechtigkeit auf der Welt? Wir haben auch kaum Geld. Das hat nur ein Gutes, weil Bruno nicht mehr saufen kann. Die Kinder sind gesund. Georg ist nicht mehr hier. Darüber bin ich bloß froh. Er hat ein Geschäft in Schneidemühl, geht recht gut. Schneidemühl ist ja deutsch geblieben. Da wird uns Georg vielleicht helfen können, wenn wir doch hier raus müssen. Die Stellung halten wir, solange es geht. Aber lange geht es nicht mehr, ich glaube das nicht. Da wird auch August seine Existenz verlieren. Hermann auch. Der sollte ja Großvaters Hof mal übernehmen. Er hat eine Tochter und einen Sohn, aber was soll das jetzt alles. Ich sitze mit sieben Kindern, die keine Zukunft haben. Der kleine Heinzi kommt nächstes Jahr zur Schule, aber wir haben keine deutsche Schule mehr. Wenn wir hierbleiben, muß er Pole werden. Unsere Charlotte geht schon in die polnische Schule und redet die fremde Sprache. Das kann ich gar nicht anhören. Verfluchte Pollacken! Gottfried ist schon 13, ist die meiste Zeit deutsch erzogen worden und lernt das Pollackische nicht mehr. Gott sei Dank. Die andern sind über das Alter alle raus. Wir waren hier mal wer. Jetzt sind wir der letzte Dreck. Du bist ein Glückskind, lebst im Reich. Georg auch. Schreib mir, ob Du den Brief gekriegt hast. Daß ihn bloß nicht die Polen abfangen. Ich habe noch so viel zu sagen. Aber eben kommt der Postbote und soll den Brief mitnehmen.

Alles Gute wünscht
Deine Mutter.

Wie seltsam das doch war! Vor wenigen Jahren noch hatte Rose das Schlußlicht der Hirschhagener Familie abgeben müssen, nicht zu reden von den Jahren davor, in denen sie das Prügelkind gewesen war. Niemand hätte damals für ihre Zukunft einen roten Heller riskiert. Und jetzt war sie obenauf, höher, als die anderen je träumen konnten, und die Pohlenz-Bagage saß im Dreck. Vielleicht gab es doch so etwas wie Gerechtigkeit auf der Welt. Der Großvater freilich tat ihr leid, der alte Mann. Im Alter von einundsiebzig hinnehmen zu müssen, daß einem alles aus den Händen geschlagen wird, was man sich erarbeitet hat, Besitz und Ansehen, das war doch hart. Und August und Hermann, die Rose nie was zuleide getan hatten, die verdienten auch was Besseres. Bruno freilich, dem konnte es gar nicht schlecht genug gehen. Und die Mutter – na, lassen wir das, wir haben schließlich unsere eigenen Sorgen.

Rose hatte tatsächlich Sorgen. Es ging um das Geld, das sie auf dem Konto der Teltower Kreissparkasse anzuhäufen versuchte. Wann immer die Rede auf das Thema Geld kam, sagten die meisten Leute:

»Sparen? Blödsinn. Die Mark hat ja keinen Wert mehr. Der Krieg hat sie aufgefressen. Das Reich ist so verschuldet, die Regierung kommt hinten und vorne nicht mehr hoch. Und jetzt die Reparationen. Wovon nehmen sie's? Natürlich vom kleinen Mann. Nein, was man verdient, das soll man ausgeben. Alles, und möglichst sofort. Mit unserm Arbeitsschweiß füttern wir nur die Feinde.«

Das machte Rose unruhig. Sie konnte sich nicht verhehlen, daß was dran war an dem Gerede. Wenn man früher jemandem eine Mark in die Hand drückte, dann freute sich der. Das war ein Wert, der zu Buche schlug. Und jetzt? Was kriegte man denn dafür? Rose dachte, daß sie nun langsam begriff, was das Wort ›Teuerung‹ meinte, das sie früher in der Bibelstunde beim Herrn Pastor so oft gehört hatte.

Sie sprach mit Edith darüber. Edith sagte:

»Du mußt umdenken, Rose. Kauf, was du nötig hast. Bring bloß kein Geld auf die Bank. Du wirst erleben, eines Tages ist es weg. Es wird nicht besser, es wird schlimmer.«

Aber das widersprach allem, was sie bisher gelernt hatte. Von jeher war ein ordentliches Sparguthaben eine Versicherung gegen die Zufälle des Lebens gewesen. Rose hatte sich immer Sicherheit gewünscht, und wo war Sicherheit, wenn nicht im Besitz von Geld? Sie konnte sich nicht entschließen, ihr Sparkonto abzuräumen und das Geld auszugeben. Es war doch unmöglich, daß die Gesetze, nach denen das Leben seit Menschengedenken funktionierte, mit einemmal nicht mehr galten.

Sie hörte auch die Schwiegermutter über Geldprobleme klagen. Im Haus in der Zehlendorfer Straße krochen jetzt dauernd Handwerker herum. Während der vier Kriegsjahre hatten sich viele Schäden angehäuft, die nicht gleich behoben werden konnten, weil die jeweiligen Fachleute in Kaisers Rock steckten und die notwendigen Materialien für Frontzwecke gebraucht wurden. Freilich, wer entsprechend zahlen konnte, zunächst in Geld, später in Lebensmitteln und Sachwerten, der bekam auch in Kriegszeiten alles, was er wollte. Aber das hatte die alte Frau Markwart nicht mitgemacht. Zum einen übersah sie nicht die Forderungen, die an sie gestellt wurden, und ihre Möglichkeiten, ihnen zu entsprechen. Sie hatte Angst, sich zu übernehmen, und niemand war da, der ihr hätte raten können. Zum anderen hörte sie ihre Söhne empört über die Schieber und Kriegsgewinnler urteilen, die ihr Schäfchen ins trockene brachten, während die Feldgrauen Leben und Gesundheit fürs Vaterland riskierten. Wenn Viktor oder Joachim auf Urlaub kamen und die Mutter ihnen ihre Sorgen vortrug, dann sagten beide:

»Du wirst doch diesen charakterlosen Fettsäcken nicht dein Geld zum Fraß hinwerfen! Die schneiden sich Riemen aus unserer Haut. Geprügelt müßten sie werden, daß ihnen das Blut aus den Rippen spritzt. Nein, Mutter, wir müssen alle Opfer bringen. Auch du, und genauso deine Mieter. Da bröckelt die Fassade eben noch ein bißchen, und die Wasserrohre werden's auch noch eine Weile tun. Wenn wir gesiegt haben, dann wird dein Haus in Nullkommanichts in aller Pracht hergerichtet. Dann gibt es Leute und auch Material.«

So sprachen die Söhne. Und die Tochter? Nun, die konnte man vergessen, soweit es solche Probleme anbetraf. Grethe hatte nie etwas von wirtschaftlichen Dingen verstanden. Sie kümmerte sich auch gar nicht darum.

Der Krieg war ja nun vorbei, aber es war nicht so gekommen, wie Viktor und Joachim es ihrer Mutter verheißen hatten. Wenn wir gesiegt haben ... Du lieber Gott, was für Träume! Handwerker gab es jetzt genug, sie liefen der alten Frau Markwart förmlich die Bude ein. Aber was die für Preise forderten! Wer sollte das bezahlen? Die

Papiere, die der alten Dame nach den Zahlungen an die Kinder übriggeblieben waren, warfen nur noch magere Rendite ab. Von den Kriegsanleihen, die sie gezeichnet hatte, würde sie wohl nicht viel wiedersehen, wenn überhaupt etwas. Auch nicht von dem Kriegsnotopfer, das man den Eignern von mobilem und immobilem Besitz noch abgeknöpft hatte: Sechstausend Mark waren dahingegangen. Und die Steuern stiegen und stiegen. Rose hörte ihre Schwiegermutter sagen:

»Es fehlt nicht mehr viel, dann werden die Mieteinnahmen eines Jahres nicht mehr die Steuern eines Monats decken.«

Der Satz fraß sich in Roses Hirn. Sie konnte ihn einfach nicht wieder loswerden. Ein Haus, das war ihr immer als die wirtschaftliche Sicherheit schlechthin erschienen, ein Bollwerk, das gegen alle Not schützen würde. Und nun? Das Haus der Markwarts, das letzte, das der Witwe aus Ludwig Markwarts Nachlaß geblieben war, hatte sich in ein Ungeheuer verwandelt. Es war zum Moloch geworden, der Ludwigs Kinder zu verschlingen drohte.

Die Steuern eines Monats – die Mieten eines Jahres ... Wo immer Rose sich befand und was sie tat, ob sie an ihrem Schreibtisch im Verlag saß oder zu Hause in der Küche arbeitete, ihre Gedanken kreisten um die Bedrohung, die von dem Haus ausging. Schon hatte die Schwiegermutter Schulden, sowohl bei den Handwerkern wie beim Fiskus. Schulden, man denke! Wenn Rose etwas gelernt hatte aus ihrer bäuerlichen Vergangenheit, dann war es der Lehrsatz: Man macht keine Schulden! Ihr Großvater hätte sich eher ein Stück aus dem eigenen Fleisch geschnitten, als jemandem etwas schuldig zu bleiben. Und ihre Mutter hätte lieber gehungert und die Kinder in Lumpen laufen lassen, als irgendwelche Rechnungen nicht zu bezahlen.

Rose versuchte, ihre Ängste bei Viktor abzuladen:

»Hast du dir mal überlegt, was passiert, wenn deine Mutter stirbt? Dann werden wir für ihre Verbindlichkeiten geradestehen müssen. Das bringt uns an den Bettelstab.«

Viktor hatte das noch nicht bedacht. Aber er wußte auch keinen Rat. »Ja, aber was sollen wir tun?«

»Deine Mutter muß verkaufen. Wir nehmen eine Mietwohnung. Als Mieter sind wir besser dran.«

»Verkaufen? Aber Rose! Mutters letztes Haus?«

»Paß bloß auf, daß Mutters letztes Haus nicht unser aller Grab wird. Sprich mal mit Joachim und Grethe. Schließlich geht es auch denen an den Kragen, wenn's zum ärgsten kommt.«

Aber Viktor konnte sich dazu nicht entschließen. Er sprach weder mit seinen Geschwistern noch mit seiner Mutter. Rose registrierte es mit Unmut. Viktor, der große Zögerer! Wenn sie nicht dauernd hinter ihm stand und ihn schubste, dann gelangte er wahrhaftig nirgendwohin. Unbedingt mußte ihr etwas einfallen, womit sie ihn aufscheuchen konnte.

Im Januar 1921 verfügte sie über das Mittel, ihn in Bewegung zu setzen. Rose war schwanger. Sie hatte sich acht Wochen vorher die Spirale entfernen lassen, weil die ihr eine Entzündung und schließlich Schmerzen verursacht hatte. Viktor wußte davon, und er hätte sich ja zurückhalten oder wenigstens vorsehen können. Aber beides hatte er nicht getan, und nun würden sie ein Kind bekommen. Rose war es recht.

Sie teilte es Viktor mit, sobald sie ihrer Sache sicher war, und wartete das Ende seines Begeisterungsausbruchs ab. Sie hatte gar nicht damit gerechnet, daß er sich so freute, denn eigentlich wollten sie ja kein Kind haben, solange die Zeiten sich nicht besserten. Und nun fand er das so großartig. Das war natürlich schön, vor allem für Rose, die das Kind in ihrem Leib trug. Aber bei aller Vorfreude auf die Elternschaft, die Viktor sogleich in glühenden Farben ausmalte, vergaß Rose keine Sekunde lang, worum es ihr jetzt und heute ging. Im ersten passenden Augenblick kam sie auf ihr Thema:

»Jetzt haben wir noch mehr Verantwortung als vorher, Viktor. Überleg mal: Soll das Kind an den Bettelstab, bevor es noch im Schulalter ist? Wenn wir erst die Schulden deiner Mutter bezahlen müssen, dann muß das Kind mitbezahlen. Willst du es hungern lassen und frieren?«

Viktor wurde nachdenklich. Das Kind änderte alles. Es war schlimm, der alten Mutter das letzte Stück Besitztum zu entreißen. Aber was war denn das auch für ein Besitztum. Rose hatte recht. Das Haus fraß erheblich mehr Geld, als es einbrachte. Es war zum Sorgenbringer geworden, weiter nichts. Ballast mußte man abwerfen, wenn er einen runterzuziehen drohte. Was hätte sein Vater getan? Viktor wußte es nicht, er konnte es sich nicht einmal vorstellen. Aber solche Zeiten hatte der Vater ja gar nicht durchstehen müssen. Und er war eben nicht mehr da. Jede Zeit hat ihre eigenen Probleme und ihre eigenen Methoden, die Probleme zu bewältigen. Viktor war seinem Sohn – es würde gewiß ein Sohn werden! – eine sorgenlose, wenigstens aber sorgenarme Zukunft schuldig.

Er beschloß, mit der Mutter und den Geschwistern zu sprechen.

Die alte Frau Markwart äußerte nichts, was man als eigene Meinung hätte deuten können. Sie brach in Tränen aus.

»Das Letzte, was ich von meinem Ludwig hatte! Und nicht einmal richtig, denn er hat es ja nie gesehen. Aber es war trotzdem noch von ihm. Ja, ja, ich weiß, es sind schlimme Zeiten, und eigentlich können wir das Haus nicht halten. Nein, ich will meine Kinder nicht ins Unglück bringen. Aber trotzdem ... Ach, macht, was ihr für richtig haltet. Ich versteh' nichts davon, und mir ist das alles zu schwierig. Wenn ich bloß schon da wäre, wo mein Ludwig ist!«

Joachim und Grethe leisteten wenig Widerstand. Sie waren wie gelähmt von der Furcht, man könnte sie für eine Schuldsumme haftbar machen, deren Ausmaß noch nicht einmal feststand. Berthold Graf hielt sich aus der Sache heraus. Er gehörte zu Grethe, nicht aber zu ihrer Familie, und seiner Meinung nach hatte er keine Stimme im Rat.

Um so lauter äußerte sich Hulda. Sie war ganz und gar gegen den Verkauf und hielt jeden, der dafür sprach, für einen Idioten. Das sagte sie auch unverblümt.

»Irgend jemand muß euch ins Gehirn geschissen haben«, teilte sie ihrem Mann und ihrem Schwager mit und hob dabei nicht einmal die Stimme. »In einer Zeit wie dieser flüchtet sich jeder, der irgend kann, in die Sachwerte. Und ihr wollt Sachwerte abstoßen? Wenn ihr so lang wärt', wie ihr dämlich seid, dann könntet ihr aus der Dachrinne saufen.«

Joachim blickte verlegen. Viktor runzelte die Stirn.

»Hulda, vielleicht geht es etwas weniger vulgär. Das ist hier kein Schimpf-Wettbewerb, das ist ein Familienrat.«

»Na, bin ich nicht Familie? Wenn ich nicht ganz deutlich werde, dann kapiert ihr ja nichts. Mach dir bloß keinen Fleck ins Hemd, Viktor. Reg' dich nicht über das auf, was ich sage. Reg' dich lieber über das auf, was du tun willst. Wir haben Inflation, da habt ihr recht. Und das wird so bald nicht besser, das wird schlimmer. Das sieht der Blinde mit'm Krückstock. Und was wird mit Geld in einer Inflation? Du kannst dir den Hintern mit wischen. Sei still, Schwager. Wenn du mir nicht das Gegenteil beweisen kannst, dann sei still. Ihr verkauft das Haus, und was wird mit dem Geld? In Nullkommanischt ist es weg. Dann ist eure Mutter erst richtig arm. Was geht bloß in euren Köpfen vor? Ihr wollt Gold gegen Dreck tauschen. Geht das nicht rein in eure Schädel?«

Rose sagte: »Die Mieten eines Jahres decken jetzt schon nicht mehr die Steuern eines Monats. Nicht zu reden von den Handwerkerrechnungen.«

»Quatsch!« erklärte Hulda. »Versuch nicht, mich mit Worten doof zu machen. Wenn es so wäre, wie du sagst, dann müßten alle Hausbesitzer verkaufen wollen. Davon hab' ich aber noch nichts gehört. Das wär' ja ein gigantischer Besitzwechsel, und wer sollte auch all die Häuser kaufen? Wer heute eine Immobilie hat, der hält sie fest. Nur ihr rennt auf den Markt und zieht euch freiwillig nackt aus.«

Rose schnappte ein. Bisher hatte sie Hulda gern gehabt, mehr als alle anderen aus der Markwartschen Verwandtschaft. Aber diesen Widerspruch, noch dazu in so ungezogenem Ton, konnte sie ihr nicht verzeihen. Ein ordinäres Frauenzimmer, zu dumm, um zu sehen, wohin die Familie trieb. Rose hatte an sich und Viktor und jetzt auch an das Kind zu denken. Hulda hatte keine Kinder. Na bitte, wenn sie unbedingt ihre Schultern unter die Schuldenlast stemmen wollte, dann konnte sie das ja tun. Aber ohne Rose.

Das sagte Rose auch, und zwar in sehr spitzem Ton.

»Bitte, Hulda, wir können es natürlich auch anders machen. Wenn du so verrückt bist auf das Haus, dann steh dafür gerade. Ihr könnt es haben, du und Joachim. Natürlich müßt ihr Viktor und Grethe auszahlen, denn wir wollen die Verbindlichkeiten nicht. Grethe auch nicht, so wie ich das sehe. Stimmt's, Grethe? Na, siehst du. Also zahlt uns aus und einigt euch mit Mutter, dann gehört's euch. Natürlich machen wir das schriftlich, beim Notar.«

»Du bist verrückt, mein Kind«, sagte Hulda. »Woher sollen wir das Geld nehmen, euch auszuzahlen?«

»Umsonst ist der Tod«, sagte Rose haßerfüllt. »Du bist

so furchtbar schlau. Wenn du nach deiner Schlauheit handeln willst, dann mußt du auch dafür zahlen.«

Joachim räusperte sich. »Vielleicht fragt mich auch mal einer. Es kommt überhaupt nicht in Frage, daß wir irgendwem irgendwas zahlen. Ich kann das gar nicht. Mein Laden trägt sich eben selbst, ich behalte nichts übrig. Ich lad' mir nichts auf. Verkauft das Haus oder brennt es ab, aber laßt mich in Ruhe.«

»Na also«, sagte Rose befriedigt. Viktor zog das Resümee: »Dann werden wir also inserieren, wenn alle einverstanden sind. Hat noch jemand was zu sagen?«

Hulda stand auf, mit solcher Heftigkeit, daß sie ihren Stuhl umwarf.

»Arschlöcher, alle miteinander. Ihr werdet's schon noch merken, wie ihr euch reingeritten habt. Ich halt' das nicht aus. Ich gehe. Komm mit, Joachim.«

Joachim erhob sich mit verlegenem Lächeln und folgte seiner Frau. Die anderen saßen mit gefrorenen Gesichtern. Grethe sagte:

»Vulgär. Schlimmer geht's nicht. Ich habe die Person nie leiden mögen.«

»Ich schon«, sagte Rose. »Aber da hab' ich mich wohl vertan. Sie ist unmöglich. Grethe hat recht.«

Zum ersten Mal in den mehr als sechs Jahren ihrer Bekanntschaft erntete Rose von Grethe ein warmes Lächeln und einen freundlichen Blick. Als sie auseinandergingen, schüttelte Grethe herzlich die Hand ihrer Schwägerin.

»Wiedersehen, Rose. Ich wünsch' dir alles Gute, besonders für die nächsten Monate. Wir freuen uns ja so mit euch.«

Viktor entwarf das Inserat. Rose überlas den Text, und er mißfiel ihr. Gestützt auf ihr Ansehen als Korrektorin, das sie bei Herrn Ungeheuer genoß, strich sie an dem Entwurf herum.

»Viel zu lang, Viktor. Das ist ein Operntext und keine Anzeige. Was das wieder kostet, und deine Geschwister werden ja wohl nicht zuschießen. So, schau es dir jetzt mal an. Kurz und knapp, und doch alles drin.«

Sie ließen ihr Angebot im *Berliner Lokalanzeiger* erscheinen und in Herrn Ungeheuers *Lichterfelder Boten*. Darauf bestand Rose.

»Das wird uns wahrscheinlich nichts bringen, aber das müssen wir. Wie steh' ich sonst da vor dem Unternehmen, das mir mein Geld bezahlt.«

Auf beide Inserate kam kein Echo, nicht im Januar und nicht im Februar. Im März verzichteten sie auf den *Lichterfelder Boten*, und wie als Belohnung für ihre Sparsamkeit meldeten sich Mitte des Monats zwei Interessenten. Genaugenommen, war es eigentlich nur einer, denn die beiden Kaufwilligen gehörten zusammen.

»Professor Franke«, sagte der männliche der beiden Besucher und verneigte sich vor Rose und Viktor. Der alten Frau Markwart küßte er die Hand. »Siegbert Franke, Gymnasialprofessor im Ruhestand. Dies hier ist Fräulein Amanda Busch, meine Schwägerin, ebenfalls pensionierte Lehrerin.«

Die alte Frau Markwart lächelte freundlich. Rose dagegen spürte Mißtrauen.

»Und Sie meinen, daß Sie von Ihren Pensionen ein Haus wie dieses bezahlen können?«

Nein, das meinte der Professor nicht. Schwager und Schwägerin legten bereitwillig ihre finanziellen Verhältnisse dar. Danach war ihnen vor kurzem ein Verwandter gestorben, ein Onkel der pensionierten Lehrerin und ihrer Schwester, der Gemahlin des Professors. Die beiden Nichten waren die einzigen Erbinnen des Verblichenen, und er hatte ihnen ein Rittergut in der Magdeburger Börde sowie ein ansehnliches Konto hinterlassen. Das Rittergut war verpachtet, darüber konnten sie gegenwärtig nicht disponieren. Sie wollten es auch nicht.

»Ich bitte Sie, gnädige Frau, in einer Zeit wie dieser!«

Rose meinte, ein Echo von Huldas Worten zu hören. Aber sie schob den Gedanken rasch von sich.

Ja, und nun war es so, daß die Gemahlin des Professors schon vor Beginn des Krieges einem Lungenleiden erlegen war. Ihr Erbteil fiel daher an den Witwer und die Tochter Almuth, ein Mädchen von Achtzehn, das wohl auch den pädagogischen Beruf ergreifen würde, falls sich nicht vorher ein Ehekandidat fand. Wie auch immer: Seit ihre Schwester tot war, führte Fräulein Busch den verwaisten Verwandten den Haushalt, und diese Gemeinsamkeit sollte erhalten bleiben. Gemeinsam auch hatten Schwager und Schwägerin beschlossen, das vom Onkel ererbte Bare in Immobilien anzulegen, wobei der Professor die Interessen der unmündigen Almuth wahrzunehmen gedachte.

»Sie verstehen, gnädige Frau, man möchte doch die Zukunft seines Kindes sichern. Und kann man das mit Geld? Heutzutage?«

Die alte Frau Markwart wurde unruhig. Rose sah es und drängte darauf, endlich in konkrete Verhandlungen einzutreten. Wollten die Herrschaften nicht das Haus ansehen, den Garten besichtigen und dann über den Verkauf verhandeln?

»Gewiß«, sagte der Professor liebenswürdig. »Es interessiert mich schon, unsere eventuelle Neuerwerbung in Augenschein zu nehmen. Obwohl man natürlich bei einem Hauskauf andere Maßstäbe anlegen muß als beim Mieten einer Wohnung. Wichtiger als das, was wir allenfalls sehen können, ist der reale Zustand des Hauses. Da würden wir wahrscheinlich einen Sachverständigen zuziehen. Es ist Ihnen doch recht, gnädige Frau? Und ein Blick ins Grundbuch ist natürlich unvermeidlich. Wegen der Eigentumsverhältnisse, verstehen Sie, und wegen möglicher Belastungen. Hypotheken und dergleichen.«

»Das Haus gehört meiner Schwiegermutter«, sagte Rose, und sie mußte sich bezähmen, um nicht scharf zu werden. »Und es ist vollkommen schuldenfrei. Sie wollen uns doch nicht unterstellen ...«

Viktor zog Rose neben sich und legte den Arm um ihre Schultern. »Schon gut, Rose. Sie müssen entschuldigen, Herr Professor, meine Frau hat Sie mißverstanden. Sie meint es nicht so. Selbstverständlich stehen Ihnen alle Unterlagen offen, und Ihr Sachverständiger ist uns natürlich willkommen. Über den Termin für die Besichtigung werden wir uns verständigen. Zum Grundbuchamt bemühen Sie sich wohl nach eigenem Gusto.«

»Das«, sagte der Professor mit unerschütterlicher Freundlichkeit, »besorgt mein Finanzberater für mich. Er wird auch den Text des Vertrages aufsetzen, gegebenenfalls. Das muß Sie nicht bekümmern. Sie werden ja Gelegenheit haben, ihn zu begutachten, und er wird ja auch einem Notar vorliegen müssen.«

»Sie leisten sich einen Finanzberater?« fragte Rose entgeistert.

»Ja, meine junge Gnädige. Ich wüßte gar nicht, was ich ohne ihn machen sollte. Schon wegen des Umgangs mit dem Finanzamt ist er mir unentbehrlich. Er besorgt auch unsere Steuerangelegenheiten, wissen Sie.«

Plaudernd schritt der Professor mit den Markwarts durch die Wohnung – »Alle sind nach diesem Muster gehalten«, sagte die alte Dame – und durch Hausflur, Keller- und Bodengeschoß. Auch das Fräulein Busch gab sich äußerst liebenswürdig. Sie lobte vor allem, daß die Waschküche auf dem Boden, neben den Trockenräumen, untergebracht war, eine Besonderheit, auf der die alte Frau Markwart bestanden hatte, als sie ihr Haus in Charlottenburg aufgab.

Und dann der Garten. »Superb«, rief Fräulein Busch und streichelte die Stämme der alten Obstbäume, deren dicke Knospen vom kommenden Frühling kündeten. »Tragen die alle?« Und sie freute sich über die Versicherung, daß sämtliche Bäume ihre Schuldigkeit tun würden. Auch der Professor war angetan. »Das muß entzükkend aussehen, wenn sie alle im Blütenflor stehen.«

Nach Stunden hatten sich beide Parteien auf einen Vorvertrag geeinigt, dessen Abmachungen in den eigentlichen Vertrag eingehen sollten, falls der Finanzberater, der Sachverständige und der Notar ihren Segen dazu geben würden. Danach sollte das Haus für 120000 Mark den Besitzer wechseln. Die Käufer Franke/Busch würden 20000 Mark Anzahlung leisten und die Restsumme in monatlichen Raten von 500 Mark abzahlen. Die Markwartsche Wohnung stand den Käufern vom Zeitpunkt des Vertragsabschlusses an zur Verfügung. Im Austausch würden die Verkäufer in die Mietwohnung des Käuferpaares ziehen, wobei der Professor und seine Schwägerin sich verpflichteten, für das Einverständnis des Vermieters zu sorgen.

»Viereinhalb Zimmer und eine Mädchenkammer im Hochparterre«, sagte Fräulein Busch. »Die Küche – ein Riesenraum übrigens! – im Souterrain, mit einem Extraeingang vom unteren Hausflur her. Neben der Küche noch eine Kammer. Eine Wendeltreppe, junge Frau, nicht zu eng, gut zu begehen. Keine Angst, es gibt einen Speiseaufzug ins Hochparterregeschoß. Ein Abstellraum im Keller und einer auf dem Boden, versteht sich. Eine absolut hochherrschaftliche Wohnung.«

Rose rechnete schnell. Da würden sie ein Schlafzimmer haben und ein Wohnzimmer, dazu ein Eßzimmer für die Repräsentation und ein Herrenzimmer, wo Viktor seine Studien betreiben und seine Kollegen empfangen konnte. Das halbe Zimmer – »es ist schon eher ein dreiviertel Zimmer«, hatte Fräulein Busch gesagt – bot sich als Schlafraum für die Schwiegermutter an. Das Kind konnte man in die Mädchenkammer stecken, wenn es alt genug war, um nicht mehr dauernd der elterlichen Nähe zu bedürfen. Kein Platz jedoch war für Grethe, Gott sei Dank. Falls die Sache mit Berthold Graf schiefging, was man nach Grethes bisheriger Lebensführung ja immerhin in Betracht ziehen mußte, dann gab es keine Rückkehr zu Mutter und Bruder. Das war ein nicht zu verachtender Umstand.

»Kein Garten?«

»O doch, auch ein Garten war dabei. Vom Grundstück, auf dem das Miethaus stand, gehörte ein knappes, schön bepflanztes Viertel zu der Wohnung, in die Markwarts ziehen sollten. Außerdem gab es einen Balkon, auf der Rückseite des Hauses. Wenn man dort saß, war man inmitten der Obstbäume, die das rückwärtige Gartenstück füllten. Die Wohnung übrigens hatte den ganzen Tag Sonne: morgens in den Vorderzimmern, mittags von der Seite her, nachmittags und am frühen Abend durch die Fenster auf der Gartenseite und natürlich auf dem Balkon.

Offenbar war die Familie dabei, das große Los zu ziehen. Rose freute sich und brachte auch Viktor dazu, den Wechsel als Glücksfall anzusehen, nachdem sie lange genug auf ihn eingeredet hatte. Um so ärgerlicher war es, daß die alte Frau Markwart aus der Reihe tanzte, sobald die beiden Käufer gegangen waren. Sie hatte schon während der Verhandlungen Zeichen von Unruhe und Nervosität gezeigt. Jetzt als die Familie unter sich war, brach es aus ihr heraus.

»Ich weiß nicht, Kinder. Ist es denn wirklich klug, unser Haus zu verkaufen? Dieser Professor hat immerzu betont, wie schlecht es ist, heutzutage auf Geld zu bauen, und daß er das seine unbedingt in Immobilien anlegen will. Und wir geben unsere Immobilie her, gerade in dieser Zeit. Vielleicht sollten wir lieber behalten, was wir haben, und auf bessere Zeiten warten?«

Rose zuckte zusammen. Sie hatte es kommen sehen. Dieser blödsinnige alte Kerl mit seinem Geschwätz!

»Mutter! Das alles haben wir in Wochen und Wochen durchgekaut. Der Professor hat gut reden. Er hat Geld, und dieses Fräulein Busch hat auch Geld, und außerdem haben sie noch das Rittergut in der Magdeburger Börde. Da können sie leicht die Handwerker bezahlen, die wir dauernd beschäftigen müssen. Bist du es nicht gewesen, die ewig über die Reparaturrechnungen geklagt hat? Und bist du es nicht, die immer sagt, daß die Mieten eines Jahres nicht mehr die Steuern eines Monats decken? Viktor und ich haben schon ein paarmal zugeschossen. Das können wir aber nicht dauernd. Soviel verdienen wir nicht. Und in Zukunft werden wir noch weniger verdienen. Ich werde wohl aufhören müssen, jetzt, wo das Kind kommt. Viktor wird sich eine andere Stellung suchen müssen, denn von seiner jetzigen Stellung können wir nicht leben. Also, was das Haus angeht, bist du künftig auf dich allein gestellt. Kannst du's tragen, dann trag's. Wir können es nicht.«

»O Gott, nein«, barmte die alte Frau Markwart. »Das kann ich auch nicht. Ich dachte nur ... Mir ist so bange! Ach, daß auch mein Ludwig so früh von mir gehen mußte! Ich möchte ja nur keinen Fehler machen. Viktor, was sagst du denn?«

Viktor schaute ratlos. »Ach Mutter, was können wir anderes tun, als uns nach den augenblicklichen Gegebenheiten zu richten? Wir haben – das heißt, du hast mehr Verpflichtungen, als wir alle zu tragen vermögen. Das hat der Familienrat festgestellt. Daraus folgt ja nun eigentlich, daß wir die Verpflichtungen verringern müssen. Also verkaufen, wie es beschlossen worden ist.«

»Ja«, sagte die alte Dame unsicher, »ich weiß nicht recht ... Dieser Professor sprach dauernd von seinem Finanzberater. Wenn wir nun auch ...«

»Zahlst du ihn?« fragte Rose in scharfem Ton.

»Bezahlen, ach Gott! Was kostet denn so ein Mensch? Aber es geht mir ja nicht nur um die Frage verkaufen oder nicht verkaufen. Da hab' ich nun unterschrieben, daß ich fünfhundert Mark pro Monat will. Vielleicht sollte ich mir aber lieber gleich alles auszahlen lassen?«

»Also Mutter«, sagte Rose bedeutend freundlicher, denn jetzt ging es nicht mehr um die Frage des Verkaufs, sondern nur noch um dessen Modalitäten. »Daran bist du ja nicht gebunden. Es ist nur ein Vorvertrag, erinnere dich. Wenn du's anders willst, dann bitte. Es war doch deine Idee, daß du lieber eine Art Rente haben wolltest als eine Gesamtzahlung. Wenn du meinst, man sollte es ändern – das läßt sich bestimmt arrangieren.«

»Wenn ich's nur wüßte«, klagte die alte Dame. »Der Professor hat mich ganz durcheinandergebracht. Wenn mir nur einer raten könnte. Unter normalen Umständen wär' das ja gar nicht schlecht: Mehr als sechzehn Jahre lang fünfhundert Mark im Monat. Da hätte ich mein Auskommen, bis ich dreiundachtzig bin. So alt werde ich vielleicht gar nicht. Ich brauchte mich also nicht um mein Alter zu sorgen. Aber werden die Umstände denn normal sein?«

»Ach Mutter«, sagte Viktor und umarmte die alte Dame. Seine Augen schwammen in Tränen. »Sorg dich doch nicht so. Man ist immer nur so klug, wie es der Augenblick erlaubt. Danach müssen wir entscheiden. Was kommt, wissen wir nicht. Also soll gelten, was du dir ausgedacht hast. Sechzehn Jahre und etwas mehr immer fünfhundert Mark im Monat, das ist bestimmt eine gute Sache. Da bist du unabhängig und brauchst keinen Menschen. Und ein Zuhause wirst du immer bei uns haben. Du hörst ja, wie groß die Frankesche Wohnung ist.«

»Ja«, sagte Rose, »und endlich sorgenfrei. Um Steuern und Handwerkerrechnungen müssen sich dann Herr Franke und Fräulein Busch kümmern. Du kannst derweil mit deinem Enkel spazierengehen.«

Nachher ging alles sehr schnell. Am 15. April wurden die Wohnungen getauscht. Die neue Unterkunft im Lichterfelder Hindenburgdamm gefiel den Markwarts. Viktor freilich übersah nicht, daß die Straße nach einigen hundert Metern stadtwärts ihren intimen Charakter verlor. Statt der großen Gärten, in deren Mitte Eigenheime oder Miethäuser mit nur wenigen Wohnungen standen, reihten sich im weiteren Verlauf des Hindenburgdamms vierstöckige Bauten aneinander, von denen die meisten auch noch Hinterhäuser und Seitenflügel mit den entsprechenden Höfen aufwiesen. Wenn Viktor seine neue Adresse angab, versäumte er nie, hinzuzufügen: »Der Hindenburgdamm dort, wo er anständig ist.«

Die alte Frau Markwart registrierte mit Wohlgefallen, daß man hier im Grünen leben konnte, nicht anders als in ihrem Haus in der Zehlendorfer Straße. Das Stückchen Garten, das zur Wohnung gehörte, wies eine große Rasenfläche auf und ein paar Beete. Das schönste aber war die große Laube in der Gartenecke, gebildet aus Jasmin, dessen Blüten im Frühjahr durchdringend dufteten, und aus Haselnußsträuchern, an denen tatsächlich Nüsse wuchsen. Auch auf dem Balkon saß man wie in einer grünen Laube. Ab und zu ging der Herr Geheimrat Döring, der Hauswirt, durch seinen Garten und inspizierte die Obstbäume, deren Zweige fast das Balkongitter berührten. Wenn er die alte Frau Markwart gewahrte, pflückte er einen Blütenzweig ab oder, später im Jahr, ein paar Früchte und reichte sie auf den Balkon: »Bitte sehr, gnädige Frau.«

Das machte die alte Dame glücklich. Ärgerlich war nur, daß die Frau Geheimrat entweder geizig war oder eifersüchtig oder beides. Oft stand sie auf ihrem Balkon, der, ein Stockwerk höher, auf der anderen Seite des Hauses gelegen war, und fahndete nach ihrem Mann, den die dichten Zweige des Obstgartens verbargen. »Albert!« rief sie, »wo bist du?« Dann legte der Geheimrat den Finger auf seine Lippen, lächelte verschmitzt und verdrückte sich in die Büsche. Irgendwo im anderen Teil des Hintergartens trat er aus dem Grünen und zeigte sich den Blikken seiner Frau: »Hast du nach mir gerufen, Liebste?«

»Manchmal muß ich lachen«, sagte die alte Frau Markwart, wenn sie davon am Abendbrottisch erzählte. »Aber manchmal ärgere ich mich auch. Die Eifersucht auf mich alte Frau ist lächerlich. Wenn es aber Geiz sein sollte, dann ist es empörend. Die paar Äpfel oder Birnen!«

Rose hatte die Wohnung genauso eingeteilt, wie sie es sich vorgenommen hatte. Die Schwiegermutter wohnte in dem halben oder dreiviertel Zimmer, dessen Fenster, gleich dem Balkon, auf den hinteren Obstgarten schaute. Das Eßzimmer war als Repräsentationsraum hergerichtet. Das Herrenzimmer hielt Rose so blank und fein, daß Viktor nicht wagte, es zum Arbeiten zu benutzen. Gegessen wurde in der großen Küche, in der ein riesiger Herd gemütliche Wärme verbreitete. Rose hatte aber darauf gesehen, daß sie auch einen Gasherd bekam. Der Anschluß an die Gasversorgung war ein wesentlicher Vorteil des neuen Quartiers, und Rose war entschlossen, sich die Erleichterung zunutze zu machen, die die moderne Technik bot.

Mit der Wendeltreppe, die das Küchengeschoß mit der eigentlichen Wohnung verband, wurde sie gut fertig, wenngleich ihr in den Monaten ihrer zunehmenden Schwangerschaft manchmal die Luft wegblieb. Aber das würde ja ein Ende haben, und dann war sie immer noch sehr jung, erst vierundzwanzig Jahre. Wenn das Kind geboren war, konnte sie zusammen mit Viktor auch einen weiteren Vorzug der neuen Wohnlage genießen: Auf der anderen Seite der Straße, nur eben über den Fahrdamm, befand sich der Eingang zur Sommer-Badeanstalt Lichterfelde. Zwei Schwimmbecken luden zum Baden, eines für Männer, eines für Frauen, jeweils mit den dazugehörenden Umkleidekabinen. Auch eine große Liegewiese war vorhanden, und ein Kiosk bot Erfrischungen.

Es war eine angenehme Wohnung, dagegen ließ sich überhaupt nichts sagen. Sie kostete fünfundachtzig Mark, ein gutes Fünftel von dem, was Viktor und Rose gemeinsam verdienten. Das mußten sie aber nicht allein zahlen, denn die Schwiegermutter schoß ein Drittel der Miete dazu. Und kein Ärger mit Handwerkern oder Finanzbeamten, das war die Angelegenheit von Herrn und Frau Döring, den Geheimrats. Was für ein Glück, dachte Rose, daß sie standhaft geblieben war in den Anfechtungen, mit denen der Hausverkauf die Seelen der Familie erschüttert hatte.

Die Einkommensfrage allerdings mußte neu geregelt werden. In wenigen Monaten würde das Kind da sein, und das brauchte seine Mutter. Schon jetzt, kurz vor der zweiten Hälfte der Schwangerschaft, verbot sich eigentlich eine Berufstätigkeit. Rose teilte Viktor mit, daß sie ihre Stellung aufgeben werde.

»Du mußt dir einen vernünftigen Posten suchen, Viktor. Diese Sache da in der Technischen Hochschule ist was für Studenten, aber nicht mehr für dich. Zweihundertfünfzig Mark – davon können wir nicht leben, du und ich und das Kind.«

»Aber Rose«, sagte Viktor bedrückt. »Was soll dabei aus meinem Zukunftswunsch werden? Einen vernünftigen Posten, das heißt doch, daß ich in irgendeine Firma muß. Mit dem Lehrstuhl ist es dann aus.«

»Lehrstuhl!!« sagte Rose wegwerfend. »Es ist ja wohl keiner da. Jedenfalls keiner, den du kriegen kannst, bevor du ein alter Mann bist. Wenn's anders wär' – warum hast du dann noch keinen gekriegt? Ich kann nicht mehr weiterarbeiten, das siehst du wohl ein. Und ohne mein Gehalt kommen wir nicht durch. Willst du dein Kind hungern lassen?«

Das wollte Viktor natürlich nicht. Das Herz war ihm schwer, aber er sah keinen Ausweg. Was für absonderliche Zeiten, in denen ein fähiger Mann aus seinen Fähigkeiten nichts machen konnte. Er hatte ja gewußt, daß der Niedergang des Vaterlandes auf ihnen allen lasten würde. Die Republik – das war kein Staat, das war eine Zumutung. Demokratie – was für leere Worte, mit denen man dumm geschwatzt wurde. Im Kaiserreich hatte es das nicht gegeben, jedenfalls nicht so. Und jetzt war Elsaß-Lothringen an den Feind gefallen, Roses Heimat auch und viele andere Teile des einstigen Reiches. Und tüchtige Männer wie Viktor mußten sich an den Meistbietenden verkaufen, anstatt ihre Talente einsetzen zu können. »Wo«, dachte Viktor sehnsüchtig, »wo blieb der starke Mann, der Retter, der imstande war, das Volk aus seinem Elend zu holen?«

Viktors Seele verfinsterte sich, wenn er daran dachte, daß das Reich jetzt von einem ehemaligen Sattler regiert wurde. Reichspräsident Ebert als Nachfolger des Kaisers – es war doch wohl nicht zu glauben! Der Mann sollte ja nicht einmal richtig Deutsch können, und seine Orthographie, wenn er Gesetzestexte und andere Schriftstücke unterzeichnete oder kommentierte, war dem Vernehmen nach unter jeder Kritik. Kein Wunder, daß die Feindmächte mit dem armen Vaterland machten, was sie wollten. Wo war denn die Persönlichkeit, die den bösen Mächten Paroli bot? All diese Unruhen. So ganz von ungefähr kamen die ja nicht, aber die Landsknechtshaufen, die an den Grenzen des Restreiches und oft genug auch in dessen Innern marodierten, konnten einen ordentlichen Bürger auch nicht glücklich machen. All die Freischärler und Schlagetots – Viktor verstand sie letzten Endes, aber er billigte sie nicht. So, wie die Dinge lagen, forderten sie nur Repressalien seitens der Feindmächte heraus, von dem sozialdemokratischen Präsidenten und seinen Figuren nicht zu reden. Es war keine Frage, daß nur Ruhe und Ordnung und ein wirtschaftlicher Aufschwung dazu verhelfen konnten, daß Deutschland sich von seinem Niedergang erholte und der normale Bürger wieder zu dem seinen kam. Aber wie sollte das gehen? Und durch wen?

Viktor wußte es nicht. Doch selbst wenn er es gewußt hätte, so wäre sein persönliches Problem dadurch noch nicht gelöst worden. Er hatte eine Frau, die er nicht länger zur Arbeit schicken konnte, und bald auch ein Kind, das er ernähren mußte. Wer, in solcher Lage, konnte sich noch Träume erlauben?

Viktor fing an, sich nach einer Stellung umzuschauen mit einem Gehalt, das den Ausfall von Roses Einnahmen wettmachte. Er fand schneller etwas, als er gefürchtet hatte. In der Lehrter Straße, im Berliner Stadtteil Tiergarten, hatte sich eine Firma für Elektrogeräte und -apparate installiert, die in diesem Sommer 1921 einen neuen Leiter für ihre Glühlampenabteilung suchte. Viktor bewarb sich und wurde angenommen. Das ausgebotene Gehalt betrug 485 Mark.

»Können Sie zum 1. August bei mir anfangen?« fragte Herr Hentschke, der Eigner und Leiter der Firma. Und Viktor sagte: »Ja, Herr Hentschke, das kann ich.«

Rose fiel ein Stein vom Herzen. Sie hatte ihre eigene Stellung zum 1. Mai gekündigt. Sie wollte nicht mehr unter die Leute gehen, wenn ihr Bauch sich rundete und alle ihr ihren Zustand ansahen. Es gab auch noch genug vorzubereiten. Babywäsche war teuer, falls man alles fertig kaufen mußte. Rose hatte beschlossen, soviel zu sparen wie irgend möglich. Die Jäckchen und Strampelhosen konnte sie selber häkeln, die Hemdchen und die Windeln ließen sich leicht aus alten Laken herstellen. Ihre Schwiegermutter bewahrte genug davon in ihren Schränken auf. Aber dafür brauchte man Zeit, genau die Zeit, die sie bisher bei Herrn Ungeheuer zugebracht hatte.

Die letzten Monate ihrer Schwangerschaft durchlebte Rose in vorwiegend friedlicher Stimmung. Die Existenzfrage war fürs erste geklärt, und sie konnte sich ungestört auf ihr Kind freuen. Nur eine Bedrückung blieb: Wohin sollte sie gehen, wenn es soweit war? Ihre Mutter hatte alle ihre Kinder zu Hause geboren, und das mit einer Leichtigkeit, um das sie das Vieh im Stall hätte beneiden können. Rose gedachte dieser flotten Geburten mit einer Spur Verachtung. Sie hielt sich für feiner konstruiert und rechnete damit, daß sie größere Schwierigkeiten haben würde.

Sie sah sich also in den Lichterfelder Krankenhäusern um. Das nächstliegende, das Graf-Botho-Schwerin-Krankenhaus in der Wilhelmstraße, jenseits des Teltowkanals, gefiel ihr nicht, weil es von katholischen Nonnen geführt wurde.

»Ich werd' doch nicht lernen, mich zu bekreuzigen, bevor die mich in ihren Kreißsaal lassen!«

Das andere Hospital, das Rittberg-Haus in Lichterfelde-West, sagte ihr schon eher zu. Aber hier erhob man derartige Forderungen, was die Zahl der mitzubringenden Windeln, Jäckchen und übrigen Ausrüstungsstücke für das neugeborene Kind betraf, daß Rose ganz schnell paßte.

»Da bin ich ja am Bettelstab, bevor das Kind überhaupt da ist. Das kommt nicht in Frage.«

Aber was kam sonst in Frage? Rose beschloß, ihr Kind

zu Hause zu bekommen. Sie suchte sich eine Hebamme und traf ihre Verabredungen. Viktor hatte Bedenken.

»Meinst du, daß es gutgeht? Willst du nicht doch lieber in einer Klinik entbinden? Wenn's soweit ist, kann ich dir nicht helfen, und Mutter auch nicht.«

Rose blieb fest. Nicht nur die Mutter, auch ihre Schwiegermutter hatte ihre Kinder zu Hause geboren. Sollte sie nicht schaffen können, was denen gelungen war?

In der Nacht vom 15. zum 16. September setzten die Wehen ein. In der Frühe des 16. September lief Viktor und holte die Hebamme. Die alte Frau Markwart stand in der Küche, kochte Kaffee und macht Wasser heiß. Sie verschüttete viel, denn ihr zitterten die Hände. Oben im Schlafzimmer arbeitete Rose sich ab, und die Hebamme versuchte, ihr dabei zu helfen. Viel Erfolg hatte sie nicht, denn Roses Wehen brachten nur Schmerz, aber förderten nichts zutage.

»Lassen Sie locker, junge Frau«, sagte die Hebamme. »Nicht wehren. Nicht dagegen angehen. Lassen Sie der Natur ihren Lauf. Nicht verkrampfen. Locker, locker, locker.«

Das war leicht gesagt. Je länger es dauerte, um so mehr wurde Rose vom Schmerz besiegt. Sie wollte sich ja gern entspannen, aber wie sollte sie das machen. Wenn die Wehen kamen, überflutete sie die Qual, und sie versuchte, dagegen anzukämpfen. Am Vormittag, zwischen zehn und elf, begann sie zu schreien. Viktor hörte es, totenbleich, die Zähne schlugen ihm aufeinander. Er packte die Hebamme und schüttelte sie.

»Machen Sie doch was! Sie müssen doch irgendwas machen können!«

»Nee«, sagte die Frau. »Die Sache wird mir zu heiß. Ick mach jar nischt mehr. Holen Sie Dr. Strauß. Wohnt Dürerstraße elf. Das ist keine Sache mehr bloß für 'ne Hebamme. Hier muß'n Doktor her.«

Viktor rannte, kam mit dem Arzt zurück. Dr. Strauß besah sich die Patientin, horchte die Herztöne des Ungeborenen ab.

»Die Wehen sind zu schwach. Ich muß 'ne Spritze geben, sonst ist das Kind erstickt, bevor es raus ist.«

»Geben Sie die Spritze«, flehte Viktor.

Die Spritze beförderte die Wehen, aber auch Roses Pein. Sie schrie und schrie. Viktor preßte seine Zeigefinger in die Ohren. Die alte Frau Markwart hatte sich in ihrem Zimmer verkrochen und schluchzte. Der Arzt und die Hebamme arbeiteten an der Gebärenden herum.

Kurz vor ein Uhr mittags sagte Dr. Strauß:

»Jetzt kommt es. Aber es wird die Mutter zerreißen. Ich werd' schneiden.«

Seine Schere fraß sich durch Roses Dammfleisch. Rose merkte es nicht, ihre Panik überdeckte den neuen Schmerz. Das Köpfchen des Kindes schoß hervor, der Arzt packte die Schultern und zog das Kind heraus.

»Na bitte«, sagte er, »ein Junge. Hat wenigstens gelohnt. Nehmen Sie ihn, ich werde die Mutter versorgen.«

Die Hebamme geriet in Bewegung. Sie legte eine Klemme um die Nabelschnur des Neugeborenen, nahm es an den Füßen und hielt es kopfabwärts. Gleichzeitig klapste sie ihm auf das kleine Hinterteil. Das Kind fing laut an zu schreien. Inzwischen hatte der Arzt die Nabelschnur durchschnitten, und die Hebamme tauchte den winzigen Körper in den vorbereiteten Badezuber.

»Frau Markwart«, sagte Dr. Strauß, »Sie haben einen Sohn. Alles in Ordnung. Sie können sich freuen. Jetzt holen wir noch die Nachgeburt raus, und dann werde ich Ihnen die Beine zusammenbinden. Sie müssen in den nächsten Tagen ganz ruhig liegen, damit der Dammschnitt heilt. Haben Sie mich verstanden? Ich sehe morgen und übermorgen nach Ihnen und dem Kind, aber es wird bestimmt alles gutgehen. Hallo, gucken Sie mich doch an. Haben Sie verstanden, was ich Ihnen sage?«

»Ja«, flüsterte Rose. »Haben Sie gesagt, es ist ein Sohn?«

»Ja, ein Sohn, junge Mutter. Herzlichen Glückwunsch. Haben Sie ihn schon gewogen, Frau Kunz? Fast acht Pfund, Frau Markwart, ein Prachtbengel. Hören Sie, wie er brüllt? Eine Mordsstimme hat er. Und kerngesund. Oder sehen Sie was an ihm, Frau Kunz? Na also, alles in Butter. Jetzt werden wir mal den jungen Vater reinrufen. Na, der wird eine Freude haben! Und die Großmutter natürlich auch. Freuen Sie sich, Frau Markwart. Ein wirklich großartiges Kerlchen ist das.«

14 / Am Morgen des 17. September ging Viktor zum Standesamt, um seinen Sohn anzumelden. Der Standesbeamte nahm die Unterlagen entgegen, Stammbuch und Geburtsbescheinigung des Arztes, und schlug sein großes Geburtenregister auf. Dann wartete er. Viktor wartete auch.

Der Beamte sagte:

»Na, nu mal los, Herr Dr. – äh – Markwart.«

Was – los?«

»Den Namen, guter Mann. Wie soll das Kind heißen?«

»Ach so, ja, der Name.«

Viktor stockte. Was war es doch, worauf sie sich geeinigt hatten? Rose hatte einen besonderen Wunsch gehabt. Irgend etwas gefiel ihr am allerbesten. Aber was hatte ihr so gut gefallen unter den Dutzenden von Namen? Viktor begann zu schwitzen.

»Meine Frau hatte sich was ausgesucht, aber … Es war alles so aufregend, und ich hab' an so vieles denken müssen. Und nun hab' ich den Namen vergessen«, schloß er kläglich.

Der Beamte sah Viktor ins Gesicht, dann begann er zu lachen. Er lachte so laut, daß die anderen Beamten sich erstaunt umblickten. Viktors Beamter erklärte prustend:

»Hat den Namen vergessen! Kommt her, um sein Kind anzumelden, und vergißt unterwegs den Namen!«

Jetzt lachte das ganze Standesamt. Viktor bekam einen roten Kopf und fühlte sich unbehaglich. Ein paar der Beamten standen auf und traten näher. Sie beschauten Viktor wie ein seltenes Tier im Zoo.

»Ja, da müssen Sie wohl noch mal nach Hause, die Mutti fragen.«

Sie waren äußerst vergnügt. Viktor sagte bedrückt:

»Das geht nicht. Ich bin auf dem Weg zur Arbeit und werde ohnehin zu spät kommen. Für heute habe ich ja eine Entschuldigung, aber wenn ich morgen noch mal kommen muß ...«

»Fritze«, sagte einer der Standesbeamten, »dem Mann muß geholfen werden. Nimm doch mal das Namenbuch und laß ihn suchen. Vielleicht fällt's ihm dabei wieder ein.«

Viktors Beamter zog ein dickes Heft aus dem Papierwust auf seinem Schreibtisch und legte es auf den Tresen.

»Na, denn probier'n Sie mal Ihr Glück. Das ist die komplette Liste aller Vornamen, die bei deutschen Standesämtern zugelassen sind.«

Viktor blätterte. Die Liste allein der männlichen Namen war entmutigend lang. Wer sollte sich da zurechtfinden? Genausogut konnte man nach der vermaledeiten Nadel im Heuhaufen suchen. Viktor ließ die Broschüre sinken. Sein Beamter sagte:

»Na, nischt gefunden? Geben Sie mal her. Ich werd' Ihnen jetzt mal 'n paar Vorschläge machen.« Er blätterte. »War's vielleicht Karl-Heinz? Das ist zur Zeit sehr in Mode.«

»Nein«, sagte Viktor, »wir mögen keine Doppelnamen.«

»So, mögen Sie nicht. Also weiter. Arnfried. Detlef. Günter. Helmut. Jürgen. Klaus. Rainer. Siegfried. Nee? Alles nischt? Also, hör'n Sie, junger Vater, wir müssen irgendwie zu 'nem Schluß kommen. Ich hab' nicht den ganzen Tag für Sie Zeit, und Sie haben ja wohl auch keine. Wenn Sie nun nicht noch mal nach Hause gehen und morgen nicht wiederkommen können, dann bleibt uns nur eins: Wir suchen jetzt gemeinsam 'nen schönen Namen für Ihren Jungen, und den nehmen wir dann. Einverstanden?«

»Ja«, sagte Viktor, obwohl er nicht ganz einverstanden war. Aber er wollte der Szene ein Ende machen, weg von den Standesbeamten, die sich immer wieder nach ihm umdrehten, Blicke wechselten und in sich hineingluckten. Außerdem wurde es wirklich langsam Zeit für den Weg zur Arbeit. Herr Hentschke hatte Viktor den gestrigen Tag geschenkt und den heutigen Vormittag dazu, aber seine Toleranz hatte natürlich ihre Grenzen. Auch war Viktor, als Abteilungsleiter, selber ein Chef, und es ging nicht an, daß er den Untergebenen ein so miserables Beispiel gab.

Der Standesbeamte blätterte. Hin und wieder hielt er inne, nannte einen Namen, den sie beide erwogen, ohne sich entschließen zu können, und schrieb ihn auf ein Stück Papier. Nach einer Weile legte er die Broschüre weg.

»Nun woll'n wir mal sehen. Einer von denen hier wird es sein müssen.«

Sein knubbeliger Finger fuhr über den Zettel, hielt neben einem der notierten Namen an.

»Harald. Also, das finde ich ausgesprochen schön. Wie finden Sie's? Harald Markwart – viermal ›a‹. Da klingt gewichtig und gewissermaßen würdig. Mit dem Namen kann Ihr Sohn überall auftreten, wenn er erst ein Mann ist. Und solange er klein ist, könnten Sie ihn Harry rufen.«

»Bloß nicht«, sagte Viktor. »Harry ist abscheulich. Da muß ich immer an Harry Piel denken, diesen Kino-Affen. Ich mag keine Angeber. Aber Harald ist gut. Das hat tatsächlich einen besonderen Klang – Harald Markwart.«

»Also? Schreiben wir's hin?«

Viktor dachte an Rose, die erst am Abend erfahren würde, daß ihr Sohn Harald hieß. Wie mochte sie das aufnehmen? Aber er zögerte nicht länger.

»Schreiben wir's hin. Harald, Ludwig, Viktor. Harald als Rufname.«

»Ach nee«, sagte Viktors Beamter, »bei Ludwig und Viktor sind Sie ganz sicher? Da müssen Sie nicht noch mal die Mutti fragen?«

Viktor lächelte gequält. »Das sind die Namen von Großvater und Vater. Bei uns ist das so üblich. Hören Sie schon auf zu spotten. Und danke vielmals, daß Sie so geduldig waren und mir aus der Patsche geholfen haben.«

Als Rose abends von der Geschichte erfuhr, lachte sie hellauf. Sie lachte so sehr, daß sie beide Hände auf ihren Bauch pressen mußte.

»Hör auf! Mir tut doch noch alles weh. Nein, ist das komisch. Ein ausgewachsener Mann, ein Herr Doktor sogar, und zwischen zu Hause und dem Standesamt vergißt er, wie das Kind heißen soll. So was kann man gar nicht erfinden. Erzähl das bloß keinem. Das ist zum Schießen. Ach, Viktor, mach doch nicht so ein Gesicht. Lach doch auch. Die Geschichte ist zu hübsch. Über die werden wir noch lachen, wenn wir Großeltern sind. Sag noch mal, was haben die Standesbeamten gesagt?«

»Ich soll nach Hause gehen, die Mutti fragen.«

»Die Mutti fragen ...« Rose fühlte sich sehr erheitert, aber auch gerührt. »Eigentlich waren die doch sehr nett, die Beamten.«

»Das waren sie. Nett und hilfsbereit. Ich hab' sie so lange aufgehalten, und trotzdem – kein böses Wort. Aber du, Rose, was sagst du denn nun dazu? Jetzt heißt das Kind Harald, und du wolltest doch – ja, was war's denn nun, was du gewollt hattest?«

»Wolfgang«, sagte Rose. »Nein, laß gut sein, Viktor. Harald ist auch sehr schön. Vielleicht sogar noch ein bißchen schöner. Harald Markwart – das klingt irgendwie noch besser als Wolfgang Markwart. Ja, wirklich, ich meine, was ich sage. Du hast es schon recht gemacht.« Sie schwieg einen Augenblick und träumte vor sich hin. »Und weißt du, es ist so hübsch, was die Beamten zu dir gesagt haben: Du sollst die Mutti fragen. Zum ersten Mal hat mich jemand so genannt.«

»Kleine Mutti«, murmelte Viktor zärtlich und küßte Rose auf beide Augen.

Roses Entzücken über den Titel, den ihr die Standesbeamten verliehen hatten, begegnete in Viktors Brust einem gefühlsstarken Familiensinn. Familie, das war für Viktor ein Begriff, der an Heiliges und Erhabenes rührte und nicht nur das Herz, sondern auch Leib und Glieder wärmte. Er verstand vollkommen, daß seine Mutter stets Tränen in den Augen hatte, wenn sie vom toten Ludwig Markwart sprach. Viktor hatte nur wenige Erinnerungen an den Vater, und sie waren mehr atmosphärischer als konkreter Natur. Wie auch anders, wenn einem der Vater genommen wird, bevor man noch das Schulalter hat. Viktor erinnerte sich an Zärtlichkeit, Behutsamkeit im gegenseitigen Umgang, an sanfte Stimmen und streichelnde Hände. Daran dachte er, wann immer er jemanden sagen hörte, Ludwig Markwart müsse ein starker Mann mit großem Durchsetzungsvermögen gewesen sein; wie anders könne man seinen phänomenalen Aufstieg und seinen andauernden Erfolg erklären? Viktor wußte es besser. Die Leute waren einfältig. Hinter jeder Eroberung, jeder siegreichen Schlacht suchten sie nach einem Dschingis Khan oder wenigstens einem Napoleon. Als ob allein Gewalt und Unerbittlichkeit dazu taugten, im Lebenskampf den Lorbeerkranz zu erringen. Viktor glaubte das nicht. Sein Vater war lieb und gut gewesen und hatte es trotzdem so weit gebracht. Oder gerade deshalb.

Viktor war nicht kirchenfromm. Zwischen seiner Konfirmation und seiner Hochzeit mit Rose hatte er Kirchen nur dann von innen gesehen, wenn er seine Mutter am Heiligen Abend zum Christgottesdienst begleitete. So hielt er es auch jetzt. Aber er glaubte an eine höhere Macht irgendwo im Universum, obgleich er keine Ahnung hatte, als was er diese Macht begreifen und wie er sie nennen sollte. Die Bezeichnung Gott benutzte er nur unter dem Vorbehalt, daß er keinen besseren Namen wußte und wohl auch nie einen finden würde. Diese mit Gott nur unzulänglich benannte Macht regierte die Welt nach Prinzipien, deren Ziel und Zweck dem menschlichen Sinn verborgen blieben, deren Manifestationen aber – Gebote, Prüfungen, Strafen und Belohnungen – durchaus faßbar waren, denn sie regierten das menschliche Leben.

Das Leben des Vaters zum Beispiel. Der war gut und erfolgreich gewesen, beides in einem. Sollte man nicht sagen können: das zweite infolge des ersten? Alle Sittengebote, voran die der Bibel, verlangten vom Menschen, daß er gut sei. Wozu das, wenn es nicht eine Heilsweisung war? Wer gut ist, dem gibt Gott Erfolg. Und wenn das zutraf, dann ließ sich die Formel wohl auch umkehren: Wem Gott Erfolg gegeben hat, der ist gut. Das war wie bei einer mathematischen Gleichung, deren Seiten vertauschbar sind. Sollte das Weltganze nicht nach derselben bestechend schönen Logik gebaut sein wie die

Mathematik, die ja schließlich aus dem Weltgebäude hervorgegangen war wie das Küchlein aus dem Ei, Produkt des Universums und wahrscheinlich doch auch sein Widerschein?

Auf solche Denkprozesse stützte Viktor auch seinen Stolz, Deutscher zu sein. Wie hatte Gott das Volk blühen lassen, dem Viktor angehörte. Welch ein Aufstieg gerade im Jahrhundert seiner Geburt. Mußte man solche Glorie nicht als Beweis dafür nehmen, daß deutsch gleich gut ist? Gegenwärtig freilich sah es düster aus im deutschen Vaterlande, und Viktor gestand sich ein, daß man nun wohl wieder einmal in eine Zeit der Prüfungen eingetreten war. Warum es der universalen Macht gefallen hatte, sie zu verhängen, war nicht zu begreifen, aber das gehörte eben zum göttlichen Wesen, daß es unbegreiflich war, jedenfalls im Grundsätzlichen. Wenn man aber daran glaubte, daß Gott und sein Wirken so klar und gesetzesschön waren wie das Gebäude der Mathematik, dann mußte man in diesen Prüfungen nicht mehr sehen als Phasen in einem erhabenen Gesamtplan, die nicht dauern würden. Viktor klammerte sich an diesen Glauben, und sehnsüchtig spähte er nach einem ersten Morgenschimmer am Horizont der deutschen Gegenwart.

Solange aber noch Nacht herrschte, konnte Viktor sich immerhin an das halten, was Gott ihm gelassen oder sogar neu geschenkt hatte. Er selber und Joachim waren unversehrt durch die Kriegsjahre gekommen, so wie die Mutter und Grethe durch die Hungerjahre. Und jetzt besaß Viktor sogar eine eigene Familie, seine liebe Frau hatte ihm einen Sohn geboren, einen Erben für den neuen Tag, nach dem Viktor Ausschau hielt. Das Kerlchen würde noch über die Erde gehen, wenn Viktor längst darunter lag, tot, aber nicht ausgelöscht. Denn ein Kind, das war ein ganz persönliches Stück Unsterblichkeit. Der Gedanke an dieses Wunder machte Viktor das

Herz warm und füllte seine Seele mit Ergriffenheit. Wenn er zusah, wie Rose das Kind an die Brust legte und der Kleine gierig sog und schluckte, dann wurde ihm die Kehle eng, und seine Augen füllten sich mit Tränen. Er lächelte Rose zu, und wenn sie zurücklächelte, legte Viktor beide Arme um Mutter und Kind.

»Kleine Mutti.«

»Vati«, sagte Rose und lachte.

Diese Koseformen ihrer Elternwürde begannen, ihre Namen zuzudecken. Das Lallen des kleinen Harald hatte sich noch längst nicht zu ersten verständlichen Lauten geformt, da riefen Viktor und Rose einander vorwegnehmend mit den Bezeichnungen, mit denen der Sohn sie später nennen sollte. Wenn Viktor abends nach Hause kam, sagt er:

»Hallo, Mutti, da bin ich wieder.«

Und Rose, wenn sie ihn morgens verabschiedete:

»Nimm einen Schirm mit, Vati, es wird regnen.«

Der kleine Harald war der Dreh- und Angelpunkt allen Lebens im Markwartschen Haushalt geworden. Rose spürte, daß die Mutterschaft ihren Status zu Hause wie in der Welt verändert hatte, daß sie jetzt mehr galt als je zuvor, nicht zuletzt auch in ihren eigenen Augen. Die Heirat mit Viktor war das Eingangstor in die Familie gewesen, deren Namen sie seither trug. Mit dem Kind jedoch hatte sie sich in dem Boden verwurzelt, aus dem die Familie gewachsen war, und niemand konnte sie mehr daraus vertreiben. Wieder und wieder trat sie an den bunten Wäschekorb, den sie kunstfertig zu einem Bettchen umgestaltet hatte. Sie hatte ihn mit weißem Mull ausgefüttert und sogar aus Latten einen Himmel gefertigt, von dem eine schneeweiße Mullgardine mit Rüschen herniederhing. Aus der weißen Pracht schaute der kleine Harald zu seiner Mutter empor, mit Augen, die etwas schräg zwischen den runden Bäckchen und den zarten Brauen saßen und die genauso grün waren wie Roses Augen. Seine Haare freilich waren nicht schwarz, sondern von einem goldenen Blond mit einem lichten rötlichen Schimmer darin, und sie ringelten sich in sanften Locken.

Er war unbestritten ein hübsches Kind, in das sich jedermann vernarrte, allen voran natürlich seine Großmutter. Als Harald dem Wäschekorb entwachsen war, machte sich die alte Frau Markwart ein Vergnügen daraus, den Enkel im Sitzwägelchen durch die Parkanlagen am Teltowkanal zu schieben. Rose ließ es zu. Es behagte ihr, daß sie es jetzt war, die etwas zu gewähren und zu erlauben hatte. Lächelnd nahm sie jedesmal danach den Bericht der Schwiegermutter entgegen, wie viele Leute wieder stehengeblieben waren und sich mit Ausrufen des Entzückens über die kleine Karre geneigt hatten. Ein Kind wie ein Engel! Ja, das mochten die Leute wohl sagen, da sagten sie nicht zuviel. Und es war Roses Verdienst, daß solch ein Engel in der Welt war.

Auch Viktors Geschwister fielen Haralds Charme anheim. Die spröde Grethe wurde ganz weich, wenn der Kleine auf sie zukrabbelte und sich an ihren Beinen aufrichtete. Joachim tobte mit ihm auf dem Teppich herum, oder er warf ihn in die Luft und fing ihn auf, bis das Kind vor Quietschen und Jauchzen außer Atem war. Auch Berthold Graf, Grethes Gefährte, erwies sich als brauchbarer Onkel, obgleich erst etwas später, als Harald schon ein bißchen zu Verstand gekommen war und mitgenommen werden konnte, wenn Viktor und Rose zu Grethe und Herrn Graf auf Besuch gingen. Dann holte Onkel Graf, wie das Kind ihn nannte, seine Handpuppen hervor und spielte für Harald Theater. Der Junge konnte gar nicht genug davon bekommen, und Berthold Graf war glücklich, endlich jemanden gefunden zu haben, der seine Sammlung und seine Kunst zu würdigen wußte.

Mit Hulda ging es nicht so gut. Sie war freundlich zu

Harald und brachte ihm auch kleine Geschenke mit, einen Hampelmann oder eine Schachtel mit Bauklötzchen. Aber es fiel ihr auf die Nerven, daß der Kleine so viel Unordnung um sich verbreitete und daß er mit Fingern, die von Bonbons oder Schokolade klebten, nach ihrem Kleid faßte oder auf ihre blankpolierten Möbel und weißlakkierten Türen patschte. Hulda war eine so penible Hausfrau, daß Rose, die sich doch auch nicht gerade als Schlampe ansehen mußte, böse Kommentare dazu abgab. Mit Vorliebe kam sie darauf zu sprechen, welchen Ausklang die Garstereien bei der Schwägerin gewöhnlich hatten: Noch bevor die Tischrunde sich zum Abschied auflöste, erledigte Hulda in der Küche den Abwasch und räumte alles auf. Und wenn die Gäste dann gingen, geleitete Hulda sie die Treppe hinunter und nahm bei der Gelegenheit gleich den vollen Mülleimer mit. Rose fand das unmöglich, und Viktor gab ihr recht.

Was Rose aber vor allem erbitterte, waren Huldas Bemerkungen zu den Beziehungen, die Haralds Eltern miteinander pflogen.

»Das kann doch nicht wahr sein, daß ihr ›Mutti‹ und ›Vati‹ zueinander sagt. Man könnte meinen, ihr hättet eure Silberhochzeit schon hinter euch.«

Rose vereiste. »Das ist unsere Sache.«

»Doch wohl nicht, solange andere Leute dabei sind, die sich das anhören müssen. Ich käme nie auf die Idee, zu Joachim ›Vati‹ zu sagen, und ich würde es mir schön verbitten, wenn er mich ›Mutti‹ nennen würde.«

»Dazu hat er ja auch keinen Anlaß«, erwiderte Rose giftig. »Krieg du erst mal ein Kind, bevor du dir ein Urteil über andere Leute anmaßt.«

Wenn es sich irgend machen ließ, drückte sich Rose vor Besuchen bei dieser Schwägerin. Dagegen ging sie ganz gern zu Grethe, die ihr freundlich und anscheinend ohne Reserven entgegenkam. Die Gemeinschaft mit

Berthold Graf tat ihr offenbar gut, sie war viel lockerer und umgänglicher geworden. Rose mochte Herrn Graf, vor allem schätzte sie seine altfränkische Höflichkeit. Er nannte sie »Frau Rose« oder sogar, wenn er zu anderen von ihr sprach, »unsere reizende Frau Rose«, manchmal auch »unsere bezaubernde junge Gnädige«. Immer bei der Begrüßung oder beim Abschied verbeugte er sich vor ihr und drückte seinen Walroß-Schnauzbart auf ihren Handrücken. Für Rose fiel auch ins Gewicht, daß Herr Graf sich so hingebungsvoll mit Harald beschäftigte und daß der Junge den Puppen-Zauberer stürmisch liebte. Es war ihrer Intervention bei Viktor zu danken, daß Grethe und Onkel Graf regelmäßig zu den Weihnachtsfesten der Familie geladen wurden. Sie kamen auch, und Grethe verschönte den Heiligen Abend durch ihr Klavierspiel.

Unverfälschte Freude an Besuch und Gegenbesuch empfand Rose jedoch nur, wenn es sich um Edith handelte. Die Freundschaft zwischen den beiden jungen Frauen hatte eine neue Dimension gewonnen, seit es auch bei Rosenfelds einen Stammhalter gab. Ediths Sohn war zwei Monate nach Harald geboren worden, und Rose hatte die Nachricht mit Jauchzen quittiert:

»Ist das nicht wundervoll? Meine beste Freundin! Und jetzt können auch unsere Söhne Freunde werden! Und du verstehst dich so gut mit Dr. Rosenfeld! Das tust du doch, nicht wahr?«

Ja, das tat Viktor. Er hatte es nicht für möglich gehalten, aber nun war es so. Deshalb erhob er auch keine Einwände, als Rose auf baldige Visite bei den frischgebackenen Eltern drängte.

Wenige Tage vor dem Weihnachtsfest 1921 fuhren sie hin. Edith strahlte, als sie den Gästen ihr Kind vorführte:

»Dies, meine Herrschaften, ist Rolf Rosenfeld!«

Rose beugte sich über das Rollenbettchen. Im Vollgefühl des eigenen Glücks bewunderte sie bereitwillig das Baby der Freundin. Viktor hielt eine kritische Musterung ab. Was er sah, war ein ungeformtes Gesichtchen, das noch kaum etwas darüber verriet, wie dieses Menschlein einmal als Mensch aussehen würde. Immerhin waren da ein paar Einzelheiten, die den kleinen Rolf unverkennbar als Sohn seiner Mutter auswiesen. Tiefschwarze Haare bedeckten sein Köpfchen, und wenn er die Lider hob, dann schaute er aus den gleichen dunklen Kirschenaugen wie Edith. Später, zu Hause, sagte Viktor zu Rose:

»Kein Judenkind. Absolut nichts Jüdisches in seiner Physiognomie, jedenfalls nicht, soweit man es jetzt erkennen kann. Der reine Abklatsch seiner Mutter, Gott sei Dank.«

Rose und Edith hatten an jenem Vorweihnachtstag im Rosenfeldschen Wohnzimmer gesessen, Rolf im Bettchen und Harald im Kinderwagen neben ihm, und ihre mütterlichen Erlebnisse ausgetauscht. Sie hatten einander das Wort vom Munde genommen, sich ereifert und das Glück des Augenblicks genossen, jede für sich und eine für die andere. Natürlich erzählten sie einander auch, wie es zugegangen war bei den Entbindungen, ausführlich und in allen Einzelheiten. Edith war in eine Klinik gegangen, sie hielt Hausgeburten für eine mittelalterliche Tortur und zeigte sich entsetzt, als sie Roses Geschichte hörte.

»Mußtest du dir das antun, Rose? Das ist ja gräßlich. Ja, ja, ich verstehe schon, die Wäschefrage ... Aber trotzdem. Vor allem beunruhigt mich, was dieser komische Arzt mit dir angestellt hat. Die Beine zusammenbinden, damit der Dammschnitt heilt! Also weißt du! Du hast ja deine Schwesternausbildung nicht zu Ende gebracht, aber so viel hast du doch auch gelernt, um zu wissen, daß man das so nicht macht. Noch nie hab' ich was davon gehört, daß jemand einen Schnitt durch Zusammenbinden versorgt. Schnitte werden genäht oder geklammert, sonst heilen sie nicht zusammen, sondern auseinander. Dein Arzt war ein Pfuscher, anders kann man das gar nicht erklären. Wenn ich du wäre, ich ginge zu einem ordentlichen Arzt und ließe das mal untersuchen.«

»Wozu denn, Edith, es ist ja alles verheilt. Wozu noch Geld ausgeben?«

»Doch«, beharrte Edith, »du mußt das tun. Du riskierst, daß du nie wieder ein Kind kriegen kannst, weil die Organe nach unten wegrutschen, wenn sie nicht mehr richtigen Halt haben. Mal ganz abgesehen davon, daß du auch ohne neue Schwangerschaft Schwierigkeiten kriegen wirst. Beine zusammenbinden! Ich faß es nicht!«

»Ach«, sagte Rose betroffen, »tatsächlich? Aber was das wieder kostet, Edith. So gut sind wir nicht gestellt. Wir kommen gerade so aus.«

»Krankenkasse?«

»Natürlich nicht«, wehrte Rose ab. »Das ist was für Arbeiter und solche kleinen Leute. Seid ihr vielleicht in der Krankenkasse?«

»Nein, aber wir sind in einer privaten Versicherung.«

»Wie macht ihr das? Also, bei uns bleibt dafür nichts übrig. Nein, Edith, ich kann mir keinen Arztbesuch leisten. Und dann vielleicht eine Operation! Es wird wohl auch so gehen. Wenn wirklich was wär', würde ich's doch merken. Ich merk' aber nichts. Ich fühl' mich ganz normal und habe keine Beschwerden. Wahrscheinlich siehst du Gespenster.«

»Rose«, sagte Edith energisch, »ich kann nicht zulassen, daß du mit deiner Gesundheit Schindluder treibst. Ich sag' dir was: Die Rosenfelds sind eine alte Arztfamilie, das weißt du ja. Nur Heinz ist aus der Art geschlagen. Aber da haben wir einen Vetter, der ist Chirurg. Heinz steht gut mit ihm. Wenn wir mit ihm reden, dann behandelt er dich für 'n Appel und 'n Ei, ganz billig. Da brauchst du kaum mehr als das Verbandszeug und die Medikamente zu zahlen. Und wirst erstklassig medizinisch versorgt. Wahrscheinlich kannst du auch zu Hause liegen, da hast du keine Klinikkosten. Na, wie ist es, soll ich das mal einfädeln?«

»Ich weiß nicht«, sagte Rose unentschlossen. »Da gibt's so viele Probleme. Wer das Kind versorgt und den Haushalt, wenn ich im Bett liegen müßte. Ich danke dir schön, aber unternimm noch nichts. Ich muß darüber erst mit Viktor sprechen.«

»Laß es mich dann wissen. Und warte nicht zu lange«, mahnte Edith.

Die beiden Herren saßen derweil im Studierzimmer des Dr. Rosenfeld, jeder eine dicke Zigarre zwischen den Fingern, vor sich einen Schwenker mit edlem Cognac. Wie sich herausstellte, war auch Dr. Rosenfeld seinen akademischen Ambitionen untreu geworden und hatte eine Stellung in der Industrie angenommen. Er war zur AEG gegangen und leitete jetzt eine Abteilung im Apparatewerk Treptow.

»Da haben Sie aber einen langen Weg zur Arbeit«, bemerkte Viktor. »Jeden Tag von Wilmersdorf nach Treptow – das ist ja eine halbe Weltreise.«

»Das ist es«, bestätigte Dr. Rosenfeld. »Und obendrein zu einer Arbeit, an die ich mich mühsam gewöhnen muß. Es ist mir doch recht schwergefallen, von Lehre und Forschung Abschied zu nehmen. Aber was will man machen. Die Familie stellt Ansprüche, und denen muß man schließlich gerecht werden. Möchte man auch gerecht werden«, setzte er hinzu und lächelte. »Sogar gerne möchte man das.«

Viktor erwiderte das Lächeln. Der Mann war ihm unleugbar sympathisch. Ein feiner Mensch. Obendrein tröstete es Viktor, daß auch Dr. Rosenfeld Verzicht geleistet und seine Familie den akademischen Wunschträumen vorgezogen hatte. Das half gegen das Gefühl der Niederlage, das ihn seit dem Wechsel zur Firma Hentschke zuweilen plagte.

Der Cognac wärmte ihm den Magen, die Plauderei das Herz. Viktor blickte Dr. Rosenfeld freundlich an und sagte:

»Sie brauchen mir nichts zu erklären. Mir geht's nicht anders, das wissen Sie ja. Es ist nicht mehr wie vor zehn Jahren, als wir jung und hoffnungsfreudig waren. Es auch sein durften. Sie sind so ungefähr mein Jahrgang, nicht wahr? 1886? Na, ich sag's ja, ein Jahr Unterschied, das zählt nicht. Ja, damals. Da stand unser Vaterland noch im Glanze, wir hatten gerade unsere Studien abgeschlossen oder schickten uns gerade an, sie abzuschließen. Da hatten wir noch eine Zukunft. Und was ist daraus geworden?«

»Armes Deutschland«, seufzte Dr. Rosenfeld und nippte an seinem Cognac.

»Und wenn man Frau und Kind hat«, fuhr Viktor fort, »in einer so schlimmen Zeit, und wenn dann kein ausreichendes Vermögen mehr da ist ...«

»Ein bißchen Vermögen«, sagte Dr. Rosenfeld versonnen, »wäre schon dagewesen. Von meinem Vater her, wissen Sie. Ich habe ja keine Geschwister, so daß es keine Erben gab außer mir. Und meiner Mutter, natürlich. Aber Geldvermögen in dieser Zeit ... Wir haben es in einem Grundstück angelegt, draußen am Kleinen Wannsee. Ein Uferstück, ziemlich groß und voll erschlossen, man könnte es jederzeit bebauen. Aber das wollen wir gar nicht, jedenfalls nicht jetzt, denn die Baukosten könnten wir nicht tragen. Wir warten, bis das Geld wieder seinen Wert hat. Dann werden wir wahrscheinlich einen Teil verkaufen, denn das ganze Areal brauchen wir nicht. Und auf dem Rest bauen wir uns dann ein Wohnhaus. Vielleicht auch nur ein Wochenendhaus, das möchten wir jetzt noch nicht entscheiden. Vorläufig dient uns das Grundstück nur als Sicherung gegen die Inflation.«

Aber Geldvermögen in dieser Zeit ...

Viktor zuckte zusammen, als Dr. Rosenfeld das sagte. Was danach kam, machte ihn noch betroffener. In ihm erwachten Befürchtungen, die er längst begraben geglaubt hatte. Wenn die Dinge so lagen, wie sein Gesprächspartner meinte, dann – ja, dann war es nichts anderes als reine Idiotie gewesen, das Haus in der Zehlendorfer Straße zu verkaufen.

Sicherung gegen die Inflation ...

Konnte es sein, daß Ludwig Markwarts Kinder den Segen verschleudert, das großartige Vermächtnis des erfolgreichen Vaters vertan hatten? Viktor fragte sich das nicht zum ersten Mal. Er war voller Unruhe und Skrupel gewesen, als man vor Jahresfrist begonnen hatte, über den Verkauf zu debattieren. Leider verstand er nichts von kaufmännischen Angelegenheiten, und mit Gefühlen ließ sich nicht viel ausrichten gegen die Argumente, die Rose ins Feld geführt und mit denen sie sehr rasch auch Grethe und Joachim überzeugt hatte. In Viktors Ohr klang noch immer ihre beschwörende Formel:

Die Mieten eines Jahres ... Die Steuern eines Monats ...

Das stimmte doch auch. Viktor hatte ja die Ziffern gesehen, da Rose nicht zögerte, sie ihm fast täglich unter die Nase zu halten. Das konnte auf die Dauer niemand bezahlen. Oder stimmte es nicht? Hulda hatte damals wüst geschimpft – ein ordinäres Frauenzimmer, aber einige ihrer Worte wollten Viktor nicht aus dem Sinn.

Dann müßten alle Hausbesitzer verkaufen wollen. Davon hab' ich aber noch nichts gehört ...

Viktor auch nicht, bis jetzt jedenfalls. Und nun erzählte dieser Dr. Rosenfeld, er habe sein Vatererbe in eine Immobilie gesteckt. Als Sicherung gegen die Inflation.

»Sagen Sie, Herr Rosenfeld, wie werden Sie mit den Steuern fertig? Sie müssen doch Steuern zahlen für Ihr Grundstück?«

»Freilich«, sagte Dr. Rosenfeld und räkelte sich behaglich in seinem Sessel. »Die Stadt Berlin knöpft mir Grundsteuer ab, und das Finanzamt veranlagt mich zur Vermögenssteuer. Aber ich kann's tragen. Es ist nicht so schlimm, weil wir ja keinen Gewinn daraus ziehen können, so wie zum Beispiel aus einem Haus.«

»Ach so«, sagte Viktor erleichtert. »Ein Haus hätten Sie sich also lieber nicht gekauft?«

»Ach doch, ich hätte auch ein Haus gekauft, nur ist das ein bißchen teurer, und dann wär's nicht nur an's Ersparte, sondern auch noch an den Lebensstandard gegangen. So hoch ist der ja nicht, daß man da Abstriche machen möchte. Und werde ich immer in Berlin bleiben? Ich hab' es vor, aber wenn man so am Anfang seiner Laufbahn ist, da weiß man nicht. Im Fall der Fälle verkauft sich ein baureifes Grundstück leichter, glaube ich, als ein fertiges Haus, das ein Kauf-Aspirant sich ganz anders wünscht und vorstellt.«

»Aber die Steuern ...«

»Ja«, sagte Dr. Rosenfeld, »wenn man die nicht zahlen müßte. Aber der Fiskus hält immer die Hand auf. Die nehmen's vom Lebendigen. Von den Toten kriegen sie's ja auch nicht. Verzeihen Sie den Kalauer. Im Augenblick kann ich's noch. Und wenn ich's mal nicht mehr können sollte, dann überlege ich mir, ob ich nicht einen Teil vom Grundstück verkaufe und vom Erlös meine Schulden bezahle. Das müßte klappen, denn es handelt sich wirklich um eine reizvolle Lage, direkt am Ufer und, wie gesagt, schon voll erschlossen. Für uns bliebe dann immer noch genug. Wir wollen ja kein Rittergut, sondern nur einen Garten ums Haus. Verkaufen würde ich allerdings auch das Teilstück nur, falls das Geld stabil ist. Sonst habe ich lieber Schulden. Wenn die Inflation noch zunimmt, werde ich nicht der einzige sein, der beim Finanzamt Schulden hat. Und der Staat wird sich was einfallen lassen müssen, um das zu regulieren. Ich glaube nicht, daß die Regierung eine Revolution riskiert, indem sie die Inflation allein auf Millionen betroffener Bürger abwälzt.«

»Ihr Wort in Gottes Ohr«, sagte Viktor düster. Das Gespräch wurde immer unerfreulicher, je mehr Einzelheiten er aus Dr. Rosenfeld herausfragte. Am besten, man hörte nichts mehr davon. Es nützte ja sowieso nichts, die Würfel waren gefallen, Haus und Grund *perdu*. Wenn es ein Fehler gewesen war, so ließ er sich nicht mehr reparieren. Nur – und das lastete zentnerschwer auf Viktors Herz –, wie sollte man das vor der Mutter verantworten? Man hätte dann ja eine Art Raub an ihr verübt, nicht aus Bosheit natürlich, sondern aus Unverstand und kurzsichtiger Hast, aber wo war am Ende der Unterschied? Das Resultat blieb das gleiche. Bloß nicht weiter dran denken. Vielleicht war das ja auch alles gar nicht wahr.

Zum Glück wechselte Dr. Rosenfeld jetzt das Thema. Er fragte nach Viktors neuer Stellung, nach den Konditionen seiner Arbeit, auch nach dem Gehalt, das die Firma Hentschke dafür zahlte. Froh, von dem heiklen Hausproblem loszukommen, legte Viktor bereitwillig seine Verhältnisse dar, mit einer Offenheit, die er sonst vermied. Er liebte es nicht, über sein Tun und Lassen während der Arbeit Rechenschaft abzulegen, und sogar Rose hatte hinnehmen müssen, daß sie in diesen Bereich seines Lebens nicht eindringen durfte.

Dr. Rosenfeld hörte aufmerksam zu, nickte hin und wieder, schüttelte ab und zu aber auch den Kopf.

»Ganz gut für den Anfang«, urteilte er. »Aber auf die Dauer vergeuden Sie sich doch in dieser Klitsche. Sie gestatten, Herr Markwart, daß ich offen bin und nicht um den Brei herumrede. Ein Mann mit Ihren Gaben will doch auch weiterkommen, und wie können Sie das in Ihrem Betrieb? Ich weiß, ich weiß, die Stellungen werden einem nicht nachgeworfen, und es war richtig, daß Sie zugegriffen haben. Nur denke ich, Sie könnten mehr aus sich machen und auch mehr verdienen, wenn Sie in ein großes Unternehmen einträten. Ich denke da an das, in dem ich beschäftigt bin, aber nicht bloß, weil ich meinen Hühnerhof für den interessantesten halte. Es ist einfach so, daß ich eine gute Beziehung zu jemandem in der Leitung der AEG habe ...«

»Bestimmt ein jüdischer Generaldirektor«, dachte Viktor, aber er schob den Gedanken gleich wieder weg.

»... und wenn Sie wollen, würde ich versuchen, diese Beziehung für Sie nutzbar zu machen. Ich hätte nicht mal ein schlechtes Gewissen dabei. So wie ich Sie einschätze, wäre ich sicher, dem Unternehmen einen Dienst zu erweisen.«

»Das ist außerordentlich freundlich«, sagte Viktor etwas beschämt. »Und es klingt sehr verlockend. Ich werde es ernsthaft überlegen. Nur – ich bin gerade erst ein halbes Jahr bei Hentschke, und was macht das für einen Eindruck, auch auf den eventuellen neuen Arbeitgeber, wenn ich mich als so unstet erweise?«

»Strebsam«, sagte Dr. Rosenfeld, »strebsam und ehrgeizig, nicht unstet, Herr Markwart. Sie sind doch mit Hentschke nicht verheiratet. Na, überlegen Sie sich's. Und wenn Sie wollen, dann lassen Sie es mich wissen.«

Während der Heimfahrt war Viktor sehr schweigsam. Er hatte bei aller Anstrengung den Gedanken an das verkaufte Haus noch nicht verscheuchen können, und er wußte, daß er das besser nicht zur Sprache brachte. Rose würde einschnappen, weil sie es gewiß als Vorwurf an ihre Adresse begriff. Ein bißchen recht hätte sie auch damit.

Natürlich wollte Viktor die eigene Schuld nicht leugnen – das heißt, er würde sie nicht leugnen, falls sich herausstellen sollte, daß da eine Schuld bestand. Noch aber hatte sich derartiges nicht herausgestellt, das hielt sich Viktor immer wieder vor. Also wozu jetzt darüber reden und den häuslichen Frieden gefährden?

Rose begann sich zu wundern, weil er so gar nichts sagte. Hatte er was? Ärger? Schlechte Laune? Warum ließ er sie nicht teilhaben an seinen Problemen, wenn da welche waren? Bevor sie soweit kam, die Vertrauensfrage zu stellen, erzählte er ihr von dem Angebot des Dr. Rosenfeld.

»Mensch!« sagte Rose begeistert. »Das ist ja großartig. Wieso mußt du da erst grübeln? Das machst du. Sind sie nicht fabelhafte Freunde, die Rosenfelds?«

Ja, das waren sie. Das wollte Viktor gern zugeben. Aber der Wechsel mußte doch gründlich überlegt werden. Man hüpft in der Arbeitswelt nicht herum wie ein Floh.

»Ach nee«, sagte Rose. »Von mir hast du das aber damals erwartet, als es dir in den Kram paßte. Da konnte ich dir gar nicht schnell genug aus dem Sanatorium weg und hin zu Ungeheuer, wo ich eine Arbeit machen mußte, von der ich vorher keine Ahnung gehabt hatte. Wieso kannst du nicht, was ich konnte und was ich gern getan habe, dir zuliebe? Jetzt sollst du mir was zuliebe tun, und vergiß nicht Harald. Mehr Gehalt, das käme uns zupaß.«

Viktor wehrte sich. »Das ist was anderes. Deine Arbeit war immer vorläufig, weil dein wahrer Beruf ja auf dich wartete. Den übst du jetzt aus. Mein Beruf aber ist fürs Leben, und da muß man sorgfältig prüfen, bevor man entscheidet.«

Rose ärgerte sich. Nicht so sehr, weil Viktor ihre Arbeit, mit der sie so lange einen guten Teil des gemeinsamen Budgets verdient hatte, als vorläufig bezeichnete.

Sie sah das ja selbst so. Aber seine zögernde Art, sein übervorsichtiges Zaudern vor jeder Entscheidung machten sie regelrecht kribbelig. Sie verstand nicht, wie man so sein konnte. Wo wäre sie, wenn sie wie Viktor alles hundertmal bedacht hätte, bevor sie handelte? Immer noch in Hirschhagen, unter der Fuchtel der Mutter oder unter der eines bäuerischen Ehemannes. Und jetzt auch noch unter der polnischen Knute. Aber sie würde Viktor schon kriegen. Am Ende hatte er noch immer das getan, was sie wollte.

Sie beschloß, das Thema zu vertagen und auf eine günstigere Gelegenheit zu warten. Ein Gespräch im schaukelnden Omnibus zu später Stunde war keine günstige Gelegenheit. Statt dessen erzählte sie Viktor nun von Ediths Angebot, den Besuch in der chirurgischen Praxis des Rosenfeld-Vetters betreffend. Sollte sie das nicht annehmen, und sei es nur, um feststellen zu lassen, was an der Sache dran war?

»Wenn du eine Untersuchung brauchst«, sagte Viktor, »dann läßt du dich untersuchen. Aber nicht von diesem Vetter. Ich will nicht, daß ein Jude meine Frau anfaßt. Es gibt andere Ärzte.«

»Aber Viktor!« sagte Rose. »Ein anderer Arzt kostet uns ein Heidengeld. Dieser wird uns einen Freundschaftspreis machen, sagt Edith. Du magst doch Ediths Mann. Was hast du dann gegen seinen Vetter?«

»Das kannst du nicht vergleichen«, beharrte Viktor. »Ediths Mann ist nur ein halber Jude und eigentlich gar keiner, denn er schlägt nach seiner nichtjüdischen Mutter. Aber der andere Dr. Rosenfeld ist mit Sicherheit ein Volljude. Ich will nicht, daß du zu ihm gehst. Such dir einen anderen Arzt.«

»Und was soll ich Edith sagen?«

»Das überlegen wir uns noch.«

»Und wer bezahlt den anderen Arzt?«

»Das überlegen wir uns auch.«

»Na«, sagt Rose und sprang nun doch, im schaukelnden Omnibus und zu später Stunde, mitten in das Thema hinein, »dann wär's doch am besten, du würdest tun, was Dr. Rosenfeld dir geraten hat, und würdest die Stellung annehmen, die er dir verschaffen will. Dann verdienst du mehr Geld, und dann können wir uns eine Behandlung bei einem Arzt leisten, der uns keinen Rabatt gibt.«

Viktor begriff, daß er sich in der eigenen Falle gefangen hatte. Er sagte erst einmal gar nichts und ließ Rose reden. Sie konnte nicht mehr aus ihm herauslocken als ein lahmes »wir werden sehen« und »vielleicht hast du recht«. Schließlich gab sie es auf, aber nur für diesen Tag.

»Warte«, dachte sie, »ich krieg' dich noch.«

Sie kriegte ihn auch, aber erst zwei Jahre später und nach einigen sehr unangenehmen Erfahrungen, die er in der Firma Hentschke machen mußte. Die Kette der Unannehmlichkeiten begann Weihnachten 1922. Der Betrieb hatte am Feierabend des 23. Dezember geschlossen und sollte erst am 2. Januar wieder geöffnet werden. Für die dreieinhalb Arbeitstage, die zwischen Weihnachten und Neujahr anfielen, mußten die Angestellten Urlaub nehmen. Herr Hentschke versprach sich von dieser Maßnahme eine gewisse Ersparnis an Heizkosten. Während der Feiertage zu heizen, kam nicht in Frage. Woher sollte das Geld kommen in der gewaltigen Wirtschaftskrise, die das ganze Land heimsuchte und natürlich auch Hentschkes Betrieb nicht verschonte? Das ausgekühlte Gebäude aber für nur dreieinhalb Tage zu beheizen, wäre ebenfalls unwirtschaftlich. Man würde die doppelte Kohlenmenge brauchen und trotzdem noch frieren.

Es war wirklich außerordentlich kalt in Berlin in diesem Dezember 1922. Im ungeheizten Hentschke-Haus sank die Temperatur unter Null. Nicht weit unter Null, aber immerhin. Die Rohre der Zentralheizung und der Wasserleitung froren ein. Ein Rohr brach, ausgerechnet eines, das im Fußboden des Stockwerks über Viktors Abteilung verlegt war. Zu Mittag am Silvestertag setzte der Hausmeister die Heizung wieder in Gang. In der Silvesternacht floß das Wasser aus dem lecken Rohr in die Glühlampenabteilung, drang in die Maschinen und verdarb einen großen Vorrat an Verpackungsmaterial. Der Schaden war erheblich. Herr Hentschke tobte und wollte Viktor dafür verantwortlich machen. Als Abteilungsleiter, warf er ihm vor, hätte Viktor den ihm anvertrauten Bereich kontrollieren müssen, regelmäßig und auch während der Feiertage.

»Aber dafür ist doch der Hausmeister da!« empörte sich Rose. »Und was ist mit den anderen Abteilungsleitern? Sind die kontrollieren gegangen?«

Das hatten sie natürlich nicht getan. Aber in ihren Räumen war ja auch nichts passiert. Es folgten schlimme Wochen, in denen Viktor und Rose in dauernder Angst lebten. Wenn Herr Hentschke vor Gericht ginge, wie er gedroht hatte, und Viktor zum Schadenersatz verurteilt würde – woher sollten sie das Geld nehmen? Das waren ja Unsummen!

Nun, Herr Hentschke ging dann doch nicht vor Gericht. Aber Viktor mochte nicht mehr bei Hentschke bleiben. Rose brauchte kein mahnendes Wort zu sagen, er handelte ganz von allein. Im Sommer 1923, knapp zwei Jahre nach seinem Eintritt bei Hentschke, wechselte er zur AEG, und zwar zum Kabelwerk Oberspree im Stadtteil Oberschönweide, tief im Südosten des riesigen Berlin. Nun hatte er es ebenso weit wie Dr. Rosenfeld, wenn nicht noch weiter, zu seinem Arbeitsplatz. Dafür besaß er jetzt den Titel Oberingenieur und leitete die gesamte Fertigung der Spezies Unterwasserkabel. Und was verdiente er im neuen Betrieb? Das war schwer zu sagen. In normalen Zeiten hätte sein Gehalt 550 Mark betragen, aber im Jahre 1923 gab es nichts Normales, sondern es herrschte der kreischende Irrsinn. Man rechnete längst nicht mehr mit der Mark, sondern mit Millionen, Milliarden, schließlich mit Billionen. Die AEG, wie die meisten anderen Firmen auch, zahlte nicht mehr monatlich, sondern täglich, und es galt, die Scheine mit den aberwitzigen Summen sofort in Ware umzusetzen, weil sie schon am anderen Tag nicht mehr den Wert von heute hatten.

Viktor und Rose freuten sich trotzdem über die neue Stellung. Jedoch nicht lange, denn nun ging Herr Hentschke wirklich vor Gericht. Er fischte aus dem Arbeitsvertrag, den Viktor einst mit ihm abgeschlossen hatte, einen Passus heraus, demzufolge Viktor verpflichtet war, nach eigener Kündigung volle zwei Jahre lang bei keiner Konkurrenzfirma anzuheuern.

»Der ist wohl größenwahnsinnig«, sagte Rose entgeistert. »AEG ist doch keine Konkurrenzfirma von seinem Schuppen!«

Herr Hentschke war anderer Meinung. Er fertigte Elektro-Apparate, und die AEG umfaßte auch ein Apparatewerk. Dort war Viktor zwar nicht angestellt, aber – so ließ Hentschkes Anwalt ihn wissen – das änderte nichts daran, daß der Konzern in Konkurrenz zum Betrieb Hentschke produzierte. Und Viktor war Angestellter des Konzerns. Das würde eine saftige Konventionalstrafe kosten. Wollte Viktor freiwillig zahlen, oder mußte Herr Hentschke sein Recht im Prozeß suchen?

Rose weinte. Der erschütterte Viktor ließ sich bei der Leitung seines Kabelwerkes anmelden und trug einem Mitglied des Direktoriums den Fall vor. Der Direktor sagte:

»Ganz fauler Kunde, der Herr Hentschke. Ich schicke Sie zu unserem Justitiar.«

Mit seinem alten Arbeitsvertrag und den Briefen von

Hentschkes Anwalt machte sich Viktor auf den Weg ins Justitiariat der AEG. Der Justitiar schüttelte den Kopf, als er alles gelesen hatte.

»Was für ein Ganove! Damit kommt er nicht durch. Nein, wirklich, Herr Dr. Markwart, Sie können sich beruhigen. Die Klausel ist sittenwidrig. Wenn er's tatsächlich zum Prozeß kommen läßt, fällt er auf den Bauch. Lassen Sie mir die Unterlagen hier. Reichen Sie mir auch alles rein, was vielleicht noch kommt. Und Sie antworten überhaupt nicht mehr, nicht ein Wort. Wir erledigen das. Kopf hoch, und Gott befohlen.«

Es kam, wie der Justitiar vorausgesagt hatte. Herr Hentschke klagte und verlor den Prozeß mit Pauken und Trompeten. Natürlich mußte er für die Kosten aufkommen, auch das Justitiariat schickte ihm eine saftige Rechnung. Viktor und Rose zahlten keinen Pfennig.

»Es ist doch ein großer Vorteil, eine mächtige Institution im Rücken zu haben«, sagte Viktor. »Wie hätten wir uns sonst wehren sollen? Was für ein Schuft! Ein richtiger weißer Jude.«

»Ja«, sagte Rose. »Wir können dem Dr. Rosenfeld gar nicht genug danken.«

Viktor empfand auch Dankbarkeit. Wenn es seine Zeit erlaubte und die des Dr. Rosenfeld, dann traf er sich gerne mal mit dem Herrn Kollegen zu einem Schwätzchen und zu Fachsimpeleien. Freilich waren beide von ihren beruflichen Verpflichtungen sehr in Anspruch genommen, und so sahen sie sich nicht oft. Anders die Frauen. Wenigstens einmal im Monat nahm Rose ihren Harald beim Händchen und fuhr mit ihm nach Wilmersdorf zu Edith. Weit seltener kam Edith zu Besuch nach Lichterfelde. Das lag daran, daß sie nicht bloß ein Kind, sondern inzwischen zwei zu transportieren hatte. Ziemlich genau ein Jahr nach Rolfs Geburt hatte Edith ein Mädchen zur Welt gebracht, das auf den Namen Ute getauft wurde.

»Der Name paßt zu dem Kind«, sagte Viktor, als sie das Baby besichtigen gingen. »Guck bloß die blauen Augen und die blonden Haare. Wie der Vater, obwohl der ja nicht mehr viele Haare hat. Aber blonde immerhin. Nettes Kind. Eine richtige kleine Germanin.«

Rose hätte auch gern ein zweites Kind gehabt, besonders seit Viktor sich so verbessert hatte. Ein Schwesterchen für Harald. Aber es war gekommen, wie Edith prophezeit hatte. Rose konnte kein Kind austragen. Sie erlitt Anfang 1923 eine Fehlgeburt und eine weitere 1924. Über einen Arztbesuch war all die Zeit nicht mehr geredet worden. Wozu auch, da Viktor nicht wünschte, daß Rose den Vetter Rosenfeld konsultierte, und während der ganzen schlimmen Inflation kein Geld übrig war, eine solche Behandlung komplett zu bezahlen. Später, als die Verhältnisse sich leidlich normalisiert hatten, rang Rose mit sich, ob sie die Ausgabe nicht doch riskieren sollte. Sie tat es erst 1926, nachdem sie eine dritte Fehlgeburt erlitten hatte. Der Arzt diagnostizierte eine dramatische Senkung der Geschlechtsorgane mit einer geradezu sensationellen Überdehnung der Mutterbänder. Er tadelte:

»Wie konnten Sie so lange damit herumlaufen! Kein Wunder, wenn Sie ein Kind nach dem anderen verlieren. Da müssen wir ja ganz schön dran arbeiten: Die Bänder kürzen, alles heben und neu einbetten. Und vor allem der Damm! Das ist ja so gut, als wenn Sie gar keinen hätten. Alles rutscht nach unten raus. Den Herrn Kollegen, der das verbrochen hat, würde ich mir gerne mal vornehmen. Aber er ist gestorben, wie ich gehört habe, den muß der liebe Gott sich jetzt vornehmen. Also, diese auseinander geheilte Narbe müssen wir wegschneiden und die neue Wunde vernähen. Dann müssen Sie fest liegen. Ja, meinetwegen zu Hause, sobald Sie transportfähig sind. Das heißt, wenn Sie dort jemanden zur Pflege haben. Bilden Sie sich nicht ein, daß Sie mal eben aus dem Bett schlüpfen und Kaffee kochen dürfen oder andere solche Dummheiten machen, wie Frauen das gerne tun. Widersprechen Sie nicht. Ich habe meine Erfahrungen. Also, wenn so etwas passiert, dann brauchen wir gar nicht erst anzufangen. Dann ist alle Mühe und Plage für die Katz.«

»Meine Schwiegermutter wohnt bei uns, und die Portierfrau hilft im Haushalt«, sagte Rose.

»Na gut, in dem Fall …«

Rose lag sechs Wochen, immer auf dem Rücken, unter dem Hinterteil einen Gummiring, um sich nicht durchzuliegen. Es war eine peinvolle Zeit, weniger wegen der Schmerzen, die nicht lange anhielten, sondern wegen der Unbeweglichkeit und der Langenweile. Außerdem ging es ihr gegen den Strich, ihren Haushalt anderen Händen zu überlassen, ohne daß sie die Oberaufsicht führen konnte. Wahrscheinlich würde sie alles verkramt und verdreht wiederfinden. Aber der Einsatz mußte geleistet werden, wenn sie bekommen wollte, wonach sie strebte.

Und dann war doch alles vergebens. Rose wurde nicht wieder schwanger. Die Operation hatte ihr zwar ihre Gebärtüchtigkeit zurückgegeben, wie ihr der Arzt versicherte. Aber die Beziehungen zwischen Rose und Viktor hatten sich geändert. Viktor hatte längst begriffen, daß seine Frau die ehelichen Begegnungen zunehmend lustlos absolvierte und seinen Annäherungen eher auswich, als daß sie sie suchte. Die leidenschaftliche Geliebte der Hochzeitsnacht hatte er in den Jahren der Ehe nie wieder erlebt. Rose kam nur zu ihm oder ließ ihn zu sich kommen, wenn sie ihm etwas abschmeicheln wollte. Und natürlich, wenn sie versuchte, ein zweites Kind zu empfangen. Das gefiel Viktor nicht.

Nein, er war ihr nicht böse. Er verstand nicht viel von Frauen. Es gab gute Frauen und schlechte. Solche, die man heiratet, und die zweifelhaften. So viel wußte er, und er hatte erfahren, daß die zweifelhaften einem Mann viel Lust bereiten konnten, die anständigen aber ein gebrochenes Verhältnis zur Lust hatten. Wahrscheinlich herrschte da eine Gesetzmäßigkeit, und es handelte sich jeweils um die andere Seite der Medaille. Wollte er vielleicht keine anständige Frau? Natürlich wollte er das. Freilich hätte er auch gern eheliche Lust gehabt, und es war jammerschade, daß sich nicht beides vereinen ließ. Aber wenn es nun mal so eingerichtet war auf der Welt ... Viktors Bild von einer Ehefrau und Familienmutter war von seiner eigenen Mutter geprägt. Und wenn Rose ihr auch in Charakter wie Temperament überhaupt nicht entsprach, in den weiblichen Tugenden tat sie das. O ja, sogar in hohem Grade.

Viktor sprach nicht mit Rose über das Thema. Es wäre ihm peinlich gewesen, und er setzte voraus, daß es ihr noch peinlicher wäre. Er zog sich zurück, genoß ihre Fürsorge und sein Vaterglück und nannte sie »Mutti«. Ab und zu ging er fremd, in aller Heimlichkeit und mit schlechtem Gewissen. Nie war er es, der die Beziehung anknüpfte, er ließ sich verführen. Es dauerte immer nur kurz. Rose war von seiner Treue überzeugt. Kam irgendwo die Rede auf den Wankelmut der Männer, dann erklärte sie:

»Unser Vati betrügt mich nicht. Das würde er nie tun. Warum? Na, erstens ist er ein anständiger Mensch, und zweitens ist er ein sorgsamer und sparsamer Hausvater. Eine Freundin kostet doch Geld. So einer muß man doch was bieten, Restaurantbesuche, Blumen, Geschenke. Na, da wäre unserem Vati doch jeder Groschen zu schade.«

Als die Jahre verstrichen, wurde Rose manchmal von Panik gepackt. Eines Tages würde sie im Klimakterium sein, dann war der Traum vom zweiten Kind ausgeträumt. Ein neues Kind, das hieße von vorne anfangen, noch einmal ganz jung werden. Wenn sie in solcher Stimmung war, rutschte sie abends hinüber in Viktors Bett und schmiegte sich verlangend an ihn. Manchmal gelang es Viktor, die sexuelle Entfremdung zu überwinden, dann schlief er mit ihr. Aber es war nicht das Rechte. Sie wurde nicht schwanger.

Während Rose auf ihrem Gummiring lag, wurde im Hause Rosenfeld das dritte Kind geboren, der Sohn Reinhold. Rose bekam ihn nie zu sehen, denn bevor sie noch ihr Bett verlassen durfte, starb das Baby. Es war, wie Edith ihr später unter Tränen berichtete, mißgebildet zur Welt gekommen, es hatte keine Harnleiter oder doch nur Stummel davon. So konnte, was die Nieren ausfilterten, nicht abgeführt werden, und das Kind starb an Urämie.

Rose weinte mit Edith. Aber Viktor, der Mutter und Kind einen Besuch abgestattet hatte, sagte ihr:

»Ich weiß nicht, Rose, aber möglicherweise ist deiner Freundin viel Kummer erspart geblieben. Ich hab' den Jungen ja gesehen. Du glaubst es nicht – der reinste Itzig.«

»Du meinst ...«

»So was von Jude! So ausgeprägt schon in einem so kleinen Gesicht! Da ist der Großvater Rosenfeld voll durchgeschlagen. Wenn man an die anderen Kinder denkt, den hübschen Rolf und die reizende blonde Ute – nicht zu fassen, daß die dann so einen Bruder haben. Und die zwei bleiben der Edith ja.«

»Aber Viktor, du willst doch nicht sagen, daß der Kleine sterben mußte, weil er jüdisch aussah?«

»Hab' ich das gesagt? Auch bloß angedeutet? Von mir aus hätte er am Leben bleiben können. Aber der hätte der Familie einen Stempel aufgedrückt, der alle belastet hätte. Ich bin nicht der einzige in Deutschland, der Vorbehalte hat. Ich mag die Rosenfelds, und ich gönne ihnen, daß sie so deutsch aussehen. Wenn Edith schon ein Kind verlieren mußte – und das war Schicksal, nichts sonst –, dann war es gnädig vom lieben Gott, daß er ihr dieses nahm und die anderen ließ.«

»Na, ich weiß nicht«, sagte Rose. Aber sie vergaß das Gespräch bald und kam nie wieder darauf zurück. Auch Viktor vergaß es. Und Edith verschmerzte mit der Zeit Reinholds Verlust.

15 / Am Kopfende ihres Bettes, zwischen Keilkissen und Matratze, bewahrte Rose eine lederne Brieftasche auf, in deren Fächern ihr Wirtschaftsgeld steckte. Sie nannte ihren Hort »das gute Gewissen«, denn, so hatte sie Viktor erklärt:

»Du weißt ja, ein gutes Gewissen ist ein sanftes Ruhekissen, und worauf kann ich sanfter ruhen als auf genügend Geld.«

Im Herbst 1922 entdeckte Viktor, daß Rose noch ein zweites gutes Gewissen besaß. Eines Abends beim Ausziehen gewahrte er um ihre Leibesmitte einen Gürtel, der sich vorn zu einer Tasche weitete, das Ganze offenbar eine Strickarbeit von eigener Hand. Auf seine erstaunten Fragen reagierte Rose ausweichend und, wie es schien, verlegen. Schließlich brachte er aus ihr heraus, daß sie schon vor Monaten das gemeinsame Spargeld von der Teltower Kreisparkasse geholt hatte und es seither in ihrem Taschengürtel verwahrte.

»Aber Rose, warum? Was soll das?«

»Ich trau' den Banken nicht mehr. Traust du ihnen? Jedesmal wenn ich hingegangen bin und gefragt habe, dann hat mir der Sparkassenmann gesagt, daß unser Geld schon wieder weniger wert ist. Mir ist ganz schlecht geworden von den Zahlen. Und es kann sein, hat er gesagt, daß wir den Tag noch erleben, wo das ganze schöne Geld weniger als nichts wert ist. Ich hab' gefragt: Und was zahlen Sie mir dann aus? Und er sagte: Vielleicht nichts, vielleicht ein bißchen, das kommt drauf an, wie's vom

Staat geregelt wird. Und da hab' ich mir gedacht, es ist besser, wenn ich das Geld selbst in Verwahrung nehme. Dann ist es wenigstens da, wenn der Staat es regelt. Auf Zinsen müssen wir ja keine Rücksicht nehmen, die sind jetzt sowieso ein Dreck, wie alles.«

»Aber Rose!« sagte Viktor erschüttert. »Wie stellst du dir denn das vor? Wenn das Geld seinen Wert verliert, dann tut es das auf deinem Bauch genauso wie auf dem Konto. Und wenn eine Chance besteht, daß es wenigstens in abgewerteter Form wieder stabil wird, dann erfaßt eine solche Maßnahme doch wohl eher die Guthaben und nicht das, was man zu Hause aufbewahrt.«

»Weißt du das genau? Kannst du es schwören und die Verantwortung übernehmen?«

Das konnte Viktor natürlich nicht. Er hatte das dringende Gefühl, daß Rose hier etwas schrecklich falsch machte. Aber was sollte er dem entgegensetzen? Was war richtig in diesen verrückten Zeiten und unter diesen widernatürlichen Umständen? War das Geld auf dem Konto sicher? Gewiß nicht, daran vermochte auch Viktor nicht zu glauben.

»Wieviel ist es denn?«

»Um die vierzehntausend Mark.«

»Gerechter Gott! Und damit läufst du herum? Auch auf der Straße?«

»Bei mir ist es am sichersten«, beharrte Rose, »unter's Kleid wird mir ja wohl keiner fassen.«

»Ich fürchte nur«, sagte Viktor, »daß es gar keine vierzehntausend mehr sind. Dem Wert nach, meine ich. Seit du es abgeholt hast, ist die Mark gefallen und gefallen. Wäre es nicht das beste, du gibst es aus und erhandelst was dafür, solange es überhaupt noch einen Wert hat?«

Aber dazu konnte Rose sich nicht entschließen. Sie war eine Meisterin der Vorratswirtschaft, nicht nur, weil man sie dazu erzogen hatte. Es entsprach auch ihrem Wesen, anzuhäufen und vorzusorgen. Wenn es an's Verbrauchen ging, spürte sie immer ein leises Unbehagen und beeilte sich, die Lücken im Vorrat wieder zu stopfen. Sie litt darunter, daß dies beim Spargeld jetzt nicht mehr möglich war. Doch die Vorstellung, daß ihre Geldscheine überhaupt und für alle Zukunft nichts mehr mit den Zahlen zu tun haben sollten, die auf sie gedruckt waren, kam ihr absurd vor. Ein Albtraum, bedrückend, aber nicht real. Aus einem Traum erwachte man auch wieder, und alles war dann normal wie vorher. Rose traute den Banken nicht, und dennoch löste sie sich auch jetzt nicht ganz von dem Bild, das sie sich ihr Leben lang von solchen Instituten gemacht hatte. Sie traute auch dem Staat nicht, soweit er als wirtschaftspolitischer Faktor in Erscheinung trat, aber es kam ihr glaubwürdig und eigentlich ganz natürlich vor, daß die Obrigkeit früher oder später diese Geldwert-Malaise regeln würde.

Viktor richtete nichts bei ihr aus. Bald darauf vergaß er es auch, weil er von anderen Sorgen bedrängt wurde, nämlich von denen um den Rohrbruch und den Schaden im Betrieb Hentschke. Auch Rose zitterte lange Wochen mehr um die Summe, die sie vielleicht an Herrn Hentschke würden zahlen müssen, als um den Betrag in ihrem Bauchgürtel. Als sie wieder fähig war, ihre Gedanken darauf zu richten, konnte sie ihren Gürtel getrost abschnallen. Er mußte nicht einmal versteckt werden. Wer hätte sich jetzt noch die Mühe machen sollen, seinen Inhalt zu stehlen? Schon im Januar 1923, als die Angst vor Herrn Hentschkes Forderungen am größten war, hätte man für Roses gesamten Sparschatz gerade noch einen dreiviertel Dollar bekommen. Und was man im Frühjahr bekommen hätte, als die Gemüter sich beruhigt hatten, das lohnte das Ausrechnen gar nicht. Rose hob die wertlos gewordenen Scheine noch lange auf und vergaß sie schließlich. Erst im Jahr 1936, als Markwarts die Wohnung wechselten und deshalb eine große Räum- und Ordnungsaktion veranstalteten, stieß Rose wieder auf das Päckchen. Und nachdem sie ihrer Familie ausführlich mitgeteilt hatte, was sie von dem damaligen Betrug am kleinen Sparer hielt, warf sie das alte Geld weg.

Der Verlust und auch ein bißchen das Gespräch, das Viktor mit ihr geführt hatte, erschütterten Rose dann doch in ihrer Selbstsicherheit, was den Umgang mit Geld betraf. Ab Februar 1923 verzichtete sie weitgehend auf ihr gutes Gewissen unterm Keilkissen. Von nun an ging sie, wenn Viktor am Monatsende sein Gehalt nach Hause brachte, sofort los und kaufte im größeren Stile ein. Sie erwarb vier Portionen Fleisch, die eingeweckt wurden, damit es an jedem Sonntag im Folgemonat ein Fleischgericht geben konnte. Dazu vier Kringel weiche Mettwurst, für jede Woche einen; das wurde zum zweiten Frühstück und zum Abend aufs Brot gestrichen. Auch mit Linsen, Erbsen, Haferflocken, Mehl, Zucker deckte sich Rose für jeweils einen Monat ein. Den Gasherd, auf den sie so stolz gewesen war, benutzte sie nun fast gar nicht mehr. Sie kochte auf dem riesigen, gekachelten Kohleherd, der zudem den Vorteil hatte, mollige Wärme auszustrahlen. Der wichtigste Vorteil aber war, daß die Kohlen, die der Herd fraß, schon im Herbst zuvor gekauft und bezahlt worden waren. Es konnte nicht, wie beim Gasverbrauch, vier Wochen später eine Wahnsinnsrechnung ins Haus kommen und alle Anstrengungen um einen ausbalancierten Etat zunichte machen. Desgleichen sparte Rose an elektrischem Strom. Eine Petroleumlampe aus der Zeit, in der die alte Frau Markwart Herrin eines Haushalts gewesen war, wurde wieder hervorgeholt, und Rose beeilte sich, zu Ultimo immer den Petroleumvorrat für den ganzen nächsten Monat zu besorgen.

Schließlich kam es so weit, daß Rose nicht mehr monatlich, sondern täglich einkaufen gehen mußte. Jeden

Abend lief sie zum Bahnhof Lichterfelde-Ost, wo Viktor gegen halb sechs der Vorortbahn entstieg, nahm seinen Tageslohn entgegen und rannte in die nächstliegenden Geschäfte. Früher hatte sie Qualitäten und Preise verglichen, das konnte sie sich jetzt nicht mehr leisten. Es ging nur noch darum, vor Geschäftsschluß an die Waren zu gelangen, die man schon morgen nicht mehr für das Geld bekam, das Viktor heute mitgebracht hatte. Da die meisten Leute um dieselbe Zeit von derselben Not gejagt wurden, war das abendliche Einkaufen eine nervenfressende, deprimierende Unternehmung. Die gereizten Käufer fuhren beim geringsten Anlaß aufeinander los.

»Wie machen es denn eigentlich die Geschäftsleute?« fragte Rose eines Abends. »Für die ist das Geld doch morgen ebenso entwertet wie für uns. Womit bezahlen sie dann ihre Lieferanten?«

»Das möchte ich auch wissen«, sagte Viktor. »Wahrscheinlich gehen sie pleite. Viele sind ja schon bankrott. Und denk mal an die Rentner, die ihre paar Kröten nur einmal im Monat kriegen und eigentlich nur an diesem einen Tag was haben. Denen bleibt nichts, als sich umzubringen, und das tun ja auch sehr viele.«

»Ich versteh' das alles nicht«, klagte Rose. »Was ist denn bloß mit unserer Mark passiert?«

»Ich versteh' es auch nicht«, bekannte Viktor. »Nur soviel, daß es mit den grausamen Reparationen zusammenhängt. Regelrecht ausgeplündert werden wir. Und jetzt noch der Ruhrkampf ... Das kostet das Reich Unsummen. Und woher nehmen wir sie? Wir haben sie ja gar nicht.«

»Dann soll man doch aufhören mit dem Quatsch!« rief Rose und sah Viktor zornig an. »Niemand kann mehr ausgeben, als er hat. Wieso muß ich dafür geradestehen, daß ein paar Freischärler im Ruhrgebiet verrückt spielen?«

Aber das wies Viktor zurück: »So darfst du nicht reden,

Rose. Die Franzosen haben uns schon das Saargebiet gestohlen mit all seinen Kohlengruben, und jetzt greifen sie nach der Schmiede des Reiches, wo unsere wichtigsten Industrien liegen. Irgendwann muß ihnen doch mal Einhalt geboten werden.«

In puncto Patriotismus konnten sie sich nicht einigen. Rose hielt sich für eine gute Deutsche, und als solche wollte sie auch leben. Sie wollte aber nicht daran sterben. Auch Viktor zog es vor zu leben, doch seine Seele war empfänglich für das Heldentum derer, die den perfiden Feinden und Ausplünderern des Vaterlandes die Stirn boten. Nur hielt er, was bisher geschehen war, für Kleckerkram, gut gemeinte, im ganzen aber uneffektive Einzelaktionen.

»Ein großer Plan muß her«, sagte er, »und ein starker Mann, der die Kraft und den Atem hat, den Plan auch durchzuführen.«

Fleisch kam bei den Markwarts jetzt nur noch selten auf den Tisch. Alltags gab es Pellkartoffeln, dazu in Margarine gebratene Zwiebeln, oder eine Mehlsuppe mit gerösteten Brotbrocken. Der Braten am Sonntag wurde durch frische Blutwurst oder Leberwurst ersetzt, zuweilen durch Fisch, der billiger war als Fleisch und von dem es hieß, daß er unerhört gesund sei. Die Qualität des Essens bekümmerte Rose weit weniger als die abendliche Hetzjagd durch die Geschäfte. Zum Sattwerden langte es, und das, fand sie, war die Hauptsache. Dazu kam, daß der kleine Harald nie die geringsten Schwierigkeiten machte, ganz gleich, was auf dem Tisch stand. Er mampfte bereitwillig, was man ihm vorsetzte, und war zufrieden.

Die alte Frau Markwart dagegen stocherte im Essen herum. Viktor mochte gar nicht hingucken. Er wußte, daß Rose im Irrtum war, wenn sie später, im Schlafzimmer, ärgerlich sagte:

»Kiesätig ist deine Mutter, richtig kiesätig. Wir haben doch nun mal kein Geld für was Besseres. Sie weiß doch, wie's steht.«

»Mutter ist nie im Leben kiesätig gewesen«, sagte Viktor. »Dazu ist sie viel zu streng erzogen worden.«

»Na, was hat sie dann? Ist sie krank?«

»Ich nehme an«, sagte Viktor, »sie hat Angst. Angst um ihre Zukunft. Das Geld, das sie jeden Monat kriegt und das wir jetzt am Tag der Zahlung im Schweinsgalopp wegbringen und ausgeben müssen, ist das Verkaufsgeld von ihrem Haus. Ich bin sicher, sie fürchtet, daß ihre Idee mit der monatlichen Versorgung eine Milchmädchenrechnung war und daß sie eines Tages ohne was dasteht.«

Es war das erste Mal, daß Viktor dieses Problem Rose gegenüber erwähnte. Wie er befürchtet hatte, schnappte Rose ein.

»Also, das geht gegen mich.«

»Aber Rose!«

»O ja, ich verstehe sehr gut. Ich verstehe vollkommen, was du sagen willst. Ihr wart' alle gegen den Hausverkauf, und ich hab' euch gedrängt, ohne mich hättet ihr das Haus noch. Und nun bin ich schuld, daß eure Mutter obdachlos ist und an Hunger stirbt.«

»Rose!«

»Hat aber einer von euch mal überlegt, was passiert wäre, wenn ihr das Haus behalten hättet? Wenn ihr alle für die Steuern hättet aufkommen müssen, was 1921 schon kaum noch möglich war und jetzt ganz ausgeschlossen ist? Im Schuldturm säßet ihr alle miteinander, du, Joachim, Grethe und eure Mutter. Und natürlich auch ich und auch Harald.«

Rose war in ihrem Element. Sie deklamierte ihren Standardtext »die Steuern eines Monats – die Mieten eines Jahres« in allen nur denkbaren Variationen, mit geröteten Wangen und blitzenden Augen und schließlich unter Tränen. Es dauerte lange, bis sie außer Atem war und Viktor zu Worte kam.

»Laß dich doch nicht so gehen«, bat er. »Ich habe nichts von dem gesagt, was du mir unterstellst. Ich habe es nicht einmal gedacht.« Hier war Viktor nicht ganz ehrlich. »Wir haben alle ja gesagt und stehen alle für unsere Entscheidung ein. Aber du kannst doch einer alten Frau nicht verargen, wenn sie sich ängstigt und vor Sorgen den Appetit verliert. Du sorgst dich doch auch. Die Zeiten sind schlimm. Wir aber sind jung und werden es schon packen. Mutter ist alt und hat kaum noch eine Möglichkeit, sich zu helfen. Verstehst du das nicht?«

Es dauerte bis nach Mitternacht, ehe Rose genügend besänftigt war, um mit Viktor einen Versöhnungskuß zu tauschen. Viktor, der wegen des langen Anfahrtweges nach Oberschönweide schon um zwanzig vor sechs das Haus verlassen mußte, erhob sich gegen fünf Uhr mit schwerem Kopf und gänzlich unausgeschlafen. Am Abend war er froh, daß er sich mit einigem Anstand durch den Tag gebracht hatte und daß ihm kein größerer Fehler unterlaufen war.

Ende Oktober 1923 stand der Dollar auf mehr als vierzig Milliarden Mark. Einen Monat später war der Spuk vorbei, und wer ihn überlebt hatte, schaute überrascht und ungläubig auf die neuen Geldscheine, deren Aufdruck bescheidene Zahlen zeigte wie in alter Zeit: eine Rentenmark. Diese eine kleine Mark besaß den Wert von tausend Milliarden Inflationsmark – man stelle sich das vor! Den Leuten schwindelte es, und obwohl sie sehnsüchtig auf die neue Wirklichkeit gewartet hatten, fanden sie sich nur langsam in ihr zurecht.

In den ersten Dezembertagen tauchten der Professor Franke und das Fräulein Busch bei der alten Frau Markwart auf. Aber sie kamen nicht, um wie sonst ihre monatliche Rate gegen Quittung abzuliefern. Der Professor sagte:

»Ja, gnädige Frau, wie halten wir es denn nun? Die Inflation hat alles durcheinandergebracht, und der Teufel weiß, welchen realen Wert heute die Summe hat, die wir Ihnen noch schulden.«

Die alte Dame guckte verständnislos. »Wie meinen Sie denn das? Sie haben angezahlt und dann bis heute abgezahlt. Wir müssen die Summen ja nur addieren. Und was dann bis 120000 Mark fehlt, das müssen Sie noch zahlen, mit fünfhundert im Monat, wie der Vertrag sagt.«

»Verehrte gnädige Frau, wenn es so einfach wäre. Aber sehen Sie, es ist jetzt alles abgewertet worden. Das ganze Volksvermögen gilt heute nur noch einen Bruchteil von dem, was es in den guten Zeiten wert gewesen ist, vor dem Krieg. Die Abwertung trifft die Habenposten, aber auch die Sollposten. Will sagen, das Eigentum wie die Schulden gleichermaßen. Das ist die Voraussetzung dafür, daß wir jetzt wieder stabiles Geld haben. Wir zum Beispiel, gnädige Frau, schulden dem Staat und der Stadt ein nettes Sümmchen Steuern. In den irren Zeiten, die hinter uns liegen, hat ja niemand nach Fälligkeit und in der geforderten Höhe zahlen können. Nun wird das alles neu berechnet, und was wir dann zahlen müssen, ist nur ein Bruchteil der alten Summe – ziffernmäßig, meine ich, denn wertmäßig entspricht es der alten Schuld ja wohl. Jetzt ergibt sich die Frage nach der Restschuld an Sie, berechnet nach dem staatlichen Abwertungsschlüssel. Ich bin Altsprachler, Latein und Griechisch, kein Volkswirtschaftler. Ich finde mich da nicht zurecht. Sie wohl auch nicht. Also, an wen wenden wir uns?«

Die alte Frau Markwart verstand nicht, wovon der Professor eigentlich sprach. Aber das begriff sie, daß er ihr das Geld nicht zahlen wollte, mit dem sie gerechnet hatte. Nach der ursprünglichen Kalkulation wäre sie bis ins Jahr 1937 versorgt gewesen. Und nun? Ihre Stimme zitterte, als sie sagte:

»Ich kann das nicht beantworten. Ich muß erst mit meinem Sohn sprechen.«

Als Viktor an jenem Abend heimkam, fand er seine Mutter in Tränen. Sie war völlig aufgelöst, und er brachte kein vernünftiges Wort aus ihr heraus. Rose, der die Schwiegermutter im ersten Entsetzen erzählt hatte, was in ihrer Erinnerung hängengeblieben war, gab an Viktor weiter, was sie selbst sich hatte merken können.

»Verstanden haben wir's beide nicht, weder Mutter noch ich. Aber, Viktor, da stinkt doch was. Die gehen doch auf Betrug aus, die beiden. Wenn du mich fragst – das sind Gangstertricks.«

»Es sieht allerdings übel aus«, sagte Viktor beunruhigt und ging in das Zimmer der alten Dame. Als er wieder hervorkam, war er blaß und hatte die Zähne so fest aufeinandergebissen, daß seine Kaumuskeln sich unter der Wangenhaut abzeichneten.

»Wir werden nicht lange verhandeln«, sagte er gepreßt. »Wir lassen gerichtlich feststellen, wie hoch der restliche Kaufpreis ist.«

»Was das wieder kostet!« protestierte Rose. Aber heute war Viktor solchen Argumenten nicht zugänglich.

»Man kann auch am falschen Ende sparen. Hier muß Klarheit geschaffen werden. Das sind wir Mutter schuldig.«

Noch vor Weihnachten begleitete Viktor seine Mutter zum Amtsgericht in der Lichterfelder Ringstraße, und mit seiner Hilfe verklagte die alte Dame die Hauskäufer Franke/Busch auf Zahlung der Restsumme nach dem Buchstaben des Vertrages. Viktor hatte ausgerechnet, daß sich die ausstehende Summe auf 84500 Mark belief. Er hatte gehört, daß die Rentenmark der alten Goldmark gleichgerechnet werden sollte, bei einem Tauschwert für tausend Milliarden inflationärer Papiermark. Also, schloß Viktor, mußten die Käufer den vollen Restbetrag in Rentenmark entrichten.

Das Verfahren zog sich hin, fast bis Ostern 1924, bevor der Spruch gefällt wurde. Viktor und seine Mutter saßen im Verhandlungsraum, durch mehrere leere Stühle deutlich getrennt von den Beklagten, Professor Franke und Fräulein Busch. Der Vorsitzende Richter hielt einen langen, ausführlichen Vortrag über das volkswirtschaftliche Instrument der Abwertung und seine Anwendung auf die deutsche Wirtschaft im allgemeinen sowie auf den Fall Markwart im besonderen. Viktor versuchte, den richterlichen Ausführungen zu folgen. Doch verstand er höchstens die Hälfte. Die alte Frau Markwart verstand überhaupt nichts. Der Richter kam zum Schluß: Die Restkaufsumme wurde auf 887 Mark und 53 Pfennige festgesetzt.

Mutter und Sohn saßen wie betäubt. Der Gerichtsdiener mußte sie mit sanftem Nachdruck hinausbefördern, so ganz und gar waren sie in ihrem Entsetzten versunken. Auf dem Heimweg hielt Viktor die alte Dame fest am Arm, in der Furcht, sie könne vor Kummer ohnmächtig werden und sich beim Sturz aufs Straßenpflaster Schaden tun. Welch ein Schlag hatte sie getroffen! Und nicht nur sie, auch die gesamte übrige Familie. Eine schreiende Ungerechtigkeit! Viktors ohnehin geringes Vertrauen in Rechtlichkeit und Rechtschaffenheit dieser Republik war nun endgültig erschüttert.

»So was hätte es unter'm Kaiser nicht gegeben!« rief er grimmig, als er Rose Bericht erstattete. »Ein unfähiger Staat, eine unfähige Regierung, das ist es, was wir jetzt haben. Sie kommen hinten und vorne nicht hoch und wälzen es auf die kleine Leute ab. Am liebsten würde ich das Urteil anfechten.«

»Bloß nicht!« barmte Rose. »Du schmeißt nur gutes Geld dem schlechten hinterher. Es langt doch, daß die uns ausplündern. Wir müssen ihnen ja nicht auch noch dabei helfen. Aber erklär mir mal eins«, fuhr sie fort, »Wenn die Werte von 1921 null und nichtig sind und der Vertrag einen Dreck gilt – wieso durfte dann damals das Finanzamt der Mutter 14000 Mark Wertzuwachssteuer abknöpfen? Und warum kriegt sie das zuviel gezahlte Geld nicht jetzt zurück?«

»Das Geld war ja schon 1921 nicht mehr viel wert«, sagte Viktor. »Man kann mit der neuen Mark die wertlose Papiermark nicht zurückzahlen. Und dann die Abwertung ...« Er spürte, daß er mit seiner Erklärung mehr über seine Uninformiertheit und sein mangelndes Verständnis aussagte als über das, wonach Rose gefragt hatte. Aber er versuchte es nicht noch einmal. Eine große Erschöpfung breitete sich in ihm aus, und er wünschte, er könnte einfach ins Bett gehen und die Decke über den Kopf ziehen.

»Ich versteh' es nicht«, stellte Rose fest. »Und ich werde es nie verstehen.«

Die alte Frau Markwart hatte laut aufgeweint, als das Wort Wertzuwachssteuer gefallen war. Sie hatte auch damals geweint, als ihr der niederschmetternde Steuerbescheid zugestellt wurde und sie von den 20000 Mark Anzahlung nur 6000 Mark behalten durfte. Ihr Haus, so lautete die Begründung, sei für 80000 Mark erbaut, aber für 120000 Mark verkauft worden, der Gewinn aus der Differenz sei zu versteuern. Heute schmerzte der Aderlaß noch mehr als vor drei Jahren. Damals hatte die alte Dame glauben dürfen, daß ihr immerhin 106000 Mark aus dem Verkauf bleiben würden. Jetzt war auch dieser Trost dahin.

»Arm bin ich geworden«, schluchzte sie, »bettelarm. Wertpapiere habe ich nicht mehr, das sind schon lange Unwertpapiere. Und jetzt hat man mir auch das Geld vom Haus genommen, ich weiß nicht, wie. Von dem Geld hab' ich doch leben wollen auf meine alten Tage.

Wovon soll ich denn jetzt leben? Hätten wir bloß das Haus nicht verkauft.«

»Mutter! Bitte!« Rose geriet in Zorn. »Fang nicht damit an. Wer war es denn, der gejammert hat, daß die Mieten eines Jahres nicht mehr die Steuern eines Monats dekken? Das bist du doch gewesen. Wenn du unter diesem Risiko dein Haus behalten wolltest, dann hättest du das sagen müssen. Damals aber wolltest du nichts als raus aus den Sorgen.«

»Ich hab' doch nicht wissen können, wie alles kommt.«

»Wir vielleicht? Vati! Sag doch auch mal was.«

Viktor preßte die Lippen aufeinander. Jetzt lag es klar zutage, daß es falsch gewesen war, zu verkaufen. Sie hatten sich alle von den Zahlen verrückt machen lassen, vom inflationsbedingten Mißverhältnis zwischen Einnahmen und Verpflichtungen. Niemand hatte in Rechnung gestellt, daß es eines Tages auch eine Deflation der Schulden geben würde. Das heißt, der Professor und seine Schwägerin hatten darauf gesetzt. Und gewonnen. Die Mutter war praktisch enteignet. Entsetzlich! Rose sollte sie in Ruhe lassen. Ohne ihr hektisches Gedrängel damals wäre vielleicht alles anders gekommen. Niemand verlangte von ihr ein Schuldbekenntnis. Aber sie sollte doch wenigstens schweigen. Er sagte:

»Bitte keinen Streit in der Familie. Das fehlte gerade noch. Mutter, es tut mir furchtbar leid. Aber solange du Kinder hast, wird es dir an nichts fehlen. Du wirst trotz allem ein sicheres Alter haben. Bitte, beruhige dich.«

Aber die alte Dame konnte sich nicht beruhigen.

»Jahrzehntelang habe ich alles gehabt, was ich brauchte, und habe noch abgeben können. Und jetzt muß ich von den Almosen meiner Kinder leben. Wenn mein Ludwig das wüßte! Warum bin ich nicht, wo er ist!«

»Also, Mutter! Soll das vielleicht heißen ...«

»Sei doch still, Rose«, bat Viktor. »Kannst du sie denn nicht verstehen? Wie würdest du an ihrer Stelle reagieren?«

Rose schaute Viktor an, dann die Schwiegermutter, deren Gesicht vom Weinen hochrot und ganz verschwollen war. Plötzlich spürte sie ein überwältigendes Mitleid. Sie beugte sich über die alte Dame und umarmte sie.

»Du Arme. Ach, du Arme. Glaube mir, wir werden dich nie verlassen. Viktor hat ganz recht. Solange du Kinder hast ... Zumindest gilt das für Viktor und mich. Du wirst weder hungern noch frieren, und verlassen sein wirst du auch nicht.«

Jetzt weinte auch Rose. Unter Tränen brachte sie hervor:

»Die Welt ist so schlecht, ich hab' es immer gewußt. Die Guten werden untergebuttert. Und solche wie der Herr Professor und die Busch – mein Gott, die haben das Haus ja regelrecht geschenkt gekriegt! Wenn ich daran denke!«

Professor Franke und Fräulein Busch erwiesen sich als nicht so schurkisch, wie Rose ihnen unterstellte. Sie zahlten freiwillig 2500 Mark, fast das Dreifache der Summe, die sie nach dem Urteil hätten zahlen müssen. Die alte Frau Markwart trug das Geld auf die Teltower Kreissparkasse. Am Anfang jedes Monats holte sie sich die Zinsen ab, einen kleinen Betrag, der ihr wenigstens erlaubte, ihrem Enkel hin und wieder eine Zuckerstange zu kaufen oder eine Tüte Schokoladenplätzchen mit bunten Streuseln.

Rose ließ sich durch die freiwillige Zahlung nicht besänftigen.

»Die wissen schon, warum sie das tun. Gauner!«

Ihre feindselige Ablehnung schlug in offenen Haß um, als Professor Frank und Fräulein Busch 1926 das Haus wieder verkauften, offenbar mit gutem Gewinn. Rose erfuhr nie, welchen Preis die beiden erzielt hatten. Aber ihr wurde zugetragen, daß jeder von beiden sich in einem hübschen Zehlendorfer Neubaugebiet ein Eigenheim errichten ließ. Ja, tatsächlich, nicht ein Haus für zwei, sondern zwei Häuser, eins für jeden von ihnen. Offenbar hatten sie ihre Wirtschaftsgemeinschaft aufgegeben.

Rose beschaffte sich die Adressen, und eines Tages, man schrieb schon 1927, ging sie hin. Da sah sie es nun mit eigenen Augen. Die Häuser waren noch nicht bezogen, aber im wesentlichen fertig. Und groß waren sie, viel zu geräumig, um nur von einer Person bewohnt zu werden. Nun ja, der Professor mochte planen, seine Tochter und deren Familie aufzunehmen. Aber was wollte das ledige Fräulein Busch mit so viel Platz? Es war genau das Eigenheim, das Rose sich wünschte. Herrin eines solchen Hauses zu sein, das wäre die Krönung ihrer bisherigen Laufbahn. Was für eine eindrucksvolle Figur würde sie da machen! Und sie hätte in einem Haus wie diesem wohnen können – in einem besseren noch, der Verkaufserlös hatte ja für zwei gereicht –, wenn Franke und Busch nicht der Schwiegermutter ihr Eigentum abgegaunert hätten!

»Abgegaunert, jawohl!« sagte sie, als sie zu Hause berichtete. »Erzähl' mir nichts von ›freiwillig mehr gezahlt‹, Vati. Daß ich nicht lache! Ich frag' mich heute, ob sie nicht damals schon mehr wußten als wir und es uns arglistig verschwiegen haben. Sie haben deiner Mutter deines Vaters Erbe gestohlen. Ich hasse sie. Ich könnte sie glatt umbringen, alle beide.«

Zunächst einmal aber ging es darum, die Verpflichtungen der drei Geschwister gegenüber ihrer mittellosen Mutter festzustellen. Rose sagte:

»Gewiß wollen wir das Unsere tun. Aber deine Mutter hat drei Kinder, da muß die Last nicht einem allein aufgepackt werden.«

Sie ließ sich schließlich davon überzeugen, daß man von Grethe nichts erwarten konnte. Die hatte keine eigenen Einnahmen, gerade die lächerliche Zahlung von ihrem Ehemaligen. Rose wollte doch wohl nicht so weit gehen, von Herrn Graf Geld zu verlangen? Nein, das wollte sie nicht. Aber Joachim, der hatte das schöne Geschäft, und wenn man die Wohnung in der Kuhligkshofstraße sah, dann wußte man, daß er auch ordentlich verdiente. Joachim war genauso ein Sohn wie Viktor. Er mußte zum Lebensunterhalt seiner Mutter beisteuern.

Rose setzte sich hin und berechnete die Kosten. Sie fand heraus, daß man achtzig Mark brauchen würde, um die Schwiegermutter zu ernähren, ihr Licht und Wärme zu verschaffen, ihre Wäsche zu waschen und zu bügeln, Kleider zu reinigen; nicht zu vergessen, daß man sie auch mit einem kleinen Taschengeld ausstatten mußte. Also, beschloß sie, kamen auf jeden Sohn vierzig Mark im Monat.

»Dabei habe ich noch nicht mal einen Mietanteil in Rechnung gestellt«, sagte sie zu Viktor. »Wir würden ja mit einer kleineren Wohnung auskommen, wenn sie nicht bei uns wohnte.«

»Nun, wir haben lange genug bei ihr gewohnt«, sagte Viktor.

»Eben. Deshalb berechne ich es ja auch nicht. Was denkst du denn? Aber vierzig Mark muß Joachim zahlen.«

Viktor fand es besser, die Verhandlung mit Bruder und Schwägerin nicht in Lichterfelde zu führen. Er fürchtete, es könnte die Mutter betrüben, wenn sie Zeugin der Unterhaltung würde, die ihr schmerzlich ihre unglückliche Lage vor Augen führen mußte. So fuhren er und Rose an einem Sonnabend nachmittag nach Steglitz und ließen Harald in der Obhut seiner Großmutter.

Es wurde ein unerfreuliches Gespräch. Joachim war

zwar gleich zu allem bereit, was Rose vortrug. Hulda jedoch lehnte sich in ihrem Stuhl zurück und sah abschätzig auf die Schwägerin.

»Mutter war eine reiche Frau und brauchte von niemandem auch nur einen Groschen. Bis Rose ihr das Haus weggeschwatzt hat und ihr beiden Helden wie die Dummerjane auf ihr Geschwätz reingefallen seid. Ich hab' euch gewarnt damals, vor dem Verkauf. Wieso soll ich eigentlich die Fehler anderer Leute bezahlen?»

»Aber Hulda«, sagte Joachim mit sanftem Vorwurf.

Rose saß starr. War so etwas denn erhört? So ein tükkisches Biest! Da hatte sie sich aber tüchtig vertan, als sie Hulda für die angenehmere Schwägerin hielt und mit ihr gegen Grethe Partei nahm. Umgekehrt wäre es richtiger gewesen.

»Viktor, nun sag du mal was!«

»Wir wollen doch bei der Sache bleiben, Hulda«, sagte Viktor unwillig. »Über verschüttete Milch zu weinen, ist sinnlos, und deine Selbstgerechtigkeit ist unerträglich. Gib nur acht, daß nicht jemand mal den Balken in deinem Auge entdeckt. Hier sitzen zwei Söhne, die sich über das Schicksal ihrer alten Mutter einigen müssen und einigen wollen. Ich muß dich doch wohl nicht so verstehen, daß du dich weigerst, zu Mutters Unterhalt beizutragen?«

»Wenn ich mich nicht weigere«, sagte Hulda, »dann allein Mutters wegen. Sie tut mir leid, und sie kann ja nichts dafür, daß ihr solche Schafsköppe seid. Euretwegen würde ich keinen Pfennig rausrücken.«

»Das sind ja wohl Joachims Pfennige, die du rausrückst«, sagte Rose feindselig. Hulda sah sie spöttisch an.

»Im Gegensatz zu dir, vermute ich. Frau Herzogin nehmen es natürlich aus der eigenen Schatulle.«

Es dauerte lange, bis sie übereinkamen. Hulda fand noch manche Gelegenheit zu bissigen Randbemerkungen und ließ keine aus. Am Ende hatte sie Rose und Viktor auf fünfunddreißig Mark heruntergehandelt und sich dafür bereit erklärt, die Wäsche der Schwiegermutter zu besorgen. Die alte Dame sollte die schmutzige Wäsche mitbringen, wenn sie, wie üblich, einmal im Monat zu Besuch nach Steglitz kam, und die sauberen und gebügelten Stücke mit nach Hause nehmen. Damit war Rose einverstanden.

»Du wirst Mutter kein Wort von dieser Unterredung verraten, versprich es mir«, sagte Viktor unterwegs in der Straßenbahn. »Es genügt, wenn sie weiß, daß ihre Söhne bereit sind, für sie einzustehen. Sie muß nicht erfahren, zu welchem widerlichen Handel es Hulda hat kommen lassen.«

»Natürlich nicht. Ich sage ihr nichts. Aber diese Hulda! Unerhört, wie sie auf mich losgefahren ist. Daß man sich so was bieten lassen muß. Wenn es nicht um Mutter gegangen wäre, ich hätte die Wohnung stehenden Fußes verlassen. Daß Joachim ihr das durchgehen läßt!«

»Joachim ist zu weich«, stellte Viktor fest. »Das war er immer, schon als Kind.«

»Das zahle ich Hulda heim, bei der ersten besten Gelegenheit«, grollte Rose. »Bei dem geringsten Anlaß kriegt sie es zurück, mit Zinsen, das versichere ich dir. So ein Biest!«

»Ach, gib Frieden«, sagte Viktor müde. »Wir haben genug durchgemacht. Ich möchte Ruhe haben.«

Rose schwieg. Das wußte sie schon lange, daß die Männer einen nicht verstanden, wenn man so gekränkt wurde, daß es einem die Seele zerriß. Viktor hätte sie gegen jeden tätlichen Angriff verteidigt und auch gegen alle prozeßfähigen Beleidigungen. Aber diese Attacke, die kein Gericht verhandeln würde, diese heimtückischen Schmähungen und Herabsetzungen, die tat er mit einer Handbewegung ab. Er wies solche Heimtücke vornehm zurück, und damit hatte sich's. Das konnte sie nicht. An ihr fraß die Kränkung.

Nun, sie würde auf ihre Stunde warten. Leise murmelte sie einen Indianerspruch vor sich hin, den sie einst in einem Buch aus Lehrer Krischkes Schulbibliothek gefunden hatte:

»Wenn du lange genug am fließenden Wasser wartest, wirst du die Leichen deiner Feinde vorbeischwimmen sehen.«

»Was hast du gesagt?« fragte Viktor.

»Ach, nichts.«

Roses Stunde kam noch im selben Jahr. Im Herbst 1924 kehrte die alte Frau Markwart von einem ihrer Besuche in Steglitz heim, und Rose sah ihr sofort an, daß etwas geschehen sein mußte. Der kleine Harald folgte seiner Großmutter in ihr Zimmer, kam aber gleich darauf zu seiner Mutter zurück.

»Oma weint.«

»Was?« sagte Rose und ging nachschauen. »Harald sagt, du weinst? Du weinst ja wirklich. Was ist passiert? Hast du Ärger gehabt? Mit Hulda vielleicht? Sag' doch, Mutter. Wenn ich dir helfen kann ...«

»Das Kind«, flüsterte die alte Dame und wies zur Tür, wo Harald stand, große Augen machte und die Ohren spitzte. Rose schob den protestierenden Jungen hinaus und schloß die Tür.

»Jetzt sag', was ist los?«

Die alte Dame sperrte sich, aber Stück für Stück holte Rose ihre Geschichte aus ihr heraus. Es hatte da einen Anruf gegeben – die Verwandten besaßen nämlich ein Telefon, was Rose mit neidvoller Verachtung quittierte –, gerade während der Viertelstunde, da Joachim zum Laden hinuntergegangen war, um für die Mutter ein paar Toilettenartikel zu holen. Hulda hatte das Gespräch geführt, im Herrenzimmer, wo der Apparat stand.

»Ich habe nicht lauschen wollen, ganz bestimmt nicht«, weinte die alte Frau Markwart.

Dessen ungeachtet waren der unfreiwilligen Zuhörerin ein paar Gesprächsfetzen ins Ohr gedrungen.

»Es war ein Mann, das war aus Huldas Antworten deutlich. Sie hat ihn ›Liebster‹ genannt und ›Schatz‹, und sie haben irgendwas verabredet. Ach, ist das schrecklich! Ich habe so Angst um Joachim. Sie wird ihn doch nicht wirklich betrügen?«

Rose spürte wilden Triumph. »Traust du ihr das nicht zu?«

»Doch«, schluchzte die alte Dame, »jetzt ja. Ich muß auch daran denken, daß Hulda schon seit langem kaum noch im Geschäft mitarbeitet, und sie hat Joachim doch früher kaum was allein machen lassen. Jetzt läßt sie ihn allein, und Joachim hat eine Hilfe einstellen müssen, die Frau Fischer, die hilft ihm beim Verkauf und hält den Laden sauber. Oder meinst du, ich sehe zu schwarz?«

»Nicht bei Hulda«, entschied Rose. »Ich werde das mit Viktor bereden.«

Viktor hörte die Geschichte und war peinlich berührt.

»Das wäre scheußlich, wenn wirklich was dran wär'. Aber bloß auf Mutters Erlebnis hin kann man nichts unternehmen. Sie kann auch was mißverstanden haben, und wie stehen wir dann da? Wenn sie's aber richtig verstanden hat, nützt es auch nichts, denn Hulda wird leugnen. So ohne Beweise ... Und überhaupt ist das Joachims Sache, nicht unsere.«

»Damit es seine Sache wird, müßte er es erst mal zu erfahren kriegen. Er weiß ja offenbar nichts.«

»Und wie stellst du dir das vor? Soll ich zu ihm geh'n und sagen: Beobachte mal deine Frau, die betrügt dich vielleicht?«

»Nein. Aber beobachten ist schon richtig. Ein Detektiv muß her, der sie überwacht.«

»Na, Rose, liest du nicht vielleicht zu viele Detektivgeschichten?«

»Es ist dein Bruder. Willst du ihm nicht helfen? Ich dachte immer, du hättest so viel Familiensinn.«

»Jetzt willst du mich ködern. Na, denken wir's mal weiter. Nimm an, ein Detektiv beobachtet sie und findet was raus. Und dann? Wie soll es weitergehen?«

»Dann«, sagte Rose entschlossen, »muß Joachim sich scheiden lassen.«

»Aber Rose!« rief Viktor entgeistert. »Du redest von Scheidung? Ich dachte immer, Scheidung siehst du als Schande an? In Grethes Fall hast du so geurteilt, gleich am Anfang, als du davon erfuhrst.«

»Das ist was anderes«, beharrte Rose. »Grethe hat es herausgefordert, Joachim nicht. Und außerdem ist es ein Unterschied, ob es sich um eine geschiedene Frau oder um einen geschiedenen Mann handelt. Joachim fällt davon keine Perle aus der Krone.«

»Aber du hast immer gesagt, in einer Familie, der du angehörst, dürfte es keine Scheidung geben.«

»Da habe ich nicht gewußt, was ich jetzt weiß. Jetzt sage ich, in der Familie, der ich angehöre, darf es keinen Ehebruch geben. Hulda ist eine Ehebrecherin, da bin ich ganz sicher. Vati, du mußt was tun!«

»Und was konkret?«

»Engagiere einen Detektiv.«

»Ich soll ...« Viktor traute seinen Ohren nicht. »Du meinst, auf unsere Kosten? Bist du sicher, daß du das gemeint hast?«

»Du hast nur einen Bruder. Wir sind es ihm schuldig. Wir sind es uns allen schuldig.«

Das Ergebnis der Debatte war, daß sich Viktor auf die Suche nach einem Detektiv machte. Er wagte nicht, jemanden zu fragen. So ließ er sich im Kabelwerk von der Sekretärin das Branchen-Telefonbuch geben und forschte es durch.

Schließlich entschied er sich für ein Unternehmen, das

sich »Diskret« nannte, und hoffte inständig, daß dessen Praktiken diesem Namen entsprachen.

Die Detektei residierte in Friedenau, in der Kaiserallee. Viktor wurde von einem hageren Mann vorgerückten Alters empfangen, an dem alles grau war: der Anzug, die Haare und sogar der Teint. Viktor hatte noch nie einen so unscheinbaren Menschen gesehen, aber wahrscheinlich empfahl sich das in diesem Beruf. Auch der Name war unscheinbar. »Lange«, stellte sich der Mann vor.

In den Geschäftsräumen war es ganz still. Viktor gewann den Eindruck, daß Herr Lange nicht nur der Chef, sondern auch der einzige Mitarbeiter des Unternehmens war. Nun gut, je weniger Leute, um so weniger Geschwätz. Herr Lange hörte seinem Besucher höflich zu, verzog keine Miene und stellte nur knappe Fragen. Das gefiel Viktor. Er schätzte Zurückhaltung, besonders in peinlichen Zusammenhängen.

Herr Lange machte sich Notizen und teilte Viktor mit, daß ein Foto der Dame hilfreich sein würde. Viktor versprach, es ehestens zu schicken. Herr Lange versprach, binnen kurzem wissen zu lassen, zu welchem Ergebnis die Recherche geführt hatte. Viktor gab Herrn Lange die Rufnummer seines Diensttelefons im Kabelwerk und bat, sich nicht mit dem Namen der Detektei melden zu wollen, falls nicht er selber antworte. Herr Lange neigte still den Kopf.

»Das ist selbstverständlich.«

Zwei Wochen später rief Herr Lange an:

»Ich empfehle, Herr Doktor, daß wir gemeinsam heute abend nach Dahlem hinausfahren, in die Thielallee. Es wäre von Vorteil, auch Ihren Herrn Bruder mitzubringen, falls sich das machen läßt.«

»Konkrete Ergebnisse?« fragte Viktor kurz.

»Sehr konkrete. Jeden Montag, Mittwoch, Freitag nachmittag von vierzehn bis achtzehn Uhr. Heute ist Mittwoch.«

Herr Lange nannte die genaue Adresse, und sie verabredeten, sich kurz vor achtzehn Uhr vor dem Haus zu treffen und gemeinsam hineinzugehen. Viktor überlegte, daß er Rose nicht benachrichtigen konnte und daß sie unruhig werden würde, wenn er so lange ausblieb. Verflixt, man sollte sich auch ein Telefon anschaffen! Aber das half jetzt nichts, und schließlich war er vor Rose gerechtfertigt, denn sie war es ja gewesen, die diese peinliche Aktion so dringend gewünscht hatte.

Gegen siebzehn Uhr betrat Viktor die Drogerie seines Bruders. Joachim sagte: »Nanu?«, und als er vernahm, er solle alles stehen und liegen lassen und Viktor begleiten, sagte er: »Wieso?«

Im Hintergrund des Ladens stand Frau Fischer, Joachims Hilfskraft, und staubte eine Batterie Parfümfläschchen ab. Sie hatte freundlich gegrüßt, als Viktor eingetreten war, und dann das Gesicht wieder abgewandt. Aber sicherlich nicht ihre Ohren. Viktor sagte:

»Es ist wichtig, glaub's mir. Frau Fischer wird dich für den Rest der Geschäftszeit vertreten, glänzend wie immer, nicht wahr, Frau Fischer? Danke sehr. Das wissen wir doch alle, daß mein Bruder sich auf Sie verlassen kann. Komm, Joachim, die Zeit drängt. Ich erkläre dir alles unterwegs.«

Joachims Verblüffung wuchs, als der sonst so sparsame Viktor auf die Haltestelle der Kraftdroschken am Bahnhof Steglitz zusteuerte. Es mußte sich wahrhaftig um etwas enorm Wichtiges handeln. Während der Fahrt, durch die Trennscheibe gegen die Neugier des Chauffeurs geschützt, unterrichtete Viktor den Bruder über Zweck und Ziel der Unternehmung.

Joachim erstarrte. Schließlich sagte er:

»Das glaube ich nicht.«

»Laß uns erst sehen, und urteile dann«, bat Viktor. »Mein Mann ist zuverlässig. Ich wollte, er wäre es nicht, aber er ist es. Und vergiß nicht Mutters Erlebnis. Tut mir furchtbar leid, Joachim.«

In der Thielallee wartete Herr Lange. Er benahm sich Joachim gegenüber noch zurückhaltender, als er es bei Viktor getan hatte. Er neigte leicht den Kopf, murmelte einen Gruß und sagte ruhig:

»Wir gehen hinein. Es ist gleich sechs.«

Das Haus, auf das er zusteuerte, war eine Pension. Herr Lange führte die Brüder in das kleine Foyer und zeigte stumm auf ein paar Stühle, die um einen Tisch gruppiert standen. Alle drei setzten sich, die Augen auf die Treppe gerichtet, die vom ersten Stock herunterführte. Neben der Treppe befand sich eine kleine Empfangsloge, in der eine ältere Frau hinter dem Tresen saß. Die Frau erhob sich, musterte die drei Männer und fragte:

»Kann ich Ihnen helfen?«

»Danke«, sagte Herr Lange, »wir warten hier auf nur auf jemanden.«

»Auf wen? Und zu welchem Zweck?«

»Wir warten nur.«

»Sie müßten mir schon sagen, wer Sie sind und worum es sich handelt. Wir legen Wert darauf, daß unsere Gäste ungestört bei uns wohnen können und nur solchen Besuch bekommen, den sie selbst wünschen. Keiner der Gäste hat mir gesagt, daß er Besuch erwartet.«

»Wir tun nichts Ungesetzliches«, sagte Herr Lange unbeeindruckt. »Aber Sie wären gut beraten, wenn Sie darüber nachdächten, ob Sie nichts Ungesetzliches tun. Setzen Sie sich hinter Ihren Tresen und mischen Sie sich nicht ein.«

Die Frau starrte Herrn Lange an. Der machte sich nicht einmal die Mühe, ihren Blick zu erwidern. Die Frau ging in ihre Loge zurück. Ab und zu blickte sie verstohlen zu den drei Männern hinüber. Es wurde kein Wort mehr gewechselt.

Wenige Minuten nach sechs hörte man im Obergeschoß eine Tür ins Schloß fallen, dann Schritte und Stimmen, eine weibliche und eine männliche. Viktor sah seinen Bruder an. Joachim saß regungslos und schaute auf die Treppe. Viktor wandte sich um und schaute auch auf die Treppe. Oben, auf dem Podest, erschienen zwei Menschen, ein Mann und eine Frau. Joachim stand auf und trat zwei Schritte vor. Viktor stand auch auf und faßte seinen Bruder am Arm. Herr Lange trat neben Joachim und fragte:

»Kennen Sie den Mann, oder soll ich seine Personalien feststellen?«

Joachim schüttelte den Kopf.

»Einer meiner Kunden.«

Hulda war mitten auf der Treppe wie angewurzelt stehengeblieben. Mit geweiteten Augen sah sie auf ihren Mann und ihren Schwager. Keiner sagte ein Wort. Die Frau hinterm Tresen hatte sich in den hintersten Winkel ihrer Loge verkrochen.

Joachim befreite seinen Arm aus Viktors Griff, drehte sich brüsk um und steuerte auf den Ausgang zu. Hulda rannte die Treppe hinunter, hinter ihm her.

»Joachim! Warte! Joachim!«

Viktor blickte um sich. Er fühlte sich unbehaglich und fehl am Platze. Offenbar war alles vorüber. Da sagte auch schon Herr Lange:

»Geh'n wir, Herr Doktor. Es ist vorbei.«

Viktor hatte eigentlich so wenig wie möglich von der Szene in der Thielallee erzählen wollen, aber Roses Beharrlichkeit war er nicht gewachsen. Noch am selben Abend wußte sie über jede Einzelheit Bescheid. Sie genoß die Vorstellung, wie Hulda dagestanden hatte, eine ertappte Sünderin, gedemütigt vor Zeugen. Ihr Triumph wurde freilich dadurch geschmälert, daß keine Nachricht aus Steglitz kam, eine Scheidung oder auch nur eine Trennung betreffend.

»Will denn Joachim gar nichts unternehmen?«

»Das weiß ich nicht«, sagte Viktor. »Ich frag' ihn auch nicht. Es ist allein seine Sache.«

»Aber er kann doch nicht mit ihr weiterleben, als wäre nichts geschehen! Du mußt mal mit ihm sprechen, Viktor.«

Viktor weigerte sich. »Ich misch' mich nicht weiter in seine Angelegenheiten. Ich frage mich, ob ich mich nicht schon zu viel eingemischt habe. Es ist nicht angenehm für einen Mann, wenn sein Intimstes so auf den offenen Markt kommt. Und wir haben ihn ja sozusagen damit überfallen. Hoffentlich nimmt er es mir nicht übel.«

Rose sah das nicht ein: »Wie kann er dir das übelnehmen? Wenn du mich betrügen würdest, wäre ich jedem dankbar, der mich aufklärt.«

»Rose!« rief Viktor erschrocken und versuchte vergebens dagegen anzukämpfen, daß ihm das Blut in den Kopf stieg. Er wurde über und über rot. Aber Rose merkte es nicht.

»Das ist ja nur ein Beispiel. Bei uns geht es nicht zu wie bei Joachim und Hulda. Mit einem Kunden! Und der Ehemann steht sich im Geschäft die Beine in den Bauch, damit sie ihre Absteige bezahlen kann. Pfui Teufel! So eine Frau jagt man davon. Wenn ich du wäre, Viktor ...«

Aber auf dem Ohr hörte Viktor nicht. Rose wandte sich an ihre Schwiegermutter. Die alte Dame weinte ein bißchen.

»Wer hätte das gedacht, daß sie meinem guten Jungen so was antut. Sie war doch früher immer so nett. Erst Grethe, und nun Joachim. So was gab's zu meiner Zeit nicht. Ja, du hast recht, er wird sich wohl scheiden lassen müssen. Ich soll ...? Nein, Rose, das tu ich nicht. Das kannst du nicht von mir verlangen. Ich würde ja sterben vor Scham, wenn ich mit Joachim über so was reden müßte.«

Es war nichts zu machen, bei Viktor nicht und nicht bei der alten Dame. Rose sagte:

»Na schön, wenn ihr nicht wollt, dann laßt Joachim sitzen in seinem Sumpf. Aber das schwöre ich euch: In meine Wohnung kommt mir diese Person nicht mehr. Wenn Joachim kommen will – bitte sehr. Aber diese Hulda kenne ich nicht mehr.«

Zu Weihnachten wurden nicht, wie sonst, mit den Steglitzern Grüße ausgetauscht und auch keine Einladungen. Auch suchte Viktor nicht, wie in den anderen Jahren, die Drogerie seines Bruders auf, um ein paar Geschenke für Rose und die Mutter zu erwerben. Joachim hatte noch immer nichts von sich hören lassen, und Viktor konnte seine Hemmungen nicht überwinden. Aber die alte Frau Markwart fuhr nach Steglitz. Sie war gewöhnt, einen der Festtage bei ihrem älteren Sohn zu verbringen, und wollte herausfinden, wie es unter den augenblicklichen Verhältnissen damit stand. Sie brachte Nachrichten heim, die Rose in strahlende Laune versetzten.

»Joachim läßt sich scheiden. Hulda ist nicht mehr da. Ich bleibe an allen Weihnachtstagen zu Hause. Joachim feiert mit Grethe und Herrn Graf. Die kommen also diesmal nicht zu uns. Und ich soll schöne Grüße ausrichten. Joachim sagt, wir sehen uns im neuen Jahr, wenn diese ganze unangenehme Geschichte vorüber ist.«

»Na siehst du, Vati«, sagte Rose.

»Wenn Joachim aber kommt«, sagte Viktor warnend, »dann fängst du nicht von der Geschichte an, bevor er es tut – falls er es tut. Kein Wort über Hulda oder den Detektiv.«

»Was denkst du denn von mir!« empörte sich Rose. »Wofür hältst du mich denn?«

»Na ja. Ich wollte es bloß gesagt haben, damit wir uns da nicht mißverstehen.«

Joachim kam an einem Frühlingssonntag 1925, fröhlich lärmend wie immer. Er überreichte dem entzückten Harald einen riesengroßen Teddybären, umarmte seine Mutter, gab Rose die Hand und puffte Viktor in die Rippen.

»Na, altes Haus? Dann spendier mal deinem großen Bruder eine Zigarre und einen guten Cognac.«

Es wurde ein gemütlicher Nachmittag. Alle saßen um den ovalen Tisch im Eßzimmer, tranken Kaffee und aßen von Roses selbstgebackenem Kuchen, den Joachim sehr lobte. Von Hulda wurde nicht gesprochen.

Danach ließ sich Joachim monatelang nicht sehen. Viktor rief ihn manchmal an, vom eigenen Telefon, das es in der Lichterfelder Wohnung inzwischen auch gab. Aber Joachim schmetterte nur:

»Keine Zeit, Junge, keine Zeit. Gedulde dich noch ein bißchen und entschuldige mich bei den Damen. Ich komme bestimmt, ich muß nur noch was erledigen.«

»Was hat er bloß?« wunderte sich Viktor. »Er klingt immer so, als wäre er eben dabei, die Quadratur des Zirkels zu lösen, und wollte uns mit dem Resultat überraschen.«

»Er hat eine Freundin«, sagte Rose.

»Wie kommst du denn darauf? Er ist gerade erst geschieden.«

»Eben drum. Lehr mich die Männer kennen. Trau, schau, wem.«

Viktor lachte. »O du vielerfahrene, weise Frau.«

An einem spätsommerlichen Wochenende tauchte Joachim wieder auf, unangemeldet und sichtlich sehr vergnügt. Die Familie saß in der Gartenlaube beim Kaffee. Joachim setzte sich dazu und schaute eine Weile zu Harald hinüber, der in seiner Sandkiste eine Burg baute. Dann sagte er:

»Ich heirate nächste Woche.«

»Junge!« rief die alte Frau Markwart. Rose sagte:

»Na? Wer hat recht gehabt?«

Viktor fragte:

»Wer ist die Glückliche? Kennen wir sie?«

»Ihr kennt sie«, bestätigte Joachim. »Ich heirate Anna. Anna Fischer! Sagt bloß, ihr erinnert euch nicht an Frau Fischer.«

»Die Frau aus deinem Laden?«

»Richtig, Rose, die Frau aus meinem Laden. Hast du was dagegen?«

»Joachim«, sagte Rose beschwörend, »das kann unmöglich dein Ernst sein.«

»Warum nicht? Sie ist Witwe, und ich bin geschieden. Beide sind wir allein. Also, weshalb sollen wir unsere Rucksäckchen nicht nebeneinander stellen? Sie mag mich, und ich mag sie. Sie ist auch sehr hübsch.«

Rose rang um Fassung. »Aber Joachim! Man heiratet doch nicht seine Ladenhilfe. Eine Frau, weit unter deinem Niveau. Das ist doch keine Frau für einen Markwart!«

»Laß doch, Rose«, bat die alte Dame.

»Mutter, nein. Da kommt er ja vom Regen in die Traufe. Er hat sich doch nicht darum von Hulda scheiden lassen, damit er jetzt ...«

»Rose, bitte!« sagte Viktor laut und fest. »Dieses Thema berühren wir nicht. Und wir machen auch niemandem Vorschriften, wer geheiratet wird und wer nicht. Wir bekommen eine neue Schwägerin, und die heißen wir willkommen. So wie du einmal willkommen geheißen wurdest in der Familie. Lieber Joachim, gratuliere von Herzen. Ich hoffe, du wirst recht glücklich mit deiner Anna.«

Rose verstummte pikiert. Aber auch Joachim hatte seine gute Laune eingebüßt. Die Stimmung dieses schönen Nachmittags war unwiederbringlich dahin. Man mühte sich noch eine Weile um ein Gespräch, aber es wurde nichts Rechtes daraus, und Joachim ging.

Die alte Frau Markwart sagte, daß sie sich nicht wohl fühle, und zog sich in ihr Zimmer zurück. Viktor sah Rose an und schüttelte den Kopf.

»So was kannst du nicht machen, Rose. Du mußt doch damit rechnen, daß er es ihr wiedersagt. Du schaffst dir eine Feindin in ihr, noch bevor sie unsere Schwägerin geworden ist.«

»Findest du es richtig, daß Joachim seine Ladenputze heiratet? Und wir sollen sie empfangen, als ob sie unseresgleichen wäre? Aber du stößt dich ja offenbar nicht daran. Du hast dich ja auch nicht gescheut, mich mit ihr auf eine Stufe zu stellen!«

»Was meinst du damit?«

»Du hast gesagt, ich soll sie willkommen heißen, wie ich selbst mal willkommen geheißen wurde. Oder hast du das vielleicht nicht gesagt?«

»Erinnerst du dich nicht mehr, wie es dich gekränkt hat, als Grethe dir damals das herzliche Willkommen verweigerte? Und jetzt willst du dasselbe mit Joachims Anna machen? Woher nimmst du eigentlich den Hochmut, über andere Leute zu richten und zu bestimmen, wer wen heiraten darf und wer gut genug ist für die Markwarts? Du warst so ein liebes, kleines Mädchen, als ich dich kennenlernte. Wie bist du bloß so herrschsüchtig geworden, daß du alle kommandieren willst?«

Rose brach in Tränen aus. Der kleine Harald kam gelaufen und umarmte seine Mutter.

»Ist Vati böse?«

»Da siehst du, was du anrichtest«, sagte Viktor. »Jetzt wird auch noch das Kind hineingezogen.«

Er stand auf und ging ins Haus. Rose versuchte, den Jungen zu beschwichtigen, was aber nicht ganz gelang. Sie sprach an dem Tag kein Wort mehr mit Viktor und an den folgenden zwei Tagen nur das Nötigste. Am dritten Tag vertrugen sie sich wieder, ohne sich jedoch wirklich zu einigen. Immerhin ließ Rose sich das Versprechen abringen, Anna liebenswürdig zu empfangen, wenn sie zum ersten Besuch nach Lichterfelde käme.

16 / Im Oktober 1924 kam ein Brief von Male Pohlenz, der nicht mit einer polnischen, sondern mit einer deutschen Marke frankiert war. Rose fiel das sofort auf, und sie schaute nach dem Absender. Er lautete: Pohlenz, Quackow, Bezirk Bublitz, Kreis Neustettin, Pommern. Male schrieb:

Liebe Rose!

Endlich ergreife ich die Feder und teile Dir mit, daß wir von zu Hause weg sind. Auch Großvater mit Emma. Auch August und Hermann mit Familien. Leben jetzt in Pommern. Es war ja für uns nicht mehr auszuhalten, wie wir schikaniert wurden, weil wir doch deutsch optiert haben. Georg hatte uns aus Schneidemühl geschrieben, wir sollten kommen, weil es zu Hause doch keine Zukunft für uns gibt. Was sollen die Kinder machen? Georg hat ein Fahrradgeschäft mit Werkstatt und eine schöne Wohnung. Da haben wir Hirschhagener zuerst alle geschlafen. Auf dem Fußboden, dicht wie die Heringe. Es war ein richtiges Feldlager. Den anderen hat Georg woanders Quartier gemacht. Dann haben wir uns ansiedeln lassen. Das sind so ehemalige Güter, die hat man aufgeteilt an die Vertriebenen. Viel ist es ja nicht, bloß so um die 15 Morgen. Vorher hatten wir doppelt so viel, und Bruno hat immer noch mehr gewollt, das kann er jetzt vergessen. Aber wir haben doch genug fürs tägliche Brot und ein Dach über dem Kopf, wenn auch ein kleines. Früher haben die Gutsarbeiter drin gewohnt. Otto hat Schmied gelernt und kann ein paar Groschen dazuverdienen.

Gottfried muß seine Stellmacherlehre hier fertig machen, er war bei August in der Lehre, bevor wir vertrieben wurden. Heinz ist noch zu klein, erst neun. Und die Mädchen müssen in den Dienst, außer Charlotte, die ist auch erst zwölf. August will sich wieder selbständig machen, wahrscheinlich in Bublitz. Hermann hat sich in Vurchow ansiedeln lassen, das ist der Nachbarort. Da ist auch unsere Kirche. Noch was Trauriges: Großvater ist tot. Als er aufbrechen wollte, sind Polen gekommen und haben seinen Wagen geplündert. Er war wohl nicht beliebt bei den Polen, weil er immer so von oben herab zu ihnen gewesen ist. Da haben sie ihm auch die große Truhe weggenommen, die immer im Schlafzimmer gestanden hat und wo nur immer er den Schlüssel zu hatte. Wir denken, daß er da sein Geld drin bewahrt hat. Niemand durfte dran, auch Mutter nicht, Deine Großmutter. Von ihr weiß ich, daß er viele goldene Zwanziger gesammelt hat. Ich hab in meine Ehe nichts mitgekriegt, und Bruno hat oft getobt. Und nun ist es weg, alles haben die Polen. Großvater war nach der Plünderei ganz gebrochen, hat immer bloß so dagesessen und nichts gesagt. In Schneidemühl ist er dann gestorben. Emma war außer sich, weil sie ja nun auch bettelarm ist. Sie ist zu den Prebenows zurück, die auch von Vandsburg weg sind und jetzt in Neustettin wohnen. Liebe Rose, wenn Du uns besuchen willst, dann bist Du willkommen. Ich würde auch gern mal meinen Enkel sehen.

Deine Mutter.

Viktor sagte: »Das würde ich machen an deiner Stelle, Rose. Nicht jetzt, vor dem Winter. Aber im nächsten Jahr, wenn das Wetter wieder schön ist. Was heißt keine Lust? Es ist immerhin deine Familie. Und bist du denn gar nicht neugierig?«

Rose verzog das Gesicht. »Ich werd' mich da in die Kate setzen, wenn ich es zu Hause so schön habe! Und meine Familie heißt Markwart. Die da sind höchstens Verwandte. Bei denen war ich nie zu Hause. Aber da könnt' ich ja beinahe wieder an Gottes Gerechtigkeit glauben. Jetzt sind sie gestraft für alle ihre Gemeinheiten.«

»Aber Rose!« sagte Viktor mit sanftem Tadel. »Du bemühst den lieben Gott wirklich mit einem großen Rundumschlag, bloß um ein, zwei Personen zu treffen. Was haben dir deine Geschwister getan? Oder die beiden Brüder deiner Mutter?«

»Stimmt«, gestand Rose ein, »die haben mir nichts getan. Für die tut's mir leid. Aber Mutter und Bruno ...« Sie lachte. »Wenn ich mir vorstelle, wie die sich bosen, weil ihnen Großvaters Geld durch die Lappen gegangen ist – besonders Bruno, den habe ich oft schimpfen hören, weil Mutter keine Mitgift gekriegt hat. Bruno hätt's ja doch bloß versoffen, da muß ich Großvater recht geben. Na«, sagte sie triumphierend, »mir hat er hundert Mark gegeben, als ich damals nach Babelsberg wollte.«

»Es ist doch aber ein großes Unglück gewesen für den alten Herrn«, gab Viktor zu bedenken. »Ein ganzes Leben gearbeitet und es zu was gebracht, und dann mit – wie alt war er? – also mit vierundsiebzig auf der Straße, ohne Haus, ohne Hof und ohne einen Pfennig Geld. Der alte Mann tut mir leid.«

Rose warf ihrem Mann einen mißtrauischen Blick zu. Seit der Gerichtsverhandlung vor einem halben Jahr und den darauffolgenden Szenen konnte sie solche Bemerkungen nicht ohne Argwohn hören. Wenn das eine Anspielung auf das Schicksal der Schwiegermutter war ... Rose spannte sich, zur Abwehr bereit. Aber Viktor äußerte nichts dergleichen. Er gab Rose den Brief zurück und sagte nur: »Du kannst es dir ja überlegen. Vielleicht fährst du doch hin.«

Rose war sehr reizbar geworden. Es genügte schon, daß die alte Frau Markwart ein betrübtes Gesicht machte, und schon verlor sie ihr Gleichgewicht. Sie vertrug keinen Vorwurf. Wenn jemand kritisierte, was sie gesagt, getan oder veranlaßt hatte, dann schwankte der Boden unter ihren Füßen, denn sie unterschied nicht zwischen ihren Handlungen und ihrer Person. Sie lebte, wenn sie recht bekam; ein Tadel vernichtete sie. Die Einrede anderer in ihre Sphäre löste jedesmal ein Drama aus.

Seit die alte Frau Markwart vom gebenden zum nur noch empfangenden Mitglied des Haushalts geworden war, wurde sie von dem Wunsch getrieben, sich nützlich zu machen. Sie kam jetzt öfter in die Küche, um beim Kartoffelschälen, Gemüseputzen, Geschirrspülen zu helfen. Manchmal, wenn Rose vom Einkauf zurückkehrte, fand sie die Schwiegermutter in voller Tätigkeit beim Vorbereiten einer Mahlzeit. Rose beschwerte sich bei Viktor:

»Da schleicht sie sich hinter meinem Rücken in die Küche. Ich will das nicht. Sie kann es nicht. Sie hat es ja in Jahrzehnten nicht tun müssen. Sie bringt mir bloß alles durcheinander. Mir wird ganz schlecht, wenn ich sehe, wie umständlich sie ist. Aus jeder Meile macht sie sieben Viertel. Und wie sie mit den Zutaten aast! Das kostet viel zuviel, und es ist auch nicht gesund. Rede du mal mit ihr.«

Viktor versuchte abzuwiegeln. »Sei doch ein bißchen nachsichtig, Rose. Verstehst du denn nicht, sie hat das Bedürfnis, durch Handreichungen zu ersetzen, was sie an Geld nicht mehr beisteuern kann. Das gibt ihr das Gefühl, daß sie doch auch zum Haushalt beiträgt.«

»Das fuchst mich ja gerade«, zankte Rose, »daß sie mir dauernd ihre Armut unter die Nase reibt! Wenn ich sehe, wie sie mit ihren gichtigen Händen an den Kartoffeln rumschält, viel zu dick die Schale übrigens – also das ist doch der lebendige Vorwurf! Immer warte ich darauf, daß sie von dem Haus anfängt, und daß ich schuld bin am Verkauf.«

Viktor seufzte. »Ach, Rose, du machst es einem aber

auch schwer. Kein Mensch wirft dir was vor, und Mutter schon gar nicht. Bezieh doch nicht immer alles auf dich. Wenn Mutter zu tun hat, fühlt sie sich nützlich und hat keine Zeit zum Grübeln. Dann ist sie auch heiterer. Verurteile sie nicht zur Untätigkeit. Tu's mir zuliebe.«

»Bei mir läuft alles nach einem genauen Plan. Bei ihr dagegen ...«

Schließlich ließ Rose sich überreden, der alten Dame hin und wieder ihren Platz am Herd einzuräumen. Sie selbst verließ dann freilich die Küche und verzog sich mit dem Stopfkorb oder der Bügelwäsche ins Wohnzimmer. Sie mochte nicht dabeisein, wenn die Schwiegermutter die Vitamine aus dem Gemüse kochte – so Roses Behauptung – oder den Fischsud in den Ausguß schüttete, aus dem Rose selbst eine leckere Soße bereitet hätte. Aber in Gedanken stand sie dauernd hinter der ungeschickten Köchin, und der *modus vivendi* hielt nicht lange. Eines Tages wollte die alte Frau Markwart einen Nachtisch zubereiten und öffnete dafür ein Glas mit eingekochten Blaubeeren. Sie hatte nicht bemerkt, daß die Beeren in Gärung übergegangen waren. Als sie am Gummiring des Weckglases zog, wurde der Deckel förmlich weggesprengt, und eine blaulila Fontäne zischte aus dem Gefäß: gegen die Decke, auf die Möbel, in die Gardinen und in das schlohweiße Haar der alten Dame. Rose hörte den Schreckensschrei, eilte in die Küche und schrie nun auch:

»Das darf doch nicht wahr sein! O mein Gott, mein Gott! Vorige Woche habe ich die Decke geweißt, mir tun jetzt noch Arme und Hals weh! Und die Gardine ist seit gestern dran! Und überall die Blaubeeren, auf dem Kasseler und auf dem Sauerkraut, und die Kartoffeln sind ganz lila! Und dein Haar! Wie soll das je wieder rausgehen?«

Unter vielen Tränen der alten und großem Lamento der jungen Frau wurde das Ärgste beseitigt. Die Gardinen wanderten sofort in ein Essigbad, und gleich am nächsten

Tag rückte Rose der Küchendecke mit neuer Farbe zu Leibe. Unerbittlich nahm sie die Zügel wieder in die eigenen Hände und verscheuchte die Schwiegermutter für immer vom Herd. Auf Viktors Bitte ließ sie wenigstens zu, daß die alte Dame den Abwasch besorgte.

»Meinetwegen. Aber ich zieh' mich zurück. Sie braucht drei Stunden, wofür ich eine halbe brauche. Das kann ich nicht mit ansehen.«

Doch auch das brachte Ärger. Eines Sonntags kamen, unangemeldet, Grethe und Herr Graf. Sie waren bei Bekannten aus Grethes Rathauszeit zu Tisch gewesen und wollten die Gelegenheit nutzen, der alten Mutter und natürlich auch der jungen Familie guten Tag zu sagen. Grethe zog die Augenbrauen hoch, als sie ihre Mutter am Spültisch fand, während Rose mit schlafverschwollenen Augen und zerdrücktem Haar von der Wohnzimmer-Couch auffuhr. Als sie dann alle im Eßzimmer den schnell bereiteten Kaffee tranken, sagte Grethe:

»Verzeiht, Viktor und Rose, ich bin weit davon entfernt, euch Vorschriften machen zu wollen. Aber ist es richtig, daß Mutter in ihrem Alter Sonntag nachmittag um halb vier in der Küche abwäscht und Rose derweil Mittagsschlaf hält?«

Es folgte eine erregte Richtigstellung durch Rose, eine hoch und heilige Versicherung seitens der alten Dame und eine ruhige Erläuterung aus Viktors Mund. Als die Gäste gegangen waren, fauchte Rose:

»Da habt ihr's! Wie steh' ich jetzt da? Natürlich hat sie kein Wort geglaubt! Und natürlich wird sie's rumtragen, brühwarm und überall! Die arme, alte, ausgebeutete Frau und die herzlose, faule Schwiegertochter! Der nächste, der davon anfängt, wird Joachim sein, wartet bloß ab! Aber jetzt ist Schluß! Mutter, du arbeitest nicht mehr in der Küche!«

Die alte Frau weinte. Viktor redete zum Guten, kam

aber nicht richtig zu Wort und zog sich schließlich in sein Herrenzimmer zurück. Der kleine Harald kam und umarmte die Oberschenkel seiner Mutter, denn an ihren Hals langte er noch nicht. Rose hockte sich nieder und riß das Kind in ihre Arme.

»Ja, du, du bist mein Sonnenschein. Du bist der einzige, der die Mutti richtig liebhat, nicht wahr, mein Bübchen?«

Es machte dem Kleinen angst, daß so wenig Liebe in der Familie sein sollte. Aber das wagte er nicht zu sagen. Er nickte heftig und vergrub sein Gesichtchen an Roses Schulter.

Äußerlich kehrte bald wieder Frieden ein, aber unter der Oberfläche schwelte die Verstimmung fort. An einem der ersten Wochenenden des Jahres 1925 saßen sie alle um den Tisch in der warmen Küche. Auch Viktor, der sonnabends nur halben Dienst machen mußte, war dabei. Donnerstag und Freitag hatte Rose, unterstützt von Frau Karsunke, der Portierfrau, ihre große Wäsche erledigt, und so war ihr nur der Sonnabend vormittag für den Hausputz zum Sonntag geblieben. Deshalb gab es nun zu Mittag bloß einen Eintopf.

Mit einemmal sagte die alte Frau Markwart:

»Meinst du nicht, Rose, die grünen Bohnen müßten doch etwas länger kochen? Sie scheinen mir ein bißchen zu fest.«

Rose, ohnehin von zweieinhalbtägiger Schwerarbeit gerädert, explodierte.

»Ich brauch' keine Belehrungen von einer, die Bohnen grundsätzlich zu Mansch kocht!«

»Ich mache es, wie ich's zu meiner Zeit gelernt habe«, erwiderte die alte Dame gekränkt und bekam einen roten Kopf.

»Das ist aber jetzt meine Zeit!« schrie Rose. »Und mein Haushalt! Hier wird gemacht, was ich für richtig halte!«

»Rose!« mahnte Viktor. »Nicht diesen Ton. Bitte doch etwas mehr Respekt vor meiner Mutter.«

Rose ließ ihre Gabel klirrend auf den Tellerrand fallen und sprang auf. »So! Du nimmst also Partei gegen mich! Soweit sind wir also, daß mein eigener Mann ...«

Laut aufschluchzend riß sie Harald von seinem Stuhl, preßte ihn an sich und stürzte aus der Küche, die Wendeltreppe hinauf. Viktor und die alte Frau Markwart sahen einander entgeistert an. Gleich darauf hörten sie die Wohnungstür ins Schloß fallen. Viktor sprang auf und eilte nach oben. Als er zurückkam, war er ganz blaß.

»Sie ist weggelaufen, mit dem Kind. Ihr Mantel hängt nicht an der Garderobe und Haralds auch nicht.«

Er schüttelte den Kopf. »Was verspricht sie sich davon? Und wozu das Ganze? Ein Streit um grüne Bohnen – lieber Gott!«

»Sie wird schon wiederkommen«, sagte die alte Dame ängstlich.

»Natürlich kommt sie wieder. Wo soll sie denn hin? Sie tobt sich aus, und dann kommt sie zurück. Laß uns weiteressen, Mutter. Aber wenigstens den Jungen hätte sie da rauslassen können«, setzte er hinzu.

Sie stocherten noch eine Weile im Essen herum, dann ließen sie es. Keiner hatte mehr Appetit. Sie warteten, Stunde um Stunde. Rose kam nicht. Gegen fünf, als es schon stark dunkelte, hielt Viktors es nicht mehr aus. Er ging sie suchen. Er lief durch alle Straßen erst in der näheren, dann in der weiteren Umgebung. Mit der Taschenlampe leuchtete er durch die Parkanlagen am Teltowkanal, auf alle Bänke und hinter die Büsche. Gegen sieben lief er nach Hause.

»Sind sie hier?«

Keine Rose, kein Harald. Gegen acht läutete Viktor an der Wohnungstür des Portiers.

»Tut mir leid, Sie zu stören, Herr Karsunke, aber – meine Frau ist weg. Mit dem Kind. Schon seit zwei Uhr mittags, und ich kann sie nicht finden. Ich mache mir jetzt ernste Sorgen. Können Sie mir suchen helfen, Sie und Ihre Frau?«

»Jewiß doch, Herr Dokter. Wir zieh'n uns ehmt mal bloß wat über.«

Während sie sich in Mantel, Schal und Mütze hüllten, sagte Frau Karsunke leise zu ihrem Mann:

»So'n Mann wie der, der beißt sich doch sonste lieber die Zunge ab, eh'r der sowat and're Leute erzählt. Und wenn der nu wat sacht, und wenn der ausjerechnet uns wat von sacht, denn musset schlimm sein. Ick sare dir, Walter, der Mann ist er-schüt-tert! Wie kannse ihm sowat antun, und denn noch mitt'n Kind wech! Det Luder!«

Viktor und die Karsunkes suchten bis halb zehn. Sie fanden keine Spur. Frau Karsunke sagte:

»Besser, Se jeh'n nach Hause, Herr Dokter, und rufen nu de Pollezei an.«

»Ja«, sagte Viktor, »vielleicht haben Sie recht. Ich wollte ja großes Aufsehen lieber vermeiden. Aber so, wie's aussieht ... Darf ich darauf hoffen, daß Sie beide ...«

»Jewiß doch, Herr Dokter, ick tratsche nischt aus, und mein Walter ooch nich, dafür lej' ick die Hand in's Feuer.«

Schweren Herzens trat Viktor den Rückweg an. Auf dem Parterreabsatz dankte er den beiden Karsunkes, die über die Hintertreppe in ihre Souterrain-Wohnung hinabstiegen. Er wollte gerade den Schlüssel ins Schloß der eigenen Wohnungstür stecken, da hörte er draußen das schmiedeeiserne Gartentor klappen.

Er wartete. Die Haustür öffnete sich, und in ihrem Rahmen erschien Rose, an der Hand Harald mit frostroter Nase, völlig übermüdet und in Tränen.

Viktor schloß die Tür auf, ließ Frau und Kind hinein,

half beiden aus dem Mantel. Die alte Frau Markwart eilte herbei.

»Bitte, Mutter, bring Harald ins Bett.«

Viktor schob Rose ins Wohnzimmer und drückte sie in einen Sessel. Dann drehte er sich um, trat ans Fenster und schlug beide Hände vor sein Gesicht. Seine Schultern bebten.

»Viktor«, sagte Rose zaghaft und, als er nicht antwortete, etwas lauter: »Viktor! Weinst du?«

Sie stand auf und ging zu ihm hinüber. Als sie sah, daß er tatsächlich weinte, brach sie auch in Tränen aus.

»Es tut mir leid. Es tut mir so leid!«

»Wo bist du bloß gewesen?« fragte Viktor aus der Höhlung seiner Hände heraus.

»Auf dem Friedhof«, schluchzte Rose.

»Friedhof?«

»Auf dem Parkfriedhof in Lichterfelde-Süd. Da bin ich herumgegangen. Schließlich war es schon ganz spät, und Harald fing an zu weinen. Da bin ich nach Hause gegangen.«

Viktor ließ die Hände sinken.

»Mit dem kleinen Kind! Fast acht Stunden! Und ich habe gesucht und gesucht! Das darfst du nie wieder tun, Rose, nie wieder!«

»Nie wieder«, flüsterte Rose und schmiegte sich in Viktors Arme.

Unten in der Portierwohnung sagte Frau Karsunke zu ihrem Mann:

»Weeßte, watter nu müßte machen? Er müßt' ihr saren: Mach det noch eenmal, denn fliechste raus, achtkantich und für imma. Da scheidet mir jeder Richter, und det Kind krichste ooch nich, denn 'ne Frau, die ihr kleenet Kind durch de Nacht schleppt, bloß um den Mann eens auszuwischen, die ist 'ne Rabenmutter und kann nich erzieh'n. Sollst mal seh'n, wiese denn würde kuschen. So müßter reden. Aber er wird nich. Denn warum? Er hat'n zu weichet Herz, und sie is'n Aas. Und darum isse ihn über.«

»Kann sind«, sagte Walter Karsunke. »Aber du bist ooch nich von Pappe.«

Frau Karsunke hatte, wie die Leute sagten, Haare auf den Zähnen. Das mußte sie wohl auch, denn ohne die Kämpfernatur, mit der sie ausgestattet war, hätte sie geringe Chancen gehabt, am Leben zu bleiben. Sie stammte aus einer Kellerstube in Pankow, die sie mit Vater, Mutter und am Ende elf Geschwistern hatte teilen müssen. Der Vater war Hilfsarbeiter gewesen, einer, der selten Beschäftigung, aber immer Schnaps hatte, in der Regel einen widerlich stinkenden Fusel. Die Mutter schleppte ständig zwei, drei Rotzgören am Rock und eines im Bauch. In einem Hintergebäude, quer über den Hof, stand der Familie ein Plumpsklo zur Verfügung und daneben ein Gelaß mit einem Herd, das »Küche« genannt wurde. Zu essen gab es selten regelmäßig und noch seltener genug. Die Kinder trugen die alten Sachen auf, die mitleidige Seelen ihnen schenkten. Wurden sie krank, blieben sie ihrer eigenen Abwehrkraft überlassen, mit der sie allerdings sämtlich gesegnet waren. Keines starb. Sie wurden zwar zur Schule geschickt, blieben ihr aber häufig fern und wandten ihre Zeit lieber daran, ein paar Groschen zu verdienen oder auch zu stehlen. Keines hatte ordentlich schreiben gelernt, aber rechnen konnten sie alle.

Wie zum Ausgleich für die Misere, in die sie hineingeboren wurden, hatten die Eltern sie mit klingenden Namen versehen, durchweg Lesefrüchte aus den Groschenheftchen, die Nachbarsfrauen aus den besseren Etagen der Mutter manchmal überließen. Manch einer fand das unpassend und war damit nicht ganz im Unrecht. Denn es kam zu Szenen wie dieser, da die Mutter aus dem

Kochgelaß trat, die Arme in die Seiten gestemmt, und quer über den Hof kreischte:

»Adelheid! Adelheid! Du Saustück hast wieder inne Küche jeschissen!«

Und eine Kinderstimme brüllte zurück:

»Nee, Mutter! Ick nich! Det war Edelgard! Edelgard hat inne Küche jeschissen!«

Die spätere Frau Karsunke, Nummer sieben in der Geschwisterreihe, hatte den Namen Pamela erhalten, mit Betonung auf dem ›e‹. Pamela machte sich aus dem Keller davon, sobald sie konnte, also mit Vierzehn. Sie fand eine Stelle als Dienstmädchen. Fest entschlossen, etwas Besseres aus sich zu machen, als ihre Mutter war, gab sie auf ihren Umgang acht. Sie hielt sich von den Kerlen fern, die ihr nur mal eben unter den Rock wollten. Lieber verzichtete sie auf Tanz und Sonntagsfahrt in den Grunewald, als daß sie sich weggeworfen hätte. Sie schaute nach einem ordentlichen Mann, der regelmäßig arbeitete und sein Geld zu Hause ablieferte.

Sie fand ihn ein Jahr nach Kriegsende, da war sie gerade achtzehn. Walter Karsunke arbeitete bei der Reichsbahn, er »jing uff Strecke«, wie er sagte, jedoch mit der Aussicht, demnächst auf einen besseren Posten gehoben zu werden. Darauf wartete Pamela. Zwei Jahre später wurde der Streckenarbeiter Karsunke zur Sperre am Vorortbahnhof Lichterfelde-Ost versetzt, um dort die Fahrkarten der Zusteigenden zu knipsen und die der Aussteigenden einzusammeln. Der Dienst »inne Wanne«, wie die Eisenbahner sagten, war wesentlich angenehmer und brachte auch mehr ein. Im Monat darauf wurde aus Pamela Frau Karsunke.

Frau Karsunke tat zielstrebig den nächsten Schritt. Sie suchte eine Portierstelle, die dem gemeinsamen Leben eine solide Basis geben und ihr ermöglichen würde, zum Haushalt beizutragen. Sie fand eine bei Herrn und Frau

Geheimrat im Haus am Hindenburgdamm. Vom ersten Vierteljahr 1922 an sorgte Frau Karsunke dafür, daß die Treppenläufer allwöchentlich geklopft, Keller, Flur und Hof gefegt, Waschküche und Trockenboden gereinigt, die gepflasterten Wege um das Haus sauber gehalten wurden. Herr Karsunke erledigte kleinere Reparaturen, für die man nicht unbedingt einen Handwerker brauchte. Abends um zwanzig Uhr schlossen Herr oder Frau Karsunke mit dem Riesenschlüssel das schmiedeeiserne Gartentor und die Haustür ab und verriegelten den Ausgang zum Hof. Morgens um sechs öffneten sie alles wieder.

Für diese Dienste wohnten sie mietfrei im Souterrain, zwei Stuben, Küche, Toilette. Außerdem erhielten sie ein Monatsgeld, nicht sehr hoch, aber immerhin. Frau Karsunke besserte diese Bezüge auf, indem sie in den Haushalten half, vorzugsweise bei den Geheimrats und bei der Familie Markwart. Sie bekam dafür vierzig Pfennig in der Stunde und kam im Monat auf Beträge zwischen fünfundzwanzig und dreißig Mark.

Herr Karsunke empfand tiefen Respekt vor der Tüchtigkeit seiner Frau. Er überließ ihr ohne den leisesten Protest die Verwaltung des gemeinsam verdienten Geldes und richtete sich auch sonst nach dem, was sie für richtig hielt. Er fuhr ja auch gut dabei. Etwaigen Frotzeleien, zum Beispiel seitens der Kollegen, beugte er dadurch vor, daß er Frau Karsunke hin und wieder in ruppigen Wendungen ihren Charakter vorhielt. Davon konnte er dann »uff Arbeet« erzählen, und es diente ihm und den anderen als Beweis, daß zu Hause er die Hosen anhatte.

Eines Tages teilte Walter Karsunke seiner Frau mit, er habe vor, der kommunistischen Partei beizutreten. Sie musterte ihn kühl:

»Wozu?«

»Wieso nich? Wähl'n tu ick se sowieso, kann ick ooch eintreten.«

»Und wat versprichste dir davon?«

»Solidarität.«

»Det heeßt, dette dir hast von die andern bequatschen lassen. Paß uff, dette mit die richt'jen Leute solidarisch bist. Du und Kommune, da schmeißen dir Jeheimrats zum Tempel raus, und die schöne Stelle sind wa los, samt Wohnung. Du trittst nich ein. Wähl'n kannste, watte willst. Wähl'n is jeheim.«

Herr Karsunke blieb parteilos, vorerst jedenfalls.

Bald nach dem Einzug der Portierleute hatte Viktor vorgeschlagen, Frau Karsunke zur Hilfe heranzuziehen. Immerhin waren sie vier Personen, die große Wohnung verschlang die Kräfte der Hausfrau, besonders wenn man ans Teppichklopfen dachte und an den Riesenberg große Wäsche alle vier Wochen.

»Bezahlen können wir's doch.«

Aber es war nicht vorrangig die Kostenfrage, die Rose zögern ließ. Sie spürte Abneigung gegen Frau Karsunke, ohne Viktor recht erklären zu können, was ihr an der fleißigen und reinlichen Person mißfiel. Sie griff auf ein Wort zurück, das sie in frühen Kindertagen von ihrer Großmutter gehört hatte.

»Rote Haare und Ellernholz wachsen auf keinem guten Grunde.«

In der Tat trug Frau Karsunke einen fuchsroten Schopf, dessen Üppigkeit sie in einem dicken Knoten einfing. Ihr Teint war milchzart, wie oft bei Rothaarigen, und von ein paar lustigen Sommersprossen getupft. Ihre Brauen waren von dunklerer Farbe als das Haar, was eine sehr befriedigende Wirkung erzeugte, und ihre Augen grün, ähnlich wie Roses Augen. Im ganzen gab das eine sehr ansehnliche Erscheinung ab, neben der Herr Karsunke, eher ein Hutzelmännchen, sich kaum behaupten konnte.

Viktor hielt den Großmutter-Spruch für blanken Unsinn und wollte darauf wetten, daß Rose selbst nicht daran glaubte. Worum also ging es wirklich?

»Sie hat so was von Hochhinauswollen. Dabei ist sie so gewöhnlich. Wer so ungebildet ist, der sollte sich bescheiden.«

»Na, laß sie doch. Wenn sie ein bißchen was erreichen kann, warum nicht. Freie Bahn dem Tüchtigen. Wir wollen ja auch was erreichen. Außerdem sollst du mit ihr nicht Freundschaft schließen, sondern sie zur Arbeit anstellen.«

»Sie ist auch oft so naßforsch.«

Aber dann überwogen doch die Vorteile. Eine brauchbare Hilfe im Haus zu haben, fast jederzeit verfügbar, das war schon eine Bereicherung. Außerdem hütete Frau Karsunke den kleinen Harald, wenn es nötig war. Dafür nahm sie nichts. Sie mochte den Jungen, und der ging gern zu den Karsunkes. Er liebte die bärbeißigen Scherze, mit denen ihn Herr Karsunke traktierte, und naschte begeistert in Frau Karsunkes Küche. Rückhaltlos bewunderte er die Drucke mit den Elfenreigen an den Wohnstubenwänden, auch den braunen Aschenbecher aus Keramik, der von einem großen Keramikzwerg gehalten wurde, gar nicht zu reden von dem singfreudigen Kanarienvogel in seinem Bauer. Harald fand es bei Karsunkes viel interessanter als zu Hause. Zeitweilig war er mehr im Souterrain als in der elterlichen Wohnung, und wenn Karsunkes Familientag hatten, saß Harald mit roten Backen dabei, wurde für voll genommen und fühlte sich dazugehörig. Und wie großartig war es erst, wenn Frau Karsunke mit ihm zum Bahnhof ging, wo Herr Karsunke in der Wanne saß und zwei abgefahrene Karten für sie raussuchte, mit denen Harald und Begleiterin richtig in der Eisenbahn fahren konnten!

Rose stellte bald fest, daß Frau Karsunke eine vorzügliche Hilfe war. Viktor hatte recht gehabt. Aber Rose auch.

Es dauerte nicht lange, bis Frau Karsunke ihr auch jene Seite zukehrte, die Rose als Schattenseite ansah.

Die beiden Frauen standen in der Waschküche, rieben Laken und Bezüge über die großen Rubbelbretter und suchten sich die Arbeit durch ein Schwätzchen zu versüßen. Frau Karsunke erzählte von ihren Dienstjahren und knüpfte daran eine Grundsatzbetrachtung über Mädchenerziehung. Es lief darauf hinaus, daß es einem jungen Ding nicht schade, hart herangenommen zu werden, weil sich das später im eigenen Haushalt auszahle.

Zu dieser Rede schwieg Rose erst eine Weile und sagte dann prätentiös:

»Sie mögen recht haben, Frau Karsunke, obwohl ich da nicht so mitreden kann. In unseren Kreisen ist es nicht üblich, daß Frauen arbeiten, in Stellung, meine ich.«

Frau Karsunke ließ das Wäschestück fahren, das sie eben rubbelte, und sah Rose groß an.

»Nu machen Se mal halblang, Frau Dokter. Sie sind doch früher selber arbeeten jejang'n. Det wissen wa doch. Wat soll denn det.«

Mit verpreßten Lippen wandte Rose sich weg. In der nächsten halben Stunde sprach keine ein Wort.

Eine Luftveränderung würde Rose guttun, fand Viktor. Sie war doch erheblich mit den Nerven herunter. Also, weshalb nicht der Einladung der Mutter folgen und zwei, drei Wochen in Pommern bleiben? Andere Umgebung, andere Menschen, das würde Rose auf neue Gedanken bringen, und dem Kleinen konnte die Landluft auch nichts schaden. Viktor begann zu drängen.

Der Hinweis auf den Jungen erschütterte Roses Abwehr. Harald war über den ganzen Winter 1924/25 von Erkältungskrankheiten heimgesucht worden, man mußte etwas unternehmen, um ihn zu kräftigen. Ein Klimawechsel also. Rose schrieb einen Brief nach Quackow, erhielt Antwort und bereitete sich und das Kind auf die Reise vor. In der zweiten Maihälfte brachen sie auf.

Es war eine mühselige Fahrt, denn Rose mußte zweimal umsteigen, einmal in Stettin und einmal in Belgard, immer mit dem Koffer in der einen und Harald an der anderen Hand. Von Belgard aus fuhr eine bimmelnde Kleinbahn, die auch in Bublitz hielt. Rose schaute sich um. Mein Gott, was für ein Kaff! Kaum mehr als ein größeres Dorf, dagegen war Vandsburg ja fast eine Großstadt gewesen! Noch nie vorher hatte sie sich so intensiv als Hauptstädterin gefühlt. Sie war eine Berlinerin, dem Himmel sei Dank, und hier nur zu Besuch, so wie sie mit Harald den Zoo besuchte, wo man die exotischen Tiere bestaunte und die Art, wie sie lebten und sich bewegten.

Jenseits des mickrigen Stationsgebäudes, auf der kopfsteingepflasterten Straße, wartete Otto mit einem Leiterwagen. Rose hätte den Bruder fast nicht erkannt. Als sie 1917 die Lebensmittel zu ihrer Hochzeit geholt hatte, war Otto ein fünfzehnjähriger Junge gewesen, und sie hatte ihn nur flüchtig vor dem Abschied gesehen. Jetzt mußte er dreiundzwanzig sein, ein ausgewachsener junger Mann. Und ein netter Kerl, das merkte Rose, als Otto sich dem Kind zuwandte. Er sprach freundlich mit Harald, nicht mit dem herablassenden Überlegenheitsgehabe, wie es Erwachsene so oft Kindern gegenüber an den Tag legten; eher wie ein liebevoller älterer Bruder. Der Kleine faßte auch sofort Zutrauen und stellte eine Menge Fragen, die Otto geduldig beantwortete. Rose und Harald konnten es sich im Wagen auf Decken und Kissen bequem machen, dafür hatte Otto gesorgt. Er selbst kutschierte im Stehen.

»Ich hab' noch keinen in deinem Alter gesehen, der so gut mit Kindern umgehen kann«, sagte Rose, als sie über die Chaussee nach Süden rollten. Sie war erstaunt, die Straße asphaltiert zu finden, während sie doch eher einen

Sandweg erwartete hatte. Wieso eigentlich, da sie doch aus ihrer westpreußischen Heimat ordentliche, gepflegte Fahrstraßen kannte? Wahrscheinlich hatte sie das Asylland der Vertriebenen mit ihrem Schicksal gleichgesetzt. Der Auszug nach Pommern war mit Verlust und sozialem Abstieg verknüpft, da lag es nahe, sich die Provinz als ärmlich zu denken.

»Was sagst du, Otto? Entschuldige, ich war mit meinen Gedanken woanders.«

»Ich hab' gesagt, ich kann nicht bloß mit Kindern gut umgehen. Ich tu es auch gern, es freut mich einfach. Am liebsten wäre ich Lehrer geworden. Aber Mutter war dagegen. Vater auch. Schade. Schmied liegt mir eigentlich nicht so besonders. Aber wir können's jetzt natürlich gut brauchen, in unserer Lage.«

»Ach nee«, sagte Rose, »du also auch. Sie fragen keinen, sie bestimmen einfach. Weißt du, daß ich auch mal Lehrerin werden wollte? Das ist schon lange her, da warst du erst sieben. Mich haben sie auch nicht gelassen. Na, ich bin ihnen weggelaufen und hab' was aus mir gemacht. Hättest auch weglaufen sollen.«

Otto lächelte. »Vielleicht, aber ich glaube, mir liegt das nicht. Ich werd' ja wohl auch mal die Wirtschaft übernehmen. Georg ist zwar der Ältere, aber ich kann mir nicht vorstellen, daß er sein Geschäft aufgibt für die Klitsche. Dazu geht es zu gut, und er hat zu viel Erfolg. Ich werd' nie so erfolgreich sein wie Georg.«

Das schien ihn aber nicht zu betrüben. Weder Stimme noch Gesicht hatten sich bei seinen Worten geändert. Otto schaute freundlich wie zuvor. Rose sagte:

»Bist ein guter Kerl, Otto. Und so sanftmütig, das paßt gar nicht in die Familie. Wahrscheinlich schlägst du nach unserer Großmutter Barbeknecht, die war auch sehr lieb. Von Mutter hat du das jedenfalls nicht und ganz gewiß nicht von deinem Vater.«

»Schon möglich«, sagte Otto.

Der Weg nach Quackow betrug zwölf Kilometer oder etwas mehr, und Otto hatte nur ein Pferd vor dem Wagen. Das andere wurde, wie er Rose wissen ließ, zu Hause benötigt. So brauchten sie eine gute Stunde, ehe sie von der Chaussee ab- und in eine Seitenstraße einbogen, die sie in das Herz von Quackow führte. Weit hinten am Ende der Straße leuchtete ein großes, weißgeputztes Gebäude, das ehemalige Gutshaus, wie Otto mitteilte. Jetzt war eine landwirtschaftliche Schule darin untergebracht. Rechts und links der Zufahrtstraße reihten sich niedrige Häuser, jedes mit einem Hofplatz hinter sich, dessen rückwärtige Begrenzung von einem Scheunen- und Stallgebäude gebildet wurde. Vor einem der Häuschen rechter Hand hielt der Wagen an, und Otto sprang ab, um das Tor im hölzernen Zaun zu öffnen.

Rose war peinlich berührt. Wie jammervoll klein nahm sich das aus! Es hielt keinem Vergleich mit Hirschhagen stand, von Lilienhecke gar nicht erst zu reden, und die Anlagen dort waren Rose nach ihrem Weggang auch schon wenig imponierend erschienen. Und darauf wollte Otto seine Zukunft gründen? Lehrer hatte er werden wollen, und sie hatten ihn in die Schmiedelehre gezwungen. Die lernten einfach nichts dazu, diese Pohlenze.

Rose nahm sich zusammen und setzte ein strahlendes Gesicht auf, als sie ihrer Mutter ansichtig wurde.

Male sagte: »Na, da bist du ja. Siehst gut aus, bißchen blaß vielleicht. Na ja, die Stadt. Und das ist dein Sohn? Hübsches Kind, alles was recht ist. Aber noch blasser als du. Der muß raus an die frische Luft. Und von unsrem guten Brot essen und von der guten Butter und der Wurst. Ja, das gibt's alles wieder bei uns, wenn's auch sonst nicht alles gibt, was wir mal hatten. Wie heißt du denn, Kind? Harald? Na, guten Tag, Harald, gib mal das Händchen, ich bin deine Großmutter.«

»Ich hab' auch eine Großmutter zu Hause«, verkündete Harald.

»Jeder Mensch hat zwei Großmütter«, sagte Rose hastig, ehe Harald fortfahren konnte. Das fehlte noch, daß er jetzt ein Loblied auf die Berliner Oma anstimmte.

Hinter Males Rücken drückten sich zwei Kinder herum. Die größere, das mußte Charlotte sein, die Rose vor vielen Jahren bei den Nachbarn in Verwahrung gegeben und dort im Stich gelassen hatte. Und der Bengel neben ihr, das war wohl Heinz, Mutters Herzblatt. Der Bengel trat jetzt vor und wandte sich an Harald:

»Ich hab' Kaninchen, sechs große, und zwei davon haben Junge, fünf Kaninchenkinder. Willst du mal sehen?«

Harald wollte, und die beiden Jungen liefen davon. Otto nahm Roses Koffer, und sie gingen ins Haus. Male führte die Tochter herum, aber viel gab es nicht zu sehen. Da war die Küche zur Hofseite, klein, wie zu erwarten gewesen. Zwei Stuben auf der Straßenseite, in der einen schliefen Male und Bruno, in der anderen Charlotte und Heinz. Später, erklärte Male, würde das mal die Ausgedingestube werden. Otto hauste in einem Bodenverschlag.

»Und die anderen?« erkundigte sich Rose.

»Ist keiner hier«, sagte Male. »Die Mädchen sind auswärts im Dienst, und Gottfried arbeitet bei August in der Stellmacherei. In Bublitz. Wohnt auch da. Wenn eins der Kinder mal kommt, müssen wir ein Lager in der Küche machen. Oder in der Scheune, wenn Sommer ist.«

»Aber wo wollt ihr dann uns unterbringen?«

»Wir nehmen Charlotte in die Schlafstube, und Heinz kann so lange bei Otto unterschlüpfen. Ihr kriegt die Betten der Kinder.«

»Aber soviel Umstände, Mutter. Wenn ich gewußt hätte ...«

»Unsinn. Tun wir doch gern. Wenn man will, geht alles.«

Rose fühlte sich unbehaglich. Sie hatte längst vergessen, wie es ist, wenn man mit zu vielen Menschen in zu wenigen Räumen wohnen muß. Und kein Bad. Nicht einmal eine Wasserleitung, das Wasser mußte aus der Pumpe vom Hof geholt werden. Und der Weg zum Plumpsklo im Holzhäuschen quer über den Hofplatz, am Misthaufen vorbei. Ach du schöne Lichterfelder Wohnung! Fürstlich wohnte man dort, verglichen mit hier.

Aber nun war sie einmal hergereist, nun mußte sie das beste daraus machen. Sie setzte sich mit der Mutter an den Küchentisch und fragte sie aus. Was hatten die Auswanderer mitnehmen dürfen, was anschaffen müssen? Aus welchen Mitteln hatten sie die Neukäufe bezahlt?

Den Hausrat hatten sie mitgebracht, hochgetürmt auf dem Leiterwagen, mit dem Rose abgeholt worden war. Kleidung und Wäsche. Das Vieh? Bloß die beiden Pferde, die den Wagen gezogen hatten. Kühe und Schweine waren zurückgeblieben, auch das Federvieh. Sie waren bedroht worden, als sie versuchten, die Tiere mitzutreiben. Damit wirtschaftete jetzt der polnische Hofnachfolger. Die Geräte hatten sie auch nicht mitnehmen dürfen. In Quackow waren sie dann mit diesem oder jenem aus dem Bestand des ehemaligen Gutes ausgestattet worden, aber vieles mußten sie neu kaufen. Wovon?

»Kredite«, sagte Male und seufzte. »Sie haben uns Kredite gegeben. Da werden wir unser Leben lang abzahlen müssen. Die Raten sind nicht unchristlich, aber immerhin – Schulden. Mein Leben lang hab' ich nie Schulden gehabt.«

Diesen Kummer verstand Rose besser als jeden anderen. Da wäre sie auch unglücklich gewesen, wenn sie auf Kredit hätte leben sollen. Wieder dachte sie an daheim. Verglichen mit den Verhältnissen hier war sie selbst und war ihre Familie geradezu reich. Gut, daß sie sich das hier mal angesehen hatte. Sie würde sich nachher viel mehr über ihren Wohlstand freuen können.

Sie packte aus, was sie mitgebracht hatte. Schürzen für die Mutter, ein paar Garnituren Bettwäsche, Handtücher, zwei Arbeitshemden für Bruno. Male freute sich.

»Das ist praktisch gedacht. Das können wir alles gut brauchen. Dank dir schön.«

Dann besichtigte Rose die Baulichkeiten hinten am Hof. Eine kleine Scheune, nun ja. Im Stall war Platz für sechs Kühe, doch gab es bis jetzt nur vier. Der Koben im Hintergrund beherbergte zwei ausgewachsene Schweine und eine Sau mit Ferkeln. Die Hühner und Enten, die über den Hof liefen, konnte Rose nicht zählen, doch gewahrte sie auch zwei Gänse.

»Ich zieh' mir noch mehr«, sagte Male, die Roses Blick bemerkt hatte.

Hinter der Scheune breitete sich, wie einst in Hirschhagen, ein Stück Garten aus, natürlich auch kleiner als im alten Dorf. Male zog darin Gemüse, auch ein bißchen Obst. Alles war propper und gepflegt, wie Male es immer gehalten hatte. Wenn man ihr genug Zeit ließ, würde sie wohl auch die Quackower Klitsche zu einem Anwesen machen, das man herzeigen konnte.

Offenbar hatte Male dasselbe gedacht. »Wart noch ein paar Jahre«, sagte sie, »dann sieht das hier schon anders aus. Wir sind ja immer noch am Anfang.«

»Und Bruno?« fragte Rose.

»Du willst wissen, ob er noch so viel säuft«, sagte Male ruhig.

»Mutter, ich ...«

»Natürlich willst du das wissen. Was sonst? Nein, nicht mehr wie früher. Irgendwie hat er sich berappelt. Na, du wirst ja sehen, wenn er vom Feld kommt. Du sagst also jetzt Bruno zu ihm? Früher hast du Vater gesagt.

Schon gut, reg dich nicht auf. Mir ist das egal. Ist ja keine Beleidigung, ihn Bruno zu nennen.«

Rose dachte daran, wie Bruno sie gezwungen hatte, ihn Vater zu nennen. Jedesmal, wenn sie das aussprach, war es eine Lüge gewesen. Sie würde das nie wieder über die Lippen bringen. Wenn er Krakeel machte, würde sie abreisen.

Aber Bruno krakeelte nicht, als er, Otto an der Seite, von der Außenarbeit heimkam. War er früher explosiv gewesen, so gab er sich jetzt eher mürrisch. Es schien, als hätte er in den niederdrückenden Erlebnissen, die hinter ihm lagen, seinen Schwung verloren. Er gab Rose die Hand, muffelte ein »Tach« und setzte sich zum Essen an den Tisch. Von Harald nahm er erst Notiz, als Male ihn auf das Kind hinwies. Ein ungemütlicher Patron, aber seine Muffelei war immer noch besser als sein Terror von einst.

In den folgenden Tagen sah Rose sich im Dorf um. Quackow bestand, wie sie entdeckte, nicht nur aus der doppelten Häuserzeile vor dem Gutsgebäude. Rund herum gab es noch eine ganze Anzahl Gehöfte, doch schätzte Rose die Einwohnerzahl insgesamt auf nicht mehr als zweihundert – falls es überhaupt so viele waren. Verständlich, daß ein solcher Ort keine eigene Kirche besaß und die Quackower zum Gottesdienst nach Vurchow hinüberfahren mußten. Immerhin gab es eine Schule, die auch von Charlotte und Heinz besucht wurde. Rose begleitete die kleinen Geschwister ein-, zweimal auf dem Schulweg und betrachtete nachdenklich das unscheinbare Haus mit dem schmutzigroten Ziegeldach. Es ähnelte der Schule, in die sie selbst gegangen war: ein Klassenzimmer und die Lehrerwohnung daneben. Nur war das Hirschhagener Gebäude, wie alles dort, größer gewesen.

Spätestens am vierten Tag begann Rose sich zu langweilen. Dieses Kuhdorf! Es bot aber auch gar keine Anregung. Harald dagegen war begeistert. Besonders die Tiere hatten es ihm angetan. Er jubelte, wenn die Küken hinter den Glucken hertrippelten, bestaunte die Ferkel und fütterte eifrig die Kaninchen. Er lief mit, wenn Charlotte die Kühe hüten ging, und schwoll vor Stolz, wenn Otto ihn für ein paar Minuten auf eines der Pferde hob. Aber seine ganze Seligkeit war Heinz, an dem er mit einer Leidenschaft hing, die Rose nicht begriff. Harald konnte es kaum abwarten, daß Heinz aus der Schule zurückkehrte. Er war dauernd an seiner Seite, um mit ihm zu spielen oder mit ihm die Arbeiten zu teilen, die man auch dem Jüngsten schon zuwies. Heinz ließ es sich lachend gefallen. Und Male mit ihrer Schwäche für das Nesthäkchen rechnete es Harald an, daß er ihre Neigung teilte. Sie war freundlich, ja sogar herzlich zu dem Enkelkind und stopfte Harald mit Leckereien voll.

Rose sah es kommen, daß sie drei, mindestens aber zwei Wochen, in Quackow ausharren mußte. Harald würde protestieren, wenn sie versuchte, den Aufenthalt abzukürzen. Womit auch sollte sie die Sinnesänderung der Mutter gegenüber begründen?

Sie fuhr dann aber doch eher, und den Grund dafür lieferte Bruno. Am siebenten Tag, einem Sonntag, saß Bruno auf der Bank, die an der Hofseite des Hauses stand, und ließ sich von der Sonne bescheinen. Neben ihm lag sein Hut. Harald kam, setzte sich dazu und fing an, mit dem Hut zu spielen.

»Laß das. Finger weg.«

Bruno nahm Harald den Hut fort und legte ihn wieder auf die Bank. Kurz darauf griff der Junge zum zweiten Mal nach dem Hut.

»Du hörst wohl schwer?«

Harald legte den Hut hin und schielte in Brunos Gesicht. Bruno schloß die Augen, die Sonne blendete ihn.

Harald faßte den Hut und setzte ihn auf seinen Kopf; er rutschte ihm bis auf die Nase. Das Kind lachte fröhlich.

»Verfluchter Lausebengel! Ich werd' dich lehren!«

Bevor Brunos erhobene Faust auf Harald niedersausen konnte, war Rose heran und riß ihren Sohn an sich.

»Wag es!« schrie sie Bruno an. »Wag es bloß, den Jungen auch nur mit dem kleinen Finger anzurühren! Das hast du mit mir machen können, du brutaler Schläger, du versoffenes Mistvieh! Mich hat ja keiner beschützt, wenn du auf mich losgedroschen hast, du Verbrecher! Aber mit meinem Kind machst du das nicht! Versuch's nur! Ich hetz' dir die Polizei auf den Hals! Ich bring' dich in's Gefängnis, du Scheißkerl!«

Zitternd vor rasender Wut, rannte sie ins Haus und zog Harald hinter sich her. Mit fliegenden Händen holte sie den Koffer unter dem Bett hervor und stopfte die Sachen hinein, hastig und ungeordnet. Male, tief betroffen, rief nach Otto:

»Spann an. Fahr sie zur Bahn.«

Und zu Rose: »Es tut mir leid.«

Rose nickte. Sie kämpfte mit den Tränen.

»Leb wohl, Mutter. Ich weiß nicht, ob wir uns wiedersehen. Bestimmt nicht hier, jedenfalls nicht, solange ich hier Bruno treffe. Vielleicht besuchst du uns mal in Berlin.«

Unterwegs, auf dem Wagen, schluchzte sie gottserbärmlich. Auch Harald heulte, er war unglücklich, weil man ihm von einem Moment zum anderen seinen Heinzi entrissen hatte. Otto sagte:

»Das ist ja eine Tränenfuhre, die ich hier befördern muß. Was ist denn los mit euch? War es wirklich so schlimm, Rose, daß du mit einem derartigen Krach abgehen mußtest?«

»Du verstehst das nicht«, weinte Rose. »Du kannst das nicht verstehen. All die schlimmen Jahre, in denen ich ein Kind war und denen ausgeliefert. Immer in Angst vor dem nächsten Schlag und dem nächsten Schimpf. Zehn Jahre ohne Liebe.«

»Wir anderen haben auch unseren Backs gekriegt«, sagte Otto. »Mutter war damit schnell bei der Hand, das weiß ich so gut wie du. Und wenn Vater voll war, dann haben wir uns alle verkrochen. Aber so schwer wie du hat das keiner von uns genommen.«

»Ach ihr«, würgte Rose hervor, »was wißt denn ihr. Ihr wart die richtigen Kinder, die ehelichen. Ich bin unehelich, das weißt du doch. Das Hurenbalg war ich, das hat dein Vater unserer Mutter wieder und wieder vorgeschmissen, in den übelsten Ausdrücken. Er hat mich gehaßt, und sie hat er es entgelten lassen. Was meinst du, wie einem Kind zumute ist, wen man ihm immer wieder sagt, wie überflüssig und unerwünscht es ist? Ich hasse Bruno. Und ich hasse auch Mutter, die mich nie vor ihm beschützt hat.«

Da sagte Otto nichts mehr.

Es war schon mitten in der Nacht, als Rose in Berlin ankam. Vor dem Stettiner Bahnhof warteten die Taxen, und Rose gönnte sich eine. Mit dem Gefühl tiefster Erleichterung schloß sie Gartentor und Haustür auf. Den Koffer ließ sie erst einmal im Flur stehen und schleppte den schlafenden Harald in die Wohnung und in sein Bett. Sie versuchte, ganz leise zu sein, aber die alte Frau Markwart hatte sie doch gehört und steckte den Kopf aus ihrem Zimmer.

»Rose, du? Mitten in der Nacht und ohne Nachricht? Ist was passiert?«

»Nein. Oder doch. Nichts, was ich erklären kann. Ach, Mutter, ich bin so froh, wieder zu Hause zu sein. Hier gehöre ich her, nirgendwohin sonst.«

Stürmisch umarmte sie die Schwiegermutter und küßte sie auf beide Wangen, was die alte Dame unendlich verblüffte.

Viktor schlief fest und tief, als sie sich neben ihn legte. Er entdeckte erst nach dem Weckerklingeln am nächsten Morgen, daß er seine Frau wiederhatte. Rose teilte ihm kurz, aber eindringlich die wichtigsten Einzelheiten ihres gestrigen Erlebnisses mit. Viktor schüttelte den Kopf.

»Ein besonderes Herzchen, dieser Pohlenz, das muß ich sagen. Du hast vielleicht ein bißchen überreagiert, aber ich verstehe dich. Jedenfalls freue ich mich, daß du wieder da bist.«

Der einzige, der sich nicht freute, der sich regelrecht weigerte, sich zu freuen, war Harald. Er vermißte Heinz und konnte sich nicht damit abfinden, daß man ihn so jäh von diesem wertvollen Gefährten getrennt hatte. Er plärrte und knatschte und sperrte sich gegen jeden Versuch, ihn zu trösten. Schließlich fuhr Rose nach Steglitz und kaufte im Woolworth-Warenhaus eine große Sofapuppe im Matrosenanzug. Die gab sie dem Kind und sagte:

»Sieh mal, Schätzchen, das ist Heinzi.«

Harald akzeptierte den neuen Heinzi sofort. Entzückt drückte er die Puppe an sich, die fast so groß war wie er selber. Sie rangierte fortan noch vor dem Teddybären, den Joachim ihm geschenkt hatte, und teilte viele Jahre lang Nacht für Nacht sein Bett.

17 / Rose gab sich Mühe, ihre neue Schwägerin Anna nicht vor den Kopf zu stoßen, so wie sie es Viktor versprochen hatte. Sie bot alle Herzlichkeit auf, deren sie fähig war, fragte Anna mit munterer Eindringlichkeit nach ihrem Ergehen, ihrer Verwandtschaft, ihrem Tun und Lassen und quittierte jede Antwort mit angestrengtem Interesse. Unvermeidlich tat sie dabei des Guten zuviel, und Anna hätte ein Holzklotz sein müssen, um nicht

zu merken, daß Rose es nicht ehrlich meinte. Übrigens bedurfte Anna zu dieser Erkenntnis gar nicht erst der Komödien am Lichterfelder Kaffeetisch. Joachim hatte, wie vorausgesehen, nicht an sich halten können und seiner Braut bei nächster Gelegenheit Kunde gegeben von dem, was Rose von der geplanten Heirat hielt. Anna hatte entsprechend reagiert.

»Wenn ich da hingehe, dann tue ich es nur deinetwegen, Joachim. Damit du nicht in Schwierigkeiten kommst mit deiner Familie. Aber das sag' ich dir, wenn diese Dame mir dußlig kommt, dann kriegt sie von mir eins in die Zähne.«

Nach dem ersten Treffen urteilte sie:

»Dein Bruder ist nett. In der Nähe noch netter als früher aus der Ferne. Diese Rose ist eine Zumutung. Soviel Getue und Geziere! Wahrscheinlich hält sie das für die feine englische Art. Und dabei lügt sie einem die Hucke voll, sie meint ja gar nicht, was sie sagt. Ich möchte bloß wissen, wie sich deine Mutter in dieser Atmosphäre fühlt. Glaubst du, daß sie glücklich ist mit der Schwiegertochter?«

Joachim wußte es nicht. Er hatte darüber noch nie nachgedacht. Aber nachdem Anna es erwähnt hatte, begann er zu zweifeln, daß es der Mutter in Roses Haushalt nach Verdienst und Billigkeit ginge.

Rose sagte zu Viktor:

»Sie ist so gewöhnlich. Ich begreife nicht, was Joachim an ihr findet.«

»Nun, sie ist doch eine sehr ansehnliche Person.«

»Eine billige Schönheit. Sie hat so einen vulgären Ausdruck im Gesicht, der macht alles zunichte. Wahrscheinlich geht's überhaupt nur um – na, du weißt schon. Ich wette, damit hält sie ihn. Womit denn sonst? Bildungsmäßig ist er ihr doch haushoch überlegen.«

Viktor schwieg. Rose hatte den wunden Punkt ihrer eigenen Ehe berührt. Konnte es sein, daß sie gar nicht merkte, was sie da sagte? Jedenfalls war darauf keine Antwort möglich, ohne eine endlose Auseinandersetzung heraufzubeschwören.

»Sag doch auch mal was, Viktor!«

»Soviel ich weiß, hat sie sich sehr viel Mühe gegeben, dazuzulernen, in Kursen und so. Sie liest auch viel, sagt Joachim. Und sie drückt sich auch recht ordentlich aus für eine Arbeitertochter. Nicht zu vergessen ihre Tüchtigkeit im Geschäft. Ich glaube, sie schmeißt den Laden besser als Joachim.«

»Dazu gehört ja auch nicht viel«, sagte Rose, unzufrieden, weil Viktor dem Kern ihres abschätzigen Urteils ausgewichen war. »Ich hoffe, ich muß sie nicht allzu oft sehen.«

Joachims zweite Ehe blieb kinderlos wie seine erste. Aber die Heirat mit Anna machte den Fünfundvierzigjährigen auf der Stelle zum Großvater. Anna war selber erst einundvierzig, doch hatte sie früh geheiratet, mit siebzehn, und ein Jahr darauf ihren ersten Sohn geboren. Das war 1902. Ihr zweiter Sohn starb schon als kleines Kind an Diphterie, und bald darauf wurde sie Witwe. Anna wandte ihre ganze unverbrauchte Liebe auf den Sohn, der ihr geblieben war. Mit zweiundzwanzig Jahren schwängerte Kurt Fischer seine Freundin Irene und heiratete sie. Im April 1925, ein halbes Jahr, bevor Anna Frau Markwart wurde, kam ihr Enkel Gumprecht zur Welt. Die entzückte Großmutter vergötterte das Kind, und um seinetwillen liebte sie auch die Schwiegertochter.

Joachim akzeptierte den Anhang seiner Frau nicht nur, er ging vollkommen auf in der neuen Familie. Rose mißbilligte das.

»Was hat er mit denen zu schaffen? Das sind doch Fremde, keine Markwarts. Er hat sogar ein Testament zu ihren Gunsten gemacht. Jedenfalls prahlt Anna damit. Unser Harald sollte ihm doch näherstehen.«

»Was hat Joachim schon zu vererben«, sagte Viktor. »Laß ihn doch. Er muß mit ihr leben, da muß er sich auch mit ihr vertragen.«

»Ein Getue macht die mit ihrer Brut! Sogar mit der Schwiegertochter. Und dann – Gumprecht! Was ist denn das für ein Name?«

»Ein blöder Name«, bestätigte Viktor. »Aber jeder, wie er mag. Was haben wir mit dem Geschmack der Fischers zu schaffen?«

Hier irrte Viktor. Das erwies sich rund zwölf Monate nach Joachims Hochzeit. An einem Oktobersonntag 1926 kam die alte Frau Markwart von einem ihrer turnusmäßigen Besuche aus Steglitz zurück und erzählte:

»Joachim ist jetzt in der SA.«

»Was?« Rose fuhr auf, wie von der Tarantel gestochen. »Hast du SA gesagt, oder hab' ich mich verhört?«

»So hab' ich's verstanden«, sagte die alte Dame erschrocken. »Ist das was Schlimmes? Das kann es doch nicht sein, wenn Joachim dabei ist.«

»Viktor! Hast du gehört? Joachim ist in die SA eingetreten. Mutter kommt eben aus Steglitz zurück. Los, Mutter, erzähl' Viktor, was du mir gesagt hast.«

Viktor glaubte es nicht. »Wie kann er in die SA eintreten? Die ist doch verboten.«

»Nicht mehr«, sagte Rose. »Seit vorigem Jahr gibt's die wieder. Liest du denn keine Zeitung?«

»Aber – Joachim bei dem Schlägerhaufen? Das kann ich mir nicht vorstellen. Der paßt doch gar nicht dahin. Mutter wird was mißverstanden haben.«

Aber die alte Dame hatte nichts mißverstanden. Rose, der das keine Ruhe ließ, fuhr bei nächster Gelegenheit nach Steglitz, suchte Joachims Drogerie auf und verwikkelte den Schwager in ein längeres Gespräch. In düsterem Triumph kehrte sie heim.

»Was ich dir gesagt habe, Viktor, Anna ist Joachims

Unglück. Die ganze Fischerei läuft dem Hitler nach. Kurt Fischer ist schon seit 1923 in der SA, noch vor dem Putsch in München, du weißt doch, also da ist er schon eingetreten. In dieser Partei ist er auch – wie heißt die? Richtig, NSDAP. Seine Irene hat's ihm gleich nachgemacht, und natürlich die Mutter. Anna findet ja alles anbetungswürdig, was ihr Sohn tut. Jetzt ist sie sogar noch päpstlicher als der Papst und hat keine Ruhe gegeben, bis sie Joachim auch drin hatte. Das Enkelkind ist nicht getauft, sondern irgendwie unter 'ner deutschen Eiche geweiht. Völkische Namensgebung, oder wie sie das nennen. Kein Wunder, daß er so blödsinnig heißt. Gumprecht!«

Viktor war schockiert. »Daß Joachim sich zu so etwas hergibt! Das hätte ich nie für möglich gehalten. Diese Anna! Da ist er ja mit Hulda besser dran gewesen.«

»Na, ich weiß ja nicht«, sagte Rose pikiert.

»Jedenfalls ist das unter seiner Würde«, befand Viktor. »Ich werde mal mit ihm reden.«

»Da wirst du weit kommen«, höhnte Rose. »Diese Politik wird im Bett gemacht, da wett' ich drauf. Was hast du dagegen zu bieten? Du bist bloß der Bruder.«

Viktor gestand sich ein, daß seine Frau wahrscheinlich den Nagel auf den Kopf getroffen hatte. Wie sollte man sonst erklären, daß einer der Markwarts sich freiwillig unter die Proleten begab? Viktor war doch nun weiß Gott ein national gesinnter Mann. Aber als ein anständiger Deutscher wußte er eben, wo die Grenzen waren, besonders die nach unten. Es gab Vereinigungen und Formationen, in die man eintreten konnte, und solche, bei denen jede Mitgliedschaft sich verbot. Dafür mußte man ein Gespür haben. Viktor hatte es, das walte Gott! Joachim hatte es offensichtlich nicht.

Viktor war Anfang 1920, rund ein Jahr nach seiner Entlassung vom Militär, dem Bund der Frontsoldaten beigetreten, der sich Stahlhelm nannte. Nicht kriegerischer

Geist hatte ihn dazu bewogen. Viktor spürte nichts Kriegerisches in sich. Die Idee stammte von Rose.

»Wir haben so gar keine gesellschaftlichen Beziehungen, Viktor, ausgenommen die mit Rosenfelds. Aber wir müssen doch auch mal ausgehen und Feste feiern. Warum trittst du nicht in den Stahlhelm ein? Die veranstalten eine Menge. Und aufnehmen müssen sie dich. Du bist lange genug Soldat gewesen.«

So wurde Viktor Stahlhelmer. Er fühlte sich wohl unter den alten Kameraden, mit denen er einige seiner Erfahrungen und die meisten seiner Ansichten teilte. Sie alle liebten ihr Vaterland, aber das, dem sie gedient hatten, nicht diese verrottete Republik. Alle waren enttäuscht von der Niederlage und klagten um den Verlust deutscher Größe. Der Raub so vielen deutschen Landes durch die Feindmächte, der wirtschaftliche Niedergang und der verheerende Mangel an aufrechter Gesinnung taten den Stahlhelmerherzen weh. Das Gemeinschaftserlebnis im Bund tat ihnen wohl. Viele der Männer waren arbeitslos oder unter Wert beschäftigt, aber selbst das ließ sich, Schulter an Schulter mit den Kameraden, leichter ertragen. Manch einem konnte auch geholfen werden, durch die Beziehungen eines anderen oder, bei den Ärmsten, durch Spenden in Geld und Sachwerten, die ständig gesammelt und gern gegeben wurden. Auch Viktor spendete regelmäßig, und Rose widersprach nicht.

»Der Himmel verhüt's, aber wenn wir sie selbst einmal brauchen …«

Zu den Stahlhelmtreffen ging Viktor in seiner alten Uniform, zunächst jedenfalls. Später nahm er Anstoß daran, daß einige der Kameraden so viel schmucker uniformiert waren. Es gab sogar welche mit wundervollen Stiefeln aus Juchtenleder, während Viktor gar keine richtigen Stiefel besaß. Die alten aus den Kriegsjahren waren längst ruiniert, und für neue hatte er kein Geld. Er behalf sich mit umgeschnallten Wadenröhren, die wenigstens optisch seine Halbschuhe zu Stiefeln verlängerten. Auch fand er, daß es der Kameradschaft abträglich sei, wenn man per Achselstück und Litzen die alten Rangunterschiede zur Schau stellte. Schließlich trugen alle gleichermaßen am allgemeinen Schicksal. Je mehr Jahre vergingen, desto deutlicher bevorzugte Viktor Zivil. Das taten außer ihm noch andere, zumindest in den lokalen Unterformationen der westlichen und südwestlichen Stadtteile, wo die Bürger dominierten. Übrigens hatten viele inzwischen auch Speck angesetzt.

Was Rose anging, so schätzte sie besonders die Abende mit Damen, bei denen auch getanzt wurde. Sie genoß es, sich hübsch zu machen und fein anzuziehen. Wenn sie in den Augen der Männer las, daß sie gefiel, weitete das ihr Herz, aber sie hätte es niemals zugegeben. Doch noch Jahre später erzählte sie mit mühsam kaschierter Freude von dem Kompliment, das sie von einem der Stahlhelmkameraden eingeheimst hatte:

»Da hat der doch zur mir gesagt: Meine Gnädigste, Sie haben die entzückendsten Grübchen, die ich je an den Ellenbogen einer Frau sah. Grübchen im Gesicht hat jede, auch Sie, Gnädigste, und zwar ganz reizende. Aber die Grübchen an Ihren Ellenbogen können mich glatt meine Kontenance vergessen lassen. Ich habe ihn natürlich zurechtgewiesen. Mein Herr, habe ich gesagt, ich glaube Sie sollten aufhören zu trinken, Sie reden unverantwortliches Zeug.«

In Wirklichkeit hatte Rose die gewagte Schmeichelei willig geschluckt, wenn sie auch nicht darauf eingegangen war. Aber sie hatte entzückt gekichert, bevor sie sich sittsam abwandte.

In der Adventszeit gab es alljährlich eine Veranstaltung für die Kinder der Kameraden. Im Kerzenlicht riesiger Tannen wurde gesungen, die Jüngsten sagten Gedichte auf, und jedes Kind erhielt einen Teller mit Süßigkeiten sowie ein Geschenk. Im Alter von vier durfte Harald zum ersten Mal dabeisein. Er fand es großartig und stapfte tapfer nach vorn, als Sankt Nikolaus in rotem Mantel und weißem Bart seinen Namen aufrief. Mit seinem Geschenk allerdings konnte er nichts anfangen; er bekam ein gespendetes Buch, »Mümmelmann« von Hermann Löns, und er konnte doch noch gar nicht lesen. Das freilich glich die Großmutter nachher aus. Sie machte sich ein Vergnügen daraus, dem Enkel die Geschichte vorzulesen. Das größte Vergnügen aber wurde Viktor und Rose zuteil, die mit Stolz und Zärtlichkeit auf ihr Bübchen blicken konnten, wie es sich so selbstsicher und unerschrocken unter den fremden Menschen bewegte.

Die Feste wurden, mit wenigen Ausnahmen, in der Loge Wilhelmstraße gefeiert, jenseits des Teltowkanals, auf halbem Wege zum Bahnhof Lichterfelde-Ost. Welche Loge hier ihren Sitz hatte, wußte Viktor nicht und wollte es lieber auch nicht wissen. Das Freimaurerwesen war ihm zuwider. Der erfolgreiche Ludwig Markwart, der geliebte Vater, war zwar auch Freimaurer gewesen, das hatte die Mutter schon dem kleinen Viktor erzählt. Aber was bedeutete das? Doch nur, daß der Vater in unaufgeklärten Zeiten gelebt und manche Dinge einfach nicht durchschaut hatte. Mittlerweile lag offen zutage, was hinter dieser Bewegung steckte – nichts anderes als eine der perfiden Machenschaften der Judenheit, mit dem Ziel, die Gesellschaften ihrer Wirtschaftsvölker zu durchdringen und speziell deutsche Herzen und Hirne sich botmäßig zu machen. Es gab tonnenweise Schriften darüber, Viktor hatte genügend von ihnen gelesen.

Wie seltsam, daß der Stahlhelm in denselben Räumen feierte, in denen sonst die anstößigen Riten zelebriert wurden. Viktor war eine rücksichtsvolle Natur, er wollte die Festlaune nicht stören. Sonst hätte er sich gern mal mit einem der Herren Kameraden über die zweifelhaften Gastgeber unterhalten und über die Frage, warum die Loge ausgerechnet dem Stahlhelm ihren Saal überließ. Wahrscheinlich wegen der Miete, die sicherlich nicht niedrig war. Ja, die Gier nach dem Mammon!

Er würde das Gespräch bei anderer Gelegenheit führen. Es tat doch gut, sich unter Gesinnungsgefährten zu wissen. Denn darauf durfte Viktor sich verlassen: Der Stahlhelm war eins mit ihm in der Reserve gegenüber den Juden.

Anna war bereitwillig in Huldas Verpflichtung eingetreten, die Wäsche der Schwiegermutter zu waschen. Der finanzielle Beitrag der Steglitzer zum Unterhalt der alten Dame hatte sich dennoch auf vierzig Mark erhöht. Rose machte geltend, daß die Preise gestiegen seien, seit man das erste Mal darüber verhandelt hatte, und weder Viktor noch Joachim und Anna konnten sich diesem Argument verschließen.

Anna gefiel das nicht, und sie besprach mit Joachim, wie man diesen Aderlaß vermeiden, wenigstens aber verringern könne.

»Viktor und Rose kommen viel billiger weg, weil die Mutter bei ihnen im Haushalt lebt. Es macht kaum einen Unterschied, ob man für drei oder für vier wirtschaftet. Aber es macht viel aus, wenn man vierzig bare Mark hinlegen muß, Monat für Monat, und später vielleicht noch mehr, denn Rose wird uns jede Preiserhöhung anrechnen. Die Lichterfelder haben also das bessere Teil. Nur – wo steht geschrieben, daß die Mutter bei Viktor wohnt, und wir zahlen? Es könnte ja auch mal umgekehrt sein, und unsere Wohnung ist groß genug.«

Joachim hatte grundsätzlich nichts gegen eine solche Lösung, bezweifelte aber, daß die alte Dame überhaupt umziehen wollte.

»Ein alter Baum verpflanzt sich nicht mehr gut, und Mutter ist nun Mitte Siebzig. Du mußt auch bedenken, daß sie dort im Grünen wohnt, mit Garten. Und dann der Enkel, an dem sie hängt.«

Doch Anna hatte noch einen Trumpf im Ärmel:

»Grethe ist auch dafür, daß Mutter zu uns zieht. Sie hat nicht vergessen, wie sie die alte Frau am Sonntag nachmittag beim Abwasch gefunden hat, und Rose fleezte sich auf der Couch und hielt Mittagsschläfchen. Grethe sagt, das war ein verheerender Eindruck. Woher willst du wissen, daß deine Mutter nicht schamlos ausgenutzt wird? Und wir finanzieren das.«

Damit hatte Anna ihrem Mann einen Floh ins Ohr gesetzt. Joachim wurde unruhig, und als die alte Dame das nächste Mal zu Besuch kam, sprach er mit ihr. Ohne großen Erfolg allerdings. Die Mutter brach zunächst einmal in Tränen aus.

»Warum zerrt ihr bloß alle an mir rum? Alles, was ich mir wünsche, ist, in Frieden zu sterben. Könnt ihr mich nicht so lange in Ruhe lassen?«

»Aber Mutter!« sagte Joachim erschrocken, »wir wollen dir doch nichts aufzwingen. Es war nichts als ein Vorschlag. Wenn er dir nicht gefällt …«

»Wir haben ja nicht ahnen können«, ergänzte Anna, »daß dir der Gedanke so schrecklich ist, bei uns zu wohnen.«

Die alte Frau Markwart blickte betreten zu ihrer Schwiegertochter hinüber. Mit Rose war nicht immer ein leichtes Auskommen, und manchmal fürchtete sie sich ein bißchen vor ihr. Aber vor dieser da, der Anna, hatte sie entschieden mehr Angst.

»Ihr habt eine schöne Wohnung, und ich würde mich gewiß bei euch wohlfühlen. Es ist sehr freundlich von euch, daß ihr es mir anbietet. Aber seht mal, hier kann ich nicht spazierengehen, wie ich es gewöhnt bin, überall die

Autos. Und dann Harald, von dem würde ich mich ungern trennen. Als Oma bin ich doch noch zu was nütze.«

Sie hatte noch rote Augen, als sie nach Haus kam, und es war für Rose nicht schwer, den Vorfall aus ihr herauszufragen. Rose stand augenblicklich in Flammen.

»Und alles wegen lächerlicher vierzig Mark«, zankte sie. »Sie denken, daß sie billiger wegkommen, wenn sie Mutter im Haushalt haben. Das heißt, Anna denkt es. Die hat vielleicht eine Ahnung, was eine Person mehr kostet! Macht sich da eine Rechnung zu ihren Gunsten, die vorn und hinten nicht stimmt, und dafür will sie die arme alte Frau ins Hinterzimmer einsperren, wo man kaum Grün sieht, bloß Häuserwände. Natürlich ins Hinterzimmer, was denkst du denn, Vati? Oder glaubst du, Anna räumt Mutter eins von den beiden Prunkzimmern nach vorne raus ein? Übrigens kann man ihr auch die nicht zumuten – der Straßenlärm! Und hier sitzt sie so schön ruhig, und die Obstbäume von Geheimrats wachsen ihr fast in's Fenster rein.«

Viktor fand es auch sehr bedenklich, was die Verwandten da ausgetüftelt hatten. Doch sah er keinen Grund, sich weiter damit zu beschäftigen. Schließlich hatte die Mutter sich klar entschieden, er und Rose hießen ihre Entscheidung gut, damit war der Fall ausgestanden. Viktor ging zur Tagesordnung über.

Das tat auch Anna, zu deren Eigenschaften es gehörte, nicht über verschüttete Milch zu weinen. Sie begegnete den Lichterfelder Verwandten mit gelassener Freundlichkeit. Vielleicht gab es andere Gelegenheiten, und wenn nicht, dann war es auch keine Katastrophe. Sie konnte sehr gut ohne die Schwiegermutter weiterleben.

Rose begriff Annas Gelassenheit nicht. Nach ihrer Auffassung hatte die Schwägerin eine Differenz heraufbeschworen, die Ehrendinge und Renommee berührte. Und nun sollte es ihr nichts ausmachen, den Kampf verloren zu haben? Alles Lüge! Rose hieß Anna eine falsche Schlange, leise für sich und laut vor Viktor. Sie selbst brauchte Monate, bevor sie in Steglitz zu Tisch sitzen konnte, ohne ihre Mundwinkel beleidigt zu verkneifen.

Aber Viktor! Der ließ sich doch tatsächlich in lange Gespräche mit Anna ein! Die beiden tauschten politische Meinungen aus. Viktor stellte fest, daß er und Anna sich in den Voraussetzungen ihres Denkens kaum unterschieden, nur in den Konsequenzen konnten sie sich nicht einigen. Erstaunt registrierte er, daß diese Frau von einem nahezu männlichen Patriotismus bewegt wurde, denn solche Leidenschaft fürs Vaterland hatte er sonst nur unter Männern gefunden. Die alte Faustformel: der Mann an's Gewehr, die Frau zum Scharpiezupfen, die galt in Annas Fall nicht. Sie zeigte Frontkämpfergesinnung, wenn es um die Frage ging, wie dem armen Vaterland aufzuhelfen sei gegen seine Feinde, die alten Kriegsgegner draußen und die Juden drinnen.

»Ja«, sagte Viktor, »ich sehe das auch so, genau wie du. Ich verstehe bloß nicht, was du dir von dem Krakeeler versprichst, diesem Hitler mit seinen Schlagetots.«

»Und ich verstehe nicht«, sagte Anna, »daß ein so kluger Mann wie du den Ewiggestrigen nachredet. Du urteilst, ohne zu prüfen. Hast du Hitler überhaupt schon mal gesehen? Hast du ihn gehört? Mann!« ereiferte sie sich, »der tut doch genau das, was du getan haben willst. Diese Schwatzbudenrepublik mit ihren zig Parteien – du sagst es doch selber. Nein, Viktor, wenn wir wieder auf die Beine kommen wollen, dann müssen wir uns auf die alten Grundsätze besinnen, die unser Volk groß gemacht haben: Führer und Gefolgschaft. Einer, der den Überblick hat und der befiehlt, und die vielen, die ihm folgen, zu jeder Anstrengung und jedem Opfer bereit, bis der Kampf ausgekämpft ist.«

Viktor sagte trocken:

»Mir reicht die Gefolgschaft, die ich täglich im Kabelwerk sehen kann, in den Werkhallen und ein paar sogar in den Büros. Da gibt es welche, zum Glück nicht allzu viele, die kommen mit eingebeulten Nasen oder mit dem Arm in Gips und sind eigentlich arbeitsunfähig. Oder sie pöbeln andere an, die nicht ihrer Meinung sind. Und wenn sie sich das nicht trauen, dann drohen sie, nicht offen natürlich, damit man ihnen nichts beweisen kann und sie im Fall der Fälle alles ableugnen können. Nein, Anna, mit Losdreschen und Krawall kann man keinen Staat machen, das meine ich im Wortsinne. Der Staat ist unter anderem auch ein Wirtschaftsgebilde. Unser Werk ist ein Teil davon. Da werden Werte geschaffen, die wir nötig brauchen, für uns selbst oder für den Export. Wer das sabotiert, ist kein Patriot, sondern bestenfalls ein Rabauke.«

Er dachte, daß Anna jetzt einschnappen würde, aber das tat sie nicht. Wenn sie ihrem Hitler Proselyten machen konnte, dann nahm sie viel in Kauf, auch Widerspruch, der die Grenze zum Kränkenden streifte. Sie sänftigte ihre Stimme wieder.

»Unsere Partei hat viele Feinde, Viktor. Jeder schlägt drauf, besonders die Roten. Weißt du, daß unsere Leute auf der Straße erschlagen werden? Natürlich weißt du das, es steht ja in der Zeitung. Man muß sich doch wehren dürfen.«

»Ich fürchte nur«, sagte Viktor, »daß die Gegenseite das auch geltend machen kann. In Gewalt stehen sie einander nicht nach. Verzeih, Anna, ich will dir nicht zu nahe treten, auch deinen Kindern nicht und schon gar nicht meinem Bruder. Ich bin überzeugt, daß es ehrenwerte Leute bei euch gibt, von den besten Absichten beseelt. Aber es zählt der Gesamteindruck, und der ist verheerend, entschuldige schon.«

»Urteile nicht nach dem äußeren Schein«, sagte Anna

beschwörend. »Nicht nach dem, was die Zeitungen schreiben, die du liest. Komm doch mal mit, Viktor, wenigstens einmal, wenn Hitler spricht, und hör ihm zu. Dann bilde dir deine Meinung.«

Viktor suchte nach einer Möglichkeit, mit Anstand abzulehnen und dann endlich das Thema zu wechseln, da hörte er plötzlich Rose sagen:

»Ich werde mal mitkommen, wenn du nichts dagegen hast, Anna.«

Viktor schnappte nach Luft. Er starrte Rose entgeistert an. Noch erstaunter war Anna.

»Überhaupt nichts habe ich dagegen. Mit Freuden nehme ich dich mit. Ich werd' dich anrufen, wenn's losgeht. Ist dir das recht?«

Als die Lichterfelder gegangen waren, erleichterte sich Anna vor Joachim:

»Dein Bruder, also weißt du! Störrischer als ein Esel. Manchmal denke ich, es hat schon was zu bedeuten, daß Lichterfelde weiter vom Zentrum weg liegt als Steglitz. Sie leben dort hinter'm Mond. Und daß Rose mit einemmal so interessiert ist und mitwill? Ich wüßte zu gern, was sie sich dabei denkt und was sie sich davon verspricht.«

Dieselbe Frage beschäftigte auch Viktor.

»Was hat dich denn gebissen, daß du mit Anna zu diesem Hitler rennen willst?«

»Ach, ich will mich bloß mal informieren«, sagte Rose. »Anna bläst uns derartig die Ohren voll, und ich weiß gar nicht richtig, womit eigentlich. Deshalb fällt mir auch nie eine gute Antwort ein, und dir ja auch nicht, Viktor. Da geh' ich eben mal gucken, in welche Räuberhöhle sie deinen Bruder verschleppt hat. Solltest du auch tun.«

»Ich kann mich beherrschen. Anna ist gar nicht so dumm. Aber wenn sie auf ihren Hitler kommt, dann ist sie nicht mehr zurechnungsfähig.«

»Ja«, sagte Rose, »ich hab's gesehen. Sie zerfließt ja förmlich. Weißt du, als ich sie beim Reden beobachtet habe, da ist mir eine Geschichte eingefallen, die ich mal gelesen hab'. Sie handelt von einem Huhn, das von einem D-Zug überfahren wird, und als der Zug vorüber ist, sagt das Huhn: Das war mal'n Hahn!«

»Mutti!« rief Viktor. »Schämst du dich nicht?« Dann lachte er. »Die Geschichte ist furchtbar unanständig. Aber sie paßt genau. Ja, ganz genau.«

Übrigens wurde nichts aus dem gemeinsamen Unternehmen mit Anna. Rose fand Dutzende von Ausreden, als Anna sie beim Wort nehmen wollte. Zu Viktor sagte sie:

»Schade um die Zeit. Was soll ich die mit der Nazi-Kuh verplempern. Und dieser Hitler, er ist mir einfach zu laut. Aber du solltest hingehen. Du bist schließlich der Mann in der Familie.«

Viktor ging nicht hin. Er hatte auch keine Zeit.

Im Juni 1928 erhielten Viktor und Rose und auch die alte Frau Markwart eine Einladung von Onkel Curt und Tante Jeanette. Die Tante feierte ihren siebzigsten Geburtstag. Anscheinend sollte es ein bedeutendes Fest werden, denn unten auf der Einladung stand: »Abendkleidung«.

»Was meinen die mit Abendkleidung?« fragte Rose. »Smoking? Den hast du nicht. Ob dein dunkler Anzug genügt? Ich jedenfalls werde mir was kaufen müssen, falls wir hingehen. Gehen wir hin?«

»Wir müssen wohl. Schließlich sind wir schon zu geringeren Anlässen dort gewesen, und wie sieht das aus, wenn wir ausgerechnet Tante Jeanettes Siebzigsten ignorieren. Außerdem wird Mutter gehen wollen.«

»Und genau das werde ich nie verstehen«, bekundete Rose, fügte sich aber. Die Garderobe wurde gemustert, und Viktor fand, daß sein dunkler Anzug dem Anlaß nicht angemessen sei. Es konnte nichts schaden, wenn man die Gelegenheit wahrnahm und einen Gesellschaftsanzug anschaffte. Eigentlich sollte jeder Mann so etwas im Schrank haben. Dann war man wenigstens gerüstet, wenn es zu repräsentieren galt.

Viktor ging auch mit, als Rose ihr Abendkleid kaufte. Er riet ihr zu einer Robe, die sie allein nie gewählt hätte. Der Stoff, silbern schimmernd, umspielte locker ihre Figur. Der Saum war schräg geschnitten, an der einen Seite bodenlang, an der anderen wadenhoch, und endete in kleinen Fransen. Unter dem breiten Halsausschnitt fiel das Oberteil in Falten, die konzentrische Halbkreise bildeten, und es gab keine Ärmel. Rose hatte das Kleid verrückt gefunden und zu gewagt. Aber als sie es dann doch anzog, gefiel sie sich. Es paßte hervorragend zu der neuen Frisur, die sie seit kurzem trug. Sie hatte sich einen Bubikopf schneiden lassen.

Tante Jeanettes Geburtstag wurde ein teurer Spaß, schon in den Vorbereitungen, denn Rose mußte ja noch eine passende Handtasche zum Kleid haben und natürlich Abendschuhe. Auch Viktor brauchte neue Schuhe zum Smoking. Allein die alte Frau Markwart kam billig davon. Sie hatte zeit ihres Lebens lange Kleider getragen, und seit dem Tode ihres Ludwig war sie nur noch in Schwarz gegangen. Bei ihr genügten ein feines, frisches Jabot und eine goldene Brosche, um sich festlich aufzuputzen.

Und dann das Geschenk! Zu einer so großen Veranstaltung konnte man nicht mit einem Kasten Pralinen kommen. Schließlich entschieden sie sich für die hohe chinesische Vase, die Viktor einmal auf einer Auktion ersteigert hatte. Sie stammte aus dem Haushalt eines bankrotten Pelzhändlers in Schöneberg. Viktor hatte gar nicht mitbieten wollen. Er war zufällig an der Auktionshalle vorbeigekommen und neugierig gewesen. Aus Neugier auch hatte er den Finger gehoben – mal sehen, was jetzt passiert. Und dann gehörte ihm mit einem Mal die schöne Vase. Weder Onkel Curt noch Tante Jeanette hatten sie bislang gesehen, also konnte man sie bedenkenlos verschenken.

Am 16. Juni, einem Sonnabend, machten sie sich zu dritt auf den Weg, nachdem Harald der Obhut von Frau Karsunke anvertraut worden war. Die Verwandten wohnten in Charlottenburg, in einer hochherrschaftlichen Wohnung am Kaiserdamm, an der schon die ungeheure Diele imponierte. Nun, das konnten sie sich leisten, das ganze Haus gehörte ihnen nämlich. Ja, Curt Markwart war pfiffiger gewesen als seine Schwägerin Juliane. Ihn hatte die Inflation nicht arm gemacht. Seine Firma, einst Eigentum des erfolgreichen Ludwig, vertrieb schon lange keine Straußenfedern mehr. Onkel Curt ging mit der Zeit, er hatte sich auf Mode-Accessoires en gros umgestellt und lebte davon nicht schlecht.

Tante Jeanette war nebelgrau gewandet – dem Augenschein nach reine Seide! – und mit mehreren Reihen schimmernder Perlen behängt, dazwischen die Goldkette des unvermeidlichen Lorgnons. Sie begrüßte die Ankömmlinge mit gemessener Würde und nahm hoheitsvoll dankend die chinesische Vase entgegen. Onkel Curt lärmte:

»Meine Herrschaften, dies ist mein Neffe, Herr Dr. Viktor Markwart, Oberingenieur und Abteilungsleiter bei AEG. Seine Mutter, meine Schwägerin Juliane Markwart, und seine reizende Frau Gemahlin.«

Er raunte in Roses Ohr:

»Kompliment, Rose, du siehst bezaubernd aus, auf Ehre!«

Dann fuhr er fort zu trompeten:

»Dort drüben, lieber Viktor und liebe Damen, seht ihr Herrn Generaldirektor Hennigs von Hermann Tietz AG., daneben Herrn Bankrat Gehrling von der Dresdner Bank mit Gattin, Herr Kommerzienrat ... Herr Professor ... Herr Ministerialdirektor ...«

Es nahm gar kein Ende mit den Titeln. Viktor grinste, Rose ärgerte sich, die alte Frau Markwart stand total verschüchtert und lugte vorsichtig nach ihrer Schwägerin Jeanette, neben der sie sich ausnahm wie eine Nachtmotte neben einem prachtvollen Falter.

Onkel Curt sagte: »Ist das nicht eine illustre kleine Gesellschaft, meine Lieben? Schau mal«, flüsterte er und puffte Viktor in die Rippen.« Siehst du den Jungen da hinten?« Seine Stimme erstarb in Ehrfurcht: »Das ist der Erbe von Winkler, dem Reinigungsimperium, einer unserer wichtigsten Industrien. Die sind so bedeutend, daß man einen ganzen Stadtteil nach ihnen benannt hat. Winklershagen, kennst du doch, Viktor, du arbeitest ja nicht weit davon. Da steckt Geld hinter, das sag' ich dir!«

Viktor besah sich den Thronfolger des Wäschereikönigs. Der Prinz aus Winklershagen trug eine Studentenmütze auf dem Kopf und hatte offensichtlich den Getränken schon reichlich zugesprochen. Er schwankte.

Tante Jeanette rauschte herbei:

»Habt ihr denn schon unsere Kinder begrüßt? Heute sind sie alle da, sogar der liebe Christian hat aus Spanien kommen können.«

Viktor gab seiner Cousine Sophie die Hand und wurde von ihr stürmisch willkommen geheißen. Sophie war, wie Viktor das ausdrückte, von einem Sippentick geplagt. Sie hielt alles, was Markwart hieß oder wenigstens von Markwarts abstammte, für erlesen und begnadet. Sie brachte es fertig, von Viktors verstorbenem Vater zu schwärmen: »Onkel Ludwig war ein schöner Mann!«, dabei hatte sie ihn überhaupt nicht gekannt, sie war erst ein Jahr nach seinem Tode geboren worden. Neben ihr stand ihr Mann, Otto Jandrey, genannt Otti, eine gute Seele von absoluter Bedeutungslosigkeit. In der Familie ging die Sage, Onkel Curt habe Otti mühsam für Sophie eingefangen und ihn schon zweimal zurückgeholt, nachdem der Schwiegersohn vor der Opernatmosphäre am Kaiserdamm Reißaus genommen hatte.

Dann tauchte Vetter Johann auf, ein ordentlicher Mann und trocken wie Aktenstaub. Johann machte seine Karriere bei der Dresdner Bank, ein Umstand, dem Herr Bankrat Gehrling vermutlich seine Einladung verdankte. Auch über diesen Vetter gab es eine Geschichte, die Rose von Viktor oft gehört hatte. Als sie alle noch Kinder waren, pflegte Johann seine Weihnachtsgeschenke zu verstecken, bevor die Verwandten zum üblichen Besuch erschienen. Fanden Joachim, Grethe oder Viktor dennoch eins der neuen Spielzeuge, riß Johann es ihnen weg und barg es an seiner Brust: »Alles meins! Alles meins!«

»Und dort«, sagte Tante Jeanette, Rührung in der Stimme, »ist unser lieber Christian.«

Christian, der älteste Sohn, vertrat das künstlerische Element in der Familie. Er malte. Außerdem war er vom Wandertrieb befallen und hatte schon mit zwanzig Jahren seine Stadt und sogar sein Land zu eng gefunden. 1904 wanderte er nach Spanien aus, ging bald darauf nach Afrika, in die Kolonie Südwest, versuchte es eine Weile mit Südamerika und kam schließlich wieder nach Spanien. Dort lebte er ohne weiteres Zwischenspiel seit 1920 und füllte Leinwände sowie Papier, denn zuweilen dichtete er auch. Als Maler war er durchaus talentiert, aber er scheiterte an seiner speziellen künstlerischen Moral. Sein Motto lautete: »Ein Bild male ich in zwanzig Minuten. Wenn es bis dahin nicht gelungen ist, schmeiße ich es weg, denn dann wird es auch nichts mehr.« Er malte lauter Augenblicks-Impressionen, die sämtlich etwas Vorläufiges an sich hatten, sozusagen Versprechen, deren Einlösung noch ausstand.

Das hätte ja nun egal sein können, wenn der merkantile Aspekt nicht gewesen wäre. Christians Bilder fanden selten einen Käufer. Hier nun griff Onkel Curt ein. Er zog bei Verwandten und Bekannten herum und schwatzte ihnen seines Sohnes Werke auf. Auch die alte Frau Markwart hatte seinerzeit zwei oder drei gekauft. Eines hing noch in der Wohnung am Hindenburgdamm. Es war ganz in Blau gehalten und zeigte eine fürchterlich tiefe Bergschlucht, an deren Grund ein schwarzer Strichmann flehend die Hände zu dem kleinen Stückchen Himmel reckte.

Viktor argwöhnte, daß Christians Besuch nicht nur dem Geburtstag seiner Mutter galt, sondern auch dem Zweck einer Verkaufsausstellung. Er irrte nicht. Tante Jeanette flötete:

»Wenn ihr Lust habt, könnt ihr gern mal nach nebenan gehen. Da hat Christian ein paar von seinen neuesten Bildern an die Wände gelehnt. Wenn ihr euch die mal ansehen wollt ...«

»Gern, Tante Jeanette«, sagte Viktor, »aber für den Moment entschuldigst du uns wohl. Rose und ich möchten uns schnell mal die Hände waschen. Sieh mal, dort drüben ist jemand ohne Getränk. Ich glaube, da wirst du gebraucht.«

Als sie über die große Diele gingen, dem Toilettenraum zu, sahen sie den Winkler-Erben. Der war jetzt offenkundig total besoffen. Er stand mit geschlossenen Augen und offenem Mund, stützte sich mit einer Hand gegen einen wundervollen altdeutschen Dielenschrank und erleichterte seine Blase gegen das Schnitzwerk. Viktor sagte:

»Ist das nicht eine illustre kleine Gesellschaft?«

»Und ob«, sagte Rose. »Aber wo ist Joachim? Ist dir noch nicht aufgefallen, daß er nicht hier ist? Und Anna läßt sich doch so was nicht entgehen.«

Viktor war mit einem Ruck stehengeblieben.

»Ja, wo ist Joachim? Sollten sie …? Na, das wäre! Komm.«

Rose am Arm, steuerte er auf Onkel Curt zu.

»Ich kann Joachim nicht finden. Er wird doch nicht abgesagt haben, der Neffe, an Tante Jeanettes Siebzigstem?«

Onkel Curt wurde verlegen.

»Lieber Junge, Joachim ist so ein Problem für sich. Nimm's deinem alten Onkel nicht übel, aber du wirst zugeben müssen, daß er hier nicht so herpaßt.«

»Wieso«, erkundigte sich Viktor. »Ist eine Drogerie nicht illuster genug?«

»Viktor …«

»Jedenfalls hätte Joachim nicht euren Dielenschrank vollgepinkelt, wie es der Winkler-Erbe gerade getan hat. Also, Joachim ist euch nicht fein genug?«

»Nicht doch«, sagte Onkel Curt schnell, »Joachim wär' uns recht. Unser leiblicher Neffe … Aber diese Frau. Wie konnte Joachim die bloß heiraten. So vulgär. Die kann man doch in Gesellschaft nicht vorführen. Und dann dieses peinliche politische Gerede, immer Propaganda für diesen Hitler. Der Mann ist doch nicht gesellschaftsfähig, Viktor. Den kann man doch unseren Kreisen nicht zumuten. Wenn da nun diese Frau mit ihre radikalen Predigten anfängt … Und Joachim ist ja wohl in die SA eingetreten – also, Viktor! Die Herrschaften hier wählen alle deutschnational.«

Das konnte stimmen oder nicht. Vielleicht war es Anna, vielleicht aber doch die Drogerie. Was sollte Viktor tun? Unter Protest das Haus verlassen? Seinem Bruder wäre er das eigentlich schuldig gewesen, aber nicht Anna. So stand man nicht.

Und die Mutter, sie würde jammern, und ganz durcheinander sein. Man konnte ihr auch unmöglich sagen, daß ihr älterer Sohn den Verwandten nicht gut genug war.

Bevor er zu einem Entschluß kommen konnte, war Sophie hinzugetreten.

»Wählt ihr auch deutschnational? Ein Deutscher von Distinktion kann gar nicht anders. Und ein Markwart … Wir hängen auch immer die schwarz-weiß-rote Fahne raus, wenn geflaggt werden soll. Seit zwei Jahren darf man das ja wieder. Die andere haben wir nie gemocht.«

»Schwarz-rot-mostrich«, sagte Onkel Curt abschätzig.

»Wir flaggen auch schwarz-weiß-rot«, sagte Rose. »Ich habe unsere Fahne sogar selbst gemacht, auch den Schaft.«

»Nein!« staunte Sophie. »So was kannst du? Das mußt du mir erzählen.«

Und bevor Viktor es verhindern konnte, erfuhr Sophie und erfuhren mehrere Gäste, die sich hinzugesellt hatten, von dem Meisterstück einer sparsamen Hausfrau.

Es war Viktor gewesen, der den Wunsch nach einer Fahne in den alten Kaiserfarben geäußert hatte. Rose fand, daß sie eine Fahne ebenso gut selber schneidern konnte wie Haralds Höschen und Jäckchen. Schließlich hatte sie sich ja extra eine Nähmaschine zugelegt, Marke Dürkopp, das Modernste vom Modernen. So ging sie also zum Wochenmarkt, der jeden Freitag auf dem Lichterfelder Moltkeplatz abgehalten wurde, und kaufte beim Stoffjuden einen schwarzen Rest und einen roten. Der Stoffjude war billig, sie zahlte nur ein paar Groschen. Für den weißen Teil nutzte sie ein altes Laken, dessen Mitte durchgelegen war. Sie nahm jeden Streifen doppelt, damit das Ganze die nötige Schwere zum Flattern bekam, und nähte alles sauber aneinander. Dann kaufte sie einen Schrubberstiel aus hellem Holz und bemalte ihn mit schwarzer Farbe. Den gedrechselten Kopf strich sie mit Silberbronze an. Mit Blaupinnen, die sie dicht an dicht einschlug, wurde die Fahne am Schaft festgenagelt. Für die Zwinge am Fensterrahmen, die den Fahnenschaft festhalten sollte, war Viktor zuständig. Und so hatten sie sich mit wenig Geld und etwas Mühe in den Stand gesetzt, national zu flaggen.

»Du bist ja ein Tausendsassa!« sagte Sophie und warf ihrer Mutter einen bedeutungsschweren Blick zu. Tante Jeanette führte ihr Lorgnon ans Auge, musterte Rose und sagte: »*Parbleu*!«

Viktor faßte Roses Arm und zog sie in die andere Ecke des Raumes, wo eine Bar aufgebaut war.

»Jetzt brauch' ich erst mal einen Schnaps. Mußtest du ihnen die Fahnengeschichte erzählen? Merkst du nicht, daß sie sich über dich lustig machen?«

»Dann sind sie dumm«, entschied Rose. »Wenn sie Geld zum Wegwerfen haben, ich hab's nicht. Und du mach mir keinen Krach. Was soll denn das? Du warst sehr froh, daß wir bei der Fahne so gespart haben.«

»Das geht aber die anderen nichts an«, beharrte Viktor. »Vor allem die hier nicht. Das ist eine Familiensache und sollte innerhalb der Familie bleiben.«

»Ich dachte«, sagte Rose spitz, »die schwarz-weiß-rote Fahne wär' bei dir Überzeugungssache. Ist deine Überzeugung davon abhängig, was es gekostet hat? Du schämst dich meiner, das ist es. Leugne nicht, ich merke es genau. Das nächste Mal kannst du allein zu deiner Mischpoche gehen. Ich komm' nicht mehr mit. Joachim und Anna haben Glück, daß sie nicht hier sein müssen. Ich wollte, ich wäre auch nicht hier.«

Viktor sah einen dieser langen Kräche heraufdämmern, die sich über Tage hinzogen und ihn so ermüdeten. Er versuchte, dem Unwetter auszuweichen, und lenkte vom Fahnenthema ab.

»Grethe ist auch nicht hier. Das fällt mir erst jetzt auf. Die haben sie wohl auch nicht eingeladen.«

»Das ist nun schon ganz egal. Ich bin auch gleich nicht mehr hier. Ich gehe nämlich. Wenn du mitkommen willst, bitte. Sonst gehe ich eben allein.«

Und sie gingen.

An einem Sonntag im Februar 1929 besuchte die alte Frau Markwart ihre Tochter Grethe und nahm Harald mit. Abends, als die Familie um den Küchentisch beim Essen saß, sagte das Kind:

»Oma zieht zu Tante Grethe.«

Rose legte das Wurstbrot hin, in das sie eben beißen wollte.

»Was ist das? Was erzählt der Junge da? Mutter?«

Die alte Dame duckte sich, als ob sie einen Schlag erwartete.

»Ach nichts. Es hat nichts zu bedeuten. Harald bringt da was durcheinander.«

»Ich bring' nichts durcheinander«, protestierte Harald. »Ihr habt davon geredet. Hab' ich doch gehört.«

»Also bitte, Mutter. Das Kind erfindet so was nicht. Wenn du ausziehen willst, dann geht uns das ja wohl was an. Du kannst doch nicht hinter unser'm Rücken ...«

»Dramatisiere nicht, Rose«, sagte Viktor. »Du weißt ja noch gar nicht, was los ist. Laß Mutter erst mal erzählen.«

»Das ist es ja!« zeterte Rose und regte sich auf. »Sie erzählt ja nichts! Wenn Harald nicht damit rausgekommen wäre, hätte sie das für sich behalten. Womöglich hätte eines Tages der Möbelwagen vor der Tür gestanden, und wir wären immer noch ahnungslos gewesen.«

Die alte Frau Markwart saß wie eine Bildsäule. Ihr Gesicht war puterrot, ihre Hände knüllten nervös an einem Taschentuch. Viktor versuchte zu beschwichtigen. Harald sah neugierig von einem zum anderen. Die Oma tat ihm leid. Da saß sie, genauso bedrückt wie er selber, wenn er ausgescholten wurde. Er verstand sie gut. Aber seine Mutter liebte er mit einer stürmischen Knabenliebe, ungeachtet dessen, daß sie ihn manchmal streng anfaßte. Wenn er sich entscheiden müßte, er würde sich nicht gegen sie stellen. Hoffentlich mußte er sich nicht entscheiden.

Wie üblich, dauerte es nicht lange, bis Rose ihrer Schwiegermutter die Zunge gelöst hatte. Folgendes stellte sich heraus: Herr Graf hatte eine kleine Erbschaft gemacht und wollte sie in einen behaglichen Alterssitz für sich und Grethe investieren. Ein Häuschen war schon in Aussicht genommen, draußen in Werder, wo in jedem Frühling Tausende von Obstbäumen so wundervoll blühten, daß die Berliner in Scharen hinauspilgerten, um das zu sehen. Das Häuschen nun bot auch Platz für die alte Mutter, und da hatte Grethe gedacht ...

»Da hat sie gedacht, wenn du bei ihr wohnst, dann müssen Viktor und Joachim an sie zahlen, und sie kriegt jeden Monat achtzig Mark, mit denen sie ihre Kreditschulden abstottern kann.«

Rose lehnte sich zurück und verschränkte ihre Arme. Grimmig sagte sie:

»Darum geht's doch, oder? Erzähl mir nicht, daß sie genug haben, um das Haus bar zu bezahlen. So groß wird die Erbschaft nicht gewesen sein. Sie müssen Kredit aufnehmen, und wir sollen ihnen beim Zurückzahlen helfen. Fein ausgedacht!«

Viktor versuchte zu dämpfen.

»Aber Mutti, worüber regst du dich auf? Es ist doch am Ende egal, ob wir das Geld für Mutter hier im Haushalt ausgeben oder ob wir es ihr direkt aushändigen.«

»Es ist nicht egal«, behauptete Rose, ohne zu erklären, welchen Unterschied sie sah. »Ich denke gar nicht daran, Grethes Vornehmtuerei zu finanzieren. Wenn sie unbedingt ein Haus haben muß, dann soll sie es selbst bezahlen.«

»Na«, sagte Viktor, »mit achtzig Mark im Monat finanzierst du keinen Hauskauf.«

Rose hörte darüber hinweg.

»Und überhaupt – merkst du nicht, Vati, was das für eine Ohrfeige ist? Damit macht sie doch ganz deutlich, daß man Mutter vor uns retten muß. Vor mir retten muß, um genau zu sein. Weil ich die arme alte Frau am Sonntag den ganzen Nachmittag in der Küche stehen und abwaschen lasse und selber faul auf der Couch rumliege.«

»Ach Rose«, klagte die alte Dame, »muß es bei dir immer auf Hauen und Stechen gehen? Was ist daran so schlimm, wenn eine Mutter sich überlegt, ob sie nicht auch mal bei ihrer Tochter wohnen soll? Es ist ja auch noch gar nichts entschieden. Ich wußte schon, warum ich es lieber für mich behalten wollte. Weil du jede Kleinigkeit immer zum Schlechten auslegst. Immer führst du Krieg.«

Ehe Rose ihren Teller auf den Boden donnern konnte, wozu sie große Lust verspürte, meldete sich Harald:

»Das Haus hat auch einen Altan.«

»Altan!« Roses Stimme klirrte geradezu vor Verachtung. »Gewöhnliche Leute wie wir sagen dazu Balkon oder bestenfalls Terrasse. Aber die Gräfin hat natürlich einen Altan. Vornehm, vornehm.«

An dieser Stelle hob Viktor die Tafel auf und setzte damit der Debatte ein vorläufiges Ende. Besorgt blickte er auf Harald, der schon mehr gehört hatte, als für das Kind gut sein konnte. Am besten schickte man ihn zu Bett, ohnehin mußte er morgen früh frisch sein für die Schule. Mit Rose wollte Viktor reden, wenn sie sich beruhigt hatte. So falsch war das nicht, was die Mutter sagte: Rose neigte entschieden zum Dramatisieren, und die anderen mußten dabei immer die Schurken abgeben. Sie übertrieb wahrhaftig, und manchmal war das schwer zu ertragen. Mit der Zeit strapazierte sie auch Viktors eherne Geduld.

Die alte Dame, deren Zimmer neben dem Schlafzimmer der Eheleute lag, hörte an dem Abend noch lange die erregte Stimme ihrer Schwiegertochter und ab und zu, sehr viel leiser, die Stimme ihres Sohnes. Verstehen konnte sie nichts, aber das mußte sie auch nicht. Sie wußte ohnehin Bescheid. Leise weinte sie vor sich hin. Die Idee mit Werder war gestorben, bevor sie noch richtig geboren war. Sie würde den Plan fallenlassen, um des lieben Friedens willen. Das stand sie nicht durch, wenn Rose wochenlang, bis zu einem eventuellen Umzug, mit steinernem Gesicht an ihr vorbeiging oder ihr gar Szenen machte.

Auch vor der anderen, der Anna, war ihr bange. Die tobte zwar nie und führte auch keine Schweigefeldzüge, aber sie konnte sehr kalt sein, wenn ihr etwas gegen den Strich ging. Ach ihre guten Jungen! Die alte Frau Markwart liebte ihre Söhne, aber sie wußte schon lange, daß die gegen ihre Frauen nicht aufkamen. Sie konnten ihr nicht helfen.

»Schlimm, wenn man alt wird. Schlimm, schlimm.«

Wäre die alte Dame tatsächlich zu ihrer Tochter gezogen, dann hätte das einen Keil zwischen Anna und Grethe getrieben. Nun war aber Grethe genauso gescheitert wie vorher Anna, und zwar am selben Hindernis. Das schmiedete beide in einer Front zusammen, und sie kehrten sich gemeinsam gegen Rose.

Bald nach dem Desaster vom Februar absolvierte die alte Frau Markwart ihren Besuch bei Joachim und Anna. Auch Grethe und Herr Graf waren aus der Albrechtstraße herübergekommen. Anna war hinausgegangen, um die schmutzige Wäsche der Schwiegermutter in ihren Wäschesack zu ordnen. Sie kam zurück, ein Laken ausgebreitet in den Händen.

»Sag mal, Mutter, was ist denn damit passiert?«

Die alte Dame guckte. Das Laken war von schwärzlichen Flecken verunziert. Ja, woher kam denn das? Die alte Dame versuchte, sich zu erinnern. War ihr das Stück auf den Boden gefallen? Hatte sie etwas daraufgestellt? Oder gar den Lappen vom Schuheputzen aus Versehen in die Bettwäsche gewickelt? Sie konnte sich nicht besinnen. Mein Gott, man wurde älter und älter, und das Gedächtnis ließ einen nun schon oft im Stich.

Bevor sie ihre Verlegenheit bekennen konnte, sagte Grethe:

»Da ist wohl Harald drauf rumgesprungen, ohne die Schuhe auszuziehen. Kinder machen schon mal so was. Aber Rose sollte besser auf ihn achtgeben. Das ist schließlich ihre Pflicht.«

»So wird's gewesen sein«, sagte Anna. »Was andres ist gar nicht möglich. Ich wasche lange genug Mutters Wäsche, und noch nie war ein derartig verdrecktes Stück dabei. So was macht Mutter nicht, womit denn auch? Ist das richtig, Mutter? War Harald auf deinem Bett?«

»Nun, er war schon mal ... Aber ich weiß nicht ...«

»Also ja«, beschloß Anna. »Ich werde das Rose mal sagen. Sie muß den Jungen besser erziehen. Sonst kann sie das nächste Mal die Dreckwäsche allein waschen.«

»Vollkommen richtig«, pflichtete Grethe bei. »Was ist das überhaupt für eine Afferei, Mutters Wäsche auszusondern und nach Steglitz zu geben. Als ob sie ein Krümchen Seifenpulver spart, wenn sie die nicht zu ihrer eigenen in den Bottich steckt.«

Die alte Frau Markwart fürchtete sich. Sie ahnte, was kommen würde, sobald man Rose in die Affäre hineinzog. Außerdem lag da ein Mißverständnis vor. Sie hatte nicht sagen wollen, daß Harald mit seinen Schuhen ... Aber niemand achtete auf ihre schüchternen Einwände. Für Anna wie für Grethe stand nicht die Mutter zur Debatte, sondern Rose.

Das Gewitter brach am Ostermontag los, als die Verwandtschaft sich vollzählig in der Kuhligkshofstraße versammelte. Quer über den Kaffeetisch hinweg stellte Anna ihre Schwägerin wegen des beflecken Lakens zur Rede und brachte Haralds schmutzige Schuhsohlen zur Sprache. Grethe sekundierte. Rose schoß in die Höhe, so daß ihr Stuhl polternd umfiel. Empört wandte sie sich an ihre Schwiegermutter.

»Was ist das? Harald soll mit dreckigen Schuhen auf dein Bett gesprungen sein? Hast du das wirklich gesagt? Hast du diese ungeheuerliche Lüge tatsächlich erzählt?«

Sie rang nach Atem. Viktor und Joachim versuchten, sich ins Mittel zu legen, aber keine der Frauen schenkte ihnen die mindeste Beachtung. Die alte Frau Markwart weinte.

»Rose, nein, so war das doch nicht! Ich habe doch bloß ...«

»Da siehst du, was Mutter für eine Angst hat vor dir«, grollte Grethe. »Sie zittert und stottert, wenn du dabei bist, und traut sich nicht zu sagen, was sie uns gesagt hat. Warum hältst du sie eigentlich mit Gewalt bei dir fest? Sie ist dir doch bloß lästig.«

»Das kann ich dir sagen, Grethe«, fiel Anna ein. »Es geht um's Geld. Nur um's Geld. Wenn Mutter bei uns oder bei euch wohnte, müßte sie zahlen und könnte nicht mehr an ihr sparen.«

»Aber das Schlimmste ist«, beharrte Grethe, »daß sie die alte Frau so terrorisiert. Sieh doch in welchem Zustand Mutter ist.«

Aber in welchem Zustand war Rose? Ihr Mund öffnete und schloß sich krampfhaft, wie bei einem Fisch, der auf dem Trockenen gegen das Verenden kämpft. Gurgelnde Laute entrangen sich ihrer Kehle, nur wenige waren zu verstehen.

»... Verschwörung! ... Verleumdung! ... den eigenen Enkel! ... niemals hab' ich ...« Ihre Augen drehten sich nach oben, das Weiß ihrer Augäpfel wurde sichtbar. Sie röchelte und brach zusammen. Zufällig stand sie gerade vor einem Sessel, so daß sie weich fiel und sich keinen Schaden tat. Ihr Gesicht war ganz rot, noch röter als das der alten Dame.

Viktor stürzte zu seiner Frau, klopfte ihr Gesicht und Hände. Harald versuchte, es ihm nachzumachen. Entsetzt schluchzte er:

»Mutti! Mutti! Stirb nicht! Bitte, bitte, stirb nicht!«

Er drehte sich zu den anderen und schrie sie an:

»Ihr lügt! Ihr lügt alle! Nie bin ich mit den Schuhen auf Omas Bett gewesen! Warum sagst du das, Oma? Jetzt stirbt Mutti, und du bist schuld!«

Viktor fühlte Roses Puls. Er schlug ein bißchen schnell, aber gleichmäßig und vor allem stark. Im Sterben lag sie offenbar nicht. Er bat: »Joachim, laß eine Taxe vor's Haus fahren und hilf mir, Rose runterzubringen.«

Joachim sagte leise: »Mutter bleibt wohl heute nacht besser bei uns, oder?«

»Ja, ich glaube auch.«

Die Osterrunde löste sich auf. Auch Grethe und Herr Graf verzogen sich schleunigst. Nachdem die weinende Schwiegermutter in ihrem Gastbett versorgt war, setzten sich Joachim und Anna noch einmal zusammen. Anna übte Manöverkritik:

»Das war eine bühnenreife Nummer. Sie hätte Schauspielerin werden sollen, die gute Rose.«

»Meinst du, das war nicht echt?«

»I wo, keine Spur. Das zieht sie ab, um den anderen ein schlechtes Gewissen zu machen. Sie setzt damit andere ins Unrecht und behält selber recht. Bei Mann und Sohn funktioniert das ja auch, und auch bei Mutter. Bei mir aber nicht. Und du – fall mir ja nicht auf das Getue rein.«

»Sie ist wohl ein bißchen hysterisch?« erkundigte sich Joachim.

»Ein bißchen? Jede Menge. Ich werd' dir mal was sagen«, fuhr Anna fort und sah ihren Mann bedeutungsvoll an, »meiner Meinung nach stimmt bei denen was nicht im Bett. Wenn eine so zickig ist wie 'ne überkandidelte alte Jungfer – ich sage dir, der Frau fehlt einfach was.«

»Meinst du wirklich?«

»Jede Wette.«

18 / Harald sagte »Mema« zu Frau Karsunke. Das stammte aus seinen ersten Versuchen, Herrn Karsunke nachzuahmen, wenn der seine Frau beim Vornamen rief. Frau Karsunke war willig auf das Baby-Kauderwelsch eingegangen, und so blieb es dabei, auch als der Junge größer wurde und ordentlich sprechen konnte. Zu Herrn Karsunke sagte Harald »Onkel Walter«.

Rose schüttelte den Kopf, wenn sie das hörte. Sie billigte solche Vertraulichkeiten mit den Portierleuten nicht. Doch unternahm sie nichts dagegen, denn sie sagte sich, daß es dazu zu spät war. Da hätte sie von Anfang an auf mehr Distanz zwischen dem Kind und den Karsunkes achten müssen, und das wiederum wäre nur um den Preis der Hilfen, die Karsunkes ihr boten, zu haben gewesen. Rose setzte darauf, daß Harald mit den Jahren seine Stellung begreifen und dann von allein zum richtigen Umgangston finden würde.

Augenblicklich jedoch brachte er mehr Zeit in der Souterrainwohnung zu als je zuvor. Bereitwillig erzählte er seiner Mutter, warum er das tat:

»Ich mach' Schule mit Mema.«

»Was machst du?«

»Ich bring' ihr bei, wie man richtig schreibt und richtig spricht.«

»Das hat sie auch nötig. Aber warum will sie das auf einmal?«

Harald wußte es nicht, und Rose nahm Frau Karsunke ins Verhör. Folgendes fand sie heraus: Frau Karsunke, seit 1926 ebenfalls Mutter eines Sohnes, machte sich Gedanken um ihres Kindes Zukunft. Aus ihm sollte nämlich mal was Rechtes, wenn nicht gar Großes werden.

»Inschenöhr villeichte oder sowat. Am besten Lehrer. Da hatta die Menge Ferjen, schönet Jehalt mit 'ne Pengßjon am Ende, und wenna sich macht, wirta womöchlich 'n Herrn Direkter.«

Nun aber bohrte in ihrer Brust die Furcht, Mutter und Vater könnten einen ungünstigen Einfluß auf ihr Kind ausüben. Frau Karsunke wußte gut genug, daß es ihnen beiden an der feineren Bildung fehlte, vor allem an der Kunst des richtigen Schreibens und des feinen Redens. Wenn Udo Karsunke nachher so sprach wie seine Eltern – was sollte später in der Schule aus ihm werden? Und wenn er erst aufs Gymnasium kam – darauf bestand Frau Karsunke! –, so würden ihn gewiß Lehrer und Mitschüler wegen seiner ungebildeten Sprechweise verspotten. Da mußte man beizeiten Vorkehrungen treffen. Udochen, ein Oktoberkind, würde Ostern 1933 eingeschult werden, möglicherweise schon 1932, falls er sich als so helle erwies wie Harald, der auch mit fünfeinhalb eingeschult worden war. Auf jeden Fall blieben Frau Karsunke, von jetzt an gerechnet, drei bis vier Jahre, um nachzuholen, was sie als Kind hatte versäumen müssen.

»Und deswejen, Frau Dokter, soll Haraldchen mir wat lernen.« Sie lauschte einen Moment ihren Worten nach und sagte dann langsam, Silbe für Silbe betonend: »Ich meine, er bringt mir was bei.«

Viktor war unendlich erheitert, als er am Abend von der Sache erfuhr. »Die rote Pamela und der Drang nach dem Höheren. Wirklich komisch.«

Und er lachte herzlich. Rose zog die Nase kraus.

»Ich find's nicht komisch. Ich find' es abgeschmackt, milde ausgedrückt. Die Frau ist doch übergeschnappt.«

»Ach, laß sie doch, Mutti. Träumen darf jeder, und uns tut's doch nicht weh.«

»Ich bitte dich! Ingenieur! Sie weiß ja kaum, was das ist, geschweige denn, wie man es schreibt. Das hat sie doch bei dir abgeguckt, und weil sie keine Chance hat, die Frau von einem Ingenieur zu sein, will sie wenigstens die Mutter von einem werden. Und Lehrer! Wenn meine Enkelkinder mal bei Udo Karsunke in die Schule gehen sollen – na, armes Deutschland!«

»Aber Mutti, warum ärgert dich das so? Wenn man dich reden hört, möchte man glauben, die rote Pamela wäre eine wirkliche Konkurrenz für dich. Das kannst du doch nicht meinen. Sieh es als eine Kinokömodie an, die uns nichts kostet. Es hat auch was Rührendes, ich kann mir nicht helfen. Übrigens – Harald schadet es kein bißchen, wenn er da unten den Lehrer spielt. Im Gegenteil, es bringt ihn dazu, seine Aufgaben besonders sorgfältig zu machen und alles genau zu durchdenken.«

»Das hat Harald nicht nötig. Er ist sowieso Klassenprimus. Dazu braucht er Karsunkes nicht.«

»Schaden kann es trotzdem nichts.«

Frau Karsunke arbeitete sich durch Haralds Lesebuch und plagte sich mit dem dazugehörigen Grammatikheft. Die Aufgaben in den Grammatiklektionen machten ihr Kopfzerbrechen.

»Was is ›Nennform‹? Wieso muß ich die beugen? Wieso jib's zwee Verjangenheeten?«

»Es gibt drei«, sagte Harald. »Außerdem heißt es nicht ›jib's‹, sondern ›gibt es‹. Und nicht ›zwee Verjangenheeten‹, sondern ›zwei Vergangenheiten‹. Das weißt du doch, Mema. Darauf mußt du aufpassen.«

Frau Karsunke versprach es, aber die vielen Vergangenheiten stimmten sie mutlos. Harald entschied: »Wozu mußt du Grammatik können? Lern doch einfach auswendig, wie's richtig ist, das, was ich dir vorsage. Und wenn ich nicht da bin, dann könntest du lesen. Ich habe viele schöne Bücher, die will ich dir alle leihen.«

Frau Karsunke freute sich, zog es aber vor, sich eine Lesekarte in einer Leihbücherei zu besorgen. Ihr lag nicht soviel an Trappern, Indianern und kühnen Seefahrern, sie hielt es mehr mit flammenden und gebrochenen Herzen. Es dauerte nicht lange, da schlich sich ein erhabener Ton in ihre Redeweise.

»Schluß jetzt mit dem Plaudern. Ich habe noch die Socken meines Gatten zu stopfen. Entschuldigen Frau Geheimrat.«

»Wie bitte? Ach so, nun ja«, sagte die alte Frau Geheimrat und guckte ihre Portierfrau entgeistert an.

»Bei Lehmann, Frau Dokter, hol' ich meine Schrippen nicht mehr. Das sind keine Schrippen, das sind Murmeln. Ich sage, Herr Lehmann, sage ich, es fehlt am Gewicht. Spricht der mir doch von geschäftsschädigende Verleumdung ...«

Und dann, im Stakkato ein wahrer Ausbruch:

»Der is woll mitte Muffe jepufft, der Stinker!«

Und wieder langsam, getragenen Tones:

»Wollte sagen, der Mann ist nicht reell. In keine Weise ist er das.«

»Aha«, sagte Rose und beschloß, nun erst recht ihre Schrippen bei Bäcker Lehmann zu kaufen.

Es war nicht zu leugnen, daß Frau Karsunke von Haralds Bemühungen wie auch aus ihrer Lektüre profitierte. Der Weg auf die Höhen deutscher Sprachkultur war freilich noch lang, aber immerhin schritt sie doch munter auf den ersten Meilen. Das war mehr, als Herr Karsunke von sich sagen konnte, der ebenfalls angehalten wurde, sich um Bildung zu mühen. Aber entweder war er weniger begabt als sein Eheweib, oder er war nach einem verknipsten Tag in der Wanne zu müde, oder es trieb ihn nicht in gleichem Maße die Einsicht in die Notwendigkeit – wie auch immer, es gelang ihm schlecht, sich am eigenen Schopf aus dem Sumpf der Unbildung zu ziehen. Frau Karsunke schalt mit ihm und machte ihn verantwortlich für alles Ungemach, das Udo auf seinem Weg nach oben widerfahren könnte. Herr Karsunke ließ es mit gesenktem Kopf über sich ergehen, bereute und war des guten Willens voll. Er liebte sein Kind ja auch und wollte ihm gerne Opfer bringen. Aber was nicht ging, ging eben nicht.

»Wenn ick eben doch zu doof bin …«, sagte er, Verzeihung heischend.

Frau Karsunke hörte schließlich auf, am ungeeigneten Objekt zu arbeiten, und traf andere Maßnahmen. Sie gebot Herrn Karsunke, sich soviel wie möglich von Udo fernzuhalten und nicht mehr als nötig mit ihm zu sprechen. Statt dessen favorisierte sie Udos Umgang mit Harald, dem jedoch wenig an diesem Spielkameraden lag. Was sollte er, ein Achtjähriger, mit einem Knirps von nicht mal ganz drei Jahren anfangen? Zum Glück gab es auch noch Hannelore, die seit einigen Monaten im Haus wohnte. Ihre Eltern, Sohn und Schwiegertochter von Geheimrats, hatten die andere Hochparterre-Wohnung bezogen, vis-à-vis von Markwarts, und aus ihrer Küche im Souterrain konnte Hannelore bequem über den unteren Flur zu Karsunkes hinüberschlüpfen. Das tat sie auch oft. Die Enkelin der Hauswirte war ein knappes Jahr jünger als Udo und paßte schon deswegen großartig zu ihm. Außerdem lernte sie zu Hause anständig sprechen, und Udo konnte es von ihr lernen oder von ihren Eltern, wenn die Kinder dorthin gingen zum Spielen.

Frau Karsunke hatte ihr Universum fürs erste geordnet. Udo wurde durch Hannelore veredelt, und sie behielt Harald für sich.

Seit ihrem zweiunddreißigsten Geburtstag besaß Rose einen elektrischen Staubsauger, Marke Vampir. So etwas stellte die AEG in ihrem Treptower Apparatewerk her, und Viktor als Angestellter des Konzerns hatte das Gerät mit erheblichem Rabatt erwerben können. Rose bestaunte das Wunderwerk der Technik. Jedesmal wieder genoß sie den Augenblick, da die angesaugte Luft in den großen Staubsack schoß und ihn zu einer gewaltigen Wurst aufblähte. Die Schinderei mit dem Teppichklopfen war nun passé. Nur im Winter, wenn der Schnee zentimeterhoch lag, schleppte Rose, unterstützt von Frau Karsunke, ihre Teppiche und Vorleger in den Garten und breitete sie aus. Sorgfältig beklopft, einmal von der Ober-, einmal von der Unterseite, hinterließen die Bodenbeläge auf dem weißen Untergrund graue Vierecke und strahlten ihrerseits vor Sauberkeit. Das schaffte nicht einmal der Vampir.

Zu seinem eigenen Geburtstag hatte Viktor sich ein Radio gegönnt, ebenfalls ein Rabattstück von seiner Firma. Es bestand aus zwei Teilen, einem großen Kasten mit Rädchen und Hebeln und einem voluminösen schwarzen Trichter, ähnlich denen der alten Grammophone. Aus dem Trichter kamen die Töne, Musik oder die Stimmen der Sprecher, manchmal auch abscheuliche Quietsch- und Pfeifgeräusche, wenn man die Rädchen und Hebel falsch bedient hatte. Viktor passierte das selten, Rose desto öfter. Die alte Frau Markwart faßte das Teufelsding gar nicht erst an. Harald hätte es schon angefaßt, aber ihm wurde das streng untersagt, ebenso allen anderen Kindern, die bei Gelegenheit in die Nähe des Radios kamen. Hauswirts Hannelore erheiterte eines Tages die erwachsenen Markwarts mit dem Verlangen, hochgehoben zu werden, damit sie in den Trichter blicken und »die Musik sehen« könne.

Markwarts waren die einzigen im Haus, die ein Radiogerät besaßen, und so waren sie auch die ersten, die von dem großen Unglück erfuhren, das über alle Welt hereinzubrechen drohte. Das trug sich am 25. Oktober 1929 zu, einem Tag, der so schön begonnen hatte. Udo Karsunke beging nämlich seinen dritten Geburtstag, und seine Mutter nebst Rose hatten den Kindern des Hauses und der engeren Nachbarschaft ein schönes Fest ausgerichtet. Es fand in Markwarts Küche statt, mit Strömen von Kakao und Bergen von Kuchen, mit Liedern, Kreisspielen und Topfschlagen, das alles beleuchtet von einer Menge bunter Lampions. Und nun, am Abend, die schlimmen Nachrichten.

Aus dem schwarzen Trichter gurgelten Meldungen, die New Yorker Börse sei zusammengebrochen, die führenden Bankhäuser der Wallstreet wie auch anderer Finanzzentren Amerikas und der übrigen Welt hätten ihre Pforten geschlossen und ihre Zahlungen eingestellt. Dann ging es um die Konsequenzen, die das eigene Land zu erwarten hatte. Die Prognosen aus dem Trichter klangen düster. Deutschland, so hieß es, habe fünfundzwanzig Milliarden Mark Auslandsschulden, davon fast die Hälfte kurzfristige Leihgelder, die schnell abgerufen werden könnten und nun wohl von heute auf morgen zurückgezahlt werden müßten. Das werde die deutsche Wirtschaft, deren Aufschwung in den letzten Jahren auf Auslandskrediten basiere, empfindlich treffen, wenn nicht gar ruinieren. Ohnehin stecke man seit letztem Winter in einer Krise, die Zahl der Arbeitslosen betrage jetzt schon mehr als zwei Millionen, und die Regierung wirtschafte mit einem Haushaltsdefizit von nahezu eindreiviertel Milliarden Mark.

Rose, die gerade an einem Pullover für Harald strickte,

legte ihre Nadeln auf den Tisch und führte die Hände an den Hals, als litte sie Schmerzen oder bekäme nicht genug Luft. Als die Radiostimme aufhörte zu sprechen, stand sie auf und schaltete den Apparat ab. Sie und Viktor liebten es, ihren Feierabend mit ein bißchen Musik zu untermalen, aber jetzt konnte Rose keine fröhlichen Klänge ertragen. Sie begann zu weinen.

»Hört denn das nie auf!« schluchzte sie. »Kann denn nicht einmal ein bißchen Frieden und Sicherheit sein! Kaum sind wir aus dem ärgsten Dreck raus, da fängt es wieder von vorne an. Wir werden alles verlieren. Du wirst sehen, wir werden alles verlieren.«

»Nicht doch, Rose, beruhige dich doch.«

Aber Viktor war selber tief erschüttert. Mit schwacher Stimme sagt er:

»Es wird schon nicht so schlimm werden.«

»Schlimm?« weinte Rose. »Entsetzlich wird es werden! Was machen wir bloß, wenn du arbeitslos wirst? Was machen wir bloß?« Ihre Phantasie entwarf in Sekundenschnelle ein Bild der Hölle, der sie offenbar entgegengingen. Am ganzen Leibe zitternd, stieß sie hervor:

»Wir müssen sofort anfangen zu sparen. Jeden Sonntag Fleisch, das geht jetzt nicht mehr. Ich kaufe nur noch auf den Märkten, wo es billiger ist. Wenn ich mal nach Steglitz muß, dann laufe ich. Auch die Straßenbahn kostet Geld.«

Viktor protestierte: »Einen Groschen die Teilstrecke.«

»Und zehn Groschen sind schon eine Mark. Ach, daß es soweit kommen mußte!« klagte Rose. »Ich werde Frau Karsunke abschaffen. Gleich morgen sag' ich es ihr. Eine Aufwartefrau können wir uns nicht mehr leisten.«

»Nein!«

Viktor sagte es so laut, daß Rose zusammenfuhr. Verdutzt starrte sie ihn an.

»Nein, Rose, ich will nicht beerdigt werden, bevor ich

tot bin. Solange ich meine Stellung habe, will ich leben wie ein Mensch. Wenn ich wirklich arbeitslos werde, dann kannst du alles tun, was du gesagt hast, und noch mehr. Aber nicht jetzt. Es nimmt mir den Mut, verstehst du das nicht?«

Nein, Rose verstand das nicht. Wie konnte es ihn ermutigen, wenn er sich etwas vormachte? Sie selbst fühlte sich nur wohl, wenn sie gegen herannahende Krisen augenblicklich Verteidigungsstellungen aufbaute. Aber sie schwieg. Er war es, der das Geld heranschaffte, vorläufig wenigstens noch. Mochte er sich belügen, wenn er das brauchte, um arbeitsfähig zu bleiben. Sie würde schon ihre Vorkehrungen treffen. Sparen! Sparen! Viktor konnte kontrollieren, ob Frau Karsunke kam, aber nicht, wie oft sie kam. Er würde merken, wenn Rose die Glühbirnen in den Lampen durch schwächere ersetzte, die weniger Strom fraßen, aber nicht, wenn sie den Gasverbrauch drosselte und wieder auf dem Kohleherd kochte. Auch den schönen Staubsauger wollte sie nicht mehr benutzen. Teppichstange und Klopfer taten es in der Not auch, und jetzt herrschte Not. Und der Groschen für die Teilstrecke wurde doch gestrichen, Punkt, basta!

Rose konnte über nichts anderes mehr sprechen als über die Schrecknisse, die sie kommen sah. Sie fand auch genügend Gesprächspartner. Alle Frauen im Haus, alle, denen sie auf ihren Besorgungsgängen begegnete, bangten um die Stellungen ihrer Männern. Flüsternd, mit bleichen Gesichtern, standen sie beieinander, als der Blitz zum ersten Mal einschlug.

Er traf Alois Döring, Hannelores Vater. Der Sohn von Geheimrats hatte als kaufmännischer Angestellter in einer Handelsfirma gearbeitet, deren Umsätze nun, in der Krise, bedenklich zurückgingen. Binnen weniger Monate entließ die Firma mehr als ein Drittel ihrer Mitarbeiter. Herr Döring fand keine neue Stellung, das Stempelgeld reichte vorn und hinten nicht, und was sollte werden, wenn Herr Döring ausgesteuert wurde? Zunächst schossen Geheimrats ein bißchen zu, aber dann, im Frühsommer 1930, erlag der alte Herr Geheimrat einem Herzschlag und ließ Frau Geheimrat mit einer kleine Witwenpension zurück. Das war nicht genug, um auch noch die junge Familie über Wasser zu halten. Schließlich vermittelte ein Bekannter des toten Geheimrats Herrn Döring einen Posten als Reisender für Tabakwaren. Wenn Alois Döring Berlin und Umgegend noch nicht gründlich gekannt haben sollte, jetzt konnte er das Manko ausgleichen. Er lief sich die Absätze schief. Was er an Geld heimbrachte, war zum Leben zu wenig und zum Sterben zu viel.

Rose sagte zu Viktor:

»Schrecklich! Hast du gesehen, wie blaß die Hannelore ist? Wahrscheinlich kriegt sie nichts Anständiges zu essen. Und dabei geht es den Dörings noch halbwegs gut. Die Arbeiterkinder in den armen Vierteln sollen ja an Tuberkulose sterben, und die Babys sind alle rachitisch. Die arme Frau Döring. Ich mag sie ja eigentlich nicht, man merkt so sehr, daß sie katholisch ist. Die Kathölen sind alle irgendwie falsch. Und sauber sind sie auch nicht, das hat schon mein Großvater gesagt. Neulich komm' ich zu Dörings rein, und was soll ich dir sagen – steht doch im Kinderzimmer noch der Nachttopf unterm Bett, unausgeleert. Am hellen Vormittag, wie findest du das? Mit der Frau in einer Wohnung, also das könnt' ich nicht. Aber leid tut sie mir doch. So von der Hand in den Mund leben müssen! Der Mann soll ja richtig radikal geworden sein, sagt Frau Karsunke.«

»Wie das? Ist er Kommunist geworden? Oder Nazi?«

»Nein, das nun doch nicht. In die SPD ist er eingetreten.«

Auch Frau Karsunke ängstigte sich vor der Zukunft. Rose sagte:

»Na, Ihr Mann sitzt doch sicher. Als Eisenbahner!«

Aber Frau Karsunke blickte düster:

»Nee, nee, Frau Dokter. Er is ja nich Beamter. Und die Bahn baut ab, baut immerzu ab.«

Abgebaut wurde auch bei der AEG. Zwar sägte bisher noch niemand an Viktors Stuhl. Doch es verging kein Monat, in dem er nicht aufgefordert wurde, eine festgelegte Anzahl seiner Mitarbeiter zur Entlassung vorzuschlagen. Das war eine unangenehme Pflicht. Er mußte helfen, anderen Leuten das Brot zu nehmen, und auf wen sollte er da zeigen? Es war für jeden eine Katastrophe. Nach langem Grübeln kam er zu dem Schluß, daß die Katastrophe Abstufungen hatte. Sie traf einen Familienvater weitaus härter als einen Junggesellen, der nur für sich zu sorgen brauchte. Also machte Viktor der Betriebsleitung die Unverheirateten namhaft und schonte, so weit es ging, die Verheirateten. Es blieb trotzdem ein widerliches Geschäft, nicht nur, weil er die Krallenhand der Arbeitslosigkeit von Tag zu Tag näher greifen sah. Die Aktion setzte ihn auch in ein schiefes Licht. Den meisten im Werk war die Betriebsleitung eine anonyme Größe, sie sahen selten einen der Direktoren. Aber ihn, Viktor, sahen sie alle Tage, und sie wußten um seine Rolle bei den Entlassungen. Einige begannen, finstere Blicke zu werfen, und gingen ihm nach Möglichkeit aus dem Weg. Andere buhlten um seine Gunst und benahmen sich so unterwürfig, daß Viktor davon ganz übel wurde.

»Dem Dr. Rosenfeld geht's genauso«, erzählte Rose. »Edith sagt, er ist ganz unglücklich über diese Entlasserei. Und natürlich haben sie auch für sich selbst Angst, wie wir.«

»Hast du Edith getroffen?«

»Nein«, sagte Rose, »sie hat angerufen.«

In diesen bösen Zeiten sahen sich die Freundinnen nicht oft. Wer hätte schon Lust haben sollen, Geselligkeiten zu veranstalten, da doch allen das Herz so schwer war? Früher hatten Rose und Edith zwischendurch öfter miteinander telefoniert. Jetzt war es nur noch Edith, die anrief. Rose dachte jedesmal, wenn sie die Hand nach dem Hörer ausstreckte, an den Groschen, den das wieder kosten würde, und ließ es dann lieber sein.

Auch von Joachim und Anna gab es Bedrückendes zu melden. Rose war mit Harald in Steglitz gewesen – zu Fuß natürlich –, um nach billigen Kinderschuhen zu suchen. Der Junge wuchs so schnell, fast jedes halbe Jahr wurden ihm die Schuhe zu klein. Da war es fast ein Glück im Unglück, daß manches kleinere Geschäft jetzt aufgeben und seine Ware im Räumungsverkauf weit unter Preis verschleudern mußte. Bei dieser Gelegenheit hatte Rose auch in der Drogerie vorgesprochen.

»Kaum Kunden im Laden«, berichtete sie. »Joachim muß mit seinen Preisen auf Woolworth-Niveau runtergehen, sonst kommt überhaupt keiner. Aber das kann er sich eigentlich nicht leisten, denn wo bleibt seine Gewinnspanne? Er ist ja nicht so gut ausgepolstert wie ein amerikanischer Konzern. Anna sagt natürlich, das wird erst besser, wenn Hitler Reichskanzler ist. Ich habe lieber nicht geantwortet. Ich werd' doch die Schandschnauze nicht herausfordern! Hinterm Mond lebten wir, hat sie gesagt. Wir sollten uns einsalzen lassen mit unseren Deutschnationalen. Unser Hugenberg wäre mit Hitler gegangen beim Volksbegehren gegen den Youngplan, sie sagt: ›Young-Versklavung‹, und wenn wir das richtig finden, warum wir dann nicht Nägel mit Köpfen machen und Hitler wählen. An der Parteienzersplitterung würde das Reich noch mal kaputtgehen, und Leute wie wir wären das, die die einzige Kraft schwächen, die Deutschland noch aus dem Dreck ziehen kann.«

»Hm«, brummte Viktor, »ich sag's nicht gern, aber ganz unrecht hat sie nicht. Wer ist nicht gegen den Young-

Plan? Das ist doch Augenauswischerei, diese Herabsetzung der Reparationen. Wieso überhaupt Reparationen? Die Regierung, die so ein Abkommen unterschreibt, bindet uns damit an die Lüge von der deutschen Alleinschuld am Krieg. Das ist unerhört. Wenn ich bedenke, daß wir bis 1988 an die Feindmächte Tribut zahlen müssen ... Und das in unserer Lage. Die Wirtschaft liegt am Boden, und die Arbeitslosenzahlen steigen und steigen. Himmelangst kann einem werden. Ich versteh' schon, daß Anna nach einem starken Mann schreit, der das ganze Parteiengesindel aus dem Reichstag fegt und die Verräterclique aus der Regierung. Das ist meine Rede seit Jahren. Vielleicht ist Hitler der starke Mann?«

»Glaubst du? Ich weiß nicht. Der Mann brüllt genauso laut wie Anna. Ich kann dieses Geschrei nicht leiden.«

»Ja«, sagte Viktor nachdenklich, »das ist es eben, was mich bis heute abgeschreckt hat. Sie sind so rabaukig. Einfach unfein. Allein diese SA! Solange Hitler sich nicht von seiner ordinären Schlägertruppe trennt, kann man ihn eigentlich nicht wählen. Sie haben ja auch bloß zwölf Sitze im Reichstag, offenbar sind wir nicht die einzigen, die den Nazis mißtrauen. Unsere Deutschnationalen haben dreiundsiebzig. Das ist doch kein Zufall.«

Die nächste Wahl fand im September 1930 statt, zwei Tage vor Haralds neuntem Geburtstag. Viktor und Rose wählten deutschnational, wie sie es immer getan hatten. Die alte Frau Markwart sagte:

»Anna meint, man müßte diesmal die Nationalsozialisten wählen.«

Rose zuckte die Achseln. »Tu, was du nicht lassen kannst.«

Viktor öffnete den Mund zum Protest, aber dann schwieg er doch. Wußte er denn, was richtig war und was falsch? Später tat es ihm leid, als er nämlich hörte, welch einen Zirkus Anna aus ihrem Gang zur Urne gemacht hatte: Sie hatte ihren zweiten Enkel an der Hand geführt, den jetzt dreijährigen Siegward. Das Kind trug ein Geschenk der Großmutter im Arm, einen kleinen Teddybären, der als Hitlerjunge gekleidet war, mit brauner Uniform, Mütze und blankem Koppelzeug, am Arm eine Hakenkreuzbinde. Die Leute blieben stehen, um diese wandelnde Wahlpropaganda zu betrachten, und wenn sie das Kind darauf ansprachen, piepste Siegward:

»Das ist mein Hitler-Bär, der ist ganz stark und hilft den Guten gegen die Bösen.«

»Daß Joachim so was zuläßt!« empörte sich Viktor. Rose kommentierte:

»Siegward! Erst Gumprecht, und dann auch noch Siegward! Und zu allem Überfluß ein Hitler-Bär! Das darf man niemandem erzählen. Man blamiert sich ja.«

Als die Wahlergebnisse verkündet wurden, geriet Viktor ins Grübeln. Seine Partei hatte zweiunddreißig Sitze verloren und konnte nur mehr einundvierzig Abgeordnete stellen. Annas Partei hatte fünfundneunzig Sitze hinzugewonnen, also würden einhundertsieben nationalsozialistische Abgeordnete in den Reichstag einziehen!

»Nun guck dir das an, Rose«, sagte Viktor beeindruckt. »Sie sind jetzt zweitstärkste Fraktion. Nur die Sozialdemokraten sind noch stärker. Und was besonders wichtig ist: Sie haben die Kommunisten um Längen geschlagen, die Nazis sind ihnen um dreißig Mann voraus. So wie's aussieht, werden wir wohl doch von diesem Hitler Notiz nehmen müssen.«

Zu Ostern 1931 kam Harald ins Gymnasium. Es gab in Lichterfelde zwei zur Auswahl, ein altsprachliches und ein neusprachliches. Außerdem existierte noch eine Oberrealschule, aber die zog Rose gar nicht erst in Betracht. Ihr Harald sollte höher hinaus. Sie zögerte keinen

Augenblick, sich für das neusprachliche Institut zu entscheiden.

»Weil sie da mehr Mathematik und Physik geben«, verkündete sie. »Was soll der Junge mit soviel Latein und Griechisch? Das braucht er nie. Er wird ja doch mal studieren, was du studierst hast.«

»Woher weißt du denn das?«

»Guck bloß mal auf seine Zeugnisse, was er für Noten im Rechnen nach Haus gebracht hat. Du wirst sehen, aus ihm wird ein mathematisches Genie. Und was das Technische angeht, sieh ihm nur zu, wenn er mit seinem Stabilbaukasten spielt. Harald ist ja technisch so begabt.«

Viktor lächelte über Roses mütterlichen Eifer. Vielleicht stimmte, was sie sagte. Ihm konnte es nur recht sein. Es gefiel ihm, in Harald einen Nachfolger heranwachsen zu sehen. Übrigens hätte Rose ohnedies getan, was sie für richtig hielt. Sie ließ sich in nichts dreinreden, was ihr wichtig war, am wenigsten in Haralds Erziehung.

Rose war sehr stolz, als der frischgebackene Sextaner sich zum ersten Mal auf den neuen Schulweg machte, auf dem Kopf die Gymnasiastenmütze in der Farbe der Unterstufe, also rot, mit einem goldenen Sternchen an der linken Seite. Im nächsten Jahr würde ein weiteres Sternchen dazukommen, danach ein drittes, dann würde Harald andere Farben tragen, Grün, Blau, schließlich Weiß. Wenn die weiße Mütze erst auf seinem Kopf saß, dann war er ein Primaner und machte sein Abitur. Danach würde er die Universität beziehen und einen strahlenden Aufstieg nehmen, höher hinauf, als es seinem Vater gelungen war.

Rose freute sich, wenn sie an Haralds Zukunft dachte. Wenigstens diese Freude konnte ihr keiner nehmen. Sonst gab es ja wenig Anlaß zum Frohsinn, und wer wußte denn, was noch alles kommen würde. Um die Jahreswende von 1930 auf 1931 hatte die Zahl der Arbeitslosen schon beinahe viereinhalb Millionen betragen, und immer noch stieg sie und stieg. Vor jedem Ultimo bangte Rose, daß Viktor sagen könnte, jetzt habe es ihn selbst getroffen, ab dem nächsten Monatsersten sei er ohne Stellung. Den Beamten waren die Gehälter gekürzt worden, nun murrten sie und manche unter ihnen forderten, daß sämtliche anderen Gehälter und Löhne gleichfalls gesenkt werden müßten. Rose fand das unerhört. Immerhin saßen die Beamten auf sicheren Posten. Wer sonst konnte das von sich sagen? Auch Viktor regte sich auf:

»Hirnverbrannter Blödsinn ist das. Es wird sowieso zu wenig verdient, denk' mal allein an die vielen Erwerbslosen. Die Kaufkraft geht zum Teufel, und wenn nicht gekauft wird, werden weniger Steuern gezahlt, wird weniger Ware geordert und am Ende weniger produziert. Das kostet dann wieder Arbeitsplätze, und so ist das ein einziger *Circulus vitiosus*. Wir brauchen wirklich einen Alexander, der den Knoten mit dem Schwert durchhaut.«

Viktor und Rose gingen jetzt jeden Sonnabend ins Kino, das hatte Viktor durchgesetzt.

»Nein, Rose, eine Freude muß der Mensch haben. Wenn ich mich überhaupt nicht entspannen kann, dann werden mir die ewigen Sorgen zuviel. Tagsüber den Ärger im Werk, Woche für Woche, und abends zu Hause wird alles noch mal durchgekaut. Die Kinokarten leisten wir uns, sonst sparen wir am falschen Ende.«

Rose gab nach, und bald fand sie Gefallen an der allwöchentlichen Unternehmung. Sie überließ sich den mehr oder minder seichten Geschichten, die vor ihr abrollten, und vergaß für zwei Stunden die häßliche Wirklichkeit. Auf dem Heimweg kaufte sie jedesmal eine Tafel Schokolade für Harald, die der Junge prompt verputzte. Rose schalt:

»Kannst du denn nicht einteilen? Du tust ja gerade, als bekämst du sonst nie was zu essen.«

Das gehörte alles zum Ritus, der sich herausgebildet hatte: erst der Film, dann die Schokolade, schließlich die Strafpredigt. Viktor und Rose gingen immer in dasselbe Kino. Es befand sich in ihrer Straße, dort, wo sie nach Viktors Definition nicht mehr anständig war, in einer der Mietskasernen auf halbem Wege nach Steglitz. Es nannte sich »Hili«, was Hindenburg-Lichtspiele bedeuten sollte.

Viktor wunderte sich sehr, als Rose eines Tages in ein anderes Kino gehen wollte. Dort lief der Film *Der Kongreß tanzt*, und den hatten sie sich schon im Hili angesehen.

»Wieso denn das? Es war ja ganz nett, aber so überwältigend nun auch wieder nicht. Hat dir die Lilian Harvey so gut gefallen? Oder schwärmst du für Willy Fritsch?«

Aber Rose schwärmte überhaupt nicht für Filmschauspieler. Die Musik hatte es ihr angetan. Wochenlang trällerte sie das Liedchen, das Lilian Harvey auf ihrer großen Kutschfahrt zur Residenz des Zaren gesungen hatte: »Das gibt's nur einmal, das kommt nicht wieder, das ist zu schön, um wahr zu sein ...« Melodie wie Text versetzten Rose in eine eigenartige Stimmung: ein bißchen Sehnsucht, ein bißchen Jubel, ein bißchen Trauer. Ihr war, als öffne sich fern am Horizont ein Wunderland des Glücks, eigens für sie bestimmt. Solange die Musik dauerte, schien es gewiß, daß sie das Glücksland erreichen werde. Das Gefühl, das aus dem Lied kam, war schön, und schließlich wurde sie regelrecht süchtig danach. Viktor lächelte verständnisinnig, obwohl er gar nichts verstand, und kaufte eines Tages ein Grammophon mit Kurbel zum Aufziehen, dazu die Platte mit dem Filmlied.

»Wenn du's nun mal so gern hast, Rose ... Jetzt kannst du es dir immer vorspielen. Und wir werden uns noch andere Platten kaufen, dann können wir ein bißchen tanzen üben und sind gerüstet, wenn die Zeiten mal besser werden.«

»Aber Viktor! Diese Ausgabe wieder! Ich hätte es ja auch weiter singen können. Bessere Zeiten – ach du lieber Gott! Sie werden ja immer schlechter.«

Das mochte sie wohl sagen. 1931 gab es eine europäische Bankkrise, und nur strengste Maßnahmen verhinderten eine Katastrophe. In Deutschland wurden sämtliche Geldinstitute zunächst einmal geschlossen. Auch die Börse stellte ihren Betrieb ein. Einen ganzen Monat lang konnte Rose keinen Pfennig vom Gesparten abheben. Das hätte sie zwar sowieso nicht getan, aber es raubte ihr den Schlaf, daß ihr das Konto von Staats wegen gesperrt war. Reuevoll dachte sie an ihren Geldgürtel, den sie seit den schlimmen Tagen der Inflation nicht mehr benutzt hatte. Damals war es falsch gewesen, das Familienguthaben mit sich herumzutragen. Anders jetzt. Hätte sie das Spargeld beizeiten an sich genommen, dann wäre es in ihrer eigenen Gewalt und nicht in der einer unfähigen Regierung, der jedermann nur mißtrauen konnte. Früher kannte man so was nicht, daß ein und dieselbe Handlung heute verkehrt war und morgen richtig. Viktor hatte schon recht, wenn er diese Republik ablehnte. Die da oben machten mit einem, was sie wollten.

Allein diese dauernden Notverordnungen. Rose verstand nicht recht, was da eigentlich verordnet wurde und wozu es nützen sollte. Soweit sie sah, nützte es ja auch nichts, die Verhältnisse verschlechterten sich von Tag zu Tag. Ihr reichte schon der Titel dieser Regierungserlasse. Notverordnungen! Eine anständige Regierung hatte das Land aus der Not herauszuführen und nicht bloß immer darin herumzustochern.

Ende des Jahres zählte man über fünfeinhalb Millionen Arbeitslose. Und dann kam es tatsächlich zu dem, was zwölf Monate zuvor die unzufriedenen Beamten verlangt hatten: Alle Löhne und Gehälter wurden gekürzt, auch Viktor brachte nun weniger Geld nach Hause.

Mit finsterer Miene zählte er es vor Rose auf den Wohnzimmertisch.

»Was soll man dazu sagen? Man muß ja wohl besser den Mund halten, solange man wenigstens noch seine Stellung hat. Aber eins ist sicher, das nächste Mal wähle ich Hitler.«

Viktor war von düsterem Trotz erfüllt. Er wußte nicht, ob es unter einer Regierung Hitler besser würde, niemand wußte das, und dann störte auch noch immer der Gedanke an die Schlägertruppen. Doch eines schien ihm sicher, daß es nämlich nicht schlimmer werden konnte. Sie scheiterten ja alle, diese Politiker von den Schwatzbuden-Parteien. Keiner taugte was. Da war es nicht mehr als vernünftig, diesem Hitler wenigstens eine Chance zu geben. Zumindest schien er zu wissen, was er wollte, und auch, wie er es kriegen konnte. Er würde durchgreifen, und das tat bitter not. Außerdem war er, seinen Reden nach, ein national gesinnter Mann, das Vaterland ging ihm über alles. Sollte man vielleicht warten, bis die verelendeten Arbeiter millionenweise zu den Kommunisten liefen, so daß man sich schließlich in einem Sowjet-Deutschland wiederfand? Und hatten nicht die Deutschnationalen und Viktors Stahlhelm sich mit den Nationalsozialisten verbündet, im vergangenen Oktober erst, in Bad Harzburg? Sie liefen ihm ja alle zu, diesem Mann mit der donnernden Rede und der starken Geste.

Aber bei der nächsten Wahl setzte Viktor doch nicht auf Hitler. Es ging darum, wer der nächste Reichspräsident werden sollte: der bisherige Präsident von Hindenburg, Hitler oder der Kommunistenführer Thälmann. Der kam ja nun überhaupt nicht in Frage! Was die beiden anderen betraf, so konnte sich Viktor nicht entschließen, dem Generalfeldmarschall des Kaisers die Treue aufzukündigen.

»Unser Held von Tannenberg. Das letzte Denkmal der

guten alten Zeit. Und ein so aufrechter, durch und durch lauterer Mann. Wenn einer in unserem Land des Parteienhaders noch Autorität hat, dann er.«

Viktor wählte Hindenburg, wie er es schon 1925 getan hatte. Einen Monat später, im April 1932, wurden Hitlers paramilitärische Truppen verboten, die SA und ihre Sonderformation, die SS. Das war Viktor eigentlich recht, er hatte es sich schon lange gewünscht. Aber seltsamerweise irritierte es ihn auch. Wenn er es recht bedachte, dann wollte er zwar die Schlägertrupps aus der Welt haben, aber nicht so. Nach seiner Vorstellung hätte Hitler sich von ihnen trennen müssen, aus eigener Machtvollkommenheit. Nun hatte man sie ihm von Amts wegen weggenommen. Das minderte das Bild der Stärke, das Viktor sich gemacht hatte. Bei der Wahl zum preußischen Landtag Ende April stimmte er wieder deutschnational.

Zwei Monate danach wurde das Verbot von SA und SS wieder aufgehoben. Viktor sagte:

»Zum Donnerwetter noch mal! Können die sich nicht entscheiden, was sie nun wollen? Heute hü, morgen hott. Jetzt haben wir die Bande wieder auf dem Hals. Aber eins muß man sagen, durchsetzen kann er sich. Sieht so aus, als ob keiner gegen ihn ankommt.«

»Meinst du Hitler?« fragte Rose.

»Wen sonst.«

Am 31. Juli ging Viktor zur Reichstagswahl und gab seine Stimme für die Nationalsozialisten ab. Rose, die ohnehin nicht mehr wußte, wohin diese Republik steuerte, folgte seinem Beispiel. Die alte Frau Markwart wählte Hitlers Partei schon seit 1930, weil Anna ihr jeden Besuchssonntag die Ohren vollpredigte. Die alte Dame war von der Vorstellung besessen, Anna könnte dahinterkommen, wenn sie woanders ihr Kreuzchen malte. Anna hatte so viele politische Beziehungen, und ihre Schwiegermutter fürchtete sich vor ihr.

Die Zahl der nationalsozialistischen Abgeordneten stieg auf zweihundertdreißig. Viktor fühlte sich bestätigt. Wenig später allerdings fragte er sich, wozu dieser Wahlgewinn gut sein sollte, wenn der Sieger nicht auch die Regierung übernahm. Aber man bot Hitler nur den Posten des Vizekanzlers an, den er mit viel Getöse ausschlug. Der wollte offenkundig alles oder nichts, und Viktor billigte das. Andererseits – wenn der verehrte Reichspräsident sich nicht dazu durchringen konnte, Hitler zum Kanzler zu ernennen, dann hatte er auch Gründe. Der alte Feldherr mußte doch schließlich wissen, was er tat. Also galt es, darüber noch einmal gründlich nachzudenken.

Zum Nachdenken kam Viktor nicht. Die Arbeitslosenzahl war über die Sechsmillionen-Grenze gestiegen, bald würden es sieben Millionen sein. Die Arbeitsplätze rund um Viktor leerten sich, er zitterte vor dem Augenblick, da er den seinen räumen mußte. Er zitterte auch vor der unterdrückten Wut derer, deren Namen er auf die Entlassungslisten gesetzt hatte. Einer von ihnen hatte die Runde gemacht und jedem die Hand zum Abschied gegeben. Vor Viktor war er stehengeblieben, mit finsterem Gesicht, die Hände demonstrativ in den Taschen.

»Wir sehen uns noch. Aber dann weht hier ein anderer Wind!«

Eine unverhüllte Drohung, was sonst. Viktor wußte, daß der Mann Mitglied in der SA war. Er hatte Angst. In was für Zeiten lebte man!

Der frisch gewählte Reichstag wurde schon im September wieder aufgelöst, Anfang November gab es Neuwahlen. Viktor stimmte noch einmal für die NSDAP, aber nun schien es, als hätte die Partei ihren Zenit überschritten, jetzt besaß sie nur noch hundertsechsundneunzig Mandate. Immer noch sehr viel, aber offenbar vermochte sie sich doch nicht auf Dauer oben zu halten und würde bei den nächsten Wahlen weiter absteigen wie frühere Wahlsieger vor ihr. Viktor fragte sich, ob er auf's falsche Pferd gesetzt hatte.

Ach, man mußte sich so vieles fragen in dieser wirren, irren Zeit. Wer begriff denn noch, was da in den Regierungsgebäuden verhandelt und gekungelt wurde? Der alte Feldmarschall hatte den General von Schleicher zum Reichskanzler ernannt, nachdem der Diplomat von Papen mit seinem Kabinett gescheitert war. Rose sagte:

»Schleicher würde ich nur heißen wollen, wenn ich dafür viel Geld kriegte. Aber der Mann ist mir lieber als dieser katholische Papen. Was soll dabei schon rauskommen, wenn wir von Kathölen regiert werden.«

»Hitler ist auch Katholik«, wandte Viktor ein.

»Ach«, sagte Rose, »wie einer getauft worden ist, dafür kann er nichts. Er hat es ja wohl hinter sich gelassen.«

Viel mehr Fortune als der Diplomat schien der General nicht zu haben. Da legte er sich doch wahrhaftig mit dem Hitler an, intrigierte mit dessen Paladinen und versuchte, ihm die halbe Partei abspenstig zu machen. Viktor hätte dem Kanzler sagen können, daß er auf Granit beißen würde. Auch wenn er bei der letzten Wahl schwächer geworden war, so schwach war Hitler nun doch nicht, daß er sich von so einer Figur über den Löffel balbieren ließ. Zum Weinen, dieses Gezerre nun schon seit Jahren, und immer auf dem Rücken der kleinen Leute.

Weihnachten 1932 wurde ein trübes Fest, jedenfalls für die Erwachsenen. Viktor und Rose hatten verabredet, diesmal auf gegenseitige Geschenke zu verzichten. Man mußte das Geld zusammenhalten, wer wußte denn, was alles noch auf einen zukam. Harald freilich sollte nichts entbehren. Er bekam seinen süßen Teller, einen Stoß Abenteuerbücher und als Krönung des Ganzen einen Bausatz für einen Detektorempfänger, den er unter Viktors Anleitung zusammenbasteln konnte. Der Junge war überglücklich – ein eigenes Radio, man denke! Auch die alte Dame wurde bedacht, sie erhielt sechs Garnituren warmer Leibwäsche und ein Paar Pulswärmer, die Rose ihr gestrickt hatte. Und natürlich gab es, wie immer, einen großen Weihnachtsbaum, der bis zur Decke reichte und für gut dreißig Kerzen Platz bot.

Zwischen Weihnachten und Neujahr wurde bei Markwarts nicht über Politik gesprochen. Das hatte Viktor sich ausbedungen. Die Misere würde ihn bald genug wieder einholen, sagte er zu Rose.

»Ich wette, schon im Januar wählen wir den nächsten Reichstag, spätestens im Februar.«

Aber da irrte er sich. Es gab nur eine Regionalwahl, im Freistaat Lippe am 15. Januar. Die Nationalsozialisten gewannen sie haushoch. Am 28. Januar kapitulierte der General von Schleicher und trat zurück, wie vor ihm so viele andere Kanzler. Zwei Tage danach berief der ehrwürdige Reichspräsident den Führer der Nationalsozialisten zum Reichskanzler. Viktor staunte.

»Hat der Hitler es also doch geschafft. Es sah ja schon nicht mehr so aus. Na, ich wünsch' ihm Glück. Vor allem wünsch' ich uns Glück. Hoffentlich ist das zu unser aller Bestem. Eins tröstet mich: Hindenburg wird wissen, was er macht. So ein alter, ausgefuchster Stratege ...«

»Schlimmer kann's nicht mehr kommen, als es schon gekommen ist«, sagte Rose. »Nur eins gefällt mir nicht: daß er so laut ist. Er schreit so. Na, vielleicht läßt er das jetzt, wo er eine Würde zu wahren hat. Was meinst du, Vati, wie Anna triumphieren wird. Die schnappt glatt über. Ob sie überhaupt noch mit uns redet?«

»Ach, Anna! Wer fragt schon nach Anna. Die ist doch bloß ein kleines Würstchen. Vielleicht ist es ja doch wahr, Mutti, daß wir sonnigeren Tagen entgegengehen. Einer neuen Zeit.«

»Amen«, sagte Rose.

Die neue Zeit begann für Viktor damit, daß er neue Direktoren bekam, sämtlich mit dem runden Hakenkreuzabzeichen am Revers. Es kehrte auch eine Anzahl der Entlassenen zurück, nicht alle, noch nicht, aber alle jene, die Mitglieder von Hitlers Partei waren. Auch der Mann, der Viktor bedroht hatte, wurde wieder eingestellt, und es erwies sich, daß Viktor sich nicht umsonst vor ihm gefürchtet hatte.

An einem der ersten Märztage flog die Tür seines Dienstzimmers auf, die Klinke knallte gegen die Wand, und herein kam der einst Entlassene, in voller SA-Uniform, finster blickend, einen Revolver in der Hand.

»So, du Schwein, jetzt wird abgerechnet. Mit Typen wie dir ist jetzt Schluß.«

»Aber ich bitte Sie!« protestierte Viktor. »Ich habe doch ... Sie müssen doch ...«

»Schnauze!« brüllte der andere und hielt dem zurückprallenden Viktor den Revolver unter die Nase. »Ihr Judenschweine habt euch lange genug hier breit gemacht, und die anständigen Volksgenossen habt ihr auf die Straße gesetzt! Jetzt kassiert ihr euren Lohn!«

Viktor traute seinen Ohren nicht.

»Ich bin doch kein Jude!«

»Ach nee!« höhnte der SA-Mann und sah Viktor verächtlich an. »Bist du nicht, was? Jetzt hat er die Hosen voll, der Schisser. Wenn einer ein Jude ist, dann du.«

»Aber ich versichere Ihnen ...«

»Schnauze! Guck dich doch im Spiegel an. Was ist das da in deinem Gesicht? Ein Judenzinken. An der Nase erkennt man euch. Mir machst du nichts vor.«

Das Geschrei hatte längst die Angestellten in den Nachbarräumen aufgeschreckt. Sie alarmierten die Betriebsleitung. Einer der Direktoren kam, nach dem Rechten zu sehen.

»Parteigenosse Altwasser!«

»Herr Direktor!«

Der SA-Mann nahm Haltung an.

»Was zum Teufel tun Sie hier?«

»Herr Direktor, ich rechne mit dem Judenschwein ab. Er ist verantwortlich dafür, daß so viele von uns entlassen worden sind.«

»Herr Dr. Markwart ist kein Jude.«

»Was?«

»Stecken Sie den Revolver weg. Hören Sie nicht, was ich sage? Herr Dr. Markwart ist kein Jude. Er ist genauso deutsch wie Sie und ich. Weltkriegssoldat. Stahlhelmer. Das ist bekannt. Und an Ihrer Entlassung ist nicht er schuld, sondern das System. Alle Abteilungsleiter sind gezwungen worden, Entlassungsvorschläge zu machen. Wollen Sie die jetzt alle umbringen? Wenn Sie hier weiter so auftreten, dann müssen wir Ihre Wiedereinstellung noch mal überdenken.«

Der SA-Mann stand wie ein begossener Pudel.

»Und ich hätte schwören können ...«

»Entschuldigen Sie sich!« sagte der Direktor streng.

»Ja«, sagte der SA-Mann, »denn tut's mir auch leid. Nischt für ungut, Herr Doktor. Da sind Sie also kein Jude, hätt' ich nicht gedacht. Sehr gut, daß Sie unserem Lager angehören. Sehr gut.«

Viktor war noch verstört, als er abends nach Hause kam. Rose mußte sich setzen, als er ihr erzählte.

»Um Gottes willen! Der wollte dich wirklich erschießen? Das ist ja entsetzlich! Nicht auszudenken!«

»Ja«, sagte Viktor schwach.

»Mein Gott, ich wäre an deiner Stelle gestorben vor Angst. Hast du nicht schreckliche Angst gehabt?«

»Doch. Natürlich habe ich Angst gehabt. Wer hätte keine Angst, wenn ihm ein verrückt gewordener Schlagetot einen geladenen Revolver vorhält. Aber mindestens genauso schlimm war der Schimpf, den er mir angetan hat. Mutti«, sagte Viktor kläglich, »wie kann er mich einen Juden nennen? Die Markwarts haben große Nasen, ja, aber ... Mutti, ich bin doch kein Jude!«

19 / Am 5. März wurde Alois Döring verhaftet. Zwei Kriminalbeamte in Zivil, ein Polizist und ein SA-Mann führten ihn ab, und weil Sonntag war, sah das ganze Haus dabei zu. Die Frauen standen hinter den Gardinen, ihre Männer lugten ihnen über die Schulter, die Kinder der Mieter und ihre Freunde verschwanden von den Rasenflächen und bezogen ihre Beobachtungsposten im Gebüsch und auf den Astgabeln der Bäume. Frau Döring, tränenüberströmt, begleitete den Zug über den Gartenweg bis zur Straße, an der rechten Hand die blasse Hannelore, auf dem linken Arm Hannelores Schwesterchen, die zweijährige Karin.

Als die Staatsgewalt mit Herrn Döring außer Sicht war, öffneten sich überall die Wohnungstüren, die Frauen versammelten sich auf den Treppenabsätzen, wechselten auch das Stockwerk und besprachen den unerhörten Vorfall. Die Männer hielten sich zurück. Sie wußten ja, daß sie binnen kurzem alles erfahren würden, was es an Informationen über den Fall Döring gab, und das haarklein.

Nach etwa einer halben Stunde hörte Viktor die Tür ins Schloß fallen, und gleich darauf kam Rose ins Wohnzimmer, die Wangen gerötet, die Augen weit aufgerissen.

»Also, das hat mit dem Reichstagsbrand zu tun«, sprudelte sie, »seit dem Feuer verhaften sie alle Radikalen, und Herr Döring ist doch in die SPD eingetreten, als er seine Stellung verloren hat, und die holen sie jetzt alle, die Kommunisten und auch die von der SPD. Ich kann mir aber nicht denken, daß Herr Döring da mit drinhängt, der zündet doch keine Häuser an, schon gar nicht den

Reichstag. Sie haben Haussuchung gemacht und alles durcheinandergewühlt, aber nichts gefunden. In der Wohnung soll es schlimm aussehen, wie nach einem Erdbeben. Frau Karsunke hilft jetzt beim Aufräumen. Die Kinder sind ganz verängstigt, Frau Döring hat sie erst mal zu Frau Geheimrat geschickt, damit sie sich beruhigen.«

Rose ging der Atem aus, und sie hielt inne. Viktor fühlte sich unbehaglich. Sein eigener Zusammenstoß mit der neuen Staatsmacht lag erst drei Tage zurück.

»Das wird sich aufklären«, sagte er mit einer Sicherheit, die er nicht empfand und mit der er sich selbst zu trösten versuchte. »Herr Döring ist ein anständiger Mensch, und das wird sich sehr bald herausstellen. Bei uns sperrt man keine Unschuldigen ein, das hat es noch nie gegeben. Übrigens dachte ich, die Verhaftungen wegen der Brandstiftung wären schon abgeschlossen?«

»Hier draußen bei uns passiert alles immer ein bißchen später«, vermutete Rose. »Sie haben wohl erst die Innenstadt durchgekämmt. Und dann wohnen in solchen Vororten wie Lichterfelde ja auch vor allem ordentliche Bürger. Es ist doch ein reiner Zufall, daß Herr Döring in die SPD gegangen ist, so eine Art Verzweiflungsakt. Was haben Leute wie Dörings mit Politik zu tun?«

»Daran hätte er denken sollen«, sagte Viktor.

Ja, daran hätte Herr Döring denken sollen. Seiner Frau wäre viel Angst und Aufregung erspart geblieben und ihm die peinliche Mühe, den Nachweis seiner absoluten Harmlosigkeit und Ungefährlichkeit zu führen. Denn harmlos und ungefährlich war er tatsächlich, und zwar in einem Maße, daß seine Häscher die Denunziation, die ihnen zugegangen war, sehr schnell ad acta legten. Schon am Montag durfte Alois Döring heimkehren zu den Seinen, und er wurde fortan auch nicht mehr behelligt. Doch seine Lehre hatte er weg, die eine Nacht in der Zelle reichte ihm für den Rest seines Lebens. Eine Weile widmete er sich noch dem Tabakhandel, schon bald nicht mehr als Vertreter auf Provisionsbasis, sondern in fester Anstellung.

Als aber zwei Jahre später die allgemeine Wehrpflicht wieder eingeführt wurde, besann sich Alois Döring darauf, daß er bei Kriegsende ein blutjunger Leutnant gewesen war. Er ließ sich reaktivieren. Nun erst, in Uniform und mit den Rangabzeichen eines Hauptmanns, fühlte er sich sicher.

Auch Frau Karsunke zog ihre Lehre aus dem Vorfall. Sie bedachte, was sie gesehen und gehört hatte, ein paar Tage lang von allen Seiten und nahm sich dann ihren Mann vor.

»Walter, du gehst in die Partei.«

»Watt denn! Uff eenmal? In welche denn?«

»Frach nich so dämlich!« Frau Karsunke horchte ihren Worten nach, überlegte und fuhr in gepflegterem Deutsch fort: »Hör auf, so gräßlich zu berlinern. Nimm Rücksicht auf Udo.«

»Ick rede, wie mir der Schnabel jewachsen is. Ick hab' keene Schule für Herrschaften besucht.«

»Ich etwa? Aber Udo wird. Dafür geb' ich mir Mühe. Und du wirst auch. Und jetzt gehste in die Partei.«

»Bei die Kommunisten warste jejen. Wat versprichste dir von de Nazis?«

Frau Karsunke seufzte.

»Walter, du bist'n guter Mann. Aber 'n bißchen dusselig. Ich hab' dir gesagt, paß auf, mit wem du dich solidarisch machst. Die Nazis sind am Drücker, mit denen mußt du geh'n. Denk an Udo. Und, verdammt noch mal, lern' endlich richtig reden. Wenn ich's kann, kannst du's auch.«

Walter Karsunke brummte. Aber er tat, was seine Frau wollte, das heißt, er trat in die NSDAP ein, gerade noch rechtzeitig, bevor die Aufnahme neuer Mitglieder fürs erste ausgesetzt wurde. Seine Ausdrucksweise änderte er nicht. Was dachte sich die Frau? Er mußte den ganzen Tag außer Haus Dienst tun, er hatte nicht wie sie Zeit, bei Harald in den Nachhilfeunterricht zu gehen. Und dann sprachen seine Kollegen wie er, er hörte nichts anderes. Sie dagegen bewegte sich dauernd unter gebildeten Leuten, denen sie aufs Maul schauen konnte. Er weigerte sich ja nicht, schließlich wollte er auch Udos Bestes. Aber was nicht ging, ging eben nicht.

»Nee, Pamela«, sagte er, wenn sie mit ihm nörgelte, und zuckte bedauernd die Schultern, »jejen 'ne Klistierspritze kannste nich pupen.«

So etwas ließ Frau Karsunke nun überhaupt nicht mehr durchgehen. Sie funkelte ihn böse an.

»Achte mal auf deine Ausdrücke, Walter! Sone Sauereien kannst du dir nicht leisten. Du gehst nicht mehr auf Strecke, du bist jetzt Hoheitsträger. Vergiß das nicht.«

Den Ausdruck hatte sie in der Zeitung gefunden, auf die der Parteigenosse Karsunke abonniert war – gezwungenermaßen, denn freiwillig hätte er weder den *Völkischen Beobachter* bestellt noch irgend ein anderes Blatt. Wann hatte er denn schon Muße zum Zeitunglesen? Wenn er mal gar nicht wußte, was er mit sich anfangen sollte, dann drosch er lieber mit ein paar Kollegen einen zünftigen Skat. Daß Herr Karsunke mit Harald, der Stütze des häuslichen Bildungsterrors, nach wie vor gut auskam, lag nicht zuletzt an dessen Brauchbarkeit als dritter Mann. Harald interessierte sich für das Männerspiel und war gern bei Herrn Karsunke in die Lehre gegangen.

Frau Karsunke aber las den *Völkischen Beobachter*. Schließlich wollte sie mitreden können, vor allem wissen, woher der Wind wehte und wohin. Wie sonst sollte sie Udo mit den richtigen Weisungen versehen, was er zu tun und was er zu lassen hatte, was er sagen durfte und was er besser verschwieg? Ihre Redeweise vervollkommnete sich, sie wurde zu einer fast perfekten Mischung aus Haralds Lehren, dem Angebot der Leihbücherei und der Lektüre des Parteiblattes.

Manchmal begleitete sie ihren Mann zu den großen Kundgebungen seiner Partei. Anderntags, während sie mit einem Lappen Bohnerwachs in Markwarts Parkettboden rieb, erzählte sie:

»Also, die Leute waren außer sich vor Begeisterung, wie der Dr. Goebbels gesprochen hat. Aber nachher, wie der Führer kam – mit einmal Totenstille, also, Sie hätten die Nadel im Heuhaufen hören können. Aber nur kurz, und denn brach der Jubel los: Heil! Heil! Aus Tausende Kehlen. Das muß man geseh'n haben.«

»Ja«, sagte Viktor, als Rose es ihm wiedergab, »da muß man reingetreten sein. Denn wie man sich bettet, so schallt's hinaus.«

»Viktor!« rief Rose und lachte laut auf.

Vor allem aber hatte der Hoheitsträger es Frau Karsunke angetan. Sie litt darunter, daß ihr Mann so gar nicht das rechte Gefühl für seine Würde entwickelte.

»Wenn er doch bloß drauf achten würde, wie er redet«, beschwerte sie sich. »Er berlinert, daß es einen Hund jammert. Er als Hoheitsträger müßte doch 'n Beispiel geben. Ich hab' von Haraldchen so viel gelernt, kann er das nicht auch? Aber nein, das ist für ihn alles spanische Dörfer.«

»Na ja«, sagte Rose. Sie fand, daß Frau Karsunke sich ein bißchen bezähmen sollte. Die Person entwickelte sich mit ihrem Getue zu einer rechten Nervensäge, und außerdem kannte sie ihre Grenzen nicht mehr. In der letzten Zeit war sie dazu übergegangen, Rose »Frau Markwart« zu nennen, während sie vorher »Frau Dokter« gesagt hatte, und das zwölf volle Jahre lang. Rose fragte und ärgerte sich nachher über sich selbst, denn sie fing sich eine patzige Antwort ein:

»Sie sind ja kein Dokter. Der Herr Dokter ist Dokter. Sie sind man bloß Markwart.«

Irgend jemand sollte diese Anmaßung auf zwei Beinen mal zurechtstutzen. Aber wer? Rose würde den Teufel tun und mit der Frau des Hoheitsträgers einen ernsten Krach riskieren. Nicht daß sie glaubte, Herr Karsunke würde ihr etwas Böses zufügen. Dazu war der gutmütige Mann gar nicht fähig. Nein, den Träger fürchtete Rose nicht, wohl aber die Hoheit, zu der Frau Karsunke womöglich noch engere Beziehungen hatte als nur die über ihren Mann. Konnte man's wissen?

Auch andere dachten so, und Frau Karsunke registrierte, daß die Herrschaften im Haus ihr mit ausgesuchter Höflichkeit begegneten, wenn auch nicht gerade sehr herzlich. Aber das unterschied sie nicht. Sie war auf Respekt aus, und den erwies man ihr ja nun, wie es schien. Sie mühte sich ihrerseits um Höflichkeit und hielt auch Udo dazu an. So gingen die feinen Leute miteinander um. So mußte es sein, wenn man selber feine Leute war.

Es blieb Karin Döring vorbehalten, Frau Karsunke auf den Boden der Wirklichkeit zurückzuholen.

Das Kind, inzwischen drei Jahre alt, pflegte sommers vor dem offenen Küchenfenster der Souterrainwohnung Posten zu beziehen. Dort beobachtete und kommentierte es, wie Frau Karsunke wirtschaftete. An dem Abend, als es passierte, schaute Karin zu, wie Herr Karsunke die Kartoffelpuffer verzehrte, die seine Frau am Herd für ihn briet. Plötzlich tat sie den Mund auf und sagte laut und vernehmlich:

»Na, du kleiner Scheißer ...«

Karin hatte es sehr freundlich gesagt, und sie meinte es auch freundlich. Aber Frau Karsunke explodierte augenblicklich. Sie schmetterte die Pfanne, die sie eben zum Tisch hinübertragen wollte, auf den Herd zurück und schrie:

»Hast du das gehört, Walter? Hast du gehört, was sie gesagt hat? Das hat das Kind doch nicht von sich! Das hat sie auf gar keinen Fall von sich! Das hat sie aufgeschnappt – und von wem?«

Herr Karsunke sagte:

»Gib Ruhe. Und gib 'n Puffer.«

Aber seine Frau war schon zur Tür hinaus. Sie stürmte die Hintertreppe hinauf und läutete an Dörings Tür Sturm. Frau Döring kam gelaufen.

»Mein Gott, Frau Karsunke, wo brennt's denn?«

Schreiend, sich überstürzend, gab Frau Karsunke Kunde von der ungeheuerlichen Beleidigung. Sie teilte Frau Döring mit, daß sie Karin für unschuldig hielt, ein bloßes Grammophon, das anderer Leute Stimmen wiedergibt. Und die das wirklich gesagt hatten – in Gegenwart des Kindes! –, das waren ja wohl die Eltern von Karin gewesen.

»Wollen Sie leugnen, Frau Döring? Wollen Sie leugnen?«

Das wollte Frau Döring allerdings, aber vorläufig kam sie nicht dazu. Frau Karsunke war noch lange nicht fertig. Vielwortig erregte sie sich darüber, daß Dörings nicht nur ihren Mann beschimpft hätten, der ihnen nie was getan hatte, sondern in ihm auch die NSDAP und das neue Deutschland.

»Mein Mann als Hoheitsträger …«

Frau Döring machte Handbewegungen, als scheuche sie eine angreifende Gans. Als sie endlich zu Wort kam, leugnete sie mit samtweicher Stimme alles ab. Denn natürlich war das verhängnisvolle Wort am Familientisch gesprochen worden, wie übrigens an allen anderen Mietertischen auch. Dörings Pech war nur, daß sie ein so kleines Kind hatten, dem man die Notwendigkeit von Verbergen und Verschweigen noch nicht recht klarmachen konnte.

Schließlich zog Frau Karsunke ab. Zurück in ihrer Küche, fauchte sie:

»Sie streitet's ab. Aber ich weiß, was ich weiß. Kann's bloß nicht beweisen. Die soll'n sich mal vorseh'n, die! Sonst ist da nicht zum letzten Mal die Polizei gewesen!«

»Wenn de dis machst, schlar' ick dir dot!« sagte Herr Karsunke mit finsterem Gesicht. »Der jrößte Lump in's janze Land, det is und bleibt der Denunzjant. Nich in meine Familje! Jott hüte dir!«

»Diese kleinen Hitlers sind eine Plage«, sagte Viktor. »Aber das war ja zu erwarten. Solche minderwertigen Figuren, die im Schatten eines Großen den starken Max markieren, hat's immer gegeben. Die Frau des Hoheitsträgers ist vergleichsweise harmlos, die ist bloß albern. Aber bei uns im Werk laufen ein paar von diesen *Praeceptores Germaniae novae* herum – also, ich sage dir, vor denen muß man sich in acht nehmen. Anna hat übrigens auch eine deutliche Veranlagung dazu. Wenn der Führer wüßte, wer alles in seinem Namen auftritt, und vor allem: wie! Er würde entsetzt sein, was für Kroppzeug sich da breit macht.«

»Du meinst, er weiß das nicht?« fragte Rose.

»Aber woher denn? Bestimmt nicht. Wenn er's wüßte, würde er das abstellen, daran darfst du getrost glauben. Das ist nicht sein Format.«

Daß der Führer Format besaß, davon war Viktor mittlerweile überzeugt. Was nicht alles hatte der Mann in kurzer Zeit zuwege gebracht! Der holte doch wahrhaftig die Arbeitslosen von den Straßen, im ersten Jahr schon zwei Millionen, und es würden bald noch mehr werden. Man brauchte nur an die Vorhaben zu denken, die der Führer in Angriff nahm. Im September 1933 hatte er den ersten Spatenstich getan für die Autobahn von Frankfurt am Main nach Heidelberg, alle Zeitungen hatten das

Photo auf ihren Frontseiten veröffentlicht. Und das war erst der Anfang, ein ganzes Netz von Autobahnen sollte ja gebaut werden. Das bedeutete Lohn und Brot für Unzählige. Den Einwand, Deutschlands Autobahnen seien längst vor Hitler entworfen und die ersten Kilometer auch gebaut worden, hielt Viktor für kleinliche Meckerei.

»In diesem Stil ja wohl nicht. Und was nützt ein Plan, wenn kein Geld zum Weitermachen da ist? Er schimmelt in der Schublade. So war das doch in der Systemzeit. Ich weiß nicht, wie der Führer das macht, aber mit einemmal ist die Finanzierung gesichert. Darauf allein kommt's an.«

Und dann das Winterhilfswerk. Bei uns darf keiner hungern und keiner frieren, hatte der Führer gesagt und sofort durchgegriffen. Viktor fand es nicht lästig, wenn die Sammler des Winterhilfswerks mit ihren Spendenlisten kamen oder ihm auf der Straße ihre Klapperbüchsen entgegenhielten, und er fügte sich auch willig der Sitte des Eintopfsonntags. Einmal im Monat, das war die Idee, sollten auch die besser gestellten Haushalte mal keinen Braten auf dem Tisch haben, sondern statt dessen ein schlichtes Eintopfgericht, das eingesparte Geld aber den notleidenden Volksgenossen zur Verfügung stellen. Das war doch ein ander Ding als Roses vereinzelte Wohltätigkeit in der Notzeit. Da hatte sie jeden Sonntag einen armen Kerl mitgefüttert, was dem Mann sicher geholfen hatte, aber doch eben nur dem einen. Und nun war man an einem Werk beteiligt, das alle satt machte.

Noch mehr als an der sozialen Fürsorge der neuen Regierung wärmte sich Viktor am nationalen Wiedererwachen. Er hatte in der Kino-Wochenschau gesehen, wie am Tag von Potsdam, der nationalen Feierstunde im März 1933, der greise Feldmarschall von Hindenburg dem neuen Kanzler die Hand drückte, und es hatte ihm Tränen in die Augen getrieben. Dazu die herzerhebende Parade der Reichswehr, der Marsch durch ein Spalier jubelnder Menschen, unter ihnen die alten Generäle aus dem Weltkrieg mit den berühmten Namen und sogar der einstige Kronprinz sowie andere Kaisersöhne – es war schon ein begeisterndes Schauspiel gewesen! An den SA-Formationen freilich, die zum Tag von Potsdam aufmarschiert waren, nahm Viktor Anstoß. Die gehörten nicht ins nationale Feierbild, und er wünschte sie zum Teufel.

Aber die Veranstaltung von Potsdam war ja nur das Präludium all der Ereignisse, die dem Patrioten das Herz höher schlagen ließen. Viktor atmete tief auf, als der Führer im Januar 1935 das Saargebiet ins Deutsche Reich zurückholte. Er fühlte sich stolz erhoben, als zwei Monate später die allgemeine Wehrpflicht verkündet wurde. Und als im März 1936 die neue Wehrmacht das deutsche Rheinland besetzte und so die von den Feinden oktroyierte Entmilitarisierung dieser Zone auf den Müllhaufen der Geschichte kehrte, da sagte Viktor beglückt:

»Daß wir das noch erleben dürfen! Ich hatte schon nicht mehr daran geglaubt. Jetzt haben wir die volle Souveränität über unser Land wiedergewonnen – ausgenommen leider immer noch Elsaß-Lothringen, Posen, Westpreußen, Danzig und was sie uns sonst noch gestohlen haben. Aber es ist ja noch nicht aller Tage Abend. Vielleicht kriegen wir das auch mal alles zurück. Immerhin steht Deutschland jetzt anders da, und die Welt hat wieder Respekt vor uns, seit wir nicht mehr wehrlos sind und unsere Panzer nicht mehr aus Pappe. Die Zeiten der Hunderttausend-Mann-Reichswehr sind vorbei. Hast du gemerkt, wie die Franzosen und die Engländer mit einemmal gekuscht haben, als unsere Wehrmacht ins Rheinland zog?«

Doch Rose teilte offenbar nicht Viktors Sinn für das Hohe und Feierliche. Sie sorgte sich weniger um das Rheinland als um ihren Sohn. Für den hätte sie glatt auf alle abgetrennten Gebiete verzichtet und sich, wenn es sein mußte, bis in alle Ewigkeit entmilitarisieren lassen.

»Ich kann mich über dieses Waffengeklirre nicht freuen. Hast du mal daran gedacht, daß Harald auch Soldat werden muß? Und wenn es nun Krieg gibt, was dann? Ich erinnere mich noch zu gut, wie wir um dich gebangt haben, und du warst nicht mal an vorderster Front. Wenn Harald nun nicht solches Glück hat? Ich hab' meinen Jungen doch nicht zum Totschießen geboren und aufgezogen. Mein Gott, all die Fürsorge in all den Jahren! Immer nur drüber nachgedacht, was das Beste für ihn ist, und Nächte durchgewacht, wenn er krank war – und dann nehmen sie ihn mir weg und schießen ihn tot!«

»Nicht doch! Aber Mutti! Niemand schießt Harald tot. Der Führer macht keinen Krieg. Er ist ja selber Weltkriegssoldat gewesen und weiß, was das heißt.«

»So? Na, er muß ja nicht mehr dahin, wo geschossen wird. Der Kaiser ist auch nicht an der Front gewesen. Und was ist mit der Butter?«

Natürlich, die Butter, ihre fixe Idee! Rose kam einfach nicht über das Wort hinweg, das Rudolf Heß, der Stellvertreter des Führers, in einer Rede dem deutschen Volk zugerufen hatte: »Kanonen statt Butter!« Alle Zeitungen hatten das abgedruckt. Wenige Tage danach war der Vierjahresplan verkündet worden, der Wirtschaftsplan des neuen Reiches, und seither hieß es bloß immer, die Volksgenossen sollten sich einschränken, damit die deutsche Wirtschaft unabhängig würde vom Ausland.

»Die stellen auf Kriegswirtschaft um, du wirst sehen. Ich jedenfalls habe lieber Butter ohne Kanonen als Kanonen ohne Butter.«

»Ohne Butter! Mutti, du übertreibst. Wir haben doch Butter.«

Ja, sie hatten Butter. Aber wem war das zu verdanken?

Roses Planwirtschaft und nicht der von Hermann Göring, dem dicken Mann mit den vielen Staatsämtern, zu denen nun auch noch die Aufsicht über den Vierjahresplan gekommen war. Rose hatte sich sofort aufgemacht, um Butter zu hamstern, bevor sie rationiert werden konnte. Ihre Beute ließ sie zu Butterschmalz aus, weil sie anders so viel Butter nicht frischzuhalten wußte. Nun besaß sie drei große Steinguttöpfe voll hochwertigen Fettes. Als sie sich bei der Lebensmittelhandlung Butter-Beck in die Kundenliste eintragen ließ, steckte sie der Filialleiterin ein kleines Geschenk zu und brachte ihr auch später allerlei Gaben mit: Kölnisch Wasser, feine Seife oder edle Hautcreme, die sie bei Joachim zu herabgesetztem Preis erstand. Dasselbe tat sie in der Fleischerei, bei der sie zwecks Zuteilung von Speck, Schmalz und Talg eingetragen war. Zu Viktor sagte Rose:

»Das wird sich alles auszahlen. Weiß man denn, was noch kommt?«

Weil sie es nicht wußte, legte sie weitere Vorräte an. Die Speisekammer quoll bald über von Grieß, Haferflokken, Mehl, Erbsen, Linsen, Suppen- und Soßenwürfeln. Rose kaufte nach und nach fünfundzwanzig Hartwürste und deponierte sie im Kachelofen des Schlafzimmers, der auch in guten Zeiten nie geheizt wurde. Dort ging immer ein leiser Zug, und die Würste würden sich halten. In dem für Markwarts abgeteilten Stück Dachboden hängte Rose einige Schinken auf, dazu ein paar Seiten Speck, zugeteilten und solchen, den sie ihren Liebesgaben verdankte.

Viktor schüttelte über all das den Kopf. Er schätzte Roses Talent, für schwere Zeiten vorzusorgen und in der Not Überlebensmöglichkeiten zu erschließen. Aber lebte man in schweren Zeiten? Gab es Not? Es war gewiß rührend, was sie tat, und sie tat es auch für ihn und den Jungen. Andererseits roch ihre Hamsterwut doch stark nach

Defaitismus und nach Mißtrauen in die Führung des Reiches.

»Du bringst dich noch in Teufels Küche«, warnte er. »Wir sollen uns einschränken, und du häufst an. Wie willst du deine Hamsterei erklären, wenn dich mal einer fragt?«

Rose preßte die Lippen zusammen und machte ihr störrisches Gesicht.

»Ich werd's schon nicht rumtrompeten. Und du wirst mir noch einmal dankbar sein.«

Auch die Heimkehr des Saargebiets verlor, wenn Rose damit zu tun bekam, ihren Strahlenglanz. Die Volksgenossen waren aufgefordert worden, Kinder aus dem wiedergewonnenen Gau zu sich einzuladen und sie aufzupäppeln, da die deutsche Saarbevölkerung unter dem französisch gesteuerten Völkerbund-Regime gelitten und gedarbt habe. Der Gedanke an die hungernden Würmer drehte Rose das Herz um. Viktor brauchte gar nichts zu sagen: Sie wollte auch ein Saarkind aufnehmen. Ende Januar 1935 fuhr sie zur großen Kinderverteilung, mit ihr Frau Karsunke, die sich schon wegen ihres Mannes, des Hoheitsträgers, an der Wohltätigkeit beteiligte. Im Berliner Sportpalast trafen die Saarkinder und ihre Gasteltern aufeinander. Die riesige Arena war mit Tischen und Stühlen vollgestellt, und von der Brüstung der Tribüne ringsherum hingen Hakenkreuzfahnen herunter, dazwischen Spruchbänder mit der Losung: »Deutsch ist die Saar!« Rose wurde ein etwa zehnjähriges Mädchen übergeben, es kam aus St. Wendel und hieß Lieselotte.

Das Hochgefühl, mit dem die Markwarts sich anschickten, ihren Gast zu umsorgen, entwich schon am ersten Abend wie das Gas aus einem angestochenen Kinderballon. Sie saßen alle beim Essen um den Wohnzimmertisch, und Harald sagte zu Lieselotte:

»Probier mal hier das Griebenschmalz, das schmeckt vielleicht prima! Hat meine Mutter selbst gemacht.«

Da verzog das Saarkind angewidert den Mund und sprach:

»Schmalz essen bäi os nur die arme Läit.«

Rose verschluckte sich am Tee, den sie gerade trank, sie hustete fürchterlich, und Viktor mußte ihr den Rücken klopfen. Als sie wieder zu Atem gekommen war, nahm sie sich Lieselotte vor:

»So, Schmalz essen bei euch nur die armen Leute. Da gehört ihr also gar nicht zu den armen Leuten, nein? Das ist ja schön für deine Eltern. Was ist denn dein Vater von Beruf?«

Rose fragte und fragte, unnachgiebig wie ein Untersuchungsrichter, der den Täter vor sich hat und weiß, daß er ihn gleich überführen wird. Es stellte sich heraus, daß Lieselottes Vater eine gutgehende Metzgerei besaß und eine erkleckliche Anzahl Angestellte beschäftigte. Außerdem war er Mitglied der NSDAP im Range eines Ortsgruppenleiters und hatte als solcher Einfluß gehabt auf die Auswahl der Kinder, die ins Reich verschickt werden sollten.

»Ach«, sagte Rose zuckersüß, aber schon mit einem Grollen in der Stimme, «und da hat er sich gedacht, warum soll meine Lieselotte nicht teilhaben an den Wohltaten für die Saarkinder. War es so?«

»Ja«, sagte Lieselotte.

Jetzt brach Rose los.

»Das ist doch unerhört! Sag mal, weißt du eigentlich, daß hier nur arme und hungrige Kinder hergeschickt werden sollten? Solche, die es nötig haben, daß man ihnen hilft? Und da schickt dich dein Vater zu uns, damit du dich hier umsonst durchfrißt, dabei hat er viel mehr Geld als wir! Und außerdem nimmst du einem armen Kind den Platz weg. Sag mal, was seid ihr bloß für Menschen bei euch zu Hause?«

Lieselotte guckte erschreckt und verständnislos, und Viktor sagte:

»Laß gut sein, Mutti, sie kann ja nichts dafür. Du richtest deine Worte an die falsche Adresse.«

Rose, zornbebend, schickte Lieselotte ins Bett und gewann damit freie Bahn für einen veritablen Wutausbruch. Sie setzte Viktor haarklein auseinander, was sie von den Parteibonzen hielt, die anderen in die zerlöcherten Taschen griffen, und was sie jetzt über das ganze weihevolle Gefasel von der heimgekehrten Saar dachte. Viktor hörte ihr geknickt zu. Sie hatte recht, und ihm fiel nichts ein, was er ihr hätte entgegenhalten können. Die Affäre mit dem Saarkind verdarb ihm das schöne Gefühl, in dem er die ganze Zeit gebadet hatte. Rose sagte:

»Gut, die sechs Wochen müssen überstanden werden. Und die Göre ist ja wirklich nicht selbst schuld. Aber sie wird sich in diesen Haushalt schicken, oder es setzt was! Wenn sie denkt, daß sie eine Extrawurst gebraten kriegt, dann hat sie sich geschnitten. Schmalz essen bei uns nur die armen Leute – gibt's denn so was!«

Lieselotte erwies sich als erstaunlich dickfellig, ein Charakterzug, den sie wohl von ihrem Vater haben mußte. Als Karsunkes Saarkind, tatsächlich eine Tochter der Armut, von Röckchen, Blüschen, Mäntelchen und Schuhchen erzählte, die man für sie gekauft hatte, wandte Lieselotte sich an Rose: Wo denn die Sachen blieben, die man ihr schenken mußte?

Rose betrachtete ihr Saarkind. War es denn die Möglichkeit, erst zehn Jahre, und schon solche Chuzpe? Giftig sagte sie:

»Geschenke, liebe Lieselotte, sind nur für die Armen. Weißt du, für die Leute, die Schmalz essen. Du ißt ja kein Schmalz, und da brauchst du auch keine Geschenke.«

Solche Mißhelligkeiten wie der Reinfall mit Lieselotte trafen Rose im Innersten, Viktor ritzten sie nur die Haut. Er ging nicht, wie sie, im Alltag unter, er sah die großen

Zusammenhänge. Je weiter die Zeit fortschritt, desto mehr festigte sich sein Glaube, daß dem deutschen Volk ein Führer geschenkt worden war, wie die Geschichte ihn nur alle tausend Jahre einmal hervorbrachte. Viktor gestand sich ein, daß er Hitler lange verkannt hatte, weil er ihn mit dem Geschmeiß gleichsetzte, das für ihn marschierte und brüllte. Er war davon ausgegangen, daß ein großer Mann am Format seiner Gefolgschaft zu erkennen sei. Was für ein Kurzschluß! Ein jeder mußte schließlich mit den Menschen auskommen, die vorhanden waren, nicht einmal Hitler konnte sich die passenden backen. Schlimm genug, wenn am deutschen Baum minderwertiges Holz wuchs, aber dafür mußte man dann den Baum verantwortlich machen und nicht den Gärtner, der sich seiner angenommen hatte.

Der räumte denn auch kräftig auf im deutschen Garten. Zunächst rodete er die Parteien der Systemzeit aus, und Viktor vermißte keine von ihnen, nicht einmal die deutschnationale, die er so lange gewählt hatte. Wenn er da Bilanz zog, dann konnte er nur sagen: Außer Spesen nichts gewesen. Geschrei und leere Versprechungen.

Auch der Stahlhelm schwand dahin. Als er 1935 endgültig aufgelöst wurde, war Viktor schon lange kein Mitglied mehr. Er hatte den Soldatenbund im Juni 1933 verlassen, weil alle Stahlhelmer im Alter bis Fünfunddreißig automatisch der SA eingegliedert wurden. Viktor war fast achtundvierzig und daher nicht betroffen, aber er hielt es doch für besser, einen Sicherheitsabstand zwischen sich und der SA zu schaffen. Er wäre auch nie auf die Idee gekommen, der NSDAP beizutreten. Die Partei war ein Übel, wenn auch kein so großes wie die SA. Viktor unterschied penibel zwischen dem Führer und den Organisationen, die sich auf ihn beriefen, und je mehr Jahre verstrichen, desto gewaltiger klaffte in seiner Vorstellung der Abgrund zwischen dem einen und den vielen.

Er fühlte Triumph, als der Führer selbst ihn bestätigte und um die Wende vom Juni zum Juli 1934 ein Scherbengericht über die SA hielt. Es war nicht ganz das, was Viktor sich immer gewünscht hatte, denn aufgelöst wurde die braune Truppe nicht. Aber von nun an besaß sie keine Macht mehr, das stand fest.

Ganz zufällig geriet Harald in den Dunstkreis der Ereignisse. Am 2. Juli, einem Montag, blieb er nach Schulschluß sehr lang aus.

Rose, die mit dem Mittagessen wartete, wurde erst ärgerlich, dann ängstlich. Harald war kein Baby mehr, gewiß, aber auch ein Zwölfjähriger mußte noch gehütet werden. Rose hatte ihm eingeschärft, niemals etwas zu unternehmen, ohne vorher Bescheid zu sagen, und daran hielt er sich sonst auch. Es würde ihm doch nichts passiert sein?

Rose wartete über zwei Stunden. Als Harald endlich nach Hause kam, offensichtlich ohne den geringsten Anflug von schlechtem Gewissen, entlud sich ihre aufgestaute Spannung in einem Zornesausbruch. Sie putzte ihn herunter und herrschte ihn an, wo er gewesen sei und was er getrieben habe, und es dauerte eine Weile, ehe er zu Wort kommen und Auskunft geben konnte.

»Ich hab' an der Finkensteinallee Spalier gestanden.«

Finkensteinallee war der neue Name der Zehlendorfer Straße, in der die Markwarts einst gewohnt hatten.

»Was für ein Spalier? Für wen? Was soll das?«

»Da waren furchtbar viele Menschen. Sie haben gesagt, der Führer kommt. Ich wollt' ihn gerne seh'n, da hab' ich mich dazugestellt.«

Das war nicht ganz abwegig. Die frühere preußische Hauptkadettenanstalt, auf die man aus den Erkerfenstern des alten Hauses geblickt hatte, beherbergte jetzt Hitlers Leibstandarte, eine Spezialeinheit der SS. Schon möglich, daß der Führer seine Leibgarde besuchen wollte, und in dem Fall würde er natürlich durch die Finkensteinallee fahren.

»Das entschuldigt dich noch lange nicht. Du hast vorher zu fragen, ehe du so was machst. Hast du ihn wenigstens gesehen?«

»Nein, er ist nicht gekommen. Jedenfalls nicht, bis ich weggegangen bin. Es war auf einmal schon so spät, und da habe ich gedacht ...«

»Nett, daß du überhaupt noch mal dran gedacht hast, daß ich hier auf dich warte und mir die Seele aus dem Leib ängstige. Das Essen ist natürlich kalt.«

Sie schalt noch eine Weile und beruhigte sich dann.

Es stellte sich heraus, daß der Führer gar keinen Truppenbesuch vorgehabt hatte. Er war nicht einmal in die Nähe der Kaserne gekommen. Vielmehr hing das alles mit dem Putsch der SA-Führung zusammen, von dem der Rundfunk schon am Sonnabend berichtet hatte und über den die Montagszeitungen ausführlich schrieben. Der Führer hatte den hochgefährlichen Plan noch eben rechtzeitig aufgedeckt und dessen Verwirklichung mit eiserner Hand vereitelt. Die Schuldigen waren standrechtlich erschossen worden, eine Anzahl von ihnen auf dem Kasernengelände an der Finkensteinallee. Tatsächlich hatte man es gestern und auch heute von ferne knallen hören. Aber das war niemandem aufgefallen, die Leibstandarte veranstaltete des öfteren Schießübungen. Und dann hatte irgend jemand die Unruhe mißverstanden und das Gerücht vom Führerbesuch in die Welt gesetzt.

»Das konnte ich ihm vorher sagen, daß denen nicht zu trauen ist«, bemerkte Viktor. »Die hätten uns alle in das Elend zurückgeputscht, aus dem uns der Führer gerade erst herausgeholt hat. Bloß gut, daß er ihnen beizeiten draufgekommen ist.«

»Ja«, sagte Rose, »aber warum ist denn auch der General Schleicher erschossen worden? Und sogar Schleichers

Frau? Und der Ministerialdirektor Klausener und noch andere, die alle gar nicht in der SA waren?«

Viktor wußte es nicht.

»Vielleicht waren sie irgendwie in die Sache verwikkelt?«

»Der Schleicher? Mit der SA-Führung? Das glaubst du ja selber nicht. Und die Frau. Da komm' ich gar nicht drüber weg, daß sie auch die Frau erschossen haben. Wenn da mal nicht 'ne große Schweinerei hintersteckt.«

»Schweinerei? Was meinst du denn damit?«

»Na, wo gehobelt wird, da fallen Späne, und unter den vielen Spänen fällt einer mehr oder weniger gar nicht auf. Das ist dann ein Abwaschen.«

»Mutti! So was solltest du nicht sagen. Wir sind doch schließlich in Deutschland und nicht bei den Wilden im Busch. Laß das bloß keinen hören. Ja, wenn's die SA gewesen wäre … Aber es war der Führer selbst, und gegen die SA. Das geht bestimmt mit rechten Dingen zu. Wenn's nämlich anders wäre, dann würde man die Leute, die's getan haben, vor Gericht stellen. Da kannst du sicher sein.«

»Ja, aber«, beharrte Rose, »warum hat man denn die Putschisten, den Röhm und die anderen SA-Führer, nicht vor Gericht gestellt?«

»Seit wann hast du denn Sympathien für die SA?«

»Red' keinen Unsinn, Vati. Ich habe die Bande nie leiden können, das weißt du ganz genau, und von mir aus können sie alle in der Hölle braten. Bestimmt haben sie hundertfach verdient, was ihnen passiert ist. Nein, um die geht's mir nicht. Mir geht's um die Lynch-Kommandos. Was soll ich denn von denen halten? Du sagst, es geht gegen die SA. Aber die Methoden sind auch SA. Wo ist denn da der Unterschied?«

»Mein Gott!« sagte Viktor entsetzt. »Wer, um alles in der Welt, hat dir solche Reden eingeblasen?«

»Niemand. Oder wenn schon einer, dann Lehrer Krischke. Damals, als man meine Freundin Käthe beschuldigt hat, sie hätte ihr Baby vor die Schweine geworfen – ich weiß ja bis heute nicht, ob sie so was wirklich gemacht hat –, also, da ist im ganzen Dorf von nichts als Totschlagen die Rede gewesen. Wenn die Leute gekonnt hätten, wie sie wollten, dann wäre die Käthe gelyncht worden, und der Jakob auch. Bloß konnte keiner an sie ran, sie saßen ja in Untersuchungshaft. In der Schule ist natürlich dasselbe geredet worden wie bei den Kindern zu Hause. Ist ja klar: Wie die Alten sungen ... Da hat Lehrer Krischke uns einen Vortrag gehalten, eine ganze Schulstunde lang, vom Rechtsstaat Preußen und vom Alten Fritz, der gesagt hat, eine ungerechte Justiz ist schlimmer als eine Diebesbande.«

Viktor winkte ab.

»Ein alter Hut. Das war eine von den Standardgeschichten, die alle Schüler zu hören kriegten. Sie steht auch in dem Bilderbuch vom Alten Fritz, das jede bessere Familie sich anschaffte, wir auch. Ich glaube, es existiert noch irgendwo in meinem Bücherschrank.«

»Na, siehst du. Mir hat das damals großen Eindruck gemacht, und es ist ja auch eindrucksvoll, du brauchst gar nicht so überlegen zu tun. Lehrer Krischke hat gesagt, bei uns hätte jeder das Recht auf eine sorgfältige Untersuchung und einen ordentlichen Prozeß. Und jeder gilt als unschuldig, bis er rechtskräftig verurteilt ist. Das fand ich gut. Aber das gilt jetzt wohl nicht mehr, oder?«

»Du stellst Fragen!« Viktor fühlte sich in die Enge gedrängt und wurde ärgerlich. »Du hast es doch in der Zeitung gelesen: Es war ein Staatsnotstand. So etwas wie eine Notwehrsituation. Der Staat hat sozusagen in Notwehr gehandelt ... Ach, ich weiß nicht«, schloß er verdrossen.

»Ich weiß es auch nicht, und die, die's gemacht haben,

werden uns nichts verraten. Bloß – mir ist nicht wohl bei der Sache. Hast du übrigens mal an Joachim gedacht? Ist der auch betroffen?«

»Mein Gott! Joachim!«

In seiner Begeisterung über den Niedergang der SA hatte Viktor ganz vergessen, daß auch sein Bruder SA-Mann war. Er überlegte, ob er telefonieren oder lieber hinfahren sollte. Wußte man denn, ob man nicht zufällig einen Mithörer in der Leitung hatte? Aber die Frage nach seines Bruders Schicksal bedrängte ihn jetzt wirklich, und er griff doch zum Telefon. Joachim hob ab, also war ihm nichts passiert, gottlob. Wahrscheinlich rangierte er zu weit unten, als daß er in staatswichtigen Zusammenhängen Beachtung gefunden hätte. Joachims Stimme klang verhalten, offenkundig fühlte er sich bedrückt, er war sehr wortkarg, und außer der Auskunft, es gehe ihm gut, war nichts aus ihm herauszuholen. Trotzdem war Viktor zufrieden, als er den Hörer auflegte.

»Weißt du«, sagte er zu Rose, »ein Gutes hat die Sache auf jeden Fall: Anna kann ihr Maul nicht mehr so weit aufreißen. Sie wird jetzt sehr bescheiden sein.«

»Möglich. Aber nur für eine Weile.«

Viktor zürnte Rose ein bißchen, weil sie ihn so aus allen Himmeln gerissen hatte. Einen Augenblick lang war die Welt im Gleichgewicht gewesen, gab es kein Lavieren zwischen seiner Abneigung gegen die SA und seinem Respekt vor dem Führer. Und da kam Rose mit ihrer Freundin Käthe und dem Alten Fritzen! Konnte man denn das Baby im Schweinetrog mit einer Verschwörung zum Hochverrat vergleichen? Sollte er der Staatsführung die Befugnis absprechen, gegen Staatsfeinde mit den Mitteln des Standrechts vorzugehen? Aber Rose verdächtigte ja die Führung, andere Rechnungen beglichen zu haben als die der Staatsraison. Da ging sie zu weit. Ihr fataler Hang, im Zweifelsfall immer gleich das Schlimmste anzunehmen!

Offenbar war der Dorfschullehrer, von dem sie ihre Weisheiten bezog, ein Liberaler gewesen. Rose, die als Kind zu ihm aufgeschaut hatte, konnte das natürlich nicht beurteilen. Nicht beurteilen konnte sie auch, was das eigentlich war: liberal, und was es für die Nation bedeutete, wenn man die Politik liberalen Prinzipien unterwarf – Schwächung und Aushöhlung. Objektivität in jedem Fall und sogar gegenüber dem Staats- und Volksfeind, das klang gut in der Theorie, aber was hieß das in der Praxis? Daß die Staatsmacht sich in einem Eiertanz verzappelte, während die Feinde ihre Chance nützten. Das hatte man ja in der Systemzeit gesehen, da wäre Deutschland fast eine Beute der Roten geworden. Wo stünde man heute, hätte nicht die starke Hand des Führers zugepackt? Nein, auch das Gute mußte wehrhaft sein und zuschlagen können, notfalls brutal, wenn es um's nackte Überleben ging.

Damals im Kaiserreich, das war ja auch eine ganz andere Zeit gewesen, mit einer stabilen Friedensordnung. Da hatte man nicht an den Nachwehen von Krieg und Inflation herumlaborieren müssen. Wenn das erst endgültig überwunden war, dann würde man sich auch im neuen Reich mehr Großzügigkeit leisten können. Darüber mußte er mit Rose noch einmal sprechen.

Aber zu diesem Gespräch kam es nicht mehr. Sowohl Viktor als auch Rose wurden sehr bald von anderen Ereignissen in Anspruch genommen, alltäglich privaten und staatspolitisch allgemeinen, und so vergaßen sie den SA-Führer Röhm und seine Mitopfer. Schon zwei, drei Wochen später verzehrten sie sich in Sorge um den alten Reichspräsidenten von Hindenburg, den Viktor so sehr verehrte. Der greise Marschall lag auf den Tod erkrankt, er würde sich wohl nicht mehr von dem harten Soldatenlager erheben, das er, wie die Zeitungen schrieben, zeit seines Lebens einem weichen Federbett vorgezogen hatte. Die Augen aller guten Deutschen, selbstverständlich auch die der Markwarts, richteten sich gen Osten, wo in dem winzigen Zipfelchen Westpreußen, das dem Reich geblieben war, Hindenburgs Herrensitz lag, das Gut Neudeck.

Am 2. August 1934 starb der Präsident, fast siebenundachtzig Jahre alt. Der Rundfunk unterbrach sein Programm, und die Zeitungen gaben Extrablätter heraus. Viktor war außerordentlich ergriffen, und auch Rose machte ein ernstes Gesicht. Sogar Harald versuchte, seine Lebenslust ein wenig zu dämpfen, obwohl ihm die Nachricht nicht allzu tief ging. Immerhin nahm er Rücksicht auf seine Eltern und mühte sich, leise zu sein. Die alte Frau Markwart sagte:

»Ach ja, unsere Zeit ist abgelaufen. Bei mir wird's auch nicht mehr lange dauern. Nein, nein, widersprecht mir nicht, ich freue mich ja darauf. Dann bin ich endlich wieder bei meinem Ludwig.«

Einen neuen Reichspräsidenten bekamen die Deutschen nicht, und Viktor billigte das. War es denn denkbar, daß dieser Jahrhundertfigur ein zweitklassiger Allerweltspolitiker nachfolgte? Gegenwärtig gab es überhaupt nur einen, der sich mit dem Verewigten messen und den man sich als Oberhaupt des Reiches vorstellen mochte: den Führer. Und der wurde es dann ja auch.

Nein, vom toten Röhm und vom toten General Schleicher sprach kein Mensch mehr. Es passierte einfach zuviel, und das meiste war von der Art, daß ein Patriot sich darüber freuen konnte. Aus vollem Herzen stimmte Viktor zu, als der Führer im September des Folgejahres die Judenfrage grundsätzlich regelte. Von nun an mußte man »Reichsbürger« sein, um alle staatsbürgerlichen Rechte genießen zu dürfen. Anspruch auf den Titel »Reichsbürger« aber hatten nur Personen streng nichtjüdischer – oder, wie es jetzt hieß: arischer – Abstammung. Heiraten, sogar außereheliche Beziehungen zwischen Juden und Ariern waren ab sofort verboten. Kein Jude durfte künftig arisches Personal beschäftigen, keiner mehr die deutsche Fahne aus seinem Fenster wehen lassen.

»Siehst du, Rose«, sagte Viktor zufrieden, »jetzt kommt Ordnung in die Sache. Dieser Boykott damals im April '33, das war ja doch eher ein Banditenstreich. Das hat nur im Ausland böses Blut gemacht und uns gar nichts genützt. Na ja, wer hat's veranstaltet? Die SA. Da muß man sich ja nicht wundern. Typische Schlägeraktion. Damit war ich nie einverstanden. Aber das jetzt hier, das bringt endlich eine reinliche Scheidung zwischen den Deutschen und den Juden. Die können jetzt nicht mehr die besten Posten besetzen und alle anderen unten halten, wie's in der Systemzeit gang und gäbe war. Sieh mal hier, für alles mußt du jetzt nachweisen, daß du keine jüdische Großmutter hast, sogar für Schule und Studium. Jetzt wird Deutschland wirklich den Deutschen gehören. Und die Juden kennen ihre Grenzen und müssen sich dran halten. Das schützt sie auch, weil sie dann keinen Volkszorn mehr erregen. Solche unmanierlichen Ausschreitungen wie 1933 wird es nicht wieder geben.«

Aber Rose reagierte unsachlich, wie so oft. Sie jammerte:

»Ach, die arme Edith! Da wird sie jetzt viele Sorgen haben. Wenn nun ihr Mann seinen Posten verliert? Und Rolf und Ute, müssen die wirklich von der Schule?«

»Schäfchen«, schalt Viktor sanft, »du kannst auch nicht weiter gucken, als deine Nase reicht. Du liest doch sonst immer alles so genau. Hier steht, Jude ist, wer mindestens drei jüdische Großeltern hat. Der Dr. Rosenfeld hat aber nur zwei jüdische Großeltern, da ist er kein Jude in diesem Sinne, und niemand wird ihn aus seiner Stellung jagen.

Und die Kinder haben nur einen jüdischen Großelternteil, nämlich den Vater ihres Vaters. Es gibt keinen Grund, warum sie nicht auf ihren Schulen bleiben sollten.«

»Da bin ich aber froh«, sagte Rose. »Es wäre mir schrecklich gewesen, wenn Edith solchen Kummer hätte. Meinst du nicht, es wird auch so recht ungemütlich für sie werden?«

»Ach wo«, sagte Viktor. »Es bleibt alles, wie's ist. Wahrscheinlich werden die Kinder nicht Beamte werden können, aber es gibt so viele andere Berufe. Ihr Vater ist auch kein Beamter, und ich bin's auch nicht. Leben wir nicht trotzdem ganz gut?«

Aber um die Frage der Berufswahl ging es Rose nicht.

»Ich meine, daß die Leute sie von nun an schief ansehen. Das ist doch bestimmt nicht angenehm.«

»Wer soll sie schief ansehen? Das Gesetz weist ihnen ihren Platz zu, und es ist ein ordentlicher Platz. Die Deutschen sind gesetzestreu, Mutti, jedenfalls die meisten von ihnen. Für die Rosenfelds ändert sich gar nichts.«

»Wirst du denn weiter mit ihnen verkehren?«

»Warum denn nicht? Von Zeit zu Zeit ... Wir müssen's ja nicht übertreiben. Das haben wir ja sonst auch nicht getan.«

Rose bedachte eine Weile, was Viktor gesagt hatte, und schüttelte den Kopf.

»Ich weiß nicht, ich weiß nicht, das beruhigt mich alles noch nicht. Ich werde Edith selber fragen, ob ihre Familie betroffen ist und wie.«

»Wenn dir dann wohler ist ...«

Rose sagte nachdenklich:

»Damals, 1933, ganz am Anfang, hab' ich in der Zeitung gelesen, daß dein Doktorvater Gutenberg weggegangen ist. Man verläßt doch nicht Amt und Würden und Karriere, wenn man nicht muß. Er ist nach Amerika gegangen.«

»Na«, sagte Viktor geringschätzig, »da gehört er auch hin. Die Amerikaner sind sowieso kein Volk, bestenfalls ein großer Fußballclub. Alle Rassen, bunt durcheinandergewürfelt, da fällt ein Jude gar nicht auf.«

»Aber Viktor, so dürftest du eigentlich nicht reden. Er hat dich doch sehr gefördert, der Professor Gutenberg.«

»Ich wünsch' ihm ja auch alles Gute. Aber es ist mir doch lieber, wenn diese ganze jüdische Physik sich nicht mehr mit unserer Physik mischt.«

Rose staunte, daß die Juden auch noch eine eigene Physik hatten, aber sie fragte nicht. Davon verstand Viktor nun wirklich mehr als sie, und bestimmt verstand er auch mehr von Rassenfragen. Sie wollte nicht, daß er sie noch einmal Schäfchen nannte.

Bald tauchte ein Problem auf, das die eigene Familie betraf und die Probleme anderer für's erste in den Hintergrund drängte. Viktor brachte es Anfang 1936 zur Sprache:

»Hör mal, Rose, Harald wird in drei Jahren Abitur machen, und dann geht es los: Arbeitsdienst, Wehrmacht und danach Studium. Du weißt, daß er für das alles einen Ariernachweis braucht. Ich werde mich also dranmachen und zusammenstellen, was ich an Unterlagen habe. Aber wahrscheinlich komme ich nicht weit, und ich werde einen Ahnenforscher beauftragen müssen. Das wird einen Haufen Geld kosten, aber es hilft ja nichts, denn wer von uns soll im Land herumreisen und Kirchenbücher wälzen?«

»Also, wenn ich das gewußt hätte!« rief Rose empört. »Wenn ich das geahnt hätte, als das Gesetz herauskam!«

»Na, und was hättest du dann getan? Laß mal, das werden wir auch noch bezahlen können. Das ist nicht unsere Schwierigkeit, die steckt anderswo, nämlich bei deiner Abstammung. Du hast mir gesagt, daß deine Vormundschaftsakten in Thorn liegen, und ich habe deshalb an das dortige deutsche Konsulat geschrieben. Sie haben mir geantwortet, daß die Akten nicht mehr existieren. Das betrifft nicht bloß deine Vormundschaftssache, sondern alle deutschen Personen- und Verwaltungsakten. Offenbar haben die Polen alles in's Feuer geschmissen, nachdem sie die Deutschen rausgedrängt hatten. Jetzt gibt es überhaupt keinen Nachweis mehr, wer dein Vater ist. Du mußt dich also an deine Mutter wenden, und die muß eine eidesstattliche Erklärung abgeben.«

»Ach«, sagte Rose mutlos, »das klappt doch nie. Mutter hat sich immer geweigert, wenn ich sie gefragt habe. Sie wird auch jetzt nicht damit rausrücken.«

»Das hilft ihr nichts, jetzt muß sie. Notfalls kann man sie dazu zwingen. Also schreib ihr und frag sie.«

Rose bedachte den Wortlaut des Briefes ein paar Tage lang. Nach allem, was sie mit der Mutter erlebt hatte, war ihr diese erneute Frage nach dem unbekannten Vater nicht angenehm. Sie fühlte sich unsicher, und das prägte auch ihren Brief. Als sie ihn endlich abfaßte, geriet er ihr so zurückhaltend, daß man die Wichtigkeit der Sache glatt überlesen konnte. Das tat Male Pohlenz denn auch, sie antwortete nicht.

Nach etwa sechs Wochen wurde Viktor ungeduldig.

»So geht das ja nun nicht. Deine Mutter begreift offenbar nicht, was auf dem Spiele steht. Ich werde mal nachhaken. Einen Brief von mir kann sie nicht einfach so ignorieren, wie sie es bei deinem getan hat. Ich werde auch nicht versäumen, ihr die Folgen zu verdeutlichen.«

»Mir wär's lieber, du würdest nicht so grob.«

»Ich bin niemals grob, Rose, das weißt du doch. Ich mache mich nur verständlich.«

Und Viktor machte sich verständlich. Er schrieb an die »verehrte gnädige Frau, liebe Schwiegermutter« und wies Male darauf hin, daß es für alle Teile angenehmer wäre, wenn die Angelegenheit auf privater Ebene geregelt und jegliche amtliche Stelle ausgeschlossen werden könnte. Aber die Auskunft müßte auf jeden Fall eingeholt werden, so oder anders. Zwei Wochen später hielt Viktor Males Antwort in Händen, notariell beglaubigt, wie er es verlangt hatte.

Rose stürzte sich auf das Schreiben, las es und erstarrte.

»Gregor Serowczyn – wie spricht man das überhaupt aus? Also doch! Ich habe einen polnischen Vater!«

»Ich denke, das hast du gewußt?«

»Nicht genau. Bruno hat immer so was gefaselt, aber das waren niemals richtige Informationen, bloß Sauereien, die er meiner Mutter an den Kopf geschmissen hat. Deinen Pollack, hat er gesagt, oder Pollackenhure. Das konnte sonstwas bedeuten. Gedacht hab' ich mir's schon, aber sicher gewußt hab' ich's nicht. Und sie hat ja immer ein Geheimnis draus gemacht. Großvater auch. Ich kann's heute verstehn, sie haben sich beide geschämt. Das war ja wohl das Letzte, sich mit einem Pollacken einzulassen, und dem ist sie dann nicht mal gut genug gewesen zum Heiraten, und er ist ihr durchgebrannt. Mein Gott, das muß den alten Mann fast umgebracht haben …«

»Das ist alles so lange her. Darüber müssen wir uns doch nicht aufregen.«

»Ja, aber – meine väterliche Ahnenreihe wird großartig ausfallen. Lauter Polen mit Namen, an denen ich mir die Zunge zerbreche. Und natürlich lauter Katholiken. Das mir!«

Und dann fiel ihr noch etwas ein. Sie wurde ganz blaß.

»Sag mal, Viktor, gelten die Polen überhaupt als arisch?«

»Ja, da kannst du unbesorgt sein. Polen sind arisch.«

»Gott sei Dank. Wenigstens das.«

Kopfschüttelnd blickte sie auf das Papier in ihren Händen.

»Wie konnte sie sich bloß mit einem Pollacken einlassen!«

20 / Der Sonnabend war von allen Wochentagen der schönste. Da kam Viktor schon am späten Mittag nach Hause, und vor ihm und Rose dehnte sich eine herrliche freie Zeit, die von der Barriere des Sonntags gegen den Anbruch der neuen Arbeitswoche verteidigt wurde. Sie saßen stundenlang beieinander, tranken Roses duftenden Kaffee und aßen ihren selbstgebackenen Kuchen. Auch Harald liebte dieses trauliche Beisammensein und vermied es nach Möglichkeit, sich für Sonnabend nachmittag zu Spiel, Sport oder gemeinsamen Schularbeiten zu verabreden.

Es war aber auch zu gemütlich, besonders wenn die Dämmerstunde kam und das Zimmer nur noch von der Kerze in dem runden Rechaud erhellt wurde, auf dem die Kaffeekanne stand. Eltern und Sohn plauderten friedlich und heiter, lachten miteinander und fühlten sich glücklich. Wenn der Nachmittag vorgeschritten war, schalteten sie das Radio an und lauschten ihrer Lieblingssendung: *Die drei lustigen Gesell'n vom Reichssender Köln*. Bereitwillig amüsierten sie sich über die Scherze, die jeweils zwischen zwei Musikdarbietungen durch den Äther geschickt wurden. Es war übrigens nicht mehr das Trichterradio aus den zwanziger Jahren. Viktor hatte 1935 ein neues erworben, selbstverständlich wieder von der AEG, zweiteilig wie das erste, doch saßen die Lautsprecher diesmal in einem großen Kasten.

Ja, man lebte gut in der neuen Zeit. Das Gebrodel des

Anfangs, als man doch manchmal vor den Manifestationen der völkischen Macht erschrak, lag weit zurück, alles war beruhigende Gewohnheit geworden. Viktor fand, daß die Leute viel freundlicher miteinander umgingen. Kein Wunder, der Albtraum der Arbeitslosigkeit war von ihnen genommen. Jedesmal, wenn Viktor darauf zu sprechen kam, sagte er:

»Wer arbeiten will, der findet auch Arbeit. Wer heute noch die Hände in den Schoß legt, der tut das nicht aus Not, sondern weil er arbeitsscheu ist.«

Er selber leitete jetzt die Verstärkerfabrik des Kabelwerks Oberspree und trug an jedem Monatsersten gute sechshundert Mark nach Hause. Davon konnte man es sich schon behaglich machen, auch bei fünfundneunzig Mark Miete und vierzig Mark Unterhalt für die Mutter.

Die alte Frau Markwart wohnte nämlich nicht mehr in Viktors und Roses Haushalt. Anfang Juli 1936, gleich nach ihrem zweiundachtzigsten Geburtstag, war sie zu Joachim und Anna nach Steglitz gezogen – Folge eines Einfalls, den Rose gehabt und gegen Viktors Bedenken auch durchgesetzt hatte.

Im April des Jahres war ihr zu Ohren gekommen, daß die Mieter zu ihren Häupten, also im ersten Stock, ausziehen wollten. Die Nachricht elektrisierte sie und setzte Gedanken und Überlegungen frei, die schon lange in ihr geschlummert hatten. Als sie fertig war mit Planen, knöpfte sie sich Viktor vor. Sie malte ihm in leuchtenden Farben die Vorzüge der frei werdenden Wohnung aus: Keine Wendeltreppe, die man täglich Dutzende von Malen hinauf- und hinuntersausen mußte; weniger Fläche, also auch weniger Reinemacharbeit; keine ebenerdigen Fenster, daher mehr Sicherheit; keine Berührung von Küchen- oder Kammerwänden mit der gefrorenen Erde oder der Schneedecke zur Winterzeit, also mehr Wärmegewinn aus der gleichen Menge Briketts.

Viktor erfaßte sofort den Nachteil der oberen Wohnung: Sie bot keinen Raum für die Mutter. Über dem Zimmer, das die alte Dame jetzt innehatte, lag ein Stockwerk höher die Küche. Flüchtig streifte ihn der Verdacht, Rose könnte in diesem Nachteil einen Vorteil sehen, aber dann schämte er sich so finsterer Gedanken gegen die eigene Frau und trat die Schlange des Argwohns unter seine Füße. Er fragte nur:

»Und was soll aus Mutter werden?«

»Die zieht nach Steglitz«, sagte Rose, die alles bis ins kleinste ausgetüftelt hatte. »Das wollten Joachim und Anna ja schon vor Jahren, und soweit ich weiß, war Mutter damit einverstanden.«

In Viktors Erinnerung malte sich das ein bißchen anders, aber er wollte es nicht ausfechten. Die Szenen zwischen den Frauen waren immer höchst unerfreulich gewesen, und man sparte das Thema besser aus. So wandte er nur vorsichtig ein:

»Aber du warst doch dagegen?«

»Da waren ganz andere Verhältnisse«, behauptete Rose und begann die Litanei über das Wohnungsglück im ersten Stock von vorn. Sie brachte es fertig, in Viktors Brust ein schlechtes Gewissen zu erzeugen, weil er zögerte, seine Frau von den Belastungen des gegenwärtigen Hausstands zu befreien.

»Man wird doch nicht jünger, Viktor. Nächstes Jahr bin ich schon vierzig. Soll ich mich denn als alte Frau noch mit der steilen Wendeltreppe quälen?«

Schließlich willigte er ein. Was blieb ihm auch anderes übrig, besonders nachdem sich erwiesen hatte, daß Anna in dasselbe Horn blies? Sie sagte:

»Einverstanden. Nein, Joachim hat auch nichts dagegen, ich brauch' ihn gar nicht erst zu fragen. Aber das kostet euch vierzig bare Mark im Monat. Ich hoffe, das ist klar.«

»Selbstverständlich«, erwiderte Rose mit Würde und dachte an die schöne neue Wohnung und an die Ruhe, die dort herrschen würde. Dafür zahlte sie die vierzig Mark gerne.

Die alte Frau Markwart sagte nicht viel zu der Revolution, die ihre späten Tage erschütterte. Das hätte wohl auch wenig Sinn gehabt. Alle anderen waren sich offenbar einig, und sollte sie nun den Eindruck hervorrufen, der jüngere Sohn sei ihr lieber als der ältere? Oder – Gott behüte! – die Schwiegertochter hier sei ihr angenehmer als die Schwiegertochter dort? Wenn sie die Wahl gehabt hätte, dann wäre sie am liebsten zu Grethe und Herrn Graf gezogen. Aber diese Wahl hatte sie nicht mehr, Gott sei's geklagt. Grethe ging es nicht gut, sie war schrecklich mager geworden und besaß kaum noch Kraft. Herr Graf schleppte sie von einem Heilpraktiker zum nächsten, denn er schwor auf Naturheilkunde und hielt nichts von der Schulmedizin. Geholfen hatte bisher alles nichts, und Grethe vermochte keine alte Mutter zu pflegen, die alte Mutter wiederum keine kranke Tochter. Also blieb nur die Kuhligkshofstraße, wenn am Hindenburgdamm kein Platz mehr für die Mutter war. Die alte Frau Markwart wünschte sich zum tausendsten Mal, endlich bei ihrem Ludwig zu sein. Als das Taxi kam, das sie fortbringen sollte, küßte sie Viktor und Rose auf die Wangen, Harald auf Wangen, Stirn und Mund und ging zur Tür hinaus, Tränen in den Augen.

Rose aber stürzte sich in ihr Umzugsvorhaben. Zunächst verhandelte sie mit dem Hauswirt. Das war jetzt Alois Döring, dessen Mutter, die Frau Geheimrat, ihren Mann nur um knapp zwei Jahre überlebt hatte. Die Wohnung, die Rose beziehen wollte, war in keinem guten Zustand, was Herrn Döring arg bekümmerte, denn er sah eine Flut von Reparaturkosten auf sich zukommen. Rose fand deshalb offene Ohren, als sie erklärte, sich mit einem neuen Kachelofen im Wohnzimmer und einem neuen Kachelherd in der Küche bescheiden und alle übrigen Arbeiten selbst vornehmen zu wollen. Zum Ausgleich dafür sollte Herr Döring sich verpflichten, in den nächsten zwanzig Jahren keine höhere Miete zu fordern, als Markwarts zur Zeit zahlten, nämlich fünfundneunzig Mark. Das wurde vereinbart und besiegelt.

Dann ging Rose ans Werk, nur unterstützt von Frau Karsunke und an den Wochenenden auch von Herrn Karsunke. Sie strich die Zimmerdecken und die Fußböden und lag tagelang auf den Knien, um in den Vorderzimmern die Parkettböden mit Stahlspänen abzuziehen. Sie klebte Tapeten und lackierte Fenster und Türen sowie das Balkongitter. Wie nicht anders zu erwarten, übernahm sie sich total und vergrämte Viktor mit nervösen Tränenausbrüchen und schlechter Laune. Harald bekam davon nichts mit, er verbrachte seine Sommerferien in einem Lager der Hitlerjugend. Auch Rose hätte, als endlich alles fertig war, ein paar Erholungswochen gebraucht, aber nun ging der Sommer schon zur Neige, Harald mußte wieder in die Schule, zum Verreisen war es zu spät. Außerdem fand Rose, daß dafür kein Geld mehr übrig sei.

Viktor freilich hatte seinen Urlaub noch vor sich, den größten Teil jedenfalls, denn zum Möbelräumen und Einordnen war er natürlich ein paar Tage zu Hause geblieben. Im September würde er nach Sylt reisen, allein, ohne die Familie. So hielt er es schon seit Jahren. Wenn Rose mit Harald in die Ferien fuhr, gewöhnlich in ein billiges Quartier an einem der brandenburgischen Gewässer oder allenfalls an einen mecklenburgischen See, dann begleitete Viktor die beiden für höchstens eine Woche. Er selbst machte späte Ferien an der Nordsee, deren Klima ihm, wie er sagte, besonders gut tat. Rose war es gelungen, niemals über Viktors Gründe für diese Alleingänge nachzudenken. Wenn sie gefragte wurde, warum ihr

Mann denn nicht, wie andere Väter auch, die großen Schulferien zum trauten Beisammensein mit seinen Lieben ausnutze, antwortete sie immer dasselbe:

»Unser Vati hat soviel Verantwortung in seinem Werk zu tragen, daß er seinen Urlaub nicht nehmen kann, wann er will. Er kann sich vor September einfach nicht freimachen. Er würde schon, wenn er könnte, aber in seiner Stellung geht das eben nicht.«

Die neue Wohnung entschädigte Rose für die entgangene Erholung. Um wieviel einfacher wirtschaftete es sich doch, wenn man nicht zwischen zwei Stockwerken pendeln mußte. Und es lebte sich sehr viel angenehmer ohne die täglich zunehmenden Schrullen und Halsstarrigkeiten einer alten Frau. Wenn Rose morgens ihren Staubsauger Marke Vampir durch die Zimmer schob, dann trällerte sie vergnügt vor sich hin.

Aber es blieb nicht bei der stillen Freude. Im Oktober wurde ihr eine Genugtuung zuteil, mit der sie wahrhaftig nicht gerechnet hatte. An einem Sonnabend nachmittag, als die Familie beim Kaffee saß und den drei lustigen Gesell'n vom Reichssender Köln zuhörte, ging plötzlich die Türklingel. Harald verzog das Gesicht, erhob sich aber und öffnete. Draußen standen Joachim und Anna, die man wohl oder übel hereinlassen mußte. Die Familienrunde mit ihrer wundervollen Wochenendstimmung war dahin. Rose holte zwei frische Gedecke, Löffel und Kuchengabeln aus dem Buffet. Hinter den Rücken der Verwandten blickte sie bedeutungsvoll zu Viktor hinüber und schnitt ein Gesicht. Aber gleich darauf zog sie erst eine erstaunte und dann eine freudige Miene. Sie hörte nämlich Anna sagen:

»Vielen Dank, daß ihr uns so nett bewirtet. Deshalb sind wir gar nicht gekommen. Wir sind gekommen, um uns zu entschuldigen.«

»Was?« rief Rose, und Viktor sekundierte:

»Wie?«

»Ja«, sagte Anna und blickte Schwager und Schwägerin ernst an. »Es geht darum, daß wir euch Unrecht getan haben, vor allem dir, Rose. Es geht um Mutter, weißt du. Wir haben dich immer verdächtigt, daß du schuld warst an den Unstimmigkeiten, die es mit ihr gegeben hat. Jetzt wohnt sie ein Vierteljahr bei uns, und jetzt wissen wir, wie schwierig sie sein kann. Sonderbar und manchmal richtig bockig. Und sie sagt auch nicht immer die Wahrheit. Seit ich das selber erlebe, tut es mir leid, was ich gedacht hab', vor allem, was ich gesagt hab'. Und ich bitte dich um Entschuldigung.«

Joachim hielt seine Augen auf die Kaffeetasse geheftet, in der er angestrengt rührte. Viktor schaute bald den Bruder, bald die Schwägerin an. Rose aber rief:

»Ach, Anna, nicht der Rede wert! Aber das rechne ich dir hoch an, daß du extra gekommen bist, um mir das zu sagen. Macht sie also bei euch jetzt dasselbe wie vorher bei uns. Was hat's denn gegeben, erzähl doch mal.«

Und die Schwägerinnen steckten die Köpfe zusammen, um des langen und breiten zu besprechen, was die Schwiegermutter der einen und der anderen zugemutet hatte. Sie schwatzten und schwatzten. Noch nie hatten sie einander so gut verstanden. Sie waren ein Herz und eine Seele.

Viktor und Joachim standen auf und zogen sich ins Herrenzimmer zurück. Harald schloß sich ihnen an. Die beiden Brüder suchten nach einem unverfänglichen Gesprächsthema, fanden aber keins. Schließlich sagte Joachim:

»Na, Harald, was macht die Schule? Erzähl mal ein bißchen.«

»Alles in Ordnung«, sagte Harald uninteressiert, und gleich darauf: »Die Oma tut mir leid.«

Viktor und Joachim, peinlich berührt, wußten keine

Antwort. Ohne Rücksicht auf die Wirkung, die er hervorrief, fuhr Harald fort:

»Sie meint es doch so gut. Warum sind Mutti und Tante Anna bloß so ungeduldig mit ihr? Eines Tages werden sie auch alt sein, und was ist, wenn ihre Schwiegertöchter dann so ungeduldig mit ihnen sind?«

»Frauen neigen nun mal zur Ungeduld«, sagte Joachim.

»Oma nicht«, erklärte Harald. »Die ist immer lieb. Man muß nur auch zu ihr lieb sein.«

»Ich werde auf Mutti einwirken«, versprach Viktor. »Aber du sagst ihr besser nicht, was du uns gerade gesagt hast.«

»Ich werde auch mit Anna reden«, versprach Joachim.

Harald sagte:

»Ich werde Oma ab und zu besuchen. Hätt' ich schon längst machen sollen. Ich darf doch kommen, Onkel Joachim?«

»Na klar, Junge. Keine Frage.«

Viktor erfuhr nie, ob Joachim Anna ins Gebet genommen hatte. Wenn es so war, dann hatte es nichts genützt. Das Verhältnis zwischen Anna und der alten Dame besserte sich nicht. Viktor seinerseits brauchte einen langen Anlauf, ehe er sich zum Gespräch über die Mutter durchrang, und dann erwies sich die ganze Anstrengung als vergeudet. Er rannte bei Rose offene Türen ein. Der räumliche Abstand zur Schwiegermutter hatte ihren Sinn gewandelt, langsam, aber sicher. Annas Bekenntnisse an jenem Oktober-Wochenende wirkten nur für kurze Zeit friedefördernd. Rose fand bald zu ihrer alten Abneigung zurück, und nun diente, was ihr die Schwägerin anvertraut hatte, als Munition. Was ihr dazu noch fehlte, lieferte Harald, wenn er von seinen Besuchen aus Steglitz zurückkam, besonders dann, wenn er an einem Wochentag dort gewesen war.

»Harald ist um halb vier in die Wohnung gekommen, da hat Mutter noch in der Küche gestanden und abgewaschen«, berichtete sie Viktor in düsterem Triumph. »Weißt du noch, wie Anna und Grethe sich das Maul zerrissen haben, weil Mutter bei uns abgewaschen hat? Und da war sie zehn Jahre jünger, und außerdem mußte sie nicht, sondern wollte. In Steglitz aber muß sie, denn Anna ist ja den ganzen Tag im Geschäft und will abends in eine aufgeräumte Küche kommen. Und wenn sie nicht abwäscht und nicht staubwischt – denn das muß sie auch machen –, dann hockt sie in ihrem Zimmer, und kein Mensch kümmert sich um sie. Hier hat sie doch immer Gesellschaft gehabt. Und dort gibt's keinen Garten, um mal ein bißchen rauszukommen. Schlimm ist das. Man kann sie ja nicht auf die Straße schicken, die vielen Autos und die Straßenbahnen, und dann stinkt das immer so aus den Auspuffs. Nein, deine Schwester und Anna haben Mutter keinen Gefallen getan, als sie sie gegen mich aufgehetzt haben.«

»Vielleicht hätten wir doch ...«, begann Viktor, aber Rose unterbrach ihn sogleich:

»Nein, nein, hier konnte sie nicht bleiben. Da hätten wir immer diese Beschuldigung auf uns lasten gehabt, daß wir sie ausnutzen und schlecht behandeln. Und außerdem haben wir ja auch keinen Platz mehr, seit wir die Wohnung gewechselt haben. Wechseln aber mußten wir, weil ...« Und dann folgte die Litanei der Gründe, mit der Rose seinerzeit den Umzug eingeleitet hatte.

Aber die Weihnachtstage mußte die alte Dame in Lichterfelde verleben. Rose hätte es, wie sie Viktor versicherte, nie über's Herz gebracht, die Mutter ausgerechnet während der Festtage der Kälte zu überlassen, die Anna um sich verbreitete.

»Da erfriert ihr ja die Seele. Außerdem gehen die ja doch zu Annas Kindern oder laden die zu sich ein. Was hat Mutter mit der Fischerei zu schaffen? Gumprecht und Siegward! Daß ich nicht lache! Vielleicht haben sie ja nicht mal 'nen Weihnachtsbaum, sondern versammeln sich unter 'ner völkischen Eiche und entzünden ein völkisches Feuer. Und statt *Stille Nacht* singen sie *Flamme empor.*«

Harald fuhr, die Großmutter abzuholen. Er räumte ihr gern sein Zimmer ein und schlief derweil auf der Couch im Herrenzimmer, was ihm besonderen Spaß bereitete, weil dort der Weihnachtsbaum stand, darunter Haralds süßer Teller und der Stapel Bücher, den er wieder mal bekommen hatte. So konnte er nächtelang naschen und schmökern, ohne sich auch nur aus dem Bett zu rühren. Die alte Dame war sanft, freundlich und dankbar. Sie äußerte kein Wort des Vorwurfs wegen ihrer Verbannung nach Steglitz. Sie beschwerte sich auch mit keiner Silbe über ihr Leben in Annas Haushalt und verstand offenbar nicht, als Rose Andeutungen machte. Über allgemeine Themen ließ sie sich nicht hinauslokken. Am zweiten Feiertag, nachmittags am Kaffeetisch, sagte sie:

»Joachim hat so eine Zeitung, da stehen scheußliche Dinge über die Juden drin. Das kann doch alles gar nicht wahr sein. Unser lieber Vater hatte einen Buchhalter, vielleicht erinnerst du dich noch, Viktor – ach nein, das wirst du wohl nicht, du warst noch zu klein, und Joachim auch. Aber das war ein guter Mann, der hat mich auch beraten, als ich nachher allein war und nicht wußte, wie ich das regeln soll mit dem Geschäft. Er wollte damals nicht, daß ich den Vertrag mit Curt unterschreibe, und Curt hat ihn nachher rausgeworfen. Ach, ja. Und siehst du, der war ein Jude. So ein anständiger Mensch, so ehrlich und selbstlos. Das habe ich Joachim auch gesagt. Aber der hat bloß abgewinkt. Anna auch. An dem Tag war gerade Harald da.«

»Ja«, sagte Harald. »Tante Anna hat mich rausgewinkt und mir zugeflüstert, ich soll nicht auf die Oma hören, sie ist schon zu alt und versteht es nicht mehr so.«

»Ich versteh' es auch nicht«, bestätigte die alte Frau Markwart. »Unser Vater war mit ein paar Juden bekannt, alle sehr ordentliche Leute. Keiner von denen hat so was getan, wie es die Zeitung behauptet. Was hältst du davon, Viktor?«

Viktor spürte wenig Lust, mit der greisen Mutter über die Judenfrage zu diskutieren, noch dazu an einem Weihnachtstag. So sagte er nur:

»Was ist denn das für eine Zeitung?«

»Sie heißt *Der Stürmer*.«

»Was?« Viktor setzte klirrend seine Kaffeetasse ab. »Willst du behaupten, daß Joachim den *Stürmer* bei sich zu Hause hat? Und auch noch liest?«

»Natürlich hat er«, warf Harald ein, »stapelweise. Und natürlich liest er das auch. Er muß ja. Immerhin ist er Blockwart der NSDAP. Er hängt ihn auch aus.«

»Wen oder was hängt er aus?«

»Na, den *Stürmer*. In die *Stürmer*-Kästen. Du weißt doch, diese Anschlagwände hinter Glas. Sie stehen ja an jeder dritten Straßenecke.«

»Nein«, sagte Viktor erschüttert. »Das darf nicht wahr sein. Mein Bruder, und geht und hängt den *Stürmer* aus!«

»Das stimmt doch nicht, was da drin steht, meinst du nicht auch, Viktor?« fragte die alte Dame, aber auf sie hörte nun keiner mehr. Man schien sie ganz vergessen zu haben.

Harald sagte:

»Worüber regst du dich denn auf, Vati? Ich denke, du bist gegen die Juden?«

»Gewiß bin ich das, aber auf anständige Weise. Aus guten Gründen lehne ich sie ab und kann das jederzeit vor jedermann vertreten. Aber ich mache mir doch nicht den

Schmutz zu eigen, den dieses pornographische Schmierblatt auskübelt!«

»Was ist pornographisch?«

»Schluß jetzt!« befahl Rose streng. »Das ist kein Gespräch für den Festtagstisch, und schon gar nicht in Gegenwart von Kindern.«

»Ich bin kein Kind mehr«, protestierte Harald.

Seine Großmutter fragte noch einmal:

»Du glaubst auch nicht, was da drin steht, nicht wahr, Viktor?«

Doch Rose hob entschlossen die Tafel auf und setzte damit der Unterhaltung ein Ende, jedenfalls vorläufig. Denn am Abend, im Schlafzimmer, fing Viktor von neuem damit an.

»Daß mein eigener Bruder dieses Dreckblatt aushängen geht! Das ist doch degoutant! Und die Leute sehen ihn dabei, wie er das tut. Daß ihm das nicht peinlich ist. Mir ist es schon peinlich, nur daran zu denken.«

»Bestimmt ist er auch nicht von alleine drauf gekommen«, vermutete Rose. »Das wird ihm wohl Anna eingeredet haben.«

»Wahrscheinlich.« Viktor seufzte. »Je länger es dauert, desto mehr komme ich zu der Einsicht, daß wir weder Joachim noch uns einen Gefallen getan haben, als wir den Detektiv bestellten und Joachim zur Scheidung drängten. Hulda hatte ihre Fehler. Aber einen Hampelmann in brauner Kluft hätte sie nicht aus ihm gemacht.«

Rose schnappte augenblicklich ein.

»Also bin ich daran schuld!«

»Ach, Rose, wir wollen doch nicht schon wieder …«

»Aber das hast du doch eben gesagt. Hast du vielleicht nicht gesagt, daß du das falsch findest mit dem Detektiv und daß wir über all das hätten wegsehen sollen, was Hulda Joachim angetan hat?«

»Ich meine doch nur …«

»Du meinst, daß ich daran schuld bin, wenn Joachim heute mit dem *Stürmer* rumläuft. Daß ich mich hätte raushalten sollen, wenn meine Schwägerin sich zu fremden Männern ins Bett legt. Wenn du meinst, daß mich so was überhaupt nichts angeht, warum hast du dann mit mir darüber gesprochen? Dann mach das doch mit deiner Familie aus, zu der ich ja offenbar nicht richtig gehöre.«

»Ich hab' ja gar nicht ... Mutter hat damals ...«

Viktor kam nicht zu Worte. Rose begrub jeden seiner Rechtfertigungsversuche unter einem Strom erregter Vorwürfe. Sie schmollte und tückschte, und schließlich brach sie in Tränen aus. Da gab Viktor nach und bat um Entschuldigung, nicht aus Schuldbewußtsein, sondern um dem fruchtlosen Streit ein Ende zu machen. Er war dieser Szenen unendlich müde. Und außerdem war Weihnachten.

Kurz nachdem Viktor aus dem Stahlhelm ausgetreten war, wurde Rose Mitglied im Berliner Hausfrauenverein. Sie fand, daß man irgendwo dazugehören mußte, damit man mal aus dem Haus kam und etwas geselligen Verkehr hatte. Wen sah sie denn schon? Ein-, zweimal im Jahr Onkel Curt und Tante Jeanette samt Sophie und Otti Jandrey. Aber von denen war nur Otti zu ertragen, das Getue der anderen ging ihr auf die Nerven. Außerdem redeten sie neuerdings immerzu von der Villa in Grunewald, die Onkel Curt sich bauen wollte, und so etwas hörte Rose nun wirklich nicht gern. Und die Steglitzer? Nicht öfter als nötig, wenn es ging! Anna war schon schlimm genug, aber zuweilen traf man dort auch die Schwiegertochter Irene samt ihren völkischen Söhnen, und dann mußte man sich anhören, daß Gumprecht zur SS gehen, Siegward aber Erbhofbauer werden sollte.

»Zurück zur Scholle, von der wir alle kommen, verstehst du, Rose?«

Das fehlte noch, auf den Rotzlöffel hatte die Landwirtschaft gerade gewartet! Was wußten denn diese Asphalttreter vom Bauernleben?

Gäste aus Viktors beruflicher Sphäre kamen selten in den Hindenburgdamm, deshalb entfielen auch etwaige Gegeneinladungen. Wenn Viktor Geschäftsbeziehungen pflegen oder Kollegen bewirten mußte, führte er die Leute lieber in ein Restaurant. Als Grund gab er an, daß er zu Hause seine Ruhe haben wollte, und vielleicht meinte er auch, was er sagte. Aber Rose fühlte sich beiseite geschoben.

Freilich, da war noch Edith, und als die Jahre vergingen, bestätigte sich, was Viktor vorausgesagt hatte: Niemand tat den Rosenfelds etwas zuleide, sie lebten, wie sie vorher gelebt hatten. Trotzdem drückte die Judengesetzgebung auf ihre Gemüter, sie fühlten sich halb ausgestoßen, obwohl doch gar nichts geschah. Rose verstand das ganz gut, sie hätte wohl genauso reagiert, wäre sie an Ediths Stelle gewesen oder gar an der des Dr. Rosenfeld. Aber mußte man nicht auch sie verstehen, wenn ihr bald die Lust abhanden kam, die ganze Zeit über Juden und Nichtjuden zu reden? Edith war ja sogar nach Babelsberg gefahren, um sich nach den Rubys zu erkundigen, dabei hatte sie, nicht anders als Rose, das ganze Sanatorium inzwischen so gut wie vergessen und kaum noch erwähnt.

»Der Professor ist gleich aus Deutschland raus, als es hier losging. Es heißt, daß er jetzt in Frankreich lebt. Was macht er da bloß? Er ist ja zu alt, um noch mal von vorne anzufangen, mindestens Anfang Siebzig. Seine Mutter ist schon vor zehn Jahren gestorben, ein Glück für sie, wie die Dinge liegen. Ach, Rose, daß ein so verdienstvoller Mann auf seine alten Tage fortgetrieben wird! Er war immer so gut zu allen.«

Das war er. Aber Rose konnte sich nur noch undeutlich erinnern, wie er ausgesehen hatte. Es war ja alles so entsetzlich lange her. Gab es denn kein anderes Thema?

Demgegenüber lebte sie im Hausfrauenverein förmlich auf. Fast jede Woche war etwas los, wenn man Zeit und Lust hatte und teilnehmen wollte. Es gab Koch- und Nähkurse, literarische Abende, Wanderungen und Museumsbesuche und mehrmals im Jahr gesellschaftliche Veranstaltungen mit Tanz, zu denen man die Ehemänner mitbringen konnte. Im Sommer wurden Kinderfeste arrangiert, gegen die Harald sich allerdings sperrte. Er fand, daß er schon zu groß sei.

Rose abonnierte auch die Zeitschrift *Die Berliner Hausfrau*, sogar in der teureren Version. Das Blatt erschien nämlich einmal mit Versicherungsmarke und einmal ohne. Rose entschied sich für die Ausgabe mit Marke und zahlte dafür fünf Pfennige mehr, im ganzen fünfundvierzig Pfennige. Dafür war sie gegen alle Unfälle versichert, die ihr im Haushalt oder auf der Straße zustoßen mochten. Man wußte ja nie! Sorgfältig schnitt sie die Versicherungsmarke aus der Frontseite und klebte sie auf die Sammelkarte, die jedes Jahr dem ersten Januarheft beilag.

Und dann die Kaffeekränzchen, zu denen die Vereinsschwestern einander reihum einluden! Da tat eine jede ihr Bestes beim Kuchenbacken und Tortengarnieren, und gedrechselte Schlagsahnegebirge quollen aus edlen Kristallschalen. Das erfreute die Kaffeeschwestern und erschreckte sie zugleich, denn sie waren sämtlich in dem Alter, in dem man seine Probleme mit der Figur hat. Manche hatten erhebliche Probleme. Aber keine der jeweiligen Gastgeberinnen zeigte das geringste Erbarmen, auch Rose tat das nicht. Man ließ sich doch schließlich nichts nachsagen!

Viktor lächelte nachsichtig, wenn er beim Heimkommen das zwölf- bis fünfzehnfache Soprangeschwätz aus dem Eßzimmer lärmen hörte. Er ließ sich auch herbei, einen Augenblick hineinzugehen und die Damen artig zu begrüßen, was diese schelmisch oder würdig erwiderten, je nach Temperament. Eigentlich fand Viktor den Auftrieb an fetten Weibern eher abstoßend, aber es war ihm klar, daß Rose ein wenig Anregung brauchte. Wenn es nach ihm gegangen wäre, so hätte er das Geld, das diese Gastereien kosteten, lieber in ein Theaterabonnement gesteckt. Doch Rose, der einst die Schillerzitate nur so von den Lippen gerollt waren, hatte sich im Laufe der Ehe als vollkommen unmusisch entpuppt. Dramen interessierten sie nicht, Opern fand sie langweilig, und in ein Konzert hätte man sie prügeln müssen. Aber inmitten ihrer plappernden Hausfrauen blühte sie auf.

Harald war weniger tolerant als sein Vater. Jedesmal, wenn die Runde sich bei Markwarts versammeln sollte, maulte er. Er lehnte es ab, sich den Damen vorführen und von ihnen nach Schule, Freunden und sonstigen Jungensachen ausfragen zu lassen. Wütend zählte er ihnen die Tortenstücke in den Mund, besonders, wenn es sich um Buttercremetorte handelte, die er leidenschaftlich gern aß.

»Die Spinatwachteln fressen mir alles weg! Reicht es nicht, wenn du ihnen den Napfkuchen anbietest? Die sind dick genug und müssen mir nicht noch meine Buttercremetorte stehlen.«

»Wieso deine Buttercremetorte?«

Zum Glück verfügte Harald über ein Druckmittel, das seine Mutter davon abhielt, ihn wie einen dressierten Affen herzuzeigen. Zu den Vereinsdamen, die unbedingt eingeladen werden mußten, gehörte nämlich auch eine Matrone in den Sechzigern mit dem Namen Martha Ungeheuer. Rose hatte ihr Erschrecken gerade noch verbergen können, als sie mit ihr bekannt gemacht wurde, und sie forschte sofort nach. Tatsächlich, es handelte sich um die Gemahlin des Herrn Ungeheuer, der einst Roses Chef gewesen war. Wie sie hörte, besaß Herr Ungeheuer immer noch seinen Verlag und gab den *Lichterfelder Boten* heraus. Rose beschwor Viktor:

»Paß bloß auf, daß du dich nicht verplapperst. Kein Wort in Gegenwart der Damen, daß ich mal in Herrn Ungeheuers Verlag gearbeitet habe.«

»Aber warum denn nicht? Was ist so schlimm daran?«

»Auf keinen Fall, Vati! Versprich mir das. Ich bin ja unten durch bei allen, wenn herauskommt, daß ich mal arbeiten gegangen bin. Und daß Frau Ungeheuer so was wie meine Prinzipalin war. In unseren Kreisen arbeiten die Frauen nicht.«

»Ziemlich blöd«, konstatierte Viktor, aber er versprach es.

Dann nahm Rose sich Harald vor.

»Hüte deine Zunge, hörst du? Nein, ich kann es dir nicht erklären. Du mußt erst noch größer werden, um es zu verstehen. Aber du darfst auf keinen Fall erzählen, was ich früher gemacht habe, als ich noch nicht mit dem Vati verheiratet war.«

»Am besten gehe ich gar nicht erst rein«, sagte Harald. »Wenn ich noch zu klein bin, dann könnt' ich mich leicht mal verquatschen. Ich halt' mich einfach raus, dann passiert nichts.«

Rose sah ihren Sohn mißtrauisch an. Er veralberte sie doch nicht etwa? Aber da ihre ureigensten Interessen so heftig berührt waren, ließ sie die Sache auf sich beruhen. Auf jeden Fall würde es keine Panne geben, wenn er tat, was er sagte.

An winterlichen Kränzchentagen hing bei Markwarts die Flurgarderobe voll mit protzigen Pelzmänteln, denn die meisten der Damen lebten in gesicherten bürgerlichen Verhältnissen und hatten gut verdienende Ehemänner. Rose konnte die Mantelparade nicht sehen, ohne Neid zu spüren. Einen solchen Pelz zu besitzen, das kam ihr wie die Vollendung damenhafter Existenz vor. Sie hatte es schon weit gebracht, wenn man bedachte, aus welchen bescheidenen Anfängen sie kam. Aber gerade das durfte sie niemandem verraten. Wollte sie zur Creme des Hausfrauenvereins gehören und das auch der Nachbarschaft demonstrieren, dann mußte sie der Welt die errungene Position vor Augen führen, und zwar so, als hätte sie nie etwas anderes gekannt. Wer konnte sie noch anzweifeln, wenn sie durch einen vornehmen Pelz bestätigt wurde?

Viktor hätte blind und taub sein müssen, um nicht zu bemerken, was in seiner Frau vorging. Eines Tages, kurz vor Weihnachten 1936, sagte er:

»Nächsten Sonnabend komme ich nicht von der Arbeit nach Hause, sondern du kommst zum Rathaus Steglitz, und wir treffen uns da. Wir gehen einen Pelzmantel für dich kaufen.«

Rose schwankte zwischen Entzücken und ihrem Hang zum Haushälterischen.

»O Vati! Aber das kostet doch ein Vermögen!«

»Nicht mehr, als wir haben. Wenn andere Frauen Pelzmäntel tragen, dann kann meine Frau das auch.«

Rose war überwältigt. Dennoch kämpfte sie die ganze Woche über mit ihrem Gewissen und zögerte noch, als sie schon in der Steglitzer Schloßstraße vor einem großen Pelzgeschäft standen. Viktor schob sie entschlossen hinein, womit sein Part in diesem Spiel allerdings auch schon beendet war. Nachdem sie den Laden einmal betreten hatte, riß Rose sofort die Initiative an sich und begann, den herbeigeeilten Verkäufer zu kommandieren. Sie probierte gut und gerne zwei Dutzend Mäntel an. Hingerissen spürte sie die weichen Felle unter ihren Fingern und konnte gar nicht genug davon bekommen.

Schließlich entschied sie sich für einen Bisampelz, der einem überlangen Blouson ähnelte und einen fast kopfhohen, schmeichelnden Schalkragen hatte. Viktor billigte ihre Wahl, er sagte, sie sehe sehr reizend und damenhaft aus. Rose fand das auch und betrachtete verliebt ihr Spiegelbild. Ja, das war das Richtige. Dieser Mantel brachte Aspekte ihrer Persönlichkeit zur Geltung, von deren Vorhandensein sie selbst noch nichts gewußt hatte. Nun aber würden alle es sehen und zur Kenntnis nehmen müssen.

Zu Hause ließ Rose den Pelz erst einmal an der Garderobe hängen, um sich dran zu ergötzen, natürlich auch, um andere zu beeindrucken. Die erste, bei der ihr das gelang, war Frau Karsunke.

»Oooch, Mannomann! Schön! Seit wann ham Se denn den? Kann ick – ich meine, darf ich mal anfassen?«

Frau Karsunke streichelte das Fell und machte dabei genauso ein andächtiges Gesicht wie Rose im Pelzladen.

»So was kost' aber Zahlemann und Söhne, was?«

»Es geht«, sagte Rose betont beiläufig. »Aber manche Ausgabe muß eben sein. Schließlich bin ich der Stellung meines Mannes etwas schuldig.«

Frau Karsunke ließ den Pelz los. Sie schwieg. An Roses Vornehmheit glaubte sie schon lange nicht mehr. Sie hatte ja, wie sie ihrem Walter zu sagen pflegte, kein Schmalz auf der Brille. Aber mit dem Herrn Doktor war das was anderes. Der war vornehm, und wenn die Frau Markwart sich auf seine Stellung berief, dann fiel Frau Karsunke nichts weiter ein.

Doch, etwas fiel ihr ein. Daß sie nämlich nichts Geringeres war als die Frau Markwart, besonders heute, wo es nur noch Volksgenossen gab. Ein Unterschied lag allein darin, daß der eine Ehemann viel verdiente und der andere wenig. Aber was Frau Karsunke betraf, die würde genauso als Dame durch die Gegend spazieren können wie die Frau Markwart, wenn sie nur auch so einen Pelzmantel hätte.

Ja, wenn. Frau Karsunke machte sich an's Nachdenken. Wie konnte sie es bewerkstelligen, dem Damenhaften in sich einen pelzenen Rahmen zu verschaffen? Herrn Karsunke zog sie gar nicht erst in's Vertrauen. Der war zu dusselig, um einen Sinn für feinere gesellschaftliche Rücksichten zu entwickeln, und würde nur eine von seinen Bemerkungen vom Stapel lassen, über die man sich ärgern mußte.

Frau Karsunke überschlug ihren Bestand an Spargeld sowie die Verpflichtungen, die sie hatte, nicht zuletzt gegenüber Udo. Nein, so ein Prachtstück, wie die da oben besaß, würde sie sich nicht leisten können. Aber wenn nicht so, dann eben anders. Am Ende kam es ja nur auf die Wirkung an.

Im beginnenden Frühjahr 1937 stand Rose an einem der Fenster ihres Eßzimmers und betrachtete hoffnungsfroh die dicken Knospen an den Jasminsträuchern und Fliederbüschen im Garten. Es war Sonnabend, und sie hatte soeben den Kaffeetisch für die gemütliche Familienrunde gedeckt. Unten öffnete sich das Gartentor, und in Roses Blickfeld erschienen Herr und Frau Karsunke samt Udo, die offenbar von einem Spaziergang zurückkehrten. Rose blickte gelangweilt hin, zuckte dann zusammen und faßte sich an's Herz.

»Viktor, Viktor! Schnell! Schnell! Komm her, ganz schnell!«

Viktor stürzte herbei, Harald hinterdrein.

»Was ist denn? Ist dir nicht wohl? Warum hältst du dir das Herz?«

Rose achtete gar nicht auf Viktors Fragen. Sie zerrte ihn neben sich an's Fenster und deutete nach unten auf den Gartenweg.

»Sieh doch mal! Guck dir die Karsunke an! Na, wie findest du denn das?«

»Was denn?«

»Der Mantel, Vati! Der Mantel! Sieh doch bloß mal! Was sagst du denn dazu?«

Bevor Frau Karsunke aus seinem Gesichtsfeld verschwand, nahm Viktor an ihr etwas Braunes, Flauschiges wahr. Er sah angestrengt hin, konnte aber nichts entdekken, was eine derartige Aufregung, wie Rose sie an den Tag legte, gerechtfertigt hätte.

»Sie hat einen Plüschmantel an. Einen neuen, wie es scheint. Aber was ist daran so Besonderes? Mein Gott, Rose, du zitterst ja!«

»Das ist unerhört!« stieß Rose hervor. »Sie macht mich nach! Sie versucht, sich mit mir gleichzustellen!«

»Aber Rose, es ist ja bloß ein Plüschmantel.«

»Warum soll sie denn keinen Plüschmantel tragen?« fragte Harald.

»Ja, merkt ihr's denn nicht? Daß Männer so begriffsstutzig sein können! Ja, es ist Plüsch, weil sie sich mehr nicht leisten kann. Aber es bedeutet Pelz. Sie hat meinen Pelzmantel gesehen, und nun hat sie sich auch so was angeschafft, so gut es ging. Das bedeutet, sie möchte sich mit mir auf eine Stufe stellen. Das ist doch unglaublich!«

Vater und Sohn sahen einander an. Harald zog die Augenbrauen hoch, zuckte die Achseln und ging aus dem Zimmer. Viktor streichelte Roses Arm.

»Beruhige dich doch, Rose. Falls es wirklich so ist, wie du denkst, und das ist ja noch gar nicht erwiesen, dann solltest du darüberstehen. Du bist, wer du bist, und keine hundert Plüschmäntel können daran etwas ändern. Wie kannst du dir Frau Karsunkes Dummheit nur so zu Herzen nehmen?«

»Du verstehst mich nicht, Viktor«, klagte Rose. »Du verstehst mich einfach nicht. Jetzt ist mir der ganze Nachmittag verdorben.«

Mit den Jahren hatte Harald ein zwiespältiges Verhältnis zu seiner Mutter entwickelt. Die Zeit, da er blind ihre

Partei nahm und sie in jedem Fall gegen jedermann verteidigte, war vorbei. Natürlich liebte er Rose, daran konnte kein Zweifel bestehen. Und wenn er sich, nach Kinderart, auch nicht viele Gedanken um ihre nimmermüde Fürsorge machte, so wußte er doch um ihren Anteil an seinem Wohlergehen und erfreute sie durch Anhänglichkeit und kleine Liebesbeweise.

Andererseits war da Roses Überempfindlichkeit, die Harald immer wieder herausforderte, ohne es zu wollen. Ein normaler Junge konnte einfach nicht voraussehen, wann er in eines der vielen Fettnäpfchen treten würde, die Rose umgaben. Manchmal reagierte sie geradezu hysterisch, während Harald sich keiner Schuld bewußt war, und dann gab es keine Verständigung und keine Möglichkeit, das Mißverständnis zu bereinigen. Das quälte Harald, und mit der Zeit machte es ihn auch zornig. Er hätte seine Mutter gerne vorbehaltlos geliebt. Warum schaffte sie Konflikte, wo es seiner Meinung nach gar keinen Grund dazu gab? Auch fand er die Art infam, in der sie ihn durch Schweigen strafte. Sie konnte tagelang mit steinernem Gesicht an ihm vorbeigehen, bis er es nicht länger aushielt und sie unter Tränen um Verzeihung bat, oft ohne Vorstellung davon, worum es eigentlich ging. Aber er hielt die Spannung nicht aus. Hinterher fühlte er gleichzeitig Erleichterung und Groll.

Bei seinem Vater fand er in solchen Nöten Verständnis, jedoch keine Hilfe. Viktor sagte:

»Ach, Junge, es ist doch deine Mutter! Sei ein bißchen nachsichtig und leg nicht alles auf die Goldwaage. Seiner Mutter muß man Liebe und Ehrfurcht entgegenbringen, auch wenn sie mal unrecht hat. Das haben meine Geschwister und ich mit unserer Mutter nie anders gehalten.«

Wenn Harald sehr bekümmert und erregt war, dann dachte er manchmal, daß es doch einen Unterschied gab zwischen seiner Mutter und der seines Vaters. Die Oma war zuweilen wunderlich, gewiß, aber das lag an ihrem hohen Alter, und im großen und ganzen war der Umgang mit ihr nicht schwierig. Harald konnte sich nicht erinnern, daß sie ihm je eine Szene gemacht hätte. Ab und zu dachte er auch, daß der Vater nicht konsequent war. Wenn er seine Mutter so hoch schätzte, wie hatte er dann zulassen können, daß sie aus dem grünen Lichterfelde in das steinerne Steglitz abgeschoben wurde, wo sie, wie Harald wußte, nicht gerne wohnte? Und warum nahm keiner der Söhne die alte Mutter gegen die Schwiegertöchter in Schutz, was doch bisweilen nötig war, wie Harald auch ganz gut wußte? Mit einem vagen Schamgefühl entsann er sich des einen oder anderen Familienkrachs, der sich gegen die Oma gekehrt und bei dem er der Mutter in blindem Eifer sekundiert hatte.

Natürlich passierten solche Unannehmlichkeiten, die ihn leiden machten, nicht alle Tage. Gewöhnlich herrschte Friede in der Familienwohnung, oft genug sogar Heiterkeit, und Harald hätte nie gezögert, sein Zuhause als schön und angenehm zu bezeichnen. Doch je älter er wurde, desto mehr wuchs in ihm das Gefühl, nicht über feste Erde zu gehen, sondern über trügerischen Moorboden. Man konnte jederzeit und unversehens in ein Sumpfloch geraten.

Da war zum Beispiel die Sache mit dem Muttertag, am zweiten Maisonntag 1937. Harald hatte am Vortag an einem Musikwettbewerb seiner Schule teilgenommen und einer ganzen Aula voller Eltern und Lehrer Brahms' »Ungarische Tänze« und Beethovens »Wut über den verlorenen Groschen« vorgespielt. Er war ein guter Klavierspieler, und das konnte er auch sein nach zehn Jahren Unterricht und fleißigem Üben. Rose hatte schon dem Sechsjährigen einen Lehrer bestellt, sich auch selbst als Klavierschülerin versucht, freilich ohne nennenswerten

Erfolg. Um so strenger sah sie darauf, daß Harald Fortschritte machte, damit wenigstens einer in der Familie mit Grethe, der höheren Tochter, zu konkurrieren vermochte.

Harald gewann den Wettbewerb. Viktor, der im Auditorium gesessen hatte, strahlte vor Stolz. Harald war selig, und er wünschte sich nur, daß auch seine Mutter Zeugin seines Triumphes gewesen wäre. Rose aber hatte auf ihren vollen Stopfkorb und einen Riesenhaufen Bügelwäsche gezeigt und war daheimgeblieben.

Am nächsten Morgen, ganz früh, fühlte sich Harald unsanft aus dem Schlaf gerüttelt. Als er endlich die Augenlider hochschlug, sah er neben seinem Bett den Vater, bleich und sichtlich aufgeregt.

»O Harald, du hast den Muttertag vergessen! Die Mutti sitzt im Eßzimmer und weint!«

»Ach du Scheiße!« stieß Harald hervor und schoß in die Höhe. Hastig fuhr er in die Kleider.

»Halt sie fest. Lenk sie ab. Ich bin gleich wieder da.«

Auf Zehenspitzen schlich er aus der Wohnung, rannte aus dem Haus, die Straße entlang zur nächsten Ecke, wo ein Kiosk stand, der am Sonntag morgen geöffnet hatte. Harald kaufte einen Kasten Pralinen, rannte zurück und schnitt im Garten einen großen Strauß vom eben erblühten Flieder. Dann schlüpfte er in die Wohnung zurück, holte tief Luft und drückte die Klinke der Eßzimmertür herunter.

Rose saß am großen Tisch, eine Tasse Kaffee vor sich und einen Frühstücksteller, der offensichtlich unbenutzt war. Man konnte deutlich sehen, daß sie nichts gegessen hatte. Ihr Gesicht war rot und verschwollen. Harald näherte sich ihr und streckte die Hände vor, in denen er die Geschenke hielt.

»Liebe Mutti, zum Muttertag wünsche ich dir ...«

Weiter kam er nicht. Rose schluchzte auf:

»Das kannst du dir sparen! Du hast den Muttertag vergessen, und jetzt willst du mir was vorlügen!«

»Aber Mutti ...«

»Nein, nein! Denkst du, du kannst mir was vormachen? Der gute Vati wollte dir helfen, das zu vertuschen, aber ich hab' wohl gehört, daß du jetzt erst gelaufen bist, die Pralinen und die Blumen holen. Jetzt erst, nachdem der Vati dich gemahnt hat. Solche Geschenke will ich nicht. Geh nur wieder, geh.«

»Aber Mutti ...«

»Nein, Harald. Ein Sohn, der seine Mutter liebt, der vergißt den Muttertag nicht. Du aber hast ihn vergessen. Ich muß sehen, wie ich mich damit abfinde.«

Harald empfand ein nagendes Schuldgefühl und zugleich eine große Wut. War er denn schuldig? In gewisser Weise, ja. Aber erstens hätte seine Mutter wissen können, daß er sie wirklich liebte, und ihn nicht auf so einen blöden Gedenktag festnageln dürfen. Und zweitens hätte sie ihm seine gestrige glückliche Verwirrung zugute halten müssen. Wog übrigens die Tatsache, daß sie Harald an seinem Ehrentag im Stich gelassen hatte, seine Vergeßlichkeit nicht reichlich auf?

Aber das wagte er nicht laut zu sagen.

Finsteren Sinnes hockte er in seinem Zimmer. Am Nachmittag hörte er die Mutter im Treppenhaus mit Frau Döring reden. Frau Döring pries die Geschenke, die ihre Töchter ihr gebastelt hatten. Auch das noch! Das war ja Wasser auf die Mühlen der Mutter! Und richtig, da legte sie auch schon los: Wie sie enttäuscht worden sei, kein Wort, kein Blümchen, erst heute morgen dann in aller Eile so getan, als ob ...

»Ja, Sie, Frau Döring, Sie haben es gut. Sie werden von Ihren Kindern geliebt ...«

Verdammt!

Die morgendliche Szene bei Markwarts sprach sich

herum. Und nun registrierte Harald mit Erstaunen, daß niemand die Partei seiner Mutter nahm, auch Frau Döring nicht. Das war ihm auch wieder nicht recht. Frau Karsunke sagte zu ihm:

»Laß man, Haraldchen, da mußte dir nischt draus machen. Bist'n guter Junge, das weiß jeder hier im Haus. Und was deine Mutter is, die macht sone Wippchen, solang' ich se kenne. Immer Drama, und immer mit viel Jeheule, bis den andern der Verstand koppheister jeht. Dein' Vati hat se auch so kujeniert, da warste noch janz kleen.«

»Aber Mema«, sagte Harald, »wie sprichst du denn? Ich glaube, wir müssen mal wieder Unterricht machen.«

»Hab' ich wieder berlinert? Sag's mir man immer, Haraldchen. Immer sagen. Manchmal läuft mir die Schnauze weg, ich weiß nicht, wie. Ich hab' frischen Kaukau, willste welchen?«

Den Kakao wollte Harald, aber nicht diese Art von Parteinahme. Die Beziehung zwischen ihm und der Mutter war so heikel, daß man ihr nur mit viel Fingerspitzengefühl beikam. Frau Karsunke jedoch rückte ihr mit der Reibekeule zu Leibe. Außerdem sollte sie sich mal an die eigene Nase fassen. Wie ging sie denn mit Udo um? Gewiß, sie plagte ihn nicht mit hysterischen Ausbrüchen. Dafür aber saß sie ihm mit maßlosen Forderungen im Genick, seine Schulleistungen betreffend. Udo war Ostern 1937 ins Gymnasium aufgenommen worden, nach einer sehr ordentlich absolvierten Aufnahmeprüfung. Auf Grund der Prüfungsergebnisse und im Hinblick auf die finanziellen Möglichkeiten seiner Eltern hatte man ihm eine Freistelle eingeräumt. Das sparte den Karsunkes monatlich zwanzig Mark Schulgeld, verpflichtete aber Udo zu ausnahmslos guten Noten. Und nun war seine Muter hinter ihm her wie der Teufel hinter der armen Seele. Wenn Udo auch nur ein »Befriedigend« einkassierte, zeterte Frau Karsunke tagelang, und wenn er gar mit einem »Ausreichend« nach Hause kam, griff sie zum Stock und schlug Udo windelweich. Sie akzeptierte nur »Sehr gut« und allenfalls noch »Gut«. Harald, dem der Kleine leid tat, gab ihm Nachhilfeunterricht wie vorher seiner Mutter und trimmte ihn zum Primus seiner Klasse. Aber was war das für eine Mutterliebe, die sich an Schulnoten orientierte!

Mit zunehmenden Jahren blieb Harald öfter der elterlichen Wohnung fern und tummelte sich unter seinesgleichen. Da gab es viele Gelegenheiten, zuvörderst die Hitlerjugend mit ihren mannigfaltigen Ansprüchen an ihre Mitglieder. Harald, den der Drill in den gewöhnlichen Formationen anödete, hatte sich zur Marine-HJ gemeldet, einer besonders exklusiven Einheit, und war dort bald Führer des Spielmannszugs geworden. Rose bekam Schreikrämpfe, wenn er mit seinem Tambourstab – blanker Messingknauf, dunkelblau-weiße Troddeln – im Korridor vor dem Spiegel das Taktgeben übte.

»Meine Ampel! Der Spiegel! Paß doch auf!«

Er trug auch nicht die übliche Uniform mit den kurzen Hosen, sondern eine richtige Seemannskluft, lange Hosen mit Schlag und auf dem Kopf eine bebänderte Mütze. Darin sah er so fein aus, daß Rose 1936 die Uniform als angemessen für Haralds Konfirmation bezeichnete. Ihm war es recht, und sie sparte das Geld für einen dunklen Anzug.

»Wo er doch noch wächst … Eh' er den Anzug zum zweiten Mal braucht, ist er ihm zu klein.«

Den Sommer verbrachte Harald vorwiegend in der Badeanstalt, die sich hinter dem Haus erstreckte, das seinem Elternhaus gegenüberlag. Dort gab es zwei Schwimmbecken, einen Platz mit Turngeräten und eine große Liegewiese. Hier traf Harald sich mit seinen Freunden, man machte zusammen Schularbeiten, tollte herum und ging erst nach Hause, wenn der Bademeister die Tore schließen wollte.

Ende Mai 1938 ereignete sich ein Zwischenfall, der in der Familie ein Drama zur Folge hatte. Viktor war, wie üblich, mit der S-Bahn von der Arbeit nach Hause gefahren, hatte aber für die letzte Strecke statt der Anhaltischen Linie die Wannseebahnlinie genommen, weil deren Zug als erster im Umsteigebahnhof Schöneberg eingefahren war. Deshalb kam Viktor nicht, wie sonst, am Bahnhof Lichterfelde-Ost an, sondern in Lichterfelde-West. In einer Minute erreichte er die Drakestraße, die ihn in weiteren zwanzig Minuten Fußweg zum Hindenburgdamm geleiten würde.

In Bahnhofsnähe zweigte der Gardeschützenweg ab, wo das für Markwarts zuständige Polizeirevier residierte. Zufällig wandte Viktor den Kopf in Richtung Gardeschützenweg. Da sah er, dreißig Meter entfernt, zwei, drei Polizisten, die eine Gruppe junger Burschen eskortierten. In einem der Burschen glaubte er Harald zu erkennen.

Er ging sofort hinterher und betrat das Polizeirevier. Tatsächlich, dort stand Harald, zusammen mit Freunden, von denen Viktor die meisten kannte. Viktor trat auf einen der Polizisten zu, wies sich aus und begehrte Aufklärung.

»Tja«, sagte der Polizist, »dumme Sache, Herr Doktor. Uns hat der Bademeister von der Sommer-Badeanstalt Lichterfelde gerufen. Er sagte, er hat diese Jungs bei verbrecherischen Handlungen erwischt.« Der Polizist senkte die Stimme. »Ho-mo-se-xu-a-li-tät, Herr Doktor. Tut mir leid.«

»Das ist ganz unmöglich«, sagte Viktor ernst und fest. »Ich kenne die Jungen. Dieser dort ist mein Sohn, und die anderen sind seine Freunde. Alle verkehren bei uns zu Hause. Ich kenne auch die Eltern.«

Das war nicht wahr, aber Viktor hielt es für besser, es zu behaupten.

»Gestatten Sie, daß ich meinen Sohn zur Sache befrage? Danke sehr. Also, Harald?«

Nun, sie hatten Schinkenklopfen gespielt, und zwar so: Sie hörten einander französische Vokabeln ab, und wenn einer was nicht wußte, dann mußte sich der mit verbundenen Augen niederbeugen, woraufhin die anderen der Reihe nach auf seine Hinterseite schlugen, und es mußte erraten werden, wer gerade geklopft hatte. Und dann war mit einemmal der Bademeister gekommen und hatte mächtig herumgeschrien, und dann kam die Polizei.

»Da hören Sie es«, sagte Viktor zu den Polizeibeamten. »Ich will nicht behaupten, daß es ein sehr intelligentes Spiel gewesen ist. Eben ein Dummejungenspiel. Aber verbrecherisch ... Soweit ich informiert bin, ist das eine durchaus übliche Belustigung unter jungen Männern und wird in der ganzen Hitlerjugend betrieben sowie im Arbeitsdienst und bei der Wehrmacht. Sie werden doch nicht behaupten wollen, meine Herren, daß Deutschlands männliche Jugend in ihrer Mehrheit homosexuell ist?«

Die Polizisten, alle biedere Familienväter, schauten verlegen.

»Gewiß, Herr Doktor. Wir müssen natürlich unsere Pflicht tun. Wenn der Bademeister uns anfordert ... Er hat auch gesagt, die Jungs hätten sich dazu hinter einem Gebüsch verkrochen.«

Die Jungen protestierten.

»Auf der Liegewiese stehen überall Büsche. Wir haben uns nicht verkrochen.«

Die Polizisten steckten die Köpfe zusammen. Schließlich sagte ihr Wortführer:

»Na gut, Herr Doktor. Sie bürgen also für diese Jungs? Schön, dann ist das erledigt. Aber ein Protokoll müssen wir aufnehmen. Ordnung muß sein. Ihre Aussage diktieren Sie am besten selbst.«

Auf dem Heimweg mahnte Viktor:

»Laß in Zukunft solchen Quatsch. Ich kann nicht immer zur Stelle sein, wenn es Ärger gibt.«

»Ja, Vati. Aber in die Badeanstalt geh' ich nicht mehr. So ein dreckiges Schwein!«

Natürlich mußten sie Rose von dem Vorkommnis erzählen. Wie anders hätten sie rechtfertigen sollen, daß sie so spät nach Hause kamen? Rose stieß einen Schrei aus und sank auf den nächsten Stuhl.

»Das ist ja entsetzlich!«

»Unsinn, Rose, es ist nur ärgerlich. Beruhige dich, es ist ja nichts passiert.«

»Aber jetzt ist Harald bei der Polizei aktenkundig! Das wird er doch nie wieder los!«

»Nun laß doch die Kirche im Dorf.«

Harald lief hinaus und rettete sich in sein Zimmer. Indessen machte sich Viktor an die Aufgabe, seiner Frau den Vorfall in's rechte Licht zu rücken. Aber Rose hörte ihm gar nicht zu. Mit stieren Augen hockte sie auf ihrem Stuhl, dann stand sie auf, mitten in einem seiner Sätze, und verließ den Raum. Viktor hörte die Küchentür gehen. Er seufzte, schüttelte den Kopf und griff nach der Zeitung.

Nach etwa einer halben Stunde erhob er sich und ging Rose nach. Er hatte ja noch kein Abendessen bekommen. In der Diele hing ein eigenartiger Geruch, doch Viktor mochte seiner Nase nicht trauen. Gleichzeitig aber begann sein Herz rascher zu schlagen. Beunruhigt stieß er die Küchentür auf. Rose lag der Länge nach auf dem Linoleumboden. Der Schlauch, der von der Gasleitung an der Wand zum Herd führte, war abgerissen, das Gas strömte aus dem Rohr.

Viktor stürzte ins Bad, wo sich der Gaszähler befand,

und schloß den Haupthahn. Er hastete zum Küchenfenster und riß es weit auf. Dann rief er nach Harald.

»Die Mutti hat ... Ach, es ist nicht zu fassen. Komm hilf mir, wir müssen sie hier raustragen. Ins Schlafzimmer, auf ihr Bett.«

Rose hatte das Bewußtsein verloren. Es machte Mühe, den schlaffen Körper zu schleppen. Harald sah mit blassem Gesicht zu, wie sein Vater die Mutter auf die Wangen schlug.

»Wach auf, Rose! Wach auf! Wach auf! Harald, öffne mal die Balkontür. Ganz weit. Haben wir kein Riechsalz? Vielleicht tut's auch Salmiakgeist. Guck mal nach, ob welcher da ist.«

»Vati«, sagte Harald mit zugeschnürter Kehle, »warum hat sie das getan? Ist es meinetwegen? Bin ich dran schuld?«

»Aber Junge!« Viktor wollte aufstehen und Harald in die Arme nehmen. Aber noch lag Rose bewußtlos. »Rede dir so was bloß nicht ein. Wir sprechen nachher darüber. Hol jetzt erst den Salmiakgeist.«

Als Rose dem Leben wiedergegeben war, faßte Viktor mit beiden Händen ihren Kopf und zwang sie, ihn anzusehen.

»Sag mir, warum du so etwas tust. Es gibt doch überhaupt keinen Grund.«

»Doch«, flüsterte Rose. »Ich kann es nicht ertragen, daß mein Sohn homosexuell ist.«

»Nein! Daran ist kein wahres Wort. Ich habe dir doch alles erklärt.«

»Neulich«, sagte Rose heiser, »war ein Freund bei ihm. Sie haben die Tür abgeschlossen. Ich hab' ihn ausgefragt, aber er hat bloß immer gesagt, es war nichts. Warum schließt er dann ab? Ich hab' ihm gesagt, wenn er Schweinereien macht, dann bring' ich mich um. Und nun heute das!«

»Aber Rose! Für die verschlossene Tür gibt's bestimmt eine ganz harmlose Erklärung. Jungen in dem Alter möchten auch mal für sich sein. Wenn du so auf ihn loshackst, dann bockt er natürlich, und du erfährst nichts.«

»Ich will nicht, daß er so einer wird. Wer das macht, der begeht auch andere Verbrechen. Denk an Röhm. Der ist am Ende erschossen worden. Und Harald mußte heute auf die Polizei.«

»Rose!« sagte Viktor, so nachdrücklich, wie er es fertigbrachte, »es gibt hier nicht die geringste Katastrophe, ausgenommen die, die du selbst verursacht hast. Bist du dir eigentlich im klaren darüber, was du dem armen Jungen antust? Der sitzt jetzt und grämt sich, weil du ihn zum Muttermörder gestempelt hast.«

Sie redeten etwa eine Stunde lang. Schließlich ging Viktor hinaus, damit Rose ein bißchen schlafen konnte. Hatte sie endlich verstanden, was er ihr einzuhämmern versuchte? Er wußte es nicht. Die letzten Sätze, die sie getauscht hatten, tönten in seinen Ohren wie ein Echo aus alter Zeit.

»So etwas darfst du nie wieder tun, Mutti.«

»Nein, Vati, nie wieder.«

21 / Im Juni 1938 starb Grethe. Während der letzten Wochen ihres Lebens hatte Viktor seine Schwester wiederholt besucht. Jedesmal war er bedrückt aus Werder zurückgekommen.

»Sie sieht aus wie ein Gespenst. Und wie sie leiden muß! Daß es aber auch so gar nichts gibt, um ihr zu helfen …«

Grethe hatte Brustkrebs. Das stand fest, seit Herr Graf Anfang des Jahres – viel zu spät natürlich! – seine Abneigung gegen Schulmediziner überwunden und einen

Arzt geholt hatte. Viktor zürnte heftig wegen dieser Saumseligkeit.

»Gesundbeter, idiotischer! Mit Hokuspokus gegen Krebs! Und das in unserem Zeitalter der Vernunft!«

Rose blickte düster.

»Ich hab' dem Kerl nie getraut. Wenn einer schon in wilder Ehe lebt ... Und dann die langen Haare und diese komische Samtjacke. Daß mit dem was nicht stimmt, das konnte man schon von weitem sehen. Aber Grethe hat es ja besser gewußt.«

Jetzt staunte Viktor.

»Ich kann mich gar nicht erinnern, daß du sie gewarnt hättest. Du warst doch damals für diese Verbindung, jedenfalls hast du mich zurückgehalten, als ich mit Grethe reden wollte.«

»Also, hör mal, Viktor ...«

Aber Viktor bereute schon seinen vorschnellen Versuch, die Dinge ins rechte Licht zu rücken. Hastig, bevor Rose noch in Fahrt kommen konnte, trat er den Rückzug an:

»Es ist ja alles so lange her. Ich erinnere mich kaum noch. Auf jeden Fall hätten wir ihm wohl mehr auf die Finger sehen müssen, da hast du ganz recht. Wer denkt denn aber auch, daß in unserem Jahrhundert der Wissenschaft ein erwachsener Mensch so voller Aberglauben steckt? Mit Kräutertinkturen und positiver Lebensauffassung gegen Krebs! In seinem Kopf muß das reinste Mittelalter herrschen. Ich verstehe nicht, daß Grethe das mitgemacht hat. Sie ist doch genauso erzogen worden wie Joachim und ich.«

Grethe wurde nicht in Werder beerdigt, sondern auf dem Parkfriedhof in Lichterfelde. Das hatte sie sich kurz vor ihrem Tod ausbedungen. Sie wollte, wie sie Viktor mit verlöschender Stimme sagte, nicht in einem ungepflegten Grab ruhen, was in Werder bestimmt der Fall sein würde, wenn Herr Graf nach Berlin zurückkehrte. Das aber mußte er tun, denn was sollte er allein in dem Haus, in dem es keine Hausfrau mehr gab? In Lichterfelde dagegen lebten Grethes Angehörige, und die würden sich doch um Grethes Grab kümmern, nicht wahr?

Viktor versprach es, Tränen in den Augen. Rose verzog das Gesicht, als sie davon hörte. Das würde wieder zu ihren Lasten gehen. Viktor hatte schon von Berufs wegen keine Zeit, und Harald durfte man jetzt nicht mit solchen Aufträgen beschweren, immerhin sollte er in einem Dreivierteljahr Abitur machen, da mußte er sich vorbereiten. Also blieb alles an Rose hängen, inklusive des langen Weges, der hin wie zurück jedesmal eine halbe Stunde verschlang. Hatte Grethe das um sie verdient? Aber sie behielt ihre Gedanken für sich. Die Friedhofsfrage würde sich schon irgendwie erledigen. Kommt Zeit, kommt Rat, kommt Vergessen.

Am Tag der Beisetzung, in der kleinen Friedhofskapelle, suchte Rose für sich und Viktor einen Platz weitab von Herrn Graf. Entrüstet beobachtete sie, daß Joachim Herrn Graf keineswegs mied und Anna ihm sogar den Stuhl neben dem ihren anbot. Da konnte man sehen, wie wenig Gefühl die beiden für das Leiden und Sterben von Schwester und Schwägerin aufbrachten! Sie wollte Viktor zuflüstern, was sie vom Benehmen seiner Verwandten hielt, aber er hatte sich seiner weinenden Mutter zugewandt und kümmerte sich um nichts anderes. Die alte Frau Markwart klagte:

»Daß sie vor mir sterben mußte! Warum tut mir der liebe Gott das an? Ich bin doch mit Sterben an der Reihe. Sie war doch noch viel zu jung.«

Jung – nun ja. Grethe wäre im kommenden Oktober sechzig geworden. Ein Alter zum Sterben war das freilich nicht. Sie hatte eben nichts getaugt, körperlich so wenig wie charakterlich. Wenn Rose auch längst erhaben war über die Märlein des weiland Herrn Pfarrer in Hirschhagen, in Augenblicken wie diesen hielt sie es für möglich, daß eine anonyme Macht die irdischen Angelegenheiten von Zeit zu Zeit ins Gleichgewicht rückte. Gottes Mühlen …

Als alles vorüber war, begab sich die kleine Trauergesellschaft zu Viktor und Rose nach Hause. Auch darüber erboste sich Rose, daß ausgerechnet sie den Leichenschmaus richten sollte. Leider gab es in zumutbarer Entfernung vom Parkfriedhof kein Lokal, das einen einigermaßen würdigen Rahmen geboten hätte, und der Hindenburgdamm lag nun einmal näher als die Kuhligkshofstraße. Aber eines hatte Rose von vornherein klargestellt:

»Ich richte nur einen kalten Imbiß. Das kann keiner von mir verlangen, daß ich mich am Herd abäschere, wenn ich müde vom Friedhof zurückkomme.«

Nun hockte sie verdrossen neben ihrer Schwiegermutter und mußte sich unzählige Geschichten aus Grethes Jugendzeit anhören. Außer ihr kümmerte sich ja wieder mal keiner um die alte Frau. Viktor und Joachim hatten sich, sobald sie gesättigt waren, in's Herrenzimmer zurückgezogen, mit ihnen Herr Graf, den man wohl oder übel zur Tafel hatte bitten müssen. Auch Harald zog die Herrenrunde vor, die sich lang und breit über die politischen Ereignisse des Jahres erging. Und natürlich verschwand am Ende auch Anna, sie mußte, wie immer, ihren Senf dazu geben.

»So ein hübsches Mädchen«, sagte die alte Frau Markwart. »Alle meinten immer, sie sieht ihrer Tante Jettchen ähnlich. Aber das stimmte nicht, jedenfalls nicht ganz. Grethe war viel hübscher.«

»Unser Führer«, tönte Anna, »erreicht alles, was er will, auch ohne Krieg. Nein, Viktor, da braucht sich niemand Sorgen zu machen.«

»Erinnerst du dich«, fragte die alte Dame, »wie sie uns

immer auf dem Klavier vorgespielt hat? Ach, sie war ja so begabt. Schon als Kind konnte sie fehlerfrei vom Blatt spielen. Unser guter Vater nannte sie oft eine zweite Clara Wieck.«

»Natürlich freue ich mich«, sagte Viktor, »mehr noch, ich bin stolz. Großdeutschland! Und das nach all den vielen Jahren der Erniedrigung. Aber ich gestehe, einen Augenblick habe ich befürchtet, daß die Westmächte …«

Rose versuchte, wenigstens mit halbem Ohr der Unterhaltung im Herrenzimmer zu folgen, die sie wesentlich mehr fesselte als der Schnack über Grethe. Davon kannte sie das meiste, glaubte das wenigste und interessierte sich für gar nichts. Am liebsten wäre sie auch hinübergegangen. Aber konnte sie die alte Dame in ihrem Schmerz allein lassen und ihr den letzten Zuhörer rauben? Das konnte sie nicht.

»Sie sang auch so schön. Ich höre noch ihr feines Stimmchen. Volksweisen liebte sie am meisten, *Im schönsten Wiesengrunde* und *Von den Bergen rauscht ein Wasser* und all das. Unser lieber Vater sagte immer …«

»Nein, Viktor, nicht bloß Österreich – wollte sagen: die Ostmark. Du wirst sehen, der Führer holt uns auch noch Sudetenland zurück und Memelland, überhaupt alles, was sie uns geraubt haben.«

»Und du meinst, die Mächte der Entente schlucken das jedesmal?«

»Wenn die Großmama Markwart zu Besuch kam, die hatte so einen langen Mantel mit kleinen Knöpfen von oben bis unten. Die Kinder mußten sie immer aufknöpfen, Grethe oben, Joachim in der Mitte, Viktor unten. Und vor dem Weggehen wieder zuknöpfen. Aber weil keiner auf den anderen geachtet hat, wurde das immer schief. Was haben wir gelacht, ach ja.«

»Was meinst du, wie wir in fünf, sechs Jahren dastehen? Dann kann uns keiner mehr.«

»Das glaub' ich allmählich auch. Es ist eine Gnade, daß wir diesen Führer haben.«

»Sogar ihren Großpapa Markwart hat sie um den Finger wickeln können, und der war doch so ein strenger Mann. Alle haben sie geliebt. Und dann mußte sie an diesen Max geraten, diesen Schürzenjäger, diesen *Roué*! Hätte ich mein kleines Mädchen doch bloß ...«

»Es stehen auch alle hinter ihm, das ganze Volk, wie ein Mann.«

Als die Gesellschaft endlich wieder beisammensaß, um sich vor dem Aufbruch mit einer Tasse Kaffee zu kräftigen, riß Joachim die Unterhaltung an sich. Jetzt war er es, der die Verwandten mit Döhnchen aus der Vergangenheit traktierte. Rose schaute verstohlen nach der Uhr und unterdrückte ein Gähnen. Hatten sich denn heute alle verabredet, sie zu Tode zu langweilen?

Joachim redete über seinen Großvater Markwart.

»Uns Enkel hat er ja nicht angerührt, der alte Brummbär. Tante Jette auch nicht, soviel ich weiß. Aber unseren Vater und Onkel Curt, o weh! Da hat der Rohrstock bei jedem Anlaß getanzt. Und warum? Weil er selber durch eine harte Schule gemußt hat. Deshalb hat er es auch so weit gebracht. Wo kam er denn her? Kleineleutesohn, gerade man Maurer gelernt, und zum Schluß war er ein gut situierter Bürger. Fast zehntausend Mark hat er an seine Kinder verteilt, als die soweit waren, sich eine Existenz zu gründen.«

»Ja«, sagte Viktor, »das will erst mal zusammengeschafft sein, ehe man's weggeben kann.«

»Nicht wahr? Habt ihr mal die Geschichte vom Beinbruch gehört? Vater hat sie mir erzählt, als ich noch ein kleiner Junge war. Also, Großvater Markwart brach sich das Bein. Zwölf Jahre war er alt. Natürlich wurde kein Arzt geholt, viel zu teuer. Urgroßvater schiente das Bein selbst, und der Knochen heilte zusammen, aber schief.

Da stellte Urgroßvater seinen Sohn auf den Tisch und befahl: ›Spring!‹ Und der Junge hatte mehr Dampf vor Vaters Strenge als vor dem Schmerz. Er sprang.«

Die Gesellschaft zeigte angemessenes Entsetzen. Nur Anna blieb ungerührt.

»Ich glaube, das würden Gumprecht und Siegward auch tun. Nicht weil sie Angst vor ihrem Vater haben, dazu gibt's keinen Grund. Aber sie sind sehr tapfer.«

Viktor verzog das Gesicht. Herr Graf erkundigte sich höflich:

»Und was wurde aus dem Bein?«

»Es heilte zum zweiten Mal. Diesmal gerade.«

»Nun«, sagte Herr Graf, »uns verweichlichte Spätgeborene graust es zwar, aber ich denke, wir können Ihrem Herrn Urgroßvater eine besondere Art von Vaterliebe nicht absprechen. Immerhin hat er seinen Sohn vor einem Leben als Krüppel bewahrt. Was, wenn ich fragen darf, war denn der strenge Herr von Profession?«

»Der war Leibeigener«, sagte Joachim behaglich.

Rose, die eben wieder mit einem Gähnanfall kämpfte, war im Augenblick hellwach.

»Was redest du da, Joachim! Bei den Markwarts gibt's doch keine Leibeigenen! Lach' nicht, ich kann das nicht komisch finden.«

»Nur deine Aufregung ist komisch«, sagte Joachim. »Man könnte meinen, du wärest persönlich beleidigt, weil unser Urgroßvater ein Leibeigener war.«

»Du sollst so was nicht sagen. Wie kommst du überhaupt darauf? Mutter, hast du jemals ein Wort über Leibeigene in unserer Familie gehört? Für so was gibt es nicht den kleinsten Beweis.«

»Beweise nicht, aber Indizien.« Joachim ließ sich nicht erschüttern. »Du solltest mal in den Ahnenpaß sehen, den Viktor für Harald hat zusammenstellen lassen. Da findest du unseren strengen Urgroßvater als ›Sohn des

Markwart‹, geboren 1780 in irgendeinem mecklenburgischen Kaff. Das ist alles, was man über seine Herkunft erfährt. ›Sohn des Markwart‹. Kein Vorname des Vaters, und die Mutter ist erst gar nicht genannt. So unwichtig waren die.«

»Und daraus willst du schließen ...«

»Nicht direkt, aber indirekt. Überleg' doch mal: Wenn der Alte – nein, der Uralte natürlich, wenn der also im Kirchenbuch nicht mal das bißchen Identität beanspruchen durfte, das in einem Vornamen steckt, dann war er das Niedrigste vom Niedrigen. Höchstwahrscheinlich einer aus dem Millionenheer der mecklenburgischen Gutstagelöhner. Und die sind noch im vorigen Jahrhundert unfrei gewesen, da brauchst du bloß mal einen Roman von Fritz Reuter zur Hand zu nehmen. Was meinst du wohl, wie ihr Status um 1780 gewesen ist, vierzig Jahre vor der Bauernbefreiung in Mecklenburg? Ich hab' mich kundig gemacht, nachdem ich die Eintragung im Ahnenpaß gesehen hatte.«

»So, du bist also kundig«, höhnte Rose. »Dann kannst du mir sicher auch erklären, wie der Leibeigene vom Dorf in die Stadt gekommen ist, und obendrein noch aus Mecklenburg heraus. Denn der Sohn mit dem Bein ist ja in Anklam geboren, und das gehört doch wohl zu Preußen. Wenn der Mann nicht frei war, wieso durfte er einfach wegziehen?«

»Vielleicht hat er sich freigekauft«, schlug Joachim vor. »Oder ein anderer hat's für ihn getan, weil er so tüchtig war und gefördert werden sollte. Oder er hat sich irgendein Verdienst erworben und ist belohnt worden. So was ist immer wieder vorgekommen in der Geschichte.«

»Also du weißt gar nichts«, stellte Rose fest. »Alles bloß Gerede.« Sie duldete nicht, daß jemand ihren Harald zum Nachfahren eines Leibeigenen stempelte. Das kam überhaupt nicht in Frage. Und Anna, die dumme Kuh, konnte mit ihrem Geschwafel Joachims *Fauxpas* auch nicht gut machen.

»Reg dich wieder ab, Rose. Es ist doch ganz egal, ob unsere Urgroßväter Knechte waren. Hauptsache ist, daß wir jetzt die Herren sind. Und das sind wir. Die ganze Welt erkennt das heute an.«

Jetzt war Rose endgültig verstimmt, und sie fand bis zum Abschied der Gäste ihr Gleichgewicht nicht wieder. Als sie endlich mit Viktor und Harald allein war, brach es aus ihr heraus:

»Viktor, warum hast du nicht eingegriffen? Wie kannst du Joachim erlauben, solche Lügen zu verbreiten? Er wird es ja nicht bloß uns erzählen, sondern überall rumtratschen, das Schwatzmaul.«

»Worüber regst du dich bloß so auf?« wunderte sich Viktor. »Schließlich handelt es sich um meinen Urgroßvater, nicht um deinen. Also wenn überhaupt jemand, dann müßte ich mich darüber kränken. Das tu' ich aber nicht. Ja, wenn's ein Jude gewesen wäre ... Aber ein Leibeigener, das schändet doch nicht.«

»Ich finde es furchtbar interessant, von einem Leibeigenen abzustammen«, erklärte Harald.

»Halt den Mund!« fauchte Rose. »Was verstehst du davon? Warum müßt ihr euch alle dauernd selber in den Dreck ziehen?«

Vor Harald lagen die letzten großen Ferien. Im nächsten Jahr würde er die Schule verlassen, dann mußte er für sechs Monate zum Arbeitsdienst, danach für zwei Jahre zur Wehrmacht. Das bedeutete zweieinhalb harte Jahre, und deshalb wollte Rose ihm in den Ferien dieses Sommers etwas Besonderes bieten, einen schönen Abschied von der unbeschwerten Schülerzeit. Ein Wahnsinnsgeld durfte es freilich auch nicht kosten. Schließlich wollte und sollte Harald später studieren, was Jahre dauern und ganz schön teuer sein würde. Schon lange legte Rose für diesen Zweck Groschen auf Groschen und Mark auf Mark. Und ihren Traum vom eigenen Haus hatte sie auch noch nicht endgültig aufgegeben. Also – was tun?

»Weißt du«, sagte sie in einem ihrer Telefongespräche mit Edith, »ich will nicht wieder so reinfallen wie letztes Jahr. Da sind wir an einen mecklenburgischen See gefahren, und dann war das ein total verkrauteter Tümpel. Schwimmen konnte man nur in der Wassermitte, vom Kahn aus, und auch nur mit einem Sicherungsstrick um den Bauch. Und die Unterkunft, na, haarsträubend. In der Annonce hatte gestanden: *Veranda am Haus*. Nachher war die Veranda ein Schuppen, vollgestopft mit dem Feuerholz für den nächsten Winter. Und es hatte geheißen: *Frühstück unter der Linde*. Die Linde stand vor dem Haus, hart an der Dorfstraße, wo die Kühe langzogen und einem ihre Fladen auf die Zehen fallen ließen. Vom Essen will ich gar nicht erst reden. Am Ende hat der Quartierwirt Krach gemacht, weil Harald am Sonntag morgen auf dem Akkordeon Tanzmusik gespielt hat. Der Alte war nämlich fromm. Da habe ich die Koffer gepackt.«

»Na ja, Rose, manchmal sparst du eben ein bißchen zuviel.«

»Das sagst du so und denkst dir nichts dabei. Wie soll ich je zum eigenen Haus kommen, wenn ich das Geld zum Fenster rausschmeiße?«

»Den Tag erleb' ich nicht mehr, an dem du das tust. Aber was willst du nun anfangen mit Haralds Ferien?«

Ja, das war die Frage. Sie redeten hin, sie redeten her, fanden aber keine Lösung für Roses Problem: Es sollte ganz besonders sein und zugleich besonders billig.

Bis Edith einen großartigen Einfall hatte.

»Höre, Röschen, ich muß diesen Sommer nach Bad Mergentheim. Meine Galle, du weißt. Ich kann also mit den Kindern nicht wegfahren, und allein – nein, dazu sind sie mir noch zu jung. Mitnehmen wollte ich sie auch nicht gern, Mergentheim ist ein teures Pflaster. Aber irgendwas müssen sie doch von ihren Ferien haben. Nun paß mal auf, wie wäre denn das: Ihr fahrt in unser Wochenendhaus am Wannsee, das hat dir doch immer so gut gefallen, und du nimmst Rolf und Ute in Obhut, kochst für sie und paßt ein bißchen auf sie auf. Dann kann ich beruhigt zur Kur fahren, du erholst dich auch, und die Kinder, Harald und meine zwei, werden sich glänzend amüsieren. Das Kostgeld für Rolf und Ute schick' ich dir vorher.«

Rose war sofort Feuer und Flamme. Das schöne Wochenendhaus der Rosenfelds, in dem es alles gab, was der Mensch brauchte: eine Küche, ein kleines Duschbad mit Wasserklosett, anderthalb Wohnräume mit vier Betten, dazu im Schuppen ein paar Matratzen für überzählige Schlafgäste. Es stand auf dem Grundstück, das Dr. Rosenfeld vom Erbe seines Vaters gekauft hatte, und war 1935 errichtet worden, als jedermann sicher sein konnte, daß die Geißel der Arbeitslosigkeit ihn nicht mehr treffen würde. Dr. Rosenfeld fuhr in jeder freien Minute hinaus, pflegte den Garten und bosselte am Häuschen. Im vorigen Jahr hatte er eigenhändig noch eine hübsche Veranda angebaut, wodurch zwar die Terrasse verkleinert, dafür aber ein Sitz- und Aussichtsplatz auch für Regentage geschaffen wurde.

Und was für eine schöne Aussicht war das! Unterhalb der Terrasse dehnte sich eine Rasenfläche, die rechts von Blumenbeeten und links von einem Kiesweg mit angrenzendem Gebüsch eingefaßt war. Am Ende des Rasens und des Weges aber begann der Wannsee. Man konnte, ohne fremden Grund oder einen öffentlichen Weg betreten zu müssen, ins Wasser hüpfen, sich nachher aufs weiche Gras in die Sonne legen oder, wenn man das vorzog, in einem Liegestuhl auf der Terrasse faulenzen. Rose war schon ein paarmal draußen gewesen, aber noch nie hatte sie dieses Paradies für sich allein gehabt.

»Großartig, Edith! Natürlich wird sich Harald amüsieren, noch dazu in Gesellschaft von Rolf und Ute. Und ich werd's auch wunderschön haben. Wie soll ich dir bloß danken?«

»Mir ist ja auch geholfen, laß gut sein. Jetzt weiß ich doch, daß die Kinder ihren Spaß haben. Das ist mir vor allem wegen Rolf wichtig. Für ihn sind's ja auch die letzten Ferien. Nächsten Sommer schwitzt er im Arbeitsdienst, genau wie Harald, und dann …«

Edith seufzte.

»An die Wehrmacht denk' ich nicht so gern. Heinz war ja Reserveoffizier im alten Heer. Der Weg ist Rolf versperrt, seit diese neuen Gesetze – du weißt ja.«

»I was«, tröstete Rose, »da würd' ich mir aber nicht das geringste draus machen. Ob er die Schulterstücke hat oder nicht, da fragt doch nachher kein Mensch nach. Er will doch sicher auch mal in Vaters Fußstapfen treten, oder? Na, siehst du. Und wenn er dann ein gestandener Ingenieur ist oder vielleicht auch ein Hochschulprofessor, da kümmert sich keiner um seinen Wehrmachtsrang.«

»Klingt vernünftig«, sagte Edith, »'ne militärische Karriere ist auch das letzte, was ich mir für meinen Jungen wünsche.«

»Wünsch' ich mir auch nicht«, sagte Rose und verschwieg, daß Harald die feste Absicht hatte, seine Dienstzeit als Leutnant der Reserve zu beenden. Er war kein Kommißkopf, aber er besaß Ehrgeiz und folgte einer Maxime, von der er sich schon als Hitlerjunge hatte leiten lassen:

»Ich bleib' doch nicht Schütze Arsch im letzten Glied, wenn ich was Bess'res werden kann. Ich befehle lieber selbst, als daß ich Männchen mache, wenn andere befehlen.«

Rose beschloß, Harald ins Gewissen zu reden. Auf keinen Fall durfte er den Rosenfelds gegenüber solche Sprüche äußern. Von seiner Offizierszukunft schwieg er besser, zumindest in diesen Ferien. Warum sollte er Rolf, der für seine Abstammung nun wirklich nichts konnte, unnötig das Herz schwermachen?

Es wurden wunderbare Wochen, obwohl Rose in den ersten Tagen manchmal fürchtete, der Aufenthalt in Wannsee würde zum Fehlschlag und es bliebe nur die schleunige Flucht. Das waren jene Tage, an denen sich auch das Ehepaar Rosenfeld auf dem Grundstück aufhielt, teils um Rose einzuweisen, teils um Abschied zu nehmen von Rolf und Ute, denn Dr. Rosenfeld wollte anschließend seine Frau nach Bad Mergentheim begleiten. Wie sich zeigte, litten beide unter hochgradiger Nervosität, für die Rose keine Erklärung fand. Die Rosenfelds selber hatten auch keine, weder er noch sie äußerten ein Wort der Beschwerde oder des Unmuts über irgend etwas. Doch waren sie äußerst reizbar, was sie zwar nicht an Rose ausließen, wohl aber aneinander. Beim kleinsten Anlaß stichelten und hackten sie. Auf die Dauer konnte das auch den unbeteiligten Zuhörer enervieren. Rose geriet aus dem Gleichgewicht und dachte darüber nach, ob sie nicht Krankheit vorschützen und heimfahren sollte. Was aber würde dann aus Haralds Ferien?

Am vierten Tag fand Dr. Rosenfeld auf seinem Komposthaufen eine Haarnadel. Er war ein leidenschaftlicher Gärtner und hielt das richtige Kompostieren für eine tragende Säule am Tempel der Gartenkunst. Mit spitzen Fingern faßte er das *Corpus delicti* und trug es der Terrasse entgegen, wo Rose und Edith saßen und plauderten.

»Edith!«

Seine Stimme grollte.

»Diese Haarnadel habe ich auf meinem Komposthaufen gefunden! Woher kommt diese Haarnadel?«

»Wahrscheinlich von deiner Glatze!« sagte Edith patzig.

In diesem Augenblick brach Rose in Tränen aus. Es war ganz dumm, über den kleinen Zusammenstoß derartig zu weinen. Aber so ging das nun schon dreieinhalb Tage, das Faß war zum Überlaufen voll, und nun lief es eben über. Sie schluchzte und schluchzte, es stieß sie förmlich.

Die Eheleute sahen einander betroffen an. Edith neigte sich zu Rose, umarmte sie und weinte ein bißchen mit.

»Verzeih, Rose, das war nicht recht von uns. Wir sind rücksichtslos gewesen gegen dich. Es tut mir leid, bitte, sei wieder gut.«

Dr. Rosenfeld wartete, bis Rose sich beruhigt hatte, und sagte dann ebenso höflich wie herzlich:

»Es war unverzeihlich, Frau Markwart, in Ihrer Gegenwart so die Kontenance zu verlieren. Ich bin beschämt, daß es passiert ist, und hoffe sehr, daß Sie das vergeben, möglichst auch vergessen. Ich verspreche feierlich, es wird nicht wieder vorkommen.«

»Ja«, murmelte Rose heiser und mit verstopfter Nase, »aber ist es nicht vielleicht besser, wenn ich ...«

»Auf keinen Fall!« protestierte Dr. Rosenfeld. »Sprechen Sie es nicht aus. Morgen reisen wir ab, und dann haben Sie sowieso Ihre Ruhe. Und wenn wir wieder da sind, wird hoffentlich keiner mehr an den ärgerlichen Vorfall denken.«

Er verneigte sich und ging zu seinem Komposthaufen zurück. Die Frauen trockneten ihre Augen und schneuzten sich. Edith sagte:

»Denk nicht an Wegfahren, Rose. Es wär' mir schrecklich, wenn wir dich vertrieben hätten, und was soll dann aus den Kindern werden?«

»Ich fahr' nicht«, versprach Rose. »Aber was ist denn eigentlich los? Kracht's in eurer Ehe?«

»Gott behüte, nein. Es sind die Zeiten, Rose, die Zeiten sind's. Glaub mir, es ist nicht immer leicht. Heinz muß doch manches einstecken, dann leidet er, und ich leide mit ihm. Und es könnt' ja auch noch schlimmer werden. Das zehrt an den Nerven.«

Ach, du lieber Gott, schon wieder die Judensache! Was wollte Edith denn? Es tat ihr doch keiner was.

»Aber es tut euch doch keiner was. Dein Mann hat die gute Stellung, verdient gutes Geld, deine Kinder besuchen die Oberschule und nachher die Universität, ihr könnt euch dieses wundervolle Grundstück leisten mit dem reizenden Häuschen drauf ... Nun sag mir bloß – wo fehlt's denn eigentlich? Was ist anders als früher?«

»Ach«, sagte Edith, »man muß wohl selber in der Situation sein, sonst kann man das nicht verstehen. Du hast recht, äußerlich geht's uns gut. Aber das ganze Drum und Dran ... Manche Leute gucken uns scheel an, nein, laß, das bilde ich mir nicht ein. Und man merkt doch, wie Heinz zurückgesetzt wird im Betrieb, wie man ihm seine Kompetenzen wegnimmt, eine nach der anderen, wie andere an ihm vorbei aufsteigen, die viel dümmer sind als er. Es tut Heinz auch weh, daß Rolf niemals Offizier werden kann. Vielleicht will Rolf ja gar nicht, aber darum geht's nicht. Es geht darum, daß er nicht kann, nicht darf. Heinz war doch immer so fürs Nationale, wenn einer ein Patriot ist, dann er. Wir haben auch jüdische Bekannte, von Heinzens Vater her. Da hören und sehen wir so manches – ach, Rose. Wir werden das Gefühl nicht los, auf ganz dünnem Eis zu stehen. Ich kann's nicht besser erklären, genauso fühlen wir das. Wir haben Angst, daß wir mal auf eine Stelle treten, die nicht trägt. Ich denk' nicht immer dran. Manchmal vergeß ich diese Angst für Tage, auch mal für Wochen.

Aber die Angst vergißt mich nicht. Sie fällt immer wieder über mich her.«

Rose schüttelte den Kopf. Das war ja krankhaft! Gut, daß Edith sich zu einer Kur entschlossen hatte. Hoffentlich half das nicht nur ihrer Gallenblase, sondern auch ihrer Seele. Gut auch, daß Dr. Rosenfeld ebenfalls ausspannen wollte. Vielleicht hörten sie dann auf, sich vor dünnem Eis zu fürchten. Soweit Rose erkennen konnte, standen sie auf ganz solidem Erdboden.

Aber die verstörte Freundin tat ihr doch leid, und sie sagte ihr nichts von dem, was sie dachte. Statt dessen drückte sie Edith an sich und wiegte sie wie ein bekümmertes Kind.

Harald und Rolf waren glücklich in diesen Ferien am See. Tag für Tag tobten sie im Wasser herum, schwammen und kraulten und übten sich im Tauchen. Oder sie fuhren in dem kleinen blauen Paddelboot spazieren, das Dr. Rosenfeld für Rolf angeschafft hatte. Einmal kamen sie erst am späten Abend zurück, und Rose schimpfte laut und lange, denn sie hatte sich schrecklich geängstigt.

»Wir sind die ganze Havel langgefahren, bis nach Spandau.«

»Das macht ihr niemals wieder! Und dann noch, ohne Bescheid zu sagen!«

Aber die Jungen nahmen Roses Zetern nicht schwer. Sie hatten Wichtigeres zu bedenken als die Ermahnungen besorgter Mütter. Sie waren verliebt.

Am selben Ufer wie Rosenfelds Grundstück, sechs, sieben Fußminuten weiter stadtauswärts, befand sich der Sommersitz der Schramms. Er war erheblich größer als der von Rosenfelds, und das Haus in dem parkähnlichen Garten glich eher einer kompletten Villa als einem Freizeit-Domizil. Und doch hielt sich die Familie nur an den Wochenenden und in den Ferien dort auf, denn in der

Stadt besaßen sie eine weitere, noch größere Villa. Herr Schramm konnte sich das leisten. Ihm gehörte die größte Brotfabrik in ganz Berlin, seine Reklamen hingen in allen Straßenbahnen und Omnibussen, in den Wagen der U-Bahn und der S-Bahn. Herr Schramm war ein Millionär.

Aber nicht sein Reichtum war es, der Rolf und Harald anzog, sondern seine Tochter. Irmgard Schramm, gerade sechzehn Jahre alt, war ein anmutiges Mädchen mit dunkelblonden Haaren und grauen Augen, schlank und grazil. Nicht weniger hübsch war ihre Freundin, die sie für die Dauer der Ferien nach Wannsee eingeladen hatte. Lustigerweise hieß die Freundin ganz ähnlich wie Irmgard, nämlich Ilse Schrimm. Sonst gab es keine Ähnlichkeiten. Ilse schaute aus bernsteinfarbenen Augen, und auf ihrem Kopf ringelten sich kastanienbraune Locken. Sie war auch keine reiche Erbin, sondern das Kind eines biederen Werkmeisters, eines von sechs Geschwistern.

Harald ging wie auf Wolken, seit ihn der Bernsteinblick zum erstenmal getroffen hatte. Er konnte an nichts mehr denken als an Ilse. Das war ein wahres Glück, denn Rolf wiederum schaute hingerissen auf den sanften Fall der dunkelblonden Haare, die Irmgards zartes Gesichtchen umrahmten. So kamen sie einander nicht ins Gehege.

Die Bekanntschaft mit den zwei Schönheiten verdankten sie Rolfs Schwester. Ute war von beiden Jungen arg vernachlässigt worden. Mädchen, so fanden sie, störten nur bei ihren jungmännlichen Unternehmungen, jedenfalls Mädchen, die den Status kleiner Schwestern hatte. Die verärgerte Ute suchte sich Ersatz und fand ihn in Irmgard und Ilse. Sie traf die beiden auf der Kegelbahn, wo sie manchmal hinging, um zuzuschauen oder sich beim Aufstellen der Kegel und durch andere Hilfsdienste ein Taschengeld zu verdienen. Irmgard und Ilse kamen aus demselben Grund. Harald und Rolf hießen die Idee gut, und eines Tages trollten sie sich auch einmal zur Kegelbahn. Von da an war es um sie geschehen.

Ute zog natürlich ihren Bruder und seinen Freund nach Kräften auf, und so erfuhr Rose von dem Liebeshandel. Sie fühlte das volle Gewicht der Verantwortung, die auf ihr lastete, und überlegte, ob sie eingreifen mußte. Doch dann entschied sie sich dafür, den Jungen ihren Ferienspaß zu lassen, aber Augen und Ohren offen zu halten und vor allem scharf aufzupassen, daß die zwei abends nicht über Gebühr lange draußen blieben. Spätestens um zehn hatten sie in den Betten zu liegen.

Als ihr nähere Einzelheiten bekannt wurden, murrte sie.

»Eine Werkmeisterstochter! Aber Harald, das ist doch kein Umgang für dich!«

»Wieso denn nicht?«

»Warum hast du dir nicht die andere ausgesucht?«

»Weil mir die Ilse besser gefällt. Außerdem ist Irmgard Rolfs Mädchen.«

Diese Unvernunft! Er war doch wirklich ein grasgrüner Junge. Aber warum sich Sorgen machen. Mit den Ferien würde auch diese Affäre zu Ende gehen.

Sie ging nicht zu Ende. Als Harald wieder in Lichterfelde war, hockte er Tag für Tag am Telefon und führte Dauergespräche mit Ilse. Rose schimpfte.

»Wenn der Vati mich mal anrufen will, dann ist der Apparat immerzu besetzt. Und hast du mal an die Kosten gedacht? Wer soll denn das bezahlen?«

»Aber es kostet doch bloß einen Groschen.«

»In zehn Tagen ist das schon eine Mark. Du vertelefonierst im Monat drei Mark. Das muß der Vati schwer verdienen. Wir haben doch keinen Dukatenscheißer im Haus.«

»Ich werd' dir die Gespräche bezahlen.«

»Wovon denn?«

»Von dem Geld, das ich mit Nachhilfe verdiene. Ich kann auch gut noch einen Nachhilfeschüler kriegen. Oder zwei.«

»Damit solltest du lieber aufhören. Kümmere dich um dein Abitur, das ist wichtiger.«

Langsam wurde ihr angst und bange. Der Junge war ja förmlich besessen von diesem Mädchen. Sie versuchte es mit anderen Argumenten.

»Sieh mal, Harald, du kannst dich doch nicht so früh binden. Du bist viel zu jung, gerade erst siebzehn. Das Mädchen ist auch zu jung. Und was soll sie nachher dem Mann sagen, den sie mal heiraten will, wenn sie schon so früh herumgetändelt hat? Du verdirbst ihr womöglich alle Chancen.«

Der Gedanke an einen anderen Mann, den Ilse heiraten würde, schien Harald unerträglich.

»Sie braucht keinen anderen Mann. Ich werde sie heiraten.«

Rose zuckte zusammen. Das war ja schlimmer, als sie befürchtet hatte. Beschwörend sagte sie:

»Aber sie ist ja viel zu alt für dich. Bis du mal an's Heiraten denken kannst, bist du Ende Zwanzig. Dann ist sie auch Ende Zwanzig. Wie soll das dreißig Jahre später aussehen? Da bist du ein Mann in den besten Jahren und hast eine alte Frau am Hals. Sieh mal, als der Vati fünfzig wurde, war ich erst achtunddreißig.«

Harald schwieg verstockt. Wenn er fünfzig wäre … Das war so weit weg, man konnte sich gar nicht vorstellen, daß man je dorthin gelangen würde. Er wußte, daß der Altersunterschied zwischen seinen Eltern zwölf Jahre betrug. Aber was ging ihn das an? Das hatte mit Ilse überhaupt nichts zu tun.

»Denk doch bloß mal«, flehte Rose, »wenn du eine Frau hast mit fünf Geschwistern! Was das bedeutet! Das sind fünf Geburtstage im Jahr, sieben, wenn man die Eltern dazurechnet. Und Weihnachten. Was du da für Geschenke kaufen mußt. Arm wirst du dabei.«

»Du hast acht Geschwister. Und Vati hat dich doch genommen.«

»Das ist was anderes«, sagte Rose und machte ihr beleidigtes Gesicht. »Du weißt, wie ich zu denen stehe. Darüber reden wir nicht.«

»Wir reden immer nur über das, was du willst. Wieso eigentlich? Du kannst Ilse bloß nicht leiden, das ist es. Aber warum kannst du sie nicht leiden?«

Mit dem Vater zu sprechen, war sicherlich sinnlos. Der hielt doch nur immer der Mutter die Stange, auch wenn er selber gar nicht dachte, was sie dachte. Harald kannte das aus den früheren Jahren, wenn es zum Beispiel galt, am Winterende von den scheußlichen langen Ripsstrümpfen loszukommen und endlich die schicken Kniestrümpfe anzuziehen. Der Vater sagte ja, die Mutter sagte nein, und Harald mußte die Kniestrümpfe wieder ausziehen. Oder das Theater mit den Hosen, die die Mutter selber für Harald nähte, denn leider konnte sie schneidern. Die hatten immer viel zu lange Beine, damit wurde man in der Schule ausgelacht. Der Vater sah das ein und gab Harald eigenhändig die Sicherheitsnadeln, mit denen man die Hosenbeine kürzer stecken konnte. Die Mutter tobte, und der Vater sammelte die Sicherheitsnadeln eiligst wieder ein.

Harald fühlte sich unverstanden und einsam. In dieser Stimmung entdeckte er seine alte Mema wieder, um die er sich nicht mehr viel gekümmert hatte, seit er seiner Meinung nach ein junger Mann geworden war. Wie in fernen Kindertagen saß er auf dem Sofa unter dem Elfenreigen und schüttete sein Herz aus.

Frau Karsunke hörte mit ungeheucheltem Interesse zu. Wenn sie ganz ehrlich war, dann verstand sie die Frau Markwart. Ihrem Udo würde sie eins zwischen die Hörner geben, wenn der als grünes Früchtchen mit Mädchen daherkäme. Doch Harald war nicht ihr Junge, da konnte sie sich mehr Toleranz erlauben. Außerdem mochte sie Harald sehr gut leiden, Haralds Mutter aber nicht. Wer wollte ihr verdenken, daß sie da lieber parteilich als ehrlich war?

»Wird sich alles einrenken, Haraldchen, wird sich alles einrenken. Mußt Geduld haben. Und nicht soviel von erzählen.«

»Ich erzähle nie was, Mema, sie holt es aus mir raus. Sie merkt doch, wenn ich weg bin und spät wiederkomme. Wenn ich bloß kein Schüler mehr wäre, auf den alle aufpassen.«

»Bist ja bald keiner mehr. Nächste Ostern isses soweit. Und denn wirste Arbeitsdienstler und denn Soldat. Da kann dir die Mutti nicht mehr reinreden. Wird denn die Kleene auf dich warten?«

»Ja«, versicherte Harald, obwohl er das nicht wußte, denn darüber hatten sie nie gesprochen. Aber etwas anderes konnte er sich gar nicht vorstellen.

»Na, siehste. Was ich sage – Geduld. Immer eins nach zwei andern.«

»Ja. Aber Mema, kannst du dir erklären, was die Mutti gegen Ilse hat? Sie kennt sie doch gar nicht.«

»Braucht sie auch nicht.« Frau Karsunke bediente den ratlosen Harald aus der Fülle ihres eigenen Seelenlebens. »Sie hat nischt gegen deine Ilse, sie hat was gegen irgendein Mädchen. Gegen jedes Mädchen. Weil das 'ne Konkerrenz ist, verstehste?«

»Du meinst ...«

»Klar, Haraldchen, deine Mutti will dich nicht hergeben. Mußte ihr nicht übelnehmen, sie liebt dich eben.«

»Ach du Scheiße«, sagte Harald, und das war genau der Kommentar, auf den Frau Karsunke spekuliert hatte.

Am Sonnabend darauf erschien Harald nicht zum

Nachmittagskaffee. Er versäumte auch die drei lustigen Gesell'n vom Reichssender Köln. Weder bei Rose noch bei Viktor hatte er sich abgemeldet.

Viktor sorgte sich, aber Rose erklärte grimmig:

»Er ist zu seiner Thusnelda gefahren, da wette ich. Sieh mal nach, ob sein Fahrrad im Keller steht.«

Viktor ging. Das Fahrrad war nicht da.

»Na, was hab' ich gesagt! Da werden wir ihn so bald nicht wiedersehen. Die Dame wohnt in Spandau.«

»Gerechter Gott!« sagte Viktor erschüttert. »Mit dem Fahrrad von Lichterfelde nach Spandau! Das ist ja eine Weltreise. Und es wird jetzt schon so früh dunkel. Hoffentlich ist seine Beleuchtung in Ordnung.«

»Die Beleuchtung wird so ziemlich das einzige sein, was an der Sache in Ordnung ist. Na warte, mein Bürschchen! Komm du mir man nach Hause!«

Harald war um acht noch nicht zu Hause, auch nicht um neun. Viktor saß in seinem Ohrensessel, die Zeitung auf den Knien, und blickte ins Leere. Rose ließ die Stricknadeln klappern. Nur ihre Hände bewegten sich. Ihr Gesicht war starr, der Mund zu einem Strich gepreßt. Keiner sprach.

Gegen zehn läutete das Telefon. Rose sprang auf und riß den Hörer an's Ohr.

»Mutti? Hier ist Harald. Ich bin jetzt in Schmargendorf. Ich hab' nämlich eine kleine Radtour gemacht, und da hat's eine Panne gegeben. Deswegen ist es so spät geworden. Aber jetzt komm' ich nach Hause.«

»Das möchte ich dir raten«, sagte Rose in eisigem Ton. »Und versuch' nicht, mir was vorzulügen. Deine kleine Radtour ist nach Spandau gegangen, und deine Panne heißt Ilse. Wir reden noch darüber. In spätestens dreißig Minuten bist du hier, sonst laß ich dich von der Polizei suchen.«

Abrupt hängte sie ein.

»Bist du nicht ein bißchen hart zu ihm?« wandte Viktor vorsichtig ein. »Du machst ihm ja angst, dir unter die Augen zu treten.«

»Ich werd' ihm noch viel mehr angst machen«, verkündete Rose. »Diese Werkmeistersgöre treib' ich ihm aus, ein für allemal. Eine Arbeitertochter, und hängt sich an unseren Sohn! Soweit kommt das!«

Was zwischen elf Uhr und Mitternacht über Harald niederging, war kein Gewitter, sondern ein Weltuntergang. Rose zog alle Register. Sie tobte und schluchzte, sie demonstrierte die beleidigte und die von Kummer und Gram zerfressene Mutter, sie war keinem Argument und keiner flehentlichen Bitte zugänglich.

»Schluß! Ein für allemal Schluß! Du wirst dieses Mädchen nicht wiedersehen!«

»Das kommt überhaupt nicht in Frage!«

Harald stand bleich, mit weit aufgerissenen Augen, die Hände zu Fäusten geballt. Er war entschlossen, seine Liebste notfalls mit seinem Leben zu verteidigen. Aber der Gedanke, daß er sich dann in Feindschaft gegen die Mutter stellen mußte, machte ihn elend. Er liebt sie doch, selbst jetzt, da er ihr zürnte. Wie konnte er jemals glücklich sein, wenn er eine so furchtbare Entscheidung treffen mußte – entweder Ilse oder die Mutter? Warum war es denn nicht möglich, beide zu versöhnen und beide zu lieben? Und, ach – konnte er überhaupt frei entscheiden? Was sollte aus ihm werden ohne den Schutz des Elternhauses? Denn der Vater würde sich nicht auf seine Seite stellen. Oh, warum war er erst siebzehn!

»Junge!« rief Viktor mit zitternder Stimme. »Es ist doch deine Mutter! Wie kannst du bloß ...«

Da brach Harald in Tränen aus.

»Ihr bringt mich um! Ihr bringt mich um!«

Angesichts seines Zusammenbruchs gewann Rose wieder Haltung.

»Rede keinen Unsinn. Niemand bringt dich um. Du

sprichst mit deinen Eltern. Wir wollen nur dein Bestes. Versprich mir, daß du mit dem Mädchen Schluß machst. Dann vergessen wir, was heute war, und sprechen nie wieder darüber.«

Harald antwortete nicht. Sein Gesicht, auf dem noch die Tränen rollten, hielt er tief gesenkt.

»Morgen rufe ich bei diesen Leuten an, und dann ist der Fall erledigt.«

»Nein!«

»Harald, nicht diesen Ton, wenn ich bitten darf.«

»Du wirst nicht da anrufen! So eine Blamage! Hast du denn kein Gefühl?«

»Dann ruf selber an.«

»Nein!«

Der Zank ging von neuem los. Eine halbe Stunde nach Mitternacht japste Rose plötzlich nach Luft, lief rot an und sank um, geradewegs auf die Couch, die ihren Fall bremste. Viktor stürzte zu ihr und tätschelte ihr die Wange.

»Rose! Rose! Wach doch auf! Harald, faß an, wir müssen sie richtig hinlegen. Und öffne das Fenster, ganz weit.«

»Das ist doch Getue«, sagte Harald, erschrak dann vor seinen eigenen Worten und schielte ängstlich in das Gesicht seiner Mutter. Aber da rührte sich nichts außer dem Mund, der nach Luft schnappte. »Du kennst das doch, Vati, das macht sie doch immer so. Sie setzt mich ins Unrecht.«

Er fühlte sich krank und verzweifelt, ein nervöses Schluchzen stieß ihn.

»So, meinst du«, sagte Viktor, der nur Augen für Rose hatte. »Vielleicht ist es so, vielleicht nicht. Und wenn es nicht so ist? Du könntest dich doch auch irren. Wie willst du es vor dir rechtfertigen, wenn wir sie verlieren?«

»Ach, Vati ...«

»Junge, was ist ein kleines Mädchen gegen deine Mutter? Du lernst noch so viele Mädchen kennen, du bist ja noch ganz am Anfang. Aber eine Mutter hast du nur einmal. Warum gibst du nicht nach? Sie meint es doch so gut mit dir.«

Um Viertel vor eins war Rose dem Leben zurückgegeben. Schwach und hinfällig lehnte sie in den Kissen der Couch. Um Viertel nach eins kapitulierte Harald. Sie einigten sich darauf, daß er binnen sieben Tagen einen Brief schreiben würde, der das Problem bereinigte. Viktor erreichte zu Haralds Gunsten, daß Rose auf jede Kontrolle des Briefes verzichtete. Sie versprach, nicht einmal zu fragen, ob Harald ihn auch abgeschickt habe. Sie wollte ihm einfach glauben.

Das Frühstück am Sonntagmorgen fiel aus. Die übermüdete Familie traf sich erst wieder beim Mittagessen. Rose zeigte sich heiter und zärtlich, sie hüllte Mann und Sohn in hingebungsvolle Fürsorge ein. Friede lag über der Szene.

Aber Harald litt. Die Liebe hatte ihm eine erste große Wunde zugefügt, und wie Salz in dieser Wunde brannte ihn die Gewißheit, daß er in einen feigen, schmachvollen Verrat an seiner Liebsten eingewilligt hatte.

Viktor schüttelte den Kopf, wenn er daran dachte, in welchem Maße er sich durch Haralds Kindereien hatte ablenken lassen. Da passierte Tag für Tag ein erregendes Stück Weltgeschichte, und er, anstatt das Radio für die Nachrichten einzuschalten, predigte dem Sohn ins Gewissen und begütigte die Frau. Ilse, Ilse, wochenlang nichts als Ilse – und währenddessen kam der britische Premierminister angekrochen und bettelte beim Führer um Frieden. Sie hatten die Hosen voll, die Engländer, und die Franzosen auch. Das wärmte einem deutschen Mann das Herz. Wo war er denn nun, der freche Übermut, mit dem die

Feinde in Versailles dem Vaterland ihr Diktat aufgezwungen hatten?

»Du kannst über Anna sagen, was du willst, Mutti. Aber sie hat mal wieder recht gehabt. Erst Österreich, und nun holt uns der Führer auch noch Sudetenland. Und alles im selben Jahr.«

Aber Rose teilte Viktors Genugtuung nicht.

»Ich brauch' kein Sudetenland, ich brauch' Frieden. Eines Tages will er mal zu viel, und dann haben wir den Salat.«

»Aber Mutti! Hörst du denn die Nachrichten nicht? Liest du keine Zeitungen? Der Chamberlain und der Daladier, die haben ja viel mehr Angst als du. Die machen keinen Krieg. Und warum auch? Es geht ja nur um unser gutes Recht. Nicht um Landraub, wie damals in Versailles. Nur um das Prinzip: Deutsche zu Deutschen und deutsches Land zu Deutschland. Sie haben uns Unrecht getan, und das wissen sie. Aus schlechtem Gewissen heraus greift man nicht zu den Waffen.«

»Und eines Tages sitzen wir wieder im Pißputt.«

Viktor verstand nicht.

»Wie im Märchen, meine ich, *Vom Fischer und syner Fru*. Kennst du das nicht? Meine Großmutter hat es mir oft erzählt, als ich ganz klein war. Die Fischersfrau wollte erst eine Hütte und dann ein Schloß, dann wollte sie König werden, dann Kaiser, dann Papst, und am Ende wollte sie der liebe Gott werden. Und als sie das wollte, gab es ein riesiges Donnerwetter, und sie saß wieder im Pißputt.«

»Ja«, sagte Viktor, »ich erinnere mich dunkel. Aber du wirst doch nicht von mir verlangen, daß ich da Parallelen ziehe. Das eine ist ein Märchen, und das andere ist Wirklichkeit.«

»Na, ich weiß nicht. Hoffentlich hast du recht. Aber ich fürchte mich vor dem Donnerwetter.«

Ein paar Tage später hielt der Führer im Berliner Sportpalast eine große Rede. Viktor hatte das Radio laut gedreht und sog jedes Wort in sich ein. Mittendrin, während frenetischer Beifall aus dem Lautsprecher toste, hob er den Finger und sagte zu Rose:

»Hast du's gehört? Das Sudetenland ist seine letzte Forderung. Er will gar nichts weiter. Und das kriegen wir, ohne Krieg. Den Pißputt kannst du vergessen.«

»Hoffentlich hast du recht.«

»Ich hab' recht. In was für einer glücklichen Zeit leben wir doch. Und heute ist unser Hochzeitstag.«

Rose seufzte.

»In vier Jahren sind wir schon ein Silberpaar. Wir werden alt, Vati.«

Aber Viktor fühlte sich jung. Ihm war, als wüchsen ihm neue Kräfte zu aus den Ereignissen dieser Tage. Vergnügt summte er den Egerländer Marsch vor sich hin, der jetzt dauernd aus dem Radio tönte. Er ging zweimal ins Kino, um in der Wochenschau zu sehen, wie der Führer sich mit Mussolini, Chamberlain und Daladier in München traf und wie der britische und der französische Ministerpräsident vor dem deutschen Führer kuschten. Viktor lachte, als der treue Paladin Göring, jetzt Generalfeldmarschall, in Miene und Geste so überdeutlich Freude und Triumph zeigte. Viktor freute sich mit ihm.

Am 1. Oktober marschierte die Wehrmacht ins Sudetengebiet ein. Aber da hielt Rose ihren Haushalt schon wieder mit anderen Dingen in Atem, und zumindest sie kümmerte sich wenig um die triumphalen Vorgänge. Die Post hatte einen Brief von Male Pohlenz gebracht, mit einer Einladung an Rose und ihre Familie, für zehn, mindestens aber für acht Tage nach Quackow zu kommen und an Charlottes Hochzeit teilzunehmen.

»Denk bloß, Vati«, rief Rose aufgeregt, »das Küken! Noch nicht mal zwei Jahre war sie, als ich damals wegging, und nun heiratet sie.«

»Warum auch nicht«, sagte Viktor. »Wenn ich richtig rechne, dann ist sie jetzt sechsundzwanzig. Alt genug zum Heiraten. Fährst du hin?«

Rose dachte daran, wie sie das greinende Kind bei der Nachbars-Oma zurückgelassen hatte.

»Ich wollte ja nie wieder hin. Aber ich glaube, ich bin es ihr schuldig. Nein, nicht Mutter, Charlotte bin ich es schuldig.«

»Wenn du meinst. Aber mich sparst du wohl aus. Ich hab' ja auch gar keinen Urlaub mehr.«

»Das werden sie einsehen. Aber ich werde Harald mitnehmen. Eine Woche Herbstferien hat er sowieso, und für die übrigen Tage bitt' ich ihn in der Schule los. Das geht bestimmt, er ist doch ein so guter Schüler. Weißt du«, sagte sie schlau, »das wird ihn auf andere Gedanken bringen. Reisen lenkt ab. Da kriegt er vielleicht endlich seine Dulzinea aus dem Kopf und hört auf, rumzulaufen wie das Leiden Christi.«

Die Hochzeit war für den 14. Oktober angesetzt. Zwei Tage vorher brachen Rose und Harald nach Quakkow auf. Wie vor dreizehn Jahren war es Otto, der sie von der Bahn abholte. Aber diesmal kam er nicht allein, sondern mit seinem Ältesten, einem strohhaarigen, kurzgeschorenen Jungen von neun. Otto hatte noch zwei weitere Kinder, ein Mädchen von sieben und ein Bübchen, das gerade erst drei geworden war.

»Und ihr wohnt alle in dem kleinen Häuschen?«

»Wir haben ausgebaut«, sagte Otto. »Ein richtiges Stockwerk draufgesetzt mit drei Räumen. Da wohne ich mit meiner Familie. Vater und Mutter wohnen unten. Die anderen sind alle nicht mehr da, höchstens, daß sie mal zu Besuch kommen.«

Na, jetzt waren sie alle zu Besuch. Das Haus quoll über von Pohlenzen samt Anhang und konnte sie nicht einmal sämtlich fassen. Aber das machte nichts, was hier nicht unterkam, das wurde auf die Häuser der Nachbarn verteilt, denn die Nachbarn waren allesamt ebenfalls eingeladen. Die eigentliche Trauung zwar sollte nur im Kreise der Verwandtschaft stattfinden, aber dann wollte Male noch eine ganze Woche feiern und diese Kette von Feiertagen mit einer pompösen Nachhochzeit abschließen. So würde jeder, den sie berücksichtigen mußte, zu seinem Recht kommen, und sie sicherte sich sowohl Ausweichquartiere für Kinder, Schwiegerkinder und Enkel als auch Hilfe bei den unerhörten Vorbereitungen. Tag für Tag standen die Nachbarinnen bei ihr in der Küche und bereiteten Essen. Die Unmengen an Kuchen, unter denen die Tische sich bogen, wurden zum größten Teil in den nachbarlichen Backöfen gefertigt, andernfalls wäre Male ernstlich in Verlegenheit geraten. Ja, es war ein rauschendes Fest, mit dem die Mutter sich von ihrer letzten Tochter verabschiedete. Noch nie war es bei Pohlenzens so hoch hergegangen. Aber Male ließ sich eben nichts nachsagen.

Rose staunte. Die Lage der Familie hatte sich offensichtlich verbessert, seit sie damals in Quackow gewesen war. Das Haus sah jetzt richtig stattlich aus, schon lange gab es auch eine Wasserleitung, wenngleich noch immer kein Bad und kein Wasserklosett. Aber jetzt standen zehn Kühe im vergrößerten Stall und drei Pferde, die Schweine nicht gerechnet, eine Unzahl von Hühnern gackerte auf dem Hofplatz, Enten watschelten, und abends trieb Ottos Ältester eine stattliche Gänseherde nach Hause.

Georg war mit Frau und zwei Söhnen aus Schneidemühl gekommen – im Auto! Ganz Quackow stand herum und begaffte diese Demonstration überwältigenden Wohlstandes. Male platzte bald vor Stolz. Rose ärgerte sich, denn was sie zu bieten hatte, der Doktortitel und die angesehene Position ihres Mannes, das waren sozusagen immaterielle Werte, die man nicht anfassen und protzig vor andere hinstellen konnte. Auch war Georgs Frau an Hals und Ohren vollgehängt mit allerlei Klunkern, und sie verfehlte nicht, jedermann mitzuteilen, daß es sich um echte Brillanten handle. Rose in ihrer schlicht bürgerlichen Ausstattung kam sich fast ärmlich dagegen vor. Nein, diese aufgeputzte Kuh lehnte sie entschieden ab!

Georg dagegen erwies sich als ausgesprochen nett und sogar großzügig. Er sagte schon am zweiten Tag zu Harald:

»Hast du eigentlich ein ordentliches Fahrrad? Na, bestimmt ist es nicht so fein wie das, was ich dir schenken werde. Mit Gangschaltung und Vollballonreifen und gepolstertem Sattel. Magst du das haben? Sobald ich wieder zu Hause bin, such' ich dir das beste aus, das in meinem Geschäft zu finden ist, und schick' es dir per Bahnfracht zu.«

Rose sah befriedigt, wie Harald strahlte, zum erstenmal seit Wochen. Das war reizend von Georg. Er kannte doch den Jungen gar nicht, und doch war er ihm gleich ein guter Onkel und machte ihm ein so schönes Geschenk. Das glich wenigstens ein bißchen die Szene aus, die Male sich leistete. Harald natürlich, der merkte nichts. Aber Rose registrierte alles und war bis in die Tiefe ihrer Seele gekränkt.

Es passierte am Ende der Feierwoche, kurz vor der Nachhochzeit. Georg, der einen großen Fotoapparat mitgebracht hatte, wollte die Großmutter inmitten ihrer Enkel knipsen. Für Male wurde ein Stuhl auf den Hofplatz gestellt, und dann wurden die Kindeskinder um sie herum gruppiert. Das machte einige Schwierigkeiten, denn außer Charlotte und Heinz waren alle Pohlenz-Kinder mit Nachwuchs gesegnet. Es wimmelte von Enkeln, und sie sollten doch alle mit aufs Bild. Schließlich, als die Gruppe geordnet war, stellte sich Harald dahinter, denn er war der Älteste und überragte sie alle. Da drehte sich

Male nach ihm um, musterte ihn erstaunt und sagte dann:

»Ach ja, du bist ja auch ein Enkelkind.«

Sie sagte es eher gleichmütig und meinte es nicht böse Aber gerade weil es so beiläufig daherkam, traf es bei Rose ins Schwarze. Ach ja, du bist ja auch ein Enkelkind! Ach ja, du bist ja auch ein Kind! Sie selbst war es, die nicht mitzählte. Nie hatte sie mitgezählt. Immer war sie das fünfte Rad am Wagen gewesen. Nichts hatte sich daran geändert. Was suchte sie hier? Was sollte diese Einladung? Sie hätte nicht herkommen sollen.

Von da an zählte sie die Stunden bis zur Abreise. Als sie in der Kutsche saß, zu der es die Pohlenze doch endlich gebracht hatten, schwor sie sich ein ums andere Mal, daß dieser Abschied für immer sei und daß sie nie wieder herkommen, nicht einmal Briefe beantworten wolle. Sie mochte auch nicht mit Otto reden und überließ es Harald, auf Ottos freundliches Geplauder einzugehen.

Zu Hause fand sie nicht das Echo, nach dem sie verlangte. Viktor hörte sich ihren erregten Bericht an und wiegte den Kopf.

»Nicht zu glauben. Aber was hast du erwartet? Das kann dir doch unmöglich neu sein. Warum regst du dich so auf? Nach so langer Zeit? Seit über zwanzig Jahren hast du eine andere Familie. Langsam müßtest du über die Geschichte doch weg sein.«

»Du verstehst mich nicht.«

Niemand verstand sie. Viktor besaß nicht genügend Phantasie, und Harald war zu unreif. Rose brütete über dem neuen Unrecht, das ihr angetan worden und das ein Spiegelbild des alten Unrechts war. Oh, einmal Gelegenheit haben, es der da heimzuzahlen! Einmal Gleiches mit Gleichem vergelten können! Mit leisem Staunen stellte Rose fest, daß ihre finsteren Gedanken sich ganz und gar gegen Male kehrten. Bruno kam ihr kaum in den Sinn.

Jetzt erinnerte sie sich auch, daß Bruno ihr während der gesamten Hochzeitswoche so gut wie gar nicht aufgefallen war. Wie ein zufälliger Gast hatte er am Rande der Festlichkeiten herumgestanden, jedem im Wege und keinem von Nutzen. Es hatte sich auch keiner so recht um ihn gekümmert. Vom Hochzeitspaar abgesehen, war unleugbar Male der Mittelpunkt gewesen. Bruno mußte jetzt fünfundsechzig sein, aussehen tat er wie fünfundsiebzig, ein alter Mann, den niemand mehr wichtig nahm. Ja, auch Rose war über ihn weg, wie Viktor es gefordert hatte. Aber nicht über Male! Über die nicht!

Rose kaute fast drei Wochen lang an ihrer bösen Stimmung herum. Dann fiel ihr Edith ein. Wozu hatte man eine Freundin, wenn man nicht seinen Kummer bei ihr abladen durfte? Sie konnte Edith anrufen. Edith würde sie verstehen. Aber bevor sie sich endgültig entschloß, rief Edith bei Rose an.

Es wurde ein enttäuschendes Gespräch. Edith zeigte nicht das geringste Interesse für Roses Kümmernisse. Statt dessen sprudelte sie mit erregter Stimme irgendwelche Mitteilungen hervor, es drehte sich um eingeschlagene Fensterscheiben, brennende Häuser, Raub und Totschlag. Edith überschlug sich fast, alles ging durcheinander, Rose verstand nur mühsam.

»Was erzählst du da? Sprich doch langsam.«

»Ja, weißt du denn nichts davon? Wo lebst du denn? Es geschieht doch überall, in aller Öffentlichkeit!«

Was geschah? Wie es schien, war mal wieder was mit den Juden los gewesen. Nach mehr als zwanzig Minuten erst hatte Rose begriffen, daß sich da Leute zusammenrotteten und jüdische Geschäfte demolierten. Auch Synagogen sollten angezündet und Juden verhaftet worden sein. Wieso denn das? Die Zeiten, in denen die SA herumgetobt hatte, waren doch lange vorbei. Den Schlagetots war doch 1934 der Garaus gemacht worden.

Das sagte sie auch. Edith schrie:

»Wo lebst du denn? Wo lebst du denn bloß?«

»In Lichterfelde«, sagte Rose leicht pikiert. »Hier ist absolut nichts los. Alles vollkommen ruhig.«

»Bei euch gibt's eben keine jüdischen Geschäfte und keine Synagogen. Und die paar Juden, die da vielleicht gewohnt haben, sind wahrscheinlich schon lange ausgewandert – oder abgeholt.«

»Aber warum sollte denn jetzt plötzlich ...«

»Die Zeitungen sind doch voll davon! Das Attentat in Paris, ein junger Jude hat einen deutschen Legationsrat erschossen. Sag bloß, du hast davon noch nichts gehört!«

»Ach, das ... Ja, natürlich hab' ich davon gehört. Aber sonst ... Weißt du, in den letzten Wochen ...«

Rose ergriff die Gelegenheit, endlich auf ihre Sache zu kommen, auf die Kränkung, die an ihr fraß. Aber sie scheiterte an Ediths Besessenheit. Die kannte nur noch ihr eines Thema.

»Pogrom! Pogrom!«

»Ist denn bei euch zu Hause was passiert? Hat man deinem Mann was getan?«

»Nein«, sagte Edith, »nein, Gott sei Dank nicht.«

»Ja, worüber regst du dich dann so entsetzlich auf!«

»Aber Rose! Das dünne Eis! Weißt du nicht mehr, was ich dir in Wannsee gesagt habe? Es ist ganz, ganz dünn geworden, das Eis. Ich habe Angst! Hast du denn keine Angst?«

Es war aussichtslos. Edith ließ sich nicht beschwichtigen, und sie hatte kein Ohr für das, was Rose bewegte. Außerdem spürte Rose, wie die Unruhe, die durch das Telefon drang, langsam, aber sicher von ihr Besitz ergriff. Verstört legte sie auf. Am Abend erzählte sie Viktor von dem wirren Anruf.

»Tja«, sagte Viktor, »böse Sache das. Aber das haben die Juden sich selbst eingebrockt. Dieser Mord da in Paris

– ein perfides jüdisches Verbrechen. Na ja, wenn einer schon Herschel Grynszpan heißt! Kein Wunder, daß einigen Leuten hier der Kragen platzt. Natürlich billige ich nicht die Formen, die das angenommen hat. Für so was war ich nie. Das hat SA-Format.«

»Aber Dr. Rosenfeld hat doch keinen ermordet.«

»Es hat ihm ja auch keiner was getan. Oder hab' ich dich falsch verstanden? Na, siehst du. Ihm wird auch keiner was tun. Der Dr. Rosenfeld ist nur ein halber Jude und eigentlich gar keiner, weil er nach seiner Mutter geraten ist. Das war immer meine Meinung. Wo Unterschiede sind, werden auch Unterschiede gemacht. Deine Freundin Edith hat es doch selbst gesagt, bei ihnen ist alles in Ordnung.«

»Wenn alles in Ordnung ist, warum ängstigt sich dann Edith?«

»Weil sie ein Schäfchen ist, genau wie du«, antwortete Viktor und küßte Rose auf die Nase.

22 / Harald sang:

»Oh, du schö-hö-höner A-a-arbeitsdienst! Fünfundzwanzig Pfenn'ge sind der Reingewinst ...«

»Fünfundzwanzig Pfennige Tageslohn!« empörte sich Rose. »Bei der schweren Arbeit, die ihr machen müßt! Das ist die reinste Ausbeutung. Ich dachte, im nationalsozialistischen Staat gäbe es so was nicht.«

Harald dozierte:

»Der Reichsarbeitsdienst erzieht durch Handarbeit zur nationalsozialistischen Arbeitsauffassung und zur Volksverbundenheit.«

»Laß mich bloß mit euren Sprüchen in Ruhe. So junge Bengels! Ihr seid doch noch gar nicht ausgewachsen. Und ihr habt keine Übung in körperlicher Arbeit.«

Am 1. April mußte Harald einrücken. Rose weinte mehrere Taschentücher naß. Der Junge war doch eigentlich noch ein Kind! Und nun so allein so weit weg, tief nach Ostpreußen hinein! Über den Namen seines Einsatzortes aber mußte sie lachen.

»Schippenbeil – ist es denn die Möglichkeit? Das paßt für ein Arbeitsdienstlager. Zu komisch, Schippenbeil. Wo liegt das überhaupt?«

Viktor wußte es auch nicht, und er holte das alte Lexikon heraus, das noch von seinem Vater stammte. Der Ort mit dem Arbeitsdienstnamen war als Bestandteil des Regierungsbezirks Königsberg ausgewiesen.

»Liegt an der Mündung der Guber in die Alle.«

»Guber? Alle? Nie gehört. Mein Gott, das ist ja schon fast in Rußland!«

»Na, Rose, jetzt übertreibst du aber.«

Harald schrieb jede Woche mindestens einen Brief, woraus Rose schloß, daß er Heimweh hatte. Im dritten Brief bat er um Päckchen.

»Aber keine Eßwaren, liebe Mutti, die sind nicht erlaubt. Nur Liebesgaben sind zugelassen, also Schokolade, Zucker und dergleichen. Am besten schickst du mir Würfelzucker, da kann ich mir die Taschen vollstecken und mir zwischendurch immer was in den Mund schieben.«

Das machte Rose mißtrauisch.

»Kriegen die denn da nicht genug zu essen? Das wäre ja unerhört.«

»Ich würd' ihm auf alle Fälle auch ein bißchen Geld schicken«, schlug Viktor vor, »dann kann er sich bei Bedarf immer was kaufen.«

Aber davon hielt Rose nichts.

»Er kriegt Päckchen. Den Umgang mit Geld muß er erst noch lernen, und wenn er jetzt so viel in Händen hat, dann schmeißt er es bloß zum Fenster raus. So weit weg, wie er ist, kann ich ihn ja gar nicht überwachen. Na, meinetwegen, ich schick' ihm fünf Mark im Monat. Damit muß er dann haushalten.«

Als Harald im Juni auf Urlaub kam, schlug Rose die Hände über dem Kopf zusammen.

»Herr du meine Güte! Du hast ja überhaupt kein Fleisch mehr auf den Knochen! Und aussehen tust du wie ein Mohr, so verbrannt ist deine Haut. Was machen sie dort eigentlich mit euch?«

Es zeigte sich, daß Harald inzwischen den unbekannten Fluß Guber sehr genau kennengelernt hatte und nicht minder gut die Beschaffenheit seiner Ufer.

»Der reinste Morast, ein Scheißboden. Den legen wir trocken.«

»O Gott, das ist ja Sklavenarbeit. Bist du deshalb so dünn? Habt ihr denn nicht genug zu essen?«

Ja und nein. Geliefert wurde dem Lager genug, aber nur ein Teil davon kam auf den Tisch.

»Unser Küchenbulle macht sich 'ne nette kleine Nebeneinnahme. Er schiebt. Das ganze Lager weiß es.«

»Das ganze Lager weiß es? Na, dann weiß es doch auch euer – na, der Oberste da von dem Haufen. Was sagt der denn dazu?«

»Der Oberstfeldmeister? Der macht seinen Schnitt dabei. Glaubst du, sonst könnte der Küchenbulle so unverschämt klauen?«

»Aber da müßte man doch ... Wenn das rauskäme, würde bestimmt streng durchgegriffen. Warum unternehmt ihr nichts?«

»Wir sind doch nicht verrückt. Am 30. September ist alles vorbei, und wir können das vergessen. Aber bis dahin sind noch viele Wochen, in denen uns der Oberstfeldmeister und die Unterführer triezen können. Stell dir vor, wir kommen nicht durch mit der Beschwerde, und das ist ja ganz gut möglich, denn wie sollen wir das beweisen? So was ist schwer, denn die Kerle decken sich natürlich gegenseitig. Wenn wir aber nicht damit durchkommen, dann ist das so gut wie Meuterei, und dann gnade uns Gott. Nee, wir lassen uns lieber von zu Hause was schikken und beißen die Zähne zusammen.«

»Aber dann müßten sie wenigstens erlauben, daß man euch richtige Freßpakete schicken kann. Zucker allein hilft doch nicht.«

»Den Teufel werden sie tun. Wenn sich das rumspricht, wie sollen sie erklären, warum wir kiloweise Wurst und Schinken von den Eltern kriegen, wo der Staat doch genug liefert, um uns satt zu machen?«

Für Harald übrigens war die schlimmste Zeit sowieso vorbei, da brauchte Rose sich weiter keine Sorgen zu machen. Er hatte einen guten Posten ergattert.

»Ich bin jetzt Bursche beim Oberstfeldmeister.«

Das fand Viktor gar nicht gut.

»Was? Du putzt dem minderwertigen Kerl die Stiefel?«

»Klar. Stiefelputzen ist viel angenehmer als Sumpfland trockenlegen. Ich muß nicht mehr ausrücken, und wenn der Alte mich nicht braucht, hab' ich frei. Und ich krieg' von dem Essen, das er auch kriegt.«

Rose billigte das.

»Stiefelputzen schändet nicht, Viktor. Da lernt er Ordnung und Reinlichkeit und weiß, was Pflichten sind.«

Die Nähe zum Lagerführer brachte auch noch andere Vorteile. Seit kurzem durfte Harald am Wochenende auf die Dörfer, wo er in den Wirtshäusern zum Tanz aufspielte.

»Auf dem Klavier oder mit der Knautschkommode, je nachdem, was sie haben.«

Er hatte das bloß mal zum Spaß gemacht, an einem Sonnabend, als er mit ein paar Kameraden rein aus Neugier so ein Dorfvergnügen besuchte. Offenbar war es wie ein Lauffeuer herumgegangen, daß einer der Arbeitsmänner musizieren konnte, denn seither kamen die Wirte zum Lager und fragten an, ob sie Harald ausleihen dürften.

»Das ginge bestimmt nicht, wenn ich nicht der Leibbursche vom Alten wäre. Aber seinen Günstlingen erlaubt er so was eben.«

Die Wirte zahlten ihrem Musikanten einen Lohn, fünf bis zehn Mark waren immer drin, außerdem bekam er gut und reichlich zu essen und natürlich Freibier. Beim letzten Mal hatte er sogar mitten in der Woche frei gekriegt, damit er bei einer Hochzeit aufspielen konnte. Zwanzig Mark hatte ihm das eingebracht und soviel Köstlichkeiten von der Hochzeitstafel, daß ihm nachher ganz schlecht gewesen war.

»Ich werd' bald nicht mehr so mager aussehen.«

Das hörte Rose gern, aber es beunruhigte sie, daß der Junge soviel Geld in die Finger bekam.

»Das solltest du aber unbedingt auf dein Sparbuch einzahlen. Daß du es ja nicht sinnlos vertust!«

Viktor fand, daß man das ruhig dem Jungen selbst überlassen konnte. Ein hilfloses Kind, dem man auf die Finger sehen mußte, war Harald nun wirklich nicht mehr. Sein Stolz auf den tüchtigen und findigen Sohn wuchs ins Unermeßliche, als er erfuhr, warum das Auge des Oberstfeldmeisters ausgerechnet auf Harald gefallen war. Haralds Geschichte ging so:

An einem der ersten Maitage stand ein Trupp Arbeitsmänner am Ufer der Guber, vor sich eine riesige Kabeltrommel, die auf die andere Flußseite transportiert werden sollte. Kein Mensch wußte, wozu das gut war und wem es nützte, aber danach fragte auch niemand. Befehl ist Befehl. Der Obervormann, der den Trupp anführte, starrte zweifelnd auf das Floß, das seine Leute tags zuvor gezimmert hatten. Es war aus zwölf vierkantigen Fichtenholzbalken gefügt und sah solide aus. Doch die Trommel wog immerhin fünfzehnhundertdreißig Kilogramm, das stand in schwarzen Lettern darauf. Der Obervormann hatte es mühsam in das Maß umgerechnet, das ihm aus seiner Vergangenheit als Bauernknecht vertrauter war, und mehr als dreißig Zentner herausbekommen. Konnte das Floß ein solches Gewicht tragen? Oder würde es wegsaufen und das teure Kabel in die Guber kippen? Er schwankte zwischen blindem Gehorsam gegenüber seinem Auftrag und seiner Angst vor den Folgen, falls es fehlschlüge.

Da trat Harald vor und erbot sich, das Problem mathematisch zu lösen. Er kannte die Balkenmaße, mithin auch die der Tragfläche, und das spezifische Gewicht des Fichtenholzes war eine feste Größe. Harald bat den Obervormann um Zettel und Bleistift und berechnete flink, wieviel Kilogramm nötig waren, damit das Floß um einen Zentimeter sänke. Er dividierte das Trommelgewicht durch die gewonnene Zahl und wußte nun, wie weit die Gesamtlast das Floß ins Wasser drücken würde, nämlich um genau 4,14 Zentimeter. Dazu addierte er die Einsinktiefe des unbelasteten Floßes, die betrug sechzig Prozent der Balkenstärke, im konkreten Fall 14,4 Zentimeter. Die Summe subtrahierte er von der gesamten Balkenstärke und sagte:

»Wenn die Trommel drauf ist, wird das Floß um knapp fünfeinhalb Zentimeter aus dem Wasser ragen.«

Der Obervormann sah ihn ungläubig an.

»Wenn Sie mich reingelegt haben, Sie Klugscheißer, mach' ich Sie zur Schnecke!«

Die Trommel wurde auf die Floßmitte gerollt, auf eine ihrer flachen Seiten gekippt und mit ein paar Krampen arretiert. Über fünf, sechs untergelegte Baumstämme glitt das Floß in Richtung Wasser. Von der Flußseite her stemmten sich ein paar Arbeitsmänner mit dicken Knüppeln entgegen, um es einigermaßen im Gleichgewicht zu halten, auf der Landseite von Kameraden unterstützt, die ihr Floßende nach unten drückten. Schließlich schwamm das Ungetüm. Der Obervormann kam mit dem Zollstock und maß, wieviel vom Floß über die Wasserlinie ragte. Es waren knapp fünfeinhalb Zentimeter. Der Mann strahlte und haute Harald auf die Schulter.

»Teufelskerl! Wie haben Sie das bloß gemacht?«

Am Abend wurde Harald zum Oberstfeldmeister befohlen. Auch der wollte wissen, wie der Arbeitsmann das gemacht hatte. Von der Erklärung verstand er kein Wort. Aber er beschloß, ein so wertvolles Talent nicht länger an niedere Dienste zu vergeuden, sondern für bedeutendere Aufgaben zu reservieren. Er vertraute Harald die Pflege seiner Stiefel, seiner Uniform, seines ganzen Quartiers an. Schon nach einer Woche ließ er ihn auch seine dienstliche Korrespondenz erledigen.

»Reinemachen kannst du auch zu Hause«, maulte Rose. »Der Vati hat nach dem Abitur gleich studieren können, der mußte seine Zeit nicht so verschwenden. Eine Uniform hat er erst anziehen müssen, als Krieg war.«

Na, das war jetzt eben anders. Harald hatte auch gar nicht gewartet, bis man ihn einziehen und in irgendeinen Wehrmachtsstandort außerhalb der bewohnbaren Welt schicken würde, sondern sich noch als Schüler freiwillig gemeldet. Die Freiwilligen, hieß es, könnten sich Waffengattung und Dienstort aussuchen. Die Rechnung war auch aufgegangen, auf Harald wartete die Flak-Kaserne zu Berlin-Lankwitz. Von dort konnte er, wenn er Urlaub bekam, ohne weiteres nach Hause gelangen, notfalls sogar zu Fuß.

»Im Wintersemester 1941/42 sitzt du dann schon im Hörsaal«, sagte Viktor zukunftsfroh. »Ich nehme an, dich zieht's zur Mathematik und zur Physik, stimmt's?«

»Am meisten zur Chemie. Das hab' ich in der Schule immer so interessant gefunden.«

»Hoffentlich wird das keine Milchmädchenrechnung«, sagte Rose. »Wenn es Krieg gibt ...«

»Ach, sei still. Wie kommst du denn auf Krieg?«

Rose konnte nicht verstehen, daß Viktor die Gefahren, von denen sie sich umzingelt fühlte, so gar nicht sehen wollte. Mitte März, als die Wehrmacht Böhmen und Mähren besetzte – die Rest-Tschechei, wie es verächtlich hieß –, da war ihr fast das Herz stehengeblieben. Viktor aber brachte die neuesten Witze nach Hause und lachte selbst am meisten darüber.

»Hast du schon gehört, daß in der Tschechei alle Hähne abgeschlachtet werden? Die Tschechen wollen nicht mehr hören, wie sie krähen: Protektoraaat! Protektoraaat!«

Wenig später erzählte er:

»Die Škoda-Werke in Pilsen, so eine Art tschechischer Krupp, die sind jetzt den Reichswerken Hermann Göring eingegliedert worden. Und weißt du, was ›Škoda‹ heißt? Schade. Ist das nicht komisch?«

»Aber Viktor«, sagte Rose, »du tust so, als ob hier bloß Mensch-ärgere-dich-nicht gespielt wird. Eines Tages haben die Engländer und die Franzosen genug davon und greifen ein. Es riecht nach Krieg. Ich sage dir, es riecht nach Krieg.«

»Ach was, Rose. Die sind so knieweich, denk an München voriges Jahr. Der Führer weiß schon, wie weit er gehen kann.«

»Du redest wie Anna. Und er hat doch gesagt, daß er keine Forderungen mehr hat. Warum gibt er denn keine Ruhe? Jetzt will er auch noch Danzig und einen Korridor durch den Korridor. Die Polen husten ihm was, und dann wird er den Polen was husten, und eines Tages knallt es.«

»Aber Rose, es ist doch deine Heimat. Und weißt du denn nicht, wie die Polen mit den Deutschen umgehen, die noch da leben?«

»Ich scheiß' auf meine Heimat«, sagte Rose inbrünstig. »Und die Sache mit den Volksdeutschen könnte man friedlich regeln. Wenigstens müßte man es versuchen. Warum immer gleich mit dem Säbel rasseln? Wer das Schwert nimmt, der soll durch's Schwert umkommen.«

»Seit wann bist du denn fromm?«

Ein paar Tage danach ließ der Führer die deutschen Truppen ins Memelland marschieren. Die Litauer hatten amen dazu gesagt, und Viktor fühlte sich erhoben und bestätigt. Ein Sieg nach dem andern, und alle unblutig!

»Wir werden uns totsiegen«, behauptete Rose, »genau wie damals im Weltkrieg. Jetzt haben die Westmächte Polen garantiert, und wenn Hitler mit Polen dasselbe macht wie mit den Tschechen, dann ist der Krieg da. Und dann wird's blutig.«

»Er wird schon nicht. Was soll er denn mit den Polen?«

»Und was soll er mit den Tschechen?«

Rose rechnete jeden Tag mit der Nachricht, daß die Wehrmacht nun auch in Polen einmarschiert sei. Aber da täuschte sie sich, es blieb ruhig. Auf der diplomatischen Ebene zwar herrschte fiebrige Geschäftigkeit, ein Pakt nach dem anderen wurde geschlossen, aufgekündigt oder abgelehnt, man hatte seine liebe Mühe, das alles zu verstehen. Geschossen jedoch wurde nirgendwo, das mußte Rose zugeben. Schließlich gewöhnte sie sich an das politische Gebrodel und dachte nicht mehr dauernd an einen Krieg.

Es gab auch soviel anderes, was sie zu bedenken hatte. Im Juli wurde die alte Frau Markwart fünfundachtzig, und ihre Söhne wollten der Mutter etwas Besonderes schenken. Noch einmal sollte sie nach Rügen reisen können, zu dem rosenumrankten Fischerhaus an der nördlichen Steilküste, wo sie als junge Frau mit ihrem Ludwig so glücklich gewesen war. Rose sollte sie begleiten, zusammen mit Joachim, den nach vierzehn Tagen Anna ablösen würde, denn die Drogerie verlangte stets die Anwesenheit wenigstens eines der beiden.

Der Geburtstag der alten Dame fiel auf einen Donnerstag und wurde am freien Sonnabend nachmittag gefeiert. Viktor und Joachim hatten das Reisegeld in einen großen weißen Umschlag gesteckt, auf dem in Riesenbuchstaben stand: HURRA! OMA REIST! Die alte Dame lachte und weinte.

»Ach, wie soll das gehen? Ich bin ja schon viel zu alt und zu unbeweglich für so ein Unternehmen.«

Aber es ging ganz gut. Rose zog von vorn, und Joachim schob von hinten, und so hievten sie die Mutter in den Zug. Die alte Frau saß still auf ihrem Fensterplatz und verschlang die vorüberfliegende Landschaft mit den Augen. Als der Zug über den Rügendamm donnerte, der seit zwei Jahren das Festland mit der Insel verband, staunte sie.

»Früher mußten wir immer auf die Fähre.«

Für die Strecke quer über die Insel nach Norden mieteten Rose und Joachim ein Auto. Das gehörte zum Geburtstagsgeschenk, daß die alte Dame sich nicht mit Umsteigen plagen sollte. Im Fischerhaus gab es eine rührende Szene, denn die alte Frau Markwart und ihre Wirtin kannten einander aus ferner Vergangenheit. Es waren die Eltern der Frau gewesen, bei denen Ludwig Markwart und seine Familie einst logiert hatten, und die heutige Fischersfrau, damals ein kleines Mädchen, hatte mit Grethe, Joachim und Viktor gespielt. Die Fünfundachtzigjährige und die Jüngere, die auch schon ihre Sechzig auf dem Buckel trug, lagen einander lange in den Armen und vergossen viele Tränen.

Rose blickte sich um. Das war wahrhaftig ein schönes Fleckchen Erde: die blühende Wiese, die den Steilhang hinter dem Haus bedeckte, und an beiden Seiten der prächtige Buchenwald. Fern am Horizont, ein weißer Punkt auf dem blauen Wasser, zog ein Schiff seine Bahn

– das Trajekt von Saßnitz nach Trelleborg, wie Joachim seiner Schwägerin erklärte. Und links im Hintergrund konnte man eben noch die Spitze von Kap Arkona ausmachen. Von dort würde abends das Signalfeuer des Leuchtturms herüberblinken.

Rose begriff, daß dieser Ferienort der Schwiegermutter immer als Paradies in Erinnerung geblieben war. Und die freundlichen Wirte! Die Frau zerriß sich fast vor Besorgnis, ob es ihren Gästen auch an nichts mangelte. Die Betten waren weich, und es gab viel und gut zu essen, natürlich auch fangfrischen Fisch oder köstliche Flundern aus der eigenen Räucherkammer. Die Leute hatten eine Plattform in die steile Wiese gegraben und sie mit einem Holztisch und hölzernen Bänken ausgestattet, alles selbstgezimmert. Ein bequemer Weg führte dorthin; wenn man die alte Frau Markwart führte und stützte, konnte sie leicht hinuntergelangen, das Frühstück dort einnehmen oder einfach sitzen und schauen.

Sogar zum Strand wurde sie mitgenommen, obwohl der Weg lang, steil und steinig war. Rose und Joachim faßten sie unter beide Arme und trugen sie mehr, als daß sie sie geleiteten, erst hinunter, nachher wieder hinauf. Joachim, der Schalksnarr, würzte jedesmal den beschwerlichen Marsch mit Gesängen, die er für äußerst passend hielt. Er dröhnte:

»Es geht bei gedämpfter Trommel Klang. Wie weit noch die Stätte, der Weg wie lang? Ach, wär' es vorüber und alles vorbei, ich glaube, es bricht mir das Herz noch entzwei ...«

Die alte Frau Markwart lachte ihr leises Greisinnenlachen, ab und zu unterbrochen von kleinen, spitzen Angstschreien, wenn ihr Fuß an einen Stein stieß. Unten am Strand saß sie dann auf einer Bank, ließ sich von der Sonne bescheinen und sah zu, wie der Sohn und die Schwiegertochter im Ostseewasser herumplantschten.

Ein paarmal spazierten sie auch durch den Buchenwald nach Osten, wo auf einer Lichtung, nicht weit vom nächsten Dorf, die einstige Sommervilla der Familie Tiesen stand.

»Ach, der alte Herr Geheimrat, er hat meinen Ludwig so gefördert, als der noch ein Junge war. Und die Frau Geheimrat, was war sie so freundlich zu mir und den Kindern. Was für schöne Ferien haben wir miteinander gehabt. Das ist alles schon fast nicht mehr wahr. Sie sind längst tot, die alten Herrschaften und auch der Sohn, nur ich lebe noch. Ich lebe schon viel zu lange.«

Einmal, als sie auf der Wiesenplattform saßen und auf die sonnenglitzernde Ostsee hinaussahen, sagte Rose:

»Es ist wirklich wunderschön. Jetzt kann ich verstehen, warum du so viel davon gesprochen hast. Es gefällt mir so sehr, ich kann es gar nicht sagen.«

»Ach nein, es ist nicht mehr schön.«

Verblüfft schaute Rose auf ihre Schwiegermutter.

»Was sagst du da?«

»Früher war es schön. Da hast du es nicht gekannt, deshalb weißt du nichts davon. Herrlich war es und großartig. Jetzt ist es öde und langweilig.«

Rose öffnete den Mund, um zu protestieren, aber Joachim stieß sie in die Seite und blinzelte ihr zu. Nachher, als sie allein waren, sagte er:

»Laß sie. Es hat keinen Zweck. Ihr fehlt das Wichtigste, die Familie, die sie damals hatte. Vor allem fehlt ihr unser Vater. Und damals ist sie jung gewesen, auf der Höhe eines Lebens, in dem sie glücklich war. Jetzt ist sie eine alte Frau.«

»Aber sie hat doch noch dich und Viktor und auch Harald.«

»Ach Rose, das ist doch nicht dasselbe.«

Plötzlich wurde Rose traurig. Wahrhaftig, das Herz konnte einem verdorren, wenn man den Menschen verlor, der einem die ganze Welt bedeutete. Hatte sie es nicht einst selber erlebt? Die alte Dame tat ihr leid. Am liebsten hätte sie geweint. In den folgenden Tagen umsorgte sie die Schwiegermutter doppelt aufmerksam und sprach zu ihr mit sanfter, fast zärtlicher Stimme.

Am Abend des 1. August kam Anna, am anderen Morgen fuhr Joachim. Rose rüstete sich gegen das bissige Mundwerk der Schwägerin. Aber Anna war ganz umgänglich, sie sagte nicht ein verletzendes Wort. Der Schwiegermutter gegenüber gab sie sich geradezu herzlich. Freilich, die Atmosphäre aus Scherz und Neckerei, die Joachim um sich verbreitet hatte, war dahin, die Gespräche mit Anna verliefen nüchterner, und es wurde weniger gelacht. Doch es wurde auch nicht gezankt, und darauf kam es an.

Rose und Anna saßen auf der Wiesenplattform und besprachen die politische Lage. Die alte Frau Markwart hörte zu und sagte nichts, denn sie verstand nicht recht, wovon die beiden redeten. Anna mußte wirklich sehr guter Laune sein, sie blieb friedlich, als Rose ihre Angst vor dem Krieg erwähnte. Oder spürte sie vielleicht selber Angst, die sie nur nicht eingestehen wollte?

»Mir ist bange um Harald«, bekannte Rose.

»Ich habe auch einen Sohn, der ins Feld müßte. Und einen Enkel, der in drei Jahren wehrfähig ist. Die möcht' ich auch lieber behalten.«

»Aber worauf stützt du dich in deiner Zuversicht, daß kein Krieg kommt?«

»Auf den Führer«, sagte Anna fest. »Sieh mal, der Führer hat dem Parteitag im September den Titel ›Reichsparteitag des Friedens‹ verliehen. Das tut er doch nicht, wenn er damit rechnet, daß es Krieg gibt. Mit der Parteitagslosung hat er uns ein Versprechen gegeben. Sie werden sich in Nürnberg unterm Zeichen des Friedens versammeln. Davon bin ich fest überzeugt.«

»Dein Wort und auch sein Wort in Gottes Ohr«, sagte Rose. Sie dachte eine Weile nach und beschloß dann, sich zu Annas Auffassung zu bekehren. Es stimmte ja, ein Politiker von der Bedeutung des Führers konnte eine solche Botschaft nicht leichtfertig in die Welt setzen. Sie würden ihn alle beim Wort nehmen, im Inland wie im Ausland. Wie stünde er da, wenn er sein Wort bräche? Das konnte auch ein Hitler sich nicht erlauben.

Reichsparteitag des Friedens also. Im September.

Mitte August waren die drei Frauen wieder in Berlin. Eine gute Woche später fielen Rose und Viktor aus allen Wolken, als sie abends den Rundfunknachrichten lauschten: Ein neuer Pakt war geschlossen worden, diesmal zwischen dem nationalsozialistischen Deutschland und der bolschewistischen Sowjetunion.

»Nein!« rief Rose aus. »Kneif mich mal. Ich träum' doch wohl. Das ist ja, als wenn Himmel und Hölle zusammenkommen wollten!«

»Psst!« warnte Viktor. »Nicht so laut. Und sag so was ja nicht im Gespräch mit Fremden.«

»Was heißt denn das? Bin ich von heute an verpflichtet, die Kommunisten zu lieben?«

»Bestimmt nicht. Aber ich würde trotzdem die Politik unserer Regierung nicht lauthals kritisieren. Man weiß nie, wer das hört und in welche Kehle er das kriegt.«

»Quatsch!« sagte Rose, aber sie dämpfte doch ihre Stimme. »Jetzt erklär mir, was das bedeutet. Wer betrügt denn da wen?«

»Im Zweifelsfall der Führer den Stalin«, meinte Viktor und lächelte beifällig. »Ich finde das äußerst schlau. England und Frankreich haben doch gedacht, sie können uns im Ernstfall zwischen zwei Fronten zerreiben, wie im Weltkrieg. Na, die Hoffnung ist ihnen nun zerschlagen. Die werden sich das zweimal überlegen, ob sie unter diesen Umständen gegen uns antreten sollen. Der kommunistische Erzfeind bewahrt uns vor ihnen. Wenn ich mir das so richtig überlege, dann muß ich lachen.«

Und er lachte, daß ihm die Tränen kamen.

»Siehst du, Rose«, fuhr er fort, nachdem er sich beruhigt hatte, »nun kannst du sicher sein, daß der Friede erhalten bleibt. Das ist wirklich eine sehr kluge Politik. Der Führer behält freie Hand in allem, was er anstrebt, aber er macht es den Feinden unmöglich, ihn anzugreifen. Zumindest macht er es ihnen sehr schwer. Sie werden sozusagen zum Frieden gezwungen, während er ihnen ihr Versailler Diktat vor die Füße schleudert, Fetzen um Fetzen. Also vergiß deine Ängste.«

Das wollte Rose gerne tun, doch es gelang ihr nur schwer. Tag für Tag kamen neue Nachrichten über die Differenzen mit Polen, jede einzelne beunruhigte Rose. Dann sagte sie sich Viktors Worte vor und klammerte sich daran. Er war doch so klug und viel gebildeter als sie.

Am Abend des 31. August packte Rose ein neues Liebesgabenpaket für Harald. Am nächsten Morgen stand sie, wie immer, um halb fünf auf und bereitete das Frühstück für Viktor. Um fünf erhob sich Viktor, um zwanzig vor sechs verließ er das Haus. Um sechs schaltete Rose das Radio an, sie liebte es, sich von fröhlicher Musik ermuntern zu lassen. Aber es gab keine fröhliche Musik, aus dem Radio dröhnten Militärmärsche. Das machte Rose beklommen, sie hätte nicht sagen können, warum.

Dann wurde die Sendung unterbrochen, eine Sprecherstimme drang aus dem braunen Kasten. Rose hörte zu, sank auf den nächsten Stuhl, schoß in die Höhe und rannte zum Telefon. Kaum einmal in all den Jahren hatte sie Viktor im Kabelwerk angerufen, aber jetzt … Sie wählte, warf den Hörer wieder hin. Viktor saß noch in der S-Bahn, vor halb acht konnte er nicht an seinem Schreibtisch sein. Sie stürzte aus der Wohnung, die Treppen hinunter, stieß den Finger auf den Klingelknopf der Portierwohnung. Frau Karsunke öffnete, schaute erstaunt.

»Krieg! Wir haben Krieg! Seit heute früh …«

»Was? Wieso?«

»Das Radio! Machen Sie das Radio an! Heute morgen, ein deutsches Kriegsschiff hat die Westerplatte beschossen! Die Wehrmacht marschiert in Polen ein!«

Frau Karsunke rannte zum Radio, Rose hinterdrein. Herr Karsunke, in Eisenbahnerhose und Unterhemd, kam aus der Küche, ein angebissenes Marmeladenbrot in der Hand. Udo, der hinter ihm auftauchte, war noch im Nachthemd. Die Sprecherstimme im Radio wiederholte jetzt die Meldung. Die beiden Frauen brachen, wie auf Kommando, in Tränen aus. Herr Karsunke sagte:

»Verdammich! O verdammich! Det haut det Faß 'n Ei inne Krone!«

»Ich muß telefonieren.«

Rose hastete in ihre Wohnung zurück, aber es war erst Viertel vor sieben. Wie ein kopfloses Huhn lief sie durch die Zimmer, faßte dieses an, rückte jenes und wußte nicht, was sie tat. Auf dem Küchentisch lag das Liebesgabenpaket. Rose blieb stehen. Wo war Harald? Womöglich schon im Feindesland? Würde man heute, morgen, übermorgen auf ihn schießen?

Punkt halb acht wählte sie mit zitternden Fingern Viktors Dienstnummer.

»Viktor, Viktor, es ist Krieg! Seit heute früh ist Krieg!«

»Ich weiß«, sagte Viktor bedrückt. »Man hat mir's eben gesagt. Wir haben überall die Radios an.«

»Viktor, was wird mit Harald? Schicken sie ihn an die Front? Und was mache ich mit dem Paket? Ich weiß doch gar nicht, wo der Junge jetzt ist!«

»Laß das Paket, das ist jetzt nicht wichtig. Und beruhige dich. An die Front können sie Harald nicht schicken, er ist ja noch gar nicht ausgebildet. Mach dir keine Sorgen.«

»Das sagst du mir seit Wochen! Mach dir keine Sorgen, es wird nichts passieren, hab keine Angst, es gibt keinen Krieg. Ja, Pustekuchen! Was ist jetzt mit deinem Friedensführer?«

»Bitte, Rose, nicht durch's Telefon!« sagte Viktor beschwörend. »Ich komme heute früher, dann reden wir über alles.«

In der Wohnung war es so still, daß man den eigenen Herzschlag hören konnte, deutlich und quälend. Wie sollte man bloß den langen, einsamen Tag überstehen?

Rose ging ins Schlafzimmer und begann, die Betten zu richten, ordentlich und genau, wie immer. Sie breitete die weinrote, glänzende Tagesdecke aus und strich sie mit den Händen glatt. Geistesabwesend starrte sie auf die riesigen Rosen, die, Ton in Ton, den Stoff musterten. Plötzlich schluchzte sie auf und warf sich auf das frisch gemachte Bett. Ihre Tränen hinterließen dunkle Flecke auf dem weinroten Damast.

»Verdammte Polen! Verdammte Polen! Verdammte Polen!«

Rose spürte einen ungeheuren Haß, sie wußte nicht recht, auf wen. Aber er sprengte ihr fast die Brust, sie mußte ihn hinausschreien.

»Oh, verdammte Polen! Verdammt, verdammt, verdammt!«

Schließlich wurde sie ruhiger, trocknete das Gesicht und putzte die Nase. Sie verließ das Schlafzimmer, ohne das Bett zu glätten, und ging in die Küche. Hier hatte sie gestanden, vor noch nicht einmal vier Stunden, und frisch gemahlenen Kaffee in den Filter geschüttet. Und genau in dem Augenblick, als sie das tat, war der Schuß auf die Westerplatte abgefeuert worden, da oben an der Ostsee, wo die Polen saßen. Während sie friedlich ihre Morgenarbeit verrichtete, war etwas passiert, was die ganze Welt auf den Kopf stellte, und keiner wußte, ob sie je wieder auf die Füße kam. Der Gedanke an diese Gleichzeitigkeit, von der sie nichts geahnt hatte, ließ Rose nicht los. Unheimlich war das.

Dann fiel ihr Blick wieder auf das Paket.

»Wenn ich nur wüßte, wohin ich es jetzt schicken soll …«

Am 12. September kam ein Brief von Harald, mit einer Feldpostnummer als Absender. Rose riß ihn auf. Nach den ersten Zeilen rief sie:

»Ich hab's geahnt! Ich hab's doch geahnt!«

Dann griff sie zum Telefon.

»Viktor, der Junge ist in Polen! Ich hab's gewußt! Hab' ich's nicht gesagt? Harald ist im Krieg!«

»Ja, als was denn? Doch nicht als Soldat?«

»Warte mal.«

Schnell überflog sie die nächsten Zeilen.

»Nein, er ist noch beim Arbeitsdienst. Sie schippen und schanzen da irgendwo.«

»Na siehst du, Mutti, na siehst du! Da macht er dasselbe, was ich im Weltkrieg gemacht habe. Das ist nicht so schlimm. Was schreibt er denn noch?«

»Über seinen Einsatz sonst nichts. Nur, was ich dir gesagt habe. Aber hier, am Schluß, schreibt er, wir könnten beim zuständigen Wehrbereichskommando einen Antrag stellen, daß man ihn zur Aufnahme des Studiums freigibt, dann … Ich lese es am besten mal vor: ›Wahrscheinlich klappt das, denn mein Jahrgang ist noch nicht dran, eingezogen zu werden. Ohne Antrag und Studium aber wird mich die Wehrmacht gleich übernehmen. Ihr müßt nicht denken, daß ich mich drücken will, wenn ich dran bin, gehe ich. Aber vielleicht habe ich bis dahin schon ein paar Semester hinter mir, so daß ich nach dem Krieg nicht am Punkt Null anfangen muß und eher fertig bin.‹ Dummer Junge, will sich nicht drücken! Natürlich holen wir ihn nach Hause. Du stellst doch den Antrag, Vati, nicht wahr?«

»Natürlich. Aber was ist mit seiner Freiwilligenmeldung?«

»Keine Ahnung. Ist mir auch egal. Jetzt im Krieg ist ja alles anders. Auf jeden Fall stellst du den Antrag.«

Rose jubelte. Welch ein schöner Tag! Überhaupt war ihr jetzt sehr viel wohler als an jenem schrecklichen 1. September. Der Krieg verlief günstiger, als sie befürchtet hatte. In einem Sturmlauf hatte die Wehrmacht Polen überrannt und war soeben dabei, Warschau einzuschließen. Dieser Feldzug würde bald zu Ende sein, und mit etwas Glück kehrte dann der Friede wieder ein. Zwar war man seit neun Tagen auch mit den Franzosen und dem ganzen britischen Weltreich im Krieg, und das hatte Rose zunächst erhebliches Bauchweh verursacht. Aber gerührt hatten sich die neuen Feinde bisher nicht, es gab einfach keine Kampffront im Westen. Vielleicht, dachte sie, geht der Kelch diesmal an uns vorüber.

Rose nahm das Telefonbuch und suchte nach dem zuständigen Wehrbezirkskommando. Sie fand eine Adresse in der Steglitzer Florastraße. Dorthin konnte Viktor schreiben – nein, am besten ging er gleich selber hin, das war am sichersten, und man würde sofort erfahren, ob man sich überhaupt Hoffnung machen durfte.

In der Florastraße wurde Viktor abgewiesen, die dort residierende Instanz war nicht zuständig. Man schickte ihn nach Schöneberg in die Reppichstraße. Es war eine umständliche Angelegenheit, sie nahm bald den ganzen Tag in Anspruch. Er rief im Kabelwerk an und teilte mit, daß er wider Erwarten heute den Dienst versäumen müsse, weil er in Sachen seines Sohnes beim Wehrbezirkskommando zu tun habe. Das machte hinreichenden Eindruck, und er war entschuldigt.

»An der Geschichte scheint was dran zu sein«, sagte er, als er nach Hause kam. »Jedenfalls hat sich niemand über mein Anliegen gewundert. Sie hatten sogar Formulare dafür, und die hätten sie ja wohl nicht, wenn es nicht rechtens und üblich wäre. Sie haben alles aufgenommen. Nur einmal kam ich in Verlegenheit, als sie mich fragten, was Harald denn studieren will. Da fiel mir ein, daß sie wohl nicht jeden Studiengang anerkennen, sondern nur solche, die irgendwie kriegswichtig sind. Ich sagte: Chemie, weil Harald zuletzt davon gesprochen hat. Aber in seinem Brief stand nichts darüber, und es gibt keine Möglichkeit, sich abzusprechen. Hoffentlich sagt er dasselbe, wenn man ihn fragt.«

»Er wird schon«, behauptete Rose, preßte aber vorsichtshalber beide Daumen fest in ihre Handflächen. Daß man doch nie eine ungetrübte Freude haben konnte! Immer gab es etwas, was störte und einen unruhig machte.

Die Unruhe blieb ihr für den Rest des Monats. Am vorletzten Septembertag dann, einem Freitag, kurz nach fünf Uhr nachmittags, kam ein Telegramm. Rose galoppierte fast das Herz davon, als sie es aufriß.

»*Eintreffe Freitag abend. Harald.*«

Rose stürzte zum Telefon, besann sich, Viktor war ja schon unterwegs, um sechs würde er hier sein, sie mußte es so lange allein aushalten. Sie las das Telegramm zum zweiten Mal, diesmal auch die Postvermerke. Es war um 16 Uhr 15 aufgegeben, in Frankfurt an der Oder. Um Viertel nach vier war er also schon in Frankfurt gewesen. Von dort nach Berlin dauerte es etwa zweieinhalb Stunden. Wenn man nur wüßte, wann der Zug weitergefahren war. Ihr fiel ein, daß Viktor ein Kursbuch in seinem Schreibtisch verwahrte, und sie wollte es schon holen.

Aber dann sagte sie sich, daß Harald wohl kaum mit einem planmäßigen Zug fuhr, sondern mit irgendeinem Wehrmachtstransport, er kam ja aus dem polnischen Kriegsgebiet. Also hieß es warten.

Am Abend saßen sie im Wohnzimmer am Fenstertisch. Viktor studierte eine technische Zeichnung, jedenfalls mühte er sich, sie zu studieren. Rose strickte an einem hellgrünen Pullover, die Nadeln flogen in ihren Händen, ihre Finger zitterten leicht. Von Zeit zu Zeit schaute einer von beiden auf die Uhr.

»Gleich halb sieben. – Zehn vor sieben. – Fünf nach sieben. – Halb acht.«

Der andere nickte dann. Sonst sprachen sie nichts.

Wenige Minuten vor acht Uhr ging die Türklingel. Rose sprang auf, ihr Strickzeug fiel zu Boden, sie verhedderte sich mit einem Fuß in der grünen Wolle, und während sie zur Korridortür eilte, räufelte sich hinter ihr der halbfertige Pullover auf. Sie achtete nicht darauf, so wenig wie Viktor, der hinter ihr herlief. Rose riß die Tür auf, und da stand Harald in seiner Arbeitsdienstuniform, verschwitzt und verschmutzt, mit strahlendem Lächeln. Auf dem Rücken trug er einen Soldatentornister, unter dem Arm ein in Zeitungen gewickeltes Paket, aus dem zwei Gänsefüße ragten, so als wolle er sie den Eltern zum Gruße reichen.

»Guten Tag. Ich hab' euch 'ne Gans mitgebracht.«

Rose riß ihn samt der Gans in die Arme, weinte ein bißchen, lachte ein bißchen, nahm ihm dann das Paket ab und wickelte es aus.

»Lieber Gott! Das ist ja wohl die komischste Gans, die ich je gesehen habe. Die ist ja regelrecht blau, so mager ist sie.«

»Tut mir leid«, sagte Harald betrübt, »andere gab's nicht.«

»Natürlich nicht, Junge. Um die Zeit! Niemand hat da

schlachtreife Gänse. Ich bin so glücklich, daß du an so was gedacht hast, und eine schönere Gans werde ich nie in meinem Leben bekommen. Sie sieht nur so seltsam aus, und ich muß lachen. Und dann der Anblick, als du da standest und uns die Gänsefüße entgegengehalten hast. Das war urkomisch, entschuldige schon. Wo hast du sie denn her?«

»Gekauft. Ich hatte noch Zlotys.«

Eine Zeitlang nahmen sie einander das Wort vom Munde. Besonders Rose hüpfte von einem Thema zum anderen. Zwischendurch lief sie und heizte den Badeofen, damit Harald sich nachher gründlich säubern konnte. Sie brachte seine Hausschuhe und schrie auf, als er die Stiefel von den Füßen zog.

»Nun guckt euch das an! Wer hat dir denn die Socken gestopft?«

Auf Haralds graubraunen Arbeitsdienstsocken prangten mehrere große Stopfstellen in giftigem Grün.

»Eine alte polnische Matka. Ich hab' sie mit Zigaretten bezahlt. Sie hatte bloß diese grüne Wolle.«

Rose nahm die Socken und prüfte die Reparaturen.

»Sauber, das muß ich sagen. Faden an Faden, und nirgends gehudelt. Stopfen kann diese Polin.«

Rose verzieh der barbarischen Matka den giftgrünen Schock.

Nach und nach kam auch Viktor dazu, seine Fragen zu stellen, und so erfuhr man endlich, wie die Sache mit dem Antrag weitergegangen war, nachdem Viktor sie ins Rollen gebracht hatte. Also, der Bescheid aus dem Wehrbezirkskommando war um den 23. September herum bei Haralds Einheit angelangt. Vier Tage später wurde Harald auf die Schreibstube befohlen, wo ihn der Oberstfeldmeister – ein anderer als der in Schippenbeil – von seines Vaters Antrag in Kenntnis setzte und fragte, was er denn studieren wolle.

»Was hast du geantwortet?«

Chemie, hatte Harald gesagt, und das schien die richtige Antwort zu sein, denn seine Vorgesetzten waren zufrieden. Und dann hatte man ihm einen Marschbefehl nach Berlin ausgestellt, für den 29. September. Frühmorgens hatte ihn ein Lkw zur Bahn mitgenommen, und dann war er in einen Wehrmachts-Transportzug gestiegen.

In Frankfurt an der Oder, wo der Zug eine Weile hielt, hatte er jemanden gebeten, das Telegramm für ihn aufzugeben, das hatte der Mann auch versprochen und sich geweigert, das Geld dafür zu nehmen. Für unsere braven Soldaten tue er gerne was, hatte er gesagt. Na, und dann war der Zug weitergefahren.

»Und da bin ich nun.«

Ja, da war er, und man konnte es noch kaum fassen, daß man ihn wiederhatte.

»Aber wie war es denn während der Kampfhandlungen? Was habt ihr Jungen denn da gemacht?«

Na, da hatten sie Unterstände gebaut und Brücken abgestützt und lauter solche Sachen. Nein, selber geschossen hatten sie nicht, ihre Ausrüstung bestand nach wie vor aus dem Spaten und natürlich noch ein paar anderen Werkzeugen. Aber beschossen worden waren sie. Nein, nicht nur von den Polen, auch von den eigenen Leuten. Das kam daher, daß das Erdbraun ihrer Uniform dem polnischen Uniformtuch so ähnlich sah, und da waren sie mal zwischen die Linien geraten, und jede Seite hatte sie für den Feind gehalten und immer munter drauflosgeballert.

»Aber das ist ja entsetzlich!«

Na ja, gemütlich war's gerade nicht gewesen, aber er hatte es überlebt. Alle hatten es überlebt, nur ein paar Verwundete mußten nachher ins Lazarett.

Rose lief es kalt den Rücken hinunter. Bloß gut, daß

sie es nicht gewußt hatte, als es passierte, sie wäre gestorben vor Angst.

»Und was hast du jetzt vor?«

»Ausschlafen. Den Sonnabend und den Sonntag genießen. Und am Montag kümmere ich mich um mein Studium.«

Viktor führte Harald in die chemischen Labors der Technischen Hochschule.

»Guck es dir erst mal an, Junge, ehe du eine Entscheidung triffst. Deine Schulerfahrungen reichen dafür nicht.«

Harald ging von Raum zu Raum, beobachtete, wie die Chemiker und die Laboranten mischten und kochten, wie sie rechneten und prüften. Manchmal stand er lange vor einem der Tische, stellte auch ein paar Fragen. Als sie wieder draußen waren, sagte er:

»Langweilig. Das hab' ich mir anders gedacht. Nein, Vati, Chemie möchte ich lieber nicht studieren. Was aber dann?«

»Komm, wir trinken ein Bier und reden drüber.«

Zwei Tage später schrieb Harald sich für das Fach Fernmeldetechnik ein. Wenn er aber geglaubt hatte, gleich in den Hörsaal oder in die Übungsräume zu dürfen, so irrte er sich. Zunächst einmal mußte ein Praktikum absolviert werden, abzuleisten in einem technischen Lehrbetrieb.

Viktor besorgte ihm eine Praktikantenstelle in der Lehrlingswerkstatt des Kabelwerks. Da lernte er, mit Feilen und Fräsen umzugehen und aus ungefügen Metallstücken kantengenaue Würfel zu fertigen. Wenn die Kanten um einen Millimeterbruchteil schief oder die Seiten nicht spiegelglatt gerieten, warf der Meister das Stück zum Abfall.

»Das war ja wohl nischt, junger Mann.«

Der Betrieb in der Lehrlingswerkstatt begann um sechs, also mußte Harald um halb fünf aus dem Haus, um Viertel vor vier aufstehen. Das fiel ihm am schwersten.

»Ja, ja«, sagte Rose, »der Ernst des Lebens. Das muß jeder mal lernen. Bisher hast du ja nur gespielt.«

Anscheinend hatte sie vergessen, daß er ein Sommerhalbjahr lang in Schippenbeil durchaus nicht gespielt hatte, nicht zu reden von den Septemberwochen im polnischen Feldzug. Nach kurzer Zeit schon war ihr die Anwesenheit des Sohnes wieder zur Selbstverständlichkeit geworden. Der Alltag kehrte zurück, sie war die Mutter, Harald das Kind, und so behandelte sie ihn auch. Auf der einen Seite verwöhnte sie ihn, auf der anderen erzog sie an ihm herum, entschlossen, ihn so zu formen, wie er ihrer Meinung nach sein sollte.

Harald gefiel das nicht. Die Monate von April bis Oktober waren eine deutliche Zäsur in seinem Leben gewesen, sie hatten aus dem Schuljungen einen Mann gemacht. So sah er das jedenfalls. Er mochte sich nicht mehr gängeln lassen. Es kam zu Mißstimmungen.

Zuweilen veranstaltete einer seiner Freunde ein kleines Tanzfest am Wochenende. Harald ging jedesmal hin, er spürte einen gewaltigen Lebenshunger. Nach dem dritten, vierten Mal erhob Rose Protest. »Immer treibst du dich rum. Nie sieht man dich zu Hause. So geht das nicht weiter.«

»Also, erstens treibe ich mich nicht rum. Du weißt immer, wo ich bin. Zweitens bin ich nicht jedes Wochenende weg. Drittens bin ich vor allem wegen der Arbeit seltener zu Hause als früher. Viertens kannst du mich nicht mehr behandeln, als müßtest du mir noch die Hosen zuknöpfen. Und fünftens könntest du mir erlauben, auch mal eine Gesellschaft zu geben. Dann würde sich das nicht immer bei anderen Leuten abspielen, sondern hier.«

»Wie redest du denn mit mir?« sagte Rose empört. »Erstens, zweitens, drittens ... Bei uns geht so etwas nicht, unsere Wohnung ist nicht groß genug. Und der Vati braucht seine Ruhe, darauf hat er Anspruch, nachdem er die ganze Woche gearbeitet hat.«

»Mit Vati komm' ich schon klar. Der erlaubt es.«

»Ich weiß besser, was er braucht. Und was du brauchst, weiß ich auch. Du äscherst dich beim Tanzen ab, und in der Woche kommst du morgens nicht aus den Federn. Du kannst auch mal ruhig mit deinen Eltern sitzen. Und wenn du dich langweilst, dann guck in ein Buch. Dann bist du schon vorbereitet im nächsten Frühjahr.«

Harald stellte fest, daß seine Mutter keine Ahnung davon hatte, wie ein junger Mann lebt, und nicht wußte, wie man ein Studium anpackt. Er hätte ihr niemals vorgeworfen, daß ihr nur eine Dorfschulbildung zuteil geworden war. Aber sie besaß kein Rüstzeug, einem Studenten dreinzureden.

Er nahm weiterhin Einladungen an. Manchmal traf er ein Mädchen, das ihm gefiel, das brachte er dann nach Hause. In keine verliebte er sich, so wie es ihm vor anderthalb Jahren bei Ilse geschehen war. Dachte er noch an Ilse? Ach, eigentlich nicht, höchstens ab und zu einmal und ganz ohne Herzweh. Die Geschichte war so lange her, und er war ein solcher Grünschnabel gewesen!

Rose aber dachte an Ilse und an das, was sich im Zusammenhang mit ihr abgespielt hatte. Argwöhnisch registrierte sie, wann Harald von seinen Unternehmungen heimkam. Je später es wurde, desto quälender nagte das Mißtrauen. Sie versuchte, kommendem Unheil vorzubeugen.

»Du bist erst um zwei Uhr morgens zu Hause gewesen. Leugne nicht, ich habe dich kommen hören.«

»Na und? Ich habe meine Tanzdame nach Hause gebracht. Sie wohnt in Friedenau. Hin haben wir noch eine

Straßenbahn erwischt. Aber zurück ist keine mehr gefahren. Ich mußte laufen.«

»Ich wünsche nicht, daß du dich nachts auf den dunklen Straßen rumtreibst. Da kann sonstwas passieren. In Zukunft bist du spätestens um Mitternacht zu Hause.«

»Ich denk' nicht dran. Da mach' ich mich ja vor den anderen lächerlich. Soll ich vielleicht meiner Tanzdame sagen, sie muß allein nach Hause geh'n, weil meine Mutti auf mich wartet? Und soll sie allein durch die dunklen Straßen laufen?«

»Das ist ihre Sache. Soll sie eher gehen oder sich von ihrem Vater abholen lassen.«

Harald würgte an seinem Zorn.

»Mutti! Ein für allemal, das kommt nicht in Frage!«

Er drehte sich um und ging in sein Zimmer. Rose lief hinterher.

»Du hörst mir zu, bis ich fertig bin. Du vergißt wohl, mein Sohn, daß du noch minderjährig bist. Noch hast du mir zu gehorchen.«

» So!« sagte Harald und seine Augen funkelten. »Dann tu' ich wohl am besten dran, meine Freistellung rückgängig zu machen. Die Wehrmacht nimmt mich sofort. Wenn ich schon gehorchen soll, dann lieber dort, wo ich ein Mann sein kann und nicht ein sabberndes Baby.«

Rose schnappte nach Luft. Jetzt einen Satz finden, einen einzigen, kurzen Satz nur, der ihn zerschmettern würde! Aber ihr fiel nichts ein, und so lief sie hinaus und schmetterte statt dessen die Tür hinter sich zu. Als Viktor wenig später ins Wohnzimmer kam, sah er seine Frau am Fenstertisch sitzen, den Kopf auf der Tischplatte. Sie schluchzte gottserbärmlich.

»Rose! Was ist denn jetzt schon wieder los?«

»Harald ...«

Ergeben lauschte Viktor der wilden Anklage, die aus Roses Mund strömte.

»Ja, nun ja. Ich werde gleich mal mit ihm reden. Er hat's bestimmt nicht so gemeint. Sicher tut's ihm schon leid. Aber Mutti, du mußt dir's auch mal zu Herzen nehmen. Harald ist wirklich kein Kind mehr, du mußt aufhören, ihn zu gängeln. Denk bloß, was er alles schon hinter sich hat. Du kannst ihn nicht zurück in den Laufstall stekken.«

»Ich will doch nur sein Bestes.«

»Weiß ich ja. Und er weiß es auch. Aber so geht es nicht.«

Mit tränenverhangenen Augen sah sie ihn an.

»Ach, Viktor, was hab' ich mich damals gefreut, daß es ein Junge war. Und jetzt denke ich, das war vielleicht gar nicht so gut. Ich hätte lieber ein Mädchen kriegen sollen. Mädchen sind sanfter und lassen sich viel leichter lenken, meinst du nicht auch? Mit einer Tochter käme ich bestimmt besser zurecht.«

»Nicht, wenn sie nach dir geraten wäre. Und dann, nimm mir's nicht übel, Mutti, aber als Tochtermutter kann ich mir dich nicht vorstellen. Mit Frauen kommst du nicht sonderlich gut zurecht, und eine Tochter würde ja auch zur Frau heranwachsen.«

Manchmal konnte Viktor erstaunlich hellsichtig sein.

»Du neigst zur Eifersucht, lieber Schatz. Du und eine Tochter, ihr würdet euch gegenseitig die Augen auskratzen. Mord und Totschlag. Die Meinungsverschiedenheiten, die du mit Harald hast, wären gar nichts dagegen.«

»Was soll das heißen, ich neige zur Eifersucht? Habe ich dir je eine Eifersuchtsszene gemacht? Und wieso komme ich mit Frauen nicht zurecht? Edith ...«

»Edith ist die Ausnahme, sie bestätigt die Regel. Aber sonst ... Sogar in der Familie bist du mit den Männern immer besser ausgekommen als mit den Frauen.«

»Also, wenn du Grethe und Anna meinst, das ist ungerecht! Du weißt genau ...«

»Ja, ja, schon gut. Wir müssen das nicht alles wieder aufwärmen. Überleg dir aber mal, wie du reagierst, wenn Harald sich für ein Mädchen interessiert. Nein, laß, wir wollen kein abendfüllendes Gespräch daraus machen. So wichtig ist es auch wieder nicht. Was ich sagen wollte, ist, daß du mit einem Sohn eigentlich recht gut bedient bist. Und besonders mit diesem Sohn. Du mußt nur manchmal auch ein bißchen nachgeben.«

23 / Das Leuchten in Viktors Augen brach sich in den Tränen, die er vergebens wegzutupfen versuchte. Er konnte seiner Ergriffenheit nicht Herr werden. Rose sagte:

»Es sieht aus, als ob du aus Christbaumkugeln guckst, auf die der Kerzenschein fällt.«

»Mir ist auch nach Weihnachten«, flüsterte Viktor und räusperte sich, um seine Kehle freizumachen, aber als er weitersprach, war seine Stimme immer noch heiser: »Elsaß-Lothringen! Elsaß-Lothringen, Rose! Nicht, daß ich es wichtiger finde als alles andere, was wir erobert haben. Aber du weißt ja, was es mir bedeutet. Jetzt haben wir wieder, was mein Vater vor rund siebzig Jahren erkämpft hat und was sie uns dann gestohlen haben vor einundzwanzig Jahren. Jetzt haben wir es wieder!«

»Wie schön«, sagte Rose ohne rechte Begeisterung. »Herr Döring hat auch in Frankreich mitgekämpft. Frau Döring wartet seit Ende Mai auf Nachricht von ihm. Sie ist sehr besorgt.«

»Also weißt du!« protestierte Viktor. »Du hast vielleicht eine Art, einem Wasser in den Wein zu schütten! Warum verdirbst du mir denn die Freude? Er wird schon schreiben. Vielleicht hat er auch längst geschrieben, und der Brief liegt auf irgendwelchen Feldpoststellen herum.

In Kriegen passiert das schon mal, bei Offensiven und bei Rückzügen. Danken wir Gott, daß es bei uns die Offensive war, die alles durcheinander gebracht hat, und daß die anderen sich zurückziehen mußten. Rose, was machst du für ein Gesicht? Freu dich doch. Wir haben gesiegt, Rose. Erst Polen in achtzehn Tagen, und jetzt Frankreich in sechs Wochen. Ist das kein Grund zum Freuen?«

»Wir siegen uns tot«, sagte Rose. »Das ist alles schon mal dagewesen. Im vorigen Krieg haben wir auch immerzu gesiegt, und was war nachher? Zu leichte Siege machen bloß übermütig. Wir werden uns totsiegen.«

Viktor war daran gewöhnt, im Meinungsstreit mit Rose nachzugeben, wenigstens nach außen hin. Am Ende hatte er noch jedesmal ihre Position übernommen, wenn auch nicht in allen Fällen danach gehandelt. Aber diese Schwarzseherei machte er nicht mit. Wenn sie sich nicht mehr erinnerte, wie sehr man unter der Entwürdigung des Vaterlandes gelitten hatte, vierzehn schlimme Jahre lang – er erinnerte sich. Und sein Glücksempfinden, weil dies nun vorbei, ja sogar ins Gegenteil umgeschlagen war, das würde er sich nicht trüben lassen. Es zeigte sich wieder mal, daß Frauen mit einem geringeren Maß an Vernunft ausgestattet sind als Männer. Rose machte da keine Ausnahme.

Rose ihrerseits beschloß, nicht mehr mit Viktor über den Krieg zu streiten, solange nicht neue Fakten neue Gespräche erzwangen. Eine siegreiche Wehrmacht war ihr natürlich auch lieber als eine besiegte. Viktor brauchte gar nicht auf sie einzureden, als ob sie blöd wäre. Aber alle Siege kosteten Blut, man wußte nicht, was noch alles passieren würde, und wenn morgen ein Brief von Herrn Döring käme, dann hätte Frau Döring immer noch keine Garantie dafür, daß ihr Mann den Krieg überlebte. Und jeden Tag konnte ein Einberufungsbefehl für Harald kommen.

Harald teilte seines Vaters Begeisterung für die Sturmläufe der deutschen Wehrmacht. Er wäre gern dabeigewesen, als man die Franzosen in die Knie zwang, aber als Soldat mit der Waffe in der Hand, nicht mit dem Spaten wie damals in Polen. Schippen konnte jeder Idiot, er wollte kämpfen. Sein Studium, das ihm vor kurzem noch so wichtig gewesen war, ödete ihn jetzt an. Es schien ihm, als ob er das Wesentliche versäumte. Durch seinen Kopf zogen nebelhafte Träume, in denen er vor der Front seiner Kameraden stand und von seinem Kommandeur das Eiserne Kreuz empfing sowie einen festen Händedruck. Das Vaterland, wenn es ihn rief, sollte sich seines Sohnes Harald nicht schämen müssen.

Als er dann einberufen wurde, Anfang Juli 1940, hüpfte Harald wie ein Kind, das zu Weihnachten reich beschenkt worden ist. Rose weinte und versuchte, das Verhängnis abzuwenden.

»Du kannst dich doch weiter freistellen lassen. Der Axel Arndt und der Manfred Hauske« – dies waren zwei von Haralds ehemaligen Schulgefährten – »haben auch einen Antrag gestellt und sind beide damit durchgekommen. Ich hab' Frau Arndt und Frau Hauske auf dem Markt getroffen, daher weiß ich das. Axel und Manfred studieren Medizin, das ist doch bestimmt nicht wichtiger als deine Fernmeldetechnik. Frau Hauske sagt, euer Jahrgang ist immer noch nicht dran. Du wirst nur eingezogen wegen deiner Freiwilligenmeldung. Aber die kannst du doch rückgängig machen.«

»Diese Drückeberger!« sagte Harald angeekelt. »Das sieht denen ähnlich. Fällt mir gar nicht ein, so schäbig zu sein wie die. Ich gehe, wenn man mich ruft. Irgendwann kommen die aber auch dran, und da werden sie noch vor jedem Gefreiten Männchen bauen, wenn ich schon Leutnant bin. Und wenn ich sie mal in die Finger kriege, dann können sie was erleben.«

Rose bat und flehte, sie redete mit Engelszungen, aber es war umsonst. Harald wollte ein Held werden, er ließ sich nicht umstimmen. Viktor, tief besorgt, nahm den Sohn beiseite.

»Hör mal, Junge, du tust das doch nicht etwa, weil deine Mutter ein bißchen viel an dir rumerzieht? Du hast so was gesagt vor ein paar Monaten ...«

»Ach was, Vati, natürlich nicht. Das hab' ich damals in der Wut gesagt. Sicher, sie geht mir manchmal auf den Wecker mit ihrer ewigen Besorgtheit und mit ihren Verboten, als ob ich noch ein Hosenscheißer wäre. Aber daß ich von ihr zu den Soldaten durchbrenne – nee, Vati, so kindisch bin ich nicht. Und ich häng' ja auch an ihr. Ich geh', weil's meine Pflicht ist, weiter nichts.«

»Ja«, sagte Viktor unsicher, »aber da wäre noch was. Du redest von Pflicht, und ich will dich auch nicht davon abhalten, deine Pflicht zu tun. Nur kommt es mir so vor, als ob du eine nicht ganz ausgereifte Vorstellung hast von den Pflichten eines Soldaten. Natürlich mußt du tun, was man von dir verlangt, und daß du dabei Ehrgeiz entwikkelst, ist in Ordnung. Aber du darfst pünktliche Pflichterfüllung nicht mit Waghalsigkeit verwechseln. Der Krieg ist gefährlich genug, man muß die Gefahr nicht noch extra suchen. Ich meine damit – also, das Vaterland braucht nicht lauter Helden, die sich totschießen lassen. Es müssen welche übrigbleiben für die Zeit danach. Da wird es viel zu tun geben, und da werden kluge Köpfe gebraucht.«

Je unsicherer Viktor sich fühlte, desto beschwörender klang seine Stimme.

»Verstehst du, Harald, ich hab' damals auch meine Pflicht getan und mich niemals gedrückt. Aber ich habe mich nach den gefährlichen Einsätzen nicht gedrängelt. Das wäre der Mutti gegenüber unverantwortlich gewesen, die darauf vertraute, daß ich zu ihr zurückkommen würde. Man hat auch eine Verantwortung gegenüber den Menschen, die einen lieben. Es würde deine Mutter töten, wenn … Verstehst du mich, Junge?«

»Sicher«, sagte Harald, »sicher, ja. Mach dir keine Sorgen. Ist schon gut.«

Es war peinlich, den Vater so reden zu hören. Natürlich meinte er es schrecklich gut, aber das entschuldigte ihn nicht. Er jubelte doch sonst immer über die deutschen Helden. Das waren dann allerdings anderer Leute Söhne. So was ging doch nicht, bei jeder Siegesmeldung Hurra schreien, aber selbst nichts opfern wollen. Wenn das jeder machen würde, immer bloß auf Nummer Sicher gehen, wie sollte da der Krieg gewonnen werden? Wie konnte ein glühender Patriot, und das war Vater doch, nur solche lauwarmen Ratschläge geben? Wahrscheinlich lag es an der Art, wie er aufgewachsen war. Seine ganze Generation hatte sich in dem butterweichen Zivilistenglück geaalt, das ihre Väter erkämpft hatten. Die Söhne waren dann bloß Erben gewesen, bequem gebettet, weiter nichts. Na, ihren Krieg hatten sie auch prompt verloren. Haralds Generation würde das nicht passieren. Alle die Jungen, die unterm Führer groß geworden waren, die konnten was aushalten. Die hatten gelernt, aufrecht zu stehen, auch wenn es Scheiße regnete.

»Laß gut sein, Vati. Es wird schon alles zurechtkommen.«

Es hatte keinen Zweck, die Differenz auszutragen. In dem Punkte verstanden sie einander nicht, und in zehn Tagen war Harald sowieso schon in der Kaserne.

Viktor spürte, daß der Junge sich ihm verschloß, zum ersten Mal in seinem Leben, und dann gerade in einer so wichtigen Frage. Mutlos ließ er von ihm ab. Die kurze Zeit, bis Harald einrücken mußte, durfte nicht durch Spannungen belastet werden. Viktor legte Wert darauf, daß der Sohn eine ungetrübte Erinnerung an zu Hause mit sich nahm. Das würde er brauchen, auch wenn er heute noch nicht wußte, wie sehr. Dieser Kindskopf! Ach, daß man seine Erfahrungen nicht vererben konnte, die teuer erworbenen, mit Schweiß und Tränen bezahlten! Jede Generation bildete sich ein, mit ihr erst hätte die Erde begonnen, sich zu drehen. Man konnte die Kinder nicht vor der Dummheit bewahren, die sie unbedingt begehen wollten.

Rose fühlte sich, als hätte man sie verstümmelt. Abends, im Schlafzimmer, klagte sie:

»Wenn sie klein sind, treten sie dir auf den Schoß, wenn sie groß sind, treten sie dir auf's Herz. Warum läßt er sich denn nicht freistellen? Hat er's denn zu Hause nicht schön?«

Aber auch sie gab sich Mühe, vor Harald gelassen zu erscheinen. Als er dann allerdings am letzten Tag ins Souterrain hinunterstieg, um, wie er sagte, »mit Onkel Walter und Udo eine Abschiedsrunde Skat zu spielen«, verlor sie die Fassung.

»Am letzten Abend, den wir zusammen haben, läßt du deine Eltern allein?«

»Doch nur für ein, zwei Stunden, dann komm' ich ja wieder.«

Als Harald aus der Tür war, schmetterte Rose eine Kartoffelschüssel auf den Linoleumboden der Küche. Viktor stürzte erschreckt herbei und fand sie über den Scherben, die sie nicht richtig auf die Müllschaufel kehren konnte, weil die Tränen ihr die Augen blind machten.

»Morgen früh muß er weg, und wer weiß, ob ich ihn je wiedersehe. Und da stiehlt er mir heute das bißchen Zeit, das noch bleibt. Was gehen ihn denn diese Leute an? Was hat er denn da, was er hier bei uns nicht besser hätte?«

Viktor zog sie hoch und schloß sie fest in die Arme.

»Du mußt das so sehen, Rose: Karsunkes sind für ihn

ein Stück Kindheit. Wie oft ist Harald bei ihnen gewesen, als er noch ein kleiner Junge war. Du kannst über Frau Karsunke denken, was du willst, aber er hat bei ihnen ein zweites Zuhause gehabt. Und sie hängen ja auch an ihm. Er nimmt Abschied von seiner Kindheit, verstehst du.«

»Ach, Viktor ...«

Der Traum von der Kaserne in Berlin-Lankwitz erfüllte sich nicht, Harald wurde nach Hannover geschickt. Von dort rief er mindestens einmal in der Woche zu Hause an, immer per R-Gespräch, das die sonst so sparsame Rose jedesmal ohne Besinnen akzeptierte. Sobald sie seine Adresse wußte, begann sie, Päckchen für ihn zu packen, besessen von der Vorstellung, wie sehr der arme Junge geschunden würde und wie groß infolgedessen sein Hunger sein müßte. Sie backte ihm einen Kuchen nach dem anderen und plünderte auch ihr Wurstvorräte. Harald protestierte, am Telefon und in seinen Briefen. Er referierte den Verpflegungsplan mehrerer Tage und versicherte:

»Es ist abwechslungsreich und so viel, daß ich euch noch abgeben könnte, wenn nicht so eine Entfernung zwischen uns läge.«

Von der zweiten Augusthälfte an blieben die Anrufe aus, und im nächsten Brief stand oben in der Datumzeile der Vermerk »Im Felde«. Rose zuckte zusammen, als sie das las. Aber Harald schrieb, daß seine Einheit nach Frankreich verlegt worden sei und zwar in die Bretagne, nicht weit von Rennes. Näher bezeichnete er seinen neuen Standort nicht, vielleicht war das verboten, Rose kannte sich nicht so aus. Auf jeden Fall wußte sie nun, daß er sich nicht in Gefahr befand. Im besiegten Frankreich mußte Harald auf niemanden schießen, niemand schoß auf ihn, und aller Voraussicht nach würde das bis Kriegsende so bleiben. Das war außerordentlich beruhigend. Rose freute sich über die Nachricht.

Sie freute sich so sehr, daß sie sich unbedingt jemanden mitteilen mußte. Zunächst telefonierte sie mit Viktor, dann setzte sie sich hin und schrieb einen fröhlichen Brief an Harald. Schließlich ging sie so weit, bei Karsunkes zu klingeln und Frau Karsunke an ihrer Erleichterung teilhaben zu lassen.

»Jotte nee«, sagte Frau Karsunke, »unser Haraldchen. Wie schön. Wenn auch, jetzt ist ja nirgenswo mehr was los. Hoffentlich bleibt es so. Und hoffentlich bleibt Haraldchen, wo er jetzt ist, solange es dauert. Ich wer's mein Mann sagen, der freut sich auch.«

Aber das genügte Rose noch nicht, und nach einigem Nachdenken wählte sie die Nummer von Rosenfelds. Ediths Stimme klang matt, als sie Rose beglückwünschte.

»Besatzungssoldat in Frankreich, das ist das Beste, was ihm unter den gegebenen Umständen passieren konnte. Und vor allem, was dir passieren konnte. Ich umarme dich.«

Rose hätte nicht sagen können, warum, aber es kam ihr vor, als ob da etwas nicht stimmte. Sie kannte Edith so lange, länger nun schon als ein Vierteljahrhundert, und da war etwas, da war etwas ...

»Ist bei dir alles in Ordnung, Edith? Hast du Nachricht von Rolf?«

»Er ist hier. Die Wehrmacht hat ihn entlassen.«

»Ach«, sagte Rose und fragte sich, was sie sich bei dieser Nachricht denken solle. »Das ist ja ... Ich meine ... Auf jeden Fall hast du ihn wieder.«

»Er ist entlassen worden, weil er wehrunwürdig ist.«

»Ich verstehe nicht. Wieso wehrunwürdig? Ich dachte ...«

»Ja, das haben wir auch gedacht«, schluchzte Edith. »Bisher. Aber er ist jetzt kein Vierteljude mehr. Jetzt ist er Halbjude.«

»Edith!«

»Ja. Wir wissen jetzt, daß Heinz Volljude ist – so heißt das heute. Und alles nur, weil Ute … Ute hat …«

Der Rest dessen, was Edith sagen wollte, ging in ihrem jämmerlichen Schluchzen unter. In Rose regte sich der Überdruß, den sie seit Jahren empfand, wenn Edith sie in ein Gespräch über die leidige Judenfrage verwickelte. Aber diesmal kämpfte sie dagegen an. Offenkundig war bei den Rosenfelds irgend etwas wirklich Schlimmes passiert. Das konnte man ja hören, daß Edith nicht bloß aufgeregt war, sondern verstört und verzweifelt.

»Edith, bitte, was heißt denn das alles? Ich verstehe dich nicht. Beruhige dich doch. Edith, so hat das keinen Zweck. Soll ich zu dir kommen? Doch, doch, ich komme. Ich häng' jetzt auf und komme sofort.«

Rose eilte aus dem Haus und lief zur Straßenbahn. In Steglitz mußte sie in eine andere Linie umsteigen, und sie verfluchte die elende Warterei. Als sie vor Rosenfelds Wohnungstür angekommen war, klingelte sie Sturm. Rolf öffnete.

»Rolf! Laß mich rein. Was ist bei euch passiert? Sag mir doch …«

Rolf wies mit dem Daumen über die Schulter.

«Sie ist da drin. Im Wohnzimmer.«

Edith hockte an ihrer Nähmaschine und ließ die Nadel durch einen Stoff sausen. Sie weinte immer noch. Rose löste ihre Hände von der Maschine und drehte sie zu sich herum.

»Laß das jetzt. Sag mir, was los ist. Ich fliege am ganzen Leibe vor Aufregung. Ich will wissen, was passiert ist.«

Sie zog Edith hoch, führte sie zum Sofa, setzte sich ganz dicht neben sie und drückte sie an sich. Mit stokkender Stimme begann Edith zu erzählen, immer wieder von Schluchzen unterbrochen. Es war nicht leicht, die wirre Geschichte zu begreifen, die Rose zu hören bekam. Als sie begriffen hatte, war ihr eiskalt.

Alles hat damit angefangen, daß Ute sich verliebte und daß der junge Mann, um den es ging, sich in Ute verliebte. Das war im Mai gewesen, der Frankreichfeldzug hatte gerade begonnen, und Rolf, seit Jahresanfang in der Pionierschule zu Berlin-Karlshorst, war mit seiner Einheit an die Front geschickt worden. Utes junger Mann mußte auch nach Frankreich. Er schrieb ihr viele Briefe, und sie schrieb ihm viele Briefe. Als der Feldzug vorbei war, bekam er Urlaub, und dann machte er ihr einen Heiratsantrag.

»Ja, aber – was ist daran so schrecklich?«

»Er ist Offizier, Rose, Berufsoffizier.«

»Und?«

»Man merkt, daß du mit diesen Problemen sonst nichts zu tun hast. Du Glückliche!«

Der junge Offizier durfte kein jüdisch versipptes Mädchen heiraten, das verbot ihm das nationalsozialistische Wehrgesetz. Er selber hatte seine arische Abstammung nachweisen müssen, bevor er noch seine Rekrutenausstattung in der Kleiderkammer empfing. Ohne die entsprechende Ahnenreihe hätte er niemals befördert werden können. Seine Auserwählte mußte denselben Nachweis führen, sonst gab es kein Aufgebot und keine Trauung. Sie hatten es Ute vorgehalten, aber die hatte nicht hören wollen, weil sie so schrecklich verliebt war. Sie hatten auch in aller Offenheit mit dem jungen Mann gesprochen, aber der war genauso vernagelt gewesen. Er hatte immer nur Ute angesehen und seine Augen nicht von ihr lösen können.

Das konnte sich Rose gut vorstellen: Die blonde Ute mit den blauen Strahlaugen und dem Gesicht wie Milch und Honig, dazu schlank und von ebenmäßigem Wuchs, eine wahrhafte Schönheit. Kein Wunder, daß der junge Offizier rettungslos in sie vergafft war. Andererseits …

»Er muß doch aber dieses Wehrgesetz gekannt haben.«

»Natürlich hat er. Er kennt alle diese Gesetze, das bringt man denen ja bei. Aber das war's ja gerade, er wußte zuviel darüber, er kannte alle Verordnungen und Auslegungen und Kommentare und was sonst noch alles. Und je mehr er sich damit befaßte, desto schlauer kam er sich vor. Er hat sich wirklich eingebildet, daß er die Nazis mit ihren eigenen Waffen schlagen kann.«

Der junge Mann hatte herausgetüftelt, daß Mischlinge zweiten Grades von den üblichen Beschränkungen ausgenommen seien. Ute galt als Mischling zweiten Grades. Außerdem schleppte er Schriften an, in denen viel vom Erscheinungsbild die Rede war, von körperlichen Merkmalen, in denen sich die Rasse manifestiert.

»Seht Ute an!« rief er dann aus. »Ist sie nicht das Ebenbild einer germanischen Göttin?«

Er entwarf einen Plan, wonach Ute ihre arische Ausprägung wissenschaftlich prüfen und amtlich bestätigen lassen sollte. Es gab da Verfahren, bei denen man von Kopf bis Fuß vermessen, auf Schädelform, Körperproportionen und andere Kriterien untersucht wurde. Das besorgten rassekundlich spezialisierte Ärzte aus dem Bereich des Rasse- und Siedlungshauptamtes der SS.

Den Rosenfelds war himmelangst geworden, besonders als der junge Mann ihrer Tochter zumutete, sich einer Instanz der SS zu überantworten. Sie hatten ihn beschworen, die Sache auf sich beruhen zu lassen und um Gottes willen nicht in einem Schlangennest herumzustochern. Bisher hatte man relativ unbelästigt leben können, und es war doch der reine Wahnsinn, die Behörden auf sich aufmerksam zu machen. Aber nein, er ließ sich nicht belehren, und Ute, das sonst so kluge Köpfchen von der ach so großen Liebe total vernebelt, war zu allem entschlossen. Sie teilte ihren Eltern mit, notfalls würde sie sogar in die Hölle gehen und sich vom Teufel vermessen lassen. Der junge Mann stellte seinen Antrag auf Genehmigung der Eheschließung mit Fräulein Ute Rosenfeld, und dann war das große Elend über alle hereingebrochen.

»Es hat Ärger gegeben?«

»Ärger? O Rose, in welchen Kategorien denkst du denn? Gehst du mit geschlossenen Augen und Ohren durch die Welt? Es passiert doch direkt neben dir, alle Tage!«

Der junge Mann war noch am besten weggekommen. Man hatte ihm mit Degradierung gedroht und ihn sofort versetzt, ins östlichste Ostpreußen, hart an die russische Grenze, kaum daß er Ute Adieu sagen konnte, und das auch nur telefonisch und in aller Heimlichkeit. Wahrscheinlich würde er es künftig nicht leicht haben, und seine Karriere hatte gewiß schweren Schaden genommen.

»Aber was ist das alles schon gegen das, was er über uns gebracht hat?«

Man hatte in Utes Ahnenreihe herumgeforscht – nein, Edith wußte nicht, welche Dienststelle. Man hatte sich nicht die Mühe gemacht, ihnen das mitzuteilen. Aber die Sache durchlief alle nur möglichen Instanzen, bis sie am Ende bei der Gestapo landete, und die lud den Dr. Rosenfeld vor.

»Kannst du dir unser Entsetzen vorstellen?«

»O Edith! Aber hat dein Mann nicht gesagt, daß ihr dagegen gewesen seid und daß ihr von Anfang an abgeredet habt?«

»Ach, darum ging's doch gar nicht mehr. Das war für die doch im ersten Moment schon erledigt. Nein, sie haben herausgefunden, daß Heinzens Mutter gar nicht arisch war, wie wir immer geglaubt hatten, sondern jüdisch. Und das hat alles, aber auch alles verändert.«

»Aber wie ...«

»Das ist hundertdreißig Jahre her – nein, hundertsiebenundzwanzig. Da sind die Großeltern väterlicherseits meiner Schwiegermutter vom jüdischen zum evangelischen Glauben übergetreten. Sie hießen Josef und Eugenie Marcks, Heinzens Mutter ist eine geborene Marcks. Auf der Gestapo haben sie Heinz irgendwelche Kopien von Unterlagen gezeigt. Und sie haben behauptet, Marcks wäre eine Schrumpfform von Markussohn. Davon haben wir vorher nie was gewußt.«

»Hab' ich auch noch nicht gehört«, sagte Rose. »Bei den Markwarts taucht auch irgendwo eine geborene Marx auf, aber mit x. Das wäre mir neu, daß es sich dabei um einen jüdischen Namen handelt. Viktor schwört, daß alle seine Vorfahren arisch waren, und der Ahnenforscher, der den Nachweis zusammengestellt hat, sagt es auch.«

Aber der Gedanke machte sie unruhig.

»Von dem Übertritt haben wir auch nichts gewußt. Aber das Gegenteil können wir natürlich nicht beweisen. Was wir wissen, ist, daß der Josef Marcks ein überzeugter Preuße war, aus einer Potsdamer Familie, fritzisch gesonnen bis in die Zehenspitzen. Später ist er nach Berlin gezogen, und da hat er seine Eugenie kennengelernt. 1811 haben sie geheiratet. Zwei Jahre später ging es gegen Napoleon los, und da hat der Josef sich freiwillig gemeldet. Das ist ja nun ganz gut möglich, daß er als Jude Schwierigkeiten hatte und daß er dann sozusagen aus Patriotismus übergetreten ist, damit sie ihn nehmen und er mitmarschieren kann. Jedenfalls ist er hochdekoriert aus den Freiheitskriegen zurückgekommen. Zwei Jahre danach ist Heinzens Großvater geboren worden, ein evangelisches Kind mit Taufe und allem, was sich gehört. Von einer jüdischen Herkunft war niemals die Rede. Jedenfalls hat Heinzens Mutter davon keinen blassen Schimmer gehabt. Sie hat nur gewußt, daß sie aus einer christlichen

Familie kommt, und Heinz hat nie was anderes von ihr gehört.«

Die mütterliche Ahnenreihe der Schwiegermutter wies keinen Juden auf, nur lauter astreine Arier. Edith tat sie deshalb mit einer Handbewegung ab, für problemlose Ureltern hatte sie jetzt keinen Nerv.

Rose versuchte, die vielen Namen und Fakten ein wenig zu ordnen.

»Warte mal, wie ist das – deine Schwiegermutter hatte einen jüdischen Vater und eine arische Mutter. Richtig? Dann war sie also eine Halbjüdin. Dann ist dein Mann – ja, dann ist er doch bloß ...«

»Du bist ziemlich durcheinander, nicht?« sagte Edith mit traurigem Lächeln. »Du vergißt, daß Heinz nicht nur eine Mutter hatte, sondern auch einen Vater. Wenn du schon auf Bruchrechnung bestehst, dann ist er zu Dreivierteln Jude. Aber die Rechnerei ist völlig sinnlos. Im Reichsbürgergesetz steht, wer drei jüdische Großeltern hat, ist Jude. Juden dürfen nicht Reichsbürger sein. Heinz hat drei jüdische Großeltern.«

Sie begann wieder zu weinen.

»Mein Gott, diese unselige Liebesgeschichte! Ohne die wäre nie ein Mensch drauf gekommen, da nachzugraben, wir zu allerletzt. Wozu auch, einen arischen Nachweis hätten meine Kinder sowieso nicht zusammengekriegt, mit einem Halbjuden als Vater. Und nun ist er nicht einmal mehr das, nun ist er ein ganzer Jude!«

Rose suchte vergeblich nach Trostworten. Wie gräßlich, wie unausdenkbar gräßlich war das! Da saß sie nun, die nette kleine Edith, und hatte plötzlich einen volljüdischen Mann und halbjüdische Kinder, und nichts, nichts konnte sie von diesem Fluch befreien.

»Was sagt denn Ute dazu?«

»Ach die«, klagte Edith, »die macht mir solche Sorgen. Sie hockt in ihrem Zimmer, sagt nichts und ißt fast nichts. Man kommt gar nicht an sie ran. Ich habe richtig Angst um sie. Mit Rolf kann man wenigstens reden, wenn er auch furchtbar deprimiert ist. Wie soll er auch nicht, für ihn ist ja alles aus, alle Zukunftspläne sind dahin. Keine Universität nimmt ihn. Er wird ein Handwerk lernen müssen, falls er eine Lehrstelle findet. Jetzt droht ihm eine Zwangsverpflichtung als Rüstungsarbeiter im Apparatewerk von Siemens in Marienfelde. Als ungelernter Arbeiter, verstehst du? Dazu haben wir all die Jahre Schulgeld bezahlt. Dazu hat er sein Abitur mit Auszeichnung gemacht.›

»Mein Gott!« sagte Rose erschüttert. Wenn ihr nur etwas halbwegs Brauchbares einfiele, das sie Edith sagen könnte. Aber ihr fiel nichts ein, außer einer Fülle von Fragen. So fragte sie wenigstens, denn auch damit ließ sich das quälende Schweigen brechen.

»Was hat die Gestapo denn von deinem Mann gewollt, außer, daß sie ihm das alles mitgeteilt haben?«

»Mitgeteilt ist gut. Um die Ohren haben sie es ihm gehauen. Und gedroht haben sie ihm.«

»Haben sie etwa ... Wo ist er eigentlich?«

»Nein«, sagte Edith müde, »sie haben ihn wieder laufenlassen. Er lebt ja in privilegierter Ehe. Nie gehört? Du hast vieles nicht gehört. Es ist meinetwegen, weil ich Nichtjüdin bin, deshalb bleibt er von dem ausgenommen, was sie sonst den Juden antun. Vorläufig wenigstens, wer weiß, was die sich noch ausdenken. Sie haben ihm auch gesagt, er soll sich nicht einbilden, daß er zum letztenmal bei der Gestapo war, sie würden ihn bestimmt wiedersehen.«

»O Gott!«

»Du hast ja nichts davon wissen wollen, wenn ich es dir früher gesagt habe«, sagte Edith, und Rose meinte, in ihrer Stimme einen feindseligen Unterton zu hören. »Weißt du wahrhaftig nicht, was ihm blühen würde, wenn er nicht mit mir verheiratet wäre? Dann müßte er sich jetzt Heinrich Israel nennen und sich eine Kennkarte für Juden ausstellen lassen. Er müßte aus der Wohnung raus, in irgendwelche Judenhäuser, die sie geschaffen haben. Er dürfte abends nicht mehr auf die Straße, kein Telefon mehr haben und kein Radio. Wenn ich morgen überfahren werde, passiert ihm das alles, und vielleicht passiert's auch noch zu meinen Lebzeiten. Was wissen wir denn? Es sind schon Juden deportiert worden, irgendwohin nach dem Osten, im Februar oder so.«

»Das kann doch nicht wahr sein! Weißt du das genau?«

»Das hörst du nicht gern, was? Immer die Augen zumachen, was man nicht sieht, das gibt's auch nicht. Und derweil geschieht Fürchterliches, dicht vor eurer Nase.«

Edith hielt inne.

»Das wollte ich nicht sagen, jedenfalls nicht zu dir. Verzeih mir, Rose, du hast es nicht verdient. Du bist heute gleich hergekommen, als du gemerkt hast, daß es mir schlechtgeht. Das tun die wenigsten. Die meisten halten sich fern, all die sogenannten Freunde, soweit sie nicht selber jüdisch sind.«

Rose wurde verlegen, denn während Edith sie lobte, spürte sie ein dringendes Verlangen, nicht hier zu sitzen und diese gräßlichen Geschichten anhören zu müssen. Sie wünschte, sie wäre zu Hause geblieben. Davon durfte Edith aber nichts merken, und um sie von den ungetreuen Freunden abzulenken, fragte Rose nach Dr. Rosenfelds beruflicher Situation.

»Zur Zeit tut er, was er immer getan hat.«

»Na siehst du!« rief Rose betont munter, aber Edith setzte hinzu:

»Vorläufig, das gilt immer nur vorläufig. Ich sollte dir vielleicht auch sagen, daß jemand hier gewesen ist – auch so ein Gestapo-Kerl – und mir vorgeschlagen hat, mich von Heinz scheiden zu lassen. Ich hätte es dann leichter, und es würde sich auch positiv auf die Laufbahn meiner Kinder auswirken.«

Rose war so entsetzt, daß sie zu stottern begann.

»Das ist – ich meine, was – du hast doch nicht …«

Edith sah sie ungläubig an.

»Daß du fragst! Wie würdest du denn reagieren, wenn man dir so was zumuten würde? Na also. Ich hab' ihm Treue geschworen, bis daß der Tod uns scheidet. Daran gibt's nichts zu deuteln.« Und dann, leise: »Ich habe bloß solche Angst, es könnte bald sein, daß der Tod uns scheidet.«

Verzweifelt grub Rose nach einer tröstlichen Bemerkung. Ziemlich lahm sagte sie:

»Warum fahrt ihr nicht mal eine Zeitlang nach Wannsee und erholt euch dort? Noch ist Sommer, und es würde euch guttun. Mal Luft schnappen und was anderes sehen.«

»Sie haben es uns weggenommen«, sagte Edith und hob nicht einmal die Stimme. »Hast du denn geglaubt, ein Jude dürfte solchen Luxus besitzen wie ein Wochenendgrundstück? Dazu noch in dieser Lage, wo so viele Prominente wohnen? Ja, wenn's auf mich eingetragen wäre, dann vielleicht. Es ist aber auf Heinz eingetragen. Sie haben's beschlagnahmt und eine baltendeutsche Familie eingewiesen, aus Riga. Eine von denen, die bei dem Kuhhandel mit Stalin rausgemußt haben. Der Mann ist Techniker und auf irgendwas spezialisiert, was für die Rüstung wichtig ist. Das Haus ist ja winterfest. Wahrscheinlich gibt man ihm später was Besseres, aber das ändert nichts. Wir kriegen es nie wieder.«

Es war niederschmetternd. Drei Stunden saß Rose jetzt hier, und in der ganzen Zeit hatte sie nicht ein Wort der Hoffnung, geschweige denn der Freude gehört. Sie fragte nicht mehr, sie fürchtete sich vor jeder neuen Antwort. Der Kopf tat ihr weh, sie kramte ihre Tabletten aus der Handtasche und bat um einen Schluck Wasser. Schließlich brach sie auf.

»Du kommst doch wieder? Du wirst doch wiederkommen?«

»Ich komme wieder«, versprach Rose, und während sie es sagte, meinte sie es auch. Ediths dunkle Augen waren mit einem flehenden Ausdruck auf sie gerichtet. Rose wurde die Kehle eng. Aber hinter ihrer Erschütterung nistete die Frage, was Viktor zu all dem sagen würde. Falls er weitere Fahrten nach Wilmersdorf nicht guthieß – und damit mußte man rechnen –, dann konnte sie Edith nur noch heimlich besuchen, hinter seinem Rücken. Wollte sie so weit gehen?

Sie schob den Gedanken beiseite und umarmte Edith. Wie bitter, wie schlimm war das alles! Warum konnte es nicht einmal, ein einziges Mal eine Zeit der Ruhe geben? Warum brachte das Leben dauernd Aufregung und Bedrängnis? Was war das bloß für eine finstere Macht, die einem immer von neuem alles zerschlug, was man sich schuf?

Als Rose auf die Ausgangstür zuschritt, ging Ute über den Korridor. Sie sah blaß und vergrämt aus, ihre Augen blickten starr. Offenbar nahm sie ihre Umgebung überhaupt nicht wahr. Wortlos, ohne ein Zeichen des Erkennens, ging sie an Rose vorüber.

Als Vikor am Abend von der scheußlichen Geschichte erfuhr, zeigte er sich peinlich berührt.

»Das ist vielleicht ein Schlag ins Kontor. Entsetzlich für den armen Dr. Rosenfeld, absolut entsetzlich. Mir wär's aber lieber gewesen, deine Freundin Edith hätte es dir schon am Telefon gesagt. Wie kann sie es verantworten, dich dahin zu locken? Wenn dich nun jemand gesehen hat, wie du in die Wohnung eines Juden gehst? Das wäre sehr unangenehm für uns.«

»Aber Viktor! Willst du damit sagen, daß ich den Kontakt zu Edith abbrechen soll?«

»Ich denke, das wirst du müssen. Du weißt, ich habe nichts gegen deine Freundin Edith. Auch nichts gegen ihre Familie, wirklich nicht. Aber das Hemd ist mir näher als der Rock, begreif das doch. Wir können nicht mit Juden verkehren. Bedenke, Mutti, was das für Folgen haben könnte. Denk vor allem an Harald. Was glaubst du, wie sich das auf seine Karriere auswirkt, die militärische wie die zivile, wenn seine Mutter mit Juden umgeht?«

Von der Seite hatte Rose das Problem noch nicht gesehen. Natürlich wollte sie Harald nicht schaden. Ihr Junge, ihr ein und alles! Aber wie sonderbar war es doch, daß Harald Schaden nehmen sollte durch eine Beziehung, die älter war als er selbst. Wie konnte sie ihm erklären, daß er die Rosenfelds nicht länger als alte Freunde ansehen durfte, sondern einen Bogen um sie machen mußte wie um ein Nest pestinfizierter Ratten?

Ach, sie machte sich ja etwas vor. Nicht um Harald ging es, dessen Beziehungen zu den Rosenfelds zwar freundlich, aber niemals eng gewesen waren. Die Freundschaften, die ihm etwas bedeuteten, hatte er anderswo geknüpft, vorwiegend in der Schule. Nein, es ging um sie selber. Rose krümmte sich vor Scham bei dem Gedanken, daß Edith sie fragen könnte, warum sie denn gar nicht mehr käme. Mein Gott, man konnte ihr doch nicht die Wahrheit sagen! Aber würde Edith es nicht sofort merken, wenn Rose sich in Ausreden flüchtete?

Dieses blasse Gesicht mit den Tränenspuren, diese Furchen aus durchwachten Nächten und Tagen voller Angst! Die kleine, heitere Edith, die immer so viel und so gern gelacht hatte! Rose versuchte sich vorzustellen, daß es Viktor wäre, der plötzlich zur Gestapo befohlen wurde und um dessen Rückkehr man bangen mußte. Aber sie brach den Versuch schnell wieder ab – das ertrug sie nicht, nein, das war nicht zu ertragen! Eher noch konnte sie an den ernsten Rolf denken, der seine ganze jungenhafte Unbeschwertheit eingebüßt hatte. Das war nun Ediths lieber Junge. Rose fühlte die Sorge mit, die Edith sich um ihren Rolf machte. Und was soll man erst zu Ute sagen, zu ihrem geisterhaften Auftritt vorhin in Rosenfelds Korridor? Man mußte nicht Utes Mutter sein, um bei diesem Anblick in Angst zu geraten.

Wie entsetzlich traurig, wie herzbeklemmend das alles doch war! Man mußte es Viktor sagen. Man mußte es ihm genauso sagen, wie man es fühlte – so, als ob es einem selber geschah.

»Es wird mir Albdrücken machen, Viktor, es wird mich nicht mehr ruhig schlafen lassen. Es ist nicht irgendwer, Vati, es ist Ediths Mann, und es sind Ediths Kinder. Ach, und vor zwei Jahren – wahrhaftig, länger ist es noch nicht her –, da saßen wir am Wannsee und waren so fröhlich. Keiner hat geahnt, daß so was passieren wird. Wie schön war es damals, und wie lieb ist es von den Rosenfelds gewesen, daß sie uns diese wunderbaren Ferien geschenkt haben. Und jetzt soll ich ihnen nicht mal mehr die Hand geben? Was ist so anders an ihnen, als es damals gewesen ist?«

»Rose, bitte, laß dich doch nicht so gehen. Anders ist, daß wir heute wissen, was wir damals nicht wußten. Ich hätte dich sonst nicht da rausfahren lassen. Es war reizend von Rosenfelds, keine Frage. Aber das ändert nichts an der Tatsache, daß er ein Jude ist. Ich hätte protestiert, wenn ich es damals schon gewußt hätte. Ganz bestimmt.«

Rose dachte nach. Viktor sagte ihr nichts Neues. Sie kannte ja seine Einstellung zu allem Jüdischen, und bisher hatte sie weiter keinen Anstoß daran genommen. Sie wußte auch jetzt nicht, was sie dagegen einwenden sollte, und doch schien es ihr, als ob sie widersprechen müßte. Aber was konnte sie ihm sagen? Daß es sich um ihre Freunde handelte? Das würde nicht genügen, denn entweder waren die Juden eine schlimme Rasse, oder sie waren es nicht. Um wen es im einzelnen ging, spielte wohl keine Rolle. Ach, wenn sie sich nur mehr für die Judenfrage interessiert hätte, dann wäre sie jetzt nicht so unsicher.

»Er war immer so gut zu dir, der Dr. Rosenfeld. Wo es ging, hat er dir geholfen. Damals, in der Sache mit Hentschke, erinnerst du dich? Als der Frost war und wir solche Angst hatten, daß du die kaputten Geräte bezahlen müßtest. Da hat er dich zur AEG gebracht, und von heute auf morgen waren alle unsere Sorgen vorbei.«

»Natürlich erinnere ich mich. Aber glaubst du wirklich, die AEG hat mich einzig und allein wegen Dr. Rosenfeld genommen?«

»Nein«, sagte Rose, die ihren Mann nicht eigenhändig verkleinern wollte. Darauf legte sie schon Wert, daß sie zu ihm aufschauen konnte. »Sie haben dich genommen, weil du was zu bieten hast. Aber er hat dir den Kontakt verschafft. Das ist doch auch wahr.«

»Das hat er, und das danke ich ihm auch. Aber der Dank geht nicht so weit, daß ich seinetwegen Harakiri verübe. Übrigens würde ihm das auch gar nichts nützen.«

Das stimmte sicherlich. Was hätte Dr. Rosenfeld davon, wenn Viktor über seinen Schatten sprang und Solidarität mit dem Verfemten demonstrierte? Der kluge Viktor, da hatte er wieder einmal recht. Oder nicht? Wenn man es nur wüßte!

»Ach Viktor, sag mir doch, was jetzt an dem Dr. Rosenfeld so anders ist als früher. Du hast immer behauptet, er wär'eigentlich gar kein Jude, weil in ihm das Nichtjüdische von seiner Mutter her durchgeschlagen ist. Und nun stellt sich raus, daß die Mutter eine Halbjüdin war. Hast du dich all die Jahre geirrt? Oder wie ist das?«

»Ich hab'mich nicht geirrt«, sagte Viktor mit Würde. »Er hat so wenig Jüdisches, daß man schon glauben konnte, er hätte alles Arische aus seiner Ahnenreihe auf sich vereinigt.«

»Also ...«

»Nichts also. Erinnere dich, was ich über das Kind gesagt habe, das gestorben ist. Der reinste Itzig war das doch. Fürchterlich! Bei dem sind alle jüdischen Erbmerkmale geballt rausgekommen, obwohl der Junge dieselben Ahnen hatte wie der Älteste und die blonde Ute, die so ganz und gar germanisch aussieht. Man weiß nie, wie die Erbfaktoren sich mischen. Beim Dr. Rosenfeld haben sie sich vorwiegend deutschblütig gemischt und seine Erscheinung geprägt. Das hat aber nichts an seinem Judentum geändert, an seinem gestorbenem Jüngsten konnte man es sehen. Wären wir vor dreißig Jahren schon so schlau gewesen wie heute, dann hätte deine Freundin diese Mißheirat vermeiden können. Irgendwann muß man ja der Wahrheit die Ehre geben. Schlimm ist nur, daß deine Edith jetzt darunter zu leiden hat.«

»Und die Kinder.«

»Und die Kinder. Das ist die Folge davon, daß wir zu lange zu weich gewesen sind.«

Was konnte sie gegen seine wohldurchdachten Argumente ins Feld führen? Nichts Gescheites. Und doch hatte sie das Gefühl, ihm nicht nachgeben zu dürfen. Gewiß, die Juden waren eine üble Sorte, sie drängten sich in alle Führungspositionen und zersetzten ihre Wirtsvölker. Das wußte sie aus Viktors Darlegungen, mit denen er sie freigebig versorgt hatte, sobald das Thema Judentum zur Sprache gekommen war. Andererseits gab es keinen Hinweis darauf, daß der Dr. Rosenfeld sich an solchen perfiden Machenschaften beteiligte oder je beteiligt hätte. Und man kannte ihn doch seit bald einem Vierteljahrhundert. Sollte man seine persönliche Schuldlosigkeit an den Umtrieben seiner Rasse nicht berücksichtigen? Und sollte man nicht Ediths absolute Unschuld in Betracht ziehen?

Sie diskutierten tagelang darüber. Am Ende schlossen sie einen Kompromiß: Viktor erklärte sich mit Telefonaten zwischen Rose und Edith einverstanden, auch mit gelegentlichen Treffen, falls die nicht in Rosenfelds Wohnung stattfanden. Rose verpflichtete sich, Besuche in Wilmersdorf zu unterlassen und insbesondere darauf zu achten, daß sie Dr. Rosenfeld aus dem Wege ging. Viktor hoffte, daß diese sehr gelockerte Form einer Beziehung die beiden Frauen langsam, aber sicher voneinander trennen würde. Rose setzte darauf, daß der beschränkte, aber doch ständige Kontakt Viktor durch Gewöhnung beruhigen und seine mißtrauischen Vorbehalte schließlich einschläfern würde.

In der Folgezeit rief Rose wöchentlich mindestens einmal bei Rosenfelds an. Einmal im Monat traf sie sich mit Edith in der Stadt, ging mit ihr in ein Café und sprach sich gründlich mit ihr aus. Edith begriff schon beim ersten Mal, daß Rose tat, was sie konnte, und das sie beileibe nicht soviel konnte, wie sie gewollt hätte. Rose begriff in Monaten nicht, daß Edith von dem Maß an Zuwendung, das sie ihr zuteil werden ließ, tief gedemütigt wurde und daß sie hoffnungslos vereinsamt sein mußte, um es trotzdem zu akzeptieren. Im Februar 1941, bei einem Ersatzkaffee, den sie beide nicht anrührten, erzählte Edith von einem neuen Schlag, der ihre Familie getroffen hatte: Ihr Mann war von der AEG entlassen und zur Zwangsarbeit verpflichtet worden, er diente jetzt bei der Reichsbahn als Streckenwärter.

»Bei Wind und Wetter über die Gleise, verstehst du. Kilometerweit mit der schweren Werkzeugausrüstung. Das hat er nicht gelernt, und dem ist er körperlich nicht gewachsen. Schließlich geht er auf sein Fünfundfünfzigstes zu, und er ist nicht der Kräftigste. Dabei müssen wir uns noch glücklich schätzen, weil es nichts Schlimmeres ist und weil er bei uns bleiben darf. Immerhin kommt er jeden Abend nach Hause – bis jetzt jedenfalls. Wir wissen, wie es anderen geht, die nicht in privilegierter Ehe leben. Aber auf die Dauer wird es ihn umbringen, wenn nicht körperlich, dann von der Seele her. Die Ernte eines Lebens! Verdienen tut er kaum. Rolf gibt seinen Lohn ab, und ich gehe putzen. Ja, guck nur, ich bin jetzt eine Reinemachefrau. Wir müssen doch über die Runden kommen. Nein, nein, laß … Soll ich denn jetzt betteln …«

»Bitte, Edith, tu mir den Gefallen. Ich kann so wenig machen. Laß mich doch wenigstens …«

»Ach, Rose! Danke. Ich werd's dir nicht vergessen …«

Zum nächsten Treffen erschien Edith nicht. Beunruhigt kehrte Rose nach Hause zurück. Am folgenden Tag rief sie bei Rosenfelds an. Rolf hob den Hörer ab.

»Ach, du bist's. Nein, ich kann die Mama nicht an den Apparat holen. Sie ist vollkommen am Ende. Wir haben sie ins Bett gepackt, sie steht unter Beruhigungsmitteln.«

»Aber was …«

»Ute ist tot. Ja, du hörst recht. Sie hat sich umgebracht, mit Schlaftabletten. Muß sie lange gesammelt haben. Warum? Wir können es nur vermuten. Sie hat keinen Brief hinterlassen. Aber ich glaube, sie ist nie drüber weggekommen, daß sie es war, die das ganze Unglück angerührt hat. Und als man Papa jetzt auf die Strecke geschickt hat … Und dann auch noch die Enttäuschung mit diesem Militärkerl …«

»Rolf, mein Gott! Ich weiß nicht, was ich sagen soll. Ich möchte … Wann ist die Beerdigung?«

»Sie wird eingeäschert, im Krematorium Wilmersdorf. Der Termin steht noch nicht fest, aber ich kann dich benachrichtigen, wenn du möchtest. Ist es dir ernst? Willst du wirklich kommen?«

Rose erzählte es Viktor erst, nachdem alles vorbei war. Sie wollte keine Auseinandersetzung über die Frage, ob sie dem Abschied von Ute Rosenfeld beiwohnen durfte oder nicht. Zur Feier im Krematorium, falls man es eine Feier nennen mochte, erschienen außer ihr nur drei Gäste. Rose kannte keinen von ihnen, doch ihrem Äußeren nach waren es wohl Schicksalsgenossen von Dr. Rosenfeld. Nach einem Pfarrer hielt sie vergebens Ausschau. Überhaupt war alles anders als bei allen Beisetzungen, die Rose bisher erlebt hatte. Es gab keine Musik, keine Predigt. Rolf und Dr. Rosenfeld stützten die haltlos schluchzende Edith, die Gäste standen mit gesenkten Köpfen. Schließlich trat Rolf vor und sagte laut und vernehmlich:

»Adieu, Schwester. Vielleicht bist du jetzt glücklicher als wir. Wir werden dich nie vergessen.«

Dann senkte sich der Sarg und verschwand in der Tiefe. Edith stieß einen gellenden Schrei aus und stürzte nach vorn, als wolle sie hinterherspringen in den Bereich der Flammen, die ihr Kind verzehren würden. Rolf und Dr. Rosenfeld packten sie an den Armen und hielten sie fest.

Rose weinte, es riß ihr bald die Seele aus dem Leib. Die Tränen liefen ihr noch über das Gesicht, als sie in der Straßenbahn saß und nach Hause fuhr. Niemand störte sie in ihrer Trauer, denn sie war ganz in Schwarz gekleidet, und weinende Frauen in Trauerkleidung gehörten längst schon zum Alltäglichen. Es wußte ja auch keiner, warum sie sich nicht fassen konnte. Utes Tod war schrecklich, unendlich schrecklich, aber Rose hatte das Mädchen nicht so gut gekannt. Nicht um die Tote ging es ihr, sondern um die lebendige Edith. Da hatte sie gestanden am Loch in die Feueretage, die liebe, lustige Freundin von einst, und dann mußte man zusehen, wie ihr das Herz brach, weil der gräßliche Mechanismus mit ihrem

Kind nach unten fuhr, es abzuliefern in der Gluthölle, in der die schöne, blonde Ute zu Asche verbrannte.

Aber das Schlimmste war, daß Rose nicht gewagt hatte, sich Edith zu nähern, ihr die Hand zu geben und zu sagen, was sie empfand. Sie hatte sich einfach nicht getraut, und darüber kam sie nicht hinweg. Ihr schien, als liefe eine Grenze zwischen ihr und Edith, als stünde sie hüben und Edith drüben. Sie fühlte sich entsetzlich schuldig und wußte nicht, warum.

»Was ist bloß los? Was ist mit uns passiert? Warum wird all so etwas über uns verhängt?«

Viktor war außerordentlich betroffen, als er von dem Unglück hörte.

»Wie traurig ist das alles! Wie unendlich traurig! Die armen, armen Eltern! Wie leid tut mir das um die hübsche, kleine Ute. So jung noch ...«

Seine himmelblauen Augen schwammen in Tränen.

»Und du bist wirklich zu der Beisetzungsfeier gegangen?«

»Paßt dir das nicht? Sollte ich vielleicht ...«

»Bitte, Rose, nicht so. Sei nicht so feindselig. Es ist schrecklich, aber ich kann doch nichts dafür. Warum gehst du auf mich los? Ich habe das Mädchen schließlich nicht umgebracht.«

In der Tat, das hatte Vikor nicht getan. Rose raffte sich zusammen. Sie konnte unmöglich an ihrem Mann auslassen, was ihrer Freundin geschehen war. Das Herz tat ihr weh, und ihr Kopf sprang fast in Stücke, aber war es recht, Viktor das entgelten zu lassen? Sie mußte sich beherrschen. Viktor traf keine Schuld. Es war die Zeit, die schlimme Zeit, in der man lebte. Man mußte hoffen, daß sie vorüberging und daß es besser wurde.

Rose ließ sich auf einen Stuhl fallen und schüttelte den Kopf. Die Zeit, die Zeit ... Immer hatte es schlimme Zeiten gegeben, solange Rose zurückdenken konnte. Immer hatte man auf später gehofft. Warum, warum nur hoffen wir immer vergebens? Was haben wir getan, daß wir dauernd gestraft werden? Wir haben doch nichts verbrochen.

Oder doch?

24 / Im Februar 1942 gebar Annas Schwiegertochter Irene den dritten Sohn, und Anna wußte sich vor Stolz nicht zu lassen. Im März, am ersten Sonntag nach Ostern, veranstaltete sie einen Familientag bei Kaffee und Kuchen, zu dem sie Viktor und Rose dringend einlud, um ihnen bei dieser Gelegenheit das Prachtkind Frithjof vorzuführen. Rose spürte wenig Lust, dem sabbernden Fischer-Nachwuchs ihren schönen, gemütlichen Sonntag zu opfern, aber Viktor fand, daß man um des lieben Friedens willen hingehen müßte.

Als sie in der Kuhligkshofstraße eintrafen, saß Irene mit aufgeknöpfter Bluse und stillte ihren Säugling. Anna sagte: »Ist sie nicht ein Urbild deutschen Muttertums?«

Viktor drehte sich geniert weg. Rose fand, daß Frithjof nicht anders aussah als alle übrigen Säuglinge auch, und daß er das Geschrei nicht wert war, das seine Großmutter um ihn machte. Das deutsche Muttertum interessierte sie schon gar nicht, aber wenigstens würde der Bengel nicht brüllen, solange er mit Nuckeln beschäftigt war. Man mußte ja fürchten, daß Anna selbst für Frithjofs Quäken noch eine germanische Rechtfertigung erdachte.

Irene hatte auch Siegward mitgebracht, einen schlaksigen Burschen von nunmehr fast fünfzehn Jahren. Anna tätschelte ihm zärtlich die Wangen.

»Hat er sich nicht prächtig herausgemacht? Und er weiß genau, was er will. Erzähl doch mal, Siegward, was du vorhast, wenn du groß bist.«

»Ich will Wehrbauer im Osten werden!« trompetete Siegward in kieksenden Tönen, denn er befand sich eben im Stimmbruch.

Gumprecht, der Älteste, fehlte in der Runde. Vor ein paar Monaten hatte er sich, erst siebzehnjährig, als Freiwilliger zur Waffen-SS gemeldet. Zur Zeit half er seinem Führer, die Weiten Rußlands zu erobern, in denen Siegward dereinst als Wehrbauer siedeln wollte. Der Vater der Jungen, Annas Sohn Kurt, stand ebenfalls unter Waffen, mußte sie jedoch, anders als Gumprecht, gegenwärtig nicht gebrauchen. Kurt Fischer, der schon 1933 seine erfolgsarme Vertreterlaufbahn gegen eine SS-Karriere eingetauscht und es inzwischen zum Hauptsturmführer gebracht hatte, tat als Besatzer in Norwegen Dienst. Er war vor anderthalb Jahren dorthin kommandiert worden, zu einem Zeitpunkt also, da der Gefechtslärm in Europas Norden schon lange verstummt war. So mußte Hauptsturmführer Fischer nur ab und zu kleinere Widerstandsgruppen jagen, wobei es ihm selten gelang, sie auch auszuheben. Im übrigen konnte er sich damit beschäftigen, unter den Gütern des Landes nach nützlichen oder luxuriösen Gaben für seine Lieben daheim zu suchen.

Irene war gerade jetzt imstande, einen neuen Beweis seiner Fürsorge vorzuzeigen. Sie besaß seit kurzem einen prächtigen Mantel aus Blaufuchsfellen, und sie pries sich glücklich, daß der März in diesem Jahr so kalt ausfiel und sie das Prachtstück zum Besuch bei der Schwiegermutter hatte anziehen können. Rose durfte über den kostbaren Pelz streicheln, den Mantel sogar überziehen und sich damit vor dem Spiegel drehen.

»Der muß aber teuer gewesen sein«, sagte sie voller Neid, denn das sah sie auch ohne spezielle Fachkenntnisse, daß ihr Bisampelz mit diesem königlichen Stück nicht konkurrieren konnte. Irene sah es auch, und es glückte ihr nur mit Mühe, ihren Triumph in erträglichen Grenzen zu halten.

»Keine Ahnung, was so was kostet. Kurt hat ihn mir zur Belohnung für Frithjofs Geburt geschenkt. Ja«, sagte sie im Hochgefühl ihrer Wichtigkeit, »er hat ihn vor mich hingelegt und gesagt: Das ist meine Anerkennung dafür, daß du mir einen dritten Sohn geboren hast.«

Rose verstummte. Erst Stunden später, als sie mit Viktor allein war, gab sie ihren Kommentar ab:

»Widerlich. Als ob man eine Kuh prämiert, die von einem Preisbullen ein Kalb geworfen hat.«

Sie ärgerte sich so sehr über Irenes Getue, daß sie die erste Gelegenheit ergriff, sich ihrer Gesellschaft zu entziehen. Das war, als Anna in's Geschäft hinübergehen wollte, um ein paar Stücke Rasierseife zu holen, die sie für Viktor zurückgelegt hatte. Rose erhob sich augenblicklich, um Anna zu begleiten. Leider bot auch Siegward seine Begleitung an, und da seine Großmutter darüber begeistert war, konnte Rose nichts dagegen tun.

Es dauerte nur wenige Minuten, bis sie Siegward genauso zum Teufel wünschte wie vorher seine Mutter. Auf dem Weg zum Laden begegnete ihnen ein älteres Ehepaar, das freundlich grüßte. Anna grüßte zurück:

»Guten Tag. Guten Tag.«

Siegward sagte:

»Aber Oma, wie grüßt du denn die Leute? Es heißt doch nicht ›guten Tag‹, es heißt ›Heil Hitler‹.«

»Richtig, Siegward«, sagte Anna und strich ihm über die Haare. »Aber weißt du, manche Leute verstehen das nicht so. Die sind altmodisch und können sich nicht daran gewöhnen. Und wenn es Kunden sind, dann nimmt man darauf Rücksicht.«

»Na, weißt du«, maulte Siegward, »das seh' ich aber nicht ein. Papa sagt, die Leute, die das immer noch nicht kapiert haben, die muß man eben erziehen.«

»Der Papa hat ganz recht«, sagte Anna in zärtlichem Ton. »Und trotzdem geht es manchmal nicht so, wie es müßte. Wenn man ein Geschäft hat ...«

Siegward verspürte offensichtlich Lust, die Debatte fortzusetzen, aber nun waren sie schon in der Drogerie angelangt, und Anna erstickte weiteren Widerspruch mit einer Menge Eukalyptus-Bonbons, die sie aus einem Geheimfach im Hinterzimmer des Ladens holte. Der Krieg hatte solche Süßigkeiten längst zu einer Rarität gemacht, die es ohne besondere Zuteilung und vor allem ohne entsprechende Bezugsmarken gar nicht mehr gab. Aber Anna verfügte immer noch über Vorräte und tauschte für ihre Bonbons allerlei andere knappe Güter ein. Überhaupt trieb sie mit ihren Drogeriewaren, vorzugsweise mit den Seifen und Parfüms, einen schwunghaften Handel fern von der Ladentheke, sie legte eine Geschäftstüchtigkeit an den Tag, die Roses Beifall gefunden hätte, wäre Anna nicht zugleich eine engagierte Künderin nationalsozialistischer Tugendregeln gewesen.

»Eine verdammte Heuchlerin ist sie«, pflegte Rose zu Viktor zu sagen. »Mit dem Maul hundertfuffzigprozentig, und dabei schiebt sie, was das Zeug hält.«

Als ob dieser Sonntagsbesuch ihr noch nicht genug Anlaß zum Ärgern geboten hätte, mußte Rose sich nach der Rückkehr in die Wohnung eine von Annas patriotischen Predigten anhören. Diesmal ging es darum, daß Rose nach Annas Meinung untätig zu Hause herumsaß, während es doch überall eine Menge verwaister Arbeitsplätze gab, deren Inhaber an der Front kämpften. Anna selbst ging zweimal in der Woche am Nachmittag in eine Steglitzer Kartonagenfabrik; dort sortierte sie aus Haufen von Altpapier jenes heraus, das für die Kartonproduktion geeignet war, und stopfte den Rest in alte Säcke, die dann irgend jemand zu irgendeiner Verwendung irgendwohin karrte.

»Wenn ich das kann, neben dem Geschäft und dem Haushalt, dann kannst du das auch. Und wenn ich mir zweimal die Woche dafür Zeit nehme, dann könntest du ohne Probleme vier- oder fünfmal gehen.«

Rose schnappte ein.

»Ich hab' zu Hause genug zu tun. Und du weißt ganz genau, daß eben erst eine schwere Operation hinter mir liegt.«

Sie hatte sich im Herbst zuvor Gebärmutter und Eierstöcke entfernen lassen müssen, die mit Geschwülsten übersät waren, wenn auch mit gutartigen.

»Ich bin durchaus noch nicht wieder auf dem Damm«, sagte sie in klagendem Ton und mit beleidigter Miene.

»Mein Gott, nun übertreib nicht. Das ist doch schon ein halbes Jahr her. Du kannst dich nicht ewig dahinter verstecken.«

»Ich verstecke mich nicht!« sagte Rose empört. »Unter Verwandten ist das ja sonst nicht üblich, aber wenn du darauf bestehst, kann ich dir eine ärztliche Bescheinigung bringen!«

Mit fliegenden Händen stopfte sie ihr Taschentuch und ihre Lesebrille in die Handtasche und erhob sich.

»Komm, Viktor!«

»Wenn du diese Haltung einnimmst«, erklärte Anna mit Nachdruck, »wenn du kein Opfer bringen willst für den Überlebenskampf unseres Volkes, dann bist du auch nicht wert, am Endsieg teilzunehmen.«

»So!« rief Rose. »Tatsächlich! Bin ich also nicht wert!« Die Wut schnürte ihr die Kehle zusammen. »Nun, was das anbetrifft, so bringe ich mein Opfer täglich! Mein Junge leistet einen Beitrag, der wohl für uns alle reicht! Und da, wo er das tut, da gibt es höchstens Krätze und Frostbeulen, keine Blaufüchse! Komm, Vati!«

Sie stürmte zur Ausgangstür. Viktor nahm seinen Bruder beiseite:

»Ich werd' ihr gut zureden. Sieh du zu, daß du Anna beruhigst.«

Joachim nickte und lief hinter Rose her. Als sie eben durch die Tür wollte, faßte er sie an der Schulter und streckte ihr die Hand entgegen.

»Auf Wiedersehen, Rose.«

Sie zögerte einen Augenblick, nahm dann aber seine Hand.

»Wiedersehen, Joachim. Du kannst ja nichts dafür. Aber so bald siehst du mich hier nicht wieder, das mußt du verstehen. Komm, Vati.«

Gravitätisch schritt sie die Treppe hinunter. Draußen, auf der Straße, brach sie in Tränen aus.

»Aber Mutti!«

»So ein Biest! So ein gottverdammtes Biest! So scheinheilig und so tückisch! Vor der muß man sich ja ganz furchtbar in acht nehmen, die ist ja imstande, einen für nichts und wieder nichts zu denunzieren! So eine wie die würde einen glatt ins KZ bringen! Eine ganz gefährliche Person ist das ja, eine ganz gefährliche! Mein Gott, mein Gott!«

Szenen wie diese hatte es zwischen den Schwägerinnen im Laufe vieler Jahre immer wieder gegeben, aber irgendwie hatte sich alles stets wieder eingerenkt. So war es auch diesmal, die Verstimmung hielt nicht vor. Dazu trug wesentlich bei, daß sowohl Rose wie Anna von der jeweils anderen nur das Schlechteste dachten. Sie hatten einander längst abgeschrieben und kamen erst gar nicht auf die Idee, daß eine die andere überzeugen und bessern könnte. Es ging nur darum, irgendeine Form von Burgfrieden zu halten, da man nun leider einmal durch die Ehemänner miteinander verwandt war. So dauerte es nicht lange, bis Anna sich Vorwürfe machte, weil sie mit Rose gestritten hatte, als sei die ihresgleichen. Und Rose sagte sich, daß es dumm gewesen war, Anna auch nur einen Augenblick lang ernst zu nehmen.

Schon drei Wochen später begegneten die Schwägerinnen einander wieder mit der verlogenen Höflichkeit, die zwischen ihnen üblich war. Den Anlaß zu ihrem erneuten Treffen bot die Beerdigung von Onkel Curt Markwart. Der alte Herr, langlebigster unter den Vertretern seiner Generation, hatte im achtundachtzigsten Jahr gestanden und war so rüstig gewesen, daß die Verwandten lästerten, über das Sterbealter sei Curt hinaus. Seine Frau Jeanette lag schon seit dem Sommer 1939 in ihrem Grab. Sie war kurz nach ihrem einundachtzigsten Geburtstag verblichen, ein halbes Jahr, bevor auch die alte Frau Markwart, Viktors und Joachims Mutter, die fünfundachtzigjährigen Augen schloß und endlich zu ihrem Ludwig heimging. Henriette Schallop gar, Curts Schwester, immerhin zehn Jahre jünger als ihr Bruder, hatte schon 1933, im Alter von nur neunundsechzig, das Zeitliche gesegnet, wahrscheinlich aus Kummer über den Tod ihres Sohnes Adolf, der 1932 endlich doch seinen zehn lebensunfähigen Baby-Geschwistern gefolgt war. Von Tante Jettchens Kindern existierte nur noch die Älteste, Lydia, ein altjüngferliches Fräulein von nunmehr fünfundfünfzig.

Die alte Frau Markwart wie ihre Schwägerin, Tante Jeanette, waren am Ende ihres Lebens beide etwas wunderlich gewesen, in den letzten Wochen sogar total verwirrt, denn beide waren von einem Schlaganfall heimgesucht worden, dessen Folgen sie schließlich auch erlagen. Anders Onkel Curt. Der hatte sich bis ins hohe Alter seine Regsamkeit bewahrt und die ganze Fülle seiner Schlitzohrigkeit. Er dachte gar nicht daran, die Leitung seines Geschäftes jüngeren Händen zu übergeben, gar denen seiner albernen Tochter Sophie oder ihres Mannes Otti, den Curt für einen Esel hielt. Denen blieb nur, sich mit ihren Ehezwistigkeiten zu unterhalten und langsam vor sich hinzualtern. Ihr Fünfzigstes hatten beide auch längst hinter sich.

Währenddessen ging der alte Onkel Curt mit der Zeit. Schon in den Friedensjahren des Dritten Reiches hatte er sich auf den Bedarf der Wehrmacht und der zahlreichen nationalsozialistischen Organisationen eingestellt. Als der Krieg begann, trennte er sich entschlossen von den modischen Kinkerlitzchen seiner Sortimente und handelte fortan mit Uniformbesätzen, Litzen, Sternen, Ordensbändern und dergleichen mehr. Seine Umsätze waren außerordentlich zufriedenstellend, und in seinem Büro hingen unter Glas die Anerkennungsschreiben staatlicher Instanzen. In einer Mischung aus Ärger und Staunen wetteten die Verwandten manchmal darum, was Onkel Curt nach dem gewonnenen Krieg anbieten und wohin er dann das Geschäft steuern würde, das vor bald fünfundsechzig Jahren mit anmutigen Straußenfedern begonnen hatte. Ach, der gute Vater Ludwig!

Es traf alle wie ein Schlag, als Sophie Anfang April 1942 reihum telefonierte und unter wildem Schluchzen mitteilte, ihr Vater sei einem Verkehrsunglück zum Opfer gefallen. Es war aber auch zu dumm: Der fixe Onkel Curt, dessen Körper jeder Krankheit und dessen Geist jeder Verkalkung widerstanden hatte, mußte sich im Alter von fast Achtundachtzig überschätzen, als er einer Straßenbahn hinterherjagte und versuchte, während der Fahrt aufzuspringen. Natürlich war er abgeglitten und unter die Räder geraten, die ihm das rechte Bein zermalmten. Eine sofortige Operation hatte ihn nicht mehr retten können, und nun war er tot.

»Das kommt davon«, sagte Rose, ohne sich näher zu erklären. Anna kommentierte: »Da wird er nun wohl eine illustre kleine Beerdigung haben« – eine Bemerkung, die Rose außerordentlich erheiterte. Der Streit, den sie vor kurzem erst mit Anna ausgetragen hatte, kam gegen das Vergnügen nicht an, das Annas Bosheit ihr bereitete. Dieser alte Angeber mit seinen hochtrabenden Reden, dem der eine Neffe nicht gut genug gewesen war und der gewiß auch auf den anderen Neffen hinabgeschaut hatte, mindestens aber auf dessen Frau. Ohne Bedauern würde sie zusehen, wie man ihn nun einbuddelte.

Onkel Curt wurde auf dem Nikolai-Friedhof zu Grabe getragen, wie es bei den Markwarts üblich war. Dort lagen schon der strenge Großvater Friedrich und Großmutter Dorothea. Dort hatte man seinerzeit den frühvollendeten Ludwig eingebettet und vor gut zwei Jahren dann auch seine Juliane. Tante Jeanette wartete hier auf ihren Curt, und irgendwo, ein Stück entfernt von den erfolgreicheren Markwarts, schlief Henriette nebst Mann, zehn Baby-Kindern und dem Sohn Adolf.

Rose hörte nicht zu, als der Pfarrer seine Trauerpredigt hielt, und auch nicht, als verschiedene Geschäftsfreunde sowie Vertreter von Behörden dem Verblichenen ehrende Sprüche ins Grab nachriefen. Sie gab sich einem Gefühl hin, das sie während der gesamten Zeremonie erfüllte und das einem rauschenden Triumph sehr ähnlich war. Sie jedenfalls lebte! Und ihr lieber Viktor lebte! Und ihr allerliebster Harald lebte! Der alte Angeber dort hatte nun den Mund voll Sand, und Tante Jeanette neben ihm, von der wahrscheinlich gar nichts mehr übrig war, konnte niemanden mehr von oben herab abtun.

Und davon könnt ihr leben?

Das war schon mehr als achtundzwanzig Jahre her, aber Rose hatte es noch im Ohr, wie die hochmütige Tante sie unter die armen Schlucker verwies, und sie erinnerte sich genau an die Mischung aus Wut und Verlegenheit, von der sie blockiert gewesen war, so daß ihr keine Abfuhr für Tante Jeanette einfiel. Wie war das? »Wenn du lange genug am fließenden Wasser wartest, wirst du die

Leichen deiner Feinde vorbeitreiben sehen.« Die alte Indianerweisheit, sie hatte sich bestätigt. Da lag es nun, das arrogante Gelichter, und Rose warf drei Hände voll Sand auf Onkel Curts Sarg.

Sie musterte die Trauergesellschaft rund um das offene Grab. Was für trübselige Figuren: die dürre Sophie mit ihrem dämlichen Otti; ihre Brüder, der ungepflegte Christian mit seiner Künstlermähne und der staubtrokkene, überkorrekte Johann mit seiner schwerkranken Frau, die ihrem Asthma wohl auch bald erliegen würde. Um die, wenn überhaupt um jemanden, war es schade, Johanns Frau war die einzig anständige Person in der ganzen Mischpoche, immer höflich, immer liebenswürdig, ein armes Luder. Neben ihr stand Lydia, die alte Jungfer, und einen Schritt weiter hatten sich Joachim und Anna aufgebaut. An die mußte man weiter keinen Gedanken verschwenden.

Aber die Gedanken kamen von allein. Wenn man es recht überlegte, dann waren sie alle miteinander Tote auf Urlaub. Warum? Weil sie alle kinderlos waren und sämtlich schon zu alt, um das noch zu ändern. Wie merkwürdig, der alte Markwart, der strenge Großvater, hatte zwei Söhne und eine Tochter gehabt und von diesen drei Kindern achtzehn Enkel, wenn man Jettchens lebensunfähige Säuglinge mitrechnete. Wenn man sie wegließ, blieben immer noch acht. Und von diesen acht hatten sich sieben als komplette Blindgänger erwiesen, sterile Nichtsnutze. Der einzige, der dem strengen alten Herrn auch einen Urenkel beschert hatte, war Viktor, und das nicht ohne Roses Verdienst. Das durfte sie sich ja wohl anrechnen, daß sie die Mutter des einzigen Markwart der neuen Generation war, die Spenderin des Lebens, das die anderen alle verfehlt hatten.

Es machte wahrhaftig Spaß, so etwas zu denken. Rose verkniff es sich mit Mühe, leise vor sich hin zu trällern.

Als die Gesellschaft den Friedhof verließ, um sich in einem Lokal zum Leichenmahl zusammenzusetzen, zeigte sich Rose derartig freundlich und nett gegen alle, daß Sophie sie irritiert anstarrte und Anna eine Weile brauchte, ehe sie sich besann und entschlossen ihren Arm unter Roses Arm schob.

Sie gingen durch die Prenzlauer Straße zum Alexanderplatz und dann in die Littenstraße, wo sie gegenüber dem Gerichtsgebäude in der Kneipe *Zur letzten Instanz* ein Hinterzimmer gemietet hatten. Unterwegs schaute Rose erstaunt auf einige Gestalten, die an ihnen vorbeihuschten, mit niedergeschlagenen Augen und unverkennbar ängstlich. Sie trugen alle einen gelben Flecken auf der linken Mantel- oder Jackenseite. Rose sah genauer hin und erkannte, daß der gelbe Fleck die Form eines sechszackigen Sterns hatte. Die Konturen des Sterns waren schwarz ausgezogen, und in der Mitte stand in schwarzen, blockigen Buchstaben das Wort JUDE.

»Was ist denn das?«

»Juden«, sagte Anna. »Das siehst du doch. Die tragen jetzt so ein Abzeichen, ich glaube, seit September vorigen Jahres. Wußtest du das nicht? Na ja, in Lichterfelde wohnt ihr ja weitab von den Ereignissen. Da gibt's wohl keine Juden, oder fast keine. Hast du wirklich noch nie einen Judenstern gesehen?«

»Nein. Wozu macht man denn so was?«

»Sie sind jetzt gekennzeichnet«, erklärte Anna, und man konnte hören, daß diese Tatsache sie mit Befriedigung erfüllte. »Bisher hat doch keiner sicher gewußt, ob er es mit einem Juden zu tun hat oder nicht. Sie sehen ja oftmals so aus wie wir selbst. Aber in Zukunft weiß jeder, wo er dran ist, und sie können niemanden mehr bescheißen und übervorteilen.«

»Ich weiß nicht«, sagte Rose, »das muß doch furchtbar sein, mit so einem Ding herumzulaufen.«

Anna zuckte die Schultern.

»Von dir verlangt's ja keiner. Also, was regst du dich auf? Und falls es dein zartes Gemüt belastet, dann kann ich dich beruhigen. Du wirst sie bald nicht mehr sehen. Sie kommen alle weg aus Deutschland. Sie werden nach dem Osten geschickt, da kriegen sie eigene Städte, in denen nur Juden wohnen. Das wird komisch werden, wenn sie sich dann nur noch gegenseitig übers Ohr hauen können«, schloß Anna und lachte.

Rose blieb stehen und löste ihren Arm aus Annas Umklammerung.

»Du meinst – sie werden deportiert?«

»Deportiert! Was für ein dramatischer Ausdruck. Nun komm schon, wir verlieren ja den Anschluß an die anderen.«

Anna hängte sich von neuem bei Rose ein und schob sie vorwärts.

»Deportationen sind das nicht, das sind nur Umsiedlungen. Wenn sie sich anständig benehmen, können sie da auch ganz gut leben. Und wenn nicht – ihre Sache. Warum machst du so ein Geschrei darum? Das deutsche Volk wird doch wohl noch das Recht haben, sich selbst zu schützen.«

Die Hochstimmung, die Rose vor Onkel Curts Grab erfüllt hatte, brach zusammen. Rose dachte an Edith, an deren verzweifelte Klagen, damals, im vorigen August.

Es sind schon Juden deportiert worden, irgendwohin nach dem Osten …

Sie hatte für unmöglich gehalten, was Edith da sagte. Aber jetzt kam auch Anna damit heraus, und überhaupt wußten es offenbar alle, bloß Rose nicht.

Sie sah sich nach Viktor um. Der ging ganz friedlich seines Weges und plauderte mit Otti Jandrey. Nichts deutete darauf hin, daß der Anblick der gelben Sterne ihn beunruhigt oder gar erschüttert hatte. Rose unterdrückte den Impuls, zu ihm zu laufen, ihn um Aufklärung, um Zuspruch zu bitten. Was für Antworten konnte er ihr geben? Wahrscheinlich doch dieselben, die sie schon von Anna gehört hatte. Viktor verabscheute Anna, er fand sie gewöhnlich, und noch immer erregte es bei ihm Übelkeit, daß sie seinen Bruder auf die Straße schickte, das Schmutzblatt *Stürmer* auszuhängen. Trotzdem dachte er über die Juden nicht anders als sie, er drückte es nur vornehmer aus.

Rose fühlte sich seinen Beweisführungen nicht gewachsen. Sie hatte ihm nichts entgegenzusetzen als ihre unklaren Empfindungen, und deshalb war sie sich ihrer Sache niemals ganz sicher. Auch ihr Besuch in Wilmersdorf, damals im August, hatte sie eigentlich nicht klüger gemacht. Ihre Empfindungen aber waren übermächtig geworden und bedrängten sie, daß es weh tat. Was sie fühlte, war Angst, Rose gestand es sich ein. Es konnte nicht richtig sein, daß Edith, die Liebe, die Gute, so leiden mußte. Es konnte nicht gut sein, daß Menschen, die Edith liebte, zu Tode gewürgt wurden. Wenn man sich vorstellte, daß Edith dasaß, Nadel und Faden in der Hand, den Fingerhut auf dem rechten Mittelfinger, und ihrem Mann gelbe Sterne auf den Mantel und auf das Jackett nähte …

Aber nein, der Dr. Rosenfeld lebte ja in – wie hieß das doch? – in privilegierter Ehe. Leute wie er mußten wohl keinen Stern tragen. Und man würde ihn wohl auch nicht in eine dieser Sonderstädte im Osten schicken. Oder galten solche Rücksichten inzwischen nicht mehr? Anna würde das wissen, aber Rose hätte sich eher die Zunge abgebissen, als vor Anna über Ediths Angelegenheiten zu sprechen. Sie mußte warten, bis man wieder zu Hause war, ungestört und unbelauscht. Viktor wußte sicherlich auch Bescheid.

Die Trauer, die seit der Begegnung mit den Sternträgern über sie gekommen war, drückte ihr fast das Herz ab. Jetzt, jetzt war sie in der Stimmung, die der salbadernde Pfarrer vorhin auf dem Friedhof zu erzeugen versucht hatte. Dabei dachte sie keinen Augenblick an Onkel Curt. Sie dachte an Ute Rosenfeld, an die kurze, schreckliche Feier im Wilmersdorfer Krematorium, an Ediths furchtbaren Schrei, als der Sarg mit Ute zu den Feueröfen fuhr.

Das sollte nicht sein, daß man die Kinder vor den Augen ihrer Mütter erschlägt!

Und plötzlich hatte sie eine Vision: Sie sah sich an einem offenen Grabe stehen, und in dem Sarg, der hinabgesenkt wurde, lag Harald. Ihr Kind, ihr Bübchen! Wie konnte sie bloß auf die Idee kommen, daß sie triumphieren durfte, weil es Harald gab? Man hatte ihn ihr weggenommen, ihn nach Osten geschickt, so wie man es mit den Juden tat, und täglich war er von tausendfachem Tod umgeben. Er konnte jeden Tag sterben, jeden Tag, jeden Tag.

Rose blieb stehen und rang nach Luft. Anna sah sie besorgt an.

»Was ist denn, Rose? Ist dir schlecht? Komm, wir sind ja gleich da. Dann kriegst du sofort einen Schnaps.«

Rose ließ sich weiterziehen, in die *Letzte Instanz* hinein. Anna drückte sie auf einen Stuhl, Viktor lief und holte ihr einen doppelten Wacholder und, als sie den hinuntergeschüttet hatte, gleich noch einen zweiten. Das starke Getränk stieg Rose zu Kopf und hüllte ihr Hirn in Nebel. Schließlich wußte sie nicht mehr so recht, wovon ihr das Herz eigentlich schwer war. Aber sie fühlte immer noch einen dumpfen Druck in der Brust.

Rose hoffte inständig, daß Harald im September Urlaub bekommen würde, um an der Silberhochzeit seiner Eltern teilzunehmen. Schließlich war er seit Weihnachten

1940 nicht mehr zu Hause gewesen, und seit Juni 1941 stand er an der Front in Rußland, ohne jede Pause, wenn man einen kurzen Aufenthalt in einem Frontlazarett nicht mitrechnete.

Rose fühlte immer noch den Schrecken, der sie erfaßt hatte, als Harald von seiner Verwundung schrieb. Ein Steckschuß in der Schulter, nicht schlimm, wie Harald behauptete, und das Verwundetenabzeichen in Bronze war ihm nun gewiß. Darauf pfiff Rose. Ihr konnten alle Orden der Welt gestohlen bleiben. Sie wollte keinen dekorierten Helden, sie wollte einen gesunden Sohn. Wenn es aber nun mal passiert war, wieso bekam der Junge keinen Genesungsurlaub, so daß man ihn zu Hause gesund pflegen konnte? Stand ihm das nicht zu, und mußte Harald sich nicht beschweren, wenn man ihm sein Recht vorenthielt?

Viktor lächelte, als sie vor ihm Klage führte.

»Ach, Rose, du denkst, das ist so, als wenn man ihm die Ferien verweigert. Bei den Soldaten ist das anders als in der Schule. Wenn die Lage es erfordert, dann gibt's eben keinen Urlaub.«

Es fiel Rose immer noch schwer, sich damit abzufinden, daß nun andere über ihren Sohn bestimmten und viel mehr Rechte besaßen, als sie je hatte geltend machen dürfen. Aber vielleicht gereichte es Harald jetzt zum Vorteil, daß man ihn so lange in Rußland festgehalten hatte, und man ließ ihn mit Rücksicht auf Wartezeit und Verwundung zum gewünschten Termin auf Urlaub gehen.

Ach, die schöne Zeit in Frankreich, von der Rose gehofft hatte, sie würde bis Kriegsende dauern, die war entsetzlich schnell zu Ende gegangen. Da hatte Harald friedlich gehaust, ohne Gefahr für Leib und Leben. Er war satt geworden von gutem Essen, und er hatte dafür nicht einmal seinen Sold verbrauchen müssen. Den investierte er in Geschenke für seine Eltern, der gute Junge. Als er

Weihnachten 1940 auf Urlaub kam, brachte er Rose wundervolle Lederhandschuhe mit und ein paar schön gemusterte Chiffontücher, dazu ein Kettchen aus kleinen Platinstäbchen, die wie Streichhölzchen geformt waren, und zwischen je zwei Stäbchen saß eine schimmernde Perle. Viktor bekam ebenfalls Handschuhe und seidene Herrenschals, außerdem eine Kiste mit exklusiven Zigarren, was ihn sehr rührte, obwohl er schon seit Mitte der zwanziger Jahre nicht mehr rauchte.

Und dann, ein halbes Jahr später, schrieb Harald plötzlich aus einer ganz anderen Gegend. »Rußland« stand oben in der Datumszeile, und vom fünften Brief an hieß es: »3 x verfluchtes Rußland«. Das sollte er nun erobern, und wenn er, nach allem, was er mitteilte, dazu auch willens war, so gefiel ihm die Veränderung doch nicht.

»Wenn ich das nächste Mal auf Urlaub komme«, schrieb er um Weihnachten 1941, »dann kann ich euch nichts schenken. Was sollte ich von hier wohl mitbringen? Höchstens zwei Pfund altes Strohdach.«

Als Harald mal genügend Ruhe hatte, um einen längeren Brief zu verfassen, ließ er seine Eltern auch wissen, wie das mit dem Transport von West nach Ost gewesen war. Rose kam gar nicht darüber hinweg, daß der Zug mit den Einheiten aus Frankreich drei Stunden lang auf irgendwelchen Gleisanlagen innerhalb Berlins gestanden hatte, bis die Strecke als frei gemeldet und die Weiterfahrt befohlen worden war. Sich vorzustellen, daß Harald im Herzen seiner Heimatstadt saß, eingesperrt in einen Eisenbahnwaggon und durch strengen Befehl daran gehindert, sein Kabuff auf Rädern auch nur für die Dauer eines Telefongespräches zu verlassen – also, man konnte wahnsinnig darüber werden. Und nun hockte er schon ein ganzes Jahr lang im »3 x verfluchten Rußland«, schoß und wurde beschossen. Daß er zur Flak gehörte, demnach eigentlich für die Fliegerabwehr zuständig war, spielte keine Rolle. Die 8,8-Kanonen, die Harald bediente, wurden im Erdkampf eingesetzt, und so mußten er und seine Kameraden jedesmal heran, wenn es um Geländegewinn ging oder um die Abwehr der sibirischen Horden, die gegen die deutschen Stellungen anbrandeten. So jedenfalls hatte es Viktor erklärt.

Rose verstand davon nichts. Sie redete brav nach, was sie von Viktor hörte, und bewunderte ihn für seinen Überblick und sein Urteilsvermögen. Um so besorgter war sie, als das Radio die Nachricht von der deutschen Kriegserklärung an die Amerikaner ausspie und Viktor daraufhin in Schweigen erstarrte.

»Erklär mir doch, Viktor. Wie sollen wir das denn schaffen? Was denkt sich der Führer? Gegen Amerika – der helle Wahnsinn. Oder? Ich hab' immer gesagt, wir siegen uns tot. Aber das brauchen wir gar nicht, wenn wir uns so viele Fronten schaffen. Die Amerikaner! Ich faß es nicht. Was soll denn das? Wie können wir die besiegen? Sollen wir diesen ganzen Erdteil besetzen? Nun rede doch mal.«

»Wir Zivilisten wissen nicht alles«, sagte Viktor mit belegter Stimme. Vergeblich versuchte er, sich freizuhusten. »Der Führer hat immer gewußt, was er tut. Und hat er nicht immer recht gehabt? Ich nehme an, das hängt mit den Japanern zusammen. Schließlich sind wir verbündet ...«

»Und was tun die Japaner für uns? Das mindeste wär' doch, daß sie uns gegen die Russen helfen. Davon haben sie aber nichts gesagt in den Nachrichten. Oder hab' ich da was verpaßt? Hast du was gehört von einer japanischen Front gegen die Russen?«

»Nein«, sagte Viktor, »noch nicht.« Und dann, in kläglichem Ton: »Mein Gott, Mutti!«

Mehr als alles andere war es dieser Ton, der Rose in Angst versetzte. Viktor, der Patriot, Viktor, der so fest an den Führer glaubte, der sprach jetzt zu ihr, als wenn ihm alle Hoffnung abhanden gekommen wäre. Von diesem Augenblick an nährte Rose in sich die finstere Gewißheit, daß dieser Krieg verloren war. Aber noch verbannte sie diesen Gedanken und verbot sich, ihm nachzuhängen. Es schien ihr, als fiele sie Harald in den Rücken, wenn sie sich ihre Angst eingestand.

Außerdem gab es andere, unmittelbare Sorgen. Da saß ihr Junge mitten im russischen Winter und mußte schrecklich frieren. Es sah so aus, als hätte der Führer einen Blitzkrieg erwartet wie seinerzeit in Polen und dann in Frankreich, und als sei ihm die Sache aus unerklärlichen Gründen schiefgegangen. Jedenfalls krochen die deutschen Soldaten in ihrer Sommerausrüstung durch Schnee und Eis, und die Partei des Führers sammelte in der Heimat warme Sachen für die armen Kerlchen. Rose zögerte nicht. Sie setzte sich sofort hin und strickte für Harald einen dicken Schal sowie eine Mütze mit Gesichtsschutz und Schlitzen nur für die Augen. Dazu fertigte sie mollige Handschuhe mit weichem Futter und einem Polster aus Wollflocken, so wie sie einst Male Pohlenz für ihre Kinder produziert hatte. Und schließlich häkelte sie noch eine Bauchbinde, die Haralds Nieren warm halten sollte. Als sie das Päckchen zurecht machte, stellte sich heraus, daß sie ein Höchstgewicht von einem halben Pfund zu beachten hatte. Das zwang sie, drei Päckchen zu packen und zum Beispiel die beiden Handschuhe einzeln zu schicken, weil jeder für sich schon fast zweihundert Gramm wog. Sie lebte wochenlang in Sorge, bis sie Haralds Bestätigung in Händen hielt, daß alles richtig bei ihm eingetroffen war.

Für eine Weile vergaß Rose ihre Ängste, als sich herausstellte, daß Harald tatsächlich zur Silberhochzeit nach Hause kommen durfte. Mitte Juli teilte er der entzückten Rose mit, er werde am 20. September eintreffen und bis zum 15. Oktober bleiben. Auf jeden Fall konnte er am 26. September an dem Jubelfest der Eltern teilnehmen. Für seinen Geburtstag am 16. kam er nicht mehr zurecht, aber er schlug vor, ihn in der Woche zwischen seiner Ankunft und dem Fest der Eltern nachzufeiern.

»Weil ich doch diesmal einundzwanzig werde, also von da an mündig bin und tun und lassen kann, was ich will. Ha, ha!«

Rose lächelte wehmütig. Wenn sie früher mal an Haralds einundzwanzigsten Geburtstag gedacht hatte, dann hatte sie sich das ganz anders vorgestellt, und Harald offensichtlich auch. Aber dann überwog doch die Freude darüber, daß alles so gut klappen sollte, und sie ging sofort daran, die herrlichen Septembertage vorauszuplanen. Sie entwarf eine Liste der Gäste, die eingeladen werden mußten: Joachim und Anna, das war selbstverständlich, Sophie und Otti, das war unvermeidlich, denn Viktor hatte mit ihnen einen zwar losen, aber doch nie abreißenden Kontakt gehalten. Und Sophies Brüder, Johann und der Zigeuner Christian, der seit Kriegsausbruch in Deutschland festsaß? Die waren ihr eigentlich recht fremd, aber wenn es sein mußte, mußte es eben sein. Das sollte Viktor entscheiden.

Rose stutzte, als sie bemerkte, daß die Verwandtschaft damit schon erschöpft war. Denn so weit, daß sie auch noch Lydia einlud, Tante Jettchens Hinterlassenschaft, wollte sie nicht gehen. Blieben Freunde und Bekannte. Frau Döring mußte unbedingt kommen, und es wäre schön, wenn Herr Döring dabei sein würde, aber der stand auch in Rußland und konnte wohl nicht mit Urlaub rechnen, bloß weil einer seiner Mieter Silberhochzeit feierte. Karsunkes kamen nicht in Betracht, wenn man davon absah, daß Frau Karsunke natürlich in der Küche beim Auftragen helfen sollte. Im übrigen machte man sich mit solchen Leuten nicht gemein.

Aber die Kempers wollte Rose einladen, Nachbarn auf der gleichen Etage seit drei Jahren. Herr Kemper war eigentlich ein arrogantes Ekel, auf den hätte man mühelos verzichten können. Er nannte sich Regierungsbaurat und bildete sich schrecklich viel ein auf diesen Titel, außerdem war er in der Partei und tat sich darauf noch mehr zugute als Anna. Allerdings gehörte die zu den Alten Kämpfern aus der Frühzeit und hatte es nicht so nötig, dauernd Gesinnung zu demonstrieren. Rose wäre nie auf die Idee gekommen, Herrn Kemper bei einer Familienfeier zu berücksichtigen, wenn er nicht eine so nette Frau gehabt hätte. Frau Kemper war ein lieber, kleiner Schatz, eine sanfte, blonde Person von großem Anlehnungsbedürfnis. Rose hatte entdeckt, daß sie aus Quackow in Pommern gebürtig war, und da besaßen sie ja nun einige Gemeinsamkeiten, über die sie schwatzen konnten.

Frau Kemper schwatzte gern mit Rose, nicht nur wegen der beiderseitigen Beziehungen zu Quackow, sondern auch, weil sie Roses Zuwendung dringend brauchte. Ihr Mann behandelte sie nicht besonders gut, das merkte ein Blinder mit dem Krückstock. Er war hochfahrend und von oben herab und ließ sie spüren, daß er aus besseren Kreisen stammte und sie zu sich emporgehoben hatte. Jeden Mittag rief er sie an, aus Liebe, wie sie behauptete, um sie zu kontrollieren, wie Rose vermutete. Einmal saß sie zur Telefonzeit bei Rose, und Herr Kemper rief schließlich bei Markwarts an und erwischte seine Frau dort. Mein Gott, hatte er ein Theater veranstaltet! Er wünsche, daß sie zu Hause sei, wenn er sie sprechen wolle, und er verbitte sich, daß sie sich bei Nachbarn herumtreibe! Frau Kemper war ganz kleinlaut und geknickt gewesen und hatte ihn unter Tränen um Verzeihung gebeten. Rose hatte sich brüskiert gefühlt und Herrn Kemper die Unhöflichkeit nie verziehen. Das hätte ihr Mann sein sollen!

Aber wenn sie nun Frau Kemper einladen wollte, und das wollte sie unbedingt, dann konnte sie Herrn Kemper nicht übergehen. Daraus ergab sich eine Schwierigkeit, die ihr viel Kopfzerbrechen bereitete: Rose ging mit dem Gedanken um, Edith zur Silberfeier zu bitten – nicht auch Dr. Rosenfeld, man mußte das Schicksal ja nicht gerade herausfordern. Aber Edith hätte sie gern dabei gehabt. Immerhin war sie die einzige Person außerhalb der engeren Familie, die ihr wirklich nahestand. Edith hatte die frühen Jahre in Babelsberg und dann in Berlin mit ihr geteilt, und sie war Trauzeugin gewesen, als Rose und Viktor 1917 heirateten.

Nun wünschte Rose nichts weniger, als daß Edith durch irgendwelche Bemerkungen bei Tisch gekränkt wurde. In der Beziehung war auch Anna ein Problem, aber die konnte man leicht auf ein anderes Gleis schieben. Man brauchte sie nur nach ihren Enkeln zu fragen, dann würde sie über nichts anderes mehr reden als über Gumprecht, Siegward und Frithjof. Der gutmütige Joachim klopfte keine Nazisprüche, wenn seine Frau es ihm nicht abverlangte. Sophie und Otti interessierten sich nur für sich selbst. Frau Döring war eine gute Seele, und auch Frau Kemper war über jeden Zweifel erhaben.

Blieb Herr Kemper, mit dem mußte geredet werden. Rose sagte Viktor nichts von ihrem heiklen Vorhaben. Sie wollte nicht riskieren, daß er einen Aufstand machte und ihr von vornherein verbot, Edith einzuladen und mit Herrn Kemper in Sachen Juden zu verhandeln. Es war besser, ihn vor vollendete Tatsachen zu stellen.

Sie brauchte bis August, um genügend Mut zu fassen. Dann trug sie Herrn Kemper ihr Anliegen vor. Die Unterredung endete in einer der größten Niederlagen, die sie je erlebt hatte. Herr Kemper hörte sie mit finsterer Miene an und antwortete dann in einem Ton, der Rose das Blut in den Adern gefrieren ließ:

»Mit der Frau eines Juden setze ich mich nicht an einen Tisch. Entweder Sie verzichten auf diese Frau, oder Sie verzichten auf mich. Sie können wählen.«

Rose empfand Angst, und sie nahm Herrn Kemper schrecklich übel, daß er sie dazu gebracht hatte, sich vor ihm zu fürchten. Noch mehr verübelte sie ihm, daß sie nun Edith gegenüber in eine abscheulich schiefe Lage geriet, denn sie hatte mit ihr ja schon über die Silberhochzeit gesprochen. Eine reguläre Einladung war das zwar noch nicht gewesen, aber Rose war weit genug gegangen und konnte das Thema jetzt nicht einfach fallenlassen. Wie immer sie es drehte und wendete, sie mußte Edith vor den Kopf stoßen, den widerlichen Kerl aber einladen und die ihm gebührende Höflichkeit erweisen.

Im Gegensatz zu Rose regte Edith sich überhaupt nicht auf.

»Mach dir nichts draus. Das habe ich kommen sehen. Du bist immer noch viel zu naiv, wenn du glaubst, man könnte solche Leute beim Portepee packen. Die haben gar keins, die haben nur einen Mörderdolch. Die Absicht war gut, aber dumm. Es konnte nicht klappen. Hör auf, dir Vorwürfe zu machen. Ich danke dir, daß du's gewollt hast. Das bedeutet mir mehr als alles andere, glaube mir.«

Aber Rose glaubte es nicht. Wenn sie schon die Kröte nicht zu schlucken vermochte, wie sollte dann die unmittelbar betroffene Edith sie hinunterwürgen? Jetzt hieß es, Haltung zu bewahren und niemanden etwas merken zu lassen. Auch Viktor brauchte nichts von der Schlappe zu erfahren, die sie sich da bereitet hatte. Herrn Kemper gegenüber würde sie die Liebenswürdigkeit in Person sein, egal, was es kostete. Aber das sollte dieser Kujon sich nicht einbilden, daß Rose ihm das je vergaß! Irgendwann einmal würde sich schon eine Gelegenheit ergeben, es ihm heimzuzahlen. Rose konnte warten.

Wenn Rose später die Fotos betrachtete, die auf der Silberhochzeit aufgenommen worden waren, dann staunte sie stets von neuem über die Veränderung in Haralds Gesicht. Sie hatte einen Jungen hergegeben, und man hatte ihr einen Mann zurückgeliehen. Alles Weiche, Kindliche, das er 1940 noch an sich gehabt hatte, war jetzt, nur zwei Jahre später, verschwunden. Harald sah aus, als wäre er ein älterer Verwandter von sich selbst. Neben Augen und Mund verästelte sich ein Netz von Falten, er blickte ernst, und seine Züge schienen in einer Spannung erstarrt, als müßte er sich dauernd ungeheuer anstrengen.

Rose erinnerte sich, daß Harald während der gesamten drei Wochen nicht richtig entspannt gewirkt hatte, obwohl er doch zu Hause war und sich auch wirklich über seinen Urlaub freute. Falls ihn etwas bedrückte, dann behielt er das für sich, jedenfalls konnten weder Rose noch Viktor das Geringste aus ihm herausfragen. Nicht, daß er sich vor den Eltern verschloß, im Gegenteil, er redete viel und scherzte ständig, manchmal gab er sich direkt albern. Aber niemals kam es zu einem richtigen Gespräch, alles, was Harald sagte, war oberflächlich und irgendwie unverbindlich. Viktor vermutete, daß Harald Schweres erlebt hatte, seine Eltern aber nicht damit belasten wollte, und er machte sich ernste Sorgen um den Sohn. Rose fühlte sich aus dem Leben ihres Kindes ausgeschlossen. In normalen Zeiten hätte sie das übelgenommen und es auch deutlich gezeigt, aber jetzt wagte sie so etwas nicht. Sie dachte ständig daran, daß er bald, allzu bald dahin zurückfahren mußte, wo man auf ihn schoß, und daß er auf keinen Fall eine böse Erinnerung an seine Mutter mitnehmen durfte.

Am Tag des Festes stand Harald im Mittelpunkt. Er war mittlerweile zum Unteroffizier befördert worden, und wenn alles so ging, wie er es wünschte, dann würde er früher oder später zur Kriegsschule abkommandiert und zum Offizier ausgebildet werden. Dafür interessierten sich besonders Anna und Herr Kemper. Die beiden taten sich auch hervor, als es Haralds Auszeichnungen zu bewundern galt: das bronzene Verwundetenabzeichen, das Eiserne Kreuz zweiter Klasse, das Flakkampf- und das Flak-Erdkampfabzeichen, schließlich die Ostmedaille, die für die Teilnahme am Winterkrieg 1941/42 verliehen worden war. Die zwei eifrigen Nationalsozialisten waren sehr angetan davon, einen richtigen Helden vor sich zu haben, und sie nahmen es ohne Protest hin, daß Harald seine Ostmedaille »Gefrierfleischorden« titulierte. Das war, so fanden beide, eben der richtige, mannhafte Landserhumor.

Zweimal während seines Urlaubs mußte Harald mit den Eltern in den Luftschutzkeller. Es waren keine schlimmen Angriffe, in Lichterfelde passierte überhaupt nichts, die Bomben, die geworfen wurden, schlugen irgendwo im Zentrum der Stadt ein. Trotzdem war es unangenehm, man wurde von dem nervensägenden Geheul der Sirenen aus dem Schlaf gerissen, und nachher spürte man, wie das Grollen der Flak-Salven das Haus in seinen Grundfesten erbeben ließ. Harald fand es unmöglich, vor der Bedrohung durch Fliegerbomben im sogenannten Keller Schutz zu suchen, der doch weiter nichts war als ein Stück des ganz gewöhnlichen Souterrains.

»Das ist ja schlimmer als alles, was ich je an der Front erlebt habe. Wenn hier mal was einschlägt, dann seid ihr unter Tonnen von Schutt begraben, und wer weiß, ob euch jemand rausholen kann. Vergeßt auch nicht die Gas- und die Wasserleitungen, die hier durchlaufen. Wenn ihr nicht erschlagen werdet, dann erstickt oder ersauft ihr. So geht das nicht.«

Also gingen sie beim zweiten Fliegeralarm in den öffentlichen Schutzraum, der im Keller der Oberrealschule an der nächsten Ecke eingerichtet war. Das, meinten Viktor und Rose, mußte Harald doch befriedigen. Der Schulkeller lag tief, hatte stabile Wände und eine mächtige, gewölbte Decke aus Beton. Doch Harald saß mit finsterem Gesicht und horchte auf das Rumpeln, das seine Kameraden an ihren Flak-Geschützen verursachten. Später sagte er seinen Eltern, er habe sich gefürchtet wie niemals während der Kämpfe in Rußland. Um sich abzulenken, hatte er die ganze Zeit auf den Mann gestarrt, der ihm schräg gegenüber saß, und darauf gewartet, daß dem der Tropfen runterfiel, der an seiner Nase schaukelte. Er hatte sogar Wetten mit sich selbst abgeschlossen, aber der Tropfen war nicht gefallen.

Rose kannte den Mann. Er hieß Marek Mikolajski, gebürtig aus Polen und schon an die zwanzig Jahre in Berlin ansässig. 1939, als die Spannung zwischen Deutschland und Polen kurz davor war, sich in der Katastrophe zu entladen, hatte Herr Mikolajski irgendeine deutsche Großmutter aufgetrieben und sich dann naturalisieren lassen. Seither nannte er sich Max, was ihm aber nichts nützte, denn dazu wohnte er schon zu lange am Hindenburgdamm, alle Nachbarn kannten ihn als Marek, und so riefen sie ihn auch. Noch bekannter war Frau Mikolajski, eine dicke und äußerst liebe Person, die immer zu haben war, wenn jemand ihre Hilfe brauchte. Vor allem fiel sie auf, weil sie ganz erstaunlich schielte. Ihrem Mann war sie demütig ergeben, denn er hatte sie aus einem Hundeleben als Mutter dreier unehelicher Söhne erlöst und sie zu einer ehrbaren Ehefrau emporgehoben. Immer wenn es Luftalarm gab, saßen Mann und Frau im öffentlichen Keller der Oberrealschule, und jedesmal hing Herrn Mikolajski der Tropfen an der Nase. Auch Rose war das längst aufgefallen, und sie hatte sich manches Mal die Zeit damit vertrieben, auf den Sturz des Tropfens zu warten, bis jetzt immer vergeblich.

Rose wußte noch eine Menge Geschichten über die

Mikolajskis, aber Harald hatte genug von dem Mann und seinem Tropfen. Er bestand darauf, die Kellerfrage zu diskutieren, und erklärte, daß er nicht abfahren würde, ohne diese Frage befriedigend gelöst zu haben.

Viktor und Rose sahen einander ratlos an. Wo sollten sie einen besseren Keller herbekommen als die zwei, die ihnen zur Verfügung standen? Schließlich entschied Harald:

»Ich werde euch einen Unterstand bauen. Genauso einen, wie wir ihn in Rußland haben. Wenn ihr da drin seid, dann kann euch nur noch ein Volltreffer erledigen, sonst aber nichts. Und vor allem brauche ich nicht zu fürchten, daß ihr eines Tages unter einem Trümmerberg begraben werdet.«

»Und wo willst du den bauen?« fragte Viktor.

»Im Garten, in der äußersten Ecke, so weit weg vom Haus wie möglich. Allerdings brauche ich dazu eine Menge fester Balken, um die Erdwände abzustützen. Und ein bißchen Hilfe beim Graben wär' auch nicht schlecht. Ich schaff 's zur Not allein, nur habe ich so wenig Zeit bis Urlaubsende.«

»Ich helfe dir natürlich«, versicherte Viktor. »Nur wo wir das Holz hernehmen sollen, weiß ich nicht.«

»Da frag' ich mal Onkel Walter. Der kommt an Verschiedenes ran, und er kann mir auch graben helfen. In körperlicher Arbeit ist er besser als du, Vati, entschuldige schon.«

Rose verzog das Gesicht. Schon wieder Karsunkes – für ihren Geschmack hielt Harald sich viel zu oft im Souterrain auf. Kaum war er einen Tag zu Hause gewesen, da ging er schon zur Kneipe an der Ecke, schwatzte dem Budiker eine Zweiliterkanne seines raren, echten Bieres ab und verzog sich damit zu Karsunkes, wo er mit Vater und Sohn stundenlang einen zünftigen Skat drosch. Als er endlich in die elterliche Wohnung zurückkehrte, lehnte er das Essen ab, das Rose so liebevoll für ihn zubereitet hatte. Frau Karsunke hatte ihn mit Bratkartoffeln und Kaninchenfilet vollgestopft, und er war, wie er sagte, satt bis zum Scheitel.

Soweit es Rose anbetraf, konnte der Bau des Gartenbunkers unterbleiben. Sie wollte lieber weiter in den Schulkeller gehen, als von Karsunkes Hilfe zu erbitten und sich ihnen zu verpflichten. Doch mit Harald war nicht zu reden. Er setzte sich mit Herrn Karsunke zusammen und verfertigte zu dessen besserem Verständnis eine Zeichnung des künftigen Unterstandes. Herr Karsunke begriff, und schon zwei Tage später kam er mit einem Handwagen voll Holz angekeucht, lauter ausgemusterte Schwellen, die er aus dem Vorrat der Reichsbahn organisiert hatte. Harald applaudierte. Das war solides Material, genau das, was er brauchte.

Dann schaute er sich nach Hilfskräften um. Daß Herr Karsunke mitgraben würde, verstand sich von selbst. Auch Udo wollte zugreifen, doch versprach sich Harald von dem etwas mickrigen Fünfzehnjährigen keinen großen Nutzen. Die übrigen männlichen Hausbewohner lehnten ab, obwohl Harald ihnen versprach, für jede Hilfskraft einen Platz im Unterstand vorzusehen und weitere Plätze für deren Familien. Sie trauten dem Unternehmen wohl nicht, jedenfalls erklärten sie, die Alarmnächte lieber im öffentlichen Schutzraum überstehen zu wollen. Herr Kemper sprach von einer Dienstleistungsverpflichtung schon in allernächster Zeit, und wenn es soweit wäre, würde er seine Frau nach Hause ins bombensichere Pommern schicken. Frau Döring wollte mit ihren Töchtern in die schlesische Provinzstadt ausweichen, aus der sie stammte, und dort bleiben, bis ihr Mann heimkäme. Gegen Haralds Bautätigkeit im Garten aber hatte sie als Hauswirtin nichts einzuwenden, er solle nur nach Herzenslust graben, immer mit ihrem Segen.

Es sah ganz so aus, als würde die Arbeit an Vater und Sohn Markwart sowie Vater und Sohn Karsunke hängenbleiben. Da schleppte, in letzter Minute, Herr Karsunke einen weiteren Helfer an, nämlich Herrn Mikolajski. Der stand vor der angefangenen Grube, guckte hier, guckte dort, ließ sich alles erklären. Dann rollte er die Ärmel hoch und zeigte die Muskelpakete, die ihm in seinem Arbeitsleben gewachsen waren, denn er hatte an die zwanzig Jahre als Kohlenträger geschuftet. Er griff nach dem Spaten, später nach den Eisenbahnschwellen und legte beherztes Zeugnis dafür ab, wozu ein erprobter Arbeitsmann fähig ist. An seiner Nase schaukelte, wie immer, der Tropfen, er schaukelte während der gesamten Schanzarbeit, und niemand sah ihn fallen, bis zum Ende des Bunkerbaus nicht.

Es wurde ein wahres Kunstwerk. Die Wände waren aus Herrn Karsunkes Schwellen gefügt; auf ihnen ruhte, sorgfältig verzahnt, eine weitere Lage Schwellen als Decke. Harald häufte Erdreich darauf und kaschierte das mit Grassoden. An beiden Enden der Grube führte ein Ausgang mit befestigten Stufen ins Freie, wobei Harald jeden Ausstieg nach einer anderen Seite gewendet hatte. Ein Rohr, oben mit einem Deckelhütchen geschützt, bohrte sich durch die Decke, damit die Insassen noch Atemluft bekämen, falls durch ein besonderes Unglück beide Ausstiege verschüttet würden. Die beiden Markwarts legten ein Verlängerungskabel vom Haus in den Unterstand. So konnten sie nicht nur eine kleine Lampe anschließen, sondern auch eine elektrische Heizsonne für die eisigen Winternächte. Die letzten Schwellen wurden durchgesägt, und die Männer zimmerten daraus Sitzbänke, sieben Plätze insgesamt. Dabei blieb noch eine Nische für je ein Gepäckstück pro Person und für zwei Spaten, um sich notfalls auszugraben.

»Sieben Plätze?« fragte Rose. »Willst du mir mal sagen, wer da alles mit uns rein soll?«

»Jeder, der mitgebaut hat«, sagte Harald, »wie ausgemacht. Ihr seid zwei, Karsunkes drei, und dann noch Herr und Frau Mikolajski, macht sieben.«

»Also wirklich!« protestierte Rose. »Mit solchem Volk willst du mich zusammensperren?«

»Es ist ein Bombenunterstand, nicht deine gute Stube«, sagte Harald unbeeindruckt. »Was meinst du, mit wem ich so in den letzten Jahren zusammengesperrt war. Im Krieg kann man sich's nicht immer aussuchen. Da geht's nur um's Überleben.«

Rose lernte den kleinen Bunker bald lieben, nicht nur, weil sie sich nach kurzer Eingewöhnungszeit darin tatsächlich sicherer fühlte als in einem Keller unter mehreren Stockwerken. Das Bauwerk war vor allem auch ein Geschenk ihres Kindes, ein Liebesbeweis, den sie immer vor Augen hatte, als Harald schon lange wieder im schrecklichen Rußland verschwunden war. Wenn sie in den Alarmnächten auf der Holzbank hockte, dann fühlte sie sich geborgen, und manchmal streichelte sie die Holzwände, die Harald so sauber gefügt hatte. Sie entdeckte auch Gefühle der Rührung für die Bunkergefährten, die sich neben ihr drängelten. Das waren ja, wenn man es recht besah, Haralds Kameraden, nicht anders als die, mit denen er da draußen im Frontgebiet zusammenlebte. Schulter an Schulter hatten sie mit ihm gegraben und gewerkt, bis zur letzten Minute hatte keiner ihn im Stich gelassen. Auch Herrn Mikolajski sah sie nun mit freundlichen Augen an, und sie lachte leise, als ihr einfiel, daß die Erinnerung an die Bombennächte sich künftig immer mit seinem Nasentropfen verbinden würde.

Das Jahr 1943 kam und verging, ohne daß Harald einen einzigen Tag auf Urlaub gewesen wäre, auch dann nicht, als er seine zweite Verwundung erlitt. Offensichtlich verbot es die militärische Lage, die Leute nach Hause zu lassen, und es sah ja auch wirklich nicht mehr so rosig aus, wie es mal angefangen hatte. Als Anfang Februar der Untergang der Armeen bei Stalingrad bekannt wurde, ängstigte Rose sich tagelang, weil es ja doch nicht ausgeschlossen war, daß man Haralds Einheit in letzter Minute zur Verstärkung dorthingeschickt und so ihren Jungen in die Katastrophe gestürzt hatte. Der nächste Feldpostbrief belehrte sie, daß Harald nach wie vor im mittleren Frontabschnitt kämpfte. Rose beruhigte sich, aber der Schrecken, den der Albtraum ihr verursacht hatte, löste sich nur langsam. Der Nachrichtenpolitik der Regierung hatte sie nie recht getraut, jetzt glaubte sie überhaupt nicht mehr daran. Sie begann, gegnerische Sender zu suchen, und lauschte, fast in den Apparat verkrochen, ihren Nachrichtensendungen. Meist hörte sie die BBC aus London oder den Soldatensender Calais, die sich am deutlichsten von allen empfangen ließen. Viktor war entsetzt, als er entdeckte, was seine Frau tat. Er stand jedesmal hinter ihr und flehte sie an:

»Nicht doch, Rose! Tu das doch bloß nicht! Bitte, es ist so gefährlich! Wenn sie uns erwischen, kostet es uns den Kopf! Mutti!«

Aber Rose kroch nur noch tiefer in ihr Radio. Sie reckte einen Arm nach hinten und winkte ab, und wenn Viktor dem Zeichen nicht gehorchte, wandte sie kurz den Kopf und zischte ihn an:

»Pscht! Pscht! Ruhig doch! Ich versteh' ja nichts!«

Wenn die Sendung vorbei war, sagte sie:

»Du brauchst ja nicht dabeizustehen, wenn ich mir das anhöre. Mach dich doch einfach nicht mitschuldig. Ich jedenfalls will wissen, was los ist, und unsere belügen und betrügen uns ja doch bloß.«

Aber sie vergaß nie, hinterher die Skalennadel wieder auf einen deutschen Sender einzustellen. So schlau war sie auch, um nicht den Zufall herauszufordern!

Viktor hätte am liebsten gar nicht erfahren, was die feindlichen Sprecher verkündeten. Dennoch brachte er es nie fertig, sich die Ohren zuzuhalten, wenn Rose berichtete.

»Hab' ich nicht immer gesagt, wir siegen uns tot? Den Krieg verlieren wir. Wir haben ihn schon verloren. Eine anständige Regierung würde jetzt Schluß machen. Nur Mörder lassen unsere Jungen weiter sterben.«

»Rose!«

»Du weißt genau, daß ich recht habe«, sagte Rose düster. »Wer weiß, was uns noch alles bevorsteht.«

Davon wollte Viktor nichts hören. Er klammerte sich an die Verheißungen, die des Führers Propagandaminister Goebbels ausstreute. Aber Rose durfte er damit nicht kommen, sie lachte ihm ins Gesicht, besonders wenn er die Wunderwaffen erwähnte.

»Wenn sie welche haben, warum setzen sie die nicht ein? Worauf warten sie? Auf unseren letzten Schnaufer? Alles Kokolores. Die einzige Wunderwaffe, über die sie verfügen, das sind unsere Söhne, Harald und die anderen armen Jungen.«

Und dann weinte Rose. Viktor war auch oft zum Heulen zumute, aber einer mußte ja Haltung bewahren, um dem Defaitismus entgegenzuwirken. Schlimm genug, wenn die eigene Frau einen im Stich ließ. Viktor fühlte sich manchmal sehr allein.

Erst im April 1944 sahen sie Harald wieder. Er blieb nur zwei Tage, denn er hatte keinen regulären Urlaub, sondern war lediglich auf der Durchreise nach Schwaben, wo er in Göppingen acht Wochen lang die Kriegsschule besuchen sollte. Rose jammerte, weil sie ihn gleich wieder hergeben mußte, und sie strahlte, weil er für zwei kostbare Monate in Sicherheit war, weit weg von jedem Gewehr und jeder Kanone, die ein Feind auf ihn abfeuern konnte.

Im Garten blühten Jasmin, Rotdorn und Akazien, als Harald aus Göppingen zurückkam. Ein betäubender Duft umzog das Haus, und jedermann hielt seine Fenster weit geöffnet. Eine goldene Sonne stand am tiefblauen Himmel, und Harald blinzelte in die gewaltige Krone der Buche, die den Platz überschattete, auf dem der Vater ihm einst seine Buddelkiste gebaut hatte. Auch damals hatte in den schönen, sonnigen Sommern ein leiser Wind die Buchenblätter flirrend hin und her bewegt, und die Sonnenstrahlen setzten dem grünen Farbenspiel goldene Punkte auf, die von einem Blatt zum anderen hüpften. An solchen Tagen hatte der kleine Harald zuweilen ganz still auf seinem Berg aus weißem Sand gesessen und dem grüngoldenen Farbenzauber zugesehen, die Wärme des Sommers auf seiner Haut und im Herzen ein ungeheures Glücksgefühl.

»Ein Tag wie Samt und Seide. Man sollte nicht glauben, daß irgendwo Krieg ist.«

»Ach Junge«, sagte Rose sehnsüchtig, »kannst du nicht noch ein paar Tage bleiben? Oder wenigstens einen Tag?«

Aber das konnte Harald nicht. Schon diesen Kurzbesuch daheim hatte er der Wehrmacht gestohlen, und er würde nachher auf der Bahnhofskommandantur ganz schön lügen müssen, um die Fahrtunterbrechung zu erklären und einen neuen Marschbefehl zu ergattern. Aber keine Sorge, wenn er jetzt auch Oberfähnrich hieß, er war lange genug Schütze Arsch gewesen, ein alter Landser, der jede Militärbürokratie aufs Kreuz legte.

Nein, zum Bahnhof sollten die Eltern ihn nicht begleiten. Harald haßte Bahnhofsabschiede. Viktor und Rose durften nur bis zum Gartentor mitkommen, und da standen sie lange und guckten, während Harald, im Blaugrau der Flaktruppe, seinen alten Tornister auf dem Rücken, davonging und immer kleiner und kleiner wurde. Alle zehn Schritte drehte er sich um und winkte, und dann rissen Viktor und Rose sich fast die Arme aus, damit er doch sehen sollte, daß sie ihm auch winkten.

Dieses Bild: wie Harald den Hindenburgdamm hinuntermarschierte, wie er sich Meter für Meter von dem Haus entfernte, in dem er geboren, in dem er klein und dann jung gewesen war, wie er wegging von allem Glück, das ihm einst gehört hatte, fort aus dem Leben seiner Eltern – dieses Bild grub sich für immer in Roses und Viktors Seelen. Es gab danach nie mehr ein anderes Bild ihres Sohnes. Harald kam nicht wieder.

Einen knappen Monat nach seinem Abschied, am 12. Juli, traf die Nachricht ein, der Oberfähnrich Harald Markwart werde seit dem 3. Juli, an dem er an Kämpfen um die Stadt Minsk teilgenommen habe, vermißt. Das müsse aber noch nichts wirklich Schlimmes bedeuten, und man werde den Angehörigen, sobald man Genaueres wisse, selbstverständlich Mitteilung machen.

»Du kannst mich ebensogut totschlagen«, sagte Rose. Dann schrie sie:

»Ich bin schon tot! Ich bin schon tot!«

»O Rose!« stöhnte Viktor und wand sich vor Schmerz.

»Laß uns sterben, Viktor«, flüsterte Rose. »Laß uns auch sterben. Was haben wir noch auf dieser Welt zu suchen, nachdem man uns das Kind erschlagen hat?«

»Aber«, flehte Viktor, »wenn er nun noch lebt? Er könnte doch noch leben? Das hat's doch schon gegeben, und du kannst doch gar nicht sicher sein. Stell dir vor, er kommt eines Tages nach Hause, und er hat weder Vater noch Mutter. Vielleicht ist er verwundet, krank – er braucht Hilfe –, und keiner ist da und hilft ihm. Mutti!«

»Ja«, sagte Rose mutlos, »wir können es nicht tun. Er wird nicht wiederkommen. Er wird niemals wiederkommen. Aber wir dürfen nicht sterben. Wir dürfen nicht einmal sterben.«

25 / Je mehr Zeit verging, desto hartnäckiger versteifte Viktor sich darauf, Harald nicht für tot zu halten. Konnte er nicht irgendwo in einem Lazarett liegen, mit einer Verwundung von solcher Art, daß er vorübergehend das Gedächtnis verloren hatte und niemandem sagen konnte, wer er war?

»Er hat doch eine Erkennungsmarke«, sagte Rose zweifelnd. »Man würde doch sofort herausfinden, wer er ist.«

»Ach ja. Aber das gilt nur, wenn er unter Deutschen ist. Er könnte ja auch in Gefangenschaft geraten sein. Dann würden wir vor Kriegsende nichts von ihm hören.«

»Gefangen? Bei den Russen? Entsetzlich!«

Aber wenn sie es sich überlegte, dann war ein gefangener Harald immer noch besser als ein toter Harald. Sie tat, was sie konnte, um sich Viktors Standpunkt zu eigen zu machen. Beharrlich sagte sie jedem, der sie fragte, daß ihr Sohn höchstwahrscheinlich bei den Russen gefangen saß und daß sie darüber sehr bekümmert sei, aber doch zuversichtlich hoffe, ihn dereinst wiederzusehen. Die Leute guckten sie dann mitleidig an, was Rose sehr wohl bemerkte. Offensichtlich glaubte keiner an einen glücklichen Ausgang, auch wenn niemand das sagte, sondern jeder mit tröstenden und aufmunternden Sprüchen aufwartete. Rose brach in einen Strom beschwörender Reden aus, in denen sie alles aufzählte, was sich als Indiz gegen Haralds Tod und für seine Gefangennahme ausdeuten ließ. Es schien, als ob sie selber es eher glauben konnte, wenn sie andere Leute dazu brachte, es zu glauben.

Es war eine schlecht konstruierte Überzeugung, der leiseste Windhauch warf sie um. Tief in ihrem Herzen wußte Rose, daß sie ihren Jungen verloren hatte. Dieses Wissen schaffte sich Raum in ihren Träumen. Wieder und wieder fuhr sie nachts hoch, in Schweiß gebadet, in der Kehle einen Schrei des Schreckens, den sie nur mit äußerster Kraft unterdrückte. In ihren unruhigen Schlaf war zum ungezählten Mal eine der Greuelszenen eingebrochen, in denen Harald umgebracht wurde. Manchmal lief sie hinter einem Wagen her, der mit einem Sarg beladen war, und sie wußte in ihrem Traum ganz genau, daß Harald darin lag, und sie schrie:

»Halt! Halt! Er ist doch gar nicht tot! Er ist mein Sohn! Laßt ihn heraus! Halt!«

Wenn sie dann erwachte und Viktor unbeweglich neben sich ruhen sah, dann gewahrte sie, daß sie nicht wirklich geschrien hatte. Sie wußte auch, was da im Traum aufgetaucht war: das Angstbild aus ihrer frühen Kindheit, als man ihr die Großmutter weggekarrt hatte. Mein Gott, warum mußte ihr das immer von neuem widerfahren? Warum wurde sie so gestraft? Wofür?

Glaubte denn Viktor, daß Harald noch am Leben war? Rose fragte ihn nicht, aber sie hegte den Verdacht, daß er es sich nur einredete, weil er den Verlust nicht ertragen konnte. Manchmal tat er ihr leid; er war bald neunundfünfzig, ein Mann an der Schwelle des Alters, eine eigene Zukunft hatte er nicht mehr. Alles, was er mit dem Begriff Zukunft verband, war in Harald personifiziert, und wenn es den nicht mehr gab, was blieb dem verwaisten Vater?

Aber meistens tat sie sich selber leid. Sie war die Mutter, wer konnte größeren Schmerz empfinden als sie? Mit gepreßter Stimme sagte sie: »Ach, Viktor, wenn er doch nur irgendwo eine Freundin gehabt hätte, und die hätte von ihm ein Kind bekommen. Ein kleines Bübchen, das aussieht wie er. Dann hätten wir Harald noch einmal, und wir könnten noch mal von vorn anfangen.«

In all seinem Kummer fand Viktor das beinahe zum Lachen. »Eine Freundin mit einem Kind! Ich möchte nicht wissen, was du getan hättest, wenn es eine solche Verbindung gegeben hätte. Du wärst ja wohl wie die Feuerwehr dazwischengegangen.«

»Diese Mädchengeschichten damals, das war ganz was anderes. Aber jetzt – es könnte ja eine Braut sein, und sie wären nur noch nicht zum Heiraten gekommen.«

»Und du bildest dir ein, die würde dir dann ihr Kind überlassen? Oder wolltest du gleich die Mutter mit dem Kind bei dir aufnehmen?«

»Ach Vati ...«

»Und überhaupt, es gefällt mir nicht, wie du redest. Das hört sich ja gerade so an, als hättest du ihn schon aufgegeben. Er kann doch wiederkommen. Er ist nicht tot gemeldet, nur vermißt.«

Sie litten das gleiche Leid, aber sie konnten nicht richtig darüber sprechen. Vor niemanden konnte Rose ihr Herz aufschließen und einmal alles herauslassen, was sie folterte – ausgenommen Edith. Sie hatte Edith angerufen, als die schlimme Nachricht gekommen war, aber nur kurz, und sich nachher in sich selber verkrochen. Doch dann ging eines Tages die Türglocke, und da stand sie, die liebe Freundin.

»Ich muß nach dir sehen. Ich muß einfach.«

Seltsam, vor Viktor nahm Rose sich immer noch ein bißchen zusammen. Vor Edith aber ließ sie sich gehen. Sie weinte ihre Angst und ihren Schmerz heraus, sie bekannte, daß sie sicher war, Harald verloren zu haben, daß sie im Grunde nie daran gezweifelt hatte. Edith weinte auch.

Die beiden Frauen saßen im Wohnzimmer auf der Couch, die Arme umeinandergeschlungen, die nassen Wangen aneinandergeschmiegt, und klagten um ihre toten Kinder. Edith sagte mit brüchiger Stimme:

»Ich dachte, du bist besser dran als ich, und ich hab' dich beneidet. Das war falsch. Mein Mann wird verfolgt, und deiner nicht. Aber ich habe noch Rolf, und du hast kein Kind mehr. Wir sind gleich. O Rose, Liebste, daß es so kommen mußte! Ich bin so traurig für dich!«

Rose empfand es als Glück, daß es Edith gab. Keiner, so kam es ihr vor, verstand sie so tief, mit niemandem war sie so eng verbunden wie mit ihr. Alles teilten sie miteinander: die Hoffnungen ihrer Jugend, den gegenwärtigen Schmerz und den Wunsch, diese gräßliche Zeit möge zu Ende gehen und mit ihr alle die verschwinden, die das arme deutsche Volk in den Abgrund gelockt hatten.

»Dieser Hitler, wohin hat er uns denn geführt? Nur ins Unglück. Ohne ihn hätten wir keinen Krieg, Harald wäre bei uns und würde jeden Morgen zu seinen Vorlesungen fahren. So viele Mütter müßten nicht um ihre toten Söhne weinen, und so viele Familien würden nicht auf der Straße sitzen, mit nichts als dem, was sie auf dem Leib haben. Wir können von Glück sagen, wenn man uns nicht auch noch die Wohnung zerbombt.«

Viktor protestierte nicht mehr, wenn Rose so etwas sagte. Er bat sie höchstens, leiser zu sprechen. Es mußte ja nicht jeder hören, daß Viktor und Rose nicht länger vorbehaltlos hinter dem Führer standen.

Ja, wahrhaftig, auch Viktor, der den Führer doch jahrelang fast angebetet hatte, übte jetzt herbe Kritik.

»So ein großer Feldherr, wie immer gesagt wurde, ist er nun wohl doch nicht. Wir sind in einer jämmerlichen Lage, und offenbar wird er damit nicht fertig.«

Im Grunde aber ging alles, was Viktor gegen den Führer einzuwenden wußte, darauf zurück, daß des Führers Krieg Harald verschluckt hatte, und das ohne einen erkennbaren Nutzen. Viktor hatte seinen Sohn nicht dem deutschen Sieg geopfert. Der Feind schien übermächtig, und man würde wohl zum zweiten Mal unterliegen. Also hatte Harald sein Leben nur dafür in die Schanze geschlagen, daß die Clique der Bonzen sich etwas länger halten und die Luft weiter atmen konnte, die der arme, liebe Junge nicht mehr atmen durfte. Denn wenn Viktor mit sich allein war, dann gestand auch er sich ein, daß Harald nicht mehr zurückkommen würde.

»So viele Opfer. Und wozu? Das hätten wir billiger haben können.«

Als Viktor und Rose aber am Abend des 20. Juli die Nachricht vom Attentat auf den Führer hörten, gerieten sie beide in Aufruhr. Rose rief aus:

»Darf denn so was wahr sein? Deutsche Offiziere – und das in einer solchen Situation.«

Viktor sekundierte:

»Man könnte sich vor Scham verkriechen. Das hat es noch nie gegeben in der deutschen Geschichte. Unsere Lage ist ernst, gewiß, aber doch nicht hoffnungslos. So hohe Offiziere, im Grunde alle Vorgesetzte von unserem Harald. Erst schicken sie ihn raus, und dann verraten sie ihn.«

Sie waren sich beide einig in ihrer Ablehnung. Nicht einig war Rose sich von diesem Tag an mit Edith. Die zollte dem schändlichen Unternehmen Beifall und bedauerte, daß es keinen Erfolg gehabt hatte. Sie trauerte um die Erschossenen des 20. Juli und um die anderen, die jetzt in den Haftkellern der Gestapo saßen. Nun ja, man kam eben doch nicht vom selben Holz. Edith hatte keinen Sohn an der Front verloren. Ihr Unglück rührte aus anderen Quellen, die Rose nichts angingen. Tod war doch nicht gleich Tod und Schmerz nicht gleich Schmerz. Rose und Edith hatten sich auf verschiedenen Planeten angesiedelt, ihr Leben war auf auseinanderstrebenden Bahnen verlaufen. Sie verstanden einander nicht.

Im September, dem Monat, in dem Harald dreiundzwanzig Jahre alt geworden wäre, traf ein Brief von Male Pohlenz ein. Male teilte Rose mit, daß Heinz bei den Abwehrkämpfen im Osten gefallen war. Rose las den Brief mit Erschütterung. Noch nie war die Mutter so aus sich herausgegangen, jedenfalls nicht ihr gegenüber.

Mein Kleiner, mein Baby – ach Röschen, ich kann Dir gar nicht sagen, wie mir zumute ist. Du wirst mich verstehen, weil Du auch solchen Kummer hast. Unsere lieben Jungen! Mir fehlen die Worte. Und wie sieht es aus, ganz finster! Wenn die Russen zu uns reinkommen, und das werden sie wohl, dann können wir zum zweiten Mal unsere Bündel packen. Für uns soll es wohl keine Heimat geben. Alles, was wir uns geschaffen haben nach der Austreibung von daheim, das müssen wir verlieren. Und Georgs Geschäft, seine ganze Lebensarbeit steckt darin. So ein Erfolg, und dann alles dahin. Man mag gar nicht daran denken. Und doch wird es kommen, man kann es sich an den Fingern abzählen. Bloß gut, daß Dein Großvater das nicht mehr erleben muß. Ihn hat schon die erste Austreibung umgebracht, und nun sind wir dran. Warum geschieht uns das alles? Das hat man mir nicht an der Wiege gesungen, und Dir auch nicht.

Es grüßt und umarmt Dich
Deine Mutter.

Rose setzte sich sofort hin und schrieb einen langen Antwortbrief an Male. Niemals zuvor hatte sie sich der Mutter so verbunden gefühlt. Heinz, das Nesthäkchen, Mutters Herzblatt! Wie schrecklich für die alternde Frau – neunundsechzig war sie jetzt –, daß sie ihr Kleinchen verloren hatte. Wer sollte das besser verstehen als ihre Älteste? Heinz und Harald. Was bedeuteten jetzt die Differenzen, die sie früher mit Male gehabt hatte? Die Jungen waren tot, das allein schlug zu Buche. Es schien Rose, als liebte sie ihre Mutter um des gemeinsamen Schmerzes willen.

Als Weihnachten herankam, weigerte sich Rose, einen Tannenbaum aufzustellen. Aber Viktor bestand darauf, alles so zu halten wie immer.

»Wir zünden die Kerzen für Harald an, ihm zum Gedenken. Er sitzt jetzt bestimmt irgendwo und denkt an uns, und am Heiligen Abend stellt er sich vor, wie es bei uns aussieht. Dann soll es auch so aussehen, bunte Kugeln und Kerzen, alles so, wie er es gern hatte.«

Rose hockte sich vor's Radio, so wie sie es fast jeden Abend tat. Viktor schüttelte den Kopf. War es nicht viel wichtiger, das schönste Fest des Jahres zu zelebrieren und in den alten Bräuchen Trost zu suchen? Die Heimsuchung war so groß, wie sollte man sie bestehen, wenn man der Seele nicht ab und zu Stärkung bot? Dieses eine, einzige Mal sollte doch der tägliche Schrecken draußen bleiben und kein Recht haben vor der Verheißung der Weihnachtsbotschaft. Daß Rose dafür kein Gespür hatte! Anstatt die Weihnachtslieder ins Zimmer zu lassen, die der Großdeutsche Rundfunk durch den Äther schickte, lauschte sie den Feindnachrichten und machte sich das Herz schwer.

»Deine Vogel-Strauß-Politik hilft uns nichts«, sagte Rose. »Und wenn du den Kopf noch so tief in den Sand steckst, es erwischt uns doch. Der Krieg hat schon unsere Grenzen erreicht, ich kann mir ausrechnen, wie lange es dauert, bis sie hier sind. Wo soll ich Weihnachtsstimmung hernehmen, wenn ich mich immerzu fragen muß, wie es wohl nächste Weihnachten hier aussieht? Vielleicht steht dann am Hindenburgdamm kein Stein mehr auf dem anderen, und wir faulen irgendwo in den Trümmern.«

Viktor versuchte, sich zu wehren.

»Man kann sich auch in's Unglück hineinreden. Wer die Flinte in's Korn wirft, der macht sich schutzlos, und der Schutzlose, der unterliegt natürlich dem Feind. Wenn du so redest, Mutti, dann hilfst du unseren Gegnern.«

»Ach, Viktor, du belügst dich selbst, und du weißt es auch.«

Die Endzeitstimmung, die Viktor bei Rose zu bekämpfen versuchte, hatte anscheinend das ganze Haus erfaßt.

Die Mieter, soweit sie in Berlin ausgehalten und sich nicht in stillere Provinzen geflüchtet hatten, liefen mit bleichen Gesichtern herum und flüsterten einander ihre Angstvisionen ins Ohr. Frau Karsunke hatte ständig gerötete Augen, und man brauchte sie nur anzustoßen, dann brach sie in haltloses Weinen aus. Sie zitterte um Udo, den jetzt Achtzehnjährigen, der vor anderthalb Jahren samt seiner Klasse zu den Flakhelfern kommandiert und nun regulär eingezogen worden war. Seine Mutter verlor darüber derartig die Fassung, daß sie ihre über Jahre gepflegte Sprachkultur vergaß und in die Niederungen zurückfiel, aus denen sie gekommen war.

»Erst ham se uns Haraldchen dotjemacht, und nu is Udo dran. Am Ende sind wa alleene und alt. Ick jraule mir so, ach, ick jraule mir so!«

Herr Karsunke hatte sein Parteiabzeichen vom Rockaufschlag entfernt. Meistens schwieg er vor sich hin, aber manchmal brach es aus ihm heraus:

»Wenn meine Pamela nicht hätte so'n Knall jehabt, wär' ick da nie reinjejang'n. Wat hab' ick bei die Nazis zu suchen? Mit die hatt' ick doch nie wat im Sinne. Kommune wollt' ick sein, immer bloß Kommune. Aber wie ick hab' eintreten jewollt, macht se mir 'ne Zene, und '33 hat se mir dämlich jequatscht. Wie steh' ick nu da? Na, ejal, am Ende jeht's mir doch wie Haraldchen, und se schießen mir dot.«

Frau Karsunke nahm diese Reden schweigend hin. Sie versuchte nicht den geringsten Widerspruch. Der Ausdruck »Hoheitsträger« war aus ihrem Vokabular verschwunden, man hörte ihn nie wieder aus ihrem Munde.

Es gab in diesen Wochen kaum Trost und so gut wie keine Zuversicht. Und doch geschah etwas, worüber Rose sich freuen konnte. Das hing mit Herrn Kemper zusammen und seiner Wohnung, die seit zwei Jahren leerstand. Anfang 1943 war Herr Kemper dienstverpflichtet worden, wie er im Herbst 1942, als Harald den Gartenbunker baute, vorausgesagt hatte. Seitdem diente er als Sonderführer im Hinterland der Ostfront und befehligte ein Heer zwangsrekrutierter Polen und Ukrainer, die unter seiner Aufsicht Flughäfen anlegten, Eisenbahnstrekken reparierten, Soldatenunterkünfte bauten und anderes mehr. Frau Kemper hatte sich nach Quackow verzogen, damit ihr im bombengefährdeten Berlin kein Leid zustieße. Am Abend vor beider Abfahrt war Herr Kemper zu Rose gekommen und hatte ihr die Wohnungsschlüssel anvertraut.

»Ich wäre Ihnen verbunden, wenn Sie ab und zu nach unseren Sachen sehen würden. Besonders nach Angriffen. Es könnte ja eine Brandbombe hineinfallen, und keiner merkt es, ehe sie Verheerungen angerichtet hat. Ich kann mich doch auf Sie verlassen? Vielen Dank, Frau Markwart, sehr freundlich von Ihnen.«

Rose betreute die Wohnung, mehr Frau Kemper als Herrn Kemper zuliebe. Sie hatte den Affront nicht vergessen, den Herr Kemper ihr bei ihrer Silberhochzeit angetan hatte. Zu Viktor sagte sie:

»Wenn ich mir die armen Schweine vorstelle, die er jetzt kommandiert, könnte ich heulen.«

Manchmal traf sie im Bäckerladen eine Gruppe von Mädchen aus einem der Ost-Arbeiter-Lager. Da standen sie, wie eine ängstliche Schafherde zusammengedrängt, auf der linken Brustseite das viereckige Stoffschild mit der Aufschrift OST, und versuchten, um Brot zu betteln. Die Bäckerin, an und für sich eine gutmütige Frau, stellte sich blind und taub. Wußte man denn, wer außerdem im Laden war und die Bäckerin womöglich anzeigen würde, weil sie streng bewirtschaftete Lebensmittel an Untermenschen aus dem Osten vergab, ohne Marken? Rose spürte Mitleid mit den armen Mädchen, und zugleich fühlte sie Haß gegen Herrn Kemper, der vielleicht gerade jetzt die Brüder und Väter dieser Mädchen anbrüllte. In solchen Augenblicken entsann sie sich der Reise-Brotmarken, die Herr Karsunke ihr manchmal durch seine Reichsbahnbeziehungen verschaffte und die Rose hortete, weil ihre Gültigkeit nicht an den laufenden Monat gebunden war. Sie wollte gerüstet sein für die schlimmen Zeiten, die sie mit Bestimmtheit erwartete.

Im Bäckerladen aber, angesichts der hungernden Ost-Mädchen, trennte sie sich von ihren Schätzen. Sie drückte ihnen die Marken nicht in die Hand; etwas von der Angst der Bäckerin fühlte sie schließlich auch. Sie ließ sie vielmehr auf den Boden fallen, in Sichtweite der Mädchen, aber hinter dem Rücken der übrigen Kunden. Die Ukrainerinnen begriffen und hoben die Marken auf. Sie warteten noch ein Weilchen, sicherheitshalber, und traten dann an die Ladentheke. Die Bäckerin nahm die Marken und reichte das Brot. Als Wechselgeld gab sie stets die ganze Summe zurück, die sie von den Mädchen bekommen hatte. Zwischen ihr und Rose bestand ein stummes Einverständnis, das betraf sowohl die Hilfe als auch die Notwendigkeit, sich vor den Spitzeln und Hundertfünfzigprozentigen zu tarnen.

Immer nach einer solchen Szene hatte Rose das Gefühl, etwas gegen Herrn Kemper unternommen zu haben. Schade war nur, daß er davon nichts wußte, niemals etwas wissen durfte. Rose sehnte sich nach einer Gelegenheit, Herrn Kemper kräftig zu ärgern, ohne daß sie sich dabei gefährden mußte.

Diese Gelegenheit bot sich ihr Ende Januar 1945. Mitte Januar war im Hindenburgdamm, wenige hundert Meter von Viktors und Roses Wohnung entfernt, eine ganze Häuserzeile den Bomben zum Opfer gefallen. Unter denen, die nun obdachlos auf der Straße standen, gab es eine Frau mit zwei kleinen Kindern, die Rose gut kannte und wohl leiden mochte. Ihrem Mann gehörte das größte Haushaltswarengeschäft am Ort, und Rose, wie die meisten Lichterfelder, war dort viele Jahre Kundin gewesen. Jetzt lag das Geschäft in Trümmern, und unter den Trümmern lag der Inhaber, von niederstürzenden Brocken erschlagen, als er versuchte, eine Kassette mit Papieren aus den Flammen zu bergen. Die Kunde von dem Unglück verbreitete sich wie ein Lauffeuer durch das Viertel, und Rose weinte über den fremden Verlust, weil ihr sofort der eigene einfiel. Es drängte sie, der Witwe ihr Mitgefühl zu bekunden. Sie fand die junge Frau in einer engen Kammer, in die man sie mit ihren Kindern eingewiesen hatte. Rose musterte das Notquartier.

»Meine liebe Frau Gehrke, Ihren Mann kann Ihnen keiner wiedergeben. Aber daß Sie sich mit Ihren Kindern in so einem Loch herumdrücken, das muß ja wohl nicht sein. Nein, sagen Sie nichts, warten Sie mal. Neben uns steht eine Fünfzimmerwohnung leer. Der Mann ist dienstverpflichtet, und die Frau ist vor den Bomben nach Pommern geflüchtet. Soviel ich weiß, muß man den Wohnungsinhabern zwei Zimmer reserviert halten. Aber dann hätten Sie immer noch drei Zimmer und nicht so einen Karnickelstall wie hier, dazu Bad und Küche. Wenn ich Sie wäre, ich würde mal zum Wohnungsamt gehen.«

Frau Gehrke war von Natur aus energisch und unternehmungslustig, man mußte ihr einen solchen Tip nicht zweimal geben. Schon eine Woche später zog sie mit ihren Kindern in die Kempersche Wohnung. Rose half ihr, Kempers Möbel in den zwei reservierten Zimmern aufzutürmen, und sie tat das mit Hingabe. Auch holte sie allerlei Liegen, Tische und Stühle vom Hausboden, die im Laufe der Zeit ausrangiert, aber nicht weggeworfen worden waren. Andere Nachbarn folgten ihrem Beispiel, und am Ende besaß Frau Gehrke eine zwar nicht vornehm, aber doch ausreichend möblierte Wohnung.

Das war alles außerordentlich befriedigend, aber so

richtig gelungen wäre der Streich erst, wenn nun Herr Kemper käme und sich angesichts der vollendeten Tatsachen grün ärgern würde. Rose verbrachte ihre Tage damit, sich den Zusammenstoß vorzustellen und ihren Part in dem Zank zu memorieren. Sie probierte einmal diese Wendung, einmal jene und berauschte sich schon im vorhinein an der Wirkung, die sie erzielen wollte. Schließlich fühlte sie sich so perfekt, daß sie ihren Auftritt kaum noch erwarten konnte und unter der langen Abwesenheit ihres Kontrahenten regelrecht zu leiden begann.

Herr Kemper kam im ersten Februardrittel. Zu ihrem Bedauern war Rose nicht Zeuge, als er seine Wohnungstür aufschloß und unversehens auf die fremde Einquartierung traf. Aber bald darauf klingelte er an Markwarts Tür.

»Frau Markwart! Ich bin doch sehr erstaunt, wie Sie den Verpflichtungen nachkommen, die Sie übernommen haben! Nennen Sie das: auf meine Wohnung aufpassen? Sie hätten es verhindern müssen, daß sich fremde Leute darin breitmachen!«

Rose schenkte ihm das holdselige Lächeln, das sie vor dem Spiegel geübt hatte. Mit zuckersüßer Stimme sagte sie:

»Aber, liebster Herr Kemper, bin ich das Wohnungsamt? Was kann ich dagegen tun, wenn in Ihre Wohnung Bombengeschädigte eingewiesen werden? Übrigens hätte ich auch nichts unternommen, wenn ich gekonnt hätte. Das werden Sie sicher verstehen, gerade Sie, Herr Kemper, als Parteigenosse, daß in der heutigen Zeit alle Selbstsucht zu schweigen hat. Im Schicksalskampf unseres Volkes muß einer für den anderen einstehen. Ist das nicht auch Ihre Meinung? Sie werden mir doch nicht sagen, Herr Kemper, daß Sie fünf unbenutzte Zimmer verschlossen halten wollen, während eine Frau mit zwei Kindern, die eben den Bombentod ihres Mannes miterlebt hat, ohne Obdach auf der Straße steht?«

Rose genoß jeden einzelnen ihrer wunderschönen Sätze und sah befriedigt zu, wie Herr Kemper versuchte, seiner Wut Herr zu werden.

»Sie! Sie! Sie haben doch das erst eingefädelt!«

»Iiich? Gott behüte. Hier weiß doch jeder von Ihrer ungenutzten Wohnung.«

»Ich werde Schritte einleiten! Sie werden sich noch wundern! Ich habe Verbindungen!«

»Tun Sie das«, sagte Rose kühl. »Ich werde meine Schwägerin um Rat fragen. Sie und mein Schwager – der Bruder meines Mannes, Sie sind ihm begegnet –, die sind beide Alte Kämpfer, haben beide das Goldene Parteiabzeichen. Die wissen Bescheid mit solchen Sachen. Besonders meine Schwägerin hat es gern, wenn jemand, der sich Parteigenosse schimpft, nur auf seinen eigenen Reibach aus ist und die Partei blamiert.«

Sie drehte sich um und angelte das Schlüsselbund vom Haken, das Herr Kemper ihr einst übergeben hatte. Das warf sie ihm nun vor die Füße.

»Klingeln Sie in Zukunft nicht wieder bei uns!« sagte sie und schloß die Tür. Sie war stolz auf sich, weil sie es fertigbrachte, sie nicht zuzuknallen. Dafür aber drehte sie geräuschvoll ihren Schlüssel herum und hängte klirrend die Türkette ein.

Der Triumph, den sie empfand, trug sie durch den ganzen Tag. Sie konnte es kaum erwarten, daß Viktor heimkehrte und sie endlich einen Zuhörer hatte für ihre Geschichte. Viktor lachte ein wenig über den Vorfall, wiegte dann aber voller Bedenken den Kopf.

»Mußtest du ihn so provozieren? Im Moment kann er nichts tun, die Fakten sprechen gegen ihn, da hast du recht. Aber was ist später, nach dem Krieg? Wenn er nur will, findet er dann Mittel und Wege, dir deine Bosheit heimzuzahlen, und wie ich ihn einschätze, wird er wollen.«

»Nach dem Krieg!« sagte Rose und ihre gehobene Stimmung schlug in Katzenjammer um. »Mein Gott, Viktor, nach dem Krieg! Ich hab' nicht viel Hoffnung, daß einer von uns das erlebt. Wenn aber doch, dann werden wir Herrn Kemper mit der Lupe suchen müssen, so klein und unscheinbar wird er sich machen. All die Nazis, die es dann nicht gewesen sein wollen ...«

»Aber Rose!«

»Na, was denn? Der Krieg ist verloren. Lüg dir doch nichts vor. Das ist nur noch eine Frage der Zeit.«

Ab und zu ging Viktor zu sogenannten »Einsatzbesprechungen« der alten Herren, die im Volkssturm zusammengefaßt worden waren. Rose hatte mit Empörung reagiert, als im September 1944 alle männlichen Bürger zwischen sechzehn und sechzig Jahren aufgerufen wurden, zur Waffe zu greifen und den bedrohten Heimatboden mit Zähnen und Klauen zu verteidigen.

»Kinder und Großväter! So weit haben wir's gebracht! Wenn man die Partie verloren hat, gibt man das Spiel auf. Alles andere ist Mord!«

Viktor tat sein Äußerstes, um seine Frau zu besänftigen. War es denn nötig, sich in Teufels Küche zu bringen, gerade jetzt, da alle gewerbsmäßigen und freiwilligen Zuträger wegen der Geschehnisse vom 20. Juli alarmiert waren?

»Wenn du doch ein Jahr älter wärst«, klagte Rose. »Sie haben mir schon den Jungen genommen, und jetzt nehmen sie mir auch noch den Mann.«

Aber Viktor war nun eben erst neunundfünfzig, ein Jahr zu jung, um der Zumutung ausweichen zu können. Er trabte ergeben zur Meldestelle, tat aber sonst nichts, um sich als Vaterlandsverteidiger zu profilieren. Die ganze Aktion kam ihm absurd und lächerlich vor.

»Weißt du, wer hier im Viertel das Sagen hat? Kohlen-

Meyer. Der hat sich zu so einer Art Hauptmann ernennen lassen und soll nun die Schlacht um Lichterfelde organisieren.«

»Kohlen-Meyer? Meinst du wirklich den, bei dem wir immer ...«

»Ja, unseren Brikettlieferanten. Wie ich höre, überschlägt er sich bald vor Aktivität. Er hat alle seine Kohlenträger eingespannt.«

»Auch den Mikolajski mit dem Nasentropfen?«

»Ja, auch den.«

Vier Wochen nach der Konstituierung des Volkssturms klingelte bei Markwarts das Telefon. Rose hob ab, lauschte, verzog das Gesicht und reichte den Hörer an Viktor weiter.

»Kohlen-Meyer.«

Das Gespräch, das sich nun entwickelte, mutete Viktor an wie der schlechte Text einer billigen Komödie. Kohlen-Meyer sagte:

»Hallo, Herr Doktor, wie geht's, wie steht's? Na fein. Also, folgendes: Sie wissen, ich muß hier den Volkssturm auf die Beine stellen. Und da fehlt mir 'n Leutnant, der eine Gruppe führen kann. Nu weiß ich doch, daß Sie 1914/18 mitgemacht haben, und 'n gebildeter Mann sind Sie auch, dem man nicht erst sagen muß, wieviel zwei und zwei sind. Wie wär's, wollen Sie nicht mein Leutnant werden?«

Viktor wußte nicht, was er antworten sollte. War das die Art, in der man heute Krieg führte? So lud man Leute zum Kaffee ein, aber so organisierte man doch keine Heimatarmee, vor allem nicht in dieser prekären, äußerst heiklen Situation! Dazu kam, daß Viktors Kriegserfahrungen wenig mit Schlachtenlärm zu tun gehabt hatten, obendrein war das schrecklich lange her. Von welchem Nutzen konnte er dem Volkssturm sein?

Das sagte er auch, aber Kohlen-Meyer wischte seine Einwände weg.

»Meine Güte, Herr Doktor, wir sind ja alle keine Kriegshelden. Darum geht's ja gar nicht. Wir müssen tun, was uns befohlen ist, und was nachher im Ernstfall draus wird, steht auf einem anderen Blatt. Sie versteh'n mich doch? Ich möcht' ja auch nicht, daß meine Altherrentruppe niedergeschossen wird. Und eben darum brauche ich einen Leutnant mit Verstand. Ich hätt' nu mal gern Sie, lieber als jeden anderen. Geben Sie sich mal 'nen Stoß.«

So wurde Viktor Leutnant beim Volkssturm.

Auf Anna, die von der Stimmung in Lichterfelde keine Ahnung hatte, machte das einen großen Eindruck. Sie pries den Opfermut der Markwarts und erzählte voller Stolz, daß Joachim sich auch zum Dienst beim Volkssturm gemeldet hatte.

»Joachim? Aber der ist doch schon vierundsechzig, sein Jahrgang wird doch gar nicht mehr erfaßt.«

»Was spielt das für eine Rolle, wenn es um unser aller Schicksalskampf geht? Er hat sich selbstverständlich freiwillig gemeldet.«

Viktor runzelte die Brauen, als Rose das erzählte.

»Freiwillig! Sie hat ihn reingehetzt, genau wie sie ihn auf die Straße gehetzt hat, den *Stürmer* aushängen. Ich kenne doch meinen Bruder, von allein wäre der nie drauf gekommen. Nein, das war sie.«

»Sie war immer sein Unglück«, sagte Rose feierlich. »Jetzt wird sie auch noch seine Mörderin. Weißt du noch, wie ich dagegen war, daß er sie heiratet?«

Viktor wußte es. Er dachte aber auch daran, wie Rose alles aufgeboten hatte, Hulda aus dem Weg zu räumen. Damit hatte sie den Weg für Anna freigemacht. Tatsächlich, wäre Rose nicht gewesen, es hätte keine Anna in Joachims Leben gegeben. Was wog denn schon ein Ehebruch, gemessen an dem, was dem Bruder seither geschehen war?

Zu Rose freilich sagte er darüber kein Wort.

Bald stellte sich heraus, daß Joachim sich nicht nur in die Listen hatte eintragen lassen. Vielmehr hatte er ausdrücklich darum gebeten, an einem Brennpunkt des Krieges verwendet zu werden. Kurz nach Weihnachten 1944 verschwand Joachim in Richtung Osten, um seine vierundsechzigjährige Kraft gegen die sibirischen Horden einzusetzen. Rose hielt sich beide Schläfen, als sie davon hörte.

»Das war Anna! Nur Anna! Was soll denn der alte Mann an der Ostfront? Noch dazu im bitterkalten Winter!«

»Sein Herz ist nicht gesund«, sagte Viktor besorgt. »Sein Kreislauf hat ihm schon lange zu schaffen gemacht. Er leidet unter Bluthochdruck und kann ohne Pillen gar nicht auskommen. Wie soll er das überstehen?«

Joachim verschwand in der Eis- und Schneelandschaft der Ostfront. Sie hörten erst Anfang März 1945 wieder etwas von ihm, und das war mehr Vermutung als Nachricht. Einer der Volkssturmmänner, die mit ihm ausgerückt waren, kam mit den Überlebenden seiner Einheit nach Berlin zurück, um die Verteidigung der Reichshauptstadt einrichten zu helfen. Der Mann meldete sich bei Anna, und Anna – das erste Mal unter Tränen – gab an Viktor und Rose weiter, was sie erfahren hatte.

Danach hatte Joachim an dem überstürzten Rückzug teilnehmen müssen, als die Rote Armee Ende Januar die deutsche Front aufriß. Die deutschen Einheiten, auch Joachims Volkssturmgruppe, wichen eilends nach Westen zurück und versuchten, die Oder zwischen sich und den Feind zu bringen. Im Chaos der Flucht überlagerten und durchkreuzten einander die Befehle, und so waren die Oderbrücken schon gesprengt, als die gejagten Truppen am Fluß anlangten. Irgend jemand hatte dann den Befehl gegeben, Seile an den Brückentrümmern zu befestigen und mit ihnen die Oder zu überspannen, so daß die fliehenden Männer sich hinüberhangeln konnten. Annas Gewährsmann war auch richtig ans Westufer gekommen, aber mit Hängen und Würgen, wie er sagte. Er hatte auch gesehen, wie Joachim sich ans Seil klammerte, aber danach hatte er ihn aus den Augen verloren. Als die Truppe sich wieder sammelte, blieb Joachim verschwunden.

Anna weinte.

»Der Mann weiß nicht, was aus ihm geworden ist. Wir müssen Joachim unter die Vermißten rechnen, vorläufig jedenfalls.«

Viktor sprach ein paar tröstende Worte, an die er selbst nicht glaubte. Zu Hause sagte er:

»Was aus ihm geworden ist! Da muß man doch nicht lange nachdenken: Ein alter Mann, herzschwach und mit Bluthochdruck, und dann soll er sich in finsterer Nacht über die Oder hangeln!«

»Bei zwanzig Grad unter Null«, ergänzte Rose.

»Ja. Er ist abgestürzt, das ist so sicher wie das Amen in der Kirche. Ob ihm nun die Hände erfroren sind, so daß er sich nicht mehr halten konnte, oder ob ihm das Herz versagt hat, so daß er das Bewußtsein verlor – wir werden es nie erfahren. Es ist auch egal. Ich bin überzeugt, er ist abgestürzt und ins Wasser gefallen, in das bitterkalte Wasser, mitten zwischen die Eisschollen. Ich kann nur hoffen, daß er schon tot war oder wenigstens bewußtlos, denn Ertrinken ist ein grausamer Tod.«

»Er war bestimmt schon tot«, sagte Rose. »Und wenn nicht, dann ist er ohnmächtig geworden, sobald er im Wasser lag. So einen Kälteschock übersteht man nicht mit wachem Bewußtsein.«

»Aber was für ein Ende! Im nächsten Juni wäre er fünfundsechzig geworden. Wieso konnte er keinen friedlichen Lebensabend haben? Womit hat er das verdient?«

»Anna!« sagte Rose mit finsterer Miene. Viktor zog es vor, darauf nicht einzugehen.

»Und wer weiß, was aus mir noch wird. An welche Front werden sie uns schicken?«

Viktor wurde an keine Front geschickt. Seine Einheit, der Haufen, den Kohlen-Meyer befehligte, wartete vielmehr darauf, daß die Front zu den Volkssturmmännern kam. Vorläufig trafen sie sich in regelmäßigen Abständen, exerzierten ein bißchen und machten sich mit den Gewehren vertraut, die man ihnen ausgehändigt hatte, lauter alte Karabiner vom Typ 08/96. Nicht jeder bekam eine Waffe, denn es waren nicht genügend vorhanden, aber das hatte nichts zu sagen, denn es gab keine Munition zu den Karabinern, jedenfalls wurde keine verteilt. Unbekannt blieb, ob ein Nachschubproblem dahintersteckte oder die Agonie des sterbenden Reiches. Das tat auch nichts zur Sache, so oder so war keiner imstande, auf den Feind, wenn er sich blicken ließ, zu schießen.

Ende Januar, ungefähr um die Zeit, da Joachim vermutlich im eisigen Oderwasser ertrank, ging ein Schock durch die Hauptstadt. Die Russen, so hieß es, waren an der Oder durchgebrochen und setzten zum Sturm auf Berlin an. In Stunden, mindestens aber in Tagen würden sie an der Stadtgrenze stehen. Alles, was männlich war, sollte sich an den Sammelstellen melden und sich zur Verteidigung der Stadt vorbereiten. Viktor ging, von Rose unter Tränen verabschiedet, aber schon drei Stunden später war er wieder da.

»Latrinenparole. Sie sind noch lange nicht soweit, die Russen. Irgend jemand hat die Nerven verloren. Kohlen-Meyer ist gekommen und hat den Alarm abgeblasen.«

Aber Rose war der Schock in die Glieder gefahren, und sie wurde die Angst nicht mehr los. Die Russen! War es denn möglich, daß diese furchterregenden Horden, von deren Auftreten sie nur Schreckliches vernommen hatte, in den vertrauten Straßen Berlins wüten würden? Der Krieg war immer weit weg gewesen, die Wehrmachtberichte hatten jahrelang fremde Ortsnamen genannt, die man oft genug nie zuvor gekannt hatte. Jetzt hörte man nicht nur aus den Feindsendern, sondern auch vom Großdeutschen Rundfunk deutsche Namen, und es fiel schwer, diese Städte und Dörfer mit dem Krieg in Verbindung zu bringen. Aber Berlin? Die stillen, grünen Wohnstraßen von Lichterfelde?

Natürlich würden sie kommen! Rose zweifelte schon lange nicht mehr daran, daß dieser Krieg verloren ging, viel gründlicher und entsetzlicher als der vorige. Sie konnte es sich nur nicht wirklich vorstellen. Doch das änderte nichts, und sie mußte ihre Vorkehrungen treffen. Wenn sie denn sterben sollte, dann von eigener Hand. Sie würde sich nicht schänden und metzeln lassen, so wie es im vergangenen Oktober den Frauen in jenem ostpreußischen Nemmersdorf widerfahren war. Diese grauenhaften Bilder in allen Zeitungen und in der Wochenschau! Roses letztes Stündlein würde nicht von kreischender Panik gekennzeichnet sein, sondern von sanftem Schlaf, in dem sie hinüberdämmerte ins große Nichts. In ihrer Handtasche wartete ein Röhrchen mit zwanzig Veronal-Tabletten, über lange Zeit gehortet. Sie hatte so manche schlaflose Nacht auf sich genommen, um die Tabletten, die der Arzt ihr verschrieb, zum Vorrat legen zu können. Viktor wußte nichts davon, und er würde es auch nicht erfahren. Er brachte es fertig und nahm ihr das Röhrchen weg, und dann stand Rose ohne Hilfsmittel da.

Aber ihr Puls ging doch schnell, wenn sie daran dachte, was da alles über sie kommen würde. Wie war es möglich, wie war es bloß möglich, daß ihr friedliches, ihr ordentliches Leben sich in solch einem irrwitzigen Totentanz auflösen sollte? Tagsüber, wenn Viktor seiner Arbeit in Oberschöneweide nachging, hielt sie es in der stillen Wohnung fast nicht mehr aus. Die Wände schienen auf sie zuzurücken, sie bekam keine Luft und fürchtete, den Verstand zu verlieren.

Sie ging auch nicht mehr in den kleinen Bunker, den Harald mit soviel Liebe und Sorgfalt gebaut hatte, obwohl sie sich im öffentlichen Keller mehr fürchtete als daheim. Aber es war eine konkrete Furcht, sie richtete sich auf die fallenden Bomben und auf die Gefahr, verschüttet zu werden. Irgendwie konnte man damit leben. Im Gartenbunker dagegen starb sie tausend Tode, weil sie dort ganz allein war. Herr Karsunke und Herr Mikolajski arbeiteten, Frau Karsunke tat jetzt tagsüber und manchmal auch nachts Dienst beim Roten Kreuz, und Frau Mikolajski war zu einem ihrer Söhne nach Teltow gezogen, um den Bomben auszuweichen. Bei Nachtangriffen waren wenigstens die Männer zugegen, aber die feindlichen Geschwader kamen jetzt zu jeder Zeit, mehrmals am Tag, und Rose hetzte zum Keller in der Oberrealschule. Sie brauchte Menschen! Menschen! Menschen!

Die fast ununterbrochenen Luftangriffe machten es Viktor schwer, seinen Arbeitsplatz zu erreichen, und es wurde von Tag zu Tag schwerer. Mitten in der Fahrt konnte er aus der S-Bahn getrieben und in einen fremden Schutzraum gestopft werden. Oder er mußte mit Pendelbussen eine Strecke umfahren, deren Gleise von Treffern aufgerissen waren. Er brauchte jetzt nicht mehr anderthalb, sondern zwei bis drei Stunden für den Weg. Rose ängstigte sich, wenn er morgens wegging, und sie grämte sich am Abend, wenn sie wartete und nicht wußte, ob er Wegschwierigkeiten hatte oder irgendwo erschlagen lag. Wenn Viktor konnte, rief er Rose an, aber immer glückte das nicht, denn selbstverständlich war auch das Berliner Telefonnetz arg in Mitleidenschaft gezogen.

Schließlich, um die Wende vom März zum April,

wurde die S-Bahn für alle gesperrt, die nicht die dringende Notwendigkeit eines Transportes nachweisen konnten. Viktor bekam einen Sonderausweis. Rose flehte:

»Scheiß auf die Sondergenehmigung! Bleib doch zu Hause, Vati! Bitte! Ich kann nicht mehr leben in der ständigen Angst!«

»Das geht doch nicht, Rose, Liebste. Ich darf doch nicht meinen Dienst schwänzen. Weißt du nicht, was auf Drückebergerei steht? Die können mich glatt erschießen.«

»Aber das gilt doch nur für Deserteure.«

»Das gilt für jeden, der die Kampfkraft oder Kampfentschlossenheit gefährdet. So steht's im *Völkischen Beobachter*. Den Strick kann man auch mir leicht drehen, wenn ich mich vor der Arbeit drücke. Möchtest du, daß sie mich an einen Straßenbaum hängen?«

»Viktor!«

Noch einen halben Monat quälte Viktor sich durch die sterbende Stadt. Dann, am 16. April, traten die Sowjettruppen, die längst Brückenköpfe am westlichen Oderufer besetzt hielten, zum Großangriff auf Berlin an. Zwei, drei Tage später hörte man in Lichterfelde deutlich den Donner ihrer Geschütze. Rose erklärte es für Wahnsinn, unter diesen Umständen noch nach Oberschöneweide zu fahren, und diesmal gab Viktor ihr nach. Ohnehin riefen ihn jetzt andere Verpflichtungen. Der Volkssturm wurde aufgeboten, um die letzten Quadratmeter deutschen Bodens mit letzter Kraft zu verteidigen.

Am 20. April, einem Freitag, ging Viktor zur sogenannten Spielwiese am Rand des Teltowkanals. Hier hatten jahrzehntelang die Lichterfelder Kinder getobt, auch Harald zu seiner Zeit. Jetzt stand hier ein Häuflein alter Männer, Karabiner in den Händen, zu denen es keine Munition gab, und wartete auf die Befehle, deren Ausführung keiner überleben konnte. Und er, Viktor, sollte diese Befehle geben. Flüchtig dachte er daran, daß heute Führers Geburtstag war, der sechsundfünfzigste, wenn er richtig rechnete. Bitterer Groll packte ihn. Wohin hatte dieser Führer sein Volk geführt? Wofür hatte Harald sein junges Leben opfern müssen? Für diese Pleite, in der jetzt alles zusammenstürzte, was jemals gut und recht gewesen war?

»Hol dich der Teufel, gewissenloser Hasardeur!« murmelte Viktor vor sich hin und erschrak dann vor seinen eigenen Worten.

Er trat in die Mitte seines Volkssturmhäufleins und musterte seine Mannen. Einer der Kämpen, eisgrau das Haar, das Gesicht zerfurcht, sprach ihn an:

»Na, Herr Doktor, was machen wir denn nu? Wo soll'n wir hin?«

Viktor kämpfte mit sich, dann überwand er sich und sagte:

»Meine Herren, ich glaube, so einen richtig heldischen Haufen geben wir nicht ab. Und mit bloßen Händen richten wir auch nicht viel aus. Ich denke, wir warten, bis die Munition für unsere Gewehre kommt, und bis dahin gehen wir nach Hause.«

Ein tiefes Aufatmen ging durch die Schar, und sie nickten alle heftig mit dem Kopf.

»Richtig, Herr Doktor. Sie wissen ja, wo Sie uns erreichen. Bis dann also. Machen Sie's gut. Und bleiben Sie am Leben.«

Der Heimweg führte Viktor an einer der Brücken vorbei, die den Teltowkanal überquerten. Er gewahrte einen Trupp feldgrauer Gestalten, die sich an den Brückenpfeilern zu schaffen machten. Neugierig und zugleich beunruhigt trat er näher. Jetzt erkannte er auf den Kragenspiegeln der Männer die Runen der SS.

»Was geschieht denn hier?«

Einer der SS-Leute richtete sich auf.

»Wir sprengen die Brücken. Die roten Schweinekerle sollen nicht glauben, daß sie überall durchkommen.«

Mein Gott, so ein Irrsinn! Der Teltowkanal, dieses schmale Fließ! Der würde die Russen gerade aufhalten, nachdem die Oder ihnen kein Hindernis gewesen war! Der schiere Wahnsinn! Der schiere Wahnsinn! Viktor räusperte sich und sagte:

»Na, denn. Ich muß zu meinem Volkssturm.«

»Gut, Kamerad. Heil und Sieg und fette Beute.«

Die Begegnung brachte Viktor völlig aus dem Gleichgewicht. Als er zu Hause anlangte, fühlte er längst Angst vor der eigenen Courage und machte sich schwere Vorwürfe, daß er die Verteidiger Lichterfeldes so einfach heimgeschickt hatte. Aber Rose fand, daß es das Klügste war, was er seit langer Zeit zuwegegebracht hatte. Sie fiel ihm um den Hals und lobte ihn in den höchsten Tönen.

»Bis sie dir darauf kommen, ist der ganze Spuk hier vorbei, so oder so.«

»So oder so – das klingt auch nicht gerade beruhigend.«

Der Geschützdonner kam näher und näher. Rose begann, Taschen und Koffer in den Keller des Hauses zu schleppen, der eigentlich nur ein Stück Souterrain war und dem Harald so mißtraut hatte. Aber jetzt ging es nicht mehr um Fliegerbomben, jetzt ging es um die Eroberung durch eine fremde, extrem feindliche Macht, und da blieb man besser nahe den eigenen vier Wänden. Außerdem saßen im Hauskeller die Nachbarn, die man kannte. Sie würden einem im Ernstfall zwar so wenig helfen können wie die Fremden im öffentlichen Schutzraum, aber es war doch tröstlich, in der Stunde der Not vertraute Gesichter um sich zu sehen.

Am Sonntag, dem 22. April, kamen zwei Volkssturmmänner und stiegen hinauf auf den Dachboden, wo sie sich hinter einem Bodenfenster einrichteten. Ihre Gewehre legten sie auf die Fensterbrüstung, die Läufe zielten auf die Straße.

»Kennst du die?« fragte Rose.

Viktor kannte sie nicht. Sie gehörten nicht zu der Mannschaft, die er entlassen hatte. Rose sagte:

»Sie müssen weg. Wenn die hier herumschießen, stekken uns die Russen das Haus über'm Kopf an.«

Sie ging zum Boden hinauf.

»Guten Tag, meine Herren. Was tun Sie denn hier? Ich denke, es gibt keine Munition für Ihre Karabiner?«

»Wir haben sechs Schuß«, erklärte einer der Männer. »Wenn wir Glück haben, bedeutet das sechs tote Russen.«

Wenn sie Glück hatten! Über das, was Glück ist, hegte Rose andere Ansichten. Sie stieg in ihre Küche hinunter, wo auf dem Herd ein Topf Erbsensuppe mit Wurstschnitzeln warm stand. Sie füllte zwei Teller bis an den Rand und trug sie zum Boden hinauf.

»So, meine Herren, Sie haben doch bestimmt noch nichts im Magen.«

»Oh, das ist aber nett. Wir haben tatsächlich noch keine Verpflegung gehabt.«

»Dann essen Sie mal tüchtig. Und wenn Sie einen zweiten Teller wollen, es ist genug da. Auch einen dritten, mir kommt's gar nicht drauf an. Aber wenn Sie satt sind, dann seien Sie so freundlich und gehen Sie woanders hin. Wir haben es hier nicht gern, wenn man aus unseren Fenstern schießt.«

Die Volkssturmmänner aßen jeder drei Teller Erbsensuppe. Dann packten sie ihre Gewehre und ihre sechs Schuß und verließen das Haus.

Am 23. April war die Kanonade so nahe gerückt, daß es sich ausnahm, als stünden die Geschütze im Nachbargarten. Dazwischen mischten sich jetzt andere Geräusche, ein kurzes, trockenes Knallen; wie Peitschenhiebe hörte es sich an. Viktor sagte:

»Gewehrfeuer. Sie müssen schon ganz dicht bei uns sein.«

Die Mieter des Hauses, soweit sie nicht längst aus Berlin geflüchtet waren, hatten ihre Wohnungen verlassen und drängten sich im Keller zusammen. Frau Gehrke saß in eine Ecke gekauert, in jedem Arm ein Kind. Frau Karsunke hockte, den Kopf in den Schoß gebeugt, beide Zeigefinger in die Ohren gestopft. Herr Karsunke saß starr aufrecht wie die Statue eines ägyptischen Pharaos, er lauschte angestrengt nach draußen. Auf den übrigen Plätzen hatte sich eine Familie breitgemacht, die vor wenigen Wochen erst in eine der verlassenen Wohnungen eingewiesen worden war: ein Ehepaar mit zwei Töchtern, dazu eine alte Tante. Sie hatten bei einem der Fliegerangriffe im Februar ihre Wohnung verloren. Rose mochte die Leute nicht. Für ihren Geschmack verbargen sie allzu wenig ihre Entschlossenheit, den erlittenen Verlust aus der Hinterlassenschaft der Bombenflüchtlinge zu ersetzen.

Die zwölf Leute im Keller, Viktor und Rose eingerechnet, sprachen nur das Nötigste miteinander. Jeder, besonders die Erwachsenen, war gelähmt vor Angst. Rose befingerte immer wieder ihr Tablettenröhrchen; sie mußte sich vergewissern, daß sie, wenn schon nicht ihr Leben, so doch ihren Tod in der eigenen Hand hielt. Viktor faßte ab und zu ihren Arm und klammerte sich daran fest. Er wurde mit dem Entsetzen nicht fertig, das ihn angesichts dieser absurden Situation befiel. Das konnte doch nicht sein, daß er hier saß und auf den grausamen Feind wartete, auf Raub, Vergewaltigung und Mord! Dieser Stadtteil, diese Straße, dieses Haus – sie waren doch die Orte seiner bürgerlichen Existenz, ganz normale Plätze, an denen er sein braves, unauffälliges Leben geführt hatte! Wie konnten sie plötzlich zu Kulissen eines Albtraums werden?

Um die Mittagszeit verebbte das Schießen. Rose horchte eine Weile, doch es blieb ruhig. Nur hin und wieder zerriß ein einzelner Knall die Stille. Rose erhob sich.

»Ich geh' nach oben. Ich will gucken, ob unsere Wohnung noch steht.«

»Rose! Nein!« flehte Viktor. »Bleib hier! Es ist viel zu gefährlich!«

Doch sie achtete nicht auf ihn. Sie huschte die Treppen hinauf, schloß die Wohnungstür auf. In den Räumen hing bleierne Stille, sonst war alles wie immer. Die Fenster standen halb offen. Das hielten Viktor und Rose seit Monaten so, um die Scheiben vor dem Luftdruck der Bombenexplosionen zu schützen. Rose ging von Zimmer zu Zimmer und schloß die Fenster. Die Kanonade war offenbar vorbei, und jetzt mußte man daran denken, daß es hineinregnen könnte. Wer wußte denn, wie lange man noch im Keller hausen würde.

Sie begann an der Gartenseite, ging dann ins Wohnzimmer, das zum Hof und zum Nachbarhaus hinaussah, schließlich ins Herrenzimmer und ins Eßzimmer an der Straßenfront. Im Eßzimmer hielt sie inne. Unten, in dem Gartenstück, das laut Mietvertrag den Markwarts gehörte, bewegte sich ein Panzer, an dessen Flanke ein roter Stern aufgemalt war. Anscheinend hatte er zuvor den Nachbargarten durchquert, denn hinter ihm lag der Zaun platt am Boden, zerquetscht und zertrümmert. Während Rose hinunterstarrte, fuhr der Panzer den kleinen japanischen Kirschbaum um, der in der Mitte des Rasens stand. Das Bäumchen, ein Ziergewächs, hatte kaum je Früchte getragen, aber welche Blütenpracht war in jedem Frühling aus ihm hervorgebrochen! Jetzt lag es, von den Panzerketten zermahlen, am Boden, in Stücke gerissen, die Blüten dieses Frühjahrs in das junge Gras gedrückt.

Rose sog zischend Luft durch die Zähne. Sie hatte lange den Atem angehalten, jetzt war sie fast erstickt. Der Panzer walzte den Zaun zum nächsten Grundstück nieder und verschwand in den Büschen. Rose schaute ein paar Meter weiter, auf die Straße. Über die Fahrbahn huschten Gestalten in erdbraunen Uniformen, seltsam geformte Stahlhelme auf dem Kopf. Rose drehte sich auf dem Absatz um und rannte aus der Wohnung. Sie nahm sich nicht die Zeit, die Tür wieder zu verschließen. So schnell ihre Füße sie trugen, lief sie die Treppe hinunter, stürzte in den Keller.

»Die Russen! Die Russen sind da! Auf der Straße, ganz viele! Panzer auch, im Garten!«

Ein vielstimmiger Schrei ging durch den Kellerraum. Rose kümmerte sich nicht um die Wirkung ihrer Botschaft. Sie ließ sich auf ihren Platz fallen, riß die Handtasche an sich und holte das Röhrchen heraus. Mit zitternden Fingern löste sie den Verschluß, schüttete die Tabletten in die linke Hand und stopfte sie alle auf einmal in den Mund.

Viktor, die Augen weit aufgerissen, sah ihr zu. Als er begriff, was vor sich ging, packte er Rose an beiden Händen.

»Nein, Rose, nein! Tu das nicht! Laß mich nicht allein!«

Rose schüttelte ihn ab. Sie hielt sich den Mund zu, aus dessen Winkeln die Tabletten in weißen Körnchen quollen, denn unter dem Schock versagte ihr der Speichelfluß, und sie konnte die Masse nicht richtig schlucken. Verzweifelt sah sie die Tablettenbröckchen zu ihren Füßen. Die Tante aus der Familie, die sie nicht leiden konnte, erhob sich und verließ den Keller. Sie kehrte gleich darauf zurück, in der Hand ein Glas Wasser, das sie Rose hinüberreichte.

»Bitte«, sagte die Tante liebenswürdig.

»Nein!« schrie Viktor.

Rose nahm das Wasser und spülte hinunter, was sie noch im Munde hatte. Dann lehnte sie sich an die Wand. Viktor schlang seine Arme um sie.

»Du mußt den Finger in den Hals stecken! Du mußt es herausbrechen! Bitte!«

»Laß mich sterben«, murmelte Rose. Ein dichter, wohltuender Nebel legte sich um ihr Hirn. Schon verstand sie nicht mehr richtig, wo sie war und was um sie herum vorging.

Die Minuten tropften weg, niemand hätte sagen können, wieviel Zeit vergangen war, seit Rose die Hiobsbotschaft verkündet hatte. Dann schwang die Kellertür auf, drei Männer schoben sich herein, erdbraun uniformiert, die seltsamen Stahlhelme auf dem Kopf, Maschinenpistolen im Anschlag. Draußen, vor der Tür, lauerten noch mehr dieser Männer, man sah sie kauern, aber keiner konnte zählen, wie viele es waren. Die drei im Keller richteten ihre Waffen auf die entsetzten Menschen. Alle rissen die Arme vor die Augen, ausgenommen Rose, die langsam ihr Bewußtsein verlor. Einer der erdbraunen Männer rief:

»Prikas wsem! Oswoboditj dom!« [1]

Die Kellerbesatzung blieb hocken, verschreckt und völlig verständnislos. Die erdbraunen Männer fuchtelten mit ihren Maschinenpistolen.

»Raus! Raus! Los! Los! *Dawai! Dawai! Bystro! Bystro!*« [2]

Offenbar sollten sie das Haus verlassen. Aber warum? Wollte man sie erschießen, und das lieber draußen als im Keller? Die Frauen begannen zu weinen.

»Nein! Bitte nicht! Nicht schießen!«

---

1 Befehl an alle! Das Haus räumen!

2 Los! Los! Schnell! Schnell!

Die Russen schauten sich um, ließen dann ihre Waffen sinken. Der Russe, der zuerst gesprochen hatte, versuchte von neuem, sich verständlich zu machen.

»*My konfiskujem etot dom.*«[1]

Die Deutschen starrten den Russen an. Rose sank in sich zusammen und begann, von ihrem Stuhl zu rutschen.

»*Konfiskacija!* Verstehn? *Konfiskacija!*«[2]

Die anderen Russen verloren die Geduld.

»Raus, raus! *Pokinutj eto zdanije!*[3] Ganz schnell! Raus!«

Die Deutschen faßten immer noch nicht, was man von ihnen wollte. Nur soviel begriffen sie, daß sie den Keller verlassen sollten, ihre Zuflucht vor den Schrecken, die draußen auf sie warteten, und daß sie nicht in ihre Wohnungen zurück durften. Sie erhoben sich, wollten nach ihren Taschen und Koffern greifen, aber die Russen stießen ihnen die Läufe ihrer Waffen ins Kreuz und halfen ihnen vorwärts. Viktor weigerte sich und deutete auf Rose.

»Meine Frau! Sie ist krank, sie stirbt! Ich kann sie doch nicht …«

Einer der Russen kehrte seine Maschinenpistole um und rammte Viktor den Kolben in den Rücken. Viktor stolperte hinter den anderen her. Rose blieb im Keller zurück. Die Russen schmetterten die Tür zum Hof ins Schloß.

26 / Die Leute trampelten quer durch Markwarts Gartenstück, der Straße zu. Sie wagten es nicht, auf dem Grundstück zu bleiben, nachdem die Russen sie aus dem Haus geworfen hatten. Keiner ging den üblichen Weg

---

1 Wir beschlagnahmen dieses Haus.

2 Beschlagnahme!

3 Das Gebäude verlassen!

durch das schmiedeeiserne Tor. Wozu auch? Die Zäune lagen platt, zerfetzt, man brauchte nur drüberzusteigen. Draußen angelangt, strebten sie in verschiedene Richtungen auseinander. Keiner sagte, wohin er gehen wollte, keiner fragte. Die Gemeinschaft, die während der Stunden im Keller bestanden hatte, war dahin. Sie kannten einander nicht mehr. Jeder hetzte davon, auf der Suche nach einem Schlupfloch, das ihn bergen konnte – ihn, nur ihn. Was aus den anderen wurde, interessierte niemanden.

Viktor trabte hinterher, ohne die geringste Vorstellung, was er nun anfangen wollte. Sein Kopf fühlte sich an, als sei er bis zum Platzen mit Watte ausgestopft. Die Stelle auf seinem Rücken, wo ihn der Kolben getroffen hatte, brannte wie Feuer. Auf der Straße stand er ein paar Sekunden unbeweglich und wandte sich dann nach rechts, stadtauswärts. Er hätte ebenso gut nach links gehen können, das wäre so richtig und so falsch gewesen wie alles andere.

Das zweite Haus, das er passierte, brannte lichterloh. Viktor blieb stehen und schaute es an. Fünf, sechs Schritte von der Haustür entfernt, quer über einem Beet, auf dem blaue und gelbe Stiefmütterchen blühten, lagen drei Körper. Viktor erkannte die Hausbesitzerin, eine alte Dame mit grauem Haar, Witwe eines Landgerichtsrats. Die zwei anderen Leichen waren dann wohl ihre Tochter und ihre Schwiegertochter. Viktor wußte, daß die beiden jüngeren Frauen sich vor kurzem zu der älteren geflüchtet hatten, weil sie nicht wagten, allein in ihren Wohnungen zu bleiben. Die Ehemänner kämpften irgendwo an den zerrissenen Fronten, falls sie nicht selbst längst tot waren.

Viktor wollte nicht wissen, was im einzelnen passiert war. Er wandte sich ab und trottete weiter, den Hindenburgdamm hinunter. Über die Straßen rollten Wagen, bespannt mit Panjepferdchen, besetzt mit erdbraunen Soldaten. Russen zu Fuß huschten an ihm vorbei, ab und zu rasselte ein Panzer über das Pflaster. Von Viktor nahm niemand Notiz.

Auf halbem Wege bis zur Straßenecke machte er halt. Er fühlte sich so erschöpft, als hätte er einen Fußmarsch von Wochen hinter sich, Hunderte von Kilometern. Die Stelle auf seinem Rücken schmerzte. In der Brust, dort, wo sein Herz sitzen mußte, spürte er einen peinigenden Druck. Ohne wirklich etwas zu sehen, starrte er auf die Häuser, vor denen er stehengeblieben war – sechs kleine Eigenheime, die sich an einer Stichstraße entlang reihten, vom Hindenburgdamm weg in die Tiefe des Grundstücks hinein. Das vorderste Häuschen der rechten Reihe stand in Flammen. Viktor setzte sich auf das gemauerte Fundament des Gartenzauns, direkt vor das brennende Haus. Er stützte die Ellbogen auf die Knie und legte das Gesicht in die Hände. Seine Kehle schnürte sich zusammen, Tränen drangen ihm aus den Augen. Übermächtig spürte er das Bedürfnis, zu weinen, zu weinen, zu weinen.

Wer immer dort vorüberging, Russe oder Deutscher, sah einen alten Mann mit silbergrauem Haar, gekleidet in einen blauen Monteuranzug, dessen Schultern in jämmerlichem Schluchzen zuckten. Unter der blauen Montur trug Viktor den besten Anzug, den er besaß. Es war Roses Einfall gewesen, ihn so für den Aufenthalt im Schutzkeller auszustatten: den guten Anzug am Leibe, falls die anderen unter Bomben verlorengingen, die Monteurkluft darüber, damit der gute Anzug geschont würde. Das wußte natürlich keiner, der ihn jetzt beobachtete. Der dort auf dem Zaunsockel hockte, schien ein alter Arbeiter, überwältigt von irgendeinem Elend, das ihn betroffen hatte.

Viktor wurde aus seiner Benommenheit geschreckt, als eine Hand auf seine Schulter klopfte. Er blickte hoch und sah einen russischen Soldaten vor sich stehen, ein ganz junges Kerlchen, nicht sehr groß, dünn, mit einem Kindergesicht unter blonden Haaren. Viktor war zu müde, um zu erschrecken, aber an dem Russen war auch nichts Erschreckendes. Seine blauen Augen schauten mit einem Ausdruck, den selbst der verwirrte Viktor nur als mitleidig deuten konnte. Seine Hand deutete auf das brennende Haus.

»*Twoj dom?*«[1]

Viktor zuckte die Schultern. Der Russe piekte seinen Zeigefinger auf Viktors Brust und zeigte dann auf die Flammen, dazu legte er den Kopf schief, eine hilflose Geste, die eine Frage andeuten sollte. Viktor verstand auch jetzt nicht, aber es war ihm zu lästig, sich um Verständigung zu bemühen. Er nickte. Der blonde Junge strich ihm über das graue Haar.

»*Nje platsch, Papascha. Wojna kaputt, Gitler kaputt. Wsjo budjet choroscho.*«[2]

Viktor hörte die fremden Laute. Er kannte nur eines der Wörter: *choroscho*. Irgend etwas war gut oder sollte gut werden. Gut! Der Junge hatte keine Ahnung, wie vernichtet der war, mit dem er sprach! Viktor bedeckte seine Augen und weinte von neuem. Unwillig sah er hoch, als der Junge nochmals seine Schulter anrührte. Der zog jetzt die grüne Gasmaskentasche nach vorn, die ihm auf der Hüfte baumelte, und griff hinein. Anscheinend bewahrte er darin keine Schutzmaske auf, sondern andere Besitztümer. Er förderte ein großes, schwarzes, viereckiges Brot zutage und hielt es Viktor vor die Nase.

»*Na, wozjmi!*«[3]

---

1 Dein Haus?

2 Weine nicht, Papachen. Krieg kaputt, Hitler kaputt. Alles wird wieder gut.

3 Hier, nimm!

Viktor nahm das Brot und sagte automatisch: »Danke.«

Der kleine Russe lächelte, klopfte ihm noch einmal auf die Schulter und ging dann seines Weges. Viktor schaute auf das Brot und schüttelte den Kopf. Was sollte er damit? Er wollte nicht essen, er wollte sterben. Er erhob sich, klemmte das Brot unter den Arm und setzte sich in Bewegung, den restlichen Hindenburgdamm hinunter, dann in die Finkensteinallee, vorbei an der Kaserne von Hitlers Leibstandarte, vorbei an dem Haus, in dem er einst mit Mutter und Schwester und dann auch mit Rose gewohnt hatte.

Er hatte sich kein Ziel gesetzt, aber nach einer halben Stunde stand er vor dem Eingangstor des Rittberg-Krankenhauses. Hier hatte Rose 1941 gelegen, vier Wochen lang, als sie operiert werden mußte. Viktor ging hinein und lief durch die Korridore, bis er auf drei Gestalten in weißer Kleidung traf, einen Mann – offenbar ein Arzt – und zwei Krankenschwestern.

Der Arzt wandte sich ihm zu.

»Suchen Sie jemanden? Oder brauchen Sie Hilfe? Sind Sie verwundet?«

»Herr Doktor«, sagte Viktor, und wieder schossen ihm die Tränen in die Augen, er würgte und konnte kaum sprechen, »geben Sie mir was, damit ich sterben kann.«

»Aber, mein lieber Mann …«

»Herr Doktor, mein Junge ist tot, und meine Frau liegt zu Hause im Keller, sie hat zwanzig Veronal genommen, sie stirbt. Die Russen haben uns alle aus dem Haus gejagt. Wo soll ich hin? Und wozu? Helfen Sie mir. Bitte.«

Der Arzt hob beide Arme, ließ sie dann fallen.

»Das kann ich nicht. Verlangen Sie es nicht von mir. Ich bin einmal angetreten, um Leben zu retten. Ich habe es nicht immer gekonnt. Nein, sagen Sie nichts. Denken

Sie denn, ich weiß nicht, was vor sich geht? Was Sie erlebt haben – und viel Schlimmeres – ist hier heute dutzendfach passiert. In diesem Krankenhaus. Ich verstehe jeden, der dabei die Nerven verliert, so wie Ihre Frau. Und doch, ich kann meine Hand nicht bieten, dabei zu helfen. Ich habe einen Eid geschworen …«

»Die Welt ist aus den Fugen, Herr Doktor. Ihr Eid gilt nicht mehr. Wenn Sie tun, worum ich Sie bitte, helfen Sie nur einem Sterbenden. Sie kürzen meine Qualen ab.«

Der Arzt schüttelte den Kopf.

»Es schmerzt mich, daß Sie mich für grausam halten müssen. Aber ich töte keine Menschen. Ich glaube an Gott. Glauben Sie nicht an Gott? Was tragen Sie da unterm Arm? Ach, ein Brot.«

»Ein Russe hat es mir geschenkt. Ich will es nicht. Nehmen Sie es.«

»Nein«, sagte der Arzt. »Behalten Sie es. Es ist ein besonderes Brot, verstehen Sie das nicht? Ein Zeichen. Brot und Salz … Sie sind noch nicht am Ende. Fassen Sie Mut. Gott mit Ihnen.«

Viktor sah dem Arzt und den beiden Krankenschwestern nach, als sie durch den langen Korridor davongingen. Er merkte nicht, wie ihm die Tränen aus den Augen strömten. Langsamen Schritts verließ er das Krankenhaus und bog wieder in die Finkensteinallee ein, zurück zum Hindenburgdamm, woher er gekommen war. Wohin sollte er sonst gehen?

Die nächsten Tage verbrachte Viktor im Keller eines Einfamilienhauses, das seinem Wohnhaus schräg gegenüberlag. Als er, sein Brot unterm Arm, in den Hindenburgdamm zurückgekehrt war und ratlos die Straße entlang lief, rief plötzlich jemand seinen Namen.

»Herr Dr. Markwart! Hallo! Herr Dr. Markwart! Kennen Sie mich nicht? Büttner. Ich bin die Frau Büttner. Ihre

Frau und ich, wir kennen uns vom Einkaufen. Hat Sie Ihnen nicht erzählt ...?«

Viktor erinnerte sich nicht. Aber er blieb stehen. Er hatte keine Aufgabe, er hatte kein Ziel. Warum sollte er der fremden Frau nicht zuhören?

Eilig, so daß die Worte einander überpurzelten, trug Frau Büttner vor, worum es ihr ging. Sie lebte allein in ihrem Haus – »... das da hinten, Sie konnten es von Ihren Vorderfenstern aus sehen ...« – ihr Mann war dienstverpflichtet, wer weiß, wann sie ihn wiedersah. Sie fürchtete sich. Schon waren ein paar Leute, von anderen Ängsten getrieben, bei ihr untergekrochen, aber sie konnte gar nicht genug Gefährten haben.

»Wenn wir zu vielen sind, erträgt es sich leichter. Man stützt sich gegenseitig. Wollen Sie nicht auch kommen? Wo ist denn Ihre Frau? Ach, wie schrecklich! Dann wissen Sie ja sowieso nicht, was tun? Kommen Sie! Kommen Sie!«

Viktor zog in den Büttnerschen Keller. Ungefähr zehn Menschen waren dort versammelt, die Zahl wechselte, einige gingen, andere kamen. Sie lebten von den Vorräten, die im Haus waren. Sie aßen auch Viktors Brot. Abends, wenn es dunkel wurde, fingen die Frauen an zu zittern. Dann brachen die fremden Besatzer in den Keller ein und griffen sich ein Stück Weib für die nächste halbe Stunde. Die Männer duckten sich in die Ecken. Die Frauen weinten, wenn sie zurückkamen, aber immerhin kamen sie zurück, jedesmal.

»Da haben wir Glück«, sagte Frau Büttner. »Es sind auch welche umgebracht worden, erschossen oder abgestochen.«

Viktor dachte an den eigenen Keller und an Rose, die er darin zurückgelassen hatte. Tagsüber spähte er zum Haus hinüber.

»Irgendein Stab ist da eingezogen«, sagte Frau Büttner,

die offenbar alles wußte, was in der Straße vor sich ging. »Darum haben Sie auch rausgemußt.«

Viktor sah die Gestalten in den erdbraunen Uniformen ein und aus gehen. Aber am vierten Tage war es still um das Haus, weder Militärs noch Zivilpersonen tauchten in seiner Nähe auf. Der russische Stab schien sein Quartier verlassen zu haben. Also war jetzt, wenn überhaupt, Gelegenheit, dort einzudringen und nachzusehen, was aus Rose geworden war.

Frau Büttner erhob ein Klagegeschrei:

»Sie werden doch nicht, Herr Doktor! Da können noch ein Dutzend Russen drin sitzen! Die erschießen Sie im Handumdrehen!«

Viktor hörte nicht auf sie. Er überquerte die Straße, schlüpfte durch die Zaunlücken, die der Panzer gerissen hatte, und ging durch den Garten zum Hof. Die Tür zum Keller stand offen. Er stieg die vier Stufen hinunter und wand sich durch die Schleuse, die hier als Splitterfang gemauert worden war. Das Licht brannte, eine trübe Funzel, und in ihrem Schein sah er Rose. Sie lag auf einem bunten Liegestuhl, reglos, mit offenem Mund, bis zum Kinn in eine karierte Wolldecke gewickelt, die Viktor nie zuvor gesehen hatte. Er stürzte vorwärts und legte seine Finger an beide Seiten ihres Halses. Ihre Adern pulsierten, schwach und in großen Abständen, aber deutlich spürbar.

Viktor drehte sich um und jagte zu Büttners Haus zurück.

»Ich brauche einen Mann, der mir hilft, meine Frau zu tragen! Ich war eben drüben in unserem Keller – sie lebt!«

»So was!« sagte Frau Büttner. »Na, da bleibt uns wohl nichts. Ich werde eine Matratze richten.«

Viktor und einer der Männer gingen hinüber. Sie klappten den Liegestuhl zusammen, auf dem Rose ruhte, und benutzten ihn als Trage. Keuchend, denn sie waren beide nicht die Kräftigsten und hatten tagelang nichts Vernünftiges gegessen, schleppten sie die Bewußtlose in Büttners Keller und betteten sie auf die Matratze, die Frau Büttner bereitet hatte. Viktor setzte sich neben seine Frau und hielt ihre Hand. Rose bewegte sich nicht, aber sie schnarchte leise.

Am Spätnachmittag, es war noch nicht die übliche Stunde der Frauenjagd, flog die Kellertür knallend an die Wand. Ein Rotarmist, sichtlich betrunken, stolperte die Stufen herunter und sah sich mit grimmigen Gesicht im Keller um. Dann zeigte er auf Viktor:

»Du!«

Viktor erhob sich. Sein Herz flatterte. Die grausame Panik der ersten Stunde, die er schon überwunden geglaubt hatte, kehrte zurück. Der Soldat schrie:

»Marsch! Mar-schie-ren!«

Viktor begann, seine Füße zu bewegen, durch den Keller, immer im Karree herum. Die übrigen Kellerbewohner flüchteten in den ersten Stock. Der Rotarmist schrie:

»Nix gutt! Pa-ra-de-marsch!«

Viktor riß seine Beine so hoch, wie er konnte. Der Soldat stürzte auf ihn zu und packte ihn am Kragen.

»Nix gutt! Faschist!«

Sie standen vor einer großen Truhe, deren Kanten mit Eisen beschlagen waren. Der Soldat faßte den Kragen fester und stieß Viktor mit dem Gesicht nach vorn, auf die Eisenkante. Mit letzter Kraft wich Viktor aus. Der Soldat schickte sich an, das Manöver zu wiederholen. Viktor fühlte, daß ihn seine Kraft verließ. In diesem Moment peitschte eine fremde Stimme durch den Keller:

»Tschto zdjesj takoje?«[1]

Der Rotarmist fuhr herum, ließ Viktor los und nahm Haltung an. Oben auf der Kellertreppe stand ein Mann in

---

1 Was ist hier los?

sowjetischer Uniform; nach deren Schnitt und den Schulterstücken zu schließen, war es ein Offizier. Der Mann hatte ein gelblich getöntes Gesicht, darin hohe, breite Backenknochen und geschlitzte Augen. Viktor starrte ihn an. Ein Mongole!

Der Mongole kam die Stufen herunter und fuhr den Rotarmisten an:

»Tschto zdjesj proichodjit?« [1]

Der Soldat fing an, ein paar Sätze herauszustottern. Die finstere Miene des Mongolen verriet, daß ihn die Auskunft nicht befriedigte.

»Iz kakoj tschasti?« [2]

Der Soldat murmelte etwas.

»Protsch!« [3]

Der Soldat stolperte die Stufen hinauf und verschwand.

Der mongolische Offizier musterte Viktor, der sich schwer atmend auf die Truhe stützte. Dann fiel sein Blick auf Rose.

»Tschto s nej?« fragte er, unterbrach sich aber sofort und fügte in schlecht akzentuiertem, aber gut verständlichem Deutsch hinzu: »Was ist mit ihr?«

Viktor gab Auskunft. Der mongolische Offizier drehte sich um und ging hinaus. Gleich darauf kam er zurück, in der Hand eine Tasche, aus der er ein Stethoskop zog. Viktor riß die Augen auf. Der Mongole lächelte spöttisch.

»Ich bin Arzt.«

Er griff nach Roses Handgelenk und fühlte den Puls. Dann schob er das Ende seines Stethoskops in Roses Kleidausschnitt und bewegte es prüfend auf ihrer Brust hin und her. Er blickte zu Viktor hinüber.

---

1 Was findet hier statt?

2 Aus welcher Einheit?

3 Weg!

»Sie wird leben. Aber« – er musterte Roses Lager – »so geht es nicht. Nicht bloß so liegen lassen. Holen Sie Dekken, viele Decken. Warm einpacken, Sie versteh'n? Füße hoch. Und massieren, viel massieren, überall. Nachher muß sie trinken, sehr viel trinken. Auch Kaffee.«

»Ja«, sagte Viktor, und die Kehle wurde ihm eng, »ja, ich mache das alles. Danke. Ich danke Ihnen sehr.«

Der Offizier packte sein Stethoskop ein und wandte sich zum Gehen. Über die Schulter sagte er:

»Ich komme wieder.«

Er kam wieder, jeden Tag, prüfte Roses Herzschlag und ließ sich vorführen, wie man sie massierte. Der Mann verwirrte Viktor. Dieser Mongole war Arzt, also vom Stand her seinesgleichen. Schließlich faßte er sich ein Herz und stellte wenigstens eine der Fragen, die ihn beschäftigten:

»Woher können Sie so gut Deutsch?«

»Schule. Universität. Nachher Kurse.«

»Ach.«

Viktor kam sich ziemlich dumm vor. Aber er riskierte es noch einmal:

»Sie haben mir das Leben gerettet. Und Sie helfen meiner Frau. Wieso?«

»Ein Mann war draußen«, sagte der Mongole, »hat ›Hilfe‹ gerufen. Ich habe schon gesagt, ich bin Arzt. Helfen deutsche Ärzte nicht, wenn einer ruft?«

»Ja«, sagte Viktor unsicher, »ich dachte nur ...«

»Denken Sie an Ihre Frau«, sagte der Mongole und verließ den Keller.

Frau Büttner sah mit scheelen Augen auf den Aufwand, der um die bewußtlose Rose veranstaltet wurde. Sie nahm Viktor beiseite.

»Wenn ich Sie wäre, ich würde den Schlitzäugigen nicht an sie ranlassen. Das dicke Ende kommt hinterher.«

Viktor begriff nicht.

»Was meinen Sie damit? Er ist Arzt. Er sagt mir, wie wir sie wieder ins Leben zurückbringen können.«

»Was kann der schon für ein Arzt sein! Und haben Sie mal überlegt, wie das aussieht, wenn sie wirklich wieder wach wird? Man hat schon davon gehört, was das für Folgen hat, wenn einer so lange bewußtlos ist. Hirnschäden und weiß Gott noch was. Ihre Frau wird nicht mehr wissen, wer sie ist, sie wird unter sich machen, schlimmer als ein Baby. Es ist viel barmherziger, sie sterben zu lassen.«

»Aber, Frau Büttner ...«

»Sie denken, ich bin grausam? Das klingt bloß so. Sie müssen sich damit abfinden, daß Sie Ihre Frau verloren haben. Und ich muß mich damit abfinden, daß ich meinen Mann verloren habe. Es ist unwahrscheinlich, daß er wiederkommt. Warum tun wir uns nicht zusammen und versuchen gemeinsam, über unser Leid wegzukommen?«

»Wie? Sie meinen ...?«

»Ein Witwer und eine Witwe«, sagte Frau Büttner träumerisch. »Das Schicksal hat es so gefügt.«

Viktor war tief entsetzt.

»Frau Büttner, das ist ungeheuerlich! Sobald meine Frau transportfähig ist, verlassen wir Ihr Haus!«

Frau Büttner sah ihm kopfschüttelnd nach, als er wieder in den Keller hinunterstieg.

»Daß Männer so dumm sein können. Sie sind doch alle gleich.«

Am fünften Tag nach Roses Einzug in das Büttnersche Haus ging Viktor ins Bad und gönnte sich eine gründliche Körperwäsche, wenn auch mit kaltem Wasser. Als er danach in den Keller zurückkehrte, war Roses Matratze leer. Viktor stürzte nach oben.

»Meine Frau ist weg! Hat jemand meine Frau gesehen?«

»Wieso ist sie weg? Wir wissen von nichts.«

Viktor rannte auf die Straße und spähte nach allen Richtungen. Drüben, auf dem anderen Bürgersteig, sah er eine Gestalt, die sich langsam fortbewegte, indem sie sich mit den Händen an den Zäunen entlangzog. Er überquerte den Fahrdamm und lief der Gestalt hinterher.

»Rose! Du bist es wirklich! Was machst du hier? Warum bist du aufgestanden? Warum hast du mir nichts gesagt? Wohin willst du denn?«

Rose richtete ihre Augen auf Viktor, aber es sah so aus, als ob sie ihn nicht recht wahrnahm. Mit schwerer Zunge sagte sie:

»Ich muß nachsehen.«

»Was nachsehen?«

»Die Wohnung. Meine Vorräte. Sie haben alles gestohlen. Bestimmt.«

»Aber Rose!« sagte Viktor erschüttert. »Was fällt dir ein! Du bist doch krank, du hast doch noch gar nicht die Kraft, so etwas zu machen. Komm zurück. Wir gehen beide, wenn du wieder gesund bist.«

Er legte den Arm um Rose und versuchte, sie mit sich zu ziehen. Rose stand gebückt, die Schultern nach vorn gesunken, aber sie widersetzte sich mit erstaunlicher Kraft. Schließlich gab er es auf. »Du bist verrückt. Aber gut, wenn du unbedingt willst ... Ich komme mit dir.«

Im Haus mußte er sie die Treppen hinaufschieben. Sie konnte kaum ihre Füße von einer Stufe zur anderen heben. Doch dann, in der Wohnung, gönnte sie sich keine Sekunde Ruhe. Sie ging in die Küche und öffnete die Tür der Speisekammer.

»Alles weg! Siehst du? Die Klauraben! Die Klauraben!«

Sie lief ins Schlafzimmer und klinkte die Feuerungstür des Ofens auf.

»Meine Würste! Ich hatte noch siebzehn Würste! Das wußte doch keiner, daß sie hier drin waren! Wer kommt auf so was?«

Der Verlust schien sie munter zu machen. Mit jedem Schadensfall, den sie registrierte, wich ein Teil der Benommenheit, die sie auf der Straße gezeigt hatte. Sie sah immer noch sehr hinfällig aus, aber ihr Gesicht wirkte jetzt wach, und ihre Augen blitzten.

»Ich geh' sofort runter und fordere mein Eigentum zurück.«

»Runter? Wohin?«

»Zu den Klauraben«, sagte Rose und zeigte mit dem Finger auf den Fußboden. Offenbar meinte sie die Bombengeschädigten aus der unteren Etage, die Familie mit der alten Tante.

»Aber es ist doch niemand da.«

»Die sind da. Wetten?«

Sie ging aus der Wohnung und stieg die Treppen hinunter. Viktor stützte sie, aber schon wehrte sie ihn ab. Ein Stockwerk tiefer bohrte sie ihren Zeigefinger auf den Klingelknopf.

Zu Viktors Verblüffung hörte man drinnen Schritte. Dann öffnete jemand die Tür. Auf der Schwelle stand die alte Tante.

»Frau Markwart!«

»Wo sind meine Nährmittel? Wo ist mein Fett?«

»Wieso? Ich verstehe nicht ...«

Rose schob die alte Tante beiseite und drang in die Wohnung ein. Viktor folgte ihr, um das Schlimmste zu verhindern, wie er sich sagte, obwohl er nicht wußte, was für ein Schlimmes er eigentlich erwartete. Die Tante protestierte, aber Rose achtete nicht auf sie. Zielstrebig stieg sie die Wendeltreppe hinunter. Hier kannte sie sich aus, schließlich hatte sie fünfzehn Jahre in dieser Wohnung gewohnt. Sie öffnete die Küchentür und ließ ihren Blick rundgehen. Dann steuerte sie auf die Kammer zu.

»Na? Was habe ich gesagt? Was ist denn das hier? Und das? Und das? Und das?«

Rose deutete auf vier, fünf hochbordige Gläser, die bis an den Rand mit Haferflocken, Grieß, Mehl und anderen Nährmitteln gefüllt waren. Daneben standen zwei ebenso hohe Steinguttöpfe mit Fett, einer weniger, als Rose vor neun Jahren in ihre Speisekammer gestellt hatte. Sie hatte gut gewirtschaftet mit ihren Vorräten.

»Das sind meine Gläser. Das sind meine Töpfe. Die nehm' ich sofort wieder mit.«

»Bitte«, sagte die Tante. »Wir konnten ja nicht wissen ... Wir haben gedacht, Sie wären tot.«

»Darauf haben Sie ja auch von Anfang an spekuliert. Darum haben Sie mir ja auch das Wasser gebracht, als ich meine Tabletten runterschluckte. Sie wollten mich umbringen, damit Sie dann meine Wohnung ausrauben können.«

»Sie wollten doch sterben«, sagte die Tante patzig. »Oder nicht? Mir können Sie keinen Vorwurf machen.«

»Viktor, faß an.«

Rose griff sich zwei der großen Glasgefäße mit den Nährmitteln. Ihre Kräfte vermehrten sich wundersam, seit sie im Kampf um die Rückeroberung ihrer Vorräte stand. Sie gingen dreimal, dann befanden sich alle Töpfe wieder in Markwarts Wohnung. Aber Rose lief noch einmal nach unten und baute sich vor der alten Tante auf.

»Und meine Würste?«

»Was für Würste?«

»Siebzehn Hartwürste, Sie Klaurabe!« schrie Rose. »Sie waren im Schlafzimmerofen! Sagen Sie mir nicht, daß Sie davon nichts wissen! Wo sind sie?«

»Davon habe ich keine Ahnung.«

Die Tante hatte vorher verkniffen geguckt, jetzt schaute sie ratlos. Viktor zog Rose zur Treppe und erstickte ihren Protest. »Komm, Rose. Ich glaube, sie hat sie wirklich nicht. Ich ahne, was damit passiert ist. Komm, ich erzähl's dir oben.«

Er schob sie in die eigene Wohnung, ins Wohnzimmer, drückte sie auf einen Sessel.

»Deine Würste haben die Russen. Da bin ich ziemlich sicher. Es ist da so üblich, weißt du. Ich bin lange genug im Osten gewesen, im vorigen Krieg. Nicht direkt in Rußland, aber immerhin. Sie bewahren dort ihr Geräuchertes in Öfen auf, die sie nicht heizen.«

»Du meinst ...«

»Die sind hier drin gewesen zum Plündern. Ich bin sicher, sie sind pfeilgerade auf die Öfen zugesteuert. Sie mußten gar nicht groß suchen. Sie wußten, wo sie was finden konnten.«

»Verdammte Russen! Warum hast du mir das nicht früher erzählt? Du hättest mich warnen müssen. Wenn ich das geahnt hätte, ich hätte doch nie ...«

»Aber Rose, ich wußte doch nicht ...«

»Jetzt sind sie futsch. Siebzehn Würste! Ich muß mich irgendwie damit abfinden. Aber wir ziehen hier sofort wieder ein. Haben wir es nötig, in anderer Leute Keller zu hausen? Wir haben schließlich eine Wohnung.«

Nach und nach kehrten auch die anderen Mieter zurück, jedoch nicht alle. Frau Karsunke zum Beispiel blieb verschwunden. Herr Karsunke war tot und schon begraben, irgendwo in den Grünflächen am Rande des Teltowkanals. Es gab Leute, die Zeugen seines Endes gewesen waren. Ihnen zufolge hatte er seine Frau auf der Ausfallstraße nach Westen begleitet und war auf den nächsten Trupp Russen zugelaufen, der ihnen entgegen kam.

»Genossen! Genossen! Rot Front! Ich Kommunist! Verstehn?«

Die Russen hatten finster geguckt. Einer schrie ihm etwas zu, was wie ein Schimpfwort klang, *»Durak«*[1] oder

---

1 Dummkopf

so ähnlich. Ein anderer hob seine Maschinenpistole und zog durch. Aus Herrn Karsunke waren lauter kleine, rote Bäche rausgeronnen. Frau Karsunke hatte laut geschrien und war weggerannt. Seither wußte keiner etwas von ihr. Ihr toter Mann lag tagelang dort, wo er umgefallen war. Dann hatte ihn irgend jemand eingebuddelt. Nein, keine Ahnung, wer, auch nicht, wo, jedenfalls nicht genau.

»Diese Russen!« klagte Rose. »Was hat ihnen denn der arme Mann getan? Und warum haben sie meine Würste gestohlen? Und den ganzen Kasten mit meinem Silber! Sogar das Fischbesteck. Was wollen denn diese ungebildeten Dorflümmel mit silbernen Messern und Gabeln? Und wenn sie so jämmerlich dran sind, daß sie bei den Besiegten Würste klauen müssen, dann möcht' ich wirklich mal wissen, was sie mit einem Fischbesteck machen. Wofür sie das wohl halten?«

Sie erholte sich verblüffend schnell, obwohl das Leben immer noch schwierig und voller Gefahren war. Jeden Augenblick, bei Tag und bei Nacht, mußte man damit rechnen, daß ein Trupp russischer Marodeure eindrang, auf der Suche nach den Resten, die der vorige Trupp vielleicht übersehen hatte. Sie brüllten »Uri! Uri!« und fuchtelten mit ihren Maschinenpistolen vor Viktors und Roses Gesichtern herum. In Todesangst gaben die beiden alles, was sie hatten, aber allmählich gab es nichts mehr zum Erbeuten, vor allem keine Uhren mehr, nach denen die Plünderer vor allem verlangten. Die Wohnungstür wurde erst gar nicht abgeschlossen. Auf diese Weise verhinderte man wenigstens, daß sie unter den Tritten oder den Kolbenstößen der Eindringlinge zersplitterte. Viktor und Rose hatten ihre Lehren gezogen, nachdem sie in der Nachbarwohnung die Kemperschen Möbel gesehen hatten. Die waren sämtlich von Bajonetten zerfetzt.

»Weil sie abgeschlossen waren, und die Schlüssel

weg«, sagte Viktor. »Sieh dir unsere Schränke an: durchwühlt, aber heil. Wir hatten die Schlüssel stecken lassen. Nein, bloß nichts abschließen.«

Rose lebte in ständigem Schrecken. Nichtsdestoweniger widmete sie sich mit Feuereifer der Aufgabe, für sich und Viktor eine neue Lebensgrundlage zu schaffen. Für ein paar Eimer Briketts handelte sie beim Gärtner an der Ecke Gemüsesetzlinge ein, auch Tabakpflanzen, und sie fand jemanden, der ihr zwei junge Kaninchen abließ. So ausgerüstet, begann Rose, Ackerbau und Viehzucht zu treiben – zum zweiten Mal in ihrem Leben. Aber was war das damals während des ersten großen Krieges bei aller Not für eine goldene Zeit gewesen, verglichen mit der Gegenwart! Wenigstens hatte man keinen Feind im Land gehabt, und nachts konnte man ruhig schlafen.

Doch mit solchen Erwägungen hielt Rose sich nur selten auf. Sie stürzte sich bis zur Erschöpfung in ihre landwirtschaftlichen Unternehmungen. Weil ihr das eigene Stück Garten zu klein schien, schloß sie einen Pachtvertrag mit den Eignern eines verlassenen Grundstücks, auf dem die Ruinen eines niedergebrannten Wohnhauses schwarz und traurig gen Himmel ragten. Wochenlang schleppte sie Trümmerbrocken beiseite und säuberte die Erde, die ihr Nahrung tragen sollte. Wenn draußen, auf der Straße, die Panjewagen vorbeirollten, stürzte Rose mit Müllschaufel und Handfeger hinzu und kehrte jeden einzelnen Pferdeapfel auf.

»Daraus mach' ich mir Dünger. Von nichts kommt nichts.«

Ihre Kohlköpfe, Rüben, Salate, Tomaten gediehen, ihr Tabak stand prächtig. Das war von besonderer Wichtigkeit, denn für die gut geratenen Tabakblätter tauschte sie Fleisch ein.

»Fleisch? Wer gibt dir denn Fleisch?«

Viktor stand ahnungslos und unbeholfen vor den Anforderungen dieser neuen Zeit. Das Fleisch kam von Herrn Mikolajski.

»Man bloß Pferdefleisch. Aber egal. Wenn wir nur satt werden.«

»Ja, aber wo hat der Mikolajski denn die Pferde her?«

»Von den Russen.«

Woher auch sonst? Die Russen fuhren nicht nur ihre Panzer durch die Hausgärten, sie pflegten auch ihre Panjepferdchen dort abzustellen, an einen Baum gepflockt, und zwar so, daß die Tierchen sich am üppig schießenden Grünzeug gütlich tun konnten. Das war dann Herrn Mikolajskis Stunde. Er schlich sich heran an die Pferdchen, löste ihre Fesseln und führte sie in den eigenen Hintergarten, wo er sie wieder anband. Nachts holte er sie in die Waschküche, und dort wurden sie geschlachtet und auseinandergenommen. Die Spuren spülte Herr Mikolajski mit dem Schlauch fort.

Einmal, als er wieder zwei Pferdchen am eigenen Birnbaum stehen hatte, kamen drei Russen durch die Hintergärten. Herr Mikolajski sah sie schon von weitem, und er dachte sich gleich, daß dies die Pferdewärter waren. Herr Mikolajski war ja nicht dumm. Und weil er das nicht war, fing er an zu rufen und schwenkte die Arme. Die Russen kamen heran.

»Eure Pferde?« fragte Herr Mikolajski und deutete auf die beiden Tiere.

»Da!« [1]

»Sehr gut!» sagte Herr Mikolajski und begann, in einem schauerlichen Gemisch aus Deutsch, Polnisch und ein paar russischen Brocken, den Pferdewärtern eine bewegende Geschichte zu erzählen: Wie die Zossen durch die Gärten getrabt seien, ganz orientierungslos, und wie er sie eingefangen habe, mühsam und die Gefahr nicht

1 Ja!

achtend, die von ihren Hufen ausging. Die Russen strahlten. Sie hieben Herrn Mikolajski heftig auf die Schulter und griffen in ihre grünen Gasmaskentaschen. Daraus zogen sie Brot hervor und eine gehörige Handvoll Machorka und reichten das ihrem Helfer und Retter.

»Danke! Danke! *Choroschij Djadjuschka*!«[1]

Rose sagte:

»Na, Herr Mikolajski, das hätte aber schiefgehen können.«

»Hätte«, sagte Herr Mikolajski, »is aber nicht. Dadruff kommt's an.«

Er badete sich in dem Respekt, den Rose ihm zollte. Die sanften, schielenden Augen seiner Frau leuchteten, wenn sie auf diesem Teufelskerl von Mann ruhten. Frau Mikolajski bewunderte ihren Eheliebsten hemmungslos. Sie war es auch, die Rose von den umwälzenden Plänen erzählte, die ihr Mann hegte und an denen er Tag und Nacht arbeitete.

Herr Mikolajski beabsichtigte nichts Geringeres, als ein eigenes Fuhrunternehmen zu gründen. Wenigstens zwei der Panjepferdchen, die er künftig noch einfangen würde, wollte er dafür aufsparen. Er war nun wirklich lange genug Knecht bei Kohlen-Meyer gewesen.

Tatsächlich hing eines Tages am Zaun des Hauses, in dem er wohnte, ein Pappschild, auf dem, in schwarzen Riesenbuchstaben gemalt, stand:

»Fuhrgeschäft M. Mikolajski – Hier links am Fenster.«

Das Geschäft bestand vier Wochen lang. Danach arbeitete Herr Mikolajski wieder bei Kohlen-Meyer. Aber da waren die Russen samt ihren Pferdchen längst aus Lichterfelde abgezogen. In den südwestlichen Stadtteilen herrschte jetzt eine andere Besatzungsmacht; die Amerikaner patrouillierten durch die Straßen.

---

1 Gutes Onkelchen!

Die neuen Besatzer waren nicht freundlich, mit starrem Gesicht gingen sie an den besiegten Deutschen vorbei. Aber sie verhielten sich korrekt. Es gab kaum Übergriffe, und wenn, dann stellte die Militärpolizei die Ordnung sofort wieder her. Niemand drang in die Wohnungen, um zu plündern oder nach Frauen zu fahnden. Man konnte die Tür wieder abschließen und sich abends mit ruhigem Herzen ins Bett legen.

Die amerikanischen Soldaten ahnten nicht im geringsten, daß die Leute sie mit fast zärtlichen Gefühlen betrachteten. Sie gingen niemals anders als in Gruppen, mindestens aber zu dreien durch die Straßen, bewaffnet bis an die Zähne, die Augen wachsam, Mißtrauen in den Mienen.

»Ich glaube, sie haben Angst vor uns«, sagte Rose. »Wie albern. Wir sind doch dankbar, daß sie da sind. Offenbar wissen sie nicht, was hinter uns liegt.«

Nein, das wußten sie nicht. Aber schon gab es in der Front der unfreiwilligen Befreier ein paar Einbrüche. Manche von ihnen konnten dem Lächeln deutscher Mädchen nicht widerstehen. Es waren hübsche Mädchen darunter, und die Amerikaner waren Männer – eine besondere Sorte Männer, nicht nur jung, sondern dazu beladen mit den Schätzen einer besseren Welt: Schokolade, Kaugummi, Zigaretten, Kaffee. Den darbenden Deutschen schienen sie wie eine Armee von Weihnachtsmännern, uniformiert und ohne Bart, aber mit einem Reservoir von Gaben. Man mußte da nur herankommen.

Die bombengeschädigte Familie, die in Roses Sprachgebrauch nur noch »Die Klauraben« hieß, fand einen Weg zu den amerikanischen Gaben. Sie setzte ihre Töchter ein. Jeden Abend gingen die Mädchen zum Stelldichein mit ihren Verehrern in Khaki und kamen erst spät wieder, manchmal erst in den frühen Stunden des nächsten Morgens. Ihr Vater blieb wach, damit er ihnen das schmiedeeiserne Tor und die Haustür aufschließen konnte, vor allem aber, um ihnen die Taschen und Beutel abzunehmen, in denen sie ihre Liebesgaben nach Hause trugen.

Rose spuckte aus.

»Das ist doch die reinste Hurerei! Pfui Deibel!«

Aber das sagte sie nur zu Viktor. Sie wollte sich Vater Klaurabe nicht vergrämen, war er doch einer der wenigen Zeugen in einer Angelegenheit, die Rose im Innersten getroffen hatte, und sie würde ihn vielleicht noch brauchen.

Es ging bei der Sache um Frau Karsunke und ihr Verschwinden an jenem fürchterlichen Apriltag, als die Russen kamen. Rose hatte angenommen, daß Frau Karsunke, nicht anders als ihr Mann, auf der Flucht zu Tode gekommen war. Im Hinblick auf die lange Zeit, die man miteinander verbracht hatte, im Hinblick auch auf das herzliche Verhältnis zwischen Harald und der Portierfrau, hatte Rose zunächst angemessenes Bedauern gezeigt. Sie sprach gut von Frau Karsunke und beklagte ihren jähen Verlust.

Das änderte sich augenblicklich, als sie hörte, man habe Frau Karsunke in einem Pelzmantel weglaufen sehen.

»Pelzmantel? Was für ein Pelzmantel? Sie hatte nie einen. Wie sah der aus?«

Na ja, so ein heller, beige-brauner, mit einem originellen Schnitt. Ein Bisam vielleicht? Ja, es war wohl ein Bisam gewesen.

Rose stürzte nach Hause, riß den Kleiderschrank auf. Ihr Pelz! Er war weg! In all der Aufregung und der Angst hatte sie überhaupt nicht mehr an ihren Pelzmantel gedacht!

Nun war es ja ganz gut möglich, daß der Mantel einem der russischen Raubzüge zum Opfer gefallen war. Normalerweise hätte Rose auch genau das angenommen. Aber nun, nach den jüngsten Nachrichten, die sie empfangen hatte, schloß sie die Russen aus. Sie dachte an den Neid auf Frau Karsunkes Gesicht, als das Prachtstück zum ersten Mal in der Diele hing, und sie dachte an den braunen Plüschmantel, mit dessen Hilfe Frau Karsunke sich Rose hatte gleichstellen wollen. Sie zweifelte keinen Augenblick daran, daß ihr Pelz auf Frau Karsunkes Leib nach Westen gewandert war.

Rose verwandelte sich in einen Kriminalagenten. Sie forschte herum, wer den Pelz gesehen habe, wann, unter welchen Umständen. Sie veranlaßte die Zeugen, ihre Beobachtungen zu Papier zu bringen und ihr die Niederschriften auszuhändigen. Im Gegensatz zu allen anderen hörte sie auf, Frau Karsunke für tot zu halten. Diese diebische Elster! Die hatte bestimmt überlebt, und eines Tages würde man sie wiedersehen.

Man sah sie wieder. Frau Karsunke kam Mitte September nach Lichterfelde zurück, zwei Wochen, bevor der Zuzug nach Berlin von der Alliierten Kommandantur gesperrt wurde. Rose, von Nachbarn alarmiert, stürzte ans Fenster und sah sie kommen – in ihrem Plüschmantel, einen Leiterwagen hinter sich herziehend, auf dem ein Klavier stand.

Rose lief die Treppen hinunter und baute sich vor Frau Karsunke auf.

»Wo ist mein Pelzmantel?«

»Der is' weg.«

»Was heißt: weg? Sie müssen doch wissen, wo er geblieben ist! Sie haben ihn doch mitgenommen! Sie haben ihn doch gestohlen!«

»Jestohl'n hab' ick jar nischt.«

»Der Mantel hing in meinem Schrank. Sie sind an meinen Schrank gegangen und haben ihn rausgeholt. Wie nennen Sie das?«

»Sicherstell'n. Ick hab' Ihr 'n Mantel sicherjestellt. Sie lagen da im Sterb'n, wissen Se nich mehr? Da dacht' ick, wenn nu gleich de Russen komm'n, is alles aus. Rett'ste der Frau den Pelzmantel. Aber denn bin ick überfall'n worden, hab' alles verlor'n. Auch den Pelzmantel, leider.«

Frau Karsunke seufzte.

»Ick hatt' ja keen Mann mehr zum Schutz. Ick bin ja Witwe. Und nu möcht' ick in meine Wohnung. Bin todmüde. Wisse Se nich jemand, der mir mit det Klavier hilft?«

Rose schnappte nach Luft. Frau Karsunke wandte sich ab und ging davon. An der Hoftür zum Souterrain drehte sie sich noch einmal um.

»Beweisen könn' Se mir jarnischt.«

»Ich habe Zeugen!«

»Denn hab' ick Jejenzeugen. Sie ham wohl zu ville Jeld, daß Se dis zu Jericht woll'n tragen?«

Rose war bitter enttäuscht, als Viktor sagte:

»Da hat sie recht. Es läuft wirklich darauf hinaus, daß wir gutes Geld dem schlechten hinterherschmeißen. Und wir haben's nicht.«

»Wieso denn? Wir müssen doch nicht klagen. Der Staatsanwalt muß. Schließlich ist das Diebstahl oder Raub oder Plünderung, was weiß ich.«

»Kannst du beweisen, daß sie den Mantel gestohlen hat?«

»Sie hat doch selbst zugegeben ...«

»Daß sie ihn sichergestellt hat. Jede andere Absicht wird sie abstreiten. Danach ist sie aus dem Haus getrieben worden, wie wir alle.«

»Sichergestellt! Dazu brauchte sie den Pelz nicht anzuziehen. Hat sie aber. Es haben sie doch welche gesehen. Der Klaurabe zum Beispiel, von dem hab' ich's sogar schriftlich.«

»Das kann er immer noch zurückziehen. Die Leute werden sich deinetwegen keinen Ärger aufladen. Und Vater Klaurabe ist dir sowieso nicht grün, seit du die Lebensmittel aus der Wohnung geholt hast. Im ersten Schock hat er dir was Schriftliches gegeben. Aber der erste Schock ist längst vorbei.«

»Soll das heißen, ich muß ihr den Diebstahl hingehen lassen?«

»Buch es unter Kriegsverlust. Es hätte uns schlimmer treffen können.«

Rose grollte. Es schien ihr unzumutbar, daß sie Frau Karsunkes Streich ohne Gegenwehr hinnehmen sollte. Viktor verstand nicht, worum es ging, so etwas hatte er ja noch nie verstanden. Wenn ihr nur ein Mantel abhanden gekommen wäre, da hätte sie gar nichts gesagt. Sie hätte größere Verluste erleiden, zum Beispiel die gesamte Wohnung einbüßen können, das wußte sie auch. Aber der Pelz! Immer wenn sie ihn anzog oder auch nur anguckte, hatte sie gewußt: Ich hab's geschafft! Wenn Frau Karsunke sie nur bestohlen hätte – aber nein, sie hatte Rose degradiert! Und das war's ja auch wohl, worauf sie ausgewesen war.

»Sicherstellen! Beraubt worden! Daß ich nicht lache! Sie hat ihn eingetauscht, als sie wußte, daß sie zurückkehren und mir vielleicht begegnen würde! Woher kommt denn das Klavier, das sie plötzlich hat? Das Klavier, das ist mein Pelzmantel! Und wozu braucht sie ein Klavier? Spielt sie vielleicht drauf?«

Ja, Frau Karsunke spielte auf dem Klavier. Neuerdings kam ein Klavierlehrer in die Souterrainwohnung und brachte seiner Schülerin bei, was Rose nie gelernt hatte. Frau Karsunke stellte sich nicht einmal dumm an. Wenn die Läufe und Etüden, an denen sie sich übte, durch das Haus schallten, dann hätte Rose platzen können vor Grimm. Welche Anmaßung von der Person!

Woher nahm sie überhaupt das Geld, einen Klavierlehrer zu bezahlen?

»Na, da mußt du doch nicht lange fragen, Viktor.

Siehst du nicht den amerikanischen Kerl, der bei ihr ein- und ausgeht? Sie ist eine Ami-Hure, genau wie die Töchter vom Klauraben.«

Und man konnte nichts machen. Viktor hatte leider recht. Man stelle sich nur vor, daß man auf den Weg einer Privatklage verwiesen würde. Unmöglich. Zu teuer. Seit Ende Juni fuhr Viktor wieder nach Oberschöneweide, es mußte schließlich auch wieder mal Geld in's Haus. Aber da bekam man zu spüren, daß man den Krieg verloren hatte. Das Kabelwerk gehörte jetzt den Russen. Die hatten Viktor zwar ohne weiteres an seinen alten Arbeitsplatz gelassen, aber zu einem Gehalt, das rund zweihundert Mark unter dem lag, was er zuletzt wert gewesen war. Er bekam nur knapp fünfhundert Mark, und man mußte noch froh sein.

Rose grüßte Frau Karsunke nicht mehr. Stumm, mit starr nach vorne gerichtetem Blick, ging sie an ihr vorbei. Aber das befriedigte sie natürlich nicht. Das Herz voll Mord, sann sie nach, was sie der Diebin antun konnte.

»Was meinst du, Viktor, was der Ami sagen würde, wenn er wüßte, daß er ein Nazi-Liebchen hat? Das ganze Theater mit dem Hoheitsträger und so. Man müßte es ihm mal stecken.«

»Kommt nicht in Frage. Laß die Finger davon. Das schlägt nur auf dich zurück. Was willst du ihm denn auch sagen? Sie war nie in der Partei.«

»Aber er. Und sie hat das nötige Brimborium dazu veranstaltet.«

»Und wie willst du das heute noch beweisen? Rose, ich bitte dich, laß es sein. Die Frau kannst du nicht treffen, und der Mann – der arme Herr Karsunke hat nicht verdient, daß man sein Andenken schwärzt.«

Rose fühlte sich, als hätte sie den Krieg zum zweiten Mal verloren, diesmal ganz allein. Sie trug schwer an ihrer Niederlage.

Manchmal, wenn sie in ihrem Gartenland ackerte, mit schmerzendem Rücken und Händen, in die der Schmutz sich täglich tiefer einfraß, dann dachte Rose an ihren unbekannten Vater. Ein Amerikaner in der Familie, einer von denen, die alles hatten! Einer von den Weihnachtsmännern, aus deren Taschen Schokolade quoll, Kaffee und weiß Gott noch was für Leckereien! Nie in all den zurückliegenden Jahren hatte Rose den Wunsch verspürt, in irgendeine Beziehung zu diesem amerikanischen Pollacken zu treten. Ein Kind in die Welt setzen und dann nicht ein einziges Mal fragen, was aus dem Kind wird! So einem wünscht man nicht mal guten Tag, den guckt man gar nicht an.

Normalerweise nicht. Aber jetzt ...

»Das kannst du mir glauben«, sagte Rose zu Viktor, »wenn ich wüßte, wo er wohnt, ich würd' ihm schreiben. Der müßte uns Pakete schicken. Warum sollte ich mich genieren? Er ist mir soviel schuldig, das kann er mit Paketen überhaupt nicht gutmachen. Solange ich lebe, hat er noch nie was für mich getan.«

»Vielleicht ist er längst gestorben«, gab Viktor zu bedenken.

»Warum sollte er? Seit Mutters Erklärung damals weiß ich ja sein Geburtsjahr. Er wäre jetzt erst achtundsechzig. Außerdem gibt's da sicher eine Familie. Meine Geschwister, wenn du's recht überlegst. Notfalls würd' ich mich an die wenden.«

»Ach«, sagte Viktor, »hör auf zu träumen. Die werden gerade scharf darauf sein, ihr Geld für dich auszugeben. Falls sie überhaupt welches haben. Das ist doch eine Legende, daß jeder, der nach Amerika geht, ein reicher Mann wird. Wahrscheinlich ist der Alte in einem Keller in der Bronx elend verdorben, nachdem er zwölf hungerleidende Bälger gezeugt hat. Vergiß den Unsinn.«

»Ich würd' ihm doch schreiben«, beharrte Rose. »Wenn ich bloß seine Adresse hätte.«

Das Wasser lief ihr im Munde zusammen, wenn sie sich die Köstlichkeiten vorstellte, die aus den amerikanischen Paketen quellen würden. Viktor konnte ihr nicht ausreden, daß der fremde Vater Mittel genug besaß, um die Not seiner Tochter zu lindern. Doch was nützte das, wenn man seine Adresse nicht wußte? Rose würde nie auch nur eine Ansichtskarte von ihm bekommen.

Statt dessen bekam sie einen Brief von der Mutter, zwei Dutzend kaum leserlicher, offenbar mit zitternder Hand geschriebener Zeilen auf einem schmutzigen Fetzen Papier. Male teilte mit, daß die Familie in einem mecklenburgischen Flüchtlingslager gestrandet sei.

Das heißt, was noch übrig ist von uns. Bruno ist am Weg krepiert, haben ihn liegenlassen müssen. Ottos Ältester und seine Mutter sind im Lager gestorben, am Hungertyphus. Mitten in der Nacht haben sie uns rausgeschmissen, ohne was, haben uns mit Lastwagen zur neuen Grenze gekarrt. Nachher mußten wir zu Fuß weiter. Hier ist es schrecklich. Dachten schon daran, zu Dir nach Berlin zu gehen …

Rose blieb fast das Herz stehen, als sie das las. Zu ihr nach Berlin, das fehlte noch! Hatte sie nicht genug hinnehmen müssen? Leid und Not und Tod – es reichte doch wohl, auch ohne daß die Alte mit ihrem Anhang in die Wohnung am Hindenburgdamm einbrach. Das Mitleid, das Rose angesichts dieses jämmerlichen Briefes empfunden hatte, verflüchtigte sich.

Wie denn – sie, die Unerwünschte, Ungeliebte, das Prügelkind, das nicht wert war, in die Blotka geschmissen zu werden, sie sollte sich die Pohlenz-Brut aufladen? Das kam überhaupt nicht in Frage. Lieber nahm sie fremde Leute in die Wohnung. Jawohl, das würde sie tun, Zimmer vermieten an Fremde. Es gab genug Ausgebombte, die ihr die Hand küssen würden dafür. Bisher hatte sie den Frieden ihres Heims gegen jede derartige Zumutung verteidigt. Aber wenn es darauf hinauslief, daß Male Pohlenz …

Rose schwitzte, die Gläser ihrer Brille beschlugen. Sie mußte sie mit dem Schürzenzipfel reiben, ehe sie weiterlesen konnte.

… Georg und Familie mit den Fahrrädern von Schneidemühl nach Schleswig-Holstein. Ist jetzt in Kiel und will uns nachkommen lassen. Wo Otto ist, wissen wir nicht, vielleicht in Kriegsgefangenschaft. Wenn er sich bei dir meldet, sag ihm doch über uns Bescheid. Du bist ja die einzige, wo er die Adresse kennt. Georgs Adresse ist jetzt …

Rose tat einen tiefen Atemzug, fast war es schon ein Schluchzen. Nach Kiel wollten sie, nicht nach Berlin, Gott sei Dank! Rose sollte nur eine Nachrichtendrehscheibe abgeben. Das konnte sie tun, das würde sie besorgen. Aber welch ein Schreck … Sie brauchte Stunden, ehe sie sich vollständig beruhigt hatte. Mit leidlich normaler Stimme sagte sie nachher zu Viktor:

»Sie tun mir leid. Und doch – irgendwo sehe ich da Gottes Finger. Mutter ist ja wirklich von Stufe zu Stufe gesunken, wenn man's recht betrachtet. Für jede Bosheit und jede Schlechtigkeit hat sie eins draufgekriegt. Wenn man bedenkt, wie sie mal dagestanden hat, Barbeknechts Tochter, eine gute Partie … Und was jetzt aus ihr geworden ist …«

»Aber Rose!« protestierte Viktor. »Daß du immer gleich eine Sintflut brauchst für deine Angelegenheiten. Zwei Weltkriege, nur um deiner Mutter heimzuleuchten. Findest du das nicht selbst ein bißchen aufwendig? Und mußte dafür auch der kleine Junge herhalten, der da im Lager gestorben ist? Überleg doch mal. Sind wir nicht selber geschlagen genug? Rede doch nicht so über anderer Leute Unglück.«

»Ja, ja«, sagte Rose, aber sie hatte ihm gar nicht richtig zugehört. »Wenn mir vor vierzig Jahren einer gesagt hätte, daß Bruno mal am Straßenrand verrecken würde ... Wie ein räudiger Köter, nicht mal verscharrt hat ihn einer. Du brauchst mich gar nicht so anzugucken. Lies doch mal, was hier steht: ›am Weg krepiert‹ hat sie geschrieben. Mutter freut sich auch, jede Wette. Warum soll ich nicht?«

Im Oktober 1945 kam ein Anruf von Edith.

»Ihr lebt also noch? Beide? Gott sei Dank! Rose, Liebste, warum meldest du dich nicht? Ach Rose, daß wir das überstanden haben! Daß wir noch am Leben sind! Auch Heinz und Rolf, wer hätte das gedacht! Wirklich, es gab Augenblicke, da hätte ich keinen Pfennig darauf gesetzt, daß wir die Verfolgung durchstehen. Und jetzt ist alles vorbei.«

Ediths Stimme brach. Sie dachte wohl an Ute. Aber sie erwähnte ihren Namen nicht. Statt dessen begann sie, von Rolf zu reden. Der Junge, der gute, begabte Junge, den diese Verbrecher »wehrunwürdig« geschimpft hatten! Der begann jetzt eine richtige Karriere. Medizin wollte er studieren, er hatte sich gerade einschreiben lassen, jetzt, da die Universitäten ihren Betrieb wieder aufnahmen. In Berlin würde er anfangen. Sie wollten ja eigentlich weggehen, raus aus Deutschland, nach England oder sogar Amerika, weit weg von all denen, die ihnen so übel mitgespielt hatten. Aber dann war der Ruf an Heinz ergangen ...

»Er wird Professor, Rose! An der Technischen Hochschule. Ein richtiger Professor, wie er es immer gewollt hat, als er noch jung war. Nach all dem Leid und der Angst nun dies! Wie können wir da weggehen? Und dann sind wir ja nun mal Deutsche, trotz allem. Zu Hause ist zu Hause.«

Rose hörte zu und sagte fast nichts. Aber am Abend, als sie Viktor berichtete, brach es aus ihr heraus:

»Rolf wird studieren – und Harald? Wo ist unser Harald? Der Dr. Rosenfeld wird Professor. Und du? Warum wirst du kein Professor? Du kannst das genauso gut. Und du hast doch keinem was getan.«

»Ach, Rose«, sagte Viktor, »das kennen wir doch. Am Ende sind die Juden immer obenauf. Jetzt kriegen sie es vorn und hinten reingestopft. Gräm' dich nicht, es geht uns doch erträglich. Wir haben zu leben. Ist das nicht die Hauptsache?«

»Leben? Wozu? Ohne Harald.«

Daß der Dr. Rosenfeld ein Professor werden sollte, Viktor aber nicht, darüber wäre Rose noch hinweggekommen. Was ihr das Herz abdrückte, war die Vorstellung, daß Rolf Rosenfeld jetzt seinen Fuß über die Schwelle zu einem normalen Leben setzte, daß er studieren, einen Beruf ausüben, irgendwann heiraten und eine Familie haben würde. Daß er alles das tun konnte, was ihrem eigenen Jungen auch zustand – falls er nach Hause käme.

Aber Harald kam nicht nach Hause.

Im November kehrte Udo Karsunke heim. Seine Mutter begrüßte ihn jubelnd. Rose fühlte sich vernichtet. Das war etwas viel Schlimmeres als Ediths Triumph. Freundin ist Freundin, trotz allem, und dann hatte es da diese Vorkommnisse gegeben, über die man besser nicht mehr sprach. Edith mußte man ihr Nachkriegsglück gönnen. Aber Frau Karsunke?

Wie denn – diese Diebin, diese Verbrecherin, die kam nicht nur mit ihrer Untat davon, das Schicksal erstattete ihr auch noch ihren Sohn zurück? Rose, die keinem was getan hatte, mußte um ihren Jungen trauern, und diese diebische Hure saß im Glück?

Rose lief mit rotgeweinten Augen herum. Als Viktor fragte, sagte sie: »Udo ist wieder da. Und Harald?«

Viktor nahm seine Frau sanft in den Arm, streichelte sie und flüsterte ihr ins Ohr:

»Rose, Liebste, Allerliebste! Hab nur Geduld. Harald kommt vielleicht auch bald.«

Aber keiner von beiden glaubte daran. Rose dachte an ihren Sohn längst als an einen Toten. Mit scheelen Augen sah sie auf den lebenden Udo. Nicht, weil sie diesem Jungen wirklich den Tod wünschte. Sie war nur dagegen, daß es Frau Karsunke so viel besser ging als ihr.

Im Dezember, kurz vor Weihnachten, sah sie Frau Karsunke mit Frau Döring im Hausflur stehen und hörte im Vorübergehen, was die rothaarige Feindin der Hauswirtin mitteilte.

»Udo wird Lehrer. Da is' so 'n Neulehrerprogramm, wo er gar nicht erst studieren muß. Er geht gleich inne Schule und gibt Unterricht, und was er wissen muß, lernt er in so 'ne Kurse. Und kricht sofort Geld.«

Offenbar hatte Frau Karsunke in die höhere Sprachbildung zurückgefunden, die ihr einst Harald vermittelt hatte. Wahrscheinlich Udo und seiner künftigen Würde zuliebe.

Aber darauf achtete Rose nicht. Ihr wurde übel, ihr Herz begann zu rasen. Sie zog sich am Treppengeländer empor, zurück in ihr Stockwerk. Mit zitternden Fingern schloß sie die Wohnungstür auf, schleppte sich zur nächsten Couch und legte sich lang.

Udo Karsunke – ein Lehrer! Harald lag im Grab, und Udo Karsunke wurde Lehrer. Rose hatte Lehrerin werden wollen, ach, wie gern, aber Male brauchte eine Magd. Eine Drecksmagd war sie gewesen bei den Pohlenzens. Dann kam Viktor und schenkte ihr einen Pelzmantel. Frau Karsunke hatte ihr den Pelzmantel gestohlen. Und nun wurde Udo Lehrer, Harald aber kam nicht wieder.

Rose schnappte nach Luft. Ihr schwindelte. Sie krampfte die Finger zusammen, als hätte sie Frau Karsunkes Hals dazwischen. Ja, umbringen müßte man sie, diese rothaarige Hexe! Die verdiente nicht zu leben! Rote Haare und Ellernholz, die wachsen auf keinem guten Grunde!

In der Tiefe ihrer Seele rumorte die peinigende Gewißheit, daß sie den Mord, nach dem sie glühend verlangte, nicht begehen durfte. Das hieße Zuchthaus für Rose, wenn nicht gar Hinrichtung. Das Gesetz stand auf seiten der Hexe. Die konnte Pelzmäntel stehlen, ohne dafür belangt zu werden, und Rose durfte ihr kein Härchen krümmen. Wie schlecht war die Welt! Immer hatte die Welt sich von der bösesten Seite gezeigt, wenn es um Rose ging. Seit ihrer Geburt. Nein, schon seit ihre Mutter mit dem pollackischen Kerl ins Heu gekrochen war.

Man sollte der Welt einen Tritt geben. Warum hatte man Rose nicht sterben lassen, damals, im April? Sie konnte auch jetzt sterben. Aber wenn sie ging, dann mit Donnerschlag!

Rose setzte sich an den Wohnzimmertisch und schrieb einen Abschiedsbrief an die schlimme Welt, eine wilde Anklage gegen Frau Karsunke, die Hitler-Hure, die Ami-Hure, die Diebin. Die würde sich vor niemanden mehr sehen lassen können, wenn dieser Brief bekannt wurde. An Roses offenem Grab würden die Leute mit Grauen der Natter gedenken, die ihren Giftzahn in die arme Frau Markwart geschlagen hatte.

Als Viktor heimkam, fand er Rose in der Küche, auf einem Schemel hockend, ein Blatt Papier in der Hand. Er entwand ihr das Papier und las.

»Mutti! Doch nicht schon wieder! Du wirst doch nicht … Wir haben so Furchtbares hinter uns, auch ich, nicht bloß du. Warum tust du mir das immer wieder an?«

»Ich hab' ja gar nicht …«

»Aber du wolltest. Wegen Frau Karsunke! Ich bitte dich! Was denkst du dir bloß? Versprich mir …«

»Ich kann es ja nicht tun«, sagte Rose kläglich. »Das Gas ist ja rationiert. Da stehen doch strenge Strafen drauf, wenn man überzieht. Das hättest du gar nicht vertuschen können, bevor sie wieder ablesen kommen. Du wärst bestraft worden, und die Hexe hätte sich ins Fäustchen gelacht. Den Triumph gönn' ich ihr nicht.«

»Mein Gott!« flüsterte Viktor, Tränen in den Augen. »Was geht nur in dir vor?«

Rose begann zu weinen.

»Udo Karsunke wird Lehrer. Und Rolf Rosenfeld Arzt. Wieso können die das alle, wenn unser Junge nicht wiederkommt? Was haben wir denn Böses getan? Was denn, Vati? Was nur?«

»Nichts«, sagte Viktor und schloß Rose in die Arme. »Wir haben überhaupt nichts getan. Opfer sind wir. Belogen und betrogen hat man uns. Dieser Hitler, dieser Verbrecher! Verfluchter Großsprecher! Nichts, aber auch gar nichts hat er richtig zu Ende bringen können. Nicht einmal mit den Juden ist er fertig geworden. Du siehst ja.«

Rose schmiegte ihren Kopf an Viktors Schulter. Sie fühlte sich jetzt entsetzlich müde, und Viktor konnte kaum verstehen, was sie murmelte:

»Ich weiß nicht, Vati. Das klingt so, als ob du den Rosenfelds nicht gönnst, daß sie ... Wir können doch Edith nichts Schlechtes wünschen.«

»Tu' ich denn das? Hab' ich das je getan? Komm jetzt, Rose, leg dich hin. Ruh dich aus. Wir werden morgen über alles reden. Morgen ist auch noch ein Tag.«

Eine fesselnde Liebesgeschichte in unruhiger Zeit

Als Band mit der Bestellnummer 11881 erschien:

Amy Lovell, auf dem herrlichen Landsitz ihrer aristokratischen Familie aufgewachsen, begegnet eines Tages Nick Penry, der auf eine ganz andere Jugend zurückblickt. Schon früh mußte er als Bergarbeiter sein Brot verdienen. Eine leidenschaftliche Liebe zwischen den beiden so unterschiedlichen Menschen beginnt …

BASTEI
LÜBBE